Martin Baethge, Brigitte Hantsche
Wolfgang Pelull, Ulrich Voskamp

Jugend: Arbeit und Identität

Lebensperspektiven und
Interessenorientierungen
von Jugendlichen

Eine Studie des Soziologischen
Forschungsinstituts Göttingen (SOFI)

Leske + Budrich, Opladen 1988

CIP-Kurztitelaufnahme der Deutschen Bibliothek

Jugend: Arbeit und Identität: Lebensperspektiven u.
Interessenorientierungen von Jugendlichen / Martin Baethge ...
— Opladen: Leske u. Budrich, 1988.

ISBN: 3-8100-0709-9

NE: Baethge, Martin [Mitverf.]

© 1988 by Leske Verlag + Budrich GmbH, Opladen
Satz: Leske + Budrich, Opladen
Druck und Verarbeitung: Presse-Druck, Augsburg
Printed in Germany

Vorbemerkung

Anders als Demoskopie und landläufige Meinung uns lange Zeit glauben machen wollten, hat die Jugend die Erwerbsarbeit innerlich nicht abgeschrieben. Im Gegenteil: Für die Mehrheit gilt, daß sie Arbeit und Beruf bei ihrer Suche nach Identität einen hohen, häufig einen zentralen Stellenwert zuspricht. Wenn wir auf der Basis mehrjähriger empirischer Forschung dem kulturkritischen Trend, eine ganze Generation in ihrem subjektiven Verhältnis zur Arbeit krankzuschreiben, nicht folgen, so bedeutet das nicht, die traditionelle Arbeitsmoral zu bestätigen und für in Ordnung zu erklären. Denn tatsächlich hat sich vieles zwischen der Jugend und der Arbeit verändert, was uns neue Probleme aufgibt.

Unser zentrales Ergebnis läßt sich in einem Widerspruch zuspitzen: In den persönlichen Identitätsentwürfen hat die Erwerbsarbeit für die Mehrheit der Jugendlichen einen hohen Stellenwert, gleichzeitig aber scheint sie für immer weniger Jugendliche den Kristallisationspunkt für kollektive Erfahrungen und die Basis für soziale und politische Identitätsbildung abzugeben. Was ein derartig individualistisches Verhältnis zur Arbeit politisch bedeutet, wagen wir heute nicht zu entscheiden. Hierüber bedarf es einer breiten Diskussion, in der auch unsere Interpretationen zur Disposition stehen.

Um einem Mißverständis vorzubeugen: Das Buch handelt nicht schlechthin von *der* Jugend, und es stellt auch nicht den Versuch dar, das breite Spektrum der in der neuen Jugend-Debatte angeschnittenen Themen (z.B. Drogen, Subkultur, Medienkonsum) abzudecken. Es handelt vielmehr davon, wie junge Arbeiter(innen), Angestellte und Arbeitslose zwischen 19 und 25 Jahren unter den Bedingungen von gesellschaftlichem Strukturwandel und Arbeitsmarktkrise ihr Verhältnis zu Arbeit und Beruf gestalten, welchen Stellenwert sie ihnen in ihren Lebensplanungen einräumen und wie sie ihr Verhältnis zu den Gewerkschaften definieren. Beides — Thema und Untersuchungsgruppe — hat Konsequenzen für die Verortung unserer Ergebnisse in der aktuellen Diskussion: Anders als jene Untersuchungen, die ohne Beachtung des Erfahrungshintergrundes von Schülern, Auszubildenden und Studenten deren Vorstellungen (mit erheblicher publizistischer Resonanz) zum Bild der jungen Generation hochstilisieren, haben wir es hier mit Jugendlichen zu tun, die aus eigenen Arbeits- und Arbeitsmarkterfahrungen und auf der Grundlage verbindlicher Auseinandersetzungen und Entscheidungen über die eigene Lebensperspektive wissen, wovon sie reden.

Zugrunde liegt dem Buch eine umfangreiche qualitative empirische Untersuchung, die das Autorenteam zwischen 1983 und 1987 im Auftrag der Hans-Böckler-Stiftung, des Bundesministeriums für Jugend, Familie, Frauen und Gesundheit und des Deutschen Gewerkschaftsbundes (Abteilung Jugend) am Soziologischen Forschungsinstitut Göttingen (SOFI) durchgeführt hat. An seinem Ausgangspunkt stand zum einen die politisch hochrelevante Kontroverse über einen Wertewandel, der angeblich zu einer zunehmenden inneren Abwendung vor allem von Jugendlichen von der Erwerbsarbeit führen soll, zum anderen das praktische Problem, daß trotz erheblicher Schwierigkeiten auf dem Ausbildung- und Arbeitsmarkt Jugendliche eher bereit zu sein schienen, sich sozialen Bewegungen (z.B. Ökologie-, Friedensbewegung) als Gewerkschaften zuzuwenden.

Ein Buch hat einen anderen Charakter als ein Forschungsbericht. Im Interesse der besseren Lesbarkeit haben wir methodische Probleme auf jenes Minimum reduziert, das uns zum Verständnis der Ergebnisse unabdingbar erschien. In der Hoffnung, nichts an Anschaulichkeit eingebüßt zu haben, haben wir auch die Dokumentation empirischer Belege gestrafft. (Wer an beidem ein spezifisches Interesse hat, kann den ausführlicheren Forschungsbericht über die Staats- und Universitätsbibliothek Göttingen unter den Namen der gleichen Autoren und dem Titel ,,Jugend und Krise" ausleihen.) Trotz der Kürzungen ist immer noch ein relativ umfangreiches Buch herausgekommen. Dies ist der qualitativen Methode der Untersuchung geschuldet. Ohne eine ausführliche Darstellung von Fällen wäre weder deren Aussagefähigkeit einsichtig zu machen, noch die Kontrolle unserer Interpretation von Befunden für den Leser zu gewährleisten gewesen. Wer unter dem Druck, schnell lesen zu müssen, nicht die Zeit zur Lektüre von lebendigen typischen

Einzelfällen meint aufbringen zu können und nur an nackten Resultaten und deren zusammenfassender Interpretation interessiert ist, sei auf die jeweiligen Kapitelzusammenfassungen (2.3.5. und 2.4., 3.3., 4.3. und 5.5.) verwiesen.

Wir haben vielen zu danken, die uns bei dieser Studie unterstützt haben. Allen voran den Jugendlichen, die mit uns ohne Vorbehalte lange und intensive Gespräche geführt haben; sodann Personalleitern und Betriebsräten sowie Kollegen aus Gewerkschaften und Wissenschaft, namentlich Gerlinde Seidenspinner, die uns vor allem bei der Feldarbeit geholfen haben. Den Dank an unsere Auftraggeber hoffen wir mit den vorgelegten Ergebnisse abzustatten. Dennoch möchten wir nicht zu erwähnen versäumen, wie hilfreich für uns das Verständnis für die Tücken und Zeitverzögerungen qualitativer Forschung war, das wir insbesondere von Ministerialrat Heinz Thum im Bundesministerium für Jugend, Familie, Frauen und Gesundheit und bei Reinhart Kuhlmann in der Hans-Böckler-Stiftung gefunden haben.

Einmal mehr hat sich bei diesem Projekt die Kooperation innerhalb des SOFI und seine enge Anbindung an die Universität bewährt. Ohne den engagierten Einsatz der studentischen und wissenschaftlichen Mitarbeiter Volker Baethge, Petra Angela Ertmer, Andrea Grimm, Beate Hentschel, Friedhelm Müller und Igor Paulinyi hätten wir die aufwendige Feldarbeit und die zeitraubende Aufbereitung der Gespräche nicht bewältigen können. Dem Dank an sie schließt sich derjenige an Michael Schumann, Manfred Schlösser und Klaus Peter Wittemann für inhaltliche Anregungen, konstruktive Kritik und tatkräftige Unterstützung an. In besonderem Maße sind wir unseren Kolleginnen Erika Beller, Lilian Lühmann, Heike Pfannkuche, Gaby Schappeit, Brigitta Scholtes und Ingelore Stahn zu Dank verpflichtet, die mit viel Geduld, Umsicht und Kompetenz das Projekt in allen Phasen begleitet haben und nicht nur mehrere Manuskriptfassungen, sondern auch die Transkription von über 6.000 Seiten Tonbandgesprächen besorgt haben.

Göttingen,   *Martin Baethge, Brigitte Hantsche,*
im Juli 1988   *Wolfgang Pelull, Ulrich Voskamp*

Inhalt

Vorbemerkung 5

1. **Arbeit und Identität bei Jugendlichen** 15

1.1. „Ende der Arbeitsgesellschaft", Wertewandel und abnehmende subjektive Bedeutung von Arbeit — theoretische und politische Bezugspunkte der Untersuchung .. 15

Wertewandel und die Abkopplung der Moralentwicklung von der Erwerbsarbeit (Thesen und Argumente im Umfeld der neuen Jugenddebatte) 16 — Einwände (I): Bedenken gegen die Vorstellungen zur gesellschaftlichen Strukturentwicklung. Vor einer Neubewertung der Arbeit? 20 — Einwände (II): Gesundbeten der Vergangenheit genügt nicht zur Gegenwartsanalyse (Irrtümer der Kulturkritik) 23

1.2. Arbeit und Identität: begriffliche und methodische Probleme des Untersuchungskonzepts 26

Methodische Probleme: zur Verwechselung von öffentlicher und persönlicher Semantik in der Umfrageforschung 29 — Qualitative Methode als Alternative — und ihre Probleme (zum eigenen Vorgehen) 32

1.3. Zum Strukturwandel der Jugendphase 37

Epochaltypische Strukturveränderungen des bürgerlichen Sozialisationsmodells in der Adoleszenz 38 — Vom produktionistischen zum konsumistischen Sozialisationsparadigma 44 — Die Bedrohung einer doppelten Leistungsentwertung durch Ausbildungsplatzmangel und Arbeitslosigkeit 47 — Verschärfte Selektion, verfestigte Abschottung: zur neuen Entwicklungsdynamik von Privilegierung und Verelendung in der Arbeit 52

2. **Berufsverläufe von Jugendlichen und die Auseinandersetzung mit ihrer Arbeits- und Arbeitsmarktsituation** 57

2.1. Berufsverläufe von Jugendlichen in der Krise 57

Zur Konstruktion der Untersuchungsgruppe 57 — Berufsverläufe und Krisenerfahrungen 59 — Die Krisenerfahrung an der ersten Schwelle 60 — Krisenerfahrungen an der zweiten Übergangsschwelle 63 — Typen von Berufsverläufen in der Krise 65

2.2. Soziale und sozialisatorische Hintergründe krisenhafter Berufsverläufe 69

Schulbildung und soziale Herkunft 70 — Familiale Interaktion und Schulerfahrungen als Hintergrund krisenhafter Berufsverläufe 73

2.3. Wahrnehmungsweisen und Auseinandersetzungsformen Jugendlicher gegenüber ihrer aktuellen Arbeits- und Arbeitsmarktsituation 77

2.3.1. Junge Fachkräfte mit kontinuierlichem Berufsverlauf — Selbstbestätigung und aktives Engagement in Berufsarbeit und betrieblichen Sozialbeziehungen 79

Fall 1: Eine inhaltlich befriedigende Tätigkeit zur langfristigen Berufsperspektive ausbauen 82 — Fall 2: Status und soziales Prestige als Triebfedern des beruflichen Aufstiegs — die kleine Gruppe der Karrieristen 89 — Fall 3: Am Ziel der beruflichen Wünsche — inhaltlich motiviertes Engagement in der Arbeit 94 — Fall 4: Sich-Einrichten in befriedigenden Sozialbeziehungen — der Betrieb als Ort sozialer Kommunikation und Integration 100 — Fall 5: Auf der Suche nach beruflichen Alternativen — die Minderheit der vom Berufsalltag Enttäuschten 104

2.3.2. Jugendliche mit einem diskontinuierlichen Berufsverlauf — die „zweite Chance" zur Konsolidierung der Beschäftigungsperspektive nutzen 109

Fall 1: Hauptsache, der Arbeitsplatz ist gesichert — Umorientierung von der Facharbeit auf qualifizierte Anlerntätigkeit 110 — Fall 2: Hauptsache, das Arbeitsklima stimmt — beruflicher Neuanfang nach der Arbeitslosigkeit 114

2.3.3. Unterqualifiziert eingesetzte Fachkräfte — die aktive Suche nach ausbildungsadäquater Beschäftigung angesichts der Gefahr sozialer Deklassierung und psychischer Verelendung 116

Fall 1: „Du wirst so, wie Deine Arbeit ist" — das beharrliche Einklagen des Anspruchs auf einen Facharbeiterplatz 120 — Fall 2: Weiterbildung als Ausweg aus unterqualifizierter Beschäftigung 127

2.3.4. Jugendliche mit hart krisenbetroffenem Berufsverlauf — verschiedene Formen von Resignation, Widerstand und Selbstbehauptung 131

1. Formen der Auseinandersetzung mit der Arbeit von beschäftigten Jugendlichen mit harter Krisenbetroffenheit 132 — Fall 1: Resignation und Anpassung bei un- und angelernten Jugendlichen 134 — Fall 2: Auflehnung gegen die Zumutungen restriktiver Arbeit und die Suche nach Auswegen 142 — 2. Die Auseinandersetzung von arbeitslosen Jugendlichen mit ihrer Situation und Perspektive 145 — Fall 3: Jugendliche im sozialen Abseits — der zwiespältige demonstrative Protest der Punks 146 — Fall 4: Zwischen Hoffnung und Resignation — fehlqualifizierte Jugendliche in einer Eingliederungsmaßnahme der Arbeitsverwaltung 152

2.3.5. Typische Formen der Auseinandersetzung von Jugendlichen mit Arbeit (Zusammenfassung) — Zur Korrektur gängiger Vorurteile 158
Fünf typische Formen der Auseinandersetzung mit Arbeit 160

2.4. Zum neuen Arbeitsverständnis von Jugendlichen: Die Dominanz sinnhaft-subjektbezogener Ansprüche gegenüber materiell-reproduktionsbezogenen Ansprüchen an Arbeit 166

3. Arbeit und Beruf in den Lebenskonzepten Jugendlicher 181

3.1. Zur Rekonstruktion und zur inneren Dynamik von Lebenskonzepten bei Jugendlichen 181
Zur Rekonstruktion von Lebenskonzepten 182 — Zur inneren Dynamik von Lebenskonzepten (ein Zwischenbefund) 185

3.2. Arbeit und Beruf in den Lebensperspektiven Jugendlicher — typische Bedeutungszuweisungen (Lebenskonzept-Typen) 187

3.2.1. Das arbeitsorientierte Lebenskonzept (Typ I) 190
Fall 1: Das zähe Ringen eines Facharbeiters um seine berufliche Identität und eine angemessene Arbeitsperspektive 193 — Fall 2: Die konsequente Unterordnung des Lebens unter die Karriere — die traditionelle Lebensperspektive eines Bankangestellten 197 — Fall 3: Der mühsame Weg zur Selbständigkeit — die weibliche Variante eines arbeitsorientierten Lebenskonzepts 201

3.2.2. Das zwischen Arbeit und Privatleben ausbalancierte Lebenskonzept (Typ II) 206
Fall 1: Die Vielfalt der Möglichkeiten und Interessen innerhalb und außerhalb der Arbeit in einem Lebenskonzept integrieren 208 — Fall 2: Freizeit als Gegenzentrum der Arbeit (vor allem bei kri-

senbetroffenen männlichen Jugendlichen) 212 — Fall 3: Das prekäre Gleichgewicht zwischen Arbeit und Familie bei jungen Frauen 214

3.2.3. Das familienorientierte Lebenskonzept mit nachgeordneter Bedeutung von Arbeit (Typ III) 217

Fall 1: Das traditionalistische Lebenskonzept der „Tochter aus gutem Hause" 219 — Fall 2: Familie als Rückzug und Rückkehr — zum Lebenskonzept vor allem ungelernter Frauen vom Lande 223 — Fall 3: Verwaltungsangestellter als Familienvater in spe — das männliche Pendant mit familienorientiertem Lebenskonzept 226

3.2.4. Das freizeitorientierte Lebenskonzept mit relativ großer Distanz zur Arbeit (Typ IV) 228

Fall 1: Auf großer Distanz zur Arbeit — das Lebenskonzept eines Punks 231 — Fall 2: Aktive Freizeit als Persönlichkeitserweiterung 235

3.3. Identität und Arbeit: zur politischen Bedeutung von Lebenskonzepten Jugendlicher 238

Zur These über einen drohenden Verlust von Zeitbewußtsein und Orientierungsfähigkeit bei Jugendlichen (eine fällige Korrektur) 238 — Identität durch Arbeit: Übergangsphänomen oder zukunftsweisendes Lebenskonzept 242 — Soziale Faktoren für das Entstehen eines neuen Verhältnisses zur Arbeit 245 — Identität als Ideologie? Zum wachsenden Widerspruch zwischen steigender individueller Identitätsrelevanz und abnehmendem Vergesellschaftungspotential der Arbeit 248

4. Exkurs: Freizeitorientierungen und Freizeitverhalten von Jugendlichen 257

4.1. Materielle und zeitliche Bedingungen der Lebensgestaltung außerhalb der Arbeit 257

4.2. Typische Formen der Lebensgestaltung außerhalb der Arbeit (dominante Orientierungen) 259

4.2.1. Die berufsbezogene Freizeitorientierung 261
4.2.2. Die Hobbyorientierten 265
4.2.3. Die an Vielseitigkeit Interessierten 269
4.2.4. Die Erlebnisorientierten 272
4.2.5. Die familienbezogene Freizeitorientierung 275
4.2.6. Die Regenerationsorientierten 279

4.3. Der lange Arm von Arbeit und Sozialisation: Freizeitorientierungen vor dem Hintergrund von Arbeitserfahrungen und Biographie 281

5. Das Verhältnis Jugendlicher zur Gewerkschaft .. 289

5.1. Theoretische Bezugspunkte der Analyse 289

5.2. Gewerkschaft aus der Sicht Jugendlicher: eine notwendige, aber ferne Institution 298

Keine Frage: die Notwendigkeit der Gewerkschaften 298 — Gewerkschaftliche Aufgabenfelder 301 — Gewerkschaftliche Durchsetzungschancen 303 — Gewerkschaft als Organisation 305

5.3. Typische Bezugsweisen auf Gewerkschaft — Formen der Nähe und Distanz 307

5.3.1 Zielsetzung der Typologie und Kriterien der Zuordnung 307

5.3.2. Gleichgültig gegenüber Gewerkschaft — der Typ des „Indifferenten" 314

Fallbeispiele 316

5.3.3. Im Mittelpunkt das eigene materielle Interesse — der Typ des „Instrumentellen" 319

(a) Variante: Die Gewerkschaft im individuellen Interessenkalkül nutzen 321 — Fallbeispiele 322 — (b) Variante: Die Gewerkschaft bringt im individuellen Interessenkalkül keinen Vorteil 327 — Fallbeispiele 329

5.3.4. Inhaltliche Nähe zur Gewerkschaft und Bereitschaft zum Engagement — der Typ des „Interessierten" bzw. „Engagierten" 333

Gewerkschaftlich interessierte Jugendliche — Fallbeispiele 334 — Gewerkschaftlich engagierte Jugendliche — Fallbeispiele 340

5.3.5. Engagement, Rückzug und Distanz — der Typ des „Enttäuschten" 344

Fallbeispiele 346

5.3.6. In dezidierter Opposition zur Gewerkschaft — der Typ des „Gegners" 350

Fallbeispiel 351

5.4. Gewerkschaftserfahrungen Jugendlicher 353

5.4.1. Brüche in der Tradition: zum Bedeutungsverlust familial vermittelter Gewerkschaftserfahrungen 354

5.4.2 Gewerkschaft im unmittelbaren Erfahrungsfeld der Jugendlichen 362

Weit verbreitet: der Mangel an konkreten Gewerkschaftserfahrungen 363 — Wenig motivierend: Gewerkschaftserfahrungen im betrieblichen Alltag 369

5.5. Jugendliche auf Distanz — neue Herausforderungen für gewerkschaftliche Politik im Jugendbereich 375

Anmerkungen 389
Literaturverzeichnis 411

1. Arbeit und Identität bei Jugendlichen

1.1. *„Ende der Arbeitsgesellschaft", Wertewandel und abnehmende subjektive Bedeutung von Arbeit — theoretische und politische Bezugspunkte der Untersuchung*

Seit gut einem Jahrzehnt können wir in den entwickelten bürgerlichen Gesellschaften eine breite wissenschaftliche und politische Debatte über die „Krise" oder gar das „Ende der Arbeitsgesellschaft" verfolgen. Die in dieser Debatte von Ökonomen, Soziologen, Psychologen und unterschiedlichen Kulturwissenschaftlern vorgetragenen Interpretationen über die gesellschaftliche Entwicklung bildet den theoretischen, die in der Diskussion thematisierten Wandlungstendenzen im Vergesellschaftungsmodus des Individuums den realen Bezugspunkt für die empirische Klärung der Frage, welchen subjektiven Bedeutungsgehalt Arbeit und Beruf im Selbstfindungsprozeß von Jugendlichen heute (noch) hat und was dazu für die Zukunft zu erwarten ist.

Den Kern der bis heute keineswegs abgeschlossenen Debatte bildet der Streit darüber, ob und wie weit über den Bereich der Erwerbsarbeit die gesellschaftlichen Verhältnisse in ihrer doppelten Gestalt als Sozialstruktur und institutioneller Rahmen und als individuelles Sozialverhalten und Gesellschaftsbewußtsein noch bestimmt würden, oder ob wir von einem grundsätzlichen Entwicklungsbruch im Vergesellschaftungsmodus ausgehen müßten (vgl. zu dieser Debatte u.a. Beck 1985, Matthes 1983, Offe 1984). Im Zusammenhang unseres Themas interessiert hier vor allem die Frage, wie weit sich das, was man *individuelle* und *kollektive* gesellschaftliche Identität von Jugendlichen nennen könnte, noch auf die Erwerbsarbeit bezieht.

Wertewandel und die Abkoppelung der Moralentwicklung von der Erwerbsarbeit (Thesen und Argumente im Umfeld der neuen Jugenddebatte)

Die Diskussion über die „Krise der Arbeitsgesellschaft" ist zu großen Teilen auf die subjektiv-normative Seite gerichtet, mit der These, daß das gesellschaftliche Verhalten der Individuen immer weniger (oder überhaupt nicht mehr) über die verinnerlichten Normen der Arbeit oder über Arbeits- und Erwerbsinteressen gesteuert werde. Sie ist insofern in erster Linie eine Diskussion über die Wandlungen und Gefährdungen der normativen Grundlagen der gegenwärtigen Gesellschaft, über die Veränderung von Bedürfnis- und Motivationsstrukturen sowie von Verhaltensweisen. Zum Teil geht sie explizit auf Jugendliche als Träger des Wandels ein (z.B. Inglehart), zum Teil wird implizit deutlich, daß die veränderten Verhaltensweisen und Normen vor allem von der nachwachsenden Generation repräsentiert werden. Da sie sowohl in der allgemeinen politischen Diskussion als auch in der Jugendforschung eine erhebliche Resonanz gefunden haben, wollen wir die in unserem Zusammenhang interessantesten Argumentations-Varianten in dieser Diskussion aufgreifen und erörtern.

Am wohl radikalsten haben in jüngerer Zeit A. Gorz mit seinem Buch „Wege ins Paradies" (1983) und A. Schaff mit seinem letzten Bericht an den Club of Rome (1985) die gesellschaftliche Prägekraft der Arbeit in Frage gestellt. Für beide ist das „Absterben der Arbeit" (Schaff 1985, S. 49) bzw. das „Ende der Arbeitsgesellschaft" (Gorz 1983, S. 53) aufgrund des rapiden Produktivitätsfortschritts und der ihm folgenden starken Verkürzung der Arbeitszeit eine beschlossene Sache. Auch wenn sie von entgegengesetzten Vorstellungen über die Qualität der verbleibenden Rest-Arbeit ausgehen — Gorz mutmaßt hier eine weitgehende Vereinfachung auf Jedermannstätigkeiten, Schaff eher eine Egalisierung der Arbeit auf dem Niveau hochqualifizierter, kreativer Tätigkeit —, so ist das zeitliche Gewicht der Arbeit im Leben der Menschen bereits so gering, daß sie keinen strukturierenden Einfluß auf das Sozialverhalten der Menschen mehr nehmen kann. Die eigentliche Sphäre von Sinnstiftung und Selbstbewußtsein liegt jenseits der Erwerbsarbeit in dem reichen und vielfältigen Feld kreativer kultureller und sozialer Tätigkeiten.

Eine ähnliche, nur stärker positiv auf die Freizeit- und Konsumsphäre zentrierte Argumentation finden wir bei Autoren, die eher vom subjektiven Bedeutungsverlust der Arbeit für die individuelle Lebensgestaltung her argumentieren. Sie leiten ihre Annahme der subjektiv-normativen Randständigkeit der Arbeit — wie man an dem Resümee Offes (1984, S. 28ff.) ablesen kann — vor allem daraus ab, daß „der Anteil der Lebensarbeitszeit an der Lebenszeit säkular zurückgeht und insbesondere (neben verlängerten Phasen vor dem Eintritt in das und nach dem Ausscheiden aus dem Arbeitsleben) eine wachsende, neben der Arbeit gleichsam herlaufende Freizeit tritt und zunehmend treten wird, für welche andere als die aus der Arbeit mitgebrachten Erfahrungen, Orientierungen und Bedürfnisse maßgeblich sind" (Offe, 1984, S. 30). Sie relativiert die Funktion der Arbeit als Orientierungspunkt für den Aufbau der individuellen und kollektiven Identität so weit, daß Offe von einer „moralische(n) Veräußerlichung und subjektive(n) Belanglosigkeit der Arbeitssphäre" (S. 29) meint sprechen zu können.[1]

Ähnlich radikal nimmt Opaschowski „Abschied vom Arbeitsethos" (1985, S. 151). Zwar hat für ihn die Arbeit auch in ihrer Bedeutung für persönliche Identitätsbildung und Sinnfindung nicht völlig ausgedient. Die an der Gegenwart erkennbare Zukunft aber gehört für ihn eindeutig den Werten der Freizeit. Diese „erweist sich als der eigentliche Motor des Wertewandels. Sie verändert das individuelle Bewußtsein und bringt das gesellschaftliche Wertesystem — auch in der Arbeitswelt — in Bewegung" (S. 148). Die Richtung dieser Bewegung heißt Spaß und Lebensgenuß neben oder anstelle von Leistung und Pflichtbewußtsein.

Hier liegen Berührungspunkte mit den diversen theoretischen und empirischen Thesen über einen universellen Wertewandel, mit denen Anfang der 80er Jahre jugendliche Protestaktionen sowie die Hinwendung Jugendlicher zu Alternativen und Grünen Parteien zu erklären versucht wurden. Hier hat vor allem die These R. Ingleharts über eine zunehmende Orientierung der jungen Generation an sogenannten postmaterialistischen Werten anstelle der bis dato dominierenden materiellen großen politischen und publizistischen Einfluß gehabt (vgl. etwa Enquete-Kommission 1982). Seine Behauptung, daß sich in der Genration nach dem Zweiten Weltkrieg zunehmend eine Orientierung an (postmaterialistischen) Werten, die auf Bedürfnisse nach Selbstverwirklichung, intellektueller und ästhetischer Befriedigung, politischer Partizipation und sozialer Anerkennung zielen, ausbreite, während früher (materialistische) Wertorientierungen vorherrschten, die sich auf physische Versorgung und materielle Sicherheit beziehen, stützt Inglehart nicht allein auf von ihm erhobene empirische Befunde. Vielmehr sieht er sie in der gesellschaftlichen Entwicklung zu mehr Wohlstand und Freizeit selbst begründet (vgl. im einzelnen dazu Inglehart 1977, 1981; zur Kritik Baethge / Schomburg / Voskamp 1983).

Einen neuen Akzent bringt U. Beck in die Debatte, indem er in einer sehr komplexen Argumentation die auch bei anderen anzutreffenden, längerfristigen strukturellen Veränderungsmerkmale mit den destruktiven Wirkungen und dem moralischen Verschleiß des Industriesystem in den letzten beiden Jahrzehnten verknüpft. Er geht davon aus, daß der „industrielle Fortschrittskonsens", der über alle Klassengrenzen hinweg die bundesrepublikanische Entwicklung in den 50er und 60er Jahren getragen habe, in den 70er Jahren angesichts der zunehmend deutlicher hervortretenden zerstörerischen Wirkungen der Industrieproduktion auf die äußere und innere Natur des Menschen zu zerbrechen begonnen hat. Dies verstärkt für Beck die universelle Tendenz zu einer individualistischen Suche nach Selbstverwirklichung jenseits der traditionellen Normierungssysteme von Arbeit (und Ehe), die als Konsequenz der „Enttraditionalisierung von Klassenkulturen und der Auflösung sozial-moralischer Lebensmilieus im Zuge des Wirtschaftsaufschwungs und der wohlfahrtsstaatlichen Nachkriegsentwicklung in den westlichen Massendemokratien" (Beck 1984, S. 55) zu interpretieren sei. Als der eigentliche Verlierer im Kampf um die Besetzung individueller Lebensentwürfe erscheint die Arbeit, da sich — wie Beck bündig formuliert — „nun persönliche Identität aus der Berufsrolle herauszulösen (beginnt)" (ebenda, S. 57). Das Interesse an Erwerbsarbeit steige zwar, verursacht wesentlich durch die steigende Erwerbsbeteiligung der Frauen, gleichzeitig aber lockere sich die Bindung an die Arbeit.

Bei einem Teil der Autoren, vorrangig aus dem Dunstkreis konservativer Kulturkritik, wird der *Wertewandel* als Keim des Verfalls der bürgerlichen Ordnung thematisiert. Aus dem Chor dieser Stimmen hebt sich die von E. Noelle-Neumann besonders klar heraus. In ihrem Briefwechsel mit B. Strümpel konstatiert sie einen dramatischen Rückgang des Engagements an Arbeit und Beruf vor allem in der jungen Generation, eine zunehmende Distanzierung von ihnen, die sich mit einer erhöhten Freizeitorientierung verbinde, und malt als Konsequenz die Infragestellung der Wettbewerbsfähigkeit der bundesrepublikanischen Wirtschaft auf dem Weltmarkt an die Wand, da die Deutschen sich anschickten, ihr wertvollstes Pfand, Fleiß und Arbeitslust, zu verspielen (vgl. Noelle-Neumann / Strümpel u.a. 1984, S. 232ff., S. 207ff.). Kmieciak assistiert ihr mit der Behauptung einer Tendenz zu einer „konsistent feststellbaren Rangreduktion von Berufs- und Leistungsorientierungen zugunsten einer privatistisch-hedonistischen Haltung" (Kmieciak 1976, S. 463), die allerwärts bei Politikern, Unternehmern und Gewerkschaftern nur Unruhe über den Zerfall der Arbeitsmoral hervorrufen kann.

Im Befund weitgehend mit Noelle-Neumann übereinstimmend, in seiner Bewertung aber konträr zu ihr, sieht auch B. Strümpel eine „gewachsene innere Distanzierung von der Erwerbsarbeit" (in: v. Klipstein/Strümpel 1985, S. 8), ein Nachlassen des beruflichen Engagements: „Die auf das berufliche Engagement fixierten Lebensweisen und Weltanschauungen gehen stark geschwächt aus dem Prozeß des mittelfristigen sozialen Wandels hervor" (Noelle-Neumann/Strümpel, S. 22). Er sieht im Bewußtsein der jungen Generation eine „ökonomische Abrüstung", die gerade noch eine „Gleichgewichtsethik" zwischen Arbeit und Freizeit hervorbringen kann.[2]

Die hier skizzierten weitreichenden Thesen zum Bedeutungsgehalt von Arbeit für die junge Generation hat nicht nur Politiker, Manager und Gewerkschafter aufgestört. Ein Großteil der pädagogischen Jugendforschung scheint aus ihnen den Schluß gezogen zu haben, daß die Beziehung zur Arbeit ein überholter Forschungsgegenstand sei.[3] Dies könnte berechtigt sein, wenn die Arbeit für Jugendliche tatsächlich in der behaupteten Weise innerlich randständig geworden sein sollte. Dann wäre weder damit zu rechnen, daß ihr individuell noch sehr viel Sinn für die eigene Lebensplanung abgewonnen werden könnte, noch wäre von ihr zu erwarten, daß sie den Kristallisationspunkt für kollektive Identitätsbildung und politische Engagementbereitschaft bilden könnte. Da es sich gerade bei den Thesen zur Arbeitsmoral vorrangig um empirische Aussagen handelt, stellt sich die Frage nach ihrer historischen empirischen Gültigkeit. Es stellt sich die Frage, ob es tatsächlich die Erwerbsarbeit an sich ist, die aufgrund ihres quantitativen Rückgangs als zentraler Bezugspunkt für persönliche Identitätssuche und individuelle Lebensentwürfe ausgedient hat, oder ob ein bestimmtes Konzept von Erwerbsarbeit, das schon immer denkbar wenig tauglich für Identitätsbildung war, weil Zwang und Entfremdung in ihm vorherrschend sind, immer mehr ins Abseits gerät. Diese begriffliche Differenz, die kaum einer der Autoren systematisch berücksichtigt[4], macht einen Unterschied ums Ganze, weil je nach dem, bis zu welchem Grade welche der beiden Möglichkeiten sich als richtig erweisen sollte, sich völlig verschiedene Probleme und Handlungsperspektiven ergeben würden.

Wenn wir gegenüber den vorgetragenen Vorstellungen zur Strukturentwicklung Einwände geltend machen, so geschieht dies nicht, um das „Absterben der Arbeit" (Schaff) künstlich zu verlängern; auch wir gehen davon aus, daß das Gewicht der Arbeit im Lebensverlauf abgenommen und daß sich das Verhältnis der Individuen zur Arbeit gewandelt hat. Wir sehen nur die Entwicklungsbedingungen anders. Und über sie wollen wir uns mit der Auseinandersetzung Klarheit verschaffen, um bei der empirischen Analyse des Verhältnisses von Jugendlichen zur Arbeit von realistischen Annahmen ausgehen zu können.

Einwände (I): Bedenken gegen die Vorstellungen zur gesellschaftlichen Strukturentwicklung. Vor einer Neubewertung der Arbeit?

Die Mehrzahl der referierten Argumentationen bewegt sich auf der Ebene struktureller Aussagen zum Zusammenhang von objektiven Veränderungen im Bereich der Arbeit und Annahmen über deren subjektive Wirkung. Sie gewinnen ihre Stichhaltigkeit und Überzeugungskraft nur aus der offensichtlichen Plausibilität der Zusammenhangslogik. Bei derartigen Strukturaussagen gehen oft Annahmen ein, die empirisch und historisch keineswegs mehr unumstritten sein müssen.

Gegenüber allen Annahmen einer rapiden Reduzierung der Arbeitszeit, wie wir sie bei Gorz und Schaff, aber auch bei Theoretikern der Freizeit- und Konsumgesellschaft antreffen, bleibt eine Prüfung des tatsächlich zu erwartenden Tempos der Produktivitätssteigerung und der ihr entsprechenden Schrumpfung des Arbeitsvolumens ratsam. Nach allem, was wir aus der empirischen Forschung heute über die Anwendung der Mikroelektronik wissen[5], auf die sich Autoren in diesem Zusammenhang zu berufen pflegen, überschlägt sich die Produktivitätsentwicklung nicht, kommt es aus technologischen Gründen nicht zu einer schlagartigen Verringerung des gesellschaftlichen Arbeitsvolumens.

Ähnliches gilt für den Wandel der inhaltlichen Struktur der Arbeit. Was sich aus der Betrachtung der Anwendungsformen neuer Technologien für die künftige Struktur der gesellschaftlichen Arbeit ablesen läßt, stützt weder die Gorz'sche These einer breiten Banalisierung der Arbeit (vgl. hierzu Kern/Schumann 1984, S.

320ff.) noch Schaffs erwartete Egalisierung der Arbeit auf dem Niveau hochqualifizierter, kreativer Tätigkeiten. Wahrscheinlich ist vielmehr, daß es zu einer langsam fortschreitenden Zurückdrängung (eventuell sogar Ausschaltung) unqualifizierter Arbeit und zu einem Bedeutungsanstieg von fachlich qualifizierten Tätigkeiten kommen wird, die in sich nach Berufen und Sektoren stark differenziert sind. Dies bedeutet, daß wir, bezogen auf die Tätigkeitsinhalte, von denen wir annehmen, daß sie für die Frage der individuellen Identifikation mit Arbeit eine hohe Bedeutung haben, auf absehbare Zeit nicht mit einem einheitlichen Zuschnitt werden rechnen können, weder auf einheitlich hohem noch auf einheitlich niedrigem Niveau.

Damit sind wir bereits bei dem zentralen Einwand. Er richtet sich gegen die mangelnde Differenzierung und die zu statische Betrachtungsweise in den Argumentationen zur moralischen Qualität der Arbeit und zum individuellen Arbeitsbewußtsein. Die für die angeführten Beiträge zum Bewußtseins- und Wertewandel konstitutive Entgegensetzung von Arbeit und Freizeit (bzw. Tätigkeiten außerhalb der Erwerbsarbeit) könnte sowohl in bezug auf die Gültigkeit als auch hinsichtlich der Genese von Normen und Orientierungen einem allzu schlichten Strickmuster und einer einseitigen historischen Optik folgen.

Hinsichtlich der Gültigkeit der Zentralität von Arbeit ist von der neueren Frauenforschung immer wieder zu Recht darauf hingewiesen worden, daß die Zentrierung der individuellen Lebensperspektiven und Sinnfindung auf Erwerbsarbeit sowie des damit verbundenen dominanten Modus der sozialen Integration vor allem das Sozialisationsmuster für den männlichen Teil der Bevölkerung darstellte — gleichwohl damit das gesellschaftlich herrschende war —, demgegenüber seien die weiblichen Sozialisationsmuster traditionell vorrangig hausarbeits- und familien-, nicht aber erwerbsbezogen gewesen — und seien dies im erheblichen Maße, wenn auch in abgemilderter Form, bis heute noch. Wobei sie sowohl einen anderen Arbeitsbegriff als den durch die Erwerbsarbeit vorgegebenen der Lohnarbeit beinhalteten als auch die einseitige Zentrierung der Lebensperspektive auf Arbeit in Frage stellten (vgl. Ostner 1979).

Dies ist nur die eine Seite notwendiger Einschränkung der Gültigkeit des normativen Primats der Arbeit. Die andere zielt auf die historisch wie aktuell berechtigten Zweifel daran, daß — normativ und sozialisationstheoretisch betrachtet — Erwerbsarbeit so etwas wie ein eindimensionales und über Raum und Zeit bzw. über die

Entwicklungsgeschichte des Kapitalismus und über das breite Spektrum der gesellschaftlichen Arbeitsfelder hinweg mit sich selbst identisches Konzept sei, wie es etwa mit dem Verweis auf die Allgemeingültigkeit des Leitbildes der „protestantischen Ethik" und der aus ihr abgeleiteten Tugenden in dieser Diskussion scheint. Solche Eindimensionalität und Identität scheint uns aber zumeist in der Gegenüberstellung von Arbeit und Freizeit selbst in den theoretisch ambitioniertesten Ansätzen unterstellt zu werden, wenn die mitgedachten normativen Konnotationen dieses Gegensatzes sich in Begriffspaaren wie Zwang-Freiheit, Pflicht-Neigung, Fremdbestimmung-Selbstbestimmung, Eintönigkeit-Vielseitigkeit,(Zweck-)Rationalität-Expressivität und ähnlichen abbilden lassen. Selbst wenn die institutionelle Zwecksetzung der kapitalistischen Betriebe (als die sturkturbestimmenden Zentren der Erwerbsarbeit) auf die Optimierung der Zweck-Mittel-Relation angelegt ist und seine Organisationsprinzipien in Fremdbestimmung, Disziplin, Pflichterfüllung u.ä. fundiert sind, so muß das, was die Menschen mit ihrer Arbeit verbinden und was sie in ihr erfahren, nicht mit den Organisationsprinzipien identisch sein, sich vor allem nicht in ihnen erschöpfen. Aus vielen industriesoziologischen Studien, von Elton Mayo bis zu Kern/Schumann, wissen wir, daß dies tätsächlich nicht der Fall ist. Der Lohnarbeiter ist im Betrieb eben nicht nur Arbeitskraft, sondern immer auch gleichzeitig Subjekt, und entsprechend mehrdimensional erlebt und erfährt er die Arbeit.[6]

Auch innerhalb des Sektors privatwirtschaftlich organisierter Erwerbsarbeit ist es sehr unwahrscheinlich, daß gleiche regulative Organisationsprinzipien der Arbeit zu identischen Arbeitserfahrungen und Verhaltensnormen führen. Verwertungsinteresse und Zweck-Mittel-Optimierung finden in unterschiedlichen Sektoren privatwirtschaftlicher Arbeit unterschiedliche Ausdrucksformen in der unmittelbar erfahrenen Arbeitsorganisation, die dem jeweiligen Inhalt der Tätigkeit geschuldet sind. Ein privatwirtschaftliches Forschungsunternehmen zum Beispiel oder ein Software-Hersteller, die von ihren Mitarbeitern Kreativität und Innovationsfähigkeit verlangen müssen, sind sicherlich schlecht beraten, diesen eine rigide und ihren Bewegungsspielraum stark einengende Arbeitsdisziplin aufzuherrschen, die für Produktionsbetriebe zur Herstellung von Massenartikeln funktional unerläßlich (gewesen) sein mag.[7] Wie sehr insgesamt die sozialisatorischen Wirkungen der Arbeit vom Grad der Komplexität des Aufgabenzuschnitts, mithin einer Variablen der Arbeitsorganisation, abhängig ist, wird nicht zuletzt durch die empirischen Untersuchungen von M. L. Kohn zum Verhältnis von Arbeit und Persönlichkeit (Kohn 1985) eindrucksvoll demonstriert. Da nach unseren eigenen Studien (vgl. Kern/Schumann 1984, Baethge/Oberbeck 1986) von der verstärkten Nutzung der neuen Technologien eher eine Tendenz zur Erhöhung der Aufgabenkomplexität innerhalb der abhängigen Arbeit als zu deren weiterer Reduzierung ausgeht und sich gleichzeitig eine weitere Automatisierung gering qualifizierter Tätigkeiten abzeichnet, ist es wohl nicht (mehr) sehr überzeugend, den traditionellen Typ hochgradig fragmentierter und fremdbestimmter Fabrikarbeit theoretisch zum generellen Modellfall für die Analyse des Verhältnisses von Arbeit und Identitätsbildung zu machen, wie es in den bisherigen Konzeptualisierungen des Gegensatzes von Arbeit und Freizeit mehrheitlich noch geschieht.[8]

Einwände (II): Gesundbeten der Vergangenheit genügt nicht zur Gegenwartsanalyse (Irrtümer der Kulturkritik)

Wahrscheinlich haben seit Beginn der bürgerlichen Gesellschaft neben und unterhalb der allgemeinen, gleichwohl konkret verbindlichen positiven Normierung der Arbeit als Pflicht und Aufgabe mehrere unterschiedliche Arbeitsmoralkonzepte für die je individuelle Persönlichkeitsintegration bestanden und sich bis heute weiter ausdifferenziert, weil weder alle Arbeit den Charakter von Lohnarbeit hatte noch diese in ihren Erscheinungsformen gleich blieb; sie hat sich intern gewandelt. Dies außer acht lassend, treiben die kulturkritischen Beiträge zum Verfall der Arbeitsmoral die historische Invarianz und die inhaltliche Eindimensionalität des normativen Konzepts von Arbeit auf die Spitze. Die von E. Noelle-Neumann ihrem Verdikt, daß die Jugendlichen ein distanziertes Verhältnis zur Arbeit hätten (Noelle-Neumann/Strümpel 1984, S. 185), zugrundegelegte allgemeingültige Norm einer „Opferethik" (Strümpel) von Pflicht, Fleiß und Einsatzbereitschaft[9] übersieht zwei Entwicklungen:

— Auf der Ebene der Subjekte wird ein historischer Trend unterstellt, an dessen Ausgangspunkt der Arbeit im Zweifelsfalle die höchste Priorität im Lebenszusammenhang zugestanden wurde, der „man vieles opferte". Moralische Qualität kann eine solche Prioritätensetzung nur beanspruchen, wenn sie freiwillig, aus innerem Antrieb und nicht aus äußerem Zwang heraus erfolgt. Dies für die Mehrheit der abhängig Beschäftigten bei zum Teil extrem fremdbestimmten Arbeitsverhältnissen anzunehmen, erscheint uns eher als die Umdeutung eines Zwangsverhältnisses in eine positive Arbeitsmoral, als Umdeutung von Not in Tugend, denn als eine angemessene Beschreibung des inneren Verhältnisses zur Arbeit. Vielleicht ist der tatsächliche Wandel der Verhältnisse darin zu sehen, daß heute mehr Menschen nicht zuletzt auch aufgrund eines breit angehobenen Bildungsniveaus die Möglichkeit haben (und vor allem Jugendliche an sie auch glauben), sich offener und selbstbewußter, stärker selbstbestimmt zur Arbeit verhalten zu können als früher und nicht mehr so sehr eine von äußeren Zwängen diktierte Moral verinnerlichen zu müssen.

— Auf der Ebene der Arbeitsstrukturen wird die ungebrochene funktionale Gültigkeit und Sinnmäßigkeit der traditionellen Arbeitsmoral von Fleiß, Pünktlichkeit, Präzision und Einsatzbereitschaft von der Entwicklung der Arbeit selbst in Frage gestellt. G. Schmidtchen hat darauf aufmerksam gemacht, daß die Vernachlässigung der neuen Arbeitsstrukturen bei den empirischen Analysen der Umfrageforschung die „in der Öffentlichkeit breitdiskutierte Fehldiagnose", die Arbeitsmoral der Deutschen sinke, hervorgebracht habe. „Fleiß alter Schule, eine reine Stückzahlmoral, wird hinfällig, wenn die Automaten fleißig sind. Präzision wird nicht mehr individuell, sondern durch die Organisation der Maschinenarbeit geleistet. Der Moral werden mehr und mehr die alten Ansatzpunkte entzogen, aber die für jede Interaktion notwendigen Tugenden finden neue Vergegenständlichungen" (G. Schmidtchen in: Gehrmann 1986, S. 145). Ist es schon historisch sehr fraglich, ob es eine einzige durchgängige Arbeitsmoral im Sinne eines für alle Berufsbereiche in gleicher Weise gültigen Verhaltenskanons jemals gegeben hat, so wird man gegenwärtig eine solche Möglichkeit angesichts zunehmender Heterogenität von Arbeits- und Berufsstrukturen vollends verneinen müssen. Das heißt sicherlich nicht, daß die sogenannten traditionellen Arbeitstugenden jegliche Gültigkeit eingebüßt hätten, aber ihr Geltungsbereich ist deutlich eingeschränkt, sie haben Konkurrenz von anderen Verhaltensnormen bekommen wie Offenheit, Aufgeschlossenheit gegenüber Neuem, Kreativität, Risikobereitschaft, Selbständigkeit, Einfühlungsvermögen u.a., die sich psychodynamisch mit jenem alten Pflichtethos, dem immer auch ein gerüttelt Maß an Organisationsdisziplin eigen war, nicht umstandslos verbinden lassen. Aber es ist unübersehbar, daß, je weiter die Verwissenschaftlichung und das Abstraktwerden der Arbeit voranschreitet und je mehr sich die Erwerbsstruktur zu den Dienstleistungen hin wandelt, desto stärker das Gewicht der „neuen Arbeitstugenden" und desto schmaler das Terrain der Tätigkeitsbereiche wird, in denen jene alte Arbeitsmoral vorrangig nachgefragt wird und noch dominiert. G. Schmidtchens Formel von einer „moralischen Reorganisation" der Arbeit (G. Schmidtchen in: Gehrmann 1986, S. 149) trifft unseres Erachtens die Problemlage sehr viel besser als die Rede vom Zerfall der bürgerlichen Arbeitswerte.

Wenn sowohl von den subjektiven Voraussetzungen als auch von den arbeitsstrukturellen Anforderungen her die moralischen Traditionsbestände der Arbeit brüchig geworden sind, macht es wenig Sinn, die wissenschaftlichen Urteile über Einstellungen und Orientierungen in Kategorien eben dieser Tradition zu formulieren, wie es auf der kulturkritischen Bank in der „neuen Jugenddebatte" geschieht. Dann könnte auch das, was dort als „distanziertes Verhältnis zur Arbeit" denunziert wird, durchaus positive Momente eines selbstbewußten und selbstbestimmten neuen Verhältnisses zur Arbeit andeuten. Aus der Rollentheorie wissen wir, wie sehr zu einem guten Rollenspielen neben der Identifikation auch die Rollendistanz gehört. Die in der „Opferethik" geforderte Totalidentifikation mit der jeweiligen Berufsrolle bricht sich nicht zuletzt an den Postulaten der beruflichen Mobilität und Flexibilität, dem Sich-Einstellen-Können auf unterschiedliche Berufsrollen und -situationen und organisatorische Kontexte. Für die berufliche Selbstbehauptung des einzelnen scheint von der Verfassung der Arbeit her weniger das traditionelle Pflichtethos als vielmehr eine *professionelle Moral,* die in Fachkompetenzen, der Bereitschaft zu ihrer ständigen Überprüfung und Erweiterung und der Fähigkeit zum situationsangemessenen, flexiblen Umgang mit Organisationsnormen fundiert ist, angesagt zu sein. Dies bringt sicherlich auch neue Orientierungs- und Verhaltensprobleme mit sich, die aber nicht von vornherein als Ausdruck eines geringeren Engagements an Arbeit zu interpretieren sind.

Schließlich ist in diesem Zusammenhang auch das unterstellte Bild der Gegenseite, der Freizeit oder Nichtarbeit, in seiner positiven Entgegensetzung in Frage zu stellen. Seit den Arbeiten der Frankfurter Schule zur Kulturindustrie wissen wir, daß es auch in der Freizeit ein hohes Maß an Fremdbestimmung gibt und die formal freie Verfügung über die eigene Zeit vielfach durch vorgeprägte Angebote und kulturelle Moden inhaltlich in ihr Gegenteil verkehrt wird.

Spätestens die neueren Studien der Frauenforschung haben uns die Augen dafür geöffnet, daß Hausarbeit unter Umständen sehr viel eintöniger ist und unter mehr äußerem Zwang stehen kann als Berufstätigkeit. Und spätestens seit den mit viel idealistischem Elan gestarteten und häufig in viel Frustration geendeten Projekten eines alternativen Wirtschaftens, das sich in seinen ambitioniertesten Konzepten die Überwindung des Gegensatzes von Arbeit und Freizeit zum Ziel gesetzt hat, ist nicht mehr zu übersehen, daß Selbstbestimmung in der Arbeit zumindest im Kontext einer kapitalistischen Wirtschaft nicht mit Entfaltung der intellektuellen und beruflichen Kompetenzen verbunden sein muß, sondern unter Umständen auch deren Brachlegung bewirken kann.[10]

Weniger als je zuvor also geht unter Sozialisationsgesichtspunkten die Doppelgleichung Freizeit = Freiheit und Selbstbestimmung, Arbeit = Zwang und Fremdbestimmung auf, und wir haben genügend Anlaß, uns bei der empirischen Analyse von Bewußtseins- und Wertewandel aus der perspektivischen Verengung der Entgegensetzung von Arbeit und Freizeit zu lösen und nicht nur auf das raumzeitliche Feld der sozialen Orientierung, Arbeit oder Freizeit, zu blicken, sondern darauf, welche inhaltlichen Optionen sich jeweils mit welchem Feld verbinden.

1.2. Arbeit und Identität: begriffliche und methodische Probleme des Untersuchungskonzepts

Die Unsicherheit über die moralische Qualität der Arbeit und über das Arbeitsverständnis und -verhalten der Jugendlichen in der aktuellen sozialwissenschaftlichen Diskussion verweisen auch auf grundlegende theoretische und methodische Probleme sowohl in der begrifflichen Definition von Identität im Zusammenhang mit Erwerbsarbeit als auch in der empirischen Erfassung des Zusammenhangs. Ein Blick in die Literatur zeigt, daß fast jede Abhandlung zum Thema mit einem anderen Begriff von Identität und jede empirische Untersuchung mit anderen Indikatoren und Aspekten der Arbeit (z.B. Ausbildung, inhaltliche Komplexität, Kontrolle, Stress) operiert.

Tatsächlich wird man einräumen müssen, daß bis heute eine kategorial überzeugende und empirisch gehaltvolle Theorie der subjektiven Bedeutung von Erwerbsarbeit im Lebenszusammenhang fehlt, die ein sicheres Fundament für empirische Untersuchungen abgäbe und von der wir die zentralen Indikatoren entleihen könnten, um die Wirkungsweise zu erfassen, in der Erwerbsarbeit in ihrem Doppelcharakter als nützliche individuelle Tätigkeit und als Lohnarbeit die Persönlichkeitsentwicklung prägt. Eine Ursache für diesen grundlegenden theoretischen Mangel mag darin liegen, daß die Wissenschaftsdisziplinen, die sich des Themas von entgegengesetzten Seiten (einmal Arbeit, das andere Mal Persönlichkeitsentwicklung) annehmen könnten — und dies zum Teil auch tun —, nämlich die Sozialisationstheorie und Industriesoziologie, in ihren theoretischen Konzepten sehr weit voneinander entfernt sind. Für die psychoanalytische und für große Teile der psychologischen (kognitivistischen) Sozialisationstheorie galt zumindest bis vor kurzem, daß sie die Entwicklung des Ich zu dem Zeitpunkt als weitgehend abgeschlossen angesehen hat, an dem die Erwerbsarbeit als unmittelbare Erfahrung und als Auseinandersetzungsbereich dem Individuum entgegentritt.

In der Soziologie läßt sich im letzten Jahrzehnt zwar eine Annäherung zwischen Sozialisationstheorie und Industriesoziologie feststellen, die zu wichtigen Untersuchungen geführt hat, aus denen wir Auskunft über Zusammenhänge zwischen Merkmalen der Arbeits- und Berufssituation auf der einen und Persönlichkeitsmerkmalen auf der anderen Seite erhalten, die auch für die Identitätsbildung relevant sind. (Einen guten Überblick über den aktuellen Forschungsstand gibt der von Hoff/Lappe/Lempert herausgegebene Sammelband „Arbeitsbiographie und Persönlichkeitsentwicklung" 1985.) Über die Beziehung aber zwischen Identität im Sinne eines komplexeren inneren Verhältnisses zur Arbeit und ihrer Integration in das eigene Lebenskonzept und Arbeits- und Berufserfahrung, wissen wir damit noch wenig. Vor allem wissen wir nicht, in welchem Verhältnis die langfristigen beruflichen und die unmittelbar arbeitssituativen Erfahrungen im Betrieb auf die Identitätsbildung wirken (vgl. Kohn 1985). Daß gerade die beruflichen Momente eine hohe Identitätsrelevanz haben, ist aus früheren Studien über Deformationen der Persönlichkeit bei Arbeitslosigkeit bekannt (vgl. Wacker 1976, auch Bonß/Heinz 1984). Um hier wirklich weiterzukommen, wären Längsschnittstudien erforderlich (vgl. auch Kohn 1985), die aber so schwierig und komplex sind, daß es unseres Wissens davon bisher nur die noch nicht abgeschlossene Studie von Hoff, Lappe und Lempert gibt (zu deren Anlage vgl. Hoff/Lappe/Lempert 1982).

Angesichts des skizzierten Forschungsstandes, dessen offene Probleme nicht von einzelnen Untersuchungen gelöst werden können (vgl. Kohn 1985), ist es bei empirischen Studien besonders wichtig, zwei Fragen zu beantworten und offenzulegen,

- von welchem Begriff bzw. Konzept von Identität man ausgeht und
- mit welcher empirischen Vorgehensweise man die Bedeutung von Arbeit für die Identitätsbildung erfassen will.

Im Anschluß an Habermas und Krappmann fassen wir Identität zum einen formal als Kompetenz, sich gegenüber wechselnden und gegebenenfalls inkompatiblen Rollenerwartungen und Lebenssituationen als eine Person handlungs- und interaktionsfähig zu beweisen, die „den Forderungen nach Konsistenz noch genügen kann" (Habermas 1976, S. 95) und darin ihre unverwechselbare Eigenständigkeit ausdrückt. Zum anderen fassen wir Identität inhaltlich als normatives Konzept der Lebensgestaltung und -planung, in dem zusammengefaßt ist, was man mit seinem Leben will, wie und wo man sich bei sich selbst fühlt, von dem her konkrete Handlungs- und Interaktionssituationen gesteuert werden und auf das bezogen, die (stets gefährdete) innere Konsistenz ausbalanciert und zu erhalten versucht wird. Der Begriff der inneren Konsistenz könnte zu dem Mißverständnis führen, als sei mit Identität ein geschlossenes und widerspruchsfreies Konzept von Interpretations- und Handlungsoptionen gemeint. Seit Adornos grundlegender Kritik an der Ideologiehaftigkeit des traditionellen Identitätsbegriffs[11] hat sich in Soziologie und Psychologie zunehmend ein dynamischer Begriff von Identität durchgesetzt, soweit die normative Seite gemeint ist. Dies bedeutet, daß Identität als ein nicht abgeschlossenes, sondern relativ offenes, gleichwohl nicht beliebig wechselndes Konzept der Selbst- und Umweltinterpretation aufgefaßt werden muß, das sich in der Auseinandersetzung mit der Umwelt weiterentwickelt. In Bezug auf die Handlungsfähigkeit des Subjektes kann angesichts der inneren Entwicklungsbedingungen und andererseits der äußeren Realität von wechselnden und gegebenenfalls inkompatiblen Rollenerwartungen sowie unterschiedlichen Normen und Wertvorstellungen nicht von einer rigiden Internalisierung ausgegangen werden, sondern von einer eher prinzipiengeleiteten, flexiblen Internalisierung, die in ihrer entwicklungsbezogenen Dimension eine fortlaufende Kompetenzerweiterung markiert: „Die Ich-Identität des Erwachsenen bewährt sich in der Fähigkeit, neue Identitäten aufzubauen und zugleich mit den überwundenen zu integrieren, um sich und seine Interaktionen in einer unverwechselbaren Lebensgeschichte zu organisieren" (Habermas 1976, S. 95). Döbert / Nunner-Winkler (1975, S. 37) sprechen hier von *prinzipiengeleiteter, flexibler Identität*.

Wir schließen uns also der in den identitätstheoretischen Konzepten unterschiedlicher Richtungen vorgenommenen Annahme an, daß subjekthaftes Handeln ohne die Vorstellung einer inneren Integration von Normen und Werten und einer inneren Kontinuität von Biographie innerhalb wechselnder und vielfältiger sozialer Bezugsgruppen und Rollensysteme nicht denkbar wäre. Analytisch läßt sich nach Habermas und Goffmann unterscheiden zwischen persönlicher Identität, die auf die Kontinuität im Wechsel der individuellen Biographie gerichtet ist, und sozialer Identität, welche die Einheit in der Vielfalt sozialer Bezugsgruppen und Rollensysteme meint, in der sich das Individuum als handlungs- und interaktionsfähig beweisen und als unverwechselbare Person darstellen muß (vgl. Habermas 1973). Beide Seiten der Identität müssen ständig miteinander ausbalanciert werden. Gerade im Zusammenhang mit Erwerbsarbeit wird diese Unterscheidung wichtig.

Welche Bedeutung die Erwerbsarbeit für die Identitätsentwürfe von Jugendlichen und jungen Erwachsenen hat, ist die zentrale Frage unserer Untersuchung. Sie bezieht sich damit in erster Linie auf die normative Seite der Identität, als deren empirischen Ausdruck wir die Lebenskonzepte betrachten, während die Frage der Erweiterung der Kompetenz durch Arbeit weitgehend ausgeklammert ist, da ihre empirische Beantwortung noch ungleich schwerere methodische Probleme aufgeworfen hätte, die im Rahmen einer von praktischen Erkenntnisinteressen getragenen Untersuchung nicht lösbar gewesen wären.[12]

Methodische Probleme: zur Verwechslung von öffentlicher und persönlicher Semantik in der Umfrageforschung

Wie Jugendliche Arbeit in ihr Lebenskonzept einbeziehen, ihre positiven wie negativen Erfahrungen perspektivisch in ihrer Selbstdefinition verarbeiten, verlangt nach unserem Verständnis ein beschreibendes und interpretierendes Verfahren. Zur inneren Bedeutung von Arbeit wird uns von der traditionellen Umfrageforschung kein Zugang eröffnet. Von allen methodischen Problemen abgesehen, auf die wir hier nicht noch einmal eingehen müssen (vgl. Baethge u.a. 1983), sind es vor allem zwei grundsätzliche Mängel, welche die Aussageunfähigkeit der quantitativ-standardisierten Untersuchungen begründen: Sie können uns keine Information über die individuelle Genese von Einstellungen und deren sozialen Kontext geben, und sie sind blind gegenüber dem Realitätsgehalt von erhobenen Meinungen im Sinne von Handlungsverbindlichkeit. Damit bleibt die innere Bedeutung der erhobenen Meinungen im Unklaren. Ein wesentlicher Grund dafür liegt u.E. in den nach den öffentlichen Sprachmustern vorgestanzten Formulierungen, mit denen die Einstellungen notwendigerweise erhoben werden müssen. Das führt dazu, daß man öffentliche Tugend-Ideologeme mit persönlichen Handlungsoptionen verwechselt. Wir wollen dies an den Untersuchungen von E. Noelle-Neumann beispielhaft veranschaulichen.

Noelle-Neumann stützt ihre Auffassung von einer gefährlichen Zerrüttung des subjektiven Verhältnisses zur Arbeit darauf, daß seit den 50er bzw. 60er Jahren die Zahl derer, die

— die Frage: „Glauben Sie, es wäre am schönsten zu leben, ohne arbeiten zu müssen?", positiv beantworten, leicht zugenommen hat (auch wenn es immer noch deutlich die Minderheit bleibt, selbst unter den Jugendlichen);
— auf die Frage: „Welche Stunden sind Ihnen ganz allgemein die liebsten: Die Stunden während der Arbeit oder die Stunden, während Sie nicht arbeiten, oder mögen Sie beide gern?", sich für die Stunden außerhalb der Arbeit entscheiden, deutlich zugenommen hat (vgl. Noelle-Neumann/Strümpel, S. 42f.).

Den Verfall der Leistungsethik binden die Allensbacher Demoskopen außerdem daran, daß zwischen Mitte der 50er und Anfang der 80er Jahre der Anteil derjenigen, die auf eine entsprechende alternative Frage, „ihr Leben genießen" wollen, von 28 % auf 36 % gestiegen ist, und der Anteil derjenigen, die „ihr Leben als Aufgabe" begreifen, gleichzeitig von 59 % auf 43 % gefallen ist. (Bei den Jugendlichen unter 30 Jahren stiegen die Werte bei „Leben genießen" von 33 % auf 45 % und fielen bei „Leben als Aufgabe" von 52 % auf 33 % — Noelle-Neumann/Strümpel, S. 11ff.).

Leuchtet schon die Logik der Entgegensetzung wenig ein[13], so macht die Semantik der Frageformulierungen vollends klar, wie gewagt es ist, von den Antworten auf die Frage Rückschlüsse zu verhaltensrelevante Einstellungen der jeweiligen Befragten zu ziehen. Die Fragen sind in der Floskelhaftigkeit der öffentlichen Sprache der Medien und der Werbung formuliert: „„... am schönsten zu leben, ohne zu arbeiten", „die liebsten Stunden", „Leben genießen", „Leben als Aufgabe". Entsprechend steuern sie den Assoziationshorizont. Die Formulierungen konfrontieren die Befragten mit abstrakten Alternativen, die mit ihrer tatsächlichen Lebenssituation wenig zu tun haben. Für welchen Jugendlichen stellt sich am Beginn seiner Arbeits- und Berufslaufbahn die Alternative, sein Leben als „Aufgabe" oder als „Genuß" zu interpretieren? Ist es nicht eine realitätsfremde Eindimensionalität, welche die hinter dieser Entgegensetzung stehende Vorstellung beherrscht, daß die ganze Sache in Ordnung wäre, wenn möglichst viele ihr Leben „als Aufgabe betrachteten?

Der Semantik der Fragen entsprechend, messen die Antworten der demoskopischen Umfragen im Zeitvergleich nicht den Wandel des je individuellen *handlungsrelevanten Arbeitsbewußtseins,* sondern den Wandel der tatsächlichen *öffentlichen Normierung* von Arbeit und ihrer *Verankerung* im je individuellen Bewußtsein. Sicherlich sind beide Bereiche des Bewußtseins nicht völlig unabhängig voneinander, aber sie gehen beileibe auch nicht ineinander auf. Solange die wechselseitigen Abhängigkeiten nicht aufgeklärt sind, können wir für unser Thema davon ausgehen, daß im öffentlichen Bewußtsein mit seiner starken Betonung von Freizeit, Konsum und Werbung das Gewicht von Arbeit weiter abgetragen ist als im individuellen Denken, das sich die reflexive Ausblendung der Arbeit dauerhaft nicht leisten kann. Das könnte dazu führen, daß Jugendliche (aber auch Erwachsene) sich heute leichter als früher trauen, solchen ihnen per Umfrageforschung angetragenen Vorstellungen zuzustimmen, die Wünschen und Träumen nahekommen, die sie wie jedermann schon immer einmal und immer mal wieder gehegt haben: nämlich einmal gar nichts zu tun, sich ein Leben ohne Arbeit auszumalen. Handlungsleitend ist davon vermutlich wenig. In unseren Gesprächen mit Jugendlichen, in denen sie von sich aus Lebensperspektiven äußern, tauchen derartige Vorstellungen auch gar nicht erst auf oder werden in den seltenen Fällen, wo sie erwähnt werden, mit einem Anflug leicht selbstironischer Wehmut in das realitätsentrückte Reich der Tagträume verwiesen. Leben ist mit arbeiten verbunden und hierauf richtet man sich innerlich ein. Wie man dies macht und welches Gewicht hierbei den unterschiedlichen Lebensinteressen in den je individuellen Zukunftsentwürfen und Verhaltensstrategien zugestanden wird, ist die eigentlich spannende Frage, welche die Jugendlichen — wie wir sehen werden — mit einem hohen Maß an innerem Engagement an Arbeit und Beruf integrativ, also gerade nicht in der Trennung von Arbeit und Freizeit und der departmentalistischen Verengung der Befriedigungs- und „Genuß"-Perspektive auf den Raum außerhalb der Erwerbsarbeit, zu beantworten versuchen. Dies erschließt sich dem Betrachter aber erst, wenn er von der öffentlichen zur persönlichen Semantik der Jugendlichen, in der allein innere Besetzungen von Objekten sich angemessen abbilden, durchgestoßen ist.[14]

Qualitative Methode als Alternative — und ihre Probleme (zum eigenen Vorgehen)

Zu konstatieren, daß in den die öffentliche Diskussion dominierenden demoskopischen Untersuchungen eine innere Abwendung der Jugendlichen von der Arbeit und ein Zerfall der bürgerlichen Arbeitswerte nicht nachgewiesen worden ist, heißt nicht, einen Wandel des Arbeitsbewußtseins selbst zu leugnen. Wie die vorstehende Erörterung zeigt, gehen auch wir davon aus, daß sich das Verhältnis von Jugendlichen zur Arbeit aus vielfältigen Gründen, auf die im folgenden noch systematisch einzugehen sein wird, verändert hat. Die Frage ist, wie sind die Veränderungen im Arbeitsbewußtsein methodisch angemessen zu erfassen. Die kritische Auseinandersetzung mit den bisherigen Studien stellte uns bei der Beantwortung dieser Frage wenigstens drei schwer lösbare Teilprobleme:

— Wie können wir der konstatierten Verwechslung von öffentlicher Semantik und persönlicher Sinngebung entgehen, d.h. *handlungs- und verhaltensrelevante Orientierungen, die als Bestandteil ihres Lebenskonzepts interpretierbar sind,* herausarbeiten?
— Wie können wir etwas über *Entwicklung* aussagen, wenn keine Längsschnittstudie möglich ist?
— Wie können wir entscheiden, ob es sich bei den erfaßten Orientierungen von Jugendlichen um die Fermente eines *neuen generationsspezifischen Musters* und nicht nur um altersspezifische Vorstellungen von Arbeit handelt?

Handlungsrelevante Orientierungen nennen wir die Vorstellungen und Perspektiven, von denen her Jugendliche Entscheidungen in vergangenen, gegenwärtigen und zukünftig erwarteten Situationen, die sie selbst betreffen und in die sie selbst involviert sind, begründen und interpretieren oder — auf die Zukunft bezogen — planen. Derartige Orientierungen lassen sich nur über ausführliche Selbstinterpretationen von Lebenserfahrungen, bewältigten Entscheidungssituationen und über die Schilderung von Zukunftsvorstellungen herausarbeiten.

Der Begriff der handlungsrelevanten Orientierung darf hier nicht rationalistisch verkürzt verstanden werden. Er umfaßt nicht nur die Motive, Bewertungsmaßstäbe und Aspekte für bewußt geplante Aktivitäten, in ihn gehen ebenso die schwer artikulierbaren, gefühlsbetonten Selbstvorstellungen ein, die einen davon abhalten können zu handeln, weil die vorhandenen Handlungsmöglichkeiten nicht „zu einem passen". Sie spielen nach unseren Erfahrungen gerade bei Jugendlichen in ihrer Unsicherheit eine beträchtliche Rolle. Man leidet unter Umständen unter einer Lebens- und Arbeitssituation, kann sie aber aufgrund dieses schwer faßbaren, gleichwohl real wirksamen Selbstbildes nicht verändern. In einem derartig weiten Sinn, der es erlaubt, auch das artikulierte Leiden an einer Situation und ihrer subjektiv empfundenen Auswegslosigkeit einzubeziehen, verstehen wir den Begriff der handlungsrelevanten (besser vielleicht sogar verhaltensrelevanten) Orientierung.

Die innere Strukturierung von Handlungsorientierungen und Lebenskonzepten wird erst durch eine offene Form des Gesprächs transparent, die Bedeutungsgehalte von Gegenständen und Entscheidungen nicht vorprägt, sondern sie durch den Gesprächspartner selbst bestimmen und in seiner Sprache artikulieren läßt. Hierzu haben wir uns des Instruments eines thematisch zentrierten Interviews bedient, bei dem zwar durch den Forscher zentrale Gesprächsbereiche vorgegeben werden, durch den Gesprächspartner aber festgelegt wird, wie lange und in welcher Weise er über das jeweilige Thema (in unserem Fall vor allem: persönliche Zukunftsvorstellungen, Berufswahl, aktueller Arbeitsplatz, Schulerfahrungen, Auseinandersetzung mit Eltern um Auszug, Freizeit u.a.) sprechen will. Erst dann werden im Vergleich vieler (wörtlich transkribierter) Gesprächsprotokolle die subjektiven Bedeutungsgehalte auf ihre Verbindungslinien mit anderen abgeklopft und aufeinander bezogen. (Um diese Vergleichbarkeit ansatzweise zu ermöglichen, darf der Interviewer nach längeren Schilderungen seinen Gesprächspartner durch behutsames Nachfragen zu bisher nicht reflektierten Aspekten des entsprechenden Themas anregen, ohne ihm allerdings solche Aspekte aufzudrängen). Im Ergebnis haben wir mit diesem Vorgehen nicht beliebig abgefragte Meinungen, sondern eine Tiefenausleuchtung jugendlicher Wahrnehmungen, Motivstrukturen, Handlungsorientierungen und Lebenskonzepte.

Auch die *Gültigkeit* unserer Resultate, die ja in qualitativen Studien immer ein besonderes Problem darstellt, scheint uns einigermaßen gesichert. Qualitative Erhebungen folgen, nimmt man ihren Anspruch ernst, der Logik der Empirie des Einzelfalls bzw. der kleinen Zahl. Was man gegenüber repräsentativen Studien an Tiefenausleuchtung von Bewußtseinsinhalten gewinnt, wird bezahlt mit Einschränkungen in der exakten Vergleichbarkeit und in der Repräsentativität. Diese nimmt man bewußt in Kauf, um eine bessere und dem tatsächlichen Bewußtsein und Verhalten eher entsprechende Ausleuchtung des Problemverständnisses bei den jeweiligen Untersuchungsgruppen zu erreichen.

Für uns entstand gleichwohl bei der Anlage der Untersuchung ein schwer lösbarer Widerspruch aus der unabweisbaren methodischen Option für ein qualitatives Vorgehen und dem Interesse der Auftraggeber, als Ergebnis Aussagen zu erhalten, die sich auf die Mehrheit der abhängig beschäftigten Jugendlichen verallgemeinern lassen. Dieses Dilemma zwischen qualitativem Verfahren und einer gewissen Bandbreite der Untersuchungsgruppe hat uns in allen Phasen der Untersuchung vor schwierige Probleme gestellt. Bei der Samplebildung haben wir sie durch einen Kompromiß zu lösen versucht, der darin bestand, daß wir „typische Erfahrungskonstellationen" definiert und als Untersuchungsgruppen innerhalb eines Samples von 170 Jugendlichen konstruiert haben (vgl. Abschnitt 2.1).

Gültiges über die subjektive Bedeutung der Arbeit für Jugendliche, über arbeitsbezogene Werte und Orientierungen, läßt sich auf der Grundlage unserer Empirie also durchaus sagen. Ob es sich dabei aber um *gewandelte* Werte und ob es sich um *altersspezifische* oder *generationstypische* Sichtweisen und Handlungsorientierungen handelt, ist sehr viel schwerer und weniger eindeutig zu beantworten. Aussagen zu diesen beiden Punkten haben sehr viel stärker als die Deskription und Typisierung der Arbeitsorientierungen und Lebenskonzepte den Charakter von begründeten und plausiblen Erklärungs*hypothesen,* die durch strukturelle und historisch vergleichende Interpretation gewonnen werden und insofern nicht schlicht der Beliebigkeit folgen, sondern nachprüfbar sind, auch wenn ihnen keine exakt meßbaren Daten zugrundeliegen.

Strukturelle bzw. *strukturorientierte Interpretation* bedeutet, die herausgearbeiteten Orientierungsmuster systematisch auf Merkmale der Biographie und Lebenssituation zu beziehen und zu prüfen, ob es hier typische — und das heißt auch immer quantitativ auffällige — Zusammenhänge gibt. Für die biographischen und lebenssituativen Strukturmerkmale, die wir als soziale Erfahrungen fassen (z.B. soziale Herkunft, genossene Bildung, Berufsbildungsmerkmale, Arbeitsmarkt- und Betriebserfahrungen), läßt sich mit gebührender Vorsicht feststellen, ob sie generationstypische oder zukunftsgerichtete Erfahrungen repräsentieren oder nicht. Als generationstypisch und strukturprägend sehen wir nach einer langen Phase der Bildungsexpansion beispielsweise eine gute Schulbildung (wenigstens Realschulabschluß), Berufsausbildung und Tätigkeit in einem Facharbeiter- oder Fachangestelltenberuf, Krisenerfahrungen u.a. an, ebenso Schwierigkeiten beim Übergang von der Schule in die Ausbildung und von dort in eine Berufstätigkeit.

Dem Vorgehen liegt ein interaktionistisches Konzept für die Herausbildung von Werten, Orientierungen und Wahrnehmungsmustern zugrunde, wie es heute — allerdings zumeist ohne eine explizite historische Vergleichsperspektive — in der sozialwissenschaftlichen Sozialisationsforschung in unterschiedlichen Varianten breit diskutiert wird (vgl. die Beiträge in: Hoff / Lappe / Lempert 1985).[15]

Auf der biographischen Achse haben wir eine gewisse interne Kontrolle über die Stabilität von Orientierungsmustern durch die Altersstreuung unseres Samples. Die von uns definierte Altersgruppe der 18- bis 25jährigen beinhaltet bereits eine erhebliche Heterogenität von Lebensstadien und sozialem Status. (Wir haben in ihr das noch zuhause wohnende, gerade ausgelernt habende „Muttersöhnchen" ebenso wie die bereits nach unglücklicher Ehe geschiedene berufstätige Frau mit eigenen Kindern.) An ihr lassen sich durch Kombination von Merkmalen erste Hinweise über Richtungskorrekturen von Orientierungen aufgrund biographischer Ereignisse und Statuswechsel gewinnen. (Besonders deutlich wird dies im Zusammenhang der Lebenskonzepte, wo wir auf diesen Punkt auch noch einmal genauer eingehen werden.)

Als historische Vergleichsfolie bieten sich der Interpretation schließlich frühere Untersuchungen zum Arbeitsbewußtsein an. Soweit sich in ihnen vergleichbar komplexe Selbstartikulationen finden, sind sie ein fruchtbarer Bezugspunkt, um die Andersartigkeit heutiger Orientierungsmuster herauszuarbeiten.

Wir gehen davon aus, daß auf dem hier skizzierten interpretativen Weg den sich andeutenden Veränderungen im Arbeitsbewußtsein von Jugendlichen auf die Spur zu kommen und das sich anbahnende Neue im Arbeitsverständnis zu identifizieren ist, auch wenn es (quantitativ) noch nicht zur Hauptlinie der Entwicklung geworden sein sollte.

Wie fast immer bei qualitativen Studien lagen die Schwierigkeiten weniger darin, die Vorstellungen der Jugendlichen zu erheben. Die Artikulations- und Erzählfähigkeit der Jugendlichen erwies sich in den mehrstündigen Gesprächen (Durchschnitt 2 1/2 Stunden) als durchgängig gut. Aus den erhobenen Vorstellungen komplexe Orientierungen und Lebensentwürfe zu rekonstruieren, stellte das eigentliche Problem dar. Auf der einen Seite waren wir bei der Auswertung unwiderruflich an den offenen und qualitativen Charakter der Gespräche gebunden und mußten auf die Ausleuchtung komplexer Einzelfälle mit Hilfe eines hermeneutischen Verfahrens abstellen. Auf der anderen Seite konnten wir die Zahl von knapp 170 Einzelgesprächen nicht einfach übersehen und mußten diese irgendwie miteinander vergleichbar machen. So war ein Kompromiß zwischen zwei gleich fatalen Extremen zu finden: zwischen der verallgemeinerungsunfähigen detaillierten Deskription des Einzelfalls und der alle individuelle Besonderheit auslöschenden Formalisierung von Erfahrungen auf einem relativ hohen kategorialen Niveau.

Der Weg, den wir zur Lösung dieses schwierigen Problems eingeschlagen haben, besteht in einem mehrstufigen Verfahren: Zunächst haben wir die subjektive Relevanz zentraler Erfahrungs- und Aufgabenkomplexe der Jugendlichen (wie z.B. Verhältnis zu den Gewerkschaften) interpretativ aus ihren breiten Schilderungen herausgearbeitet und typisiert.

Dies geschah nicht in Form einer voraussetzungslosen Satz-für-Satz-Analyse, sondern einer gezielten kategorial angeleiteten Betrachtung thematischer Komplexe im Kontext des Gesamtgesprächs, wobei Erfahrungs-,,tatsachen", getroffene Entscheidungen und deren Wahrnehmung und Begründung immer zusammen gesehen wurden. (Unter welchen Kriterien die thematischen Komplexe betrachtet, interpretiert und typisiert worden sind, wird im Zusammenhang ihrer inhaltlichen Darstellung in den einzelnen Kapiteln erläutert.) Die komplexen handlungsrelevanten Orientierungen, in denen die subjektive Relevanz von jugendlichen Erfahrungsbereichen typisiert sind, werden also nicht über die Kombination von mehreren Einzelmerkmalen konstruiert, sondern verstehend aus den Erfahrungsberichten und den Reflexionen über die Bedeutung der gemachten Erfahrungen interpretativ erschlossen.

Die komplexen Typisierungen von Wahrnehmungen und subjektiven Relevanzzumessungen stellen den Haupt-, aber nicht den alleinigen Zugang zur Erschließung der Gespräche dar. Neben sie treten deskriptive Kategorien (Variable) zur Codierung, sowohl von weniger komplexen Wahrnehmungen und Beurteilungen als auch von sozialen Erfahrungen und sozialstrukturellen Merkmalen, die den Hintergrund für die Formen der Erfahrungsverarbeitung und der normativen Orientierungen abgeben. Hier unterscheiden wir zwischen quasi objektiven Informationen und subjektiven Deutungen. Auch wenn wir alle Informationen nur aus den Gesprächen mit den Jugendlichen beziehen, haben sie doch einen unterschiedlichen Charakter. Ob jemand einen Ausbildungsplatz bekommen hat oder nicht, ist zunächst unabhängig von aller subjektiven Bewertung konstatierbar; und dies gilt für eine ganze Reihe von Merkmalen der beruflichen und vorberuflichen Sozialisation. Ob jemand seine Schulzeit oder seinen Berufsverlauf eher als Erfolg oder Mißerfolg sieht, ist zwar bereits eine subjektiv bewertete Wahrnehmung, die vermutlich auch etwas mit komplexeren Handlungsorientierungen zu tun hat, läßt sich aber auch ohne Bezug auf diese Komplexität feststellen (vgl. etwas Kapitel 2). Die Schilderungen der gleichen Erfahrung bieten mehrdimensionale Informationen. Dem hat unser Auswertungs- und Interpretationsvorgehen Rechnung getragen. Es bespiegelt die gleichen Erzählsequenzen aus unterschiedlicher Perspektive.

Erst durch ein derartig geschichtetes Vorgehen war das Problem der Quantität des Samples bei qualitativer Vorgehensweise überhaupt annähernd lösbar. Mehr noch: Bei Gelingen hat es die besondere Chance zur systematischen Verknüpfung von komplexen, am individuellen Fall entdeckten Verhaltensorientierungen Wahrnehmungsweisen mit allgemeinen sozialstrukturellen Merkmalen[16].

Das innere Verhältnis zur Arbeit verfolgen wir entlang zweier miteinander zusammenhängender, gleichwohl analytisch zu trennender Dimensionen:

— den Ansprüchen, Wünschen und Bewertungsmaßstäben, mit denen Jugendliche der alltäglichen Arbeit im Betrieb gegenübertreten, von denen sie ihre Wahrnehmung und Bewertung der Arbeit leiten lassen (vgl. Kapitel 2), und
— der Bedeutung und den Perspektiven, die sie der Arbeit im Gesamt ihrer individuellen Lebensinteressen und Zukunftsplanungen zumessen (vgl. Kapitel 3).

Beide Dimensionen des Verhältnisses zur Arbeit unterscheiden sich durch den jeweiligen Bezug und die Zeitdimension der Betrachtungsperspektive. Im ersten Fall, bei den Ansprüchen an Arbeit, ist der Bezug die konkrete Arbeitserfahrung; für die Auseinandersetzung mit ihr bilden die Ansprüche und Bewertungsmaßstäbe jenen unverzichtbaren Orientierungs- und Interpretationshintergrund, dessen jedes Individuum bedarf, um sich in konkreten Handlungssituationen im Betrieb verhalten zu können. In der Auseinandersetzung mit der konkreten Arbeitssituation werden die Ansprüche, die nicht erst jetzt entstehen, sondern als allgemeine Optionen in der vorberuflichen Sozialisation bereits angelegt worden sind, konkretisiert und revidiert. Im zweiten Fall, der Bedeutung der Arbeit im Lebenskonzept, ist der Bezugspunkt der offen oder auch unbewußt wirkende Lebensplan, die innere Linie, die man seinem Leben geben möchte und die zu finden eine zentrale Aufgabe der Jugendphase ist. Auf sie als der Gesamtheit der Perspektiven und Möglichkeiten des eigenen Lebens muß jeder Jugendliche Arbeit beziehen, gleichgültig mit welchem Ausmaß an Bestimmtheit und in welchem Zeithorizont er dies tut.

1.3. Zum Strukturwandel der Jugendphase

Unsere Ausgangsthese lautet: Am Verhältnis der Jugendlichen zur Arbeit hat sich Gravierendes verändert; die im einzelnen inhaltlich noch nicht genauer bestimmbaren Veränderungen basieren auf Wandlungen sowohl im Muster der Sozialisation in der Adoleszenz als auch der Arbeitsmarkt- und Berufsbildungsstrukturen und Veränderungstendenzen im Konzept der betrieblichen Arbeit, die den Jugendlichen mit ihren Anforderungen konfrontieren. Da wir es aber mit Jugendlichen (im Alter zwischen 19 und 25 Jahren) zu tun haben, gilt, daß sie sich selbst erst kurze Zeit mit Arbeit als unmittelbarer Erfahrung auseinandergesetzt haben. Deswegen ist die Sozialisation *zur* Arbeit, sind die vorberuflichen Erfahrungen, vor allem im Übergang von der Schule in ein Beschäftigungsverhältnis, und ist der veränderte Stellenwert von Arbeit im Entwicklungsprozeß der Jugendlichen von großer Bedeutung. Unter der doppelten

Betrachtungsperspektive der Sozialisation *zur* und der Sozialisation *in* der Arbeit unterscheiden wir im folgenden zwischen

— *epochaltypischen Strukturveränderungen,* die wir vor allem auf das gewandelte Gewicht von Arbeitserfahrungen im Sozialisationsprozeß abklopfen, und
— *generationsspezifischen Wandlungsprozessen* in den Ausbildungs-, Arbeitsmarkt- und Arbeitsbedingungen, die freilich auch über ihre Zeit hinaus für die Zukunft wirksam sein können.

Epochaltypische Strukturveränderungen des bürgerlichen Sozialisationsmodells in der Adoleszenz

Kennzeichnend für die Sozialisation in der bürgerlich-industriellen Gesellschaft ist die Etablierung und Generalisierung eines bestimmten, in sich differenzierten arbeitsteiligen Sozialisationsmusters, das sich als zunehmende Herauslagerung von Sozialisationsvorgängen aus den unmittelbaren Lebenswelten der Familie, der Nachbarschaft, der Arbeit, in eigens dafür geschaffene Institutionen (Kindergärten, Schulen, Hochschulen, Berufsausbildungsstätten u.a.) beschreiben läßt. Wir können die Geschichte der Veränderung der Sozialisation in den letzten gut zweihundert Jahren hier nicht rekonstruieren, setzen sie als bekannt voraus und erinnern hier stichwortartig an ihre wichtigsten Momente und Resultate für unseren Zusammenhang. Erst ab dieser Zeit entwickelt sich so etwas wie ein sozial exklusiver Bereich von Sozialisation, in dem die traditionell überwiegend naturwüchsigen standes- und familiengebundenen Erziehungsprozesse eine neue Form zunehmend geplanter Gestaltung erhielten (vgl. Aries 1975). Die neu sich entfaltende Struktur einer familial, schulisch und betrieblich gemischten Sozialisation schuf zwar neue Muster klassen- und geschlechtsspezifischer Erziehung, trug aber bereits mit dem Prinzip der öffentlich organisierten Schulbildung den Keim, wenn schon nicht der Auflösung, so doch der Verdünnung klassen- und geschlechtsspezifischer Sozialisationsmuster in sich. Im Kontext der allgemein zunehmenden Vergesellschaftung von Lebensbedingungen entzog die sukzessive Generalisierung und Ausweitung öffentlicher bzw. öffentlich normierter Bildungsprozesse den unmittelbaren lebensweltlichen Sozialverhältnissen Einfluß auf den Prozeß der kindlichen und jugendlichen Persönlichkeitsentfaltung. Hiervon ist nicht nur die Familie, sondern — gerade in neuerer Zeit in zunehmendem Maße — auch die Arbeitsphäre betroffen.

In den letzten zwei bis drei Jahrzehnten erfuhr die mit dem Übergang zur bürgerlichen Gesellschaft einsetzende Veränderung der Sozialisationsstruktur in der Adoleszenz einen neuen Schub, an dessen Verlauf in der Bundesrepublik sich das Ausmaß des Wandels eindrucksvoll veranschaulichen läßt. Zur äußeren Beschreibung dieses Wandels, der sich an der Ausdehnung von Schulzeit und Hochschulbesuch festmachen läßt, ist am besten die Entwicklung der Erwerbsquote und der Schülerquote heranzuziehen.

Zwischen Anfang der 60er und Mitte der 80er Jahre ist die Erwerbsquote (der Anteil der Erwerbspersonen an der gleichaltrigen Wohnbevölkerung) vor allem bei den Jugendlichen zwischen 15 und 20 Jahren stark (um über 30 Prozentpunkte) gefallen, so daß heute für diese Altersgruppe gilt, daß die Mehrheit von ihnen in einer Schule, Hochschule oder — das gilt für die männlichen Jugendlichen — beim Militär weilt (vgl. Tabelle 1). Entsprechend angestiegen ist die Schüler- und Studentenquote, also der Anteil derjenigen Jugendlichen an der gleichaltrigen Wohnbevölkerung, die sich in einer Vollzeitschule oder Hochschule befinden. Hier kommt es insbesondere in der Altersstufe der 15-, 16- und 17jährigen Jugendlichen zu jener mit der Bildungsexpansion verbundenen Erhöhung der Schülerquoten um das Doppelte und mehr, wobei der überproportional steile Anstieg der Beteiligung von Mädchen an der erweiterten Allgemeinbildung besonders ins Auge sticht. Gemessen an formalen Bildungsabschlüssen unterhalb des Hochschulniveaus, überflügeln sie im Laufe der 70er Jahre in der Bildungsintensität ihre männlichen Altersgenossen auf allen Jahrgangsstufen unterhalb des zwanzigsten Lebensjahres (vgl. Tabelle 2).

Neben der überdurchschnittlich starken Bildungsbeteiligung sei auf eine weitere Sonderentwicklung bei den weiblichen Jugendlichen bzw. jungen Erwachsenen hingewiesen, die in unserem Zuammenhang von Belang ist. In Tabelle 1 wird der deutliche Anstieg der Erwerbsbeteiligung der jungen Frauen unter 30 Jahren angezeigt. Geht die Erwerbsquote der Männer im Alter zwischen 20 und 30 im betrachteten Zeitraum um etwa 8 Prozentpunkte zurück — Ausdruck des ansteigenden Studentenanteils —, so ist sie bei den Frauen zwischen 20 und 25 Jahren nur leicht rückläufig (2 Prozentpunkte) und steigt bei der Gruppe der 25- bis 30jährigen deutlich (14 Prozentpunkte) an. Im Vergleich zu 1960, als die männliche Erwerbsquote fast doppelt so hoch wie die weibliche war, verringert sich der Abstand erheblich (auf etwa 20 Prozentpunkte) und signalisiert den Anspruch auf und das Interesse an Berufstätigkeit der überwiegenden Mehrheit der jungen Frauen unübersehbar.

Wir halten die Ausweitung der Bildungszeit für irreversibel, weil von der Nutzung erweiterter Allgemeinbildungsabschlüsse durch die Unternehmen und durch die Entwicklung des Arbeitsmarktes ein zusätzlicher Druck auf das Bildungsverhalten der Jugendlichen ausgeht (vgl. Baethge 1984, S. 47f.), der sehr wohl zu der vom Bundesinstitut für Berufsbildung für 1995 prognostizierten Verteilung von 46 % Hochschulberechtigten, 28 % Absolventen mit mittlerem Abschluß und nur noch 26 % Absolventen mit oder ohne Hauptschulabschluß führen kann (vgl. Kau/Ehmann 1986, S. 20).

Zieht man schließlich in Betracht, daß an der Berufsbildung, in der sich in den letzten Jahrzehnten quasi-schulische Vermittlungsformen zumindest für das erste, teilweise auch für das zweite Lehrjahr ausgeweitet haben, Mitte der 80er Jahre etwa die Hälfte der 19- und immer noch ein Drittel der 20jährigen teilnimmt, so wird vollends deutlich, daß sich im Durchschnitt und für die überwiegende Mehrheit der Jugendlichen unter 20 Jahren die soziale Struktur der Jugendphase gravierend verändert hat. Das in diesem Zusammenhang hervorstechende Merkmal dieses Wandels liegt in der Zurückdrängung der Arbeit und dem Bedeutungsgewinn von Lernen als unmittelbare Tätigkeit und Erfahrung der Jugendlichen. Deswegen haben wir diesen Wandel als „Umstrukturierung des jugendlichen Erfahrungsfeldes von einer vordringlich unmittelbar arbeitsintegrierten oder arbeitsbezogenen Lebensform zu einer vordringlich schulisch bestimmten Lebensform" charakterisiert (Baethge u.a. 1983, S. 221f.).

Tabelle 1: Erwerbsquoten der 15 bis unter 30jährigen (in Prozent der Wohnbevölkerung)

Jahr	Altersgruppe								
	15 bis unter 20			20 bis unter 25			25 bis unter 30		
	Ges.	m	w	Ges.	m	w	Ges.	m	w
1960	75,9	76,7	75,0	83,5	90,8	75,7	74,9	95,9	52,7
1970	54,5	55,4	53,6	78,2	86,0	69,8	72,6	92,9	51,2
1980	45,0	48,5	41,4	76,7	82,0	71,1	76,4	90,2	62,5
1985	45,0	47,9	41,9	77,1	80,1	73,8	77,7	87,9	67,0

Quelle: BMBW, Grund- und Strukturdaten 1985/86 und 1987/88.

Nicht zu übersehen ist freilich auch, daß auch Mitte der 80er Jahre für die überwiegende Mehrheit der 20- bis 30jährigen die Erwerbsarbeit das strukturbestimmende Merkmal dieser Lebensphase bleibt, für die jungen Frauen sogar mit ansteigendem Gewicht, so daß die Kennzeichnung des dritten Lebensjahrzehnts als Post-Adoleszenz ohne verbindliche Erwerbstätigkeit (Zinnecker 1981) wohl etwas an der Realität vorbeizielt.

Tabelle 2: Schüler und Studenten in Vollzeitschulen* und Hochschulen in Prozent der gleichaltrigen Bevölkerung 1960 und 1986

Alter	Jahr	Gesamt	männlich	weiblich
14	1960	75,1	75,0	75,1
	1986	98,5	98,5	98,5
15	1960	38,3	37,5	39,0
	1986	93,7	92,8	95,1
16	1960	25,2	25,6	25,1
	1986	76,0	72,6	79,9
17	1960	17,9	18,8	17,0
	1986	50,9	47,5	54,5
18	1960	12,7	13,7	11,7
	1986	34,4	31,7	37,3
19	1960	10,2	11,0	9,1
	1986	23,2	20,3	25,3
20	1960	4,3	8,6	6,1
	1986	18,1	15,7	20,2

* Im Begriff Vollzeitschulen sind zusammengefaßt alle allgemeinbildenden Schulen, Berufsfachschulen, Fachoberschulen, Fachschulen, Berufsaufbauschulen, Berufsgrundbildungsjahr und Hochschulen.

Quelle: BMBW (Hrsg.): Grund- und Strukturdaten 1977, 1987/88, Statistisches Bundesamt FS 11, Reihe Berufliche Schulen; eigene Berechnungen.

Es versteht sich von selbst, daß die Charakterisierung des Strukturwandels der Jugendphase von einer vordringlich arbeitsintegrierten zu einer vordringlich schulisch geprägten Lebensform nicht die Gesamtheit der Veränderungstendenzen umfaßt, denen sich die Jugendlichen heute gegenübergestellt sehen und die ihre Entfaltungsmöglichkeiten konstituieren. Sie kennzeichnet die Umstrukturierung der *institutionell* allgemein und verbindlich vordefinierten Inhalte und Bewegungsräume dieser Phase, die eingebettet ist in einen sehr viel breiter ausgelegten Prozeß des kulturellen Wandels, zu dem das abnehmende Gewicht der Erwerbsarbeit im Leben der Menschen insgesamt, eine Veränderung der familialen Binnenbeziehungen und Erziehungspraktiken (Liberalisierung) ebenso zählen wie erhöhte Konsummöglichkeiten und neue Freizeit- und Medienangebote. Wir wissen nicht, welchen differentiellen Einfluß jeweils welcher Tätigkeits- und Erfahrungsbereich auf die Herausbildung der Lebenskonzepte und Orientierungen von Jugendlichen hat, gehen aber von der plausiblen Annahme aus, daß die zunehmende Freistellung immer größerer Teile der Jugendlichen von Erwerbsarbeit die epochale Tendenz darstellt, die auf der einen Seite die klassenmäßig vereinheitlichend wirkenden Normierungen durch die Zwangsverhältnisse in der Arbeit lockerte und auf der anderen Seite die Zeiträume schuf, innerhalb derer überhaupt die erweiterten Konsumangebote erst wirksam und von den Jugendlichen auch in vielfältiger Weise genutzt werden konnten.

Man begreift diesen Wandel unseres Erachtens nur richtig (und kann entsprechend auch empirische Befunde nur angemessen auf ihn beziehen), wenn man ihn nicht als schlichten Austausch von Bezugspunkten für das Handeln in der Jugendphase, sondern als eine langsame *Umwälzung des Sozialisationsmusters in der Adoleszenz* versteht. Was sich äußerlich als Wechsel institutionell definierter Aufenthaltsräume, von Arbeit und Betrieb zu Schule und Lernen, darstellt, beinhaltet einen die ganze Person und ihre Entwicklung betreffenden Wandel von Erfahrungen und der inneren Auseinandersetzung mit Natur und Umwelt in dieser Altersphase. Stellt man idealtypisch die Struktur der beiden Erfahrungsräume gegenüber, so läßt sich der Wandel von einer eher betriebs- und arbeitsbezogenen zu einer stärker schul- und lernbezogenen Adoleszenz mit folgenden verhaltens- und bewußtseinsrelevanten Entfaltungsbedingungen beschreiben:

— Es kommt für die Jugendlichen im Durchschnitt zu einer späteren Konfrontation mit den betrieblichen Normen ökonomischer Zweckrationalität und zu einem späteren Unterstelltwerden unter sie; zu einer späteren unmittelbaren Begegnung mit den Institutionen der Arbeit insgesamt (einschließlich ihrer kollektiven Interessenorganisation). Stattdessen können sie länger in einem „psycho-sozialen Moratorium" mit höherer Irrtums- und Versagenstoleranz, als die betriebliche (oder für Mädchen in der Vergangenheit vielfach die familiale) „Ernstsituation" sie dem Jugendlichen geboten hat und bietet, verweilen.[17]
— Sie können länger in altershomogenen Gruppen leben und treten später in eine von Erwachsenen dominierte Kommunikation ein. Dies bietet mehr Chancen zur Herausbildung und zum Ausleben eigener Stilvorstellungen als das Verweilen in altersheterogenen Gruppen; hier liegt eine zentrale Voraussetzung dafür, daß es auf breiter Ebene und nicht nur für jeweils be-

grenzte Ausschnitte aus der Sozialstruktur zu Jugend(sub-)kulturen kommt.
— Sie müssen erst später für ihre materielle Existenzsicherung Verantwortung übernehmen. Damit verlängert sich auf der einen Seite sicherlich die materielle Abhängigkeit von den Eltern. Unter den Bedingungen eines relativen Wohlstands und einer breiten Verankerung liberalisierter Erziehungsstile werden für zunehmend größere Teile der Jugendlichen auf der anderen Seite auch bewußter und offener ausgelebte Ablösungsprozesse von den Eltern möglich als unter dem frühen Diktat der Arbeit. Insofern scheint sich das Modell bürgerlicher Adoleszenz, wenn vielleicht auch in abgeschliffener Form, sozialstrukturell verallgemeinert zu haben.
— Sie machen heute später die Erfahrung ihrer eigenen gesellschaftlichen Nützlichkeit im Sinne eines produktiven materiellen Beitrags zur gesellschaftlichen Reproduktion. Die verbindliche, ihnen Entscheidungen abverlangende Begegnung mit Gesellschaft zögert sich hinaus. Am deutlichsten wird dies in der späteren Entscheidung für eine bestimmte Arbeit oder einen bestimmten Beruf, mit deren Hinausschieben auch eine fortschreitende strukturelle und mentale Entkoppelung von Lernen und Arbeiten, eine innere Verselbständigung von Lernen verbunden ist.
— Sie verharren länger in einem Typ rezeptiver Tätigkeit und praxisentzogener Lernprozesse statt der früheren Erfahrung konkreter Arbeit. Sie sind hierbei in eine Organisation eingebunden, deren abstrakte Leistungs- und Selektionsnormen den kognitiven und psychischen Entwicklungsprozeß des Jugendlichen zwar nach restriktiven Regeln kontrolliert[18], die aber Jugendlichen insgesamt größere Freiheitsspielräume einräumt als Wirtschaftsbetriebe, da hier nicht allein die Sozialisation *in* der Institution Schule, sondern vor allem die Sozialisation *während* der Schul*zeit* als Lebenszeit zu betrachten ist.
— Sie verweilen schließlich länger in einer Situation, die eine individuelle Leistungsmoral, individuelle Identitätsbildungsmuster statt kollektiver begünstigt. Lernen ist allemal vordringlich ein individueller Akt, und was sie an gesellschaftlicher Anerkennung erfahren, honoriert vorrangig individuelles Verhalten.
— Trotz möglicherweise längeren Verweilens im Elternhaus (zumindest für männliche Jugendliche zutreffend) verstärken die verlängerten Bildungs- und Ausbildungszeiten das Gewicht uni-

versalistischer, auf allgemeine Interessen zielender Moralvorstellungen gegenüber partikularistischen.
— Die tendenzielle Universalisierung einer arbeitsenthobenen Jugendphase dürfte schließlich auch zur (partiellen) Angleichung der Sozialisationsmuster von männlichen und weiblichen Jugendlichen führen, bei dem sich über die verstärkte Bildungsbeteiligung auch eine normative Aufwertung von Erwerbsarbeit für Frauen und darüber ihre weiter ansteigende Erwerbsbeteiligung durchsetzen wird.

Vom produktionistischen zum konsumistischen Sozialisationsparadigma

Wenn wir den Strukturwandel jugendlicher Erfahrungsfelder als „Weg von einem eher *produktionistischen* zu einem eher *konsumistischen* Sozialisationsparadigma" (Baethge 1985, S. 306) begrifflich zu fassen versuchen, so stimmen wir mit dieser Klassifizierung nicht in die modische kulturkritische Denunziation der Konsumkultur ein und meinen mit ihr auch mehr als H.-G. Rolff mit seiner instruktiven Analyse des Wandels kindlicher Zugangsweisen zur Welt zu einer „konsumierenden Aneignung der gegenständigen Kultur" (Rolff 1983, S. 154f.). Die Klassifizierung zielt auf die implizite Umschichtung der Mensch-Umwelt-Interaktion und deren Rückwirkung auf die Persönlichkeitsentwicklung. Arbeiten und Konsumieren stellen unterschiedliche, in gewisser Weise entgegengesetzte Bezugsweisen zu sich selbst und zur Umwelt dar. Arbeiten ist vordringlich nach außen auf Natur und Umwelt, Konsum vordringlich nach innen auf sich selbst gerichtet. Der hier verwandte Begriff des Konsums zielt nicht in erster Linie auf Materielles, umfaßt vielmehr auch die ideellen Formen der Aneignung von Welt.[19] Konsumistische Sozialisation meint damit Erfahrungsprozesse, in denen *rezeptive und reflexive* Akte, vor allem solche des Lernens dominieren. *Produktionistische Sozialisation* meint demgegenüber Erfahrungsprozesse, wo nach außen gerichtete und sich in vorweisbaren (sichtbaren) *Resultaten äußernde Handlungsakte* dominieren, deren Gelingen oder Mißlingen Auswirkungen auf andere, nicht nur auch sich selbst hat.

Der Wandel des Sozialisationsparadigmas in der Adoleszenz ist nicht einseitig als Verlust zu beschreiben — etwa nur als „Reduktion von Eigentätigkeit" (Rolff) in der Auseinandersetzung mit der Umwelt; Lernen ist auch Eigentätigkeit. Für viele hat er individuell mit der Erweiterung der Bildungsteilnahme auch eine zu frühe und enge Festlegung auf das kollektive Berufsschicksal teils gelockert, teils durchbrochen, Möglichkeiten zu mehr Selbstbestimmung in der Berufswahl geschaffen und neue Ansprüche an Inhalte und Organisationsformen von Erwerbsarbeit konstituiert.

Auf der anderen Seite aber ist die damit verbundene Ausdünnung kollektiver Gesellschaftserfahrung und die Tendenz zur Vereinzelung nicht zu übersehen. Mögen verlängerte Lern- und Ausbildungszeiten mehr individuelle Entfaltungsspielräume gewähren, mögen sie dem Jugendlichen ein Gefühl erhöhter Zeitsouveränität und Teilhabe an Konsum vermitteln, eines wird man von ihnen nicht sagen können: daß sie in sich ein Gefühl gesellschaftlicher Nützlichkeit und eine Bewegung auf aktive Vergesellschaftung freisetzen könnten, gleichgültig, ob sie mit Konsum materieller oder ideeller Art ausgefüllt werden. Es mag noch so viele geplante Aktivitäten und Inszenierungen von gemeinsamem Lernen und gemeinsamer Freizeitgestaltung geben, insgesamt sind sie bereits kompensatorische Akte für den Verlust arbeits- und lebensweltlich vermittelter Gesellschaftlichkeit. Die irreversible Lockerung eindeutiger lebens- und arbeitsweltlicher Eingebundenheit entzieht der noch labilen jugendlichen Persönlichkeit traditionell wichtige Stützen der Anlehnung und Orientierung und erhöht damit sowohl individuell die Risiken des Übergangs zum Erwachsensein auf allen Ebenen — besonders sicherlich auf der beruflichen — als sozial auch die Herausbildung stabiler Muster kollektiver Identität. (Beide Aspekte sind in der empirischen Analyse im Zusammenhang mit den subjektiven Berufsstrategien und dem Verhältnis zu den Gewerkschaften von zentraler Bedeutung.)

Wenn auch der skizzierte Strukturwandel der Sozialisationsbedingungen in der Adoleszenz in seinen äußeren Erscheinungsformen männliche wie weibliche Jugendliche in gleicher Weise betrifft, so ist doch im Auge zu behalten, daß er für beide eine unterschiedliche Bedeutung haben kann, da die historischen Ausgangsbedingungen für beide Geschlechter unterschiedlich sind. Für einen Großteil der weiblichen Jugendlichen bedeutet die in den letzten Jahrzehnten so steil nach oben schnellende Bildungsbeteiligung die erste Etappe auf dem Weg zu erweiterter Beteiligung an Erwerbsarbeit, bedeutet räumlich und inhaltlich die Öffnung privat-familialer Enge zu mehr gesellschaftlich-öffentlicher Kommunikation, kann somit als Signal für einen Perspektivwechsel im gesellschaftlichen Rollenverständnis der Frau gewertet werden. Eine derartige weitreichende Bedeutung hat Strukturwandel der Sozialisationsbedingungen für die männlichen Jugendlichen nicht. Für sie steht nicht ihre traditionelle Hauptdefinition als Berufstätige in Frage, sondern lediglich das Muster des Übergangs in sie. Die Aneignung dieser gesellschaftlich dominanten Rolle bedeutet eine Lockerung von Zwangsmomenten in den Zuweisungsprozessen und die Zuschreibung einer größeren Eigenverantwortung für den Erfolg in Berufswahl und Arbeitskarriere.

G. Nunner-Winkler vermutet, daß angesichts der Entwertung anderer Sinnstiftungsmöglichkeiten (wie Religion, Ehe und Kinderaufzucht) die Berufsarbeit eine zunehmende identitätsrelevante Bedeutung für Jugendliche gewinne (Nunner-Winkler 1981, S. 115). Diese Annahme steht nicht in Widerspruch dazu, daß Jugendliche — wie gezeigt — immer später in ihrer Biographie der Arbeit als konkreter Erfahrung begegnen. Im Gegenteil: Gerade weil sie ihr zu einem Zeitpunkt gegenübertreten, zu dem sie bereits Urteils- und Reflexionsvermögen entwickelt haben, könnte es nicht mehr (wie in früheren Zeiten) zu einer mehr oder weniger naturwüchsigen, von den Eltern angeleiteten Unterstellung unter die Arbeit, sondern zu einer bewußten Hinwendung kommen. Voraussetzung allerdings dafür, daß es zu einer gelungenen Identitätskonstruktion über die Arbeit kommt, dürfte sein, daß die Erwerbsarbeit identitätsfördernde Erfahrungen überhaupt zuläßt. Zu solchen Erfahrungen wären die Bestätigung der eigenen Kompetenz und des Selbstwertgefühls, die soziale Anerkennung und kalkulierbare, positive Zukunftserwartungen zu zählen. Daß die Erwerbsarbeit in ihrer gegenwärtigen gesellschaftlichen Verfaßtheit diese Voraussetzung problemlos erfüllen könnte, kann nicht unterstellt werden. Strukturelle und langfristig konjunkturelle Gründe wecken hieran Zweifel.

Soweit eine identitätsrelevante Berufsorientierung der Anschaulichkeit und Zukunftsperspektive des Berufs bedarf, scheint das System der Erwerbsarbeit diese den Jugendlichen immer weniger als konkret identifizierbare bieten zu können. Unter der doppelten Bedingung eines unter dem Produktivitätszuwachs bleibenden Wachstums des Sozialprodukts und eines beschleunigten technischen Wandels nimmt die Sicherheit und Kalkulierbarkeit des eigenen Berufsschicksals ab. Eine langfristige Planung von beruflicher Kontinuität, auf die man setzen und sich innerlich einrichten könnte, wird immer schwieriger, weil man für immer weniger Berufe mit Eindeutigkeit sagen kann, ob sie in zehn Jahren überhaupt noch, vor allem aber in welcher Gestalt sie dann existieren werden. Der Verlust an Bestandssicherheit und Vorhersehbarkeit zukünftiger Berufsstrukturen, der für mehr oder weniger alle Berufe gilt, ist keine gute Voraussetzung zur Herausbildung einer Identität in der Arbeit. Man kann sicherlich einiges darüber sagen, welche Qualifikationen auch zukünftig gefragt sein werden. Aber es macht einen grundlegenden Unterschied, ob man sich nur auf einzelne Qualifikationen oder auf ein komplexes Berufsbild beziehen kann.

Trifft die Infragestellung des Lebensberufs-Konzepts mehr oder weniger alle Jugendlichen, so diskriminieren die Krisenerfahrungen des letzten Jahrzehnts in hohem Maße nach sozialen Gruppen und lösen das, was unter der langfristigen Perspektive eines Strukturwandels von Sozialisation wie die Herausbildung einer einheitlichen Jugendphase erscheinen konnte — Jugend als „Massenphänomen" (Hornstein 1985, S. 159) —, sehr schnell wieder auf. Diese Erfahrungen sind zwar auf der einen Seite *generationsspezifisch* (vor allem wegen der demographischen Entwicklung, geburtenstarke Jahrgänge), weisen aber im Kern auf auch künftig geltende strukturelle Momente im Verhältnis von Arbeit und Adoleszenz hin. In den drei Aspekten von *Ausbildung, Arbeitsmarkt* und *betrieblicher Arbeit* wollen wir die Bedeutung dieser Erfahrungen erörtern.

Die Bedrohung einer doppelten Leistungsentwertung durch Ausbildungsplatzmangel und Arbeitslosigkeit

Äußerlich betrachtet hat die Krise für einen Teil von Jugendlichen, insbesondere für weibliche, zunächst noch einmal jene als Strukturveränderung bereits beschriebene Verlängerung des Aufenthalts in öffentlich kontrollierten Bildungseinrichtungen weiter ausgedehnt, nun freilich nicht mehr wie in der Expansionsphase der 60er und 70er Jahre als freiwillige Entscheidung, sondern als aufgezwungene Ersatzlösung für nicht verfügbare *Ausbildungs-* oder *Arbeitsplätze*.[20] In der Krise kommt es zu einer partiellen Neubewertung von Bildung, in ihr lockern sich die traditionell eingespielten Zuordnungs- bzw. Entsprechungsmuster von Bildungsabschlüssen und Berufskarrieren. War es beispielsweise bis weit in die 70er Jahre hinein für die große Mehrheit selbstverständlich, mit dem Abitur ein Studium zu beginnen, so geht die Studienneigung der Abiturienten im letzten Jahrzehnt deutlich zurück — liegt bei den Frauen Mitte der 80er Jahre nur etwa noch bei 50 % —, und es nimmt bei ihnen das Interesse an einer betrieblichen Ausbildung sichtbar zu.[21]

Die generationsspezifische Krisenbetroffenheit für die Schulentlaßjahrgänge zwischen Mitte der 70er und Mitte der 80er Jahre läßt sich an einigen einschlägigen Daten zur Ausbildungssituation und zum Übergang in ein Beschäftigungsverhältnis einsichtig machen.

Unter dem doppelten Druck von ökonomischer Krise und demographischer Entwicklung (geburtenstarke Jahrgänge) verschlechtert sich für die Jugendgeneration des letzten Jahrzehnts sowohl der Übergang von der Schule in die Ausbildung als auch von der Berufsausbildung in eine kontinuierliche Beschäftigung nachhaltig im Verhältnis zur Jugendgeneration der 60er und frühen 70er Jahre. Hatte diese Arbeitslosigkeit kaum und Probleme der Berufswahl im Durchschnitt allenfalls in strukturschwachen Regionen gekannt, so kommt es ab Mitte der 70er Jahre zu einer neuen ,,Arbeits- und Berufsnot der Jugend".[22]

An der Schwelle des Übergangs von der Schule in ein betriebliches Berufsbildungsverhältnis schrumpfen von diesem Zeitpunkt an nicht allein die Berufswahlmöglichkeiten. Für viele schwindet die Chance, überhaupt einen Ausbildungsplatz zu bekommen. Galt bis in die 70er Jahre hinein, daß das nominelle Ausbildungsplatzangebot[23] die Nachfrage um 30 bis 40 % überstieg, so rutscht nach 1975 das Angebot gegenüber der Nachfrage immer weiter ab und schließlich ins Minus.[24] Das relative Absinken des Ausbildungsplatzangebots, das trotz einer erheblichen absoluten Zunahme der Ausbildungsplätze in der zweiten Hälfte der 70er Jahre zu konstatieren ist, und die andauernde quantitative Unterversorgung mit Berufsbildung sind das augenfälligste Problem der Krise der Berufsbildung in diesem Jahrzehnt. Sie bedeutet in einer Situation, wo die öffentliche Wertschätzung von Bildung und Ausbildung und das individuelle Bildungsinteresse durchgängig gestiegen sind, für alle Jugendlichen erhöhte Leistungsanstrengungen zur Erreichung eines Ausbildungsplatzes und für größere Gruppen von Jugendlichen den Ausschluß von Ausbildung, die Infragestellung sowohl ihrer beruflichen Pläne als auch ihrer bisherigen Bildungsbemühungen, das Abgedrängtwerden auf eine risikoreiche Beschäftigungsperspektive als Ungelernter oder — im noch günstigsten Fall — das Inkaufnehmen von längeren Umwegen. Da sich die Verteilung des relativ knappen Ausbildungsplatzangebots nicht neutral, sondern mit deutlich schultypspezifischen Selektionseffekten vollzieht, bedeutet sie zugleich eine Neubewertung von Schulabschlüssen, deren Haupttendenz in der Entwertung von Sonderschul- und schwachen Hauptschulabschlüssen zu sehen ist.[25]

Aber die quantitativen Engpässe in der Berufsbildung stellen nur die eine Seite der Krise dar. Ihre andere präsentiert sich in einer qualitativen Umschichtung des Ausbildungsplatzvolumens nach Berufsbereichen und damit meistens zugleich auch nach Ausbildungs- und Betriebsstrukturen. In den 70er Jahren vollzieht sich eine nicht unbeträchtliche Umschichtung der Ausbildungsverhältnisse nach Ausbildungsbereichen und -berufen. Die Strukturentwicklung der Berufsbildung in diesem Zeitraum ist durch einen starken Rückgang des Anteils der industriell-gewerblichen Berufe und einen deutlichen Anstieg des Anteils der handwerklichen sowie der sonstigen Ausbildungsplätze gekennzeichnet.[26] Diese ganze Entwicklung ist unter dem Aspekt der Verschlechterung der Ausbildungsqualität ausführlich erörtert worden. Hierauf wollen wir nicht noch einmal eingehen, sondern danach fragen, was der Wandel für die berufliche Sozialisation der Jugendlichen bedeutet.

Er bedeutet zunächst, daß die Diskrepanz zwischen erlerntem und ausgeübtem Beruf steigt. Da die Verschiebungen zugunsten der Berufe mit relativ geringen Beschäftigungsperspektiven gelaufen sind, ist für einen größer werdenden Teil von Jugendlichen seit Mitte der 70er Jahre die Nichtübernahme in die gelernte Berufstätigkeit, drohende Dequalifizierung und erneute Entwertung ihrer Lernleistung[27] vorprogrammiert. Zu dieser Gruppe muß selbst ein Teil derjenigen Jugendlichen gezählt werden, die in einem industriellen Großbetrieb eine qualifizierte Facharbeiter- oder Fachangestelltenausbildung genossen haben, da auch dort die Ausweitung des Ausbildungsvolumen häufig nur um den Preis der Nichtübernahme in den gelernten Beruf und verschärfter Selektion im Übergang in die Beschäftigung zu haben war.

Die Infragestellung individueller Leistung ist die eine Seite der Ausbildungs- und Beschäftigungskrise. Ihre andere betrifft den sozialen Typus der beruflichen Sozialisation und zielt damit weniger auf die fachlichen als vielmehr auf die sozialen Aspekte beruflicher Handlungskompetenz. Die Umschichtungen im Ausbildungssektor führen zu einer stärkeren Gewichtung mittel- und kleinbetrieblicher Ausbildungsverhältnisse, die der Konfrontation des Jugendlichen mit Arbeit und Betrieb eine eigene Kontur verleihen. Sie verstärken in der Tendenz solche Sozial- und Lernerfahrungen, die gesellschaftliche Arbeit nicht in den Dimensionen institutionalisierter Verhaltensweisen und sozialer, interessengebundener und politisch veränderbarer Prozesse, sondern als weitgehend personal vermitteltes Handeln begreifen lassen — zum Teil sogar mit bewußter

Ausblendung von institutionellen Aspekten der Arbeit oder gar erklärter Gegnerschaft zu ihnen.[28]

Neben den Ausbildungsproblemen — und häufig mit ihnen verknüpft — steht als zweite harte Ausdrucksform der Krisenbetroffenheit die *Arbeitslosigkeit*. Zwar ist bis heute richtig, daß die durchschnittliche Dauer der Arbeitslosigkeit Jugendlicher (unter 25 Jahren) weniger lang ist als die Erwachsener — 1983 betrug sie für Jugendliche 5,4 bzw. 6,2 Monate, während die Durchschnittsdauer aller Arbeitslosen bei 7,2 Monaten lag (nach Frackmann 1985, S. 75). Dennoch trifft die häufig verwandte Charakterisierung der Arbeitslosigkeit Jugendlicher als „Übergangsarbeitslosigkeit" weder die Erscheinungsformen noch den Problemgehalt angemessen. Zum einen übersieht sie, daß sich mittlerweile selbst die Durchschnittsdauer von Jugendlichen-Arbeitslosigkeit zunehmend erhöht hat.[29] Zum anderen verstellt sie den Blick für den Sachverhalt, daß sich hinter den Durchschnittswerten extrem unterschiedliche und lebensgeschichtlich auch sehr verschiedenartig wirkende Problemlagen verbergen. Und schließlich unterspielt sie die spezifische Bedeutung, die Arbeitslosigkeit am Berufsstart für den Sozialisationsprozeß Jugendlicher hat. An den statistisch faßbaren Merkmalen der Jugendarbeitslosigkeit, die wir als die Arbeitslosigkeit der Altersgruppe bis zum 25. Lebensjahr fassen, lassen sich Problemgehalt und Hauptbetroffenengruppen ablesen.

Es hat sich in der Arbeitsmarkttheorie durchgesetzt, bei der Jugendarbeitslosigkeit zwischen derjenigen der Unter-20jährigen und der 20-25jährigen zu unterscheiden, also zwischen der Arbeitslosigkeit am Übergang von Schule in Ausbildung oder Arbeit (erste Schwelle) und derjenigen am Übergang von der Berufsausbildung in ein Beschäftigungsverhältnis. Ein Blick auf die Entwicklung der letzten zehn Jahre zeigt, daß sich ab Anfang der 80er Jahre die Jugendarbeitslosigkeit immer stärker auf den Übergang an der zweiten Schwelle verlagert hat (vgl. Schober 1985b, S. 249f., Stegmann/Kraft 1983). Während offensichtlich die Arbeitslosigkeit der Unter-20jährigen durch diverse Bildungsmaßnahmen abgemildert und ein nicht unerheblicher Teil der Betroffenen in derartigen Maßnahmen aufbewahrt werden konnte, stehen nach Beendigung der Berufsausbildung entsprechende Interventionsmöglichkeiten nicht mehr zur Verfügung.

Dies bedeutet, daß immer mehr Jugendlichen ein bruchloser Übergang hier nicht mehr gelingt und sie mehr oder weniger lange Phasen von Arbeitslosigkeit in Kauf nehmen müssen. Der Anteil derjenigen, für die ein derartiger Bruch in ihrer Berufskarriere zu bewältigen ist, übersteigt die amtlich ausgewiesene Arbeitslosenquote für diese Altersgruppe erheblich.[30] Gerlach berechnet für die 70er Jahre einen kontinuierlichen Anstieg der Betroffenheit Jugendlicher über den jährlichen Zugang zur Arbeitslosigkeit, die 1977 mehr als ein Viertel aller Jugendlichen betrifft (26,4 % — Gerlach 1983, S. 74). Nach den Befunden von Schober (1985a) hat es den Anschein, daß mit Verlängerung der Arbeitsmarktkrise die Arbeitslosigkeit für große Teile der betroffenen Jugendlichen den Einstieg in eine langwierige Negativkarriere eines hochgradig labilen und diskontinuierlichen Erwerbslebens markiert.

Dieses Schicksal trifft längst nicht mehr nur Ungelernte. Die Verlagerung des Schwerpunkts der Arbeitslosigkeit an die zweite Übergangsschwelle signalisiert, daß der Anteil der Jugendlichen mit abgeschlossener Berufsausbildung zugenommen hat. Der Anteil der Auszubildenden, die sich direkt nach erfolgreich bestandener Abschlußprüfung arbeitslos melden mußten, ist in den 80er Jahren kontinuierlich angestiegen und erreichte 1985 bereits 14 % (Schober 1986, S. 367). Unter ihnen finden wir mittlerweile bei den männlichen Jugendlichen ebenso beträchtliche Anteile aus den klassischen Facharbeiterberufen der Schlosser und Elektriker wie bei den Frauen Absolventinnen der qualifizierten kaufmännischen Berufe.

So wenig Jugendarbeitslosigkeit ein Ungelernten-Phänomen ist, so wenig ist es nur ein Unterschicht-Phänomen. Zwar stellen Jugendliche mit sozialstatistischen Merkmalen, die man gemeinhin zur Definition der Unterschicht heranzieht, immer noch einen Hauptteil der Arbeitslosen. Aber bereits für die zweite Hälfte der 70er Jahre kann Gerlach zeigen, daß quantitativ relevante Gruppen jugendlicher Arbeitsloser aus Facharbeiter-, qualifizierten Angestellten- und Beamtenfamilien kommen (Gerlach 1983, S. 93). Anfang der 80er Jahre hat sich die Arbeitslosigkeit Jugendlicher zu einem sozial breit streuenden gesellschaftlichen Phänomen entwickelt, dessen sozialstruktureller Schwerpunkt zwar immer noch bei den un- bzw. wenig qualifizierten Gruppen liegt, das aber weit hinauf reicht bis zu den Hochschulabsolventen und insofern ein vielfältiges und keineswegs einheitliches Erscheinungsbild aufweist. Der je individuelle Bedeutungsgehalt, den die Arbeitslosigkeit für Jugendliche annimmt, die Schwere ihrer Bewältigung und Überwindung, hängt nicht mehr von ihr selbst, sondern von den strukturellen Veränderungen im Bereich der Arbeit und dem Grad dessen ab, wie weit die je individuellen Kompetenzen den neuen Anforderungen in der Arbeit entsprechen. Hier scheint sich im Bereich der Arbeit eine Entwicklung zu vollziehen, die sich anschickt, den Selektionsprozessen im Gefolge der Ausbildungs- und Arbeitsmarktkrise eine neuartige Verfestigung und Dauerhaftigkeit zu verleihen.

Verschärfte Selektion, verfestigte Abschottung:
zur neuen Entwicklungsdynamik von Privilegierung und
Verelendung in der Arbeit

Entgegen der weitverbreiteten Annahme, daß die voranschreitende Technisierung der Arbeit die Tendenz zur zunehmenden „Banalisierung der Arbeit" (Gorz 1983) im Sinne von Vereinfachung und inhaltlicher Verarmung der Erwerbstätigkeiten verstärken würde, hat es den Anschein, als ob die neue, von der Mikroelektronik geprägte Dynamik der Rationalisierung neben ihren arbeitssparenden Effekten für die verbleibenden Arbeitsprozesse auf längere Sicht eine Umgestaltung in die Wege leiten könnte, in der die traditionellen tayloristischen, dequalifizierenden und sinntötenden Formen von Arbeit wenig Raum hätten und in der es auf einem neuen Niveau der Technisierung (Computerisierung) wieder zur Erhöhung von inhaltlicher Komplexität und Requalifizierung von Erwerbsarbeit käme. Nach unseren empirischen Analysen in den groß- bis mittelbetrieblich organisierten Sektoren von Produktion und Dienstleistungen steht zu erwarten, daß die sowohl für die Gegenwart als auch für die absehbare Zukunft gültige Bedingungskonstellation der Verfügbarkeit einer flexibel einsetzbaren Technologie und eines großen Angebots an gut ausgebildeten Fachkräften einem neuen Rationalisierungstyp breiten Raum verschafft, dessen Neuartigkeit (zumindest für die Produktion) und ökonomischer Sinn in der Nutzung *qualifizierter* Arbeitskraft liegt (vgl. Kern/Schumann 1984, Baethge/Oberbeck 1986).

Eine derartige Entwicklung würde — ceteris paribus — zwar den Typus unqualifizierter Arbeit auch im großbetrieblichen Sektor nicht völlig zum Verschwinden bringen, sie würde aber auf lange Sicht die gesellschaftliche Durchschnittsarbeit dem Typus qualifizierter Arbeit annähern und damit in der Erwerbsarbeit großen Teilen der Arbeiter und Angestellten interessante Aufgaben und auch persönliche Sinnperspektiven bieten. Sie würde aber — und das ist ihre bereits heute absehbare Kehrseite — dieses nur für den privilegierten Teil der Beschäftigten in den genannten Segmenten tun und damit zugleich die Spaltungen auf dem Arbeitsmarkt und in der Sozialstruktur vertiefen, verfestigen und in der Tendenz kaum mehr überbrückbar machen. Verbindet sie sich doch mit dem der bisherigen Entwicklung der Industriegesellschaft fremden Bruch zwischen Technik- und Beschäftigungsentwicklung: Galt bis in die Gegenwart hinein, daß die groß-/mittelbetrieblichen[31] Sektoren sowohl Motor der technischen Entwicklung als auch der Beschäftigungsexpansion waren, so gilt dies seit einigen Jahren nicht mehr. Sie bleiben zwar Motor der technischen Entwicklung, tragen aber infolge ihrer hohen Rationalisierungsgewinne nicht mehr die Beschäftigungsexpansion bzw. auch nur deren Stabilisierung.[32]

Dieser Bruch eines lange gültigen Entwicklungsmusters hat weitreichende Folgen für die Ausgleichsprozesse am Arbeitsmarkt und für die Beschäftigten. Im den Maße, in dem der qualifikatorische Mitvollzug der technischen Entwicklung an deren betrieblichen Entstehungs- und Anwendungsprozeß gebunden bleibt — und dies tut er bei dem bundesrepublikanischen System der beruflichen Aus- und Weiterbildung in hohem Maße — sind die qualifizierten Stammbelegschaften in den groß-/mittelbetrieblich organisierten Produktions- und Dientleistungssektoren doppelt privilegiert, nämlich in ihrer aktuellen beruflichen Situation *und* in ihrer beruflichen Entwicklungsperspektive, darüber, daß sie in den technologisch führenden Betrieben arbeiten und über deren Weiterbildungsangebot auch am ehesten Zugang zu neuen Qualifikationen und Kompetenzen haben. Gleichzeitig ist ein Großteil derjenigen, die in den weniger gesicherten klein-/mittelbetrieblichen Bereichen arbeiten oder die arbeitslos sind, in analoger Weise doppelt benachteiligt[33], indem sie neben häufig schlechteren materiellen Arbeitsbedingungen auch vom Mitvollzug des technischen Wandels über die betriebliche Arbeit und Weiterbildung ausgeschlossen sind. Hinzu kommt, daß interindustrielle und zwischenbetriebliche Übergangs- und Austauschprozesse immer schwieriger werden. Wie die Arbeitsmarkt- und Berufsforschung zeigt, hat der innerbetriebliche Arbeitsmarkt im letzten Jahrzehnt bis zur mittleren Qualifikation vergleichsweise ständig an Bedeutung gewonnen und der externe Arbeitsmarkt an Bedeutung eingebüßt.[34]

Hier tut sich als Bedrohung eine für die bundesrepublikanische Gesellschaft neue historische Entwicklungsdynamik von Privilegierung und Verelendung auf, die bereits früh in der Jugend beginnt und festgeschrieben werden kann. Sie hat es in dieser Weise bisher u.E. nicht gegeben. Die 50er und 60er Jahre waren durch ein hohes Maß an beruflicher Mobilität und sozialer Offenheit geprägt. Selbst wer mit einem relativ schlechten Schulabschluß eine auch zu damaligen Zeiten wenig zukunftsträchtige Berufsausbildung absolvierte, hatte häufig eine zweite Berufschance auf anderem Feld, wenn er beispielsweise vom Handwerk in die Industrie oder aus dem Kleinhandel in ein Versicherungsunternehmen oder eine Bank wechselte und eine „Karriere" als Angelernter machte. Solche Über- und Quereinstiege scheint es auf den unteren Qualifikationsniveaus immer weniger — nicht zuletzt mangels Masse an Un- und Angelerntenpositionen — zu geben. Berufliche Mobilität erschwert sich insgesamt und wird zunehmend zu einer Chance, die den besser Qualifizierten vorbehalten bleibt. Wessen Eltern es versäumt haben, in der Kindheit auf eine gute Schulbildung zu achten, oder wer — selbst mit einer solchen — das Pech hatte, nicht den richtigen Ausbildungsplatz zu bekommen, hat heute weniger individuelle Korrekturchancen als ein Jugendlicher in den 50er, 60er oder frühen 70er Jahren. Für die Jugendlichen verliert die Gesellschaft immer mehr jene Offenheit, die ihre Eltern noch nutzen konnten. Für die größer werdende Gruppe am unteren Ende der Sozialstruktur droht eine neue hermetische Abgeschlossenheit.

Identitätstheoretisch betrachtet, bedeutet die Segmentation in den Beschäftigungsverhältnissen, daß ein Teil der Jugendlichen — möglicherweise sogar der größere Teil von ihnen — Tätigkeiten erhält, die Identifikationen und den Aufbau einer relativen inneren Kontinuität gestatten, ohne daß für sie damit alle Unsicherheiten beseitigt und alle Konflikte gelöst wären. Auf der anderen Seite hat sich in der langanhaltenden Ausbildungs- und Arbeitsmarktkrise auch die Zahl von Jugendlichen erhöht, denen durch das Zusammenwirken von Krise und Arbeitsstrukturentwicklung die Chancen, eine Identität mit ihrer Arbeit aufzubauen, beschnitten, wenn nicht ganz verwehrt worden sind, und die in beruflicher Diskontinuität leben müssen, die bei dem hohen gesellschaftlichen Status von Berufstätigkeit fast zwangsläufig in innerer Unsicherheit und Infragestellung persönlicher Identität ausmünden muß.

Nicht aus dem Auge zu verlieren bei der Analyse generationspezifischer Krisenerfahrung ist schließlich als gemeinsamer Aspekt, daß es sich bei den Jugendlichen um eine Generation handelt, die als Kinder in relativem Wohlstand und einer allgemeinen Atmosphäre langfristiger Aufwärtsentwicklung groß geworden ist und die jetzt mit dem Faktor fertigwerden muß, daß die langjährige Entwicklungslinie einen Bruch bekommen hat, daß ausgerechnet vor ihnen der „Traum immerwährender Properität" (Lutz 1985) zerplatzt und ihnen eine beruflich und politisch hochgradig unsichere Zukunft gegenübersteht. Die Frage, die wir in unserer Untersuchung zu beantworten haben, ist also: Wie überstehen sie die enttäuschten Erwartungen, vergeblichen Anstrengungen und von der Gesellschaft nicht eingehaltenen Versprechungen, die sie großenteils unbewußt aus ihrer Kindheit mitnehmen konnten bzw. mußten? Wie bewältigen sie individuell — oder gegebenenfalls auch kollektiv — die Selektionsprozesse, denen sie in der Schule, in der Ausbildung und in der Arbeit verschärft unterworfen werden? Welche Spuren hinterläßt all dies in ihrem Lebenskonzept, ihrem Verhältnis zur Arbeit, ihrer Bereitschaft zu gesellschaftlichem Engagement?

2. Berufsverläufe von Jugendlichen und die Auseinandersetzung mit ihrer Arbeits- und Arbeitsmarktsituation

2.1. Berufsverläufe von Jugendlichen in der Krise

Zur Konstruktion der Untersuchungsgruppe

Zielsetzung für die Zusammenstellung der Untersuchungsgruppe war es, möglichst umfassend jene generationsspezifischen Arbeits- und Arbeitsmarkterfahrungen der Jugendlichen einzufangen, die für ihr inneres Verhältnis zur Arbeit relevant sind. Gemäß unserer interaktionstheoretischen Prämisse, daß sich das Verhältnis zur Arbeit auf dem Hintergrund unterschiedlicher Sozialisationsverläufe vor allem in der aktiven Auseinandersetzung mit Arbeitserfahrungen konstituiert, haben wir nur Jugendliche ausgewählt, die bereits Arbeits- oder Arbeitslosigkeitserfahrungen nach der Berufsausbildung (oder auch ohne eine solche) gemacht hatten. Dies bedeutete Ausschluß von Schülern, Auszubildenden und Studenten und Konzentration auf junge abhängig Beschäftigte im Alter zwischen 19 und 25 Jahren.[1] Identitätsrelevante Merkmale der Arbeits- und Berufssituation sind zum einen durch Berücksichtigung unterschiedlicher Ausbildungs- und Arbeitsmarkterfahrungen, zum anderen durch Beachtung arbeitssituativer Merkmale des Inhalts und der Komplexität der Tätigkeiten der Jugendlichen zu verankern versucht worden.

Beide Merkmalkomplexe konnten wir aus forschungspragmatischen Gründen nur in Anlehnung an arbeitsmarkt- und berufssoziologische Untersuchungen als erwartbare berufsspezifische Durchschnittsbedingungen, nicht im Sinne der Einzelfallprüfung eingehen lassen. In diesem Sinne haben wir versucht, durch die Auswahl von Gruppen unterschiedlicher Berufe und regionaler Arbeitsmarktkonstellationen ein möglichst breites Spektrum von Arbeitsmarkt- und Berufserfahrungen, die für die heutige Jugendgeneration typisch sind, abzubilden und dabei auch die für berufliche Sozialisation zentralen Merkmale zu berücksichtigen. Dies haben wir dadurch erreicht, daß wir die quantitativ wichtigsten Arbeiter- und Angestelltenberufe sowie Gruppen von Ungelernten, Arbeitslosen und Mitarbeitern in Alternativbetrieben jeweils betrieblich bzw. regional gebündelt ausgewählt haben. Ferner haben wir die Geschlechtsverteilung und bis zu einem gewissen Grad die Gewerkschaftszugehörigkeit gesteuert. Im Effekt haben wir durch die Sample-Auswahl zwar keine absolut repräsentative Verteilung aller sozialstrukturellen und sozialisatorischen Merkmale, aber wir haben deren wichtigste Ausprägungen in quantitativ hinreichenden und weitgehend realistischen Größenordnungen in der Untersuchungsgruppe vertreten.[2]

Untersuchungsgruppen und Zahl der Intensiv-Gespräche

Untersuchungsgruppe		Gesamt	männlich	weiblich
01	Versicherungskaufleute, kleinere Großstadt in strukturschwacher Region	9	5	4
02	Facharbeiter im Werkzeugmaschinenbau, Kleinstadt, industrielles Ballungsgebiet	10	10	—
03	Dequalifizierte Facharbeiter in der Automobilproduktion, großstadtnahe strukturschwache Region	10	10	—
04	Unqualifizierte Produktionsarbeiter, Porzellanindustrie, Kleinstadt/ländlich, strukturschwache Region	12	12	—
05	Unqualifizierte Industriefacharbeiterinnen, Elektroindustrie, Großstadt, strukturschwache Region	12	—	12
06	KfZ-Mechaniker, Vertragswerkstatt mit Filialen, norddeutsche Großstadt	9	9	—
07	Fachangestellte in der Kommunalverwaltung, Großstadt in strukturschwacher Region	10	10	—
08	Industriekaufleute, Großbetrieb, Kautschukindustrie, Großstadt	13	5	8
09	Bankkaufleute in einer größeren Regionalbank, norddeutsche Großstadt	14	7	7
10	Verkäuferinnen im Facheinzelhandel (Bekleidung), mehrere Filialen, Großstadt	10	—	10
11	Krankenschwestern in einem Großklinikum, Großstadt in strukturschwacher Region	14	—	14
12	Angelernte Post-Angestellte (Auskunft), Großstadt, Ballungsgebiet	10	—	10
13	Arbeitslose Jugendliche im Ruhrgebiet, Krisenregion	10	6	4
14	Arbeitslose in einer Rehabilitations- bzw. Sondermaßnahme der Arbeitsverwaltung, norddeutsche Großstadt	17	6	11
15	Jugendliche in Alternativbetrieben (Schreiner, KfZ-Handwerk), Ballungsgebiet	8	7	1
	Gesamt	168	87	81

Berufsverläufe und Krisenerfahrungen

Ohne Frage ist unter unserer Fragestellung die andauernde Krise des Ausbildungs- und Beschäftigungssystems das hervorstechende Merkmal der Jugendgeneration seit Mitte der 70er Jahre. Sie ist nach einer langen Phase der Prosperität wieder die erste Krisengeneration in der jüngeren Geschichte der Bundesrepublik. Gerade für eine Generation, die in relativem Wohlstand und mit dem unausgesprochenen, selbstverständlichen Versprechen auf eine positive berufliche Zukunft, das ihnen der jahrzehntelange gesellschaftliche „Fortschrittskonsens" (Beck 1984) mit auf den Weg gegeben hat, aufgewachsen ist, muß die Erfahrung der Krise in besonderer Weise eine Infragestellung ihrer Lebensperspektive und ihres Lebensgefühls bedeuten. Für viele von denjenigen, die unmittelbar von ihr betroffen sind, führt sie zu einer Entwertung ihrer in Schule und Ausbildung erbrachten Leistung. Insofern erscheint es uns berechtigt, die Krisenerfahrung zum heuristischen Leitkriterium zu machen und unsere Untersuchungsgruppe nach dem Grad der Krisenbetroffenheit zu differenzieren.

Es wäre aber eine verkürzte Optik, die Krisenbetroffenheit nur an den manifesten Ausdrucksformen der aktuellen Arbeitsmarktsituation ablesen zu wollen und daran festzumachen, ob eine Berufsbiographie etwa Phasen der Arbeitslosigkeit aufweist. (In unserem Sample finden wir sie bei etwa einem Drittel der Jugendlichen.) Uns geht es um das subjektive Verhältnis zur Arbeit, und dies wird durch die lange Kette der Erfahrungen geprägt, die ein Jugendlicher im Laufe seiner beruflichen — und teilweise sicherlich auch vorberuflichen — Sozialisation macht, davon, welche Abstriche er von seinen eigenen Zielvorstellungen machen muß, oder auch umgekehrt davon, welche Erfolge er in einer insgesamt schwierigen Arbeitsmarktsituation für sich verbuchen kann. Demgemäß sind wir in den Gesprächen den von den Jugendlichen selbst gezeichneten Spuren von Krisenerfahrungen nachgegangen, haben sie entsprechend dem groben Verlaufsmuster der beruflichen Sozialisation zunächst an den beiden entscheiden Zäsuren, der Wahl des Ausbildungsberufs und des Übergangs von der Ausbildung in ein Beschäftigungsverhältnis, ausgeleuchtet und klassifiziert, um dann weitere Erfahrungen einzubeziehen.

An diesen beiden Zäsuren, die in der Arbeitsmarkt- und Berufsforschung mit erster und zweiter Schwelle bezeichnet zu werden pflegen, finden wir in unserer Untersuchungsgruppe alle Krisenerfahrungen wieder, die im letzten Jahrzehnt die wissenschaftlichen und literarischen Beschreibungen der Berufsprobleme der Jugend füllen: vergebliche Suche nach einem Ausbildungsplatz trotz unzähliger Bewerbungen, Abgedrängtwerden in eine „Not"-Berufsausbildung (für die „second-best"-Lösung nur eine beschönigende Umschreibung ist), erfolgloses Absolvieren von Berufsvorbereitungsmaßnahmen oder weiterer Schuljahre, entmutigtes Vorliebnehmen mit dem nächstbesten Arbeitsplatz, um dadurch wider Willen in eine Karriere von Gelegenheitsjobs einzumünden. Diesen Erfahrungen an der ersten Schwelle, an der häufig genug bereits endgültig die Weichen für einen Fehlstart ins Berufsleben gestellt worden sind, korrespondieren jene ebenfalls hinlänglich bekannten Übergangsprobleme an der zweiten Schwelle: Nichtübernahme im Ausbildungsbetrieb, unterwertiger und/oder berufsfremder Einsatz, Arbeitslosigkeit, Verfrachtung in perspektivlose Maßnahmen. Die Tabellen 3 - 5 machen einsichtig, wie sich derartige Krienerfahrungen bei den von uns befragten Jugendlichen niedergeschlagen haben.

Die Krisenerfahrungen an der ersten Schwelle

Die Erfahrungen der Jugendlichen bei der Ausbildungsplatzsuche lassen sich — wie Tabelle 3 zeigt — in sechs typischen Konstellationen zusammenfassen. Die *beiden ersten* Konstellationen betreffen Jugendliche, die relativ unberührt von der Krise in einem von ihnen gewünschten Beruf ihre Ausbildung haben beginnen können. Sie unterscheiden sich lediglich durch die Berufsorientierung, d.h. den Grad der Festgelegtheit auf ihren jeweiligen Ausbildungsberuf. Bildete bei den Jugendlichen der ersten Konstellation ein bestimmtes Berufsziel den Ausgangspunkt ihrer Ausbildungsplatzsuche, so waren die Jugendlichen der zweiten Konstellation sehr viel unbestimmter und offener und orientierten sich bei der Wahl ihres Berufs am vorfindlichen Ausbildungsplatzangebot, hatten dabei freilich entweder immer noch eine begrenzte Wahlchance oder sahen ihre Alternativlosigkeit nicht als Problem an. Die Geschlechtsverteilung in beiden Gruppen weist einmal mehr die Privilegierung der männlichen Jugendlichen beim Berufsstart aus. Es überrascht nicht, daß diejenigen Jugendlichen, die einen dezidierten Ausbildungswunsch hatten und realisierten, sich schwerpunktmäßig auf die Gruppen der Bankkaufleute, Krankenschwestern, Werkzeugmacher und KfZ-Mechaniker verteilen, während wir die Jugendlichen ohne klare Berufsvorstellung vor allem unter den Angestellten der Kommunalverwaltung und Versicherung finden. Und es bestätigt auch nur die bisher durchgeführten Studien zum Berufsstart, wenn sich die beiden von Krisenbetroffenheit unberührt gebliebenen Gruppen zu drei Vierteln (Gruppe 1) bzw. drei Fünfteln aus Realschul- oder Gymnasiumsabsolventen zusammensetzen, die ihrerseits wiederum besonders häufig aus den mittleren und höheren Angestellten- und Beamtenfamilien kommen.[3]

Tabelle 3: Erfahrungskonstellationen beim Übergang in die Berufsausbildung (in %)

Art der Erfahrung bei der Ausbildungsplatzsuche n=	Gesamt 168	männlich 87	weiblich 81
1. Relativ problem- und anstrengungsloses Einmünden in einen Ausbildungsplatz des nachdrücklich gewünschten Berufes	33	37	30
2. Ohne dezidierten eigenen Berufswunsch relativ problemloses Einmünden in einen akzeptabel erscheinenden Ausbildungsplatz (Orientierung am Angebot)	18	22	15
3. Problematisches Einmünden in den gewünschten Ausbildungsberuf (nahm „Warteschleifen", zusätzliches Schuljahr, hohe Anstrengungen in Kauf, hielt am Berufswunsch fest)	8	7	8
4. Einmünden in einen als „Not"- oder „second-best"-Lösung angesehenen Ausbildungsberuf (nach vielen Anstrengungen, Abstrichen von und Umorientierungen gegenüber ursprünglichem Berufswunsch)	23	23	22
5. Gescheitert bei der Ausbildungsplatzsuche trotz vielfältiger Anstrengungen, Abrutschen in Un- oder Angelerntentätigkeit aufgrund äußerer Zwänge	14	8	21
6. Ohne Ausbildungswunsch in eine Un- bzw. Angelerntenposition eingemündet	4	3	4
Total	100	100	100

Die *dritte* Gruppe weist bereits deutliche Zeichen der Krisenbetroffenheit auf. Sie umfaßt mit noch nicht einmal einem Zehntel eine besonders interessante Gruppe: Es sind diejenigen Jugendlichen, die genügend Hartnäckigkeit und Stehvermögen aufbringen, an ihrem ursprünglichen Berufswunsch oder zumindest dem ihm entsprechenden Feld festzuhalten, auch wenn sie Umwege machen, oft ein Jahr Wartezeit und Frustrationen und Anstrengungen in Kauf nehmen müssen.

Die Hauptgruppe der von der Krise des Ausbildungsplatzangebots betroffenen Jugendlichen stellen diejenigen dar, die zumeist nach langem Suchen, vielfältigen Schwierigkeiten, unter Umständen auch nach Umwegen, Abstriche von ihren ursprünglichen Berufsvorstellungen machen und eine Notlösung wahrnehmen mußten.[4] (Bei Männern finden wir vor allem Jugendliche aus gewerblichen Berufen in Krisenregionen, bei den Frauen Verkäuferinnen, Arzthelferinnen und Bürohilfskräfte in dieser Gruppe.)

Kann man es noch als Gewinn ansehen, überhaupt einen Ausbildungsplatz erlangt zu haben, so ist das Spezifikum der *fünften* Gruppe darin zu sehen, daß sie selbst diesen fragwürdigen Rest einer individuell positiven Bilanz von Ausbildungsanstrengungen nicht mehr einstreichen kann. Die mehrheitlich weiblichen Jugendlichen dieser Gruppe sind bei ihrer Suche nach einem Ausbildungsplatz gescheitert. Dies Scheitern hat ein unterschiedliches Aussehen. Bei einem Teil vollzieht es sich nach längerem vergeblichen Suchen, das entweder völlig erfolglos geblieben ist oder zu einem so unsicheren Ausbildungsplatz geführt hat, daß der Abbruch der Ausbildung vorprogrammiert erscheinen muß; auch diese Verlierer bzw. Abbrecher der Ausbildung zählen wir zu den an der ersten Schwelle Gescheiterten. Bei einem anderen Teil führen die Zweifel an den eigenen Fähigkeiten und/oder die zweifelhaften Ratschläge Dritter zu einem relativ schnellen Verzicht auf das, was man sich vorgenommen und gewünscht hatte. Man griff zu, als sich wenigstens ein Arbeitsplatz mit Verdienstmöglichkeiten bot, nicht selten mit der offen ausgesprochenen oder im geheimen gehegten Hoffnung, später nachholen zu können, was man jetzt versäumte. Es paßt auch hier in das bekannte Bild der Selektionsprozesse, daß dies vor allem Jugendliche mit und ohne Hauptschulabschluß aus eher ländlichen Gebieten sind.

Die letzte, sehr kleine Gruppe stellen die Jugendlichen, die von sich aus auf eine Ausbildung verzichten. Bei ihr ist lediglich hervorzuheben, daß sie sehr klein ist und daß sie neben Hauptschülern auch — zu gleichem Anteil — Realschüler(innen) umfaßt.

Krisenerfahrungen an der zweiten Übergangsschwelle

Sieht man von einer kleinen Gruppe von Jugendlichen ab, die aus persönlichen Gründen gleichsam aufgrund höherer Gewalt in Gestalt eines Unfalls oder einer Krankheit daran gehindert worden sind, ihren gelernten Beruf weiterhin auszuüben (vgl. Tab. 4, Zeile 5)[5], dann lassen sich die Erfahrungen, welche die Jugendlichen nach ihrer Ausbildung oder Berufsschulzeit machen, in vier typischen Konstellationen bündeln, die unterschiedliche Berufs- und Arbeitsperspektiven für die Zukunft eröffnen. Von ihnen weisen drei deutliche Anzeichen von Krisenbetroffenheit auf.

Zunächst ist die Gruppe der Jugendlichen zu nennen, die nach Ausbildungsabschluß eine Beschäftigung im gelernten Beruf gefunden hat. Sie stellt gut die Hälfte unserer Untersuchungsgruppe. Zumeist handelt es sich um Jugendliche, die im Ausbildungsbetrieb verblieben sind und einen ihrer Ausbildung entsprechenden Arbeitsplatz erhalten haben. Ihnen am nächsten steht die relativ kleine Gruppe (10 %) der Jugendlichen, deren Berufsverlauf nach Ausbildungsabschluß zwar durch von außen bedingte Einschnitte und Veränderungen in Form eines erzwungenen Betriebswechsels, vorübergehender Arbeitslosigkeit und der Übernahme unterschiedlicher Tätigkeiten gekennzeichnet ist, die aber im Endeffekt noch in ein Beschäftigungsverhältnis hineingerutscht sind, in dem sie wenigstens einen Teil ihrer erworbenen Fähigkeiten anwenden können. Es ist nicht das, was sie sich unter ihrem Beruf einmal vorgestellt hatten, aber es ist auch keine reine, perspektivlose Ungelerntentätigkeit, und insofern fühlen sie sich auch in ihrer Arbeitsmarktperspektive nicht unmittelbar bedroht, haben einen relativ festen Boden unter den Füßen.

Deutlich als Krisenopfer müssen sich jene Jugendlichen betrachten, die nach ihrer Ausbildung berufsfremd und unterqualifiziert als Hilfsarbeiter bzw. Hilfskräfte eingestellt worden sind. Bei ihnen handelt es sich ausschließlich um — vor allem männliche — Jugendliche, die im Ausbildungsbetrieb übernommen worden sind, die betriebliche Kontinuität ihres Beschäftigungsverhältnisses aber mit dem Preis des unterwertigen, dequalifizierten Arbeitseinsatzes bezahlt haben.[6]

Als die eigentliche Kerngruppe der Krisenopfer aber müssen die Jugendlichen angesehen werden, die wir in der vierten Konstellation zusammengefaßt haben und die immerhin ein Viertel unseres Samples ausmachen. Unter ihnen finden wir unterschiedliche

Schicksale, deren gemeinsamer Nenner aber eine krisenbedingte berufliche Perspektivlosigkeit ist. Zum einen gehören zu ihnen jene, deren Rechnung, den Schwierigkeiten bei der Berufswahl schließlich mit dem Griff nach einer sich bietenden Un- oder Angelerntentätigkeit auszuweichen, nicht aufgegangen ist und die nun entweder in der Kontinuität einer unbefriedigenden und belastenden Tätigkeit hängengeblieben oder nach wechselnden Beschäftigungsverhältnissen und Phasen der Arbeitslosigkeit in einem ähnlichen „bad job" gestrandet sind. Zum anderen finden wir hier Jugendliche, die einen ungünstigen Ausbildungsplatz erwischt haben, deren Ausbildungsbetrieb Pleite gegangen ist, ohne daß ihnen eine Ausbildungsalternative offenstand, oder die während der Ausbildung entlassen oder nach ihr nicht übernommen worden sind und nun eine ähnliche Irrfahrt durch Ungelerntentätigkeiten und/oder Arbeitslosigkeit antreten mußten wie die erste Gruppe. Wir finden hier insbesondere die Jugendlichen, die im Kleinhandwerk oder — bei den Mädchen — auch in einem jener perspektivlos expandie-

Tabelle 4: **Krisenerfahrungen beim Übergang von der Berufsausbildung in ein Beschäftigungsverhältnis (in %)**

Art der Übergangserfahrung n =	Gesamt 168	männlich 87	weiblich 81
1. Kontinuierlicher Verlauf, Einmündung in eine ausbildungsadäquate Tätigkeit (im Ausbildungs- oder einem anderen Betrieb)	51	49	53
2. Diskontinuierlicher Verlauf: nach unfreiwilligen Einschnitten im Berufsweg, Betriebswechsel, unterschiedlichen Jobs, u.U. Phasen der Arbeitslosigkeit hat man einen halbwegs akzeptablen, (teilweise) berufsnahen Arbeitsplatz	10	10	10
3. Unterqualifizierter und berufsfremder Einsatz (zumeist) im Ausbildungsbetrieb	12	18	6
4. Harte Kontinuitätsbrüche: wechselnde Beschäftigungsverhältnisse in „bad jobs", Phasen der Arbeitslosigkeit; Nichtübernahme in Ausbildungsbetrieb und -beruf	24	19	30
5. Krankheits- bzw. unfallbedingte Brüche im Berufsweg	3	4	1
Total	100	100	100

renden Helferinnenberufe untergekommen sind. Gegenüber der Gruppe der unterqualifiziert eingesetzten Jugendlichen, mit denen ein Teil von ihnen — die mit abgeschlossener Ausbildung — das Schicksal des berufsfremden, unterqualifizierten Einsatzes teilt, fehlt der Mehrheit sowohl die relative Sicherheit der betrieblichen Kontinuität des Beschäftigungsverhältnisses als auch die berufliche Qualifikationsbasis für ihre Zukunft auf dem Arbeitsmarkt.

Typen von Berufsverläufen in der Krise

Korreliert man die codierten Krisenerfahrungen an der ersten und zweiten Schwelle des Übergangs in die Berufstätigkeit, so bekommt man als Resultat komplexe Berufsverläufe über einen Zeitraum von vier bis neun Jahren, je nach Alter des Jugendlichen, die sich zu typischen Positiv- und Negativ-Karrieren in der Krise bündeln lassen.[7] Wir meinen, sechs solcher typischen Verlaufsmuster identifizieren zu können. Von ihnen gehören zwei, in denen sich die Hälfte der von uns befragten Jugendlichen zusammenfindet, auf die Sonnenseite der Berufserfahrungen, eine kleine Gruppe (10 %) nimmt eine Mittelposition ein und weist deutliche Spuren von Krisenbetroffenheit auf, während drei — in sich differenzierte — Gruppen, die das Berufsschicksal von zwei Fünfteln repräsentieren, eindeutig auf der Schattenseite der Berufserfahrungen in der Krise zu plazieren sind (vgl. Tab. 5).

Der *erste Berufsverlaufstyp* faßt die Jugendlichen zusammen, die sowohl an der ersten als auch an der zweiten Übergangsschwelle relativ problemlos, wenn auch mit unterschiedlichem Aufwand an eigenen Anstrengungen in Ausbildung und Beruf gekommen sind und jetzt einen relativ sicheren und qualifizierten Arbeitsplatz innehaben. Dies muß nicht heißen, daß sie mit ihrer beruflichen Position und ihrer betrieblichen Situation uneingeschränkt zufrieden sind. Manch eine(r) unter ihnen, speziell aus dem Kreis derer, die relativ offen, ohne klare Berufsvorstellung in die Ausbildung gegangen sind, mag jetzt feststellen, daß der gewählte Beruf doch nicht das richtige für ihn ist. Das jedoch hat es immer gegeben, und entscheidend ist: Sie haben ein gutes berufliches Fundament und eine gesicherte betriebliche Operationsbasis für alles, was sie weiterhin in ihrem Berufsleben machen wollen. Schon hier deutet sich die Kontinuität im Berufsverlauf und deren Abhängigkeit von der Ausbildungsentscheidung an: Wir treffen in diesem Typ etwa drei Viertel derjenigen wieder, die mit einer dezidierten Berufsvorstellung entweder ohne Probleme oder nach härteren Anstrengungen ihren Ausbildungswunsch realisieren konnten, und drei Fünftel von denen, die sich flexibel mit dem vorhandenen Ausbildungsplatzangebot arrangieren konnten. Gleichgültig welche Schwierigkeiten sie zu überwinden hatten — in der überwiegenden Mehrzahl waren es wenige —, scheinen sie es erst einmal geschafft und sich eine interessante, unter Umständen auch ausbaufähige Berufsposition gesichert zu haben. Wir finden diesen Berufsverlaufstyp sowohl in Arbeiter- als auch in Angestelltengruppen, überdurchschnittlich häufig bei den Maschinenbaufacharbeitern und KfZ-Mechanikern und bei den Bank-, Kommunal- und Industrieverwaltungsangestellten sowie bei den Krankenschwestern, aber auch — und dies mag überraschen — bei der Hälfte der Jugendlichen aus Alternativbetrieben.

Tabelle 5: Typische Berufsverläufe Jugendlicher in der Krise (in %)

Typen von Berufsverläufen		Gesamt n = 168	männlich 87	weiblich 81
Typ 1:	Glatter Berufsverlauf, ohne einschneidende Probleme bei Berufswahl und Übergang in Beschäftigung	42	46	38
Typ 2:	Probleme beim Berufsstart („Notlösung"), aber problemloser Übergang in ein ausbildungsadäquates Beschäftigungsverhältnis	8	7	9
Typ 3:	Die mit „blauem Auge" Davongekommenen (nach unterschiedlich schwierigem Ausbildungseinstieg diskontinuierlicher Übergang in Beschäftigung mit deutlich sichtbaren Einschnitten, aber letztlich noch akzeptablem Arbeitsplatz)	10	10	10
Typ 4:	Die unterqualifiziert Eingesetzten mit drohendem Verlust ihrer Fachqualifikation	12	18	6
Typ 5:	Die an der Krise Gescheiterten mit abgeschlossener Berufsausbildung	12	7	17
Typ 6:	Die an der Krise Gescheiterten ohne einen Ausbildungsabschluß	16	12	20
Total		100	100	100

Im Ergebnis des Berufsverlaufs ähnlich günstig wie der erste Typ stehen die Jugendlichen des *zweiten Berufsverlaufstyps* da. Für sie, die beim Berufsstart auf ihren ursprünglichen Berufswunsch verzichten mußten — hier also von der Krise betroffen waren —, hat sich die akzeptierte „second-best"-Lösung letztendlich zum Guten gewendet und ihnen eine relativ sichere und zukunftsträchtige Berufsperspektive eröffnet, zumeist in einer Angestelltentätigkeit. Freilich darf man weder übersehen, daß sie beim Berufsstart schon eine Verunsicherung durch die Krise erfahren haben, noch, daß eine derartig glückliche Wendung der Berufsverlauf nur für ein Drittel derjenigen, die bei der Berufswahl eine Notlösung in Kauf nehmen mußten, genommen hat.

Der *dritte Berufsverlaufstyp,* in dem diejenigen zusammengefaßt sind, die noch einmal, wenn auch mit deutlichen Blessuren „davongekommen" sind, vereinigt sehr unterschiedliche Erfahrungen, ist stark individualisiert und zeigt als einzigen Schwerpunkt die Alternativbetriebe. Seinen Hauptteil bilden Jugendliche mit abgeschlossener Ausbildung (etwa 80 %), vor allem allerdings solche, die eine Notlösung wahrnehmen mußten oder die sich ohne eigene Berufsvorstellung am Angebot orientierten. Eine Minderheit stellen Jugendliche, die beim Übergang in die Berufsausbildung gescheitert sind, sich im weiteren Verlauf ihres Arbeitslebens aber fangen und in begrenztem Ausmaß hocharbeiten konnten. Im Vergleich mit den beiden ersten Typen ist die Arbeits- und Berufssituation der Jugendlichen dieses dritten Typs deutlich labiler, weniger berufsförmig gefaßt und auch krisenanfälliger, selbst wenn der Absturz in eine eindeutige Negativkarriere verhindert werden konnte.

Der *vierten Typ,* die berufsfremd und unterqualifiziert eingesetzten Jugendlichen, konzentriert sich auf einzelne Facharbeiterberufe, was in diesem Fall den Kriterien der Samplebildung geschuldet ist und nicht heißt, daß er unter den Facharbeiter- und Gesellenberufen nicht weiter verbreitet ist. Er ist identisch mit dem dritten Typ des Übergangs von der Berufsausbildung in ein Beschäftigungsverhältnis. Daß er auch bei einzelnen kaufmännischen Berufen auftaucht, weist darauf hin, daß in diesen Bereichen der ausbildungsadäquate Einsatz der ausgebildeten Fachkräfte ebenfalls ein Problem geworden ist. Die Arbeitssituation der Jugendlichen dieses Typs ist durch die Ausübung einer sie unterfordernden einfachen Arbeit gekennzeichnet, ihre Berufsperspektive durch die Zugehörigkeit zu einem gesichert erscheinenden Unternehmen einerseits, durch den langsamen Verschleiß ihrer Berufsqualifikation andererseits charakterisiert.

Der *fünfte* und *sechste Typ* umfassen den Kern der Krisenopfer (insofern weitgehende Übereinstimmung mit der Erfahrungskonstellation 4 beim Übergang in Beschäftigung). Sie unterscheiden sich weniger in ihrer aktuellen Situation, die in beiden Fällen durch eine unqualifizierte und zumeist ungesicherte Arbeit oder durch Arbeitslosigkeit bestimmt ist, als in den subjektiven Voraussetzungen, von denen her sie in diese Situation hineingekommen sind und unter denen sie sie zu bewältigen haben.

Beim *fünften Typ* handelt es sich um — vor allem weibliche — Jugendliche, die nach ihrem Ausbildungsabschluß, den sie fast zur Hälfte sogar in einem Beruf ihrer Wahl machen konnten, nicht übernommen worden sind und nun zum größten Teil (zwei Drittel) nach Zeiten der Arbeitslosigkeit oder der Gelegenheitsbeschäftigung in einer Maßnahme der Arbeitsverwaltung weilen, deren Erfolg ihnen zweifelhaft erscheint, da er nicht zu einem neuen Berufsabschluß führt, sondern nur praxisnahe kaufmännisch-verwaltungsbezogene Ergänzungsqualifikationen vermitteln soll. Das restliche Drittel ist schon seit längerem arbeitslos oder in einer Ungelerntenposition tätig. Von der Arbeitsmarktentwicklung her scheint für alle eine Rückkehr in den erlernten Beruf oder eine Verwertung der erworbenen Qualifikationen mehr oder weniger ausgeschlossen und insofern eine dreijährige individuelle Anstrengung ad absurdum geführt. Diejenigen von ihnen — immerhin mehr als die Hälfte —, die schon bei der Berufswahl zu einer Notlösung greifen mußten, müssen sich in doppelter Weise als Krisenopfer sehen: Ihr damaliges Opfer, der Verzicht auf den gewünschten Beruf, wird durch die Erfahrung beim Schritt in ein Beschäftigungsverhältnis entwertet. Von den erlittenen Kontinuitätsbrüchen und den ungünstigen Zukunftsaussichten haben diese Jugendlichen viel zu bewältigen, wollen sie ein weiteres berufliches Absinken vermeiden.

Teilweise in gleichen Arbeitssituationen befindet sich der größere Teil der Jugendlichen, die an der ersten Schwelle gescheitert sind, also die Jugendlichen *des sechsten Berufsverlaufstyps*. In ihnen finden wir die beiden verwandten und im individuellen Berufsverlauf häufig schnell miteinander wechselnden Varianten einer beruflichen Negativkarriere von Ungelernten: Der eine Teil ist aktuell in Arbeitslosigkeit, nachdem sein bisheriges Erwerbsleben von periodischen Tätigkeiten in recht labilen Un- oder Angelernten-Beschäftigungsverhältnissen bestimmt war. Der andere Teil befindet sich gerade in einer solchen Un- bzw. Angelerntentätigkeit, in die er nach ähnlichen Arbeitsmarkterfahrungen, wie sie der erste Teil hat machen müssen, hineingekomen ist. Mit Ausnahme der sechs Postangestellten, die zu diesem Typ zählen, befinden sich die in Arbeit stehenden Jugendlichen alle in labilen und krisenbedrohten Jobs. Für die gesamte Gruppe gilt, daß die äußeren Bedingungen und die je individuellen Voraussetzungen eine äußerst schwer zu bewältigende Situation hervorgebracht haben.

Zieht man die inneren Verbindungslinien zwischen den einzelnen Stationen des Berufsverlaufs, so zeigen sich auffällige Zusammenhänge zwischen der Ausbildungsentscheidung und dem weiteren Berufsweg. Diese Zusammenhänge besitzen zwar nicht den Charakter zwingender Determination, aber es wird an ihnen unabweisbar deutlich, welche überragende Bedeutung die richtige oder halbwegs akzeptable Wahl des Ausbildungsberufs für den weiteren Berufsverlauf hat. Wer ein dezidiertes Berufsziel hat und auch realisieren kann, hat im Durchschnitt bereits deutlich bessere Chancen, glatt durch die Krise zu kommen als jemand, der ohne klares eigenes Berufsziel sich am vorhandenen Angebot orientiert, selbst wenn er einen ihm zusagenden Beruf erlernen kann; und er hat eine geradezu unvergleichlich bessere Berufsprognose als diejenigen, die krisenbedingt mit einer beruflichen „second-best"-Lösung vorliebnehmen müssen. Umgekehrt tendieren die Chancen derjenigen, die bereits bei der Berufswahl scheitern, bedenklich gegen Null, noch einmal aus der aufgedrängten Beschäftigungsmisere herauszukommen. Dabei ist der Selbstreproduktionsmechanismus der beruflichen Negativkarriere offensichtlich zwingender als der bei der Positivkarriere.

2.2. Soziale und sozialisatorische Hintergründe krisenhafter Berufsverläufe

Dieses sind die Ausgangsbedingungen und Situationen, mit denen sich die Jugendlichen auseinanderzusetzen haben und die selbst immer auch schon Resultat abgelaufener Auseinandersetzungen mit Arbeit und Arbeitsmarkt sind. Bislang haben wir die Berufsverläufe fast ausschließlich in ihrem Bezug zum Ausbildungssystem und Arbeitsmarkt betrachtet. Wenn es auch ein Charakteristikum von Krisen ist, daß Berufsentscheidungen in ihnen stärker als in Zeiten von Vollbeschäftigung und günstiger Konjunktur mehr als Reaktion auf äußere Bedingungen, denn als aktiver Umgang mit ihnen gefällt werden, ist dennoch der Frage nachzugehen, wovon die unterschiedlichen Arten von Reaktionen oder die verbleibenden Formen aktiver Bewältigung abhängig sind.

Schulbildung und soziale Herkunft

Erste deutliche Zusammenhänge lassen sich — mehr oder weniger überraschungsfrei — zwischen der Schulbildung und Krisenbetroffenheit und zwischen sozialer Herkunft und Krisenbetroffenheit feststellen. Immer noch kommen Jugendliche mit Abitur und Realschulabschluß am wenigsten geschoren durch die Krise, und immer noch stellen die Hauptschüler mit und ohne Abschluß die breite Basis der am stärksten von der Krise in Mitleidenschaft gezogenen Jugendlichen. Sicherlich sind auch dies keine deterministischen Zusammenhänge, wie positiv vor allem an dem Viertel der Hauptschulabsolventen sichtbar wird, die ohne Probleme durch die Krise gekommen sind, und negativ durch jenes Drittel an Realschulabsolventen unter Beweis gestellt wird, die entweder bereits an der Schwelle zur Ausbildung gescheitert sind oder nach der Ausbildung die Krise voll zu spüren bekommen haben, vor allem in Form eines unterqualifizierten Arbeitseinsatzes (vgl. Tab. 6, insbesondere Zeilen 4 bis 6).

Entsprechend, wenn auch weniger krass im Grad der Ausprägung, schichtet sich die Krisenbetroffenheit nach der sozialen Herkunft (gemessen am Beruf des Vaters). Wer aus der Unterschicht kommt, hat offenbar entschieden schlechtere Voraussetzungen, halbwegs glatt durch die Krise zu gelangen als jemand, dessen Vater Facharbeiter oder einfacher Angestellter ist, von den Kindern von Selbständigen und Angestellten und Beamten in gehobenen Positionen ganz zu schweigen. Sie besitzen noch einmal wieder entschieden bessere Karten als die Söhne und Töchter von Facharbeitern und einfachen Angestellten, von denen immerhin ein Viertel an der Krise scheitert (vgl. Tab. 7).

Die hier an den Merkmalen der Schulbildung und der sozialen Herkunft aufgewiesenen Zusammenhänge mit Berufsschicksalen sind nicht neu. In ihrer groben Richtung finden wir sie auch in „normalen" Zeiten. Nur müssen wir davon ausgehen, daß mit dem Anwachsen der Zahl der Arbeitslosen und der in ihrer Berufsperspektive Bedrohten die soziale Benachteiligung an individueller Härte und perspektivischer Unkorrigierbarkeit und Auswegslosigkeit zunimmt, weil die Verbindung von erhöhtem äußeren Druck und den mitgebrachten Verhaltensdefiziten im individuellen Kri-

Tabelle 6: Berufsverlaufstypen in der Krise nach Schulabsolventen (in %)

Berufsverlaufs- typen in der Krise	Schul- abschlüsse n =	Gesamt	ohne Hauptschul- abschl.	Hauptschulabschluß	Mittl. Reife	Hochschulreife
		168	8	53	87	20
1. Glatter Berufsverlauf		42	–	26	52	60
2. Nach Problemen beim Start in qualifi- zierter Berufstätigkeit		8	–	6	8	15
3. Die mit „blauem Auge" Davonge- kommenen		10	–	17	8	5
4. Die unterqualifiziert Beschäftigten		12	–	6	19	5
5. Die an der Krise Gescheiterten mit Ausbildung		12	13	24	6	5
6. Die an der Krise Gescheiterten ohne Ausbildung		16	87	21	7	10
Total		100	100	100	100	100

Tabelle 7: Berufsverlaufstypen in der Krise nach sozialer Herkunft (Beruf des Vaters) (in %)

Soziale Herkunft Berufsverlaufstypen	n =	Gesamt*	Un- und angelernte Arbeiter	Facharbeiter; einfache Angestellte	Angestellte, Beamte in höheren Positionen, Selbständige
		162	39	71	52
1. Glatter Berufsverlauf		43	20	41	63
2. Nach Problemen beim Start in qualifizierter Berufstätigkeit		8	5	11	6
3. Die mit „blauem Auge" Davongekommenen		11	8	14	8
4. Die unterqualifiziert Beschäftigten		12	26	9	8
5. Die an der Krise Gescheiterten mit Ausbildung		11	10	14	8
6. Die an der Krise Gescheiterten ohne Ausbildung		15	31	11	7
Total		100	100	100	100

* Bei 6 Personen keine Nennungen

senmanagement negativ eskaliert. An den arbeitsbezogenen Auseinandersetzungsformen und Verhaltenweisen der Jugendlichen aus den beiden Hauptgruppen von Krisenbetroffenen wird sich diese Verbindung in ihren aktuellen Ausprägungen zeigen (vgl. Kap. 2.3).

Familiale Interaktion und Schulerfahrungen als Hintergrund krisenhafter Berufsverläufe

Da wir aus der Sozialisationsforschung wissen, daß es keine strikte Abhängigkeit zwischen beruflichem Status des Vaters und dem familialen Interaktionsstil gibt, und da wir ferner wissen, wie sehr Formen der Auseinandersetzung mit der Umwelt auf dem beruhen, was Kinder und Jugendliche in Familie und Schule an Auseinandersetzungsvermögen erworben haben, sind wir in den Gesprächen mit den Jugendlichen dem nachgegangen, wie sie sich in ihrer Familie mit den Eltern, in der Schule mit Lehrern und Mitschülern auseinandergesetzt haben und wie sie ihre betriebliche Ausbildung als soziales und individuelles Handlungsfeld jenseits der Vermittlung beruflicher Fähigkeiten erfahren haben. An der Schilderung ihrer Erlebnisse in Familie, Schule und Berufsbildung (sofern vorhanden) wird deutlich, welche Unterstützung sie auf ihrem Weg in die Selbständigkeit in Form von Orientierungen, Anregungen, Gesprächsangeboten, durch das ganze familiale Klima und die familialen Interaktionsformen erfahren haben und wieweit ihre Schul- und Ausbildungserfahrungen ihr Selbstbewußtsein stabilisieren und fördern oder eher verunsichern und destruieren konnten.[8]

Soweit sich mit dem Mittel des Gesprächs Sozialisationserfahrungen in Familie, Schule und Ausbildung rekonstruieren lassen, sind aufschlußreiche Zusammenhänge mit den Berufsverläufen festzustellen. Da diese im Rahmen der aus der Sozialisationsforschung bekannten Zusammenhänge liegen, können wir uns hier auf eine gedrängte Zusammenfassung beschränken.

Es zeigt sich, daß der von den Jugendlichen wahrgenommene familiale Interaktionsstil[9] auf das Berufsschicksal in der Krise eine noch höhere Durchschlagskraft hat als die soziale Herkunft und der Schulabschluß. Zumindest gilt dies für die beiden Extremgruppen eines hochgradig konflikthaften und eines produktiv-diskursiven Interaktionsstils. Drei Viertel der Jugendlichen, die in einem familialen Klima aufgewachsen sind, in dem Konflikte offen und produktiv ausgetragen werden, gehen ohne Probleme durch die Krise. Dies trifft aber nur auf jeden Fünften der Jugendlichen aus einer hochgradig konflikthaft interagierenden Familie zu, die ihrerseits zu über der Hälfte zur am härtesten betroffenen Krisengruppe gehören, zu denen nämlich, die bereits an der ersten Schwelle scheitern und ohne Berufsausbildung den Bodensatz derer bilden, die arbeitslos sind oder in „bad jobs" tätig sein müssen.[10] Natürlich sind diese Zusammenhänge zwischen dem familialen Klima und dem Berufsverlauf vielfältig vermittelt, so durch die Affinität der Interaktionsstile zu sozialen Schichten (Beruf des Vaters) oder über das starke Gewicht, das der beruflichen Ausbildung für den Berufsverlauf zukommt und auf das die Familien mit einem produktiven Klima fast definitionsgemäß großen Wert legen.[11] Gleichwohl hebt dies die alles überragende Bedeutung des familialen Klimas für den Berufsverlauf nicht auf.[12]

Die weiteren Aspekte des familialen Hintergrundes sind gleichsam als Vermittlungsmechanismen für die Wirkung des komplexen Indikators der familialen Interaktionen zu lesen. Dies gilt beispielsweise für die *Orientierungsfunktion elterlicher Arbeits- und Berufserfahrungen* für die Berufswahl des Jugendlichen. Sie spielen nur etwa für die Hälfte der Jugendlichen als Orientierungspunkt eine Rolle, der Rest (56 %) sieht und artikuliert eine derartige Orientierung nicht. Nur jeder Achte (Jungen dabei deutlich häufiger als Mädchen) läßt deutlich werden, daß er sich bei seiner Berufswahl positiv an dem Beruf seines Vaters oder seiner Mutter orientiert habe. Stärker wirksam ist dagegen für Jungen wie für Mädchen eine negative Abgrenzung gegenüber den elterlichen Berufserfahrungen. Immerhin ein Drittel der Jugendlichen hat diese Erfahrungen gleichsam als abschreckendes Beispiel bei der eigenen Berufswahl mit in die Betrachtung gezogen und grenzt sich mehr oder weniger klar gegen das Bild der elterlichen Berufsrealität ab. Entscheidend aber ist, daß bei den Jugendlichen, bei denen überhaupt eine Auseinandersetzung mit dem elterlichen Beruf stattgefunden hat, die Berufsstarts durchweg günstiger verlaufen als bei denen, wo eine derartige Auseinandersetzung nicht Platz gegriffen hat. Innerhalb der Gruppe derer, die eine derartige Auseinandersetzung schildern, haben deutlich diejenigen, die den elterlichen Beruf als positiven Bezugspunkt gewählt haben, wiederum häufiger einen guten Berufsstart als die Jugendlichen, die sich negativ abgegrenzt haben.

Die hohen Differenzen, die in den Berufsverläufen bei den unterschiedlichen Gruppen von Schülern auftauchen (vgl. Tab. 6), lassen vermuten, daß nicht nur der jeweilige Schulabschluß, sondern auch *die in der Schullaufbahn gemachten Lernerfahrungen* im Sinne der Entwicklung bzw. der Aufrechterhaltung von Lernmotivation und Erfahrung des eigenen Leistungsvermögens einen Einfluß auf die Art der individuellen Krisenbewältigung haben. Dieser ist auch tatsächlich, wenn auch methodisch nicht so ganz einfach, nachzuweisen.[13]

Zunächst ist hier in den Ergebnissen auffällig und festzuhalten, wie wenig Schulen offensichtlich Jugendlichen Lernmotivation vermitteln und Selbstbewußtsein stärken. Ungeachtet aller Erinnerungsschwächen an die Schule wirft das, was am Ende bei den Anmerkungen der Jugendlichen zur Wirkung der Schule auf sie dazu herauskommt, wie sie sich in der Schule gefühlt, wieweit sie sich motiviert und bestätigt gefunden haben, einen tiefen Schatten auf die Alltagsrealität der Schulen.

Zwei Drittel der Jugendlichen (66 %) schildern ihre Schulerfahrungen in Metaphern, die eine zum Teil starke Distanz zum Lernen in der Schule ausdrücken, Unlust am Lernen und Gleichgültigkeit aufgrund von wenig Selbstbestätigung und Anregung sowie von negativen Erfahrungen in Form schlechter Noten signalisieren. Nur für ein Drittel ist die dominante Einfärbung der Schuleindrücke positiv, hebt bestärkende und bestätigende Erfahrungen und Erfolgserlebnisse hervor, die weniger an Benotungen als vielmehr am Wecken von Sachinteressen, am Entdecken von Neuem festgemacht werden. Positive und negative Erfahrungen weisen sowohl eine starke geschlechtsspezifische als auch schultypspezifische Ausprägung auf: Bei den männlichen Jugendlichen steigt die negative Bewertung der eigenen Schulerfahrungen auf drei Viertel, bei den weiblichen hingegen sinkt sie auf gut die Hälfte (55 %). Bei den Hauptschülern liegt die negative Erfahrungsartikulation bei 84 %, bei den Realschülern bei 66 % und bei den Abiturienten lediglich bei 20 %.

Die negativen Schulerfahrungen wirken sich auf den Berufsverlauf in der Krise offensichtlich chancenmindernd aus. Von dem Drittel der Jugendlichen, die ihre Schulerfahrungen positiv schildern, weisen zwei Drittel einen relativ glatten Berufsverlauf auf (Verlaufstypen 1 + 2), bei der Mehrheit mit negativen Erfahrungen nur zwei Fünftel; entsprechend hoch sind bei ihnen die Anteile mit einer mehr oder weniger intensiven Krisenbetroffenheit (ca. 60 % gegenüber 32 %).

Man kann insgesamt sagen, daß für Realschulabsolventen und Abiturienten positive Schulerfahrungen ihre schultypbedingte Privilegierung im Verhältnis zu den Hauptschulabsolventen in den Bewältigungschancen für eine krisenhafte Ausbildungs- und Arbeitsmarktsituation weiter verstärken, während sie für Hauptschulabsolventen zur Behauptung am Arbeitsmarkt wenig auszutragen scheinen.

Eine ähnlich starke Relevanz für den weiteren Berufsverlauf wie die Schulerfahrungen haben die *Erfahrungen in der Berufsausbildung*. Die Ausführungen der Jugendlichen lassen sich für die betriebliche Ausbildung nicht so eindeutig zu einem Gesamteindruck zusammenfassen wie im Falle der Schule. Dies mag daran liegen, daß die Erfahrung noch jünger, der Bezug zur aktuellen Tätigkeit unmittelbarer und in seinen unterschiedlichen Dimensionen besser einsehbar ist.[14]

Die Wahrnehmung der betrieblichen Ausbildung läßt sich auf den kurzen Nenner bringen: Die fachliche Seite wird mehrheitlich positiv beurteilt, die Sozialerfahrungen im Betrieb werden nur von einer Minderheit explizit als fördernd und anregend dargestellt, während ein Drittel der Jugendlichen erhebliche Probleme mit den betrieblichen Umgangsformen hat — vor allem gilt dies für die weiblichen Jugendlichen — und etwa der Hälfte diese Normen weder positiv noch negativ auffallen.[15]

Es überrascht nicht, daß beide Dimensionen eine signifikante Verbindung zu den Berufsverlaufstypen aufweisen. Dabei scheint die berufsfachliche Erfahrung der Ausbildung vor allem positiv verstärkend, die Erfahrung der betrieblichen Umgangsformen eher negativ verstärkend auf den Berufsverlauf zu wirken. Im Klartext: Wer seine Ausbildung als Zugewinn an berufsfachlicher Kompetenz erlebt, gehört deutlich häufiger zu denen, die ohne Probleme durch die Krise gekommen sind, als diejenigen, die ihre Ausbildung in berufsfachlicher Hinsicht kritisch beurteilen oder gleichgültig sehen. Umgekehrt verhält es sich bei der Erfahrung der betrieblichen Normen. Wer diese problemvoll und konflikthaft erlebt, gehört mit Abstand häufiger zu denjenigen, die an der Krise scheitern.

2.3. Wahrnehmungsweisen und Auseinandersetzungsformen Jugendlicher gegenüber ihrer aktuellen Arbeits- und Arbeitsmarktsituation

Die deutliche Polarisierung in den Berufsverläufen findet eine Entsprechung in der Beurteilung durch die Jugendlichen. Fast die Hälfte von ihnen interpretiert rückblickend den bisherigen Berufsverlauf als Mißerfolg, die etwas größere andere Hälfte registriert ihn als Erfolg, ohne daß sich die subjektive Beurteilung voll mit der Krisenbetroffenheit deckt. Unterschiedliche Selbstansprüche und Bezugspunkte färben das eigene Urteil ein, auch wenn unverkennbar ist, daß bei starken krisenbedingten Brüchen die Realität der negativen Erfahrung das Urteil prägt.[16] Die Art, wie Erfolgs- bzw. Mißerfolgsbewußtsein artikuliert wird, deckt einen für die eigene Handlungsfähigkeit folgenreichen Gegensatz in der Selbstwahrnehmung auf: Diejenigen, die ihren bisherigen Berufsweg als Erfolg betrachten, schreiben diesen Erfolg in erster Linie ihrem persönlichen Leistungsvermögen und ihren individuellen Anstrengungen zu (vgl. Tabelle 8) und können damit gerade im Vergleich mit der beträchtlichen Zahl derer, die solchen Erfolg nicht ausweisen können, einen zusätzlichen Selbstbestätigungseffekt verbuchen. Männliche Jugendliche tun dies im übrigen ungebrochener als weibliche, bei denen jede fünfte der Erfolgreichen dies mehr in den äußeren Bedingungen als im persönlichen Vermögen begründet sieht. Genau umgekehrt verhalten sich die Jugendlichen, die ihren Berufsverlauf als Mißerfolg begreifen. Von ihnen sieht nur jeder fünfte die Ursache dafür im eigenen Verhalten, darin, daß man bei der Berufswahl zum Beispiel eine falsche Entscheidung getroffen hat, sich in der Schule nicht genügend angestrengt hat oder zu früh von der Schule abgegangen ist und so bessere Voraussetzungen für eine erfolgreichere Berufslaufbahn verpaßt hat. Das Gros derjenigen aber, die sich erfolglos sehen, verweist beim Rückblick auf den eigenen Berufsweg auf die äußeren Hindernisse, die ihn auch bei höheren Anstrengungen kaum besser hätten passierbar werden lassen, und auf die fehlenden Möglichkeiten für ein anderen Berufsverhalten. Mag hier im Einzelfall auch ein Moment von Verdrängung eigener Versäumnisse mitspielen, die Selbsterfahrung, die hier zum Ausdruck kommt, ist zum großen Teil die der Ohnmacht gegenüber einer übermächtigen und individuell schwer beeinflußbaren Realität.

Tabelle 8: Rückblickende Betrachtung des bisherigen Berufsverlaufs

Rückblickende Betrachtung des bisherigen Berufslebens n =	Gesamt* 155	männlich 76	weiblich 79
1. Betrachtet es als Mißerfolg, der selbstverschuldet ist	8	8	9
2. Betrachtet es als Mißerfolg, der den äußeren Bedingungen geschuldet ist	36	29	42
3. Betrachtet es als Erfolg, der aber unter den eigenen Möglichkeiten geblieben ist	7	12	4
4. Betrachtet es als persönlichen Erfolg	45	51	38
5. Betrachtet es als Erfolg aufgrund äußerer Umstände	4	0	8
Total	100	100	100

* 13 Gespräche unter diesem Aspekt nicht einstufbar

Wie sich die Jugendlichen im einzelnen auf dem Hintergrund ihres bisherigen Berufsverlaufs mit ihrer aktuellen Arbeits- und Arbeitsmarktsituation arrangieren, d.h. wie sie sich mit ihr auseinandersetzen, sich in ihr verhalten und welche Ansprüche darin zum Ausdruck kommen, bildet das Zentrum der weiteren Darstellung.

Unserer interaktionistischen Annahme zur Genese und Revision subjektiver sozialer Relevanzstrukturen folgend, stellen wir die Arrangements mit Arbeit in den Rahmen der je individuellen Arbeitsbiographie und nehmen die Berufsverlaufstypen zum Ausgangspunkt der Beschreibungen, in deren Zentrum die Auseinandersetzung mit der aktuellen Arbeitssituation (resp. Arbeitslosigkeitssituation) steht. Hier können wir auf breite Schilderungen zurückgreifen, da der Weg von der Schule bis zum jetzigen Arbeitsplatz und die Auseinandersetzung mit ihm den Kern der Gespräche mit den Jugendlichen ausmachen.

In dem, wie die Jugendlichen ihre aktuelle Arbeits- resp. Arbeitslosigkeitssituation sehen und darüber reden, was sie daran stört oder begeistert, ihnen das Gefühl innerer Befriedigung oder quälender Spannung und Frustration vermittelt, kommen ihre inneren Ansprüche an die betriebliche Arbeit, die Maßstäbe, von denen her sie diese bewerten, zum Ausdruck. Welches Gewicht oder welche Konsistenz sie jeweils haben, läßt sich in den Gesprächen an dem über die aktuelle Situation hinausgehenden biographischen Reflexionsrahmen relativ exakt kontrollieren.

Zwischen dem Wahrnehmen von Arbeitssituationen und dem Handeln in ihnen ist keineswegs eine logische Konsistenz zu unterstellen. Beide können durchaus unterschiedlichen persönlichen Vermögen folgen, und zwar selbst dort, wo wir hinter der Wahrnehmung handlungsrelevante Orientierungen annahmen.[17] Deswegen haben wir als dritten Schritt in der Darstellung des Arrangements mit

Arbeit die Beschreibung der Verhaltensweisen in der Arbeitssituation vorgenommen. Dieser Darstellungsschritt folgt der Frage: Wie verhalten sich Jugendliche in der Arbeit und warum tun sie es so, wie sie es tun? Das Spannungsverhältnis zwischen Wahrnehmung und Handeln sichtbar zu machen, erscheint auch zur Kontrolle der Handlungsrelevanz von Ansprüchen und Orientierungen unabdingbar. Freilich bleibt hierbei im Auge zu behalten, daß Handlungsrelevanz von Ansprüchen sich auch in der Stärke dessen äußert, wie sehr Jugendliche unter einer von ihnen aktiv nicht mehr beeinflußbaren Situation leiden.

Die Beschreibung der Wahrnehmung und Auseinandersetzung mit der Arbeit nehmen wir anhand komplexer Einzelfälle vor, die gleichsam als Prototypen für ähnlich gelagerte Fälle gelten können. In ihnen kommen die Merkmale, die das jeweils beschriebene Arrangement auszeichnen, besonders ausgeprägt zum Ausdruck. Um den Nachvollzug und die Kontrolle unserer Interpretationen besser zu ermöglichen, versuchen wir, die Einzelfälle so komplex wie möglich darzustellen und ihre innere Logik einsichtig zu machen; verzichten damit aber darauf, durch breite Zitat-Dokumentationen die Glaubwürdigkeit zu befestigen.

2.3.1. *Junge Fachkräfte mit kontinuierlichem Berufsverlauf — Selbstbestätigung und aktives Engagement in Berufsarbeit und betrieblichen Sozialbeziehungen*

Genau die Hälfte unseres Samples — 84 Jugendliche — gehören nach der Betrachtung ihres Berufsverlaufs zu denen, die trotz aller krisenbedingten Widrigkeiten auf dem Ausbildungsstellen- und Arbeitsmarkt einen Platz auf der ,,Sonnenseite" einnehmen; wir finden sie vornehmlich in den Untersuchungsgruppen der Versicherungs-, Bank- und Industriekaufleute, der Verwaltungsfachangestellten und der Krankenschwestern, unter den Maschinenbaufacharbeitern und den Kfz-Mechanikern sowie den Mitarbeitern in alternativen Handwerksbetrieben. Über alle Variationen hinweg, die bei der relativ breiten Streuung unserer Untersuchungspopulation unvermeidlich sind, weist ihr Hintergrund an Ausbildungs- und Arbeitserfahrungen, vor dem sie ihre Arbeitskonzepte entwickeln, bis hin zur aktuellen Arbeitssituation, mit der sie ein wie auch immer geartetes Arrangement treffen, ein hohes Maß an Gemeinsamkeiten auf, das eine gemeinsame Betrachtung dieser Jugendlichen erlaubt.

Im Unterschied zur anderen Hälfte des Samples läßt sich der von diesen Jugendlichen zurückgelegte Berufsweg als vergleichsweise kontinuierlich charakterisieren, da er von krisenbedingten Unterbrechungen und Abstiegserfahrungen weitgehend verschont geblieben ist. Berufliche Kontinuität als gemeinsamer Erfahrungshintergrund bedeutet: Sie haben eine vergleichsweise gute und solide Berufsausbildung glatt und erfolgreich absolviert und konnten auch die „zweite Schwelle", den Übergang in ein Beschäftigungsverhältnis, ohne unfreiwillige Unterbrechungen oder harte und dauerhafte Abstiegserfahrungen bewältigen. Zum Zeitpunkt unserer Gespräche mit ihnen haben sich diese Jugendlichen fest im Beschäftigungssystem etabliert: Sie befinden sich in einem Dauerarbeitsverhältnis und arbeiten — abgesehen von einigen Betriebswechslern, die sich verbessern wollten — alle noch im Ausbildungsbetrieb, der in der Mehrzahl der Fälle ein Großbetrieb ist, und sind dort ausbildungsadäquat eingesetzt.

Der ausbildungsadäquate Einsatz als qualifizierte Fachkraft kennzeichnet als gemeinsames Merkmal die aktuelle Arbeitssituation dieser Jugendlichen. Gewiß unterscheiden sich der berufliche Alltag etwa eines Energieanlagenelektronikers im Maschinenbau, eines Kfz-Mechanikers, eines Bankkaufmanns, eines Verwaltungsfachangestellten im öffentlichen Dienst und einer Krankenschwester im Pflegedienst eines Großklinikums nicht nur in den berufsspezifischen Tätigkeitsinhalten voneinander: Belastungsarten, Leistungsanforderungen und -kontrollen, Arbeitszeitregelungen und auch die Einkommenshöhe differieren; aber über alle Unterschiede hinweg stehen diese Jugendlichen in einer Berufsarbeit von hoher inhaltlicher Komplexität und einem vergleichsweise geringen Restriktivitätsgrad. Zudem sind sie nicht nur bislang heil durch die Krise gekommen, sondern sehen sich auch aktuell nicht mit akuten Gefährdungen ihrer beruflichen Position konfrontiert.

Wenn wir eingangs metaphorisch von den Jugendlichen auf der „Sonnenseite" gesprochen haben, so bedeutet dies nicht, daß für sie die ökonomische Krise zu einer anderen sozialen Realität gehörte, die sie nicht einmal mehr wahrnähmen; für einen Teil von ihnen gilt, daß der Blick auf die krisenhaften Arbeitsmarktbedingungen und Beschäftigungsperspektiven eine erhebliche Rolle bei der Wahl des Ausbildungsberufs gespielt hat. Aber insgesamt können sie sich in ihren beruflichen Entscheidungen mehr von eigenen Vorstellungen und müssen sich weniger als andere von äußeren Zwängen leiten lassen, weil sie von ihrem sozialen Hintergrund und ihrem schulischen Bildungsniveau her über bessere persönliche Voraussetzungen verfügen (vgl. Kap. 2.2.) und mittlerweile zudem noch eine qualifizierte Ausbildung und Berufserfahrung (ohne größere Unterbrechungen) vorweisen können. Hält man sich andere Berufsverläufe in der Krise vor Augen, so konnten sich diese Jugendlichen unter vergleichsweise entlasteten Bedingungen in die Arbeitswelt einfinden, ihre mitgebrachten Vorstellungen an der betrieblichen Realität überprüfen, modifizieren und weiterentwickeln, ihren eigenen Verhaltensstil herausbilden: Sie kommen mit überdurchschnittlich guten Bildungs- und Lernvoraussetzungen in die Ausbildung, mehrheitlich mit dem Erfolgserlebnis, den eigenen Berufswunsch realisiert zu haben; sie verfügen häufiger als andere über einen unterstützungsbereiten Familienhintergrund, der die Entwicklung eigener Interessen fördert, die diskursive Erörterung von Problemen ermöglicht, die Findung und Durchsetzung eigener Entscheidungen stützt; sie finden in mehrheitlich großbetrieblich organisierten Ausbildungsgängen vergleichsweise gute Lernbedingungen vor und können auch in ausbildungsadäquater und kontinuierlicher Weiterbeschäftigung, d.h. ohne äußere Zwänge zur Umorientierung ihr Verhältnis zur Arbeit entwickeln.

Bei diesen Jugendlichen „auf der Sonnenseite" dominiert eine im Grundtenor positive Sicht der eigenen Arbeitssituation. Lediglich bei jedem Zehnten von ihnen finden wir eine so herbe Enttäuschung über die Arbeit, daß trotz des relativ günstigen Berufsverlaufs ein negatives Urteil über die aktuelle Berufssituation dabei herausspringt. Es hat seinen Grund in harten Diskrepanzen zwischen den eigenen, vornehmlich subjektbezogenen Ansprüchen an Arbeit und dem erlebten Berufsalltag und läßt diese Jugendlichen mehrheitlich auf Veränderungen sinnen.

Bei der überwiegenden Mehrheit der relativ glatt durch die Krise gekommenen Jugendlichen finden wir eine Wahrnehmung ihrer Arbeit, die zwar nicht kritiklos den betrieblichen Arbeitsalltag hinnimmt und durchaus Verbesserungsmöglichkeiten sieht, aber nicht den Stempel von Arbeitsleid trägt. Trotz aller im Einzelfall vorhandenen Probleme, sich in die Arbeitswelt einzufinden, entwickeln diese Jugendlichen ein von Momenten persönlicher Identifikation bestimmtes Arbeitsverhältnis und finden ihre Ansprüche — bei aller Kritik im einzelnen — in der aktuellen Arbeit eher erfüllt als verletzt. Entsprechend aktiv setzen sie ihre Ansprüche im Arbeitsalltag um. Nicht innerer Rückzug und eine eher widerwillige Erfüllung des „ethischen Minimums" kennzeichnen ihr Arbeitsverhalten, sondern innere Beteiligung und aktives Engagement herrschen vor.

Schaut man sich die Auseinandersetzung mit Arbeit bei dieser einen Hälfte unseres Samples genauer an, so lassen sich in groben Zügen drei — in sich noch einmal wieder modifizierbare — typische Formen des Umgangs mit der je individuellen Arbeits- und Berufssituation ausmachen:

— Die größte Gruppe, etwa die Hälfte, betrachtet die erreichte berufliche Position, mit der sie nicht unzufrieden ist, als eine Art gesicherte Durchgangsstation, auf der man nicht verharren will, und arbeitet daran, beruflich noch weiterzukommen, wobei dieses nicht in erster Linie Aufstieg für sie heißt.
— Etwa vier Zehntel dieser Jugendlichen sind bestrebt, sich in der erreichten Berufsposition und auf dem aktuellen Arbeitsplatz auf Dauer einzurichten.
— Als letzte Gruppe innerhalb dieser ersten Hälfte unseres Samples, die glatt durch die Krise gekommen ist, haben wir diejenigen zu betrachten, die von ihrer Arbeitssituation enttäuscht sind. Die unter ihnen dominierende Form der Auseinandersetzung mit ihrer Arbeitssituation ist nicht Resignation und Rückzug, sondern der Versuch, durch eigene Aktivitäten eine Veränderung in ihrer Arbeitssituation herbeizuführen, die ihren zumeist hohen inhaltlichen Ansprüchen an Arbeit besser gerecht wird als der aktuelle Arbeitsplatz.

Fall 1: Eine inhaltlich befriedigende Tätigkeit zur langfristigen Berufsperspektive ausbauen

Das im folgenden dargestellte erste Fallbeispiel bezieht sich auf jene beträchtliche Zahl von Jugendlichen mit glattem Berufsverlauf (etwa 30 Jugendliche), deren Arrangement mit ihrer Situation sich folgendermaßen charakterisieren läßt: Auf der Basis einer positiven Zwischenbilanz ihres beruflichen Werdegangs und aus einem deutlich auf persönliche Entfaltung und Weiterentwicklung akzentuierten Arbeitsverständnis heraus entwickeln diese Jugendlichen eine auf berufliche Weiterentwicklung abgestellte Orientierung, die sie zielgerichtet in aktives Verhalten umsetzen. Zwar blicken sie nicht ohne Stolz zurück, und auch die erreichte Station ihres beruflichen Werdegangs erscheint ihnen momentan recht komfortabel, aber eben doch nur als eine Durchgangsstation, die bei längerem Verweilen ihren Reiz verliert und langweilig zu werden droht. Die Wahrnehmung der aktuellen Situation ist bei diesen Jugendlichen wenig auf den Moment fixiert und noch weniger vergangenheitsbezogen im Sinne des berechtigten Stolzes auf die errungene Position, auf der man verharren möchte, sie ist vielmehr stark zukunftsbezogen:

Kennzeichnend ist der neugierige Blick nach vorn, die Betrachtung der Situation unter dem Aspekt der in ihr enthaltenen Entwicklungsmöglichkeiten. Stärker als die Neigung, mit dem Erreichten zufrieden zu sein, ist ihr Vorwärtsdrang, dem sie sehr selbstbewußt und überzeugt von den eigenen Kompetenzen, der eigenen Lern- und Durchsetzungsfähigkeit folgen, wobei die Gefährdungen eines krisenhaften Umfeldes durchaus beachtet und einkalkuliert werden. Für das Erreichen ihrer beruflichen Ziele sind diese Jugendlichen bereit, über das Normalmaß des betrieblich geforderten Engagements hinaus Anstrengungen auf sich zu nehmen: Sie zeigen sich interessiert am Ausbau ihrer berufsfachlichen Kompetenzen, suchen und nutzen die innerbetrieblichen Angebote zur beruflichen Weiterbildung und zum Erwerb von Zusatzqualifikationen ebenso wie die außerbetrieblich sich bietenden Möglichkeiten, was häufig mit der Selbstbeschränkung von Konsum und Freizeit einhergeht. Bezeichnend ist, daß sie neue Entwicklungen im eigenen und manchmal auch in benachbarten Berufsfeldern aufmerksam verfolgen und sich über den eigenen Arbeitsplatz und die jeweilige Abteilung hinaus um Einblicke ins betriebliche Geschehen bemühen, daß sie einen Wechsel auf ausbaufähige Positionen und in die attraktiven Abteilungen anstreben, häufig auch einen Betriebswechsel ins Auge fassen, um einer Verkümmerung der eigenen Qualifikationen und der Beweglichkeit in der Routine des beruflichen Alltags aktiv entgegenzuwirken und den eigenen Horizont zu erweitern. Nicht durchweg und auch nur bei einer Minderheit, aber häufiger als bei anderen Jugendlichen finden wir bei ihnen ernsthafte Überlegungen zum Wechsel in ein attraktiveres Berufsfeld, ebenfalls häufiger als bei anderen gekoppelt mit ersten Schritten in die berufliche Selbständigkeit — dies vornehmlich unter Jugendlichen mit qualifizierter kaufmännischer Ausbildung und/oder der notwendigen (finanziellen) Unterstützung durch die Eltern im Hintergrund.

Unabhängig davon, wie die aktiv vorbereiteten und umgesetzten Pläne dieser Jugendlichen dimensioniert sind — hier gibt es beträchtliche Unterschiede —, materielle Erwägungen im Sinne erhöhter Absicherung gegen Arbeitslosigkeit und beruflichen Abstieg sowie finanzieller Verbesserung spielen dabei immer auch eine Rolle, allerdings nie die beherrschende. Besondere Bedeutung haben derartige Erwägungen vor allem bei Jugendlichen mit einem eher bescheidenen Berufsanfängergehalt, bei denen die finanzielle Verantwortung für eine eigene Familie bereits besteht oder absehbar ist. Mindestens gleichgewichtig aber und bei der weit überwiegenden Mehrheit vorrangig sind arbeitsinhaltliche Ansprüche, die dem Drang zum beruflichen Vorankommen und dem Arbeitsverständnis dieser Jugendlichen ihren Stempel aufdrücken. Sie streben nach spannenden, abwechslungsreichen, verantwortungsvollen, inhaltlich komplexen Tätigkeiten, die bei allen berufsfeldspezifischen Besonderheiten und über alle subjektiven Akzente in den Schilderungen durch die Jugendlichen hinweg eines gemeinsam haben: Sie sollen Raum für persönliche Entfaltung bieten — von daher das Interesse dieser Jugendlichen an Arbeit von hoher Komplexität, die neben fachinhaltlichen Kompetenzen Kreativität, Organisationstalent und geistige Beweglichkeit erfordert, intellektuelle Herausforderung bietet und — dies ist ihnen besonders wichtig — sich durch breite Möglichkeiten selbständiger Gestaltung und Entscheidung auszeichnet. Selbst wo ein Aufstieg auf attraktive und hierarchisch höhere Positionen anvisiert ist und aktiv betrieben wird, wäre es verfehlt, dieses vorrangig als „Karrierismus" zu charakterisieren; der berufliche Status, das Erreichen von Machtpositionen und das mit ihnen verknüpfte gesellschaftliche Renommee ist nur selten die Triebfeder des beruflichen Engagements. Hierin unterscheiden sie sich gerade von jener Minderheit, bei der sich die Berufsinteressen so eng mit einem Statusdenken verbinden, daß das Arbeitsverständnis eine deutliche Einfärbung durch karrieristische Ambitionen erfährt (vgl. Fall 2).

Wie sie ihre beruflichen Interessen und Ambitionen mit einem realistischen Blick auf krisenhafte Arbeitsmarktbedingungen und flexiblen Reaktionsweisen auf sie durchsetzen, läßt sich am Fall einer jungen Versicherungskauffrau gut zeigen. Wie ein verhältnismäßig großer Anteil dieser Jugendlichen hat sie Abitur gemacht und wollte danach studieren — Ernährungswissenschaft, mußte jedoch auf einen Studienplatz warten und hat zur Überbrückung für einige Monate „auf dem Arbeitsamt gejobt: Dort habe ich das mit den Akademikern gesehen" — gemeint ist das Problem Akademikerarbeitslosigkeit, von dem sie bis dahin kaum Notiz genommen hatte, nun aber nachhaltig zur Überprüfung ihrer eher spontan entworfenen Berufspläne angeregt wird. Aufgeschreckt durch die in der Arbeitsverwaltung eher zufällig gewonnenen Eindrücke, kommen ihr erste Zweifel an der Richtigkeit ihrer Entscheidung, die sie unter dem Aspekt der Beschäftigungsperspektive nun noch einmal überdenkt und revidiert.

Es setzt ein neuer Berufswahlprozeß auf höherem Reflektionsniveau ein: Ausgangspunkt der Überlegungen und der ersten tastenden Versuche einer Neuorientierung sind nach wie vor ihre persönlichen Interessen und Neigungen, d.h. sie läßt sich von der Erkenntnis der Arbeitsmarktkrise und der Einsicht in die Tragweite ihrer Entscheidung nicht so sehr irritieren, daß sie sich die Berufswahl von der Krise diktieren ließe und eigene Vorstellungen hintan stellte, aber sie bezieht die Frage der Beschäftigungsperspektive nun als wichtiges Kriterium mit ein und faßt neben der Erwägung anderer akademischer Berufe auch eine betriebliche Lehre ins Auge. Angeregt durch Freunde besinnt sie sich auf eine alte Idee, "eventuell eine kaufmännische Lehre zu machen", bewirbt sich "aus Jux und aus Interesse" bei der Hauptverwaltung eines größeren Versicherungskonzerns vor Ort und kommt — für sie ein wenig überraschend: "da sind über 500 Bewerber gewesen, von denen nur 20 angenommen wurden" — gleich mit dieser ersten Bewerbung zum Zuge. Schneller als erwartet hat sie fast unfreiwillig eine Entscheidungssituation herbeigeführt: Auf der einen Seite eine akademische Ausbildung mit durchaus attraktiven, aber unsicheren Beschäftigungsperspektiven, auf der anderen Seite einer der begehrten großbetrieblichen Ausbildungsplätze in einem interessanten Beruf. Sie entscheidet sich trotz aller Unwägbarkeiten und obwohl die Eltern "ganz gern gehabt hätten, daß ich studiere", für die betriebliche Ausbildung, da der Beruf im Spektrum ihrer Interessen liegt und die Option, "später doch noch mal zu studieren", gewahrt werden kann.

Im Rückblick ist sie froh, nicht wie viele andere aus ihrer Klasse schlicht nach dem Motto "wir haben Abitur, wir müssen studieren" verfahren zu sein, sondern ihre Neigungen sorgfältiger mit den gegebenen Bedingungen des Arbeitsmarktes abgestimmt und eine Ausbildung im dualen System gewählt zu haben.

Die unter dem Strich positive Bilanzierung ihres beruflichen Weges beruht auf fast unerwartet guten Ausbildungs- und Arbeitserfahrungen und auf einer Sichtweise betrieblicher Arbeit, die in erster Linie auf persönliche Entfaltung und Weiterentwicklung abstellt. Zwar mußte sie sich nach dem Gymnasium auf ihre neue Rolle als Auszubildende "am Anfang etwas umstellen", zumal "die anderen Mitauszubildenden alle so 15, 16 oder 17 Jahre alt waren — ich war damals schon 20; als ich mir am ersten Tag die Geburtsjahre angeschaut habe, da mußte ich doch schlucken", aber ihre Befürchtung, unterfordert zu werden und nichts Neues dazulernen zu können, bewahrheitet sich nicht. Im Gegenteil: Angetreten mit der Einstellung "jetzt hast du das Abi geschafft, die Ausbildung machst du mit links", hat sie sich schon bald "ganz schön umgeguckt".

Positiv überrascht, begreift sie die Berufsausbildung als Herausforderung: Hier kann sie Neues dazulernen, kann die erworbenen Kompetenzen anwenden und erfährt darüber Bestätigung; anders als in der Schule, wo sie „kaum Selbstvertrauen" entwickeln konnte und in einer rezeptiven Lernhaltung verharrte — immer nur „Klassenarbeiten schreiben und das Gelernte abfragen" — erscheint ihr die betriebliche Tätigkeit nützlicher, da sie bei entsprechendem Engagement Erfolge sieht, persönliche Fortschritte erkennt und aufgrund der eigenen Leistung „von allen akzeptiert wird".

„Ich glaube, daß ich meine Persönlichkeit erst in der Ausbildung bzw. auch in dem Job beim Arbeitsamt entwickelt habe."

Auch die Wahrnehmung ihrer aktuellen Arbeit — sie ist als Sachbearbeiterin zuständig für Transportversicherungen und wird zunehmend für Urlaubsvertretungen in die Schadenssachbearbeitung eingeführt — wird dominiert von ihrem Interesse an persönlicher Entfaltung und Bestätigung in der Tätigkeit. Abgesehen von reinen Routineaufgaben, die anfangs einen Großteil ihres Arbeitsalltags ausfüllten — „die Arbeitsgruppe war drei Monate im Rückstand" —, mittlerweile aber auf ein erträgliches Minimum zurückgegangen sind, macht ihr die Arbeit „viel Spaß".

„Das reine Abrechnen von Policen war nicht so interessant; inzwischen mache ich Schmucksachenversicherung, Ein- und Ausschlüsse, Änderungen, und dann werde ich noch als Urlaubsvertretung in einigen Fremdzweigen eingearbeitet. Ich mache auch alles, was in der Abteilung mit Fremdsprachen anfällt. Wenn Schäden im Ausland sind, übersetze ich das — Englisch und Französisch. Übersetzungen machen mir sehr viel Spaß, überhaupt macht es mir Spaß, daß ich in die Schadenssachbearbeitung reinriechen kann. Wenn Anrufe vom Außendienst oder vom Kunden kommen, muß ich die beantworten — das finde ich auch besser als irgendwelche Abrechnungen zu machen, weil man denen helfen kann, wenn sie eine Beschwerde haben, und man sich darum kümmern kann."

Wenngleich sie mit ihrer aktuellen Tätigkeit weitgehend übereinstimmt, weil sie ihre fachinhaltlichen und sprachlichen Kompetenzen unter Beweis stellen kann, weil sie die zunehmend nicht routinisierten Anteile ihrer Tätigkeit engagiert nutzen kann, um Kreativität, Organisationstalent und intellektuelle Beweglichkeit zu entfalten, „Schritt für Schritt Entscheidungen zu treffen" und „eigenständiger" zu werden, richtet sie sich nicht auf der erreichten Position ein, sondern begreift sie mehr als eine Herausforderung, um voranzukommen und jene Plätze zu erreichen, die noch spannender und interessanter sind, die mehr Raum für eigene Gestaltung und Entscheidung bieten. In ihren Augen ist dies die Schadenssachbearbeitung; durch die Einarbeitung als Urlaubsvertretung hat sie in den entsprechenden Abteilungen gewissermaßen schon den Fuß in der Tür.

„Ich hoffe, da irgendwie hineinzukommen, denn das ist eigentlich noch interessanter. Du hast mehr mit Leuten zu tun und du weißt nicht, was kommt, sitzt ruhig an deinem Schreibtisch, und im nächsten Moment ruft jemand an; dann muß du blitzschnell handeln und Entscheidungen treffen, was z.B. mit der beschädigten Ware zu machen ist. Ich kann das nicht haben, nur ruhig am Schreibtisch zu sitzen und vor sich hinzuarbeiten — was du heute nicht machst, machst du morgen — bei mir muß das auch mal ein bißchen ‚zack-zack‘ gehen, mal ein bißchen Wirbel sein."

Es ist mehr als der vordergründige Wunsch, den grauen Büroalltag durch Auflockerung zu beleben, wenn diese junge Versicherungskauffrau ihre Vorstellungen nach einer guten Arbeit mit „Abwechslungsreich muß die Arbeit sein!" umreißt. Gemeint ist die an der aktuellen Arbeit bereits positiv vermerkte und durch innerbetrieblichen Aufstieg noch ausbaufähige Komplexität der Arbeit, in der sie Möglichkeiten persönlicher Entfaltung und Bewährung sucht.

„Meine Arbeit bringt mir Selbstbestätigung. Wenn du z.B. eine knifflige Sache hast, gehst damit zum Vorgesetzten und sagst: ‚So und so stelle ich mir das vor‘, und der dann sagt: ‚Okay, machen sie das so!‘ — irgendwie ist das Selbstbestätigung."

Wo der Anspruch auf Selbstentfaltung nicht mehr gewahrt ist, liegt für sie die Grenze des Zumutbaren. Eine unterwertige Beschäftigung, wie sie in Form von Aushilfstätigkeiten vielen ihrer Mitauszubildenden angeboten worden ist, hätte sie auch für die von ihr durchaus geschätzte Sicherheit des Arbeitsplatzes nicht in Kauf genommen und sich als Ersatzlösung doch noch einem Studium zugewandt.

Um allerdings beruflich vorwärtszukommen, dies ist dieser jungen Fachangestellten sehr bewußt, muß sie weiterführende Abschlüsse vorweisen können und wählt daher einen Weg, der ohne Unterbrechung der Berufstätigkeit realisierbar ist: über ein Abendstudium. Obwohl ihr die Freizeit viel bedeutet und ihr daher eine generelle Arbeitszeitverkürzung gelegen käme, ist sie im Begriff, einen Teil ihrer freien Zeit für den Beruf zu opfern:

„Abstriche werde ich machen; solange ich von dem Rest leben kann?! Mich nicht fortzubilden und in der Zeit mehr von meinem Privatleben zu haben, das würde ich nicht machen. Mein Leben lang immer auf einem Posten sitzenbleiben und das Gleiche machen, nein, dann würde die Arbeit auch keinen Spaß machen!"

Bei allem persönlichem Engagement für den Beruf und das berufliche Vorankommen fällt bei dieser jungen Kauffrau wie bei den meisten Angestellten dieses Typs, die ein ähnlich aktives und auf persönliche Entfaltung in der Arbeit abgestelltes Verhalten zeigen, auf, daß sie eine enge innere Bindung an den Beruf und den Betrieb sehr bewußt vermeiden. Auch in der Krise wollen sie sich nicht an ihren Arbeitsplatz klammern müssen; sie wollen sich den Blick über den Betrieb hinaus freihalten und dabei auch andere Berufsfelder, die vielleicht ebenso spannend sind, nicht von vornherein ausschließen. Für den Erhalt bzw. Ausbau der Souveränität im beruflichen Handeln bringen sie erhebliche Vorleistungen, wie in diesem Fall in Gestalt beruflicher Weiterbildung, setzen also ganz gezielt auf ihr individuelles Leistungsvermögen.

„Ich will erst einmal ein Abendstudium machen. Noch im Herbst dieses Jahres fängt ein Kurs für Fachwirte an und im April nächsten Jahres ein BWL-Abendstudium an der Uni. Da werde ich jetzt erstmal entscheiden, was ich von beiden mache. Ich werde noch bei XY bleiben, solange es mir gefällt. Ich hoffe, daß irgendwann mal die Arbeitsmarktlage ein bißchen rosiger aussieht, daß ich mal die Chance habe, wenn es mir nicht mehr gefällt, etwas anderes zu machen. Vielleicht ist das ein bißchen naiv, aber ich möchte nicht mit der Aussicht dort sitzen, das mußt du jetzt ein ganzes Leben lang machen (...). Ich kann meinen beruflichen Werdegang nicht irgendwie vorausplanen. Ich meine, ich arbeite jetzt, verdiene hier gutes Geld, will alle Chancen, die man mir zur Weiterbildung gibt, nutzen, will aber nicht irgendwie planen, so und so soll das laufen, du arbeitest, bis du 50 bist und dann läßt du dich pensionieren. Wenn ich irgendwann mal denke, es ist genug, dann will ich auch den Mut haben, mir etwas anderes zu suchen."

Um sich persönliche Entwicklungschancen auch im beruflichen Bereich offenzuhalten und nicht durch krisenhafte äußere Umstände beschneiden zu lassen, ist die Gewißheit einer hohen Qualifikation ein beruhigender Rückhalt: „Ich glaube, dieses Wissen alleine hilft einem schon weiter: wenn man weiß, man ist nicht drauf angewiesen und kann jederzeit etwas anderes machen." Dies ist die selbstbewußte Antwort dieser Jugendlichen auf die Krise.

Fall 2: Status und soziales Prestige als Triebfedern des beruflichen Aufstiegs — die kleine Gruppe der Karrieristen

Der Gedanke daran, „in einer führenden Position zu sein und nicht der da ganz unten" (Versicherungskaufmann), ist für etliche Jugendliche nicht ohne Reiz, und in einigen Fällen ist er die stärkste Triebfeder des beruflichen Engagements; allerdings handelt es sich hier insgesamt gesehen nur um eine Minderheit, der von den Jugendlichen auf der „Sonnenseite" unseres Samples noch nicht einmal jeder zehnte zuzurechnen ist.

Kennzeichnend für diese kleine Gruppe aufstiegsorientierter Jugendlicher ist die spezifische Verknüpfung von beruflichem Verhalten und beruflichen Zielvorstellungen: Beide zeigen deutliche karrieristische Einfärbungen. Sie haben sich hohe Ziele gesteckt und steuern berufliche Positionen an, die in der Statushierarchie weit oben angesiedelt sind, Macht und Einfluß versprechen sowie Außenanerkennung und soziales Renommee bringen. Ohne ein gewisses inhaltliches Interesse ist der lange Weg, den sie sich vorgenommen haben, kaum zu bewältigen. Aber nicht so sehr der Wunsch nach einer inhaltlich interessanten und spannenden Tätigkeit, in der man sich persönlich entfalten kann, beflügelt sie, sondern die Ambition auf eine angesehene und einflußreiche Position mit beträchtlicher Außenwirkung. Es geht ihnen vornehmlich darum, mit dem Erklimmen der Karriereleiter nach außen sichtbare Erfolge vorzuweisen, sich durch die berufliche Position von anderen abzuheben und über den Aufstieg in der betrieblichen Hierarchie soziale Anerkennung zu erfahren.

In unserem Sample finden wir die Jugendlichen fast ausschließlich unter den männlichen Bankkaufleuten, und dies ist keineswegs zufällig so. Die Gespräche mit ihnen zeigen, daß ihr statusbezogenes und karriereorientiertes Denken und Handeln mehr ist als die bloß vordergründige Übernahme einer berufsspezifischen Attitüde, denn entsprechende Dispositionen bringen sie bereits mit, sind durch ihre soziale Herkunft gleichsam schon „vorbelastet". Überwiegend handelt es sich um Kinder von Selbständigen, höheren Beamten oder leitenden Angestellten (häufig ebenfalls im Finanzwesen tätig), aufgewachsen in einem bildungsfreundlichen und leistungsorientierten Familienklima, gezielt gefördert in ihrer schulischen Karriere, vielfältig unterstützt beim Berufsstart und frühzeitig mehr oder weniger offen mit hochgesteckten beruflichen Erwartungen der Eltern konfrontiert, die sie sich zu eigen machen und gezielt umsetzen.

Insgesamt werden die Berufsentscheidungen auf hohem Informationsniveau und mit viel elterlicher Unterstützung getroffen. Über die Berufe ihrer Eltern zeigen sich diese Jugendlichen durchweg gut informiert, und viele begreifen sie als eine Herausforderung: Sie wollen in der Regel dem Vater nacheifern oder ihn gar noch übertreffen.

Aufgrund ihrer oft überdurchschnittlichen schulischen Leistungen und ausgestattet mit Ehrgeiz, großem Selbstbewußtsein und Vertrauen in die eigene Leistungs- und Durchsetzungsfähigkeit erlangen sie eine wunschgemäße und qualifizierte Ausbildung, die sie zielstrebig und erfolgreich absolvieren. Mit diesen Bestätigungen im Rücken betreiben sie aktiv ihren beruflichen Aufstieg, einige hatten zum Zeitpunkt unserer Gespräche mit ihnen die ersten Schritte auf dem Weg nach oben bereits getan; zu ihnen zählt der im folgenden vorgestellte Fall.

Es handelt sich hier um einen 21jährigen Bankkaufmann mit Handelsschulabschluß, der sich nach der Ausbildung in einer mittelstädtischen Zweigniederlassung erfolgreich um einen Aufstieg in eine zentrale Stabsabteilung bemüht hat. Aufgewachsen in einem materiell sorgenfreien Elternhaus, das man der oberen Mittelschicht zurechnen könnte — beide Elternteile arbeiten in gehobenen Angestelltenpositionen, der Vater als Techniker, die Mutter in der Öffentlichen Verwaltung — ist sein Ehrgeiz schon früh geweckt worden und hat er in seinem schulischen und beruflichen Werdegang großen familialen Rückhalt erfahren.

„Meine Mutter hat immer gesagt: Versuch aus einem gewissen Milieu herauszukommen, damit du nicht immer ganz unten bleibst! Sie hat versucht, mich zu fördern. Und meine Großeltern sagten auch: Lerne soviel du kannst! Und sie haben mich unterstützt; also Unterstützung habe ich von jeder Seite immer gehabt: moralische, seelische; wenn es nötig gewesen wäre, hätten sie mich auch finanziell unterstützt."

Mit Stolz kann er auf eine erfolgreiche Schullaufbahn zurückblicken, die ihm gute berufliche Perspektiven eröffnet hat: „Ich lag schulisch immer etwas über dem Durchschnitt und hatte daher die Möglichkeit der freien Wahl." Eine weiterführende schulische Ausbildung, etwa das Wirtschaftsgymnasium, erschien ihm wenig attraktiv, stattdessen entscheidet er sich nach intensiven Beratungen im „Familienrat" für eine Ausbildung zum Bankkaufmann, da sie ihm innerhalb des für einen Handelsschüler naheliegenden Bereichs kaufmännischer Berufe die höchste Gewähr für ein „fundiertes kaufmännisches Wissen" zu bieten schien, das vielfältige berufliche Perspektiven eröffnet. Bereits auf seine erste Bewerbung hin bietet man ihm einen Ausbildungsplatz an, und er sagt zu, da das Angebot von einem renommierten Institut kommt, „das ein gutes Image und die besten Ausbildungsmöglichkeiten in der Gegend zu bieten hatte". Schon damals hatte er große Pläne und ging kaum davon aus, in dieser Bank sein „25jähriges Dienstjubiläum" zu begehen.

Um der Gefahr zu entgehen, „in der Provinz zu versauern", bemüht er sich frühzeitig um einen Zugang zu den innerbetrieblichen Aufstiegspositionen, informiert sich, zeigt sich interessiert, baut entsprechende Kontakte auf und setzt dabei seine Ausbildungserfahrungen geschickt ein. Daß er auf ein solides kaufmännisches Grundwissen bauen kann, dessen ist er sich gewiß, mindestens ebenso wichtig aber sind ihm die erworbenen sozialen Kompetenzen, die er nun einsetzen kann: ein „gewisses diplomatisches Gefühl" dafür, wie man sich einordnet, „wie man mit Vorgesetzten gut klarkommt" und eigene Interessen durchsetzt. So hat er die innerbetrieblichen Ausbildungsseminare auch zu dem Zweck genutzt, mit seinem Ausbildungsleiter gleichsam unter vier Augen über weiterführende berufliche Perspektiven zu reden und sein Interesse zu bekunden, und hat ihn schließlich gezielt darauf angesprochen, „ob man in die EDV einsteigen kann", was gleichbedeutend mit einem Wechsel von der Filiale in die Zentrale der Bank und von der Provinz in die Großstadt ist. Obwohl er zu Beginn der Berufsausbildung „für EDV eigentlich nicht so geschwärmt" hat, verlegt er sich nun auf dieses Feld, denn es verspricht gute Chancen für die Realisierung seiner Karriereambitionen oder — wie er es formuliert: „EDV, das ist sehr zukunftsträchtig."

Mit der Unterstützung seines Ausbildungsleiters gelingt ihm schon kurz nach Ausbildungsende der Sprung in eine Stabsabteilung, wo er in einem Projekt zur Umstellung spezieller Geschäftsvorgänge auf EDV-gestützte Bearbeitung eingesetzt ist.

Die Anstrengungen haben sich seines Erachtens ausgezahlt, und mit dem Erreichten ist er überaus zufrieden: „Ich hätte nicht gedacht, daß es so schnell klappen würde, ich würde es wieder so machen"; statt sich aber auf den Lorbeeren auszuruhen, bestärkt ihn der berufliche Erfolg erst recht in seinem ‚Drang nach oben'. Die mittlerweile absolvierte Bundeswehrzeit hat er genutzt, um nebenher die Ausbildereignungsprüfung abzulegen; zudem hat er in seiner Freizeit mehrere Fachlehrgänge besucht und nimmt das innerbetriebliche Weiterbildungsangebot aktiv wahr. Auch im normalen Betriebsalltag legt er ein aktiv-engagiertes Arbeitsverhalten an den Tag. Wenn er etwa über private Kontakte aus seiner Ausbildungsfiliale von Problemen erfährt, die seine jetzige Abteilung betreffen, ergreift er die Initiative und holt sich von seinem Vorgesetzten die Erlaubnis, sich darum kümmern zu dürfen — nicht ohne ein gewisses Profilierungsbedürfnis, denn: „man wird dadurch in der Bank ja auch etwas bekannter"; sein Engagement reicht auch über die normale Arbeitszeit hinaus:

„Ich kann nicht immer um 5 Uhr den Stift fallen lassen, ich mache auch mal Überstunden. Man setzt sich ja auch für den Beruf ein, man will ja auch weiterkommen! Ich lese auch zu Hause noch mal eine Fachzeitschrift. (...) Es gibt verschiedene Arten von Arbeitsauffassung und Arbeitsmoral, gerade bei jüngeren Leuten, sie zeigen oft weder Leistung noch Niveau; ich sehe es so: Ich arbeite hier, das ist mein Arbeitsplatz, ich kann nicht mehr nur das machen, was mir paßt, und mich andauernd verkrümeln. Ich muß Leistung zeigen, man muß sich eben auch für seinen Arbeitgeber einsetzen, dadurch hat man ja auch wieder Vorteile. Wenn ich mal länger arbeite oder mal weniger qualifizierte Arbeit übernehme, dann zahlt sich das irgendwann ja auch wieder aus."

Er möchte für die nächsten Jahre „eine Menge Erfahrung sammeln, auch mal den Arbeitgeber wechseln, vielleicht mal eine zeitlang im Ausland arbeiten, viel sehen und Erfahrungen sammeln, um eines Tages auch mal irgendwo einen guten Posten zu haben".

„Man möchte eben eine führende Position haben. Es gibt ja diesen Spruch: Der Mensch strebt, solange er lebt — und das werde ich bestimmt auch tun. Man möchte vielleicht Abteilungsleiter werden, man möchte eine Führungsposition haben. Daß ich keine 40-Stunden-Woche haben werde, das ist mir schon klar. Eine Position, für die ich etwas tun muß: Abteilungsleiter, es muß ja nun nicht gerade der Vorstandsposten sein, aber als Abteilungsleiter oder Personaldirektor könnte ich es mir schon vorstellen — so in dem Level vielleicht. Dafür muß ich aber eine Menge tun, man muß sich viele Eigenschaften persönlicher Art zulegen, man muß sich vor allen Dingen beruflich fortbilden. Man muß Durchsetzungsvermögen haben, man muß diplomatisch sein, man muß freundlich, aber immer wieder bestrebt sein, man muß als Führungskraft natürlich auch Aufgaben delegieren, Leute richtig einsetzen, möglichst effizient arbeiten für den Arbeitgeber."

Damit beschreibt er ein Gutteil jener Maximen, an denen er — soweit seine Position es erlaubt — bereits jetzt sein betriebliches Verhalten zu orientieren bemüht ist. Das eigene Statusinteresse und die erworbene Souveränität im betrieblichen Umgang lassen Zweifel an den vorfindlichen Betriebs- und Kooperationsstrukturen gar nicht erst aufkommen. Typisch für ihn und seinesgleichen ist: Man akzeptiert den vorgegebenen Handlungsrahmen und versucht, ihn durch Anpassung den eigenen Aufstiegsinteressen nutzbar zu machen.

Die Statusorientierung, die für diesen Typ von „Karrieristen" konstitutiv ist, wird auch bei ihm deutlich. Durch das gesamte Gespräch zieht sich ein Begriff, der für sein Arbeitsverständnis charakteristisch ist: „das Image". Unter dem Gesichtspunkt, „etwas Besseres" zu sein bzw. zu werden, hat er bereits den Beruf des Bankkaufmanns gewählt, und es liegt ihm viel daran, schon durch die Beschäftigung in einem angesehenen Institut „eine gewisse Respektsperson" zu sein, die „auch nach außen hin etwas repräsentiert". Um so mehr erfüllt ihn der Aufstieg in die Stabsabteilung mit Befriedigung: Dort hebt er sich vom „einfachen Kontenführer" deutlich ab und entwickelt einen ausgeprägten Stolz darauf, in der Schaltzentrale der Bank zu sitzen, daran mitzuwirken, „eine gewisse Struktur in diesen Laden hier zu bringen", und den Sprung von der Provinz in einen internationalen Finanzplatz geschafft zu haben.

„Hamburg ist eben ein zentraler Platz, das ist eine Weltstadt, F. ist ja Provinz, und wer kann dort schon sagen: Mein Sohn ist jetzt in Hamburg, ist dort in der Hauptverwaltung?! Das ist es eben, dieses Image. (...) Finanziell gesehen bin ich bestimmt ganz gut weggekommen, von der Ausbildung, vom Wissen her auch, und — ich muß noch einmal darauf zu sprechen kommen: Es ist eben, dieses Image zu haben! (...) Ich bin eben Banker."

Ein wenig vom Glanz des „großen Geldes", so meint er, fällt auch auf ihn, und die mit der Arbeit verbundenen Aspekte von Status und sozialem Renommee beflügeln ihn in seinem beruflichen Engagement mehr als ein inhaltliches Interesse am Bankfach oder an der Datenverarbeitung. Entsprechend locker ist bei diesen Jugendlichen die Bindung an Beruf und Betrieb; sofern sich in anderen Bereichen — etwa im Handel, in der Versicherungswirtschaft oder im Immobiliengeschäft — reizvolle Karrieremöglichkeiten bieten, so hält sie nur wenig — ja, fast alle streben einen Betriebs- und/oder Berufswechsel aus Aufstiegsgründen sogar aktiv an. Sie alle zeichnet eine bewußte, auf die nächsten 10 bis 15 Jahre ausgelegte Karriereplanung aus. Dann könnten sie am Ziel sein, wären keine „graue Maus" mehr wie die vielen — so drückt es ein anderer Bankkaufmann aus, der dem Ziel der Teilhabe an der Macht durch den Sprung in die Stabsabteilung bereits wesentlich näher gerückt ist.

„Hier ist man aktiv dabei, die Geschäftspolitik der Bank mitzugestalten. Das ist von der Aufgabenstellung her einfach etwas ganz anderes als bei den Leuten von der sogenannten Frontlinie. Die haben einfach mehr den täglichen Kleinkram wie 20 000 Mark persönliches Anschaffungsdarlehen oder einen Kunden, der mal 5 000 Mark ins Minus gerät. Von daher besteht da schon ein grundsätzlicher Unterschied."

Fall 3: Am Ziel der beruflichen Wünsche — inhaltlich motiviertes Engagement in der Arbeit

Etwa vier Zehntel der Jugendlichen auf der „Sonnenseite" unseres Samples zeigen ein eher „konservatives" und kontinuitätsbedachtes Arbeitsverhalten. Die Hälfte von ihnen kann und will sich auf dem erreichten Arbeitsplatz einrichten, weil er die Realisierung insbesondere von arbeitsinhaltlichen Ansprüchen in hohem Maße erlaubt und störende Momente sich in erträglichen Grenzen halten.

„Ich kann mir im Moment nichts anderes vorstellen, was mir mehr Spaß machen würde. Ich möchte es am liebsten so lassen, wie es im Augenblick ist",

so umschreibt eine der jungen Krankenschwestern, unter denen wir diese Form der Wahrnehmung der eigenen Situation häufiger angetroffen haben als in anderen Gruppen, ihre berufliche Perspektive, die sie sich nur als Fortschreibung der aktuellen Situation vorstellen kann, und fügt als Begründung hinzu: „Weil ich das, was ich machen wollte, hier wirklich tun kann".

Angesprochen auf ihre beruflichen Perspektiven, weisen diese Jugendlichen den Gedanken an einen Aufstieg weit von sich: Sie können ihm nichts abgewinnen, da er in ihren Augen keine Verbesserung der Arbeitssituation, eher eine Verschlechterung mit sich bringen würde, die auch durch einen höheren Verdienst nicht kompensiert werden könnte. Entsprechend absurd erscheint ihnen der Gedanke, dafür Anstrengungen zu unternehmen und einen Teil der Freizeit dem beruflichen Vorankommen zu widmen:

„Um aufzusteigen, sicherlich nicht! Nein. Wenn hier zu wenig Leute auf Station sind, dann bleibe ich schon mal zwei, drei Stunden länger hier, opfere meine Freizeit, aber um aufzusteigen — sicherlich nicht. Ich habe auch nicht die Absicht, dafür irgendetwas zu unternehmen, weil mir das hier eigentlich so ganz gut gefällt. Das Geld ist mir da auch ziemlich egal." (Krankenschwester)

„Nein, weil berufliches Weiterkommen würde für mich bedeuten, Stationsschwester oder etwas ähnliches zu machen — und das würde ich nicht machen. Man sitzt dann mehr am Schreibtisch, daran liegt mir überhaupt nichts. Ich bin so wirklich von Grund auf zufrieden, das würde ich nicht opfern" (eine andere Krankenschwester).

Diese beharrende Haltung ist typisch für diese Jugendlichen: Sich in der erreichten beruflichen Position dauerhaft zu etablieren, erscheint ihnen nicht als Stagnation, sondern als durchaus erstrebenswerte Bewahrung und Fortsetzung einer Arbeitssituation, die man sich so oder ähnlich vorgestellt hatte und die auch nach wie vor dem eigenen Arbeitsverständnis entspricht: Die aktuell ausgeübte berufliche Tätigkeit ist weithin identisch mit der eigenen Vorstellung von „guter Arbeit".

„Ich wollte auf einer Station arbeiten, wo es interessant ist, wo ein gutes Arbeitsklima herrscht, wo man angehört wird, wo man Vorschläge einbringen kann, wo man selber anderen zuhört, wo man sich Tips geben läßt — das wollte ich, und das habe ich hier gefunden" (Krankenschwester).

Die persönliche Entfaltung und Selbstbestätigung in der pflegerischen Tätigkeit ist ausschlaggebend für eine positive Wahrnehmung der Arbeitssituation und Motivationsbasis für ein engagiertes Arbeitsverhalten. Im Zentrum ihres Arbeitsverständnisses steht „das Pflegerische", der Wunsch, „anderen Menschen zu helfen", der sich bei ihr schon frühzeitig zu einem genauen Berufsziel „verfestigt" hatte und den sie gezielt und gegen alle Widerstände — „50 Bewerbungen" — durchgesetzt hat. Die Möglichkeit eines weiterführenden Schulbesuchs, der ihr offen stand — „ich war eine ganz gute Schülerin, habe auch den erweiterten Abschluß" — erschien ihr wenig attraktiv, da sie „nach der Realschule absolut keine Lust mehr" hatte. „Das letzte halbe Schuljahr war schlimm für mich, ich hatte den Kopf schon voll von ganz anderen Dingen, es ging mir auf einmal alles nicht schnell genug." Ihr Engagement für die Patienten, durch menschliche Zuwendung „etwas dafür zu tun, daß die wieder gesund werden", hat ihr in der Ausbildung zwar etliche Probleme beschert, hat zugleich aber jene Erfolgserlebnisse hervorgebracht, die sie darin bestärkt haben „durchzuhalten", sich gegen die „Hackordnung" im Ausbildungskrankenhaus zu wehren und einen eigenen Verhaltensstil zu verteidigen: Zentral ist für sie, sich durch Verhaltensregeln — „so Sachen mit Psychologie und so" -- nicht die „Spontaneität" im Umgang mit Patienten nehmen zu lassen, durch hierarchische Strukturen und rigide Arbeitsteilung nicht „das Menschliche" im Krankenhausalltag zu kurz kommen zu lassen. Die Schilderung ähnlicher Probleme finden wir in allen Gesprächen mit diesen Krankenschwestern: Ausgestattet mit großem „Idealismus" erleben sie — meist in den ersten Monaten ihrer betrieblichen Praxis — die vorgefundene Arbeitsorganisation als „Stationstrott", als Einschränkung ihrer persönlichen Entfaltung und Verletzung ihres Arbeits- bzw. Berufsverständnisses, das sie zunächst einmal auf die gegebenen Strukturen abstimmen bzw. gegen sie durchsetzen müssen, um „nicht in den Trott zu verfallen und alles nur einseitig zu machen". Aus diesem arbeitsinhaltlichen Interesse heraus hat sie sich mit anderen dafür eingesetzt, die Arbeitsbelastungen so zu kontrollieren, daß sie nicht zu Lasten der Arbeitsqualität gehen.

„Das Wechseln der Verbände nimmt auf unserer Station sehr viel Zeit in Anspruch. Man muß auch sehr stark auf die Patienten eingehen, weil es schmerzhaft ist. Da ist es schon gut, wenn ich micht mit ruhigem Gewissen da hinsetzen kann und sagen kann: Jetzt bin ich nur für dich da. Dafür haben wir meistens auch genug Zeit; früher war das mal nicht so, aber das haben wir geändert, indem wir uns geweigert haben, mehr Patienten aufzunehmen. Daher schaffen wir es jetzt. Unsere übliche Belegungszahl beläuft sich auf 16 Patienten, wir könnten aber 20 aufnehmen. Nachdem wir mit den Ärzten und Oberärzten geredet haben, haben sie es auch eingesehen. Meistens klappt es auch und manchmal, wenn wir nicht so pflegeintensive Patienten haben oder genug Personal da ist, dann sagen wir auch schon mal: Wir können noch einen. Das geht ganz gut, und ich bin da auch unheimlich zufrieden mit der Arbeit und mit den Kollegen. Das gefällt mir sehr gut."

Getrübt wird ihre Arbeitsfreude durch fachfremde Schreibtischarbeiten, die gelegentlich anfallen, und gravierender durch die Arbeitszeitregelungen: den unregelmäßige Wechsel zwischen Früh- und Spätschicht sowie die Wochenenddienste, die sich auf das Privatleben nachteilig auswirken, die gemeinsame Freizeitgestaltung mit anderen erschweren und die regelmäßige Nutzung kultureller Angebote stark einschränken. Aber auch diese Belastungen werden als unangenehme, jedoch unvermeidbare Begleiterscheinungen aus Pflichtbewußtsein und Verantwortung für die beruflichen Aufgaben schließlich in Kauf genommen und fallen bei der Wahrnehmung der Arbeit nicht entscheidend ins Gewicht.

„Patienten müssen ja am Wochenende auch versorgt werden. Auch Überstunden werden hier oft gemacht, ich mache das mit. Es ist ja unsere Arbeit, die gemacht werden muß, sonst würde es an den Patienten oder an der nächsten Schicht hängen bleiben, und dann wäre es schnell ein Kreislauf, der nie endet. Schlimm ist es, wenn ich mir etwas vorgenommen habe und die Zeit zwischen der Arbeit und der Verabredung sowieso schon knapp bemessen ist. Dann bin ich schon traurig, daß es nicht hinhaut und ich dort anrufen muß. Aber meine Freunde wissen das auch und sie müssen auch damit rechnen, daß so etwas passiert. Sie akzeptieren und tolerieren das."

Ähnlich wie die Wahrnehmung von Belastungen dem arbeitsinhaltlichen Interesse untergeordnet wird und der Umgang mit ihnen mehr von der Arbeitsqualität, der Nützlichkeit für andere, als von persönlichen Interessen geleitet wird, ist auch die soziale Kommunikation am Arbeitsplatz eng an die Realisierung arbeitsinhaltlicher Ansprüche gebunden. Es geht dabei nicht einseitig um die Befriedigung kommunikativer Bedürfnisse, um ein atmosphärisches Sich-Wohlfühlen, um das Gefühl sozialer Integration in einen angenehmen Kollegenkreis. Dies spielt immer auch eine Rolle, aber ein gutes Arbeitsklima ist hier weniger Selbstzweck und mehr Voraussetzung für die Erfüllung der inhaltlichen Aufgabe, für die sie sich verantwortlich fühlt, sich einsetzt und aus der vor allem sie ihre Bestätigung zieht. Von daher ist sie bemüht darum und stolz darauf, Kommunikations- und Kooperationsbeziehungen zu schaffen, in denen man ,,gleichberechtigt, selbstbewußt und aktiv" arbeiten kann, die eine ,,weite Kritikspanne" enthalten und eine wesentliche Bedingung abgeben, um eine ,,gute Arbeit" leisten zu können.

,,Mir gefällt die Zusammenarbeit mit den Kollegen sehr gut: die Absprachen, das Entgegenbringen von Interesse, daß alle gut zuhören können, daß die Patienten mit uns zufrieden sind. Das hört man unheimlich oft; selbst die Patienten merken: ,Mensch, bei Euch herrscht ja ein unheimlich gutes Arbeitsklima, ganz anders als auf der Station, wo ich vorher gelegen habe!' Das gefällt mir unheimlich gut, und den Schuh ziehe ich mir dann auch mit an und sage mir: ,Mensch, das ist ja irgendwie auch dein Verdienst!' Es ist ja auch mit mein Verdienst, daß das Arbeitsklima so gut ist."

Das Arbeitsverständnis und Arbeitsverhalten dieser Krankenschwestern hat insofern einen altruistischen Zug, als die Tätigkeit von ihrem Inhalt her unmittelbar auf andere bezogen ist und dieses ,,Dasein für andere" einen Gutteil ihrer Attraktivität ausmacht.

,,In der Schule habe ich ja hauptsächlich für mich gelernt, und jetzt in der Arbeit mache ich ja auch was für andere; dafür lohnt es sich schon, etwas mehr zu investieren, auch Freizeit. Man hört den Patienten auch viel zu, und das muß man nach dem Dienst auch erstmal verarbeiten, das kann man nicht sofort wegschieben."

Allerdings geht dieses Arbeitsverständnis und -verhalten nicht in reiner Selbstlosigkeit auf, es ist nicht einseitig auf andere bezogen, sondern hat einen starken Selbstbezug. Das Engagement für die Sache — in diesem Fall eben das ,,Dasein für andere" — ist zugleich persönliche Entfaltung und Selbstbestätigung:

„Meine Arbeit bringt mir eigentlich viel Zufriedenheit. Ich bin z.B. stolz darauf, wenn Patienten sagen: ‚Ich möchte heute von G. versorgt werden, die kann das so gut', oder wenn sie nach mir schicken und mit mir sprechen wollen oder wenn ich von den Kollegen höre, daß mich ein Patient bis zum Himmel gelobt hat oder wenn ich das von Leuten selber höre. Das macht mich unheimlich froh, und dann denke ich mir: ‚Das hast du irgendwie richtig gemacht.' Das gibt mir viel Selbstbestätigung."

Deutlicher noch wird der subjektive, über das arbeitsinhaltliche Engagement vermittelte Bezug im Vergleich ihres eigenen Arbeitsverständnisses zu dem der Eltern, wie sie es wahrnimmt:

„Meine Eltern sehen eigentlich die Arbeit für sich als Geldverdienen an, weil ihre Arbeit auch ziemlich schwer ist und nicht soviel Initiative erfordert. Mein Vater ist ziemlich alt, er hat nichts gelernt, er hat man gerade die Hauptschule machen können von seinen Eltern aus — auf jeden Fall ist es für sie Geldverdienen und für mich nicht nur! Das ist der Unterschied. Sie kommen von der Arbeit mit einem nichtssagenden Gefühl, und ich bin meistens immer noch voll von den Sachen, die ich erlebt habe."

Es mag an der spezifischen Inhaltlichkeit der gesundheitspflegerischen Tätigkeiten liegen, das wir dieses Arbeitsverständnis, in dem ein hohes Maß an Selbstbestätigung durch Pflege und psychische Betreuung von Kranken den Wunsch nach beruflicher Kontinuität, nicht nach Veränderung stützt, besonders häufig bei Krankenschwestern — bei immerhin der Hälfte der von uns befragten — finden. Beschränkt auf soziale und pflegerische Tätigkeiten ist es nicht. Vergleichbare Formen des Arrangements finden wir auch in anderen Berufsbereichen, in denen Jugendliche dem alltäglichen Umgang mit anderen Inhalten, mit Sachen oder Symbolen, ein ähnlich hohes Maß an persönlicher Entfaltung und Selbstbestätigung abgewinnen können, wie der folgende Fall eines jungen Maschinenschlossers im Werkzeugmaschinenbau zeigt:

„Ich, von meiner Seite aus, ich mache die Arbeit gern" — so bekundet er und führt als Beleg einen Vergleich zu etlichen altersgleichen Kollegen an, „die eine weniger schöne Arbeit haben und denen die Arbeit, die sie machen, heute schon stinkt".

„Ich bin nicht der Typ, der morgens reinkommt und sagt: ‚Oh, was sind wir schon wieder schlecht drauf' — wie viele von meinen Kollegen, mit denen ich gelernt habe. Die hoffen am Montag schon, daß es Freitag wird, denen stinkt die Arbeit immer — einigen, die ich kenne, geht es so."

Er hingegen legt eine aufgeschlossene Haltung gegenüber seiner Arbeit an den Tag und nimmt sie als vergleichsweise „schöne Arbeit" wahr, da sie — von einigen Abstrichen abgesehen — seinem in der Ausbildung entwickelten Arbeitsverständnis entspricht und sie ihm jenes Maß an persönlicher Entfaltung und Selbstbestätigung bietet, das er sich von ihr versprochen hat. Angetreten als Hauptschüler, der zunächst froh war, überhaupt einen Ausbildungsplatz in der gewünschten handwerklichen Richtung ergattert zu haben, und dem es zunächst einmal auf den Facharbeiterbrief ankam — „daß man erstmal eine Existenzgrundlage hat, daß man etwas in der Hand hat" —, entwickelt er schon bald eine enge Bindung an seinen Beruf, die sich im facharbeitertypischen Produzentenstolz ausdrückt:

„In der betrieblichen Ausbildung haste ja selber gesehen, was du gemacht hast, was du mit gebaut hat: unsere Presse! Das war ganz anders als in der Schule: Da schreibste deine Zettel auf, da siehst du gar nichts, nur so'ne Buchstaben — Papier ist geduldig! Aber hier hast du selbst gesehen, daß du was zustande gebracht hast — das hat dich doch ein bißchen aufgebaut."

Auch nach der Lehre hat er sich engagiert darum bemüht, „das Praktische draufzukriegen, die Selbständigkeit im Arbeiten", er ist stolz darauf, mit seinen fachinhaltlichen Kompetenzen und dem mittlerweile angeeigneten Erfahrungswissen seinen Platz ausfüllen zu können und als fachlich versierter Kollege anerkannt zu sein. Sichtbares Zeichen der Anerkennung als gleichberechtigter und kompetenter Kollege ist in seinen Augen die Tatsache, bereits kurz nach Beendigung der Lehre in der Auslandsmontage eingesetzt worden zu sein.

Damit hat er jene berufliche Position erreicht, auf der er sich einrichten kann, da hier seine Ansprüche an Arbeit überwiegend erfüllt werden und weder gravierende Anspruchsverletzungen noch weiterreichende berufliche Vorstellungen vorhanden sind, die eine Veränderung der Situation erforderten. „Die Erwartungen", so stellt er fest, „haben sich von der Arbeit her erfüllt", und er beschreibt sie als eine inhaltlich komplexe Tätigkeit, in der er seine Kompetenzen voll einsetzen kann.

„Ich mache Fließdruckpressen, die bauen wir — von Grund auf, bis sie läuft, bis sie hinauskommt, bis sie verkauft wird. Und da machen wir alles: vom Einschaben der Maschine, vom Anreißen bis nachher zum Einstellen. Da mache ich alles, quer durch den Gemüsegarten (...) Am besten gefällt mir, wenn man so Kleinteile auf Genauigkeit arbeiten muß, wenn das genau auf drei Hundertstel passen muß und nicht auf plus minus 2 Millimeter — das ist kein Maß! Gerade so kleine Teile, die Maschine zusammenbauen, einrichten, laufen lassen — fertig! Das ist eine schöne Arbeit. Und wenn du siehst, die Maschine läuft, dann kannst du dir sagen: Da haben wir wieder was geschafft!"

Zwar hat auch diese Arbeit ihre Schattenseiten — gelegentlich gibt es Phasen mit hohem Leistungsdruck, dann wieder Phasen mit Unterbeschäftigung, und auch die mit dem Reiz des Neuen verbundene Aufstellung der fertigen Maschinen im Anwenderbetrieb geht manchmal mit Abstrichen an eigenen Urlaubsplänen einher — aber es überwiegen doch jene Anteile, in denen die eigenen Vorstellungen von einer „guten Arbeit" realisiert werden können, stichwortartig zusammengefaßt: „Meine Ruhe, gemütlich, nicht so arge Hektik, daß man die Arbeit sauber machen kann, daß man nicht pfuschen muß."

Ganz ähnlich wie im Fall der oben vorgestellten Krankenschwester werden Leistungsanforderungen und Kooperationsbeziehungen von diesem Maschinenschlosser unter dem Aspekt einer qualitativ guten Arbeit gesehen, auf die man stolz sein kann. Solange entsprechende Bedingungen vorherrschen, sind berufliche Veränderungsabsichten nicht aktuell und werden Aufstiegsangebote in diesem Fall sogar als störend empfunden. Gelegentlich muß dieser Jugendliche vertretungsweise einen Teil der Anweisungs- und Organisationsfunktionen seine Kolonnenführers übernehmen:

„Die Arbeit paßt mir nicht so, da bin ich zu weit vorne. Mir ist es lieber, ich weiß, was ich machen muß und kann für mich arbeiten (...) Ich habe kein Talent dazu. Mir ist es lieber, ich habe meine Arbeit, habe meine Zeichnungen, und er sagt mir: ‚Da, die Maschine machst du, so muß sie nachher aussehen' — okay, das machen wir! Reicht mir auch — die Arbeit."

Für den Erhalt dieser Arbeitssituation ist er auch bereit, sich in Weiterbildungsveranstaltungen Hydraulik- und Pneumatikkenntnisse anzueignen und sein Englisch (für die Auslandsmontage) aufzubessern.

Fall 4: Sich-Einrichten in befriedigenden Sozialbeziehungen — der Betrieb als Ort sozialer Kommunikation und Integration

Ebenso oft wie im Inhalt hat das Interesse, sich in der aktuellen Arbeitssituation einzurichten, seinen Grund in den sozialen Dimensionen der Arbeit: In diesen Fällen fühlen die Jugendlichen sich mit ihrer aktuellen Arbeit vor allem deshalb verbunden, weil sie hier ihre sozial-kommunikativen Bedürfnisse befriedigen können, ein Gefühl von sozialer Integration entwickeln und soziale Anerkennung erhalten. Mit Arbeit assoziieren sie vor allem den Betrieb als sozialen Raum, als ein Gefüge sozialer Beziehungen und

Kooperationsformen, in die sie eingebunden sind und denen sie einiges abgewinnen können. Wenn sie sich einen Wechsel in eine andere Umgebung und auf einen anderen Arbeitsplatz nur schlecht vorstellen können, so liegt dies vor allem an einem guten Verhältnis zu Vorgesetzten und/oder Kollegen, das häufig in der knappen Formel eines „sehr guten", „ausgezeichneten" oder „tollen" Arbeitsklimas zusammengefaßt wird. Der alltägliche Umgang mit ihnen, so zeigen die Schilderungen, bedeutet ihnen mehr als nur die Realisierung eines vordergründigen Interesses an Austausch und Unterhaltung. Sie schätzen jene Vorgesetzten, die einen kooperativen und „lockeren" Verhaltensstil pflegen und sich mehr auf ihre persönliche und fachliche Autorität verlassen als auf ihre qua betriebliche Hierarchie gegebene Machtposition: von denen sie nicht nur als Untergebene behandelt und gleichsam auf die Arbeitsrolle reduziert werden oder in Verlängerung des Auszubildendenstatus sogar als Mitarbeiter zweiter Klasse angesehen werden, sondern von denen sie sich ernstgenommen und persönlich respektiert fühlen.

Wichtig ist ihnen ein gutes persönliches Verhältnis, in dem nicht alles nur ernst und verbissen läuft, auch private Dinge ihren Platz haben und sich nicht alles nur um die Arbeit dreht. Dazu gehört auch, daß die Vorgesetzten einen persönlichen Verhaltensstil zulassen, angefangen mit der Kleiderordnung bis hin zu den Umgangsformen, daß man nicht in ein uniformes Schema gepreßt wird und sich in der Arbeit gleichsam verstellen oder — wie es ein junger Verwaltungsangestellter ausdrückt — „für die Bühne der Arbeit zurechtmachen" muß.

„Die Zusammenarbeit mit den Kollegen bringt mir sehr viel, vor allem aber habe ich einen phantastischen Chef", so begründet eine junge Industriekauffrau ihre hohe Zufriedenheit mit der Arbeit, die sie sich kaum besser vorstellen kann. „Er merkt mir das auch an, wenn ich privaten Kummer habe; oder wenn er von einer Reise zurückkommt, dann kommt er und fragt, wie es gelaufen ist und ob es Rücksprachen gibt. Wenn das der Fall ist, dann sagt er: Gut, dann komm'se man, Zigaretten brauchen sie nicht mitzubringen, ich habe eine ganz neue Marke. Dann sitzen wir in seinem Kabuff und er erzählt erst mal eine Stunde von seinem Urlaub. Da ist noch so etwas Persönliches dabei, das ist nicht dieses Verhältnis Angestellte-Chef. Das hat man nicht in jeder Abteilung, da habe ich es gut getroffen, um meinen Chef beneiden sie mich alle."

Wichtiger noch für die positive Arbeitswahrnehmung dieser Jugendlichen und ihr Bestreben, sich in der gewohnten Umgebung einzurichten, ist in den meisten Fällen das gute Verhältnis zu den Kollegen. Gute Kooperationsbeziehungen, gegenseitige Verläßlichkeit, kollegiale und solidarische Verhaltensweisen spielen hier ebenso eine Rolle wie ein gutes persönliches Verhältnis, das oft auch über den unmittelbaren Arbeitsbereich hinausreicht und gemeinsame Freizeitaktivitäten einschließt. So sieht der bereits zitierte junge Verwaltungsangestellte zwar durchaus, daß es inhaltlich interessantere Aufgaben gibt, die ihn mehr „ausfüllen" würden, aber diese Positionen seien in der Regel auch mit mehr „Streß" verbunden, der für das Arbeitsklima nicht eben positiv sei.

„Ich habe auch mit anderen Leuten gesprochen und deren Meinung würde ich teilen: lieber nette Kollegen und 'ne Arbeit, die nicht ganz so viel Spaß macht (...) Und ich muß immer wieder herausstellen, daß bei uns die Leute unheimlich kollegial sind und — das ist für mich besonders wichtig — alle per Du. Die Kollegen unternehmen manchmal auch in der Freizeit etwas gemeinsam, und da werde ich auch einbezogen, da bin ich auch dabei. Es ist irgendwie ein sehr kumpelhaftes Verhältnis, worauf ich auch Wert lege (...)." Und auf die Frage nach den wichtigsten Gründen dafür, daß ihm die Arbeit gut gefällt: „Das Entscheidende ist das ziemlich lockere Verhältnis. Einerseits sagen wir uns: Jetzt wird zwei Stunden intensiv gearbeitet, und dann wird auch richtig was getan und der Spaß beiseite gelassen, aber dann hat man auch mal 'ne Stunde, wo wir unsere Schwätzchen machen und viel gelacht wird."

Schon bei der Wahl des Arbeitsplatzes — sofern Wahlmöglichkeiten bestehen — geben sozial-kommunikative Ansprüche bei diesen Jugendlichen den Ausschlag. So z.B. im Fall einer jungen Bankkauffrau, die sich gegen eine Übernahme in die Zentrale und für einen Einsatz im Schalterdienst einer Filiale entschieden hat, weil die Zentrale ihr „zu groß" und zu anonym erschien und es in der Filiale „ein bißchen familiärer zugeht". Schon in der Ausbildung hat sie sich dort „richtig wohlgefühlt", weil sie einen persönlichen Kontakt zu Kunden aufbauen konnte und in einen Kreis von „netten Kollegen" integriert war.

Andere Dimensionen spielen in der Arbeitswahrnehmung dieser Jugendlichen eine nur untergeordnete Rolle: Status- und karrierebezogene Aufstiegsorientierungen finden wir bei ihnen überhaupt nicht, Fragen der materiellen Absicherung und Arbeitsbelastungen sind ihnen nicht unwichtig, stehen aber ebenso wenig im Vordergrund wie arbeitsinhaltliche Bezüge. Man gewinnt aus den Gesprächen den Eindruck, daß die konkrete Tätigkeit in den Augen dieser Jugendlichen wenig Herausforderungen bietet: Sie wollen beschäftigt und ausgelastet sein, die Tätigkeit soll auch ein wenig abwechslungsreich und nicht so monoton sein, insgesamt aber ist der persönliche Bezug auf die Inhalte der Tätigkeit nur wenig entfaltet und eher dünn besetzt. In dieser Hinsicht erwarten sie von ihrer Arbeit nicht sonderlich viel oder gehen — wie eine junge Bankangestellte — eher davon aus, daß „ja letztendlich alles Routine wird".

Besonders deutlich wird dies im Fall einer jungen Verkäuferin, die ihre Tätigkeit ohne sonderliche innere Beteiligung als eine Reihe von Aufgaben schildert: bedienen, aufräumen, das Lager ordnen, Regale einräumen, Retouren schreiben. „Ich wußte ja, was auf mich zukommt und daß ich dabei bleiben werde, daß sich daran nichts ändern wird. Es gefällt mir auch an und für sich ganz gut." Dies liegt vor allem an der Einlösung jener sozial-kommunikativen Ansprüche, von denen her sie bereits ihre Berufswahl getroffen hat:

„Nach dem Praktikum war für mich klar, daß ich den Beruf erlernen will (...) Ausschlaggebend war das Arbeitsklima: wie die Leute zu mir waren, als ich das Praktikum gemacht habe. Die waren alle nett und freundlich, haben mir alles genau erklärt. Und das war an und für sich ausschlaggebend: eben das ganze Arbeitsklima."

Störende Momente wie die ungünstigen Arbeitszeiten im Einzelhandel fallen bei ihr nicht stark ins Gewicht, denn: „Arbeit muß eben sein, und das gehört dazu", zumal sie sich durch das gute Verständnis im Kollegenkreis entschädigt fühlt. „Das Arbeitsklima ist sehr gut hier", so betont sie mehrfach, und das bedeutet ihr persönlich sehr viel.

„Ich bin unter Menschen, nicht alleine zu hause oder zurückgezogen. Ich komme dadurch auch abends mal raus, man unternimmt mit den Arbeitskollegen mal was. Es läuft eigentlich ganz gut (...) Ich bleibe auch dabei, beruflich weitergehen möchte ich eigentlich nicht. Ich möchte weiter so als normale Verkäuferin arbeiten, weitergehen möchte ich schon gar nicht mehr, weil man da viel zu viel Verantwortung trägt — das ist nichts für mich."

Als Person von Vorgesetzten und Kollegen anerkannt zu werden, vermittelt diesen Jugendlichen ein Gefühl von Zugehörigkeit und sozialer Integration, das nicht nur negativ bestimmt ist durch die Abgrenzung zur sozial isolierten Situation von Arbeitslosen oder zur traditionellen Frauenrolle im Sinne des Rückzugs auf die private Lebenswelt von Haus und Familie. Freilich ist an den Äußerungen der jungen Verkäuferin und ebenso des vorher zu Wort gekommenen Verwaltungsangestellten auch nicht zu übersehen, daß die persönliche Identifikation mit der Arbeit über die sozialen Kontakte häufig von Momenten der inhaltlichen Zurückhaltung und Unsicherheit gegenüber weiterreichenden beruflichen Anforderungen begleitet ist. Insofern ist es nicht zufällig, daß wir ein aus sozial-kommunikativen Motiven begründetes Arrangement des Sich-Einrichtens vornehmlich bei jungen Frauen und in den weniger qualifizierten Tätigkeitsbereichen finden, die auch weniger Raum für die Entwicklung eines Selbstwertgefühls aus den Tätigkeitsinhalten bieten.

*Fall 5: Auf der Suche nach beruflichen Alternativen —
die Minderheit der vom Berufsalltag Enttäuschten*

Lediglich ca. 10 % der Jugendlichen mit einer kontinuierlichen Berufsbiographie entsprechen in ihrer Arbeitswahrnehmung dem in weiten Teilen der „neuen Jugenddebatte" vorherrschenden Bild einer enttäuschten und tief unzufriedenen Generation, deren hohe inhaltliche Erwartungen in den „erstarrten Strukturen" betrieblicher Arbeit frustriert werden. Auf die Diskrepanzen zwischen Anspruch und Wirklichkeit reagiert die Mehrheit von ihnen nicht mit einem resignativen Sich-Abfinden mit dem Gegebenen, dem man unter Aufgabe entwickelter Ansprüche doch noch einige erträgliche Seiten abgewinnen kann oder dem man sich mit deutlichem Widerwillen fügt, da man keine Auswege sieht. Mehrheitlich gehen diese Jugendlichen mit einer sie enttäuschenden Arbeitsrealität anders um: Sie sind nicht bereit, die erworbenen Ansprüche der schlechten Realität anzupassen, versinken nicht in Resignation und ziehen ihre Energien nicht aus der Arbeitssphäre ab, sondern setzen viel daran, aus der unbefriedigenden Situation herauszukommen und sie entsprechend den eigenen Vorstellungen zu verändern. Kennzeichnend für diese Form der Auseinandersetzung sind ein hohes Maß an innerem Widerstand, ein zähes Beharren auf erworbenen Ansprüchen und aktive Bewältigungsstrategien: Man will aus einer enttäuschenden Situation heraus und entfaltet über bloß unverbindliche Intentionen hinaus handfeste und mit hoher Intensität betriebene Veränderungsstrategien.

Im Fallbeispiel einer jungen Krankenschwester wollen wir diese aktive, auf Veränderung abgestellte Umgangsweise mit einer enttäuschenden Berufsrealität darstellen. Obwohl sie bei der Berufswahl keine großen Abstriche von ihren Wünschen machen mußte, ihr bisheriger Berufsweg glatt verlaufen ist und ihr Arbeitsplatz im Pflegedienst eines Großklinikums der Ausbildung angemessen ist und keine auffallenden Negativmerkmale aufweist, ist sie mit ihrem beruflichen Alltag „unheimlich unzufrieden", da er ihren Berufserwartungen kaum gerecht wird. Maßstab der kritischen Wahrnehmung ihres beruflichen Alltags ist eine gefestigte berufliche Identität als Krankenschwester, die sie im Laufe ihrer Ausbildung und Berufstätigkeit aufgebaut hat. Hierin unterscheidet sie sich von den in ihrer Situation zufriedenen Kolleginnen in den gleichen Abteilungen des Großklinikums nicht. Im Gegenteil: Ihre sehr hohen Berufserwartungen resultieren daraus, daß für sie schon sehr früh ein soziales Engagement in der Jugend- und Altenarbeit den Wunsch geweckt hatte, einen sozialen Beruf zu ergreifen. Daß es schließlich der Beruf der Krankenschwester und nicht ein anderer Beruf wurde, den sie über Abitur und Studium hätte erreichen können, lag daran, daß sie von den Eltern unabhängig sein und auf eigenen Füßen stehen wollte. So ging sie nach der mittleren Reife ab.

Als sie dann nach einem einjährigen Praktikum die Ausbildung zur Krankenschwester beginnt, hat sie bereits eine Menge an Informationen und persönlichen Erfahrungen und bringt eine hohe Motivation ist, hat sie doch einen Ausbildungsberuf gefunden, in den sie ihr zuvor ehrenamtlich betriebenes soziales Engagement einbringen kann. Anderen zu helfen — darin sieht sie die Aufgabe der Krankenschwester und entsprechend diesem Berufsverständnis erwartet sie von der Ausbildung und vom Arbeitsalltag, daß sie optimal auf die Erfüllung dieser Aufgabe abgestimmt sind: Hier soll — wie sie sagt — „der Mensch im Mittelpunkt" stehen.

Ihre Erfahrungen in der Ausbildung sind ambivalent. Auf der einen Seite stehen zunehmende fachliche Kompetenz, persönliche Weiterentwicklung und die Festigung des eigenen Berufsverständnisses. Daß ihr soziales Engagement in der Ausbildung gleichsam ein professionelles Fundament erhält und diese Erfahrungen so positiv ausfallen, ist auch ihrer inhaltlichen Neugier und ihrem engagierten Lernverhalten zuzuschreiben. Mit Blick auf die spätere Berufspraxis wehrt sie sich gemeinsam mit anderen gegen ein Übermaß an trockener Theorie — „wir haben uns oft mit den Schulschwestern gestritten" —, setzt sich für eine praxisnahe Ausbildung ein und kämpft für eine Aufwertung jener Unterrichtsfächer, in denen es um die sozialen und psychischen Hintergründe und Begleitumstände von Krankheit geht, in denen also der Patient nicht so sehr als medizinischer Fall im Vordergrund steht, sondern gleichsam „als Mensch", der im Krankenhausalltag verständnisvolle Zuwendung braucht.

Als persönlichen Fortschritt erlebt sie die im Verlauf der Ausbildung zunehmenden Möglichkeiten, erworbene Kompetenzen anzuwenden und eigenverantwortlich zu arbeiten. Dies stärkt ihr Selbstbewußtsein und ihre innere Bindung an den Beruf.

„Wichtig war es für mich auch, Verantwortung zu tragen und nicht mehr nur die Praktikantin zu sein. Das ist schon recht wichtig und eine tolle Erfahrung, wenn man Sachen alleine machen kann."

Einen eigenen Verhaltensstil zu finden, ist ihr anfangs nicht ganz leicht gefallen. Einerseits legt ihr Berufsverständnis ein selbstloses, ganz auf den Patienten orientiertes Verhalten nahe, andererseits kann sie sich selbst nicht völlig aufgeben, die eigenen Gefühle und Stimmungen nicht aus der Arbeit raushalten, und es dauert eine Zeit, bis sie einen Stil entwickelt hat, der ihrem Anspruch, eine gute Arbeit zu machen, gerecht wird und zugleich authentisch ist.

„Diese Erwartungshaltung, daß die Schwester immer nett sein muß, freundlich sein muß, immer lächelnd ins Zimmer kommt. Das habe ich auch immer von mir erwartet, und damit bin ich nicht mehr so klargekommen, mit dieser Erwartungshaltung: immer freundlich und tolerant zu sein und Ruhe auszustrahlen — bis ich gemerkt habe, daß es gar nicht geht: Das kann man nicht, das ist auch nicht ehrlich. Heute geht das viel besser, wo ich auch mal meckern kann und nicht immer freundlich bin, sondern den Patienten auch mal meine Meinung sage."

Es ist ihr nicht leichtgefallen, die hochgesteckten Ansprüche an den Beruf im Krankenhausalltag durchzuhalten und ihnen im eigenen Verhalten auch gerecht zu werden; sie habe „oft Tiefpunkte gehabt, wo ich mir überlegt habe, ob es nicht besser ist, etwas anderes zu machen, wo ich keine Lust mehr hatte, keine Motivation und wo die Patienten mich angenervt haben." Über diese Phase der Verunsicherung hat ihr vor allem der Kontakt zu einigen älteren Kolleginnen hinweggeholfen, von denen sie nachhaltig beeindruckt ist, da sie in fast idealer Weise jenes Berufsverständnis verkörpern und fast vorbildlich umsetzen, dem auch sie nachzueifern versucht. Die Zusammenarbeit mit diesen Kolleginnen bewahrt sie davor, innerlich auf Distanz zu ihrer Arbeit zu gehen, und stärkt in ihr ein Arbeitsverständnis, das sich vor allem durch ein hohes Maß an persönlicher Beteiligung auszeichnet.

„Ich habe mit älteren Schwestern und den Diakonissen gute Erfahrungen gemacht, weil ich da auch viel gelernt habe. Die haben eine ganz andere Einstellung zu dem Beruf als viele Kolleginnen: viel mehr Idealismus. Von ihnen habe ich sehr viel gelernt, vor allem im Umgang mit den Patienten, sie haben eine unheimliche Ruhe auf mich ausgestrahlt, das war schon unheimlich doll!"

Schon in der Ausbildung tun sich jene Diskrepanzen zwischen ihrem Arbeitsverständnis und der Realität des beruflichen Alltags auf, von denen auch ihre aktuelle Arbeitswahrnehmung geprägt ist und die sie als unerträgliche Diskrepanz zwischen persönlichem „Idealismus" und alltäglichem „Stationstrott" schildert. Bereits früh muß sie erfahren, daß sie ihre Vorstellungen nicht reibungslos verwirklichen kann und ihr Elan in der Wirklichkeit des Krankenhausalltags zu verpuffen droht; die vorfindlichen Arbeits- und Kooperationsstrukturen empfindet sie als eingefahren und demotivierend. Hierauf richtet sich auch, als sie nach der Ausbildung in ein Großklinikum wechselt, ihre Kritik, selbst wenn sie zunächst durchaus positiv die Sicherheit ihres Arbeitsplatzes, das gute Gehalt und die bessere Kooperation mit den Kolleginnen registriert sowie der Arbeit „draußen in den Zimmern" mit den Patienten einiges an Spaß abgewinnt. Dies aber wiegt die alltäglichen Frustrationen nicht auf.

Im Vordergrund ihrer Arbeitswahrnehmung steht der anonyme und bürokratische Massenbetrieb eines Großklinikums, in dem eine hoch arbeitsteilige Apparatemedizin die Arbeit im Pflegebereich gründlich verändert hat: Sowohl zwischen Patient und Pflegepersonal als auch innerhalb des Personals entstehen Barrieren, Menschlichkeit und Zuwendung gehen verloren, und der Mensch steht kaum noch im Mittelpunkt, wie es dem Berufsverständnis dieser jungen Krankenschwester entspräche:

„Die Pflege macht mir Spaß, aber das ist hier nicht so viel. Mit dem, was ich gelernt habe, kann ich hier gar nicht so viel anfangen, aber das liegt an der Klinik: weil hier auf der Station die Pflege nicht mehr so im Mittelpunkt steht, weil vieles so automatisiert ist und unpersönlich ist — ein Massenbetrieb! Der Kontakt zu den Patienten ist nicht so intensiv wie in einem kleinen Haus, und das vermisse ich sehr. Das macht mir auch einige Schwierigkeiten, so daß man einfach unzufriedener wird.

Es gefällt mir auch nicht, hier nur eine von 1 300 Leuten zu sein, die hier in der Pflege arbeiten. Hier fehlt der Kontakt untereinander, man lernt hier auch niemanden kennen.

Ich habe hier in dem halben Jahr kaum Leute kennengelernt. In einem kleinen Haus kennt halt jeder jeden, man kommt morgens rein und kennt den Pförtner und die Putzfrau, aber hier ist das alles Null, absolut nichts!

Am Anfang habe ich das alles auf mich zukommen lassen, es war ja für mich alles neu, diese Computer hier, und vieles ist auch weggefallen, was man in einem kleineren Haus selbst machen muß. Hier braucht man nicht zu putzen, die Patienten umherkutschieren, und auch unheimlich viele Wege fallen weg. Aber dann fing es an, mich zu nerven, weil man dann auch langsam mitkriegt, welche Auswirkungen es auf die Patienten hat, wenn hier wildfremde Transporter ankommen und die Patienten irgendwo hinbringen. Es nervt auch, daß man den ganzen Tag nicht von der Station wegkommt, weil man ja für alles seine Lifte und seine Leute hat. Man ist den ganzen Tag auf der Station. Und dann die Patienten, die zurückkommen und stundenlang in ihren Betten auf dem Flur rumstehen, weil keiner sie registriert hat, jeder latscht vorbei, keiner kümmert sich um die — einfach vergessen worden! Es ist unheimlich erschütternd, daß solche Sachen passieren können, daß sich keiner darum kümmert. Und wenn man sich an jemand wendet, etwas fragt, fühlt sich keiner zuständig.

Eine gute Arbeit ist für mich: daß ich gerne zur Arbeit gehe, daß sie mir Spaß macht und daß ich zufrieden nach Hause gehen kann. Das ist auch ein wichtiges Gefühl, finde ich. Und das habe ich hier nicht so oft, weil hier solche Sachen laufen, mit denen man absolut nicht fertig wird! Wenn man den ganzen Morgen am Schreibtisch gehangen hat oder versucht hat, Ärzte zu erreichen, und keiner fühlt sich für irgendwas verantwortlich! Das macht mich unheimlich unzufrieden, und ich wünsche mir, daß mein Idealismus in dem Stationstrott nicht untergeht. Davor habe ich ziemlich Angst, weil man auch viele solcher Schwestern erlebt, die zehn oder zwanzig Jahre im Beruf sind und für die es einfach nur noch so ein Trott ist.

Mich macht das unheimlich unzufrieden. Ich habe dann auch Probleme abzuschalten, wenn ich nach Hause komme. Das wirkt sich dann auch unheimlich auf mein Privatleben aus: Ich bin dann schnell genervt, reagiere gereizt."

Was diese junge Krankenschwester an Enttäuschungen in ihrem Arbeitsalltag sehr detailliert und plastisch schildert, ist in der zugrundeliegenden Anspruchshaltung typisch für diese Jugendlichen: Sofern die Arbeit ihnen über materielle rewards und erträgliche Arbeitsbedingungen hinaus nicht auch und vor allem Möglichkeiten bietet, sich als Person in sie einzubringen, überwiegen in der Arbeitswahrnehmung Momente von Kritik und Unzufriedenheit, und es werden Befürchtungen genährt, daß ein längerfristiges Erdulden dieser Situation nachteilige Folgen für die eigene Persönlichkeit hat. Um diese zu vermeiden, bemühen sie sich aktiv um eine andere berufliche Perspektive, sei es in Form einer Weiter- oder Zusatzausbildung, sei es um eine andere Stelle — wie im Fall der geschilderten Krankenschwester, die die Leitung einer Sozialstation auf einem Dorf anstrebt.

Nicht zufällig sind es vor allem junge Angestellte (aus der Stadtverwaltung und der Industrieverwaltung), die sich durch die Routine und Bürokratie ihrer Großorganisationen um das gebracht fühlen, was sie sich beim Berufsstart einmal erhofft hatten: eine spannende und interessante Arbeit. Jetzt haben sie zwar einen gesicherten Arbeitsplatz und verdienen gutes Geld, ,,aber dafür kann ich mir auch kein besseres feeling kaufen. Ich hatte früher wenig Geld, und da ging es mir besser als jetzt", sinniert ein Verwaltungsfachangestellter, der gerade dabei ist, sein Abitur nachzuholen, um damit den von den Eltern aufgezwungenen Sicherheitsberuf in der Stadtverwaltung aufzugeben und einen Beruf zu ergreifen, ,,der etwas mit mir persönlich zu tun hat".

2.3.2. Jugendliche mit einem diskontinuierlichen Berufsverlauf — die ‚zweite Chance' zur Konsolidierung der Beschäftigungsperspektive nutzen

In diesem Berufsverlaufstyp, zu dem etwa jeder zehnte der von uns Befragten zählt, haben wir diejenigen Jugendlichen zusammengefaßt, die infolge eines schwierigen Berufsstarts und/oder infolge von Brüchen nach der Ausbildung mehr oder weniger stark von der Krise auf dem Arbeits- und Ausbildungsstellenmarkt betroffen worden sind und deutliche Blessuren davongetragen haben. Sie sind allerdings nicht in eine eindeutige Negativ-Karriere abgerutscht, sondern haben es im weiteren Verlauf ihres Arbeitslebens geschafft, sich noch einmal zu fangen und in begrenztem Ausmaß hochzuarbeiten. Dabei umfaßt dieser Typ, wir haben bereits darauf hingewiesen (vgl. Kap. 2.2.), höchst unterschiedliche Arbeitsmarkt- und Berufserfahrungen, so daß es gerade im Hinblick auf diese Gruppe berechtigt ist, von in hohem Maße individualisierten Berufsverläufen und Problemkonstellationen zu sprechen. Häufig handelt es sich um Jugendliche, die sich bereits an der ersten Schwelle des Übergangs in das Beschäftigungssystem mit erheblichen Problemen konfrontiert gesehen haben, sei es angesichts eines restriktiven regionalen Arbeitsmarktes, der ihnen kaum die Möglichkeit einer Berufswahl ließ, sei es aus dem Grund, daß sie wegen ihrer schulischen Voraussetzungen — in der Regel sind es Hauptschüler oder Realschüler mit einem mäßigen Abgangszeugnis — von vornherein mit relativ schlechten Startchancen in die Konkurrenz um die knappen Ausbildungsplätze gegangen sind. Wenn die meisten von ihnen dennoch einen Ausbildungsplatz bekommen haben (insgesamt acht von zehn), so handelt es sich häufig um eine second-best-, im Einzelfall sogar um eine ausgesprochene Notlösung, die nur wenig Aussicht auf eine gesicherte Beschäftigungsperspektive eröffnete und den Aufbau einer beruflichen Identität von Beginn an erschwerte.

Dementsprechend groß sind für sie die Schwierigkeiten an der zweiten Schwelle: Sie wurden entweder gar nicht oder nicht ausbildungsadäquat übernommen, so daß der Übergang ins Beschäftigungssystem für sie mehrheitlich mit enttäuschten Hoffnungen und demotivierenden Erfahrungen verbunden ist.

Nach in der Regel großen Anstrengungen, die für nicht wenige von ihnen (ein Drittel) mit Phasen der Arbeitslosigkeit verbunden waren, gelingt es ihnen, eine neue Arbeitsstelle zu finden, die zumeist aber unterhalb des Niveaus ihres Ausbildungsberufs liegt. Zum Zeitpunkt des Gesprächs treffen wir sie vor allem in vergleichsweise qualifizierten Anlerntätigkeiten wieder, mit denen sie sich im Laufe der Zeit neu arrangieren können. Die subjektive Grundlage ihres neuen Arrangements freilich sind deutlich zurückgenommene Ansprüche, die sich unterhalb der Ebene jener berufsfachlichen Ansprüche bewegen, die sie einmal in ihrer Ausbildung ansatzweise entwickelt haben, und oberhalb der Ebene von materiellen Minimalansprüchen bewegen. Insofern kann man auch nicht davon sprechen, daß sie jeden Anspruch auf Identifikation mit der Arbeit aufgegeben hätten.

So sehr ihre konkreten Ansprüche, ihren höchst unterschiedlichen Arbeitsmarkterfahrungen und Arbeitssituationen entsprechend, auch differieren, so ähnlich sind sich diese Jugendlichen in der Form ihrer Auseinandersetzung mit der aktuellen Arbeit: Sie ist durchgängig vom Interesse am Erhalt des Arbeitsplatzes und am Sich-Einrichten in der neuen Arbeitssituation geprägt. Gedanken an berufliche Veränderung oder gar an ein Vorwärtskommen äußern sie nicht, und dies nicht allein wegen der Verunsicherung durch Arbeitsmarkterfahrung und eine ungünstige Arbeitsmarktsituation (die Jugendlichen leben mehrheitlich in Krisengebieten), sondern auch wegen ihres persönlichen Lebenszuschnitts (vgl. Kapitel 3).

Fall 1: Hauptsache, der Arbeitsplatz ist gesichert —
Umorientierung von der Facharbeit auf qualifizierte
Anlerntätigkeit

Eine für diese Jugendlichen typische Form ihrer Auseinandersetzung mit Arbeit wollen wir im folgenden am Beispiel eines gelernten Metallfacharbeiters darstellen, der eine Ausbildung als Dreher absolviert hat und heute als angelernter Arbeiter in einer Porzellanfabrik arbeitet. Er ist dort als Maschinenführer eingesetzt. Dies sei zwar nicht der „wahre Job", der in allen Belangen voll seinen Ansprüchen genüge, doch meint dieser Jugendliche rückblickend, insgesamt noch „Glück gehabt" zu haben. Betrachten wir seinen beruflichen Werdegang genauer, wird dies verständlich:

Schon der Berufsstart war für ihn mit erheblichen Problemen verbunden. Eigentlich wollte er Maschinenschlosser werden und damit einen Beruf ergreifen, der versprach, „vielseitig" und „interessant" zu sein, „und den man immer wieder gebrauchen kann". Angesichts des knappen Angebots auf dem regionalen Ausbildungsstellenmarkt — von „Berufswahl" konnte gerade für ihn als Hauptschüler mit mäßigem Abschluß „keine Rede sein" — zerschlug sich dieser Wunsch allerdings schnell. Nach mehreren erfolglosen Bewerbungen war er schließlich froh, eine Ausbildung als Dreher beginnen zu können.

> „Ich habe das nicht gern gemacht, aber ich mußte nehmen, was da war. Ich habe mich damit abgefunden und war froh, daß ich einen Job gehabt habe."

Damit erging es ihm nicht anders als vielen seiner Mitschüler, denen sich in der strukturschwachen Region nur wenig Ausbildungsalternativen boten.

Er begann die Ausbildung zwar nicht mit einer direkten Abwehrhaltung, aber doch ohne großes inneres Engagement. Speziell am Anfang habe er an der ganzen Sache auch „nur wenig Spaß" gefunden, mußte er doch die Erfahrung machen, daß das alles ein bißchen „eintönig" war. „Du arbeitest immer nur an einer Maschine und kommst da nicht weg." Je mehr Qualifikationen er sich aber aneignete, desto stärker wurde sein Interesse geweckt. Die Arbeit begann ihm nach und nach „Freude" zu machen. Um so härter traf ihn kurz vor der Prüfung die Nachricht, daß er nicht übernommen würde.

Um nicht arbeitslos zu werden, schaut er sofort danach, „woanders unterzukommen". Mit der Hilfe seines Vaters findet er in einem anderen Betrieb eine Stelle als gelernter Dreher, auf der er sich wohlfühlt, weil er relativ selbständig und qualifiziert arbeiten kann. Doch auch diese Stelle ist nur von kurzer Dauer. Wegen interner Umstellungen wird er entlassen. Da er Spaß an der Tätigkeit als Dreher gefunden hat, möchte er gern wieder in seinem Beruf unterkommen:

> „Ich hätte gern schon als Dreher weiter gearbeitet, vielleicht an einer Computerdrehbank. Aber es war nichts zu finden ... Es schaute sehr schlecht aus. Die ganzen Firmen hatten entlassen."

Er kümmerte sich selbst um Stellen, fragte in verschiedenen Firmen nach und versuchte auch, über das Arbeitsamt etwas zu finden. Alles vergeblich, der regionale Arbeitsmarkt gibt für seinen Beruf nichts her. Einen Ortswechsel vornehmen wollte und konnte er nicht, da er sich verpflichtet sah, seine Eltern zu unterstützen — der Vater hatte krankheitsbedingt seinen erlernten Beruf als Maurer aufgeben müssen.

Daß er in diesem Falle Abstriche machen mußte, war ihm klar. Dies fiel ihm keineswegs leicht, doch blieb ihm, wollte er nicht arbeitslos bleiben, kaum etwas anderes übrig: „Bevor ich stempeln gehe", sagte er sich, „mache ich lieber etwas anderes. Arbeiten wollte ich auf jeden Fall wieder". So hat er dann auch ohne zu zögern zugegriffen, als sich ihm nach kurzer Zeit die Möglichkeit bot, in der Porzellanfabrik, in der auch seine Eltern arbeiten, als Maschinenführer anzufangen. Dies habe anfangs zwar nicht seinen Vorstellungen entsprochen,

> „aber es hilft ja nichts, wenn du sonst nichts kriegst. Arbeitslos zu sein, das paßte mir nicht. Wenn ich etwas kriege, dann mache ich das, auch wenn es mir nicht paßt."

Mittlerweile, so fügt er sofort hinzu, habe er sich aber „ziemlich gut" eingelebt: „Da gibt es nichts!" Obwohl es sich nicht um eine seiner Ausbildung entsprechende Facharbeitertätigkeit handelt, könne er sich mit der Arbeit ganz gut arrangieren. So schildert er sie auch durchaus nicht ohne Stolz:

> „Unsere Maschine ist 25 Meter lang und an ihr arbeiten drei Frauen. Eine Frau legt die rohen Teile auf ein Band und von dort aus gehen die Teile in die Maschine hinein und werden dort glasiert und vorgetrocknet, und am Ende der Maschine werden die glasierten Porzellanstücke von einer Frau wieder vom Band abgenommen, und eine andere Frau legt die Teile auf Paletten ab. Meine Arbeit ist es, die Maschine zu bedienen und einzustellen. Ich muß darauf achten, daß die Glasur nicht zu dünn, nicht zu dick und gleichmäßig aufgetragen wird. Außerdem muß ich die fertigen Teile wegschaffen und die rohen Teile zur Maschine hinbringen."

Das Arrangement mit dieser Arbeit fällt ihm umso leichter, als er mittlerweile die Verantwortung für die Maschine trägt: „Wenn da irgend etwas nicht stimmt, bin ich dafür verantwortlich." Zudem könne ihm keiner in die Arbeit „reinreden", denn

> „in dem Betrieb sind nur drei Mann, die sich an der Maschine wirklich auskennen. Da kann kein anderer etwas sagen. Wenn da Mist rauskommt, bin ich dafür verantwortlich und wenn es gut geht, bin ich auch dafür verantwortlich. Ich bin da auch ziemlich auf mich alleine gestellt. Der Meister kommt nur, um mir zu sagen, was er braucht. Er sagt mir, wieviel ich produzieren soll, und ich schaffe mir das Zeug heran und sorge dafür, daß ich das schaffe."

Gerade die Selbständigkeit des Arbeitens gibt ihm das Gefühl, es trotz aller Schwierigkeiten und Mißerfolge letztlich doch geschafft zu haben, d.h. einen Arbeitsplatz gefunden zu haben, der ihn ausfüllt und der ihm jene Selbstbestätigung gibt, die er als Anspruch an eine Arbeitstätigkeit richtet. Obwohl er nicht in seinem erlernten Beruf arbeitet, könne er doch sagen:

„Das ist meine Arbeit, das habe ich geschafft. Wenn ich 5 000 Teile mache und 4 000 kommen gut raus, dann ist das für mich eine Selbstbestätigung. Manchmal, wenn viel kaputt ist, bin ich etwas enttäuscht und muß schauen, was da nicht stimmt. Wenn es dann wieder klappt und einwandfrei läuft, ist das für mich eine Selbstbestätigung."

Die Verantwortung für den Arbeitsablauf an seiner Maschine führt dazu, daß er sich auch wieder in der Arbeit engagiert. Da ihn die Arbeit innerlich ausfüllt, nimmt er auch das „Handicap", im Unterschied zu früher in Schichten arbeiten zu müssen, in Kauf, wird es aus seiner Sicht doch zusätzlich dadurch aufgewogen, daß er endlich einen sicheren Arbeitsplatz hat. Neben der Eigenverantwortlichkeit seiner Tätigkeit ist dies für ihn aufgrund der bisherigen Erfahrungen von besonderer Bedeutung:

„An der Maschine, an der ich jetzt bin, habe ich eine berufliche Zukunft. Da brauche ich keine Angst zu haben. Wenn es an der Maschine nicht mehr geht, dann geht es im ganzen Betrieb nicht mehr. Dann steht alles still. Da geht alles durch."

Zusammenfassend stellt er dann auch fest, daß er mittlerweile „ganz zufrieden" sei, wobei er in diesem Zusammenhang auf das „gute Betriebsklima" und darauf verweist, daß er mit seinen Arbeitskollegen gut klarkomme. Es ginge „kameradschaftlich" zu und er werde voll von seinen Arbeitskollegen akzeptiert — ein für ihn wichtiger Punkt, denn „wenn der Kontakt zwischen den Leuten nicht klappt, ist die Arbeit für die Katz'."

„Was mir gut gefällt, ist die Kameradschaft und das Verhalten unter den Kollegen. Man geht mal zu diesen Leuten und zu jenen Leuten und erzählt hier mal was und da mal was. Und die Leute bei mir in der Abteilung kann ich alle ganz gut leiden. Mich können die auch ganz gut leiden, und da baut sich ein ganz anderes Verhältnis auf. Mit den meisten Leuten bin ich per Du."

Lediglich in einem Punkt wird bei ihm ein Rest von Unzufriedenheit spürbar: So ärgert er sich manchmal darüber, nicht mehr in der Schule getan und nicht wenigstens die mittlere Reife gemacht zu haben, denn

„... damit hätte ich wahrscheinlich mehr Möglichkeiten gehabt, in einem anderen Beruf unterzukommen. Der mit der mittleren Reife schlägt den aus, der nur die Hauptschule hat. Da hätte ich dann lieber die mittlere Reife gemacht."

Diese späte Einsicht bleibt freilich unverbindlich. Wir finden bei ihm keine konkreten Planungen oder aktiven Ansätze, sich etwa in Abendschulkursen oder anderweitig weiter zu qualifizieren und sich damit noch einmal die Voraussetzungen für ein berufliches Vorwärtskommen oder eine berufliche Umorientierung zu schaffen. Da er sich mit seiner Arbeit arrangieren kann, selbst wenn sie nicht allen Ansprüchen genügt, hält er am Gegebenen fest. Insgesamt könne er sich, wie er am Schluß des Gesprächs betont, auch gar nicht vorstellen, daß sich an dieser Situation noch einmal „groß etwas ändern" sollte.

Fall 2: Hauptsache, das Arbeitsklima stimmt —
beruflicher Neuanfang nach der Arbeitslosigkeit

Das weibliche Pendant bei diesem Typ finden wir in einer jungen Verkäuferin, die nach dem Besuch der Hauptschule in einem kleinen Textilgeschäft gelernt hat, nicht übernommen wurde, einige Monate arbeitslos war und dann mit „Glück", wie sie sagt, eine Stelle in einem größeren Bekleidungshaus gefunden hat, in dem sie bis heute arbeitet.

Ihren Ausbildungsplatz hat sie im Anschluß an ein Praktikum noch ohne große Schwierigkeiten in einem kleinen Textil-Gemischtwaren-Geschäft gefunden, in dem sie die Ausbildung einerseits ganz gut, andererseits „ein bißchen enttäuschend" findet. Gut gefiel ihr der Kontakt mit den Kunden und die Vielfalt des Sortiments („Kurzwaren, Gardinen, Betten, Bekleidung und so"), schlecht dagegen, daß sie häufig zu „Dreckarbeiten" herangezogen wurde, was bei ihr das Gefühl aufkommen ließ, ein Stück weit ausgenutzt zu werden. Immerhin hinterläßt die Ausbildung bei ihr genügend Eindruck und Interesse, daß ihr klar ist, in ihrem Beruf als Textilverkäuferin weiterarbeiten zu wollen, als ihr von ihrem Chef am Ende der Ausbildung mitgeteilt wird, daß er das Geschäft aufgeben wolle und sie nicht übernehmen könne.

Die Suche nach einer neuen Stelle erweist sich als schwieriger, als sie vorher angenommen hatte. Aber sie betreibt sie aktiv: geht zum Arbeitsamt, erkundigt sich bei Bekannten und Verwandten, liest Stellenanzeigen — zunächst ohne Erfolg. Die Arbeitslosigkeit wird ihr dadurch etwas erträglich, daß sie „alle Unterstützung" von ihren Eltern bekommt. Doch es ist für sie „schon ein bißchen komisch, wenn man so aus dem Berufsleben rausgerissen wird". Nicht materielle Sorgen stehen bei ihr im Mittelpunkt, sondern die bohrende Frage: „Ob man eine neue Stelle bekommt?" Nach fünf Monaten, in denen sie hauptsächlich den elterlichen Haushalt versorgt hat, hat sie Glück: Durch die Vermittlung ihres alten Chefs bekommt sie eine Stelle in einem größeren Bekleidungshaus, was für sie natürlich eine Umstellung bedeutet; eine Umstellung, die zusätzlich dadurch erschwert wird, daß sie nach relativ kurzer Zeit in eine Filiale versetzt wird.

Mit der Zeit hat sie diese Anfangsschwierigkeiten aber überwunden und sich ganz gut eingelebt. Sie fühle sich mittlerweile, wie sie sagt, in ihrer Arbeit ganz wohl, wobei ihre Schilderungen freilich deutlich werden lassen, daß sie ihre Arbeitssituation aus einer sehr zurückgenommenen Warte betrachtet. Sie sei nicht „so langweilig", es sei eigentlich „schon ganz vielseitig" und es sei auf keinen Fall so, „daß man jetzt jeden Morgen denkt: Ach Gott, jetzt mußt du hier wieder hin."

Wenn sie auf die positiven Sachen zu sprechen kommt, so hebt sie zwei Punkte hervor: erstens ihr gutes Verhältnis zu den Arbeitskollegen, die sie nach und nach besser kennengelernt hat und mit denen sie sich mittlerweile auch häufig in der Freizeit trifft. Gerade dies trage dazu bei, daß das für sie wichtige Arbeitsklima ganz gut sei und daß es „etwas lockerer" zugehe. So könne man sich vor allem auch ab und an einmal unterhalten:

„Das finde ich schon wichtig. Es ist ja so, daß man hier eigentlich den ganzen Tag mit seinen Kolleginnen und seinen Kollegen zusammen ist. Und wenn man dann den ganzen Tag nichts sagen soll und sich dann nur um die Kunden kümmern soll, wenn dann auch manchmal gar keine Kunden da sind und man soll sich dann in eine andere Ecke stellen, das wäre eigentlich schon ein bißchen eigenartig. Ich finde das eigentlich schon ganz wichtig, daß man sich ab und a mal unterhalten kann. Das muß ja jetzt nicht stundenlang sein, aber das ist eigentlich schon ein bißchen wichtig ... Man lernt sich dadurch ja auch ein bißchen kennen. Das bleibt ja nicht aus. Man ist ja auch den ganzen Tag mit denen zusammen. Und wenn man sagen müßte: Ach, wenn ich dich schon sehe, das wäre ja auch nicht das wahre. Es ist bei uns hier so, daß es doch nicht so viele sind und man kennt sich von daher schon recht gut."

Positiv empfindet sie es auch, daß sie im Umgang mit den Kunden „sicherer" geworden sei. Dies habe ihr am Anfang doch erhebliche Probleme bereitet. Aber jetzt sei das

„... eigentlich schon ganz gut. Man weiß ja ein bißchen, wie unterschiedlich manche Leute denken und wie sie das und das finden. Das kommt so mit der Zeit, daß man da sicherer wird und daß man weiß, wie sich die einzelnen Leute verhalten. Am Anfang kann man das eigentlich noch nicht so. Da ist man vielleicht auch ein bißchen unsicher, wenn man denen irgendetwas zeigt."

Daß sie mit den Kollegen gut zurechtkommt und auch in ihrer Tätigkeit als Verkäuferin zunehmend an Selbstsicherheit gewonnen hat, trägt spürbar dazu bei, daß sie sich auch mit den negativen Seiten ihres Berufes arrangieren kann. Hier stehen an erster Stelle die Arbeitszeiten und vor allem der lange Samstag, an den sie sich nur schwer gewöhnen konnte. Nicht so gut gefallen ihr nach wie vor die Arbeiten, die neben der reinen Verkaufstätigkeit anfallen: das Auspacken der Ware, das Einsortieren oder Aufräumarbeiten, bei denen man auch schon einmal das Staubtuch in die Hand nehmen muß. Dies erinnert sie durchaus an ihre Situation während der Ausbildung, allerdings fällt es ihr hier leichter, sich mit diesen Arbeiten zu arrangieren, da sie nicht alleine auf sie abgeladen werden.

Nach den enttäuschenden Erfahrungen während und nach der Ausbildung ist sie mit ihrer heutigen Situation insgesamt „eigentlich ganz zufrieden". Noch einmal vor die Wahl gestellt, würde sie auf jeden Fall wieder Verkäuferin lernen, „weil ich auch denke, daß das irgendwie auch Spaß macht so der ganze Bereich". Ändern möchte auch sie an ihrer Situation nichts, sondern die mühsam errungene Position erhalten und sich in ihr einrichten.

2.3.3. Unterqualifiziert eingesetzte Fachkräfte — die aktive Suche nach ausbildungsadäquater Beschäftigung angesichts der Gefahr sozialer Deklassierung und psychischer Verelendung

Alle verfügbaren Daten deuten darauf hin, daß die „zweite Schwelle" des Übergangs in Beschäftigung für eine wachsende Zahl von Jugendlichen im letzten Jahrzehnt zu einem zunehmend schwieriger zu überwindenden Hindernis geworden ist (vgl. Kap. 1.3). Dies gilt nicht nur für jene, die schon frühzeitig auf Ausbildungsgänge von minderer Qualität und mit absehbar schlechten Beschäftigungsperspektiven abgedrängt werden, sondern auch für qualifizierte junge Facharbeiter und Fachangestellte, die in zunehmender Zahl nach einer vermeintlich zukunftssicheren Ausbildung wider Erwarten mit dem Problem konfrontiert werden, keine ausbildungsadäquate Beschäftigung zu finden, und Brüche oder Verunsicherungen ihrer Arbeits- bzw. Berufsbiographie in verschiedener Form und Härte hinnehmen müssen: Arbeitslosigkeit nach erfolgreich absolvierter Berufsausbildung, Betriebswechsel in einen völlig ausbildungsfremden Beschäftigungsbereich, verbunden mit der Dequalifizierung zum un-/angelernten Arbeiter (häufig bei im Handwerk ausgebildeten Jugendlichen); Übernahme in zeitlich befristete oder Teilzeitbeschäftigung; Übernahme in berufsverwandte, aber unterwertige Tätigkeiten.

Entsprechend hat die im folgenden dargestellte Problemlage von jungen Fachkräften in deutlich unter ihrer Qualifikation liegenden Beschäftigungsverhältnissen an Gewicht gewonnen. Diese Gruppe macht knapp ein Achtel (12 %) unseres Samples aus und setzt sich mehrheitlich aus männlichen Jugendlichen zusammen. Ihre Situation ist gekennzeichnet durch harte Diskrepanzen zwischen einer in der Ausbildung erworbenen beruflichen Identität mit entsprechend weitreichenden subjektbezogenen Ansprüchen an die Tätigkeit und der leidvollen Erfahrung von stark eingeschränkten Möglichkeiten zur Realisierung dieser Identität und zur Umsetzung der erworbenen Qualifikationen. Zwar arbeiten diese Jugendlichen in zumindest entfernt berufsverwandten Tätigkeiten auf niedrigem Qualifikationsniveau, zumeist noch im Ausbildungsbetrieb. Gleichwohl empfinden sie ihre Arbeit als Zumutung, da sie sich innerlich dem erlernten Beruf verbunden fühlen, ihre derzeitige Situation als frustrierend, leidvoll und als einen Abstieg erleben, bei dem sie fürchten, auf Dauer um die Früchte ihrer Anstrengungen betrogen zu werden.

So paradox es klingt: Das Arrangement dieser Jugendlichen mit einer unterwertigen, eher einem Un- oder Angelernten zukommenden Arbeit besteht im Kern darin, sich eben nicht zu arrangieren: sich nicht einzurichten und nicht auf Kosten persönlicher Entwicklungsmöglichkeiten ihren Frieden mit der Arbeit zu schließen, sondern an ihren Zielen festzuhalten und die aktuelle Situation auszuhalten, ohne sich von den beruflichen Ansprüchen zu verabschieden. Der innere Widerstand dagegen, sich mit dem Gegebenen abzufinden, speist sich aus einer gefestigten beruflichen Identität, die diese Jugendlichen nicht ohne weiteres aufzugeben oder umzubauen bereit sind — von daher ihr oft erstaunliches Beharrungsvermögen. Im Verlauf ihrer beruflichen Ausbildung haben sie eine innere Bindung an den Beruf aufbauen bzw. stabilisieren können: Keinesfalls kritiklos und ohne ihn als positives Gegenbild zur schlechten Realität zu idealisieren, identifizieren sie sich in hohem Maße mit dem erlernten Beruf, haben ausgeprägte arbeitsinhaltliche Interessen und betrachten Facharbeit in erster Linie unter dem Aspekt von Selbstbestätigung in der konkreten Tätigkeit. An der

Berufsarbeit hängt ein gutes Stück ihrer persönlichen und sozialen Identität, von daher wird die unterwertige Beschäftigung so schmerzhaft als soziale Diskriminierung und persönliche Infragestellung wahrgenommen. Entsprechend hart und deutlich fällt ihre Kritik aus: Wenngleich die aktuelle Arbeit als in mehrfacher Hinsicht defizitär im Vergleich zu einer ausbildungsadäquaten Facharbeit wahrgenommen und beurteilt wird — so wird bisweilen die vergleichsweise höhere Belastung moniert —, im Zentrum der Kritik steht die inhaltlich wenig komplexe, anforderungsarme und restriktive Tätigkeit, die nur geringe Chancen eines persönlichen Bezugs bietet, da sie kaum die Anwendung und Entfaltung erworbener Kompetenzen erlaubt. Eingespannt in eine Jedermannstätigkeit, beklagen diese Jugendlichen den schleichenden Verlust erworbener Qualifikationen und die vorenthaltenen Möglichkeiten beruflicher Weiterentwicklung; sie können sich in der Arbeit nicht beweisen und fühlen sich degradiert zum Hilfsarbeiter: In der Eigenwahrnehmung und der Wahrnehmung durch andere gilt ihnen der auf Dauer drohende Statusverlust als Fachkraft als ein schwerwiegendes Manko.

Wenn diese Jugendlichen gegen die aktuelle Situation, die ihnen mit Blick auf den innerbetrieblichen und außerbetrieblichen Arbeitsmarkt bisweilen als ziemlich ausweglos erscheint und bei ihnen gelegentlich auch resignative Tendenzen freisetzt, an ihren Ansprüchen festhalten, so begeben sie sich damit in ein Dilemma und muten sich in ihrem Widerstand gegen den Anpassungsdruck einiges zu. Zwar wissen sie es durchaus zu schätzen, einen relativ sicheren Arbeitsplatz zu haben, sozial integriert und materiell noch besser als viele andere gestellt zu sein, aber all dies kann die täglich erfahrenen Anspruchsverletzungen nicht kompensieren. Die Vermutung, es werde „der Übergang in die Gruppe der un-/angelernten Arbeiter von ehemaligen Facharbeitern häufig nicht als Abstieg empfunden" (Stegmann 1985, S. 402f.), trifft auf diese Jugendlichen jedenfalls nicht zu. Trotz aller Ambivalenzen widerstehen sie dem Druck, sich in ihr Schicksal zu fügen und betrachten ihre Situation als Zwang, dem sie sich aktuell unterwerfen müssen, den sie zugleich aber aufzuheben trachten. Statt Anpassung zeigen sie eine deutliche Forderungshaltung, die darauf gerichtet ist, das ursprünglich mit der Ausbildung verfolgte Ziel doch noch zu erreichen: ein dem Berufsbild entsprechender Einsatz als Fachkraft oder eine inhaltlich annähernd gleichwertige Tätigkeit.

Einig sind sich diese Jugendlichen darin, daß ihre Verhaltensmöglichkeiten stark eingeschränkt sind: Mit Blick auf die unsichere Arbeitsmarktentwicklung wollen sie ein Aufgeben ihres Arbeitsplatzes zugunsten einer schulischen Weiterqualifizierung nicht riskieren, da deren praktischer Nutzeffekt höchst unsicher ist und ein solcher Schritt zumeist mit gravierenden materiellen Einbußen oder gar dem Verlust der eben errungenen materiellen Unabhängigkeit von den Eltern verbunden wäre. Zudem würden sie mit dem Ausscheiden aus dem Betrieb ihren mit der Ausbildung erworbenen (moralischen) Anspruch auf eine Beschäftigung als Fachkraft aufgeben, und eine völlige berufliche Neuorientierung kommt für sie aufgrund ihrer hohen inneren Bindung an den erlernten Beruf ohnehin nicht in Frage.

Wenn wir auch bei mehr oder weniger allen Jugendlichen dieses Berufsverlaufstyps feststellen können, daß ihr Verhalten in der Arbeit nicht durch nachlassendes Arbeitsengagement, sondern durch die Frustration über die Zumutung unqualifizierter Arbeit bestimmt ist, differieren die gewählten Bewältigungs- und Verhaltensstrategien für diese Situation doch beträchtlich: Ein Teil von ihnen konzentriert sich ganz darauf, den Anspruch auf einen ausbildungsadäquaten Arbeitsplatz innerbetrieblich einzuklagen, indem sie ihr Interesse immer wieder bei den zuständigen Personen in den jeweiligen Personal- und Fachabteilungen deutlich machen und über informelle Kontakte nach einer sich innerbetrieblich bietenden Chance Ausschau halten; ihren Arbeitsfrust kompensieren sie aktuell durch die Freizeit, die in einigen Fällen fast schon wie ein Ersatzberuf gestaltet wird. Andere Jugendliche stellen ihre Freizeit ganz oder überwiegend in den Dienst der beruflichen Rehabilitation, indem sie auf dem Wege der Weiterbildung die im betrieblichen Alltag nicht abgefragten Kompetenzen zu erhalten und auszubauen trachten, um ihre Chancen in der Konkurrenz um die knappen Plätze in den Fachabteilungen zu verbessern. In beiden Fällen behalten die Jugendlichen auch den außerbetrieblichen Arbeitsmarkt ihrer Fachrichtung im Auge; und in beiden Fällen sind die Strategien deutlich individualistisch geprägt: Man setzt in erster Linie auf die eigene Kraft, weil man die betriebliche oder gewerkschaftliche Interessenvertretung für die Lösung des Problems nicht fähig oder nicht zuständig hält.

Wir finden diesen Typ von Krisenbetroffenheit schwerpunktmäßig unter den männlichen Facharbeitern, häufiger auch noch unter den Industrieangestellten und vereinzelt in anderen Fachangestelltengruppen.

Fall 1: „Du wirst so, wie Deine Arbeit ist" — das beharrliche Einklagen des Anspruchs auf einen Facharbeiterplatz

Nirgends unter allen von uns befragten Jugendlichen tritt der innere Zusammenhang von persönlicher Identität und Arbeitsplatz so offen und nachdrücklich hervor wie bei der Gruppe der unterqualifiziert eingesetzten Facharbeiter in der Automobilindustrie, die wir wegen ihrer spezifischen Problemlage gezielt für die Untersuchung ausgewählt hatten.

Es handelt sich bei ihnen durchweg um Jugendliche mit einer abgeschlossenen Ausbildung zum Werkzeugmacher, der bis heute als „Krone der Metallberufe" gilt. Ausgestattet mit einer breiten und qualifizierten Ausbildung wurden diese Jugendlichen vom Betrieb zwar übernommen, allerdings nicht auf die angestammten Facharbeiterplätze im Werkzeugbau, sondern in die Produktion, wo sie zum Zeitpunkt des Interviews seit ca. 2 - 3 Jahren — wehrdienstbedingte Unterbrechungen nicht gerechnet — als angelernte Maschinenarbeiter an ein- oder mehrspindeligen Dreh- oder Schleifautomaten in der mechanischen Fertigung oder als Montagearbeiter im Getriebebau eingesetzt sind; allesamt inhaltlich wenig komplexe und restriktive Arbeitsplätze, die zudem im Vergleich zur Facharbeit schlechter entlohnt werden und in der Regel im Gegensatz zu den Fachabteilungen mit Schichtarbeit verbunden sind.

Ihr Anspruch auf einen ausbildungsadäquaten Einsatz in einer Fachabteilung ist zwar durch eine betriebliche Warteliste festgehalten. Da hier aber bereits sehr viele — ca. 500 junge Metallfacharbeiter in dem Werk — registriert sind, in den traditionellen Fachabteilungen auf absehbare Zeit kein Ersatzbedarf entstehen wird und der mit der Modernisierung der Produktion entstehende Bedarf an Produktionsfacharbeitern mit jüngeren, bereits nach den neugeordneten Berufsbildern ausgebildeten Facharbeitern gedeckt werden kann, ist es sehr fraglich, was der Warteliste-Anspruch für die gelernten Werkzeugmacher praktisch wert ist.

Wie diese Jugendlichen sich mit ihrem beruflichen Dilemma auseinandersetzen und wie wenig sie sich mit der ihnen aufgezwungenen Situation arrangieren können, soll an der Selbstdarstellung eines jungen Werkzeugmachers, der im Getriebebau tätig ist, gezeigt werden.

„Ich würde mir wünschen: Facharbeiterplatz, Normalschicht, Abteilung Lehrenbau! In meinem Privatleben würde sich dadurch nicht viel ändern, aber ich könnte unbeschwerter leben (...). Das Leben wäre dann schon einfacher. Aber ich meine: Mir geht es ja gut, ich kann mich ja eigentlich nicht beschweren, denn man kann froh sein, daß man Arbeit hat — aber trotzdem ist man unzufrieden!! Meine Mutter sagt auch immer, ich sollte froh sein, daß ich Arbeit habe. Ja sicher, wenn ich Friseur gelernt hätte, dann könnte ich froh sein, daß ich hier arbeite! Aber ich habe nun mal hier gelernt, ich habe mir Vorstellungen, Wünsche,

Hoffnungen gemacht — und das erfüllt sich nun alles nicht! Das einzige, was mich hier drin hält, ist das Geld — und die Autos, die ich billiger kriege."

Hier kommt die Verzweiflung eines jungen Facharbeiters zur Sprache, der nach erfolgreich absolvierter Ausbildung zum Werkzeugmacher — wie es einer seiner Kollegen formuliert — „ins Gras beißen mußte: in der Produktion arbeiten". Nach einem anderthalb Jahre währenden Einsatz als Maschinenarbeiter in der Zahnräderfertigung arbeitet er nun seit mehreren Monaten in der Getriebemontage „am Fließband". Im Unterschied zu jenen fachfremd ausgebildeten Handwerkern, den Bäckern, Tischlern, Friseuren, die in der Automobilindustrie traditionell einen Gutteil der Produktionsarbeiter stellen und für die der Ausstieg aus dem erlernten Beruf nach Ansicht dieses jungen Facharbeiters durch die materielle Besserstellung als einfache Fabrikarbeiter kompensiert wird, bedeutet für ihn die Beschäftigung als Produktionsarbeiter eindeutig einen Abstieg, der auch durch materielle Dinge und die Beschäftigungssicherheit nicht kompensiert werden kann. Mit dieser Argumentation verweist er auf seine berufliche Sozialisation als Metallfacharbeiter, auf die in der beruflichen Ausbildung erworbenen Ansprüche, die den Maßstab für die Beurteilung seiner aktuellen Situation abgeben.

Er ist — wie fast alle Jugendlichen aus dieser Untersuchungsgruppe — der Typ des technisch interessierten und handwerklich begabten Praktikers, des Bastlers und Tüftlers, der nach dem Realschulabschluß vom schulischen Lernen Abschied nahm, um seinen praktischen Neigungen nachzugehen. Zwar waren seine Vorstellungen von der Berufswelt noch recht vage — „wenn man von der Schule kommt, dann hat man wenig Vorstellungen, man kennt wenig" —, aber die Richtung war durch seine Hobbies und seine schulischen Erfahrungen vorgegeben: Er weiß, daß abstraktes Lernen nicht seine Sache ist — „ich bin nicht dumm, aber auch keiner, der büffeln kann" — und bewirbt sich daher um Ausbildungsplätze in Elektro- und Metallfachberufen, die seinem technischen Interesse und handwerklichen Geschick entgegenkommen. Nach diversen vergeblichen Bemühungen erhält er schließlich die Zusage von dem Automobilwerk, dem größten Arbeitgeber der Region, der zudem für seine qualitativ gute Berufsausbildung bekannt ist. Er entscheidet sich für die Ausbildung zum Werkzeugmacher:

„Ich habe mich dann für den Werkzeugmacher entschieden, weil das der qualifizierteste Beruf ist — Werkzeugmacher lernen nicht umsonst ein halbes Jahr länger als Betriebsschlosser und Maschinenschlosser! Ich kann alles: drehen, bohren, fräsen, schleifen — nicht nur fräsen oder nur drehen!"

Die Betonung der breiten Qualifikation signalisiert hier nicht so sehr ein ausgeprägtes Interesse an guten Konkurrenzchancen auf dem Arbeitsmarkt, sondern verweist in erster Linie auf eine hohe subjektive Bedeutung der Berufsarbeit für diesen Jugendlichen, die während der betrieblichen Ausbildung gewachsen ist. In der Ausbildung hat er auf der Grundlage seiner praktischen Neigungen eine enge innere Bindung an den Beruf und dezidierte arbeitsinhaltliche Interessen aufgebaut und auch einen gewissen Stolz auf seine Kompetenzen entwickelt: die Verbindung von breiten Grundkenntnissen, soliden handwerklichen Fähigkeiten und Fertigkeiten mit einem guten Schuß Erfahrungswissen. Selbstbewußt glaubt er, gegenüber seinen „studierten" Altersgenossen einen Vorsprung in puncto praktischer Intelligenz und Erfahrung zu haben:

„Nach meinen Erfahrungen behaupte ich, daß jemand, der das Fachabitur gemacht und gleich anschließend studiert hat — er macht ja zwischendurch höchstens ein Praktikum von einem halben oder einem dreiviertel Jahr — niemals die Praxis und die Erfahrung hat wie jemand, der Realschule macht und seine 3 oder 3 1/2 Jahre Lehre macht (...). Der hat dem anderen praktisch und auch vom Vorstellungsvermögen immer was voraus. So reine Theoretiker machen ja nur ein halbes Jahr Praktikum, und das ist eben nicht das, was ich hier in 3 1/2 Jahren habe."

Angesprochen auf seine Ausbildung antwortet dieser junge Werkzeugmacher spontan: „Die Ausbildung hat Spaß gemacht!" Und an seinen geschilderten Erfahrungen aus der Lehrzeit wird deutlich, woraus sich dieser „Spaß" und die enge Bindung an den Beruf begründen.

„Auch heute noch kann ich behaupten, daß ich so kleine Fitzelsachen gut kann: beim Werkzeugmacher so kleine, genaue Passungen, was schon Feinmechanik ist. Oder: Hier gibt es die Abteilung Lehrenbau, dort werden die Lehren zum Prüfen der Produktionsteile gebaut, da müssen die Abstände hundertprozentig stimmen; der Job lag mir, da war ich auch am besten, da habe ich mit eben ‚eins' abgeschnitten, weil es mir eben Spaß gemacht hat. Wir kommen ja in der Ausbildung durch fast alle Fachabteilungen. Hier im Schnittbau ist es so ein etwas gröberes Zeug, das hat mir auch keinen Spaß gemacht, da war ich eben nicht so gut. (...) Das Schönste war eben der Lehrenbau, die ganz kleinen, feinen Sachen — aber da kommen nur Ältere hin, ich habe es schon über den Ausbilder versucht. Ich bin extra einen Monat länger dort geblieben, weil der mich haben wollte; ich habe dort mit 94 % abgeschnitten, das war verdammt gut! Ich will mich nicht loben, aber in der Abteilung war ich ein Spitzenmann — eben weil es mir Spaß gemacht hat und weil das genau das ist, was ich mir vorgestellt habe.

Die Jungs machen eben alles schön selber, geben selten mal etwas weg (Aufträge an andere Fachabteilungen). Man hat da einen Kittel an, sitzt auf seinem Stuhl und macht seine kleinen, feinen Sachen — das hat mir Spaß gemacht."

Wie dieser Jugendliche am Beispiel dieser und anderer Facharbeiten, die seinem persönlichen Berufsbild vom Werkzeugmacher in fast idealer Weise entsprechen, seinen Spaß an der Ausbildung und sein berufliches Engagement schildert, das macht jene Ansprüche deutlich, die hinter seinem arbeitsinhaltlichen Interesse stehen: Er will sich als Person in die Arbeit einbringen können, die Entfaltung beruflicher Kompetenzen in einer intellektuell anforderungsreichen, abwechslungsreichen und ganzheitlichen Tätigkeit, die Materialgefühl und Genauigkeit erfordert, bei der man selbständig arbeitet und „so ein bißchen freischaffend" ist. Daß die Arbeit des Werkzeugmachers sich in weiten Bereichen gewandelt hat, ist diesem Jugendlichen sehr wohl bewußt, er sieht, daß neuartige Bearbeitungsverfahren und Technologien — Erodierverfahren, Druckgußmaschinen und CNC-Steuerungen — das traditionelle Tätigkeitsprofil ebenso einengen wie arbeitsorganisatorische Veränderungen; gleichwohl entspricht sie auch in dieser veränderten Form seinen beruflichen Ansprüchen in ungleich höherem Maße als die Arbeit in der Produktion, und sie bleibt seine Zielperspektive und der Maßstab seiner Wahrnehmung und Beurteilung des betrieblichen Alltags als Bandarbeiter in der Getriebemontage:

„Ich muß mich nur konzentrieren! Was ich in 8 Stunden mache, das macht kein Facharbeiter — behaupte ich. Er kann effektiv gar nicht so viel leisten, weil er für seine Denkvorgänge immer Zeit braucht, weil er z.B. mal an die Bohrmaschine laufen muß, etwas holen muß usw. Das ist etwas ganz anderes, als wenn ich da stehe und immer diesen mache. (Er imitiert mit der Hand repetitive Tätigkeiten.) Es ist eben alles dasselbe: Stückzahl ist Stückzahl! Es ist einfach so: Du hast keine Zeit, über etwas nachzudenken, du mußt dich unheimlich konzentrieren. Stückzahl ist immer Scheiße! Ich war jetzt mal für zwei Stunden in die Aggregataufbereitung verliehen, da wird auch Stückzahl gemacht: pro Woche 60 Stück. Ich habe mir das mal so ein bißchen angeguckt: Es ist interessanter! Je länger der Wiederholungsvorgang ist, desto interessanter wird die Arbeit. Das ist ja der Unterschied zum Facharbeiter: Er macht zwar auch immer dieselben Werkzeuge, aber es sind immer unterschiedliche Sachen daran kaputt. Es ist ja nicht umsonst so: Je länger deine Ausbildung ist, desto weniger Wiederholung hast du später in deinem Beruf. Die Wiederholung ist das, was langweilig macht, was tranig macht, was lustlos macht.

Was an meiner Arbeit echt beschissen ist: Anfangs, als ich ausgelernt hatte, habe ich selber mal geguckt, wenn an meiner Maschine was kaputt war. Ich habe versucht, es zu reparieren, wenn es nicht ging, habe ich den Einrichter geholt. Abends kriegt man dann Ärger mit dem Einrichter, weil man die Stückzahl nicht geschafft hat, weil man es gewagt hat, selbst zu gucken. Heute ist es so, das nervt mich eigentlich selber: Wenn irgendetwas kaputt ist, dann rufst du sofort den Einrichter! Statt erstmal selber zu gucken!"

Die Kritik an der intellektuellen Unterforderung, den eingeengten Dispositions- und Bewegungsspielräumen, an den rein quantitativ gefaßten Leistungsanforderungen hat ein inhaltliches Zentrum: Das Leiden daran, seine beruflichen Kompetenzen nicht entfalten, geschweige denn weiterentwickeln zu können. Sich vor sich selbst und vor anderen nicht als Facharbeiter beweisen zu können, sondern zum Hilfsarbeiter degradiert zu sein, dies trifft ihn an einer empfindlichen Stelle seiner Identität: seinem beruflichen Stolz. Mit dem verwehrten Einstieg in die Berufsarbeit hat er ein wichtiges Feld seiner Selbstbestätigung und -darstellung verloren.

„Ich meine, wenn das Selbstwertgefühl eine Rolle spielt: Wenn meine Kinder mal gefragt werden, ‚was ist dein Vater?‘, und sie dann sagen müssen ‚Schichtel, Schichtarbeiter bei XY‘, dann drückt das genau das aus, was einen so unzufrieden macht, und so unzufrieden ist man dann eben auch! Ich könnte doch meinem Sohn überhaupt nichts sagen, wenn er z.B. Mittlere Reife oder Abitur hat, was er dann machen soll — dann sagt er doch: ‚Was willst du denn?!!‘ ".

Den Verletzungen seines Selbstwertgefühls steht er weitgehend wehrlos gegenüber, da er sich der Möglichkeiten beraubt sieht, sich in der Arbeit „auszudrücken" und seine Fachkompetenz unter Beweis zu stellen. So mußte er es sich gefallenlassen, sich von seinem unmittelbaren Vorgesetzten in der mechanischen Fertigung, dem er wenig persönliche und sachliche Autorität zugesteht, in seiner Facharbeiterehre herabsetzen zu lassen:

„Es passiert immer mal, daß du in diesem Tran, in dieser Monotonie mal ein Teil danebenhaust, weil du mal an was anderes denkst und eben mal unaufmerksam bist. Das passiert eben mal, und das würde ihm auch passieren. Dann kriegt man gleich gesagt: ‚Was, du willst ein Facharbeiter sein?! Erzähl das bloß keinem!' So auf die Art schrie er dann rum — was soll ich dann dazu noch sagen?!"

Der Begriff der „Monotonie" ist für die Arbeitswahrnehmung dieses gelernten Facharbeiters zentral: Mit ihm bezeichnet er nicht nur die inhaltlich wenig komplexe, restriktive und repetitive Qualität seiner Arbeit, sondern zugleich seinen eigenen Zustand während des Arbeitsalltags, in den ihn eine Tätigkeit versetzt, die seine ständige Aufmerksamkeit erfordert, jede Form innerer Beteiligung aber verwehrt.

Vor dem Hintergrund seiner gewachsenen beruflichen Identität als Facharbeiter erlebt er die Eintönigkeit und Einförmigkeit seiner Arbeit am Fließband als Bedrohung seiner Persönlichkeit, zumal die mit dem unterwertigen Einsatz in der Produktion verbundene Schichtarbeit ihm obendrein persönliche Entfaltungsmöglichkeiten in der Freizeit einengt. War er anfangs noch davon ausgegangen: „Sie machen hier alle Schicht, das kann nicht so schlimm sein", gewinnt die aus der Arbeitszeitregelung resultierende Belastung an Bedeutung, je länger der Ausschluß von einer inhaltlich spannenden Arbeit andauert. Die hohe Intensität seiner Schilderungen verdeutlicht die tiefgreifenden Auswirkungen von Prozessen beruflicher Dequalifizierung:

„Das ist ein Streß über 8 Stunden, das kann man schon fast auf das Privatleben beziehen. Was ich früher alles gemacht habe! Ich habe an Mopeds rumgebastelt, habe daheim neben dem Sport noch alles mögliche gebastelt — heute sind die Interessen alle weg, du wirst so ein richtiger Langweiler. Man wird so richtig lustlos, manchmal habe ich zu nichts richtige Lust, würde am liebsten in der Ecke liegen und schlafen und meine Ruhe haben — ehrlich! Und dann die Schicht, überhaupt: Schicht! Das nervt mich mindestens genauso wie die Tatsache, daß ich keinen Facharbeiterplatz habe! Das Kulturleben kannst du vergessen! Seitdem ich Schicht mache, macht mir der Fußball nicht mehr so einen Spaß, ich kann nur alle 2 Wochen in der Frühschicht hingehen, dann bin ich kaputt und müde, dann muß ich mich oft schon aufraffen oder quälen, abends um 6 zum Training zu gehen. Das ist dann gerade so eine Phase, wo man so einen Ruhepunkt hat. Man hat nicht mehr so die rechte Lust, und ich bringe auch nicht mehr die Leistung.

Man macht sich über nichts mehr so richtig Gedanken; in der Arbeit braucht man nicht zu denken; ich weiß nicht, ob das meinen Charakter verändert hat, ich bin zwar nicht lahm geworden, aber ... manchmal habe ich mit meiner Freundin Schwierigkeiten, weil die sich über alles unterhält, und ich dazu manchmal überhaupt keine Lust habe. Sie kann es nicht verstehen, daß ich dann nur meine Ruhe haben will.

Du wirst so, wie deine Arbeit ist! Man kann es nicht verallgemeinern, aber: Du wirst so wie deine Arbeit ist: monoton! Das fängt damit an, daß man sich über allgemeine Sachen nicht mehr so viel Gedanken macht, ich sehe zwar noch die Nachrichten, aber man hat oftmals keine Lust, etwas zu unternehmen. Früher habe ich die Bremsbeläge an meinem Auto selber gewechselt, heute kenne ich jemand, der mir das macht — ich habe natürlich auch mehr Geld als früher. Ich gebe dem 20 Mark, der macht mir die Dinger rein, weil ich selbst keine Lust dazu habe! Früher habe ich daran Spaß gehabt! Ich habe mir mein Moped so zurechtgebastelt, wie es sonst keiner hatte — mit Verkleidung, selber gespritzt usw. — aber heute ... wenn ich mir dann vorstelle, daß ich mal verheiratet bin und Kinder habe — oh Gott, oh Gott!"

Lediglich die schlechte regionale Arbeitsmarktlage und der gute Verdienst lassen ihn an seinem Arbeitsplatz festhalten, wobei er für seine persönliche Zukunft durchaus die Gefahr sieht, sich irgendwann doch aufzugeben und die aufgezwungene Situation als Schicksal zu akzeptieren:

„Daß ich mich irgendwann einmal mit der ganzen Schicht und dem ganzen Arbeiten abfinde. Dann bleibst du auf ewig das, was du bist."

Aktuell versucht er, durch eine ausgefüllte Freizeit ein Gegengewicht zu seiner beruflichen Misere zu schaffen, damit — wie er es ausdrückt — „das Leben so ein bißchen einen Sinn hat", aber dieses Bemühen um Kompensation geht keineswegs mit einem Verzicht auf berufsbezogene Aktivitäten einher. Er behält seine beruflichen Ziele im Auge und versucht, sie auf eine ihm gemäße Weise zu erreichen. Weiterbildungsaktivitäten schließt er für sich persönlich aus, vor allem weil er weiß, daß er fürs „Büffeln", fürs abstrakte Lernen, „nicht geschaffen" ist.

„Weil ich mich kenne, weil ich mich realistisch einschätze, mache ich es nicht. Ich habe mir schon mal Unterlagen schicken lassen, habe sie mir angeguckt und habe es dann gelassen (...). Nach der Lehre haben zwei von uns auch weitergemacht, die haben das Fachabitur gemacht, das waren aber auch welche, die sich hinsetzen konnten. Das kann ich nicht so, ich habe keinen Schiß, daß ich es nicht packe, aber ich muß meine Freizeit haben! Das ist auch der Grund, weshalb ich keinen Meister in der Abendschule mache: Ich packe es nicht, mich abends nach der Arbeit noch hinzusetzen (...). Na ja, die einen können es, und die anderen können es nicht!"

Er kann es nicht und verfolgt stattdessen die Strategie, innerbetrieblich über informelle Kontakte und offensives Einklagen seines mit der Berufsausbildung erworbenen Anspruchs auf einen Arbeitsplatz in einer Fachabteilung sein Berufsziel zu erreichen. So hat er über einen Ausbilder in der Abteilung Lehrenbau vergeblich versucht, an den für ihn idealen Arbeitsplatz zu kommen; und er meldet sich „immer mal wieder" in der Personalabteilung, hört sich beharrlich in den Fachabteilungen um, fragt nach und bekundet sein nach wie vor bestehendes Interesse — bisher ohne Erfolg. Dabei ist er keineswegs auf eine bestimmte Fachabteilung fixiert und bezieht auch berufsverwandte, „halbe" Facharbeiterplätze in seine Kalkulation ein, ist allerdings nicht bereit, seinen auf der Warteliste dokumentierten Anspruch um jeden Preis einzulösen, sondern wägt genau ab:

„Im letzten Jahr haben sie mir und einigen anderen, die 23 Jahre alt wurden, ein Angebot gemacht. Es hieß plötzlich: Facharbeiter gesucht! Ich denke: Na hallo, was ist denn jetzt los?! Schmiede in der Halle 4, Stangenschmiede (haben sie uns angeboten!). Da wird so ein Rohr reingeschmissen, das klopft und hämmert und ist heiß, und hinten kommt so ein Rohrteil raus. Da wollten sie jemanden hin haben, der ein bißchen Ahnung hat, aber da muß man drei Schichten machen. Und nicht umsonst darf man da erst ab 23 Jahre hin, weil die Atmosphäre, die Bedingungen so schwierig sind, daß man erst ab diesem Alter dort hindarf! Das haben natürlich alle abgelehnt, soweit ich weiß. Das ist ein Witz! Gehst du dort hin, dann wirst du von der Facharbeiterliste gestrichen!"

Sein Name auf dieser Liste ist für ihn ein Faustpfand, das er nicht leichtfertig aufgeben will. Trotz aller Enttäuschungen und gelegentlicher resignativer Anfechtungen pocht er auf sein Anrecht auf ausbildungsadäquate Beschäftigung.

Fall 2: Weiterbildung als Ausweg aus unterqualifizierter Beschäftigung

Als ein typisches Beispiel aus dem Angestelltenbereich stellen wir den — bei allen bereichs- und situationsbedingten Unterschieden — in Arbeitswahrnehmung und Auseinandersetzung strukturell ähnlichen Fall eines jungen Kaufmanns vor, der in einem Großbetrieb der Kautschukbranche seine Ausbildung absolviert hat und dort zum Zeitpunkt der Untersuchung seit fast einem Jahr auf einem deutlich unter dem Niveau qualifizierter Sachbearbeitung angesiedelten Arbeitsplatz in der Bilanzbuchhaltung eingesetzt ist.

Ähnlich wie bei den dequalifizierten Facharbeitern werden Wahrnehmung und Beurteilung dieser Arbeit von einem in der beruflichen Biographie gewachsenen Berufsbewußtsein gesteuert, wenngleich es inhaltlich anders akzentuiert ist. Während die jungen Facharbeiter einen Gutteil ihrer beruflichen Identität immer noch aus der Ablehnung von Büroarbeit, von „trockener Schreibtischarbeit mit Schlips und Kragen", beziehen und ihren Beruf als Integration von praktischer Intelligenz, handwerklichem Geschick und körperlicher Betätigung positiv von diesem Bild abheben, finden wir bei diesem jungen Industriekaufmann ein für die Mehrheit zumindest der männlichen qualifizierten Angestellten nach wie vor gültiges Berufsverständnis (vgl. Baethge/Oberbeck 1986, S. 351), das sich durch eine ausgeprägte individuelle Aufstiegsorientierung und eine hohe arbeitsinhaltliche Motivation auszeichnet und seine Kontur nun seinerseits nicht zuletzt aus einer Abgrenzung gegenüber handwerklicher Arbeit erhält.

Schon von der Schule her hatte er einen Hang „zum Kaufmännischen", der durch die in einer Sparkasse gesammelten Praktikumserfahrungen noch bestätigt wurde: „In der IGS, in der 9. Klasse, da war mir klar, daß ich einen kaufmännischen Beruf wähle". Er hält diese Profession für privilegierter, angenehmer und aussichtsreicher: Handwerk assoziiert er mit körperlicher anstrengender und schmutziger Arbeit — „dazu hätte ich keine Lust" — und verspricht sich demgegenüber vom kaufmännischen Beruf eine inhaltlich spannende, auf Anwendung kombinatorischer und sozialkommunikativer Kompetenzen ausgelegte Tätigkeit, zudem einen „sauberen Job", in dem man „ganz gute Chancen hat und eigentlich auch gut verdient".

Nach längerem Suchen und dem einjährigen Besuch einer Höheren Handelsschule kann er schließlich mit der Ausbildung zum Industriekaufmann beginnen. Auch wenn es nicht sein Traumberuf „Bankkaufmann" ist, fühlt er sich doch glücklich, die Stelle bekommen zu haben. In der Ausbildung erfährt er neben Licht auch Schatten. In seiner Kritik daran, mit Verlegenheits- und Hilfsarbeiten beschäftigt und damit von den inhaltlich spannenden Tätigkeiten ausgeschlossen zu werden, in denen man sein „Auffassungsvermögen" beweisen und „Verantwortung übernehmen", in denen man seine Kompetenzen anwenden und erweitern könnte, zeigen sich bereits jene zentralen Momente seines Berufsverständnisses, von denen her er auch seinen unterwertigen Einsatz nach der Ausbildung wahrnimmt und beurteilt: sein Bestreben, beruflich voranzukommen, das eng gekoppelt ist mit arbeitsinhaltlichen Interessen, beides vornehmlich begründet aus dem Anspruch, sich in einer inhaltlich komplexen Tätigkeit selbst darstellen und bestätigen zu können.

Er ist nach der Ausbildung in die Bilanzbuchhaltung übernommen worden — „daran konnte ich nichts ändern; man konnte entweder annehmen oder die Kündigung nehmen, das war die Alternative" — und dort auf dem Niveau einfacher Sachbearbeitung eingesetzt. Seine Tätigkeit besteht vor allem in der rein abwicklungstechnischen Nachbereitung von Geschäftsvorgängen: der Kontrolle von Computerlisten und Belegen, manuellen Sortierarbeiten, der Aufbereitung von Abrechnungen für die Dateneingabe, „und ab und zu koche ich auch noch mal Kaffee", da diese Aufgaben seinen Arbeitsalltag kaum ausfüllen.

„Ich muß die Belege, die aus den Niederlassungen kommen, mit den Daten, die der Computer liefert, abstimmen. Das hört sich vielleicht toller an als es ist, aber es ist eigentlich ein Witz!"

„Also von meiner Arbeit kann ich überhaupt nicht schwärmen! Das Betriebsklima, das Abteilungsklima ist das einzige, warum ich noch gerne zur Arbeit gehe; also auf keinen Fall wegen der Arbeit."

„Die Abteilung liegt mir überhaupt nicht — Buchhaltung! Auf dem Posten, den ich da habe, kann auch einer sitzen, der neun Jahre Hauptschule gemacht hat

— der kann den Job genauso gut übernehmen. Die Kollegen sagen, da hat noch nie ein Gelernter gesessen, immer nur irgendwelche Hilfskräfte, die nichts gelernt haben, und daß es ein Wunder ist, daß da jetzt ein gelernter Industriekaufmann sitzt."

Seine zentralen beruflichen Ansprüche sieht er durch den unterwertigen Einsatz hart verletzt: Er registriert sehr genau, daß er zu den Ausbildungsabsolventen gehört, die jene „Jobs gekriegt haben, die man in 10 Minuten erlernen kann — also total anspruchslose Jobs", daß er seine beruflichen Kompetenzen „überhaupt nicht" anwenden kann. Er fühlt sich unterfordert, sieht keine Möglichkeit, daß ihm die Arbeit persönlich etwas bringen und seine Vorstellung von einer guten Arbeit erfüllen könnte:

„Eine gute Arbeit ist für mich eine anspruchsvolle Arbeit, mit Problemen konfrontiert zu werden, bei denen man entscheiden muß: ‚Wie mache ich das am besten, so oder so?' Wo man auch ein bißchen Verantwortung hat. Wenn ich jetzt in der Buchhaltung Mist mache, muß ich ihn wieder ausbügeln, dann kann ich wochenlang meinen eigenen Fehler suchen, ohne daß jemand einen Schaden davon hat. Ich habe keine Verantwortung anderen gegenüber, wo ich mir sagen kann: ‚Ich muß das jetzt machen, sonst kommen die nicht klar!' Also es ist vollkommen uninteressant, was ich mache, ich muß das machen, sonst habe ich selber den Schaden davon, weil ich ziemlich unabhängig arbeite. Unabhängigkeit ist irgendwo schon ziemlich gut, aber so …?! Es ist doch jedem egal, was ich da mache!"

Die Chancen auf einen intellektuell anspruchsvollen und verantwortungsvollen Arbeitsplatz sieht er in der Bilanzbuchhaltung kaum gegeben und befürchtet, dort ebenso zu „versauern" wie seine älteren Kollegen. Die Perspektive, auch zu einem „stupiden Buchhalter" zu verkümmern, erscheint ihm umso bedrohlicher, als sein zunächst nur für drei Monate geplanter Einsatz als einfacher Sachbearbeiter in der Bilanzbuchhaltung mittlerweile bereits fast ein Jahr währt, sich die Erwartung, „daß sie mich da vorzeitig wegholen", nicht erfüllt hat und er befürchtet, auch nach Ableistung des unmittelbar bevorstehenden Wehrdienstes zurückkehren zu müssen auf jenen Arbeitsplatz, der seinen arbeitsinhaltlichen Ansprüchen in keiner Weise genügt, und in jene Abteilung, die in seinen Augen keinerlei Aufstiegsmöglichkeiten bietet. Hat er sich anfangs noch Mut gemacht — „gehst du eben das Vierteljahr in die Buchhaltung, machst das Vierteljahr ein bißchen Zahlendreherei — und nach dem Bund kriegst du hoffentlich einen anderen Job" —, so droht dieses Provisorium nun zu einem schwer erträglichen Dauerzustand zu werden, der Weg nach oben auf die attraktiven Plätze droht frühzeitig in einer Sackgasse zu enden.

„In die Buchhaltung kann ich nicht zurückgehen! Wenn ich vom Bund wiederkomme und sie sagen mir dann: ‚Ihr Platz ist freigehalten' — nee, das kann ich nicht! Da sitze ich lieber ein halbes Jahr auf der Straße und versuche, woanders etwas zu finden".

Seine dezidierte Absichtserklärung, notfalls auch eine Zeit der Arbeitslosigkeit in Kauf zu nehmen, muß man nicht unbesehen wörtlich nehmen, da er auf der anderen Seite das beruhigende Gefühl eines relativ sicheren Arbeitsplatzes durchaus zu schätzen weiß: „In so einem Betrieb, gerade in der Verwaltung, braucht man nicht um seinen Platz zu bangen"; aber seine verbale Entschlossenheit signalisiert, daß weder das gute Abteilungsklima, noch die vergleichsweise hohe Beschäftigungssicherheit die Anspruchsverletzungen kompensieren können und er sich in einer Weise mit seiner Arbeit arrangiert, die es ihm erlaubt, an seinen Ansprüchen festzuhalten und seinem Berufsverständnis entsprechende Möglichkeiten zur Lösung seines Dilemmas zu suchen.

Die Richtung seiner Bestrebungen ist durch sein Berufsverständnis vorgegeben: Es geht ihm um einen Aufstieg in intellektuell anforderungsreiche und verantwortungsvolle Tätigkeiten, in denen er seine fachinhaltlichen Kompetenzen beweisen, seine Kreativität, geistige Beweglichkeit und sein Organisationstalent entfalten kann, auch seine sozialkommunikativen Kompetenzen, die er in die Arbeit einbringen möchte. Seine Idealvorstellung wäre „Marketing", aber in realistischer Einschätzung der innerbetrieblichen Konkurrenz und seiner eigenen Voraussetzungen verweist er diese Vorstellung sogleich ins Reich der „Träume"; seine Zukunft sieht er zunächst einmal in den marktbezogenen Abteilungen, weiß aber in genauer Kenntnis der innerbetrieblichen Aufstiegswege recht genau, daß der Weg aus einer rein administrativen Abteilung dorthin ohnehin schon schwierig ist und er zudem die seinen Ansprüchen genügenden Plätzen kaum ohne zusätzliches Input wird erreichen können: „Ohne Weiterbildung ist da nichts zu machen!" Nach seiner Einschätzung der betrieblichen Personaleinsatz- und Förderungsstrategien sind die attraktiven, mit Aufstiegsmöglichkeiten verknüpften Plätze reserviert für die Industriekaufleute mit Abitur und die innerbetrieblich, im Verbund mit einer Fachhochschule ausgebildeten graduierten Betriebswirte, also für seine Altersgenossen mit höheren Allgemein- und Fachqualifikationen.

Um einen Ausweg aus dieser Sackgasse zu finden, wählt er den Weg über die außerbetriebliche Weiterbildung. Auf die Frage nach seiner beruflichen Zukunft antwortet er spontan: „Weiterbildung —

auf jeden Fall!" Derzeit sind seine Aktivitäten noch durch den unmittelbar bevorstehenden Wehrdienst blockiert — „ich wollte mit dem Fachabitur schon anfangen, aber dann kam der Bund dazwischen, das ist Mist, alles Käse" —, aber seine Planungen sind von hoher Verbindlichkeit: Über die Möglichkeiten, „beim Bund was zu machen", hat er sich bereits genauestens informiert, und von Freunden und Kollegen, die in Abendschule das Fachabitur nachholen oder ein Fernstudium absolvieren, hat er sich ein genaues Bild über diese Wege der Weiterqualifizierung, über den konkreten Ablauf, die zeitlichen und finanziellen Belastungen verschafft.

„Nach dem Bund werde ich mein Fachabitur nachholen und vielleicht noch an der Fernuniversität Informatik machen. Das kostet im Semester 300 Markt, und da muß man auch echt mal ranklotzen, aber das wäre mir in dem Fall egal. Dann wäre ich wieder einen Schritt weiter. Um die Freizeit würde es mir nicht leid tun, auch um das Geld nicht. Wenn ich das schaffe und habe dann einen toffen Job, wo ich auch ein paar Mark verdiene, dann habe ich das schnell wieder raus."

Seine Strategie, die typisch ist für die Mehrheit der Fachangestellten in vergleichbaren beruflichen Situationen, läuft darauf hinaus, sich durch die Schaffung individueller Voraussetzungen innerbetrieblich — wenn die betrieblichen Halteseile reißen, auch außerbetrieblich — zu empfehlen für einen Aufstieg in die inhaltlich attraktiven Bereiche, nicht ohne den Hintergedanken, „daß man vielleicht mal in den höheren Bereich reingehen kann".

2.3.4. *Jugendliche mit hart krisenbetroffenem Berufsverlauf — verschiedene Formen von Resignation, Widerstand und Selbstbehauptung*

Über ein Viertel der Befragten (28 %) gehört zur Gruppe von Jugendlichen, deren bisheriger Berufsweg von der Krise auf dem Ausbildungstellen- und Arbeitsmarkt stark negativ beeinträchtigt und entweder an der ersten oder der zweiten Schwelle von harten Brüchen gekennzeichnet ist (Berufsverlaufstypen 5 und 6). Ganz unterschiedliche Problemkonstellationen sind hier anzutreffen. Häufig spielen die Herkunft aus einer sozial schwächeren Familie mit eher bildungsfernem Klima, der vorzeitige Abbruch der schulischen Ausbildung bzw. der Besuch einer Sonderschule oder die Herkunft aus einer Region mit besonderes schlechten Arbeitsmarktverhältnissen als Einzelfaktoren oder Faktorenbündel eine

Rolle (vgl. Kap. 2.2.). Sie haben im Ergebnis zur Erfahrung von Arbeitslosigkeit, zu Beschäftigungsverhältnissen, die von vornherein als vorübergehende definiert sind, oder zu einer Arbeit im Bereich von Un- und Angelerntentätigkeiten geführt. Häufig ist es mehr oder weniger zufällig, ob ein Jugendlicher zum Zeitpunkt der Befragung eine Beschäftigung hatte, umgeschult wurde oder arbeitslos war.

Der berufliche Weg dieser Jugendlichen ist also von harten Brüchen, vergeblichen oder zum Teil auch fehlenden Bemühungen der Integration in die Arbeitswelt geprägt. Der überwiegende Teil verfügt zwar über eine Berufsausbildung, allerdings zumeist nicht im erwünschten Berufsfeld. Ausbildungsberuf und auch -betrieb wurden nicht gewählt, sonder entsprechend den Bedingungen auf dem Ausbildungsstellenmarkt strukturschwacher Regionen — weil alternativlos — akzeptiert. Letztlich war die Berufsausbildung bei allen aber vergeblich, weil wegen schlechter Ausbildungsbedingungen nichts gelernt wurde oder der erlernte Beruf keine weiteren Beschäftigungsperspektiven eröffnete. Die Ausbildung führte deshalb nicht in gesicherte berufliche Positionen, sondern in eine längere Zeit der Arbeitslosigkeit, die nur von Gelegenheitsjobs unterbrochen wird.

Dabei muß in der Darstellung zwischen denen unterschieden werden, die Arbeit haben und denjenigen, die arbeitslos sind. Obgleich alle hart von der Krise betroffen und viele von ihnen über ähnliche arbeitsbiographische Erfahrungen verfügen und es häufig vom Zufall abhängt, ob ein Befragter zum Zeitpunkt des Gesprächs Arbeit hat oder arbeitslos ist, sind für eine integrierte Darstellung die jeweiligen Problemlagen in der aktuellen Situation, von der aus die Vergangenheit gesehen und geschildert wird, zu unterschiedlich. Es macht, wie sich im folgenden zeigen wird, einen großen Unterschied, ob auf der Grundlage eines Arbeitsplatzes Ansprüche und Erwartungen formuliert und eigene Arbeitserfahrungen rezipiert werden, oder ob dies aus der Arbeitslosigkeit heraus erfolgt. Nicht zuletzt ist es der unterschiedliche Grad an materieller Sicherheit, der dazu führt, daß Arbeitslose sich in anderer Art und Weise mit den Gegebenheiten der Arbeitswelt arrangieren müssen als diejenigen, die zwar auch in der Vergangenheit arbeitslos waren, gegenwärtig aber Arbeit haben.

1. Formen der Auseinandersetzung mit der Arbeit von beschäftigten Jugendlichen mit harter Krisenbetroffenheit

Alle zu dieser Gruppe gehörenden Jugendlichen, bei denen es sich zu zwei Dritteln um junge Frauen handelt, die entweder am Band oder als Maschinenbedienerin in einem elektrotechnischen

Betrieb bzw. als Angestellte in der Telefonauskunft der Post arbeiten, und zu einem Drittel um junge Männer, die in einer Porzellanfabrik beschäftigt sind, üben kurzfristig erlernbare, nicht auf einer beruflichen Ausbildung aufbauende Tätigkeiten aus. Die Arbeiten sind repetitiv und teilweise erheblich belastend.

Trotz einiger Unterschiede zwischen den Arbeitsplätzen in dem elektrotechnischen Betrieb — Maschinen- und Kontrollarbeiten werden besser bezahlt, sind weniger restriktiv und stellen gegenüber der Bandarbeit schon einen Aufstieg dar — ist die Arbeitssituation der Frauen von häufigen Wiederholungsvorgängen, einseitigen Belastungen, hohen und standardisierten Leistungsanforderungen sowie wegen der engen Bindung ans Band bzw. an die Maschine von geringen Regulationsspielräumen geprägt. Einige Frauen arbeiten zudem im Schichtbetrieb. Eine von den Arbeitsbedingungen ähnliche, obwohl vom Status her nicht vergleichbare Arbeitssituation haben die Frauen in der Postauskunft. Alle machen Schichtarbeit und sind neben den spezifischen Bedingungen eines Großraumbüros vor allem den Belastungen einer ständigen Tätigkeit am Bildschirm ausgesetzt, mit dessen Hilfe die erwünschten Auskünfte erteilt werden. Entscheidend aber für die Bedingungen, unter denen diese Frauen arbeiten, ist die Art und Weise der Kontrolle ihrer Arbeit. Sie werden ständig an ihrem Arbeitsplatz, den sie nur zu den Pausen verlassen dürfen, von sogenannten Aufsichten beobachtet. Offenbar führt diese Art der persönlichen Kontrolle des Arbeitsverhaltens und die damit verbundene persönliche Abhängigkeit dazu, daß insgesamt die Arbeitsbedingungen, unter denen diese Frauen arbeiten, als besonders belastend empfunden werden.

In den Bildungsvoraussetzungen und den damit verbundenen Anspruchsperspektiven unterscheiden sich beide Gruppen: Die Postlerinnen haben auf Grund ihres Bildungsabschlusses (mittlere Reife) andere Berufsperspektiven als Möglichkeit vor Augen. Die betriebsinterne Ausbildung, die ihrem Arbeitseinsatz vorausgeht, suggeriert zunächst Qualifikation, die letztlich sowohl auf dem Arbeitsmarkt (keine allgemeine Anerkennung der Ausbildung) wie von der Arbeitsplatzstruktur her nicht einholbar ist. Eine gewisse Versöhnung bietet in diesem Fall die bei der Post gegebenen Möglichkeiten von Beschäftigungsverhältnissen, die sich mit den Anforderungen einer eigenen Familie vergleichsweise gut vereinbaren lassen.

Sind die Hauptbelastungsfaktoren bei den Tätigkeiten am Band des elektrotechnischen Betriebs und in der Telefonauskunft der Post Monotonie und Streß, so müssen die Befragten in der Porzellanfabrik überwiegend körperlich schwer, im Akkord und teilweise auch unter belastenden Umweltbedingungen wie Hitze und Lärm arbeiten.

Als Ergebnis der Auseinandersetzung mit dieser Arbeitssituation ist festzuhalten, daß der größere Teil sich in der Situation als un- oder angelernte Arbeitskraft einrichtet und zumeist aus einer stark defensiven Position heraus ihr auch positive Seiten abgewinnen kann. Nur eine Minderheit kann sich nicht mit den augenblicklichen Gegebenheiten arrangieren, leidet zum Teil unter der Arbeit und ist auf der Suche nach Alternativen.

Fall 1: Resignation und Anpassung bei un- und angelernten Jugendlichen

Für die defensive Auseinandersetzung mit kurzfristig erlernbaren Tätigkeiten ist zunächst charakteristisch, daß die Arbeit als monoton und inhaltsleer empfunden, ihre Differenz zum zumeist weit höher gesteckten Berufsziel einer Tätigkeit mit spezifischen Qualifikationen auch durchaus gesehen wird, sich die Jugendlichen aber resignierend in ihr einrichten. Der negativen Einschätzung der eigenen Arbeit steht andererseits immer noch der Vergleich mit Tätigkeiten entgegen, die noch schlechter bezahlt werden, noch höhere Belastungen mit sich bringen und oft auch noch mit einer größeren Arbeitsplatzunsicherheit verbunden sind. Dabei beziehen sich die Jugendlichen nicht nur auf Arbeitsplätze, die sie selber in der Vergangenheit eingenommen haben, sondern auch auf solche Arbeitsplätze im Betrieb, die sie aus eigener Anschauung kennen.

In erster Linie aber ist die eigene Arbeitserfahrung Grundlage des defensiven Arrangements mit der gegenwärtigen Tätigkeit. Der Arbeitsplatz in der elektrotechnischen Industrie, der Porzellanfabrik oder bei der Post ist zumeist das erste Arbeitsverhältnis mit einem längeren Zeithorizont. Auf Grund einer relativ gesicherten Beschäftigungsperspektive und besserer Verdienstmöglichkeiten glaubt man, die eigene Zukunft besser planen zu können und Zeiten der Arbeitslosigkeit, die als besonders belastend empfunden werden, hinter sich gebracht zu haben. Bei den jungen Frauen gehört zum Arrangement häufig auch die Vorläufigkeit der gegenwärtigen Arbeit. Die Planungen auf ihrer Grundlage reichen zumeist bis zur Geburt des ersten Kindes. Auch wenn fast alle davon ausgehen, wegen des Geldes weiterarbeiten zu müssen, — einige auch arbeiten wollen, weil sie sich ein Leben ausschließlich in der Familie nicht vorstellen können —, so verbinden sie mit der Heirat oder dem ersten Kind eine Wende in ihrem Arbeitsleben und haben somit einen Fluchtpunkt aus der Arbeit. Für sie hat die jetzige berufliche Tätigkeit trotz aller Ungewißheit über die Zukunft etwas Vorübergehendes und Vorläufiges, was die Bedingungen in der Arbeit sicherlich auch ein Stück weit erträglicher macht.

Die beruflichen Aspirationen sind bei der Mehrheit dieser krisenbetroffenen Jugendlichen unbestimmt und unklar. Sie hatte kein eigenes, auf Interresse und Neigung zurückgehendes Ziel und ließ sich bei der Berufswahl vor allem von den Vorstellungen der Eltern leiten. Auch wenn sie keinen bestimmten Beruf im Auge hatten, wollten letztlich aber alle Jugendlichen einen Ausbildungsplatz.

Trotz der Erfahrung, das ursprünglich angestrebte Ziel, einen Beruf zu erlernen bzw. im erlernten Beruf auch sein Geld zu verdienen, nicht realisiert zu haben, wird der bisherige Berufsweg nicht durchweg negativ bilanziert. Stärker als die Enttäuschung ist die — quasi von den Verhältnissen aufgezwungene — Erleichterung darüber, angesichts eigener Entwicklungsbedingungen und der allgemeinen Arbeitsmarktverhältnisse überhaupt Arbeit gefunden zu haben und dazu noch in einem geregelten und relativ sicheren Beschäftigungsverhältnis zu stehen.

Daß diese Jugendlichen sich nicht ausschließlich auf der Verliererseite sehen oder bloß resignativ ihrem Schicksal gefügt haben, sondern eher im Bewußtsein leben, trotz schlechter Startbedingungen noch vergleichsweise gut davongekommen zu sein, soll zunächst am Beispiel einer 20jährigen Arbeiterin ohne berufliche Ausbildung, die im elektrotechnischen Betrieb beschäftigt ist, und anschließend an den Erfahrungen eines 21jährigen gelernten Werkzeugmachers, der als Porzellangießer arbeitet, gezeigt werden.

Wie der größte Teil dieser Jugendlichen kommt die *jugendliche Arbeiterin* aus einem Elternhaus mit relativ großer Distanz den Bildungsinstitutionen gegenüber. Aufgewachsen ist sie im ländlichen Arbeitermilieu. Ihr Vater hat in der Porzellanindustrie als Packer Beschäftigung gefunden und ihre Mutter geht zur Aufbesserung des Familieneinkommens putzen. Der Besuch einer weiterführenden Schule hat nie zur Diskussion gestanden, wie insgesamt Fragen des Berufs und der beruflichen Ausbildung im familiären Rahmen kaum eine Rolle spielten. Auf ihren Wunsch, einen sozialpflegerischen Beruf zu ergreifen und Kindergärtnerin zu werden, reagieren ihre Eltern — wie es für die Erfahrung dieser Gruppe von Jugendlichen typisch ist — mit Gleichgültigkeit. Als sich herausstellt, daß sie wegen fehlender mittlerer Reife die Ausbildung gar nicht machen kann, wird ihr der Rat erteilt, das an Arbeit zu nehmen, was sie bekommen kann.

„Also ich wollte erst einmal Kindergärtnerin werden. Das war eigentlich mein Traumberuf; als Kindergärtnerin irgendetwas mit Kindern ... Aber das ist ja nicht gegangen, weil man die mittlere Reife braucht. Und das habe ich nicht gehabt. Und so gute Noten habe ich in der Schule auch nicht gehabt. Also das ist schon überhaupt nicht in Frage gekommen ... Und da hat man Vater dann gesagt: ‚Dann nimmst du eben halt das, was du kriegst. Du mußt froh sein, wenn du eine Arbeit hast und Geld verdienst‘."

Wie bei ihr ist der Ausschluß vom ursprünglich angestrebten Ausbildungsberufs bei diesen Jugendlichen schnell mit dem generellen Verzicht auf eine berufliche Ausbildung verbunden. Eine Ausbildungsalternative bzw. eine weitere schulische Ausbildung zur Verbesserung der Arbeitsmarktchancen werden kaum in Erwägung gezogen. Hierzu fehlt es an Unterstützung von außen, vor allem von Seiten der Eltern, die sich — entgegen ihrer sonstigen Fürsorglichkeit — in Ansehung der Bedingungen auf dem Ausbildungsstellenmarkt defensiv nach dem Motto verhalten: Besser einen Spatz in der Hand als eine Taube auf dem Dach.

Jedoch zahlt sich die Bescheidenheit des Anspruchs nicht aus. Verfolgt man den weiteren Berufsweg der jungen Frau, tritt das ein, was eigentlich vermieden werden sollte: eine Zeit des Suchens und der Unsicherheit. Auf schlecht bezahlte Arbeit unter teilweise nicht zumutbaren Bedingungen folgen Zeiten der Arbeitslosigkeit und der Gelegenheitsjobs.

„Na ja, da stand in der Zeitung, daß sie da eine Badehelferin in der medizinischen Badeabteilung brauchten. Und dann bin ich da mit meinem Vater hingefahren. Ja und dann haben sie gesagt: Sie stellen mich ein für 350,— DM im Monat. Und ich wollte das eigentlich lernen, und da haben sie gesagt: Das ist nur ein Anlernberuf. Und ich hab mir dann gedacht, bevor ich überhaupt nichts kriege, dann mache ich das.

Also das hat mir anfangs wirklich gut gefallen, das in der medizinischen Badeabteilung. Na ja, und nach eineinhalb Jahren hat sich der Lohn immer noch nicht gesteigert — nur 350,— DM und da habe ich gesagt: Das ist zu wenig Geld. Und dann habe ich da aufgehört. Da war ich eine Woche krank und dann bin ich wieder gekommen und da haben sie gesagt, ich soll ins Büro kommen. Dann bin ich ins Büro gegangen und da haben die gesagt, sie können mich eben nicht mehr gebrauchen. Ja, dann stand ich da.

So ohne Arbeit, also das war schon schlimm ... Das ist mir schon nahegegangen. Da habe ich mir dann gedacht, jetzt brauchst du unbedingt eine Arbeit, eine feste Arbeit. ... Da hat's dann auch oft Streit mit meinen Eltern gegeben. ... Wenn ich fortgegangen bin oder mir was kaufen wollte, da habe ich zu meinen Eltern gehen müssen, daß die mir Geld geben und da hat's oft Streitereien gegeben. Dann habe ich in einer Spielwarenfabrik gearbeitet. Das hat mir aber nicht besonders gut gefallen. Da mußte ich immer so Würfel in die Tüte legen — immer so 100 Stück. Das war so richtig eintönig alles. Und da habe ich gekündigt. Das war nämlich furchtbar. Da habe ich ganz allein in einem kleinen Zimmer gesessen und mußte immer — wie in einem Gefängnis — Würfel zupacken und das den ganzen Tag. Also, das hat mir nun überhaupt nicht gefallen.

Dann habe ich da auch wieder aufgehört und einmal das und einmal das gemacht — also über Weihnachten z.B. ausgeholfen als Verkäuferin in einer Drogerie ... Dann war ich in so'ner Sauna eben. Da hat es mir gut gefallen. Aber da habe ich auch bloß 700,— DM gekriegt."

Aus ihrer Irrfahrt durch unterschiedliche, mehr oder weniger kurzfristige Beschäftigungen bleibt ein Wunsch, der gleichzeitig zum zentralen Anspruch an die Arbeit wird: Soviel zu verdienen, daß sie ihren Lebensunterhalt selber bestreiten kann und etwas Sicherheit für die Zukunft hat. Dieser Anspruch treibt sie schließlich in die Fabrik und läßt sie der monotonen Arbeit eine gute Seite abgewinnen. Der vermeintlich gesicherte Arbeitsplatz und der im Vergleich zu früher höhere Verdienst gleicht zudem die Enttäuschungen im Berufsweg aus: Im Endeffekt meint sie, es doch noch ganz gut getroffen zu haben, sieht sich materiell abgesichert und will sich nicht beklagen, auch wenn sie ahnt, daß ihr andere Möglichkeiten entgangen sind.

„Also, ich bin jetzt bei XY. Ich verdiene jetzt Geld, habe ein höheres Altersgeld und, wie gesagt, ich bereue das eigentlich nicht, daß ich keine Ausbildung gemacht habe. Also ich meine: Es gibt schon schöne Berufe. Wenn ich jetzt noch mal ganz von vorne anfangen könnte, täte ich das alles auch ganz anders machen ... Aber so schlecht, habe ich es hier auch nicht, finde ich. Es geht hier."

Auch bei den wenigen Jugendlichen, die einen Ausbildungsabschluß als Verkäuferin, Friseuse bzw. auch als Werkzeugmacher haben und dennoch heute berufsfremd in Angelerntenpositionen arbeiten, sind vergleichbare Prozesse des Arrangements mit den Gegebenheiten feststellbar. Alle sind nach erfolgreich abgeschlossener Lehre nicht in ein festes Beschäftigungsverhältnis übernommen worden und hätten einen Ortswechsel in Kauf nehmen müssen, um im erlernten Beruf arbeiten zu können. Da sie nicht von zu Hause weg wollten, mußten sie sich mit dem zufrieden geben, was der regionale Arbeitsmarkt anbot.

„Ich habe eine dreijährige Lehre als Werkzeugmacher gemacht. Da habe ich die Prüfung gemacht, und dann hat mich die Firma nicht übernommen, d.h. die ganzen Lehrlinge ... Mein Vater arbeitet in der Firma. Die ist nicht allzu groß.

Und mein Opa hat da auch schon gearbeitet, und da wußte ich schon als Jüngerer, so mit 10 oder 12 Jahren, daß ich da auch lernen will einmal. Und da hat sich die Firma gesagt: Naja, den Opa haben wir schon hierin gehabt, den Vater auch; warum sollen wir das mit der 3. Generation nicht auch machen. Ich meine, wenn ich das gewußt hätte, daß sie die Lehrlinge nicht übernehmen, dann hätte ich's nicht gemacht." (junger Werkzeugmacher in einer Angelernten-Position einer Porzellanfabrik)

Mit der Ausbildung zum Werkzeugmacher, die er in einer Gießerei nahe seinem Heimatort absolviert hat, ist er durchaus zufrieden gewesen — „die Lehre war eigentlich ganz gut". Die Mitteilung aber, daß sie nicht übernommen werden, hat auf dem begrenzten regionalen Arbeitsmarkt, auf dem es keine anderen Arbeitsplätze für Werkzeugmacher gibt, nicht nur seine Ausbildung entwertet. Sie hat darüber hinaus seinen eigenen beruflichen Zukunftstraum zerstört.

„Mein großer Traum wäre gewesen, daß ich meinen Meisterbrief mache und dann später vielleicht mal Berufsschullehrer im handwerklichen Bereich werde."

Nach der großen Enttäuschung über die Nichtübernahme im Ausbildungsbetrieb hat er sich Gedanken über seine berufliche Zukunft gemacht und mit dem Gedanken gespielt, noch einmal zur Schule zu gehen. Diesen Gedanken aber verwirft er, weil er Geld gekostet hätte und er seinen „Eltern nicht weiter auf der Tasche liegen wollte". Aus der Gegend weggehen wollte er aber auch nicht, so daß er schließlich froh ist, als er über einen Freund eine Stelle in der Porzellanfabrik angeboten bekommt.

„Wenn ich das hier nicht gekriegt hätte, ich hätte alles gemacht, wenn sich irgendetwas ergeben hätte. Ich habe mir gedacht: Hauptsache, du hast erstmal Arbeit."

Die ihm von den ungünstigen Arbeitsmarktbedingungen diktierte Reduzierung seiner Ansprüche auf das Basisinteresse, überhaupt eine Arbeit zu haben, läßt ihn seinen eigenen Beruf als Zukunftsperspektive zwar nicht völlig vergessen, zwingt ihm aber vorerst ein resignierendes Sich-Abfinden mit dem unterwertigen Arbeitseinsatz in der Porzellanfabrik auf, das lediglich durch einen günstigen Lohn und dadurch, daß die Arbeit nicht absolut eintönig ist, etwas aufgehellt wird.

„Also, ich möchte sicher gerne wieder in meinen Beruf zurück. Wenn ich jetzt eine Stelle als Schlosser kriegen würde oder irgendetwas anderes Handwerkliches, dann würde ich es zu 90 % machen. Aber da schaut es halt schlecht aus.

Fühlen tu ich mich sehr wohl hier, muß ich ehrlich sagen. Es ist eine körperlich schwere Arbeit. Jetzt nicht mehr so, das ist eine Gewohnheitssache. Ich bekomme Akkordlohn. Aber ich habe nicht immer das Eintönige zu machen. Ich habe zwar Akkordarbeit, aber ist es abwechslungsreich. ... Persönlich bringt mir die Arbeit nichts. Das einzige vielleicht, daß ich nicht auf der Straße stehe wie manch andere."

Die starke Betonung der materiellen Aspekte der Arbeit, die typisch für alle diese stark von der Krise betroffenen Jugendlichen ist, entspringt weniger der unmittelbaren Not als vielmehr dem Bedürfnis nach Unabhängigkeit von den Eltern. Dies wird in fast allen Gesprächen deutlich, besonders nachdrücklich wird es von den weiblichen Jugendlichen hervorgehoben.

Jedoch sind es nicht allein Gesichtspunkte des Einkommens und der materiellen Lebensgestaltung, unter denen Arbeit wahrgenommen wird. Sowohl bei den jungen Frauen als auch den jungen Männern verbindet sich mit der Einschätzung, froh zu sein, überhaupt Arbeit zu haben, das Gefühl sozialer Integration und die Gelegenheit zur Kommunikation. Man sitzt nicht daheim, sondern wird gebraucht und hat über Arbeit — so sehr sie manchmal auch „nervt" — soziale Kontakte. Der Betrieb ist ein eigener Erfahrungsbereich, der allen wichtig ist und den niemand missen möchte. In verbindliche Kommunikations- und Kooperationszusammenhänge durch die Arbeit eingebunden zu sein, bedeutet zudem, den Tag nicht selber gestalten zu müssen, wie die junge Elektrofabrikarbeiterin anschaulich schildert:

„Ich z.B. gehe gerne in die Arbeit, weil ich eine Ansprache habe. Ich habe ein wenig Unterhaltung, mache meine Arbeit, habe Abwechslung. Und das ist schon auch wichtig. Wenn du daheim hockst und ewig bloß an die Decke stierst, da werde ich verrückt. Wir haben letztens auch darüber diskutiert. Da haben wir Blödsinn gemacht. Da haben wir gesagt, ich habe einen Sechser im Lotto. Da habe ich gesagt, ich könnte mir nicht vorstellen, selbst wenn ich einen Sechser im Lotto hätte, daß ich meine Arbeit aufgeben würde. Da drehe ich ja durch! Den ganzen Tag daheim zu sein und so. Ich kann das nicht. Bei mir ist es schon schlimm, wenn ich mal krank bin. Ich war einmal krank, da hatte ich etwas mit dem Unterleib, da war ich sechs Wochen lang daheim. Aber in der fünften Woche ist es mir schon wieder besser gegangen. Ich hätte schon wieder arbeiten können, aber ich sollte noch nicht, weil die Anstrengung, die Belastung dann halt zu groß gewesen wäre. Aber da war ich schon wieder zappelig. Ich habe zwar daheim auch meine Beschäftigung gehabt, kochen und saubermachen, aber dazu brauchst du ja auch keinen ganzen Tag. Und den Rest des Tages habe ich schon wieder nicht gewußt, was sollst du jetzt machen? Dann rennst du fort, gehst ins Kaufhaus, da brauchst du dann einen Haufen Geld. Das ist ja auch eine kostspielige Sache, wenn du dann vor lauter Langeweile einkaufen gehst. Da habe ich gesagt, Mensch, bist du froh, wenn die Woche herum ist, daß ich wieder in meine Arbeit kann."

Überhaupt Arbeit zu haben und damit materiell abgesichert und sozial integriert zu sein, versöhnt damit, ohne Beruf geblieben zu sein bzw. im erlernten Beruf, der freilich zumeist nicht der gewünschte gewesen ist, keine dauerhafte Beschäftigung gefunden zu haben. Zwar geht die Relativierung des Anspruchs an Arbeit nicht so weit, daß die inhaltliche Reduziertheit der eigenen Tätigkeit nicht mehr wahrgenommen würde. Aber der inhaltliche Anspruch hat sich den Gegebenheiten des eigenen Arbeitsplatzes, zu dem es keine Alternative gibt, angepaßt. Es fällt auf, daß die gesamte Wahrnehmungsperspektive für die eigene Arbeit nach unten gerichtet ist, sich an den noch schlechteren Arbeitsplätzen orientiert. Von großer Bedeutung ist dabei der Vergleich der Regulationsspielräume zur Steuerung der Arbeitsbeanspruchung und Kommunikationsbedingungen. So genügt schon die Gewißheit, sich die Arbeit besser als andere einteilen, das Arbeitstempo in Grenzen auch selber bestimmen zu können und Zeit für ein Gespräch unter Kollegen zu haben, um eine Arbeit zu akzeptieren, die aufgrund des „Immer-Gleichen" kaum inhaltliches Interesse wecken kann, dennoch aber anderen gegenüber als privilegiert erscheint. Der Vergleich führt zur Überzeugung, es selbst nicht so schlecht angetroffen zu haben, und hilft, die eigene Arbeitsrealität akzeptieren zu können.

„Also mein Arbeitsplatz, Kontrolle, gefällt mir eigentlich schon. Das ist schon anders als am Steckband. Das mußt du schon gewohnt sein. Da geht es zack, zack. Da mußt du schon schnell sein. Da hast du keine Zeit, daß du mal wieder plauderst oder was. Also mein Arbeitsplatz ist schöner. Da kommen die Platten und du machst mit wie die anderen. Aber wenn Du schneller bist, dann bist du schneller fertig. Wenn du trödelst oder zu langwilig bist, dann brauchst du halt länger. Aber an den Bändern, wenn da die erste langsam ist, dann bist du auch langsam. Ich kann mir das einteilen. Wir können auch abstellen, wenn wir wollen oder wenn wir noch auf's Klo wollen. Und dann arbeitest du mal schneller; oder du schaffst die Stückzahl mal nicht und dann machst du vielleicht morgen mehr" (andere Arbeiterin im Elektro-Betrieb).

Wer nicht die guten Regulationsmöglichkeiten und erträglichen Belastungen der eigenen Tätigkeit hervorhebt, stellt Geschick und Können, die zur Bewältigung der Arbeit erbracht werden müssen, in den Vordergrund der Argumentation. Selbst einer vergleichsweise restriktiven und inhaltsarmen Tätigkeit wie der Kontrolle von Leiterplatten im Akkord vermag man dann noch ein so hohes Maß an Selbstbestätigung abzugewinnen, daß die Tätigkeit als „Aufgabe" erlebt wird, in der man sich beweisen und persönlichen Erfolg erzielen kann. Zwar werden die Belastungsaspekte durchaus wahrgenommen. Sie sind für die Auseinandersetzung mit der Arbeit gegenüber dem Rest an „Produzentenstolz", der der Arbeitsrealität abgetrotzt wird, aber von sekundärer Bedeutung. Daß das nur gelingt aufgrund reduzierter Ansprüche, ist als Feststellung weniger von Belang als die Tatsache, daß diese Jugendlichen die Arbeit als Lernmöglichkeit begreifen, aus ihr Selbstbestätigung und einen gewissen Stolz ziehen wollen.

„Ich sitze an der Maschine, und von der Maschine kriege ich eine Modulplatte mit verschiedenen Werten und verschiedenen Bauteilen drauf. Da habe ich eine Musterplatte, eine Schablone, und dann muß ich vergleiche, ob die Werte alle stimmen, ob die Bauteile alle drauf sind und ob hinten Schlüsse darauf sind, ob Leiterplatten gebrochen sind. Das ist keine schwere Arbeit, es ist halt anstrengend für die Augen, es sind halt oft ganz kleine Bauteile mit drauf. Und am Anfang war es auch eine wahnsinnige Umstellung: Der Lärm von den Maschinen. Ich hatte jeden Tag einen dicken Kopf, aber inzwischen hat sich das auch gelegt. Man gewöhnt sich daran, jetzt höre ich die Maschinen schon fast gar nicht mehr. Es ist wie mit der Küchenuhr zu Hause: Mit der Zeit registriert du das Ticken gar nicht mehr. Ich finde die Arbeit gut, weil ich halt immer wieder etwas dazulernen kann. Von den Werten her ist es interessant, was es halt für verschiedene Bauteile gibt. Und es macht mir halt total Spaß, das alles auszutüfteln. Wir haben zwar eine Liste gekriegt, mit der du die Werte aufrechnen kannst. Aber mir macht es halt unheimlich Spaß, das selber zu lernen, und ich bin auch stolz, wenn ich hingehen und sagen kann: Ich kriege jetzt den und den Wert; weil ich mir den selber ausgerechnet habe. Das ist schon gut. Du hast halt immer verschiedene Platten, machst nicht immer das gleiche. Zum Beispiel haben wir neue Platten gekriegt, Elektronikplatten, da waren 400 Bauteile drauf. Für die Platte war ich Spezialist!" (20jährige Elektro-Arbeiterin ohne Berufsausbildung).

Mit dem jetzigen Arbeitsplatz werden unterschiedliche Perspektiven verbunden. Für die männlichen Jugendlichen steht außer Zweifel, ihre gegenwärtige Tätigkeit auch in Zukunft ausüben zu wollen. Die Suche nach Alternativen, soweit sie überhaupt aufgrund der regionalen Arbeitsmarktbedingungen und der insgesamt geringen Chancen von angelernten Industriearbeitern Erfolgsaussichten hätte, würde die Bereitschaft zu einem geringeren Lebensstandard voraussetzen. Da Einkommensverluste nicht akzeptiert werden, ist die augenblickliche Arbeitssituation, deren Bestand von dem des Betriebes abhängt, auch zukünftig ohne Alternativen. Eine andere Zukunft sehen die Frauen, die mit der Heirat eine stärkere Orientierung auf Ehe und Familie verbinden, obgleich auch sie letztlich ahnen, die Bedingungen angelernter Industriearbeit akzeptieren zu müssen, wenn sie weiter erwerbstätig sein wollen.

Fall 2: Auflehnung gegen die Zumutungen restriktiver Arbeit und die Suche nach Auswegen

Verglichen mit der Zahl derer, die sich resignativ mit ihrer Arbeit arrangieren, sind es nur wenige Jugendliche in dieser Gruppe der hart Krisen-Betroffenen, die sich aus arbeitsinhaltlichen Gründen mit ihrer Tätigkeit am Band, an der Maschine oder vor dem Bildschirm in der Telefonauskunft der Post nicht abfinden wollen. Mit Ausnahme eines Jugendlichen handelt es sich ausschließlich um junge Frauen, die trotz mittlerer Reife weder im erwünschten Beruf als Erzieherin oder Krankenschwester noch in alternativen Berufen einen Ausbildungsplatz wegen des Stellenmangels auf dem regionalen Arbeitsmarkt finden konnten, in deren Berufsweg sich zum Teil Phasen der Arbeitslosigkeit mit Arbeitsverhältnissen ohne Perspektive ablösten und die — vielfach auch auf den Rat ihrer Eltern hin — schließlich eine Tätigkeit mit geringen Qualifikationsanforderungen, aber relativ großer Arbeitsplatzsicherheit und verhältnismäßig gutem Verdienst annahmen.

Unterscheidet sich ihr Erfahrungshintergrund insoweit nicht von dem der Jugendlichen, die auf vergleichbaren Arbeitsplätzen relativ zufrieden sind, so finden sich in ihrem Lebensweg spezifische Bedingungen und Voraussetzungen für eine andere Haltung zu ihrer gegenwärtigen Tätigkeit. Ein Teil kommt aus materiell vergleichsweise gut abgesicherten Familien mit entsprechenden Möglichkeiten, die schulische und berufliche Ausbildung der Kinder zu fördern. Die Jugendlichen könnten weiterhin mit der moralischen, vor allem aber auch der finanziellen Unterstützung ihrer Eltern bei dem Bemühen um bessere berufliche Perspektiven rechnen, wollen sich aber vom Elternhaus nicht länger oder erneut abhängig machen. Vermutlich ist es dieser soziale und bildungsmäßige Hintergrund, der diesen Jugendlichen ihre Berufssituation so prekär erscheinen läßt. Sie hätten subjektiv Voraussetzungen zur Veränderung, haben auch höhere Ansprüche an die Arbeit, können aber beides nicht umsetzen.

Ihr relativ guter Bildungsstand hat ihnen schon bei der Suche nach einem Ausbildungsplatz wenig genutzt. Dabei waren sie in ihren Vorstellungen und Wünschen keineswegs auf einen bestimmten „Traumberuf" fixiert und orientierten sich durchaus im Kalkül der eigenen beruflichen Zukunft an der Realität. Dennoch konnten sie wegen der besonders schlechten Verhältnisse auf dem regionalen Arbeitsmarkt keinen Ausbildungsplatz bekommen. Sie sind Opfer der Krise und fühlen sich — weil ungelernt geblieben — auch als solche. Die Wahrnehmung von Arbeitsbiographie und Arbeitssituation einer jungen Postangestellten macht das deutlich.

„Ich wollte irgendwie einen selbständigeren Beruf — vielleicht Krankenschwester —, wo man ein bißchen sein Gebiet hat, in dem man selbständiger schaffen kann. ... Ich habe halt dann viele Bewerbungen geschrieben und bin auch oft zum Vorstellungsgespräch gekommen. Aber das war alles so überlaufen bei uns. Ich habe nichts bekommen.
Da stehe ich heute viel schlechter da als die, die eine Ausbildung haben. Die anderen haben halt drei Jahre lang eine Ausbildung gemacht. Auch wenn ich wirklich mal von der Post weggehe, habe ich nichts. Ich habe ja keine Ausbildung und nichts."

Der Anspruch an Arbeit geht über die Sicherstellung von finanzieller Unabhängigkeit hinaus, und mit sozialer Integration über Arbeit verbindet sie mehr als die Sicherheit, von der Arbeitswelt nicht ausgegrenzt zu sein. Sie will regelmäßige Kommunikation. Verlangt wird darüber hinaus von beruflicher Arbeit die Chance zu selbständigem Handeln als Grundlage dafür, daß man sich in dem, was man tut, wiederfinden und damit auch nach außen hin darstellen kann. Diesen Anspruch haben alle diese Jugendlichen bis heute nicht aufgegeben, obwohl ihnen bewußt ist, daß er auf Grund der Tatsache, ungelernt geblieben zu sein, sich nur unter großen Opfern realisieren läßt.

Zunächst einmal mußten sie, um überhaupt Arbeit zu finden, einen Ortswechsel in Kauf nehmen und vom Land in die Stadt ziehen. Der neuen Umgebung stehen sie ambivalent gegenüber, weil sie die Ablösung von zwar vertrauten, aber engen Verhältnissen brachte und somit auch zur Verschärfung der Situation führte. Sie leiden nicht nur unter den Zumutungen ihres Arbeitsalltages, zu dem sie bisher trotz intensiver eigener Bemühungen keine Alternative finden konnten, sondern sehen sich auch in einer fremden Umgebung denen gegenüber, die eine befriedigende Arbeit und nicht nur einen „Idiotenjob" haben, sozial deklassiert und damit vom sozialen Abseits bedroht.

„Die Tätigkeit an und für sich, die macht mich schon fertig, weil es halt wirklich so eintönig ist. Und mir kommt es auch vor wie am Fließband. Man fertigt halt einen nach dem anderen ab. Zuerst habe ich die ganze Nacht von Zahlen geträumt, weil man ja den ganzen Tag Telefonnummern heraussucht. Da war ich morgens fix und fertig. Das habe ich ganz schwer verkraftet am Anfang. Und dann immer noch mehr Druck von der Aufsicht. Du mußt sagen, wenn du auf's Klo rausgehst und solche Sachen. Man hat halt überhaupt nichts Selbständiges. ... Ich bin jetzt

2 1/2 Jahre hier, und mir ist es auch schon ganz arg oft so gegangen, daß, wenn ich jemanden kennengelernt habe, die erste Frage ist: wie man heißt und was man schafft. Und da war es mir schon wirklich peinlich zu sagen: Ich schaffe in der Auskunft. Das ist ganz arg schlimm. Viele haben da schon Vorurteile, wenn sie hören, naja, Auskunft. Das weiß jeder. Das ist kein anspruchsvolles Geschäft. Idiotenjob. Wenn sie mich nicht kennen würden und dann hören, daß ich in der Auskunft schaffe, ist das schon irgendwie ganz arg abwertend. Demgegenüber haben sie Vorurteile. Der Bekanntenkreis meiner Schwester, das sind eine Menge Studenten, und Sozialarbeiter sind auch darunter. Die haben Berufe, die sie befriedigen und ausfüllen. Und ich bin halt dahergekommen und sage: Ich schaffe in der Auskunft."

Sie sehen ihre Arbeitssituation nicht grundlegend anders als ihre Kolleginnen, die sich mir ihr arrangieren können. Nur nehmen sie die Monotonie, den Kontrolldruck und die inhaltliche Armut noch sensibler wahr und leiden so sehr darunter, daß sie sich dagegen auflehnen und der unerträglichen Arbeitssituation zu entrinnen trachten, zum einen durch Bestrebungen zur beruflichen Veränderung, zum anderen durch ein bewußt gestaltetes Gegengewicht in Form von Freizeitaktivitäten. Sie alle haben sich entweder um eine andere Stelle gemüht oder um eine Ausbildung, die sie jetzt unter erschwerten finanziellen und sozialen Bedingungen nachholen wollen. Um hierfür geistig rege zu bleiben, belegen einige von ihnen Kurse bei der Volkshochschule. Aber ihre Hoffnung auf Erfolg ihrer schon seit längerem laufenden Umorientierungen ist vage, und die Angst vor dem Scheitern dieser Bemühungen und dem Gebundensein an eine Arbeit, von der sie die Zerstörung ihrer nervlichen Kraft, ihrer geistigen Fähigkeiten und ihrer sozialen Identität befürchten, ist groß. Die bereits mehrfach zitierte junge Postangestellte faßt die Unsicherheit und die Schwierigkeiten einer solchen Umorientierung zusammen:

„Ich hoffe halt immer auf einen Ausweg, daß ich noch einmal wegkomme von der Post. Der ganze Ablauf und wie man da aufsteigen kann, das interessiert mich gar nicht. Ich habe mich vorher als Rechtsanwaltsgehilfin und halt jetzt wieder in so einem Büchergeschäft als Buchhändlerin beworben. Und ich habe auch schon mit meiner Schwester darüber geschwatzt. Sie sieht das ja auch, daß ich mit dem Beruf nicht zufrieden bin. So etwas täte mich interessieren. Aber ich sehe, daß so etwas zur Zeit so überlaufen ist. Ich möchte auch so gerne wieder auf die Schule gehen, Fachhochschulreife machen oder so etwas. Aber das kann ich mir finanziell nicht leisten. Ich wohne jetzt in Stuttgart, zahle für mein Zimmer 300 DM und ich muß ja auch von irgendetwas leben. ... Es ist halt alles irgendwie aussichtslos. Auch wenn ich wirklich eine Ausbildungsstelle kriegen würde, da verdiene ich vielleicht auch 300 bis 400 DM im ersten Lehrjahr im Monat. Das würde mir auch nicht reichen. Aber ich werde mich jetzt weiterhin bewerben und vielleicht doch noch einmal auf die Schule gehen. Dadurch, daß ich jetzt von meiner Schwester unterstützt werde, habe ich eigentlich schon noch ein bißchen Hoffnung. Ich muß das auch jetzt so schnell wie möglich machen, weil, wenn ich jetzt noch ein paar Jahre drin bin, dann mache ich es schon aus Bequemlichkeit nicht mehr."

So bleiben zum Durchstehen der Situation nur verstärkte Freizeitaktivitäten. Diese können zwar nicht Ausgleich zur Arbeit sein, aber über deren Versagungen hinweghelfen. Insofern bieten der Besuch von Volkshochschulkursen oder Theatervorstellungen, die Lektüre anspruchsvoller Literatur und die Diskussion wichtig erscheinender Themen im Freundeskreis sowie handwerkliche Arbeit und sportliche Betätigung nur bedingt auch Kompensationsmöglichkeiten. Auch wenn die befriedigende Freizeit die unbefriedigende Arbeit nicht vergessen macht, so wird vermutlich durch die erstaunliche Fülle an Freizeitinteressen und -aktivitäten entscheidend das Widerstandspotential gegenüber einer beruflichen Situation gestärkt, unter der nicht nur alle leiden, sondern deren Veränderbarkeit auch ungewiß bleiben muß.

2. Die Auseinandersetzung von arbeitslosen Jugendlichen mit ihrer Situation und Perspektive

Was Krisenbetroffenheit für Lebensgefühl und -perspektive von Jugendlichen bedeuten kann, zeigt sich zweifelsohne am eindringlichsten an denen, die entweder arbeitslos sind oder von der Arbeitslosigkeit in eine staatliche Maßnahme zur Verbesserung ihrer Arbeitsmarktchancen — jedoch ohne eigentlichen Qualifizierungswert — wechselten. Beide für die Untersuchung gezielt ausgewählten Gruppen haben ein ganz unterschiedliches soziales Profil, was die familiale Herkunft sowie die schulische und berufliche Ausbildung betrifft. Obwohl ihnen eine Situation gemeinsam ist, die aktuell nur wenig Raum für die Hoffnung auf eine bessere berufliche Zukunft läßt, repräsentieren sie zwei unterschiedliche Konstellationen im Spektrum der Jugendarbeitslosigkeit. Zum einen handelt es sich um Dauerarbeitslose mit fehlgeleiteter beruflicher Sozialisation und insgesamt geringen Beschäftigungschancen, die sich selbst als Punker verstehen, also sich zu jener Subkultur zählen, die heute große Teile der Jugenddiskussion bewegt. Zum anderen handelt es sich um Jugendliche, die im erlernten Beruf keine Perspektive haben, und denen deshalb von den Verhältnissen auf dem Arbeitsmarkt eine berufliche Umorientierung aufgezwungen wird.

Fall 3: Jugendliche im sozialen Abseits — der zwiespältige demonstrative Protest der Punks

Die arbeitslosen Jugendlichen leben in einer kleineren Stadt des Ruhrgebiets, in der der Niedergang der Montanindustrie mit seinen Folgewirkungen für andere Branchen in Industrie und Handwerk zu einer weit über dem Durchschnitt im Bundesgebiet liegenden Arbeitslosigkeit geführt hat. Ihrem äußeren Erscheinungsbild nach gehören sie zur Subkultur der Punks oder stehen dieser zumindest nahe und definieren sich den maßgeblichen gesellschaftlichen Institutionen gegenüber als Aussteiger. Sie sind einerseits als Angehörige einer sog. Randgruppe sicherlich nicht typisch für den Teil der Jugend, der ohne Arbeit ist. Andererseits kann die Art und Weise ihrer Reaktion auf gesellschaftliche Verhältnisse, die dem einzelnen nur eine minimale Chance der Integration läßt, nicht als Einzelerscheinung abgetan werden, sondern ist als eine für Jugendliche typische Form der Auseinandersetzung mit der Realität zu bewerten.

Welche Folgen die Arbeitsmarktkrise haben kann, zeigt sich nicht erst, wenn diese Jugendlichen von der Suche nach einer Lehrstelle berichten. Bei einigen werden sie schon in der Schilderung der familialen Verhältnisse in ihrer Kindheit überdeutlich. Sie kommen eher aus sozial schwachen Familien, die seit langem schon direkt oder indirekt Arbeitslosigkeit, unsichere Beschäftigungsverhältnisse und zum Teil auch Existenznot kennengelernt haben, und berichten von zerrütteten Ehen ihrer Eltern, Alkoholproblemen ihrer Väter und zum Teil auch von handgreiflichen Auseinandersetzungen in der Familie. Ein Teil der arbeitslosen Jugendlichen kommt somit aus Familien mit deutlichen Zeichen von sozialer Deprivation. Die anderen sind zwar in äußerlich geordneten Familienverhältnissen aufgewachsen, aber auch sie berichten eher von engen materiellen Bedingungen im Elternhaus, da ihre Väter beinahe durchweg als angelernte Industriearbeiter beschäftigt oder auch aus gesundheitlichen Gründen Frührentner sind und ihre Mütter zum Teil durch Gelegenheitsarbeit das Familieneinkommen nur geringfügig aufbessern können. Alle berichten aber davon, nur begrenzt elterlicher Fürsorge und elterlichem Verständnis in schwierigen Situationen sicher gewesen zu sein.

Quasi von den familialen Verhältnissen vorbestimmt, sind die schulischen und beruflichen Perspektiven dieser Jugendlichen von Anfang an äußerst begrenzt gewesen. Die Hälfte von ihnen hat die Schulzeit ohne Abschluß beendet. Mit einer Ausnahme hat keiner die Chance eines weiterführenden Schulbesuchs gehabt und wohl auch wegen der Distanz zur Schule und entsprechenden Lernschwierigkeiten nicht gewollt. Nur die Hälfte verfügt über eine abgeschlossene Berufsausbildung als Friseuse, Kfz-Schlosser, Stahlbauschlosser — also in Berufen mit eher geringen Zukunftschancen. Bei den anderen stand eine berufliche Ausbildung entweder nicht zur Diskussion oder wurde abgebrochen wegen Schwierigkeiten mit dem Ausbildungsmeister und dem Über- und Unterordnungsverhältnis im Betrieb, dem sie sich ebenso wie dem im Elternhaus ohne Chance erfolgversprechender Gegenwehr ausgeliefert sahen. Letztlich hatten alle — ob gelernt oder ungelernt bzw. in einem Ausbildungs- oder schon in einem normalen Beschäftigungsverhältnis stehend — sowohl wegen der objektiven Bedingungen als auch deren Interpretationen auf dem Hintergrund zuvor gemachter Erfahrungen im Elternhaus grundsätzliche Widerstände einem Alltag gegenüber, der weitgehend von den Zwängen beruflicher Arbeit strukturiert und als Wiederkehr des Immergleichen erlebt wird. An den Erfahrungen eines 21jährigen, der nach dem Berufsvorbereitungsjahr Metall aus Verlegenheit eine Malerlehre begonnen und im dritten Lehrjahr kurz vor der Prüfung abgebrochen hat, werden die Probleme exemplarisch deutlich:

„Vom ersten Tag an war es schon ziemlich mies. Du mußtest die Schweinearbeit machen, die die Gesellen liegengelassen haben. Nur weil du Stift warst, mußtest du die Scheiße wegmachen. So ging das die ganze Lehrzeit. Zweimal im Jahr mußte ich nach H., eine Prüfung machen; wenn du die schlecht bestehst, dann motzt der Olle mit dir rum. Da kriegst du echt Druck. Dann habe ich mich mit dem Prüfungsmeister auch oft in die Haare gekriegt und hatte dann echt keinen Bock mehr, die Lehre weiterzumachen, weil die Gesellen auch nur gemotzt haben. Da arbeitest du schon für die Gesellen mit — und hinterher motzen sie dich doch an. Wenn der Meister kommt und sie haben zu wenig geschafft, dann bist du es immer gewesen. Ich hatte keinen Bock mehr, die Scheiß-Arbeit von den Gesellen mitzumachen und dann noch den Anschiß zu kriegen. Ich habe mit der Lehre dann aufgehört und habe dann ziemlich angefangen zu saufen".

Gleichgültig, ob keine Chance zu einer beruflichen Ausbildung bestand bzw. eine Lehre abgebrochen oder auch durchgestanden wurde, haben sich die Jugendlichen entsprechend dem Gefühl, „keinen Bock" mehr auf Betrieb und Arbeit zu haben, auch verhalten. Hierin ist kein bewußter Akt der Befreiung von unerträglich gewordenen Verhältnissen zu sehen. Vielmehr haben diese Jugendlichen es offenbar weder im Elternhaus noch in der Schule gelernt, anders als mit Verweigerung auf Anforderungen zu reagieren, die ihnen unzumutbar erscheinen und denen sie sich nicht stellen wollen. Die Aufgabe der Arbeit bedeutete für fast alle auch den Verlust des Zuhauses, da sie von ihren Eltern schlicht vor die Tür gesetzt wurden, wenn sie keinen Beitrag zum Familien-Einkommen leisten konnten. Nicht wenige dieser Jugendlichen lebten längere Zeit ohne festen Wohnsitz, was auf einige heute noch zutrifft, und abgesehen von kurzfristigen Gelegenheitsjobs müssen alle mit der kärglichen Unterstützung des Sozialamtes auskommen, ohne mit der Hilfe der Eltern rechnen zu können.

Obgleich sie sich anscheinend nur verweigern, kein eigenes Ziel haben, weder die gesellschaftlichen Strukturen zur Verbesserung der eigenen Bedingungen verändern wollen noch sich die Wende zum Besseren im eigenen Schicksal von der individuellen Anstrengung versprechen, erschöpft sich das Verhalten dieser Jugendlichen dennoch nicht im passiven Hinnehmen der Verhältnisse, mit deren Zumutungen sie sich nicht abgefunden haben. Ihnen gegenüber werden Widerstände und Gegenwehr durch den Rückzug aus der gesellschaftlichen Normalität und durch die Demonstration des Unnormalen im eigenen Erscheinungsbild signalisiert. Die Perspektivlosigkeit, die ihnen auch von der gegenwärtigen Arbeitsmarktkrise aufgezwungen ist, interpretieren sie ebenso als gewollt wie das Ausgegrenztsein aus zentralen gesellschaftlichen Bereichen. Die von den Verhältnissen zunächst aufgezwungene Existenz wird somit zum eigenen Programm. Sozialer Brennpunkt ist ihnen vornehmlich das eigene subkulturelle Milieu, dessen äußerer Rahmen das sogenannte „Treff" ist — ein von der Stadt bereitgestelltes Jugendzentrum, in dem — mit geringer Resonanz — Arbeitsmöglichkeiten angeboten werden und zwei Sozialarbeiter sich um sie bemühen. Hier suchen sie Kontakte und ziehen sich nicht wie viele junge Arbeitslose in die Vereinzelung zurück.

Kein Zweifel kann daran bestehen, daß diese Jugendlichen in einem mehr oder weniger größeren Zwiespalt sind. Auf der einen Seite leiden sie unter den Entbehrungen, die mit der Arbeitslosigkeit verbunden sind, auf der anderen Seite wollen sie ein Leben, das frei von Alltagszwängen und den Bindungen ist, die sie in Familie und Betrieb kennengelernt haben. Sie schwanken zwischen dem Wunsch nach einem Leben in geordneten Verhältnissen, zu dem auch Arbeit gehört, und der Ablehnung damit verbundener Anforderungen, denen man sich nicht unterwerfen will. Diese Ambivalenz ist zwar unterschiedlich stark ausgeprägt. Aber fast ohne Ausnahme vermitteln alle im Gespräch den Eindruck, daß sie unter der Arbeitslosigkeit leiden.

Ein Teil würde für geordnete Verhältnisse auch den vermeintlichen Verlust an Selbstbestimmung, so wie sie diese verstehen, fraglos in Kauf nehmen. Sie leiden nicht nur unter den materiellen Versagungen und unter der Perspektivlosigkeit eines Lebens ohne berufliche Arbeit, sondern empfinden den eigenen Alltag auch als unausgefüllt und als zunehmend belastend. Obwohl ihnen zum Teil die Erfahrung mit einem von Arbeit geregelten Tagesablauf fehlt, setzt sich wie zumeist bei allen, die längerfristig arbeitslos sind, die Überzeugung von der Sinnlosigkeit der Zeit durch, die gänzlich dem Einfluß beruflicher Arbeit entzogen ist. Sie ist auch für sie zu verlorener Zeit geworden. Der bereits zitierte junge Punk stellt dies anschaulich dar:

„Wenn du so arbeitslos bist, dann stehst du morgens auf, das wird manchmal schon spät; dann weißt du nicht, was du machen sollst. Erstmal gammelst du in der Wohnung rum, machst dies und machst das. Wenn das fertig ist, dann stehst du wieder da: Was soll ich jetzt machen? Wenn du jetzt so zwei oder zweieinhalb Jahre arbeitslos bist und hast ab und zu mal einen Zwischenjob, wo du nebenbei ein paar Mark machen kannst, dann geht es noch. Aber wenn du jeden Morgen aufstehst, machst dies und das, läufst in der Bude rum, dann geht die Zeit total langsam rum. Mit der Zeit geht dir die Wohnung auch auf die Eier. Du hast keinen Bock mehr rumzuhängen, und dann lockt dich die Arbeit irgendwie an: Egal, was kommt, du machst die Scheiße! Erstmal bist du froh, daß du aus der Wohnung rauskommst, daß du irgendwie rauskommst, weil die vier Wände um dich rum mit der Zeit immer kleiner werden, wird alles enger, du kennst den kleinsten Nagel an der Wand. Du willst was Neues sehen. Du mußt raus! Dann haust du einfach ab. Und wenn dich mal einer zum Saufen einlädt, dann säufst du. Du machst dies und machst das, nur um nicht nach Hause zu gehen, um nicht in der Bude rumzuhocken, weil du da echt eine Klatsche kriegst. Du kriegst echt einen am Kopf, wenn du dies und das machst und dann wieder rumstehst! Was soll ich jetzt machen? Dann räumst du dieses wieder um. Ich habe mein Zimmer echt schon ein paarmal umgeräumt, nur weil ich nicht wußte, was ich machen sollte. Ich habe die Matratzen anders hingelegt, habe die Regale runtergenommen, wieder aufgehängt, hier mal etwas gestrichen — das Scheißhaus streiche ich jetzt schon zum dritten Mal, weil du echt irgend etwas machen mußt. Wenn der Treff nicht wäre, dann wäre ich bestimmt in der Klapsmühle — muß ich echt sagen. Weil die Wände hier ... die Wohnung wird immer kleiner, Tag für Tag. Du kennst alles, nach ein paar Wochen kennst du jede Ecke, selbst wenn du eine Fliege in der Wohnung hast und du winkst, dann kommt sie auch! Du mußt Abwechslung haben! Dann ist es schon mal gut, wenn du einen guten Job hast und keinen beschissenen. Wenn der Job beschissen ist, dann hast du wieder keine Lust zu arbeiten. Ist der Job gut, dann hast du auch Lust."

Wie im vorliegenden Fall verweisen alle, selbst wenn sie lautstark vorgeben, Langeweile nicht zu kennen, auf die fehlende Berufstätigkeit und den damit zusammenhängenden Mangel an Perspektive als ihr psychisches Hauptproblem, das sie am meisten belastet und innerlich am stärksten beschäftigt.

So ist es mit Ausnahme von zwei Jugendlichen, die von der „Arbeitsgesellschaft" endgültig Abschied genommen haben, keine Frage, daß alle durch Arbeit ihre Lebensbedingungen verbessern möchten. Obgleich bei einem monatlichen Einkommen zwischen 300 DM und 500 DM von der Existenznot sicherlich der stärkste Druck ausgeht, sind es nicht nur die materiellen Entbehrungen, die sie in die Arbeit zwingen, sondern auch das soziale Abseits, in dem sie stehen, und die Leere und Langeweile eines Lebens ohne Berufstätigkeit, das trotz Integration in eine Gruppe Gleichgesinnter als bedrückend empfunden wird. Fast alle sind nach längerer Zeit der Arbeitslosigkeit an einem Punkt angelangt, an dem die Angst vor der Zukunft und die Sehnsucht nach klarer von außen geregelten Verhältnissen ihnen keine Alternativen zur Berufstätigkeit zu lassen scheint. Von ihr versprechen sie sich neben größeren materiellen Sicherheiten auch mehr persönlichen Halt.

> „Heute kann man sich den Tag so einteilen, wie man will. Du kannst morgens früh aufstehen; du kannst es aber auch sein lassen. Ja, und bei der Arbeit ist auch ein bißchen Zwang. Da mußt du ja aufstehen, irgendwie. Wie gesagt: Da stehe ich lieber unter Zwang und muß aufstehen ... Ich weiß nicht, so ein Tippelbruder oder sowas möchte ich nicht werden. Ich weiß nicht, andauernd vom Sozialamt oder betteln ... Für ein Jahr oder was, das ist okay; aber andauernd, das kann ich mir nicht vorstellen ... Ich glaube, wenn alle Arbeit hätten, dann wäre auch nicht so viel mit Null-Bock. Wenn du den ganzen Tag rumgammelst, dann kriegst du eben das Null-Bock-Gefühl, dann sagst du dir: Es ist alles scheißegal" (25jähriger Jugendlicher, der als gelernter Kfz-Mechaniker in mehreren Beschäftigungsverhältnissen kurzfristig gearbeitet hat und seit 3 Jahren arbeitslos ist).

Freilich bleibt bei ihnen im Vergleich zu anderen Jugendlichen, die von der Arbeitslosigkeit in ein Beschäftigungsverhältnis gewechselt sind (vgl. Abschnitt 2.3.2.), eine Integration in Arbeit problematisch. Zwar wünschen sich alle, durch Arbeit zu geordneteren Verhältnissen zu kommen, aber, gemessen an ihren Vorstellungen von Arbeit, ist es zweifelhaft, ob sie sich mit den Verhältnissen in den Betrieben arrangieren können, auf die sie in angelernten Positionen, zu denen es für sie vermutlich keine Alternativen gibt, treffen werden. Ihr Anspruch richtet sich in erster Linie auf die Abwehr von Fremdbestimmung. Eindeutig im Vordergrund stehen bei der Bewertung der Arbeit Kriterien, die am sozialkommunikativen Rahmen, aber auch am Arbeitsinhalt orientiert sind, und mit denen jeweils die Vorstellung, selbstbestimmt arbeiten zu können, verbunden wird. So kommt es ihnen nicht nur auf ein gutes Arbeitsklima, sondern vor allem auch darauf an, mit den Arbeitskollegen die Arbeit gemeinsam planen und in Kooperation durchführen zu können. Zudem soll die Arbeit vom Inhalt her nicht nur so geschaffen sein, daß man sich zur Not an sie gewöhnen und ihr schließlich auch Interesse abgewinnen und entgegenbringen kann. Diese Jugendlichen sind — bewußt oder unbewußt — auf der Suche nach einer Arbeitsrealität, die sich ihren Lebensvorstellungen fügt. Der zitierte Punk macht dieses im Vergleich seiner Erfahrungen als Malerlehrling oder bei Aushilfsarbeiten und als „Schwarzarbeiter" deutlich, aus denen sich sein Idealbild einer Arbeit herauskristallisiert:

„Wenn ich als Maler schwarz arbeite, arbeite ich nur vier oder fünf Tage, kriege meine 700 bis 800 Mark und habe in den Tagen noch Essen, Trinken und Zigaretten frei. Das finde ich eigentlich besser, aber wenn sie dich mal an die Kandare kriegen, dann kriegst du echt viel Ärger. Die Hauptsache für mich dabei ist, daß du keine Gesellen vor dir hast, die dich anmosern. Du machst deine Arbeit und fragst dann, ‚Gefällt Ihnen das?' und sie sagen dann, ‚Astrein! Kommen sie mal wieder?' Du brauchst dufte Gesellen bei der Arbeit, mit denen du echt quatschen kannst, ab und zu mal eine schöne Zigarettenpause machen, braucht keine Flasche Bier dabei zu sein, eine Cola geht auch. Und in der Mittagspause statt Zeitung zu lesen, schön einen quatschen. Und vielleicht mal ein paar Witze machen, etwas lachen, die Arbeit nicht so direkt reinfressen. Es müßte so sein, als wenn man zuhause ist und dort tapeziert. Aber damit waren die nicht einverstanden."

Andere aus der Gruppe der Punker betonen neben dem Anspruch auf Kooperation und Rücksichtnahme auf ihr Selbstwertgefühl die inhaltlichen Interessen, wie eine 20jährige Jugendliche, die nach einer zweijährigen Lehre zur Teilezurichterin und kurzen Gelegenheitsarbeiten seit einem Jahr arbeitslos ist:

„Eine gute Arbeit müßte für mich möglichst viel Abwechslung haben, daß ich nicht jeden Tag, wenn ich nach Hause komme, denke: Ach, das muß ich jetzt machen. Jeden Handgriff, jeden Pup weiß ich schon vorher. Also, das ist also irgendwie Abwechslung, wenn ich jetzt komme und dann sagt mir einer: Jetzt mach mal dies, mach das so ... Daß ich selber das so machen kann, wie ich will und daß ich nicht gedrängt werde, halt. Das wäre schon ganz gut."

Auf dem Hintergrund des Anspruchs auf Selbstbestimmung und -verwirklichung ist die Bilanz bisher gemachter Arbeitserfahrung negativ. Abgesehen vom Geld hat die Arbeit im betrieblichen Rahmen allen nicht mehr gebracht als die Bestätigung des Eindrucks,

„daß alles Scheiße ist, wie es da abläuft. Das ist voller Terror". So sind diese Jugendlichen trotz der Entbehrung eines Lebens ohne Berufstätigkeit nicht bereit zur „Arbeit um der Arbeit willen". Den zunächst materiell begründeten Zwang, einen Teil des Tages mit Arbeit zu verbringe, akzeptieren sie nicht. Sie wollen sich dem Arbeitszwang entziehen, nicht ein nur von Arbeit bestimmtes Leben führen und sind auf der Suche nach einer Realität, die sich ihren Bedürfnissen und Vorstellungen fügt.

Die vorfindliche Realität aber verlangt von ihnen die Entscheidung zwischen einer Existenz mit fremdbestimmter Arbeit und unter Bedingungen, mit denen sie sich in der Vergangenheit schon nicht arrangieren konnten, und einer solchen ohne Arbeit, aber mit Armut und Perspektivlosigkeit, aus der sie gegenwärtig heraus wollen. Die Schwierigkeit der Situation besteht in der Wahl zwischen zwei Übeln. Kaum einer aber hat sich bisher schon endgültig von der „Arbeitsgesellschaft" verabschiedet. Fast alle versuchen — von der Existenznot getrieben — wieder in ihr Fuß zu fassen, und sind mehr oder weniger kontinuierlich auf der Suche nach Arbeit. Dabei müssen sie nicht nur mit der eigenen Ambivalenz gegenüber den Bedingungen fertig werden, die sie in den Betrieben antreffen, sondern auch mit den Vorbehalten derer, die darüber entscheiden, ob sie Arbeit bekommen. Sie sehen sich zu einem Arbeitsverständnis gezwungen, das sich mit ihrer ambivalenten Haltung der Arbeit gegenüber nicht verträgt, aus der sie offenbar keinen Hehl machen können und auch nicht wollen.

Fall 4: Zwischen Hoffnung und Resignation — fehlqualifizierte Jugendliche in einer Eingliederungsmaßnahme der Arbeitsverwaltung

Bei den Jugendlichen, die sich in einer staatlichen Maßnahme zur Verbesserung ihrer Arbeitsmarktchancen — dem sogenannten Praxistraining beim Arbeitsamt — befinden, handelt es sich um eine Gruppe mit einem gänzlich anderen sozialen Profil, was ihre familiale Herkunft, die schulische und berufliche Ausbildung betrifft, und einem grundlegend anderen Verhältnis zu Arbeit und Beruf.

Diese Jugendlichen, bei denen es sich mit einer Ausnahme um Frauen handelt, kommen durchweg aus Familien, deren Verhältnisse im landläufigen Sinn geordnet sind. Ihre Väter arbeiten in mittleren Beamten- oder Angestelltenpositionen, betreiben eine Kfz-Werkstatt oder sind als Meister bzw. Geselle im Handwerk beschäftigt. Soweit die Mütter nicht ausschließlich den Haushalt versorgen, was überwiegend der Fall ist, arbeiten sie als Krankenschwester, Verkäuferin oder Kassiererin. In ihrem Elternhaus sind sie weder mit Arbeitslosigkeit konfrontiert worden, noch berichten sie von engen materiellen Verhältnissen, die sich negativ auf ihre Zukunftschancen ausgewirkt hätten. Auch wenn sich die Väter ihrer Schullaufbahn gegenüber relativ gleichgültig verhielten, konnten sie mehrheitlich die mittlere Reife machen, der Hauptschulabschluß ist die Ausnahme und wird von den Jugendlichen selbst mit Leistungsdefiziten und Lernunlust begründet.

Ihre insgesamt eher günstige Situation veränderte sich grundlegend mit dem Ende der Schulzeit und dem Beginn des Arbeitslebens. Sie hatten zwar überwiegend ziemlich genaue Vorstellungen über ihren zukünftigen Beruf und strebten beinahe alle eine Tätigkeit im Bereich der helfenden Berufe an. Wer jedoch keine Beziehungen hatte, bei dem wurde die Suche nach einem Ausbildungsplatz zu einer abenteuerlichen Odyssee. Wenn trotz aller Enttäuschungen und Rückschläge an der getroffenen Berufswahl festgehalten und zum Teil ein weiterer Schulbesuch in Kauf genommen wurde, so ist diese Beharrlichkeit nicht nur der Unterstützung durch das Elternhaus zu verdanken. Sie kann zugleich als Ausdruck des eigenen Interesses dieser Jugendlichen am angestrebten Ausbildungsberuf gewertet werden, auch wenn es oft diffus bleibt, zum Teil weniger inhaltlich ausgerichtet und mehr von geschlechtsspezifischen Festlegungen im Berufsrollenverständnis geprägt ist. Entscheidender bleibt für den Verlauf ihres Berufswahlprozesses, wie schwer es diese Jugendlichen angesichts der Arbeitsmarktsituation hatten, die getroffene Entscheidung auf der Basis ihres erreichten Schulabschlusses zu realisieren. Man kann sagen, am Beginn ihres Arbeitslebens stand nach langem Suchen das zufällige und zumeist zweifelhafte Glück, einen Ausbildungsplatz gefunden zu haben.

Jedoch gehört es zu ihrem Berufs- und Arbeitsschicksal, daß der Ausbildungsberuf keine Perspektiven eröffnete. Überwiegend mußten sie die Erfahrung machen, trotz Ausbildungsvertrag nicht ausgebildet, sondern als billige Arbeitskraft mit typischen Hilfstätigkeiten beschäftigt zu werden. In der Ausbildung waren sie nicht nur sich selbst überlassen, sondern hatten auch nicht die Chance des „learning by doing", weil den ihnen übertragenen Arbeiten der Ausbildungswert weitgehend fehlte. Beschäftigt wurden sie damit, was schnell und problemlos erledigt werden konnte. Insbesondere Arzthelferinnen beklagen derart die Qualität ihrer Ausbildung, und in ihren Worten zeigt sich nicht nur die Verbitterung darüber, entgegen dem eigenen Anspruch etwas lernen zu wollen, nicht ausgebildet worden zu sein. Es wird auch die Enttäuschung über die Diskrepanz zwischen ihrer Vorstellung vom sozialen Charakter des Berufs einer Arzthelferin und der Realität in den Arztpraxen deutlich, bei der das soziale Berufsinteresse dieser Jugendlichen nicht zur Geltung kommen konnte.

Mit dem Ende der Lehre kam für sie die Kündigung und wegen des niedrigen Qualifikationsniveaus im erlernten Beruf eine Zeit vergeblicher Bemühungen um einen Arbeitsplatz. Zwar fanden andere zu dieser Gruppe gehörende Jugendliche vor allem, wenn sie einen Verwaltungsberuf erlernt haben, bessere Ausbildungsbedingungen vor, jedoch standen letztlich auch sie nach der erfolgreich abgeschlossenen Lehre mit leeren Händen da. Aus unterschiedlichen Gründen nicht in ein festes Beschäftigungsverhältnis übernommen, hatten auch sie als Berufsanfänger keine Chance auf einen neuen Arbeitsplatz in einem anderen Betrieb.

Für die Gruppe dieser weiblichen Jugendlichen ist die Berufsbiographie und das Verhalten einer 20jährigen Arzthelferin mit Realschulabschluß typisch. Die Erwartungen, mit denen sie — aus heutiger Sicht — nach Beendigung der Schulzeit in ihre berufliche Ausbildung ging, waren keineswegs illusionär. Sie waren am Inhalt der Tätigkeit von Arzthelferinnen orientiert und wurden von einem selbstverständlich zu nennenden Anspruch beruflicher Ausbildung gegenüber getragen. Sie wollte einen helfenden Beruf möglichst umfassend erlernen, um ihn dann weiter ausüben zu können.

„Als ich da hin kam, dachte ich, daß es ganz toll wäre, daß ich als Arzthelferin den Leuten helfen kann. Ich dachte, ich nehme Blut ab, gehe ins Labor, daß ich also eine ganz perfekte Kraft bin, wenn ich alles durchlaufen habe. Ich dachte, daß ich auch übernommen werden kann, wenn ich fertig bin. Als ich angestellt wurde, hat er auch gesagt, daß er es gerne hätte, wenn ich da ein Jahr noch bliebe …"

Bei den personellen und sächlichen Gegebenheiten im Ausbildungsbetrieb wurden ihre Erwartungen trotz aller Bescheidenheit des Anspruchs enttäuscht. Es mangelte dort schon an den erforderlichen Voraussetzungen für eine elementare berufliche Ausbildung. Die angehende Arzthelferin mußte lernen, ohne gefördert oder auch nur bei ihren Bemühungen unterstützt zu werden. Am Beginn der Schilderung ihrer Ausbildungssituation steht deshalb nicht von ungefähr das bittere Eingeständnis, in der Ausbildung nichts gelernt zu haben. Die Ausbildung ist eine verlorene Zeit, an deren Ende nicht nur ihr Mißerfolg bei der Prüfung, sondern auch ihr Rausschmiß aus dem Ausbildungsbetrieb steht.

„Ich habe in der Praxis gar nichts gelernt. Wir waren drei Kolleginnen, die war 19, ich war 18 und eine war 63. Mit der war es natürlich nicht zum Aushalten. Der Arzt selbst war auch 63, na ja. Im ersten Jahr durfte ich nur in die Dunkelkammer, ich habe also nichts anderes getan, als Cassetten auszuwechseln und Tee zu kochen. Sonst habe ich noch sauber gemacht. Aber irgendwie gab mir das nichts. Das war nicht das, was ich wollte. Im zweiten Lehrjahr kam ich in die Annahme. Ich hatte dann überhaupt nichts mehr mit Röntgen zu tun. Ich habe also gar nicht röntgen gelernt, obwohl ich beim Facharzt war. Mit meiner jüngeren Kollegin kam ich natürlich bombig aus. Mit der älteren Kollegin war es ein Problem. Sie hat uns überhaupt nicht an die Geräte rangelassen, weil sie dachte, wir nehmen ihr die Arbeit weg. Meine Kollegin hat also dort auch nichts gelernt.
Ich mußte die Prüfung auch wiederholen. Das lag zum Teil auch an meiner Praxis, weil ich da überhaupt keine Abrechnungen und sonst etwas gemacht habe. Das hat alles die ältere Kollegin gemacht. Ich hatte damit überhaupt nichts zu tun gehabt. Schreibmaschine konnte ich auch nicht richtig. Wir haben in der Praxis eine Schreibkraft gehabt. Ich habe niemals Berichte geschrieben. Das, was wir in der Schule lernten, das konnte ich schon, aber nicht das, was der Doktor wollte, also vom Band schreiben und dazu noch die ganzen Wörter. Die Ausbildung war wirklich schlecht. Ich habe praktisch nur in der Annahme gesessen und gewartet, daß jemand ankam; habe das Telefon bedient, die Tüten für die Bilder fertiggemacht, Befunde in die Umschläge reingetan, und das war es schon. Wir hatten kein Labor. Wir hatten gar nichts. Ich würde nie wieder eine Lehre bei einem Facharzt anfangen."

Nach der Ausbildung aber zeigt sich mit der Arbeitslosigkeit erst das volle Ausmaß der Konsequenz von Lehrjahren, die keine Lehrjahre sind. Alle Bemühungen um einen Arbeitsplatz bleiben vergeblich und bringen ihr nur die Erfahrung eines „endlosen Weges ohne Ausweg" aus der beruflichen Perspektivlosigkeit.

„Ich mußte dann nach der Ausbildung von der Arztpraxis weggehen und habe mich dann bei anderen Ärzten beworben. Ist ja klar, das ist das Nächste, was man macht. Aufgrund der geringen Erfahrungen wurde man nicht genommen ... Ich habe mich hier bei sämtlichen Ärzten beworben. Da hieß es immer, was ich denn gelernt hätte, wo ich herkäme. Dann habe ich gesagt, was Sache war, worauf die wiederum sagten, daß ich einfach zu geringe Kenntnisse hätte, was ich auch von jedem Arzt höre. Ich habe jetzt eigentlich für die Katz gelernt. Dann habe ich mir gedacht, daß ich so ja nichts bekomme. Ich muß also von irgendwo die fehlende Erfahrung aufbringen und habe dann versucht, bei einem Arzt umsonst zu arbeiten. Ich war dann da, durfte aber wegen der Versicherung nur zugucken, weil ich da nicht arbeite. Vom Zugucken lernt man aber auch nichts, also hab ich es sein gelassen."

Sie bemüht sich intensiv weiter um eine bessere Berufsperspektive; will sich zur Röntgenassistentin umschulen lassen, was aber so kurz nach Ausbildungsabschluß nicht geht. Sie bewirbt sich in einem Altersheim als Altenpflegerin, sucht in Krankenhäusern um eine Stelle nach — alles umsonst, wegen ihrer Ausbildung als Krankenhelferin. Selbst im Einzelhandel kommt sie nicht als Verkäuferin unter, man verlangt von ihr eine Umschulung zur Verkäuferin. Ihr Fazit: „Ich konnte also als Arzthelferin nichts machen. Immer diese Absagen hören, das ist auch ein endloser Weg ohne Ausweg". Zur Zeit hat sie wie die anderen Jugendlichen in einem sogenannten Praxistraining der Arbeitsverwaltung, in dem ihnen Bürokenntnisse zur Verbesserung ihrer beruflichen Chancen vermittelt werden sollen, Beschäftigung gefunden. Die Maßnahme hat aber weder einen Aus- noch Weiterbildungswert, da man den Jugendlichen bloß Hilfstätigkeiten wie Sortierarbeiten, Botengänge, Schreibarbeiten und einfache Verwaltungsaufgaben mit Routinecharakter überträgt. Zwar wird die praktische Tätigkeit in der Verwaltung an einem Tag in der Woche durch Schulunterricht ergänzt, die Maßnahme aber insgesamt ohne Zertifikat abgeschlossen. Es kann deshalb nicht überraschen, daß sie von den Jugendlichen selbst als eine Art von Beschäftigungstherapie erlebt wird, die von der Arbeitslosigkeit ablenkt, aber nicht befreit. Die junge Arzthelferin sieht die Maßnahme recht desillusioniert:

„Es heißt, daß man Einblick in die Verwaltung bekommen soll. Ich muß aber sagen, daß der Einblick nicht sehr groß ist. Man kann kopieren, hört auch, was die Arbeitsamtsberater mit den Arbeitslosen bereden. Man kann aber nicht mithelfen, weil man keine Ahnung davon hat. Man kann also nur Einladungen schreiben, stempeln, Sachen tragen und kleine Erledigungen für die Leute machen. Ich meine, daß es schön und gut ist, es ist aber eine reine Zeitbeschäftigung. Davon habe ich auch gar nichts. Wenn wir im November fertig sind, können wir theoretisch bei der Gesundheitsbehörde, wo ich mich früher auch schon beworben habe und was auch nicht ging, oder auch bei der AOK einen Arbeitsplatz finden. Es heißt aber nur, es könnte sein, und das mit dem könnte, das hatte ich auch schon vorher. Ich habe also keine große Hoffnung. Ich habe also sehr viel allein gemacht, habe in die Zeitungen geschaut, bin in die Betriebe gegangen. Ich habe mir gesagt, daß ich lieber in die Fabrik gehe, bevor ich nichts mache; aber selbst dort bekommt man nichts."

Für sie wie für ihre Kolleginnen wiederholt sich mit der Arbeitsamtsmaßnahme die Erfahrung mit der Berufsausbildung: daß sie für Engagement und Aufwand nur eine Scheinausbildung erhalten. Insofern ist auch die Arbeitsamtsmaßnahme eher eine Bestätigung von Perspektivlosigkeit als die Eröffnung neuer Perspektiven. Obwohl sie einmal die Entwertung ihrer Ausbildungsanstrengungen erfahren haben und sie jetzt ein zweites Mal fürchten müssen, halten sie zäh an einer Arbeitsperspektive fest, und das heißt für sie möglichst eine Tätigkeit, bei der sie es mit Menschen zu tun haben, für die sie sich einsetzen können, und bei der sie zugleich ein gutes Arbeitsklima unter Kollegen haben. Von ihr versprechen sie sich Impulse für ihre eigene weitere Entwicklung. Aus eigener Erfahrung kennen sie die destruktiven Folgen der Arbeitslosigkeit für das Selbstwertgefühl, sie kennen die Erfahrung, ,,daß du dann plötzlich unbrauchbar bist." Weil sie sich selbst beweisen wollen, daß sie etwas Sinnvolles tun können, lassen sie sich die Arbeitsperspektive auch nicht von der Verlockung durch Ehe und Familie, durch das so häufig für Frauen beschworene Ausweichen auf die weibliche ,,Alternativrolle" zur Arbeit, abkaufen.

,,Also ich weiß, daß ich Familie will, daß ich das unbedingt will. Das wär schon mal phantastisch. Das ist eigentlich so mein Traum. Aber vorher möchte ich auch irgendwie was geschafft haben für mich selbst. Also, daß ich 'ne Arbeitsstelle gehabt, wo ich mich wohlgefühlt habe ... Ich will nicht irgendwie so sein, was weiß ich, ein hohes Tier werden. Ich will nur eine Arbeit haben, in der ich mich wohlfühlen kann und wo nicht so Angst herrscht, daß der eine wegen dem anderen die Arbeit verliert. Also irgendwas machen, was Sinnvolles möglichst noch, das Gefühl haben, daß man Menschen irgendwo geholfen hat, daß man sie weitergebracht hat. Damit wäre ich zufrieden" (21jährige Jugendliche mit mittlerer Reife und einer Ausbildung zur Arzthelferin).

Soll somit der Beruf nach eigenem Anspruch auch weiterhin zentraler Bezugspunkt für diese Jugendlichen bleiben und wird ihm von allen für die eigene Pesönlichkeitsentwicklung entscheidende Bedeutung zuerkannt, so äußern sich jedoch beinahe alle skeptisch oder gar pessimistisch darüber, ob sie eine Zukunft vorfinden werden, die diesem Elementaranspruch gerecht wird. Anpassung und Resignation sprechen aus den Interviews, vor allem aber Wut und Verzweiflung darüber, nichts für die Einlösung des eigenen Anspruchs an Arbeit tun zu können. Unter allen befragten Jugendlichen gibt es keine Gruppe, die eine ähnlich weitreichende Hypothek einer falschen Berufswahl und einer häufig unzulänglichen Ausbildung zu tragen gehabt hätte.

2.3.5. Typische Formen der Auseinandersetzung von Jugendlichen mit Arbeit (Zusammenfassung) — Zur Korrektur gängiger Vorstellungen

Die verschiedenartigen Formen der Auseinandersetzung von Jugendlichen mit ihrer jeweiligen Arbeits- und Arbeitsmarktsituation bestätigen weder die gängigen kulturkritischen noch die eher progressiv-kritischen Beiträge der letzten Jahres zum Verhältnis von Jugendlichen zur Arbeit. Gemäß den in ihnen mit Nachdruck vertretenen Thesen müßte man nicht allein hinter stark krisengebeutelten Berufsverläufen, sondern auch hinter der Fassade glatter und erfolgreicher Berufsbiographien einen Prozeß zunehmender und tiefgehender Arbeitsfrustration mit weitreichenden Verhaltenskonsequenzen vermuten. Diese werden nicht so sehr als unmittelbare Folge krisenbedingt problematischer Berufsverläufe, sondern eher als Konsequenz ungleichzeitiger und strukturell gegenläufiger Entwicklungen von vorberuflich erworbenen Dispositionen und Anspruchshaltungen einerseits und Organisationsprinzipien betrieblicher Arbeit andererseits begründet (Strümpel 1986, ähnlich Hornstein 1982; Beck 1984). Durch vorberufliche Sozialisationserfahrungen (materieller Wohlstand, Bildungsexpansion, erweiterte Freiräume zum Experimentieren) bedingt, finde eine „Anspruchsrevolution" in Richtung auf persönliche Erfüllung und Selbstverwirklichung statt, die aber an den erstarrten Organisationsstrukturen scheitere, und dieses Scheitern führe bei den Jugendlichen zu Frustration, innerem Rückzug und Leistungszurückhaltung (von Klipstein/Strümpel 1985, S. 268). Empirische Ergebnisse einer einzigen Untersuchung können sicherlich eine so weitreichende und komplexe These wie die von der „evolutionären Dissonanz" zwischen subjektiven Anspruchshaltungen und betrieblichen Arbeitsstrukturen nicht erschöpfend bestätigen oder widerlegen. Die Ergebnisse unserer Untersuchung enthalten aber genügend Hinweise darauf, daß die Verhaltenskonsequenzen aus der Erfahrung von Dissonanzen zwischen Arbeitsansprüchen und Arbeitsrealität bei Jugendlichen den von Klipstein/Strümpel behaupteten Reaktionsmustern kaum entsprechen.

Weder für jene Hälfte der Jugendlichen, die relativ glatt durch die Krise gekommen sind, noch für den anderen Teil junger Frauen und Männer, deren Berufsverläufe deutliche Spuren negativer Beeinträchtigung durch die Krise aufweisen, lassen sich Wahrnehmungs-

und Verarbeitungsmuster als dominant aufweisen, die einer derartigen Hauptlinie der Interpretation jugendlichen Arbeitsverhaltens entsprächen: Das Bild einer Generation, die anfänglich hohe Ansprüche an Arbeit nach frustrierenden Arbeitserfahrungen zurücknimmt, sich in den Schmollwinkel zurückzieht und vornehmlich auf Schonung der eigenen Kräfte bedacht ist, entspricht nicht der Realität einer Jugend, die sich mehrheitlich mit schwierigen Bedingungen auf dem Arbeitsmarkt und in der betrieblichen Arbeit unter Aufrechterhaltung ihrer Ansprüche an Arbeit offensiv und vielfach mit hohem persönlichen Leistungseinsatz zu arrangieren versucht.

Zwar stellen auch wir hohe subjektive Ansprüche nach Sinnerfüllung bei der Mehrheit der Jugendlichen fest, verkehrt aber ist die Behauptung, daß diese Ansprüche wie ein Strohfeuer verglimmen, wenn sie nicht sofort erfüllbar sind und die Realität im Betrieb wie auf dem Arbeitsmarkt ihnen entgegensteht. Große Teile gerade der stark krisenbetroffenen Jugendlichen — man erinnere sich etwa an die unterqualifiziert eingesetzten Facharbeiter — zeigen, mit wieviel persönlichem Einsatz sie ihre Ansprüche aufrechtzuerhalten und umzusetzen versuchen; sie strafen die Vorstellung von einer anspruchsvollen, aber mit wenig Durchhaltevermögen und individueller Widerstandskraft ausgestatteten Generation Lügen. Dem tut auch die Tatsache keinen Abbruch, daß für einen Teil, etwa ein Fünftel unseres Samples, die äußeren Bedingungen so schlecht sind, daß ihnen wenig anderes als Resignation übrigbleibt; sie freilich sind keine Repräsentanten der „Anspruchsrevolution" (vgl. Tabelle 9).

Verkehrt ist auch die der These von der „evolutionären Dissonanz" zugrundeliegende Annahme, daß gleichsam sprunghaft gestiegene Ansprüche die Jugendlichen die Betriebsrealität mehr oder weniger zwangsläufig enttäuscht wahrnehmen lassen müßten. Wo manifeste Enttäuschungen und Anspruchsverletzungen hervorgehoben werden, wie bei vielen krisenbetroffenen Jugendlichen, liegt die Ursache dafür in der Regel nicht in hohen oder gar überhöhten Ansprüchen, sondern in der Verletzung von Basisansprüchen und -interessen an Arbeit. Bei denjenigen, die glatt durch die Krise gekommen sind, finden wir tiefergehende Enttäuschung nur bei einer Minderheit von etwa 10 %, bei der auch nicht irgendwelche wirklichkeitsfremden Vorstellungen das Leiden an ihrer Arbeitssituation hervorgerufen haben und dieses sie vor allem nicht handlungsunfähig macht. Die überwiegende Mehrheit dieser einen Hälfte unseres Samples aber erlebt den Betriebsalltag nicht vornehmlich als Verletzung ihrer Ansprüche. Zwar ist auch ihre berufliche Erfahrung von Enttäuschungen nicht frei, und ihrer aktuellen Arbeitssituation stehen sie keineswegs kritiklos gegenüber, aber weder ist ihr Berufsweg eine einzige Kette von Frustrationen, noch trägt die Wahrnehmung der aktuellen Situation überwiegend den Stempel von Arbeitsleid. Gerade aus positiven Momenten der Wahrnehmung und der Identifikation mit ihrer Tätigkeit ziehen sie jenes Selbstbewußtsein, das viele von ihnen Überlegungen und Aktivitäten zur Verbesserung der eigenen beruflichen Entwicklungschancen ergreifen läßt.

Fünf typische Formen der Auseinandersetzung mit Arbeit

Unsere Ausleuchtung der Auseinandersetzung von Jugendlichen mit ihrer Arbeit läßt insgesamt fünf, in ihren Grundzügen deutlich unterscheidbare typische Formen erkennen. Bereits aus den Einzelfallschilderungen dürfte klar geworden sein, daß es sich hier in der Tat nur um charakteristische Grundlinien im Verhalten handelt, wobei sich die konkreten Formen auf ganz unterschiedlichem Anspruchsniveaus bewegen und, bezogen auf die inhaltliche Ausrichtung von Ansprüchen und Orientierungen, in starkem Maße differieren.

Tabelle 9: Typische Formen der Auseinandersetzung mit Arbeits- und Arbeitsmarktsituationen (in %)

Form der Auseinandersetzung n =	Gesamt 168	männlich 87	weiblich 81
Veränderungsaktivitäten im Sinne des beruflichen Vorwärtskommens	26	33	17
Veränderungsaktivitäten im Sinne des Herauswollens aus einer als unbefriedigend empfundenen Situation	20	22	19
Sich-Einrichten in der Situation	35	30	39
Sich-Abfinden mit der Situation; Momente von Resignation und Rückzug	14	14	15
Leiden an der Situation; ohne aktive Verhaltensmöglichkeiten	(5)	(1)	10
Total	100	100	100

Typisch für die *erste Form der Auseinandersetzung,* die wir bei etwa einem Viertel der Jugendlichen und, wie die Tabelle 9 zeigt, vor allem bei jungen Männern antreffen, ist das aktive Bestreben, beruflich vorwärtszukommen. In der Regel befinden sich diese Jugendlichen bereits in einer vergleichsweise günstigen Situation, die aber noch hinter ihren zumeist sehr entwickelten Ansprüchen an Arbeit und Beruf zurückbleibt.

Sie betrachten ihren bisherigen Berufsweg zwar meist als Erfolg, geben sich mit dem Erreichten aber noch nicht zufrieden, sondern versuchen, die Situation entsprechend ihren weitergehenden Vorstellungen auszubauen und zu optimieren. Sie engagieren sich in ihrer Arbeit und versuchen, sich Voraussetzungen zu schaffen, die ihnen ein berufliches Vorwärtskommen ermöglichen; sie legen ein aktives Informationsverhalten an den Tag, erkundigen sich betriebsintern oder auch extern nach Arbeitsplätzen, die ihren Vorstellungen eher entsprechen, nehmen zum Teil an inner- und außerbetrieblichen Weiterbildungsmaßnahmen teil oder bekunden doch zumindest ein verbindliches Interesse daran, sich weiter zu qualifizieren. Für die Verbesserung ihrer beruflichen Situation sind sie bereit, Abstriche von ihrer Freizeit zu machen oder private Interessen, zumindest eine zeitlang, hintanzustellen.

Veränderungsaktivitäten sind auch kennzeichnend für den *zweiten Typ:* für jene Jugendlichen, die aus einer *als unbefriedigend empfundenen Situation herauswollen.* Sie sind allerdings völlig anders motiviert. Nicht der Wunsch, auf Basis des bereits als Erfolg gesehenen Erreichten beruflich vorwärtszukommen, bestimmt ihr Verhalten, sondern das aktive Bestreben, eine als unbefriedigend empfundene Situation zu verlassen. Im Extrem ist es der Kampf gegen ein Berufsschicksal, das in hohem Maße als enttäuschend erlebt wird, da es den ursprünglichen Wünschen und Vorstellungen in keiner Weise entspricht. Die Jugendlichen dieses Typs, zu dem jeder fünfte der von uns Befragten zählt und der besonders deutlich bei den unterqualifiziert eingesetzten Facharbeitern und Fachangestellten hervortritt, sind nicht bereit, die erlittenen Anspruchsverletzungen zu erdulden und die gegebene Situation zu akzeptieren. Sie suchen aktiv nach anderweitigen Möglichkeiten, wobei auch Betriebs- und Berufswechsel in Betracht gezogen werden. Bei dieser Suche lassen sie sich auch durch negative Erfahrungen nicht abschrecken, sondern setzen — häufig durchaus im Bewußtsein eines ungewissen Ausgangs — ihre Energie darauf, aus der Situation herauszukommen.

Die *dritte typische Auseindersetzungsform mit Arbeit* läßt sich als ein *Sich-Einrichten im Erreichten* charakterisieren. Auch hier fällt eine geschlechtsspezifische Differenz auf: Es sind vor allem die jungen Frauen, die sich mit dem Gegebenen — wenn auch nicht kritiklos — arrangieren. Wenn sich diese Jugendlichen relativ problemlos in ihrer Situation einrichten, so auf dem Hintergrund einer beruflichen Situation, die ihren Vorstellungen und Erwartungen weitgehend genügt, die sie also nicht in Form mehr oder weniger massiver Anspruchsverletzungen erfahren und die ihnen von daher auch positive Identifikationsmöglichkeiten bietet. Es besteht für diese Jugendlichen also kaum ein Anlaß, die Situation zu verändern und sich aktiv umzuorientieren. Dementsprechend finden wir bei ihnen auch keine auf Veränderung ihrer Situation zielenden Planungen oder gar Ansätze eines aktiven Veränderungsverhaltens mit dem Ziel, sich beruflich zu verbessern oder der Situation den Rücken zu kehren. Man hält vielmehr am einmal Erreichten fest und denkt seine berufliche Zukunft gleichsam in Verlängerung des Status quo.

Anders sieht die *vierte typische Auseinandersetzungsform* aus: Es ist nicht das relativ problemlose, zum Teil auch selbstgenügsame Sich-Einrichten in der Situation, sondern ein *defensiv angepaßtes Sich-Abfinden,* bei dem die Momente von Resignation mehr oder weniger stark durchschlagen. Das Arrangement dieser Jugendlichen mit ihrer Situation läßt sich zumeist als Resultat eines inneren Anpassungsprozesses charakterisieren, in dessen Verlauf sie schrittweise von weitergehenden Ansprüchen und Vorstellungen Abstand genommen haben; als Resultat eines sukzessiven Rückzugsverhaltens, das sie sich häufig mit Blick auf jene erleichtern, die es noch härter getroffen hat als sie. Nach dem Motto, daß der Spatz in der Hand der Taube auf dem Dach allemal vorzuziehen sei, halten sie, durch Negativerfahrungen vorsichtig geworden, am Gegebenen fest, selbst wenn sie sich mit einer Situation konfrontiert sehen, die häufig kaum mehr als minimale Ansprüche erfüllt.

Eine *fünfte typische Auseinandersetzungsform finden* wir schließlich in Gestalt der Jugendlichen, die *unter ihrer Situation,* sei es in der Arbeit oder als Arbeitslose massiv *leiden,* sich dieser Situation lieber heute als morgen entziehen, sich umorientieren oder noch einmal einen Start probieren würden, aber keine aktiven Verhaltensmöglichkeiten sehen. Eigentlich können sie sich mit der Situation nicht abfinden, da sie in ihren Augen nicht einmal mehr den besagten Spatz in der Hand repräsentiert; zugleich erscheint sie ihnen aber ausweglos und durch eigene Kraftanstrengungen nicht veränderbar. Resignation und Passivität in und gegenüber einer Situation, unter der man zugleich leidet, sind die Folge. Der innere Rückzug, der mehr oder weniger ausgeprägt bereits bei jenen deutlich wird, die sich mit ihrer Situation abfinden, ist bei diesen Jugendlichen sehr viel weiter fortgeschritten. Sie stellen gleichsam eine Extremgruppe dar, von der es kaum verwundern kann, daß sie sich, wie wir sehen werden, vor allem aus hart krisenbetroffenen Jugendlichen zusammensetzt. Bemerkenswert erscheint uns angesichts des hohen Ausmaßes von Krisenerfahrungen in unserer Untersuchungsgruppe, daß dieser Typ so niedrig besetzt ist (5 % — vgl. Tabelle 9).

Angesichts des großen Ausmaßes an Krisenbetroffenheit drücken die quantitativen Verteilungen auf die fünf Formen der Auseinandersetzung ein hohes arbeitsbezogenes Aktivitätsniveau aus: Knapp ein Fünftel — bei den Frauen wegen der schlechteren Arbeitsmarktbedingungen fast ein Viertel — verhält sich resignativ, während sich die Mehrheit der Jugendliche, gemessen an den eigenen Vorstellungen, entweder relativ problemlos mit der vorfindlichen Situation arrangieren kann (35 %) oder aber versucht, durch eigene Anstrengungen aus einer als unbefriedigend empfundenen Situation herauszukommen (20 %) bzw. eine bereits relativ günstige Situation weiter zu verbessern und nach vorne zu öffnen (26 %).

Bei der Frage nach den Bedingungen für die unterschiedlichen Formen der Auseinandersetzung mit ihrer Arbeitssituation sticht der Zusammenhang mit dem Ausmaß der Krisenbetroffenheit des eigenen Berufsverlaufs ins Auge. Dies ist nicht überraschend, interessant ist allerdings die Art und Weise, wie sich die Krisenbetroffenheit der Jugendlichen geltend macht. Wie aus Tabelle 10 hervorgeht, sind es vor allem die glatt durch die Krise gekommenen Jugendlichen, die entweder an der Verbesserung ihrer beruflichen Position arbeiten oder aber, sofern das bisher Erreichte ihren Ansprüchen genügt, sich in der gegebenen Situation einrichten. Dies kann auch ein erheblicher Teil derjenigen, die von der Krise nur mehr oder weniger stark tangiert worden sind, ohne gleich in eine Negativkarriere abgedrängt worden zu sein. Ein Teil dieser noch einmal mit „blauem Auge" Davongekommenen versucht, zumindest das Erreichte zu sichern. Die größere Gruppe von ihnen allerdings bemüht sich, ihre Situation noch einmal zu verändern und strebt aktiv eine Verbesserung ihrer Lage an. Hier handelt es sich beinahe ausschließlich um Jugendliche, die über eine qualifizierte

Tabelle 10: Typische Formen der Auseinandersetzung mit Arbeit nach Berufsverlaufstypen (in %)

Berufsverlaufstyp Auseinandersetzung mit der Arbeit n =	glatt durch die Krise Gekommene (Typen 1+2)	von der Krise Tangierte (Typen 3+4)	an der Krise Gescheiterte (Typen 5+6)
	84	38	46
Veränderungsaktivitäten im Sinne des beruflichen Vorwärtskommen	46	(8)	(2)
Veränderungsaktivitäten im Sinne des Herauswollens aus einer als unbefriedigend empfundenen Situation	10	45	20
Sich-Einrichten in der Situation	43	39	15
Sich-Abfinden mit der Situation	—	(8)	46
Leiden an der Situation, ohne aktive Verhaltensmöglichkeiten	(1)	—	17
Total	100	100	100

Berufsausbildung verfügen, aber nicht ausbildungsadäquat eingesetzt sind. Gerade sie sind nicht bereit, das Gegebene hinzunehmen und sich in ihr Schicksal zu fügen. Sie klagen ihre Ansprüche vielmehr offensiv ein und konzentrieren ihre Energie darauf, das Blatt noch einmal zu wenden. Ähnlich verhält sich zwar auch noch eine relevante Minderheit unter den hart Krisenbetroffenen, und zwar jeder Fünfte, doch hat die Mehrheit dieser Jugendlichen die Hoffnung bereit aufgegeben. Beinahe zwei Drittel von ihnen finden sich entweder resigniert mit der gegebenen Situation ab oder leider unter ihr, ohne die Möglichkeit eines Auswegs zu sehen. Geht man von der unterschiedlichen Krisenbetroffenheit der Jugendlichen aus, so heißt dies, daß gerade diejenigen, deren Situation am ehesten der Verbesserung bedarf, am wenigsten in der Lage sind bzw. sich am wenigsten dazu in der Lage sehen, etwas an der Situation zu ändern, selbst wenn sie ihnen Ansprüchen in keiner Weise genügt. Umgekehrt finden wir Veränderungsaktivitäten insbesondere in Sachen des beruflichen Vorwärtskommens gerade unter den Jugendlichen, die sich in einer Situation befinden, die der Verbesserung objektiv gesehen am wenigsten bedürfte. Die differenzierende Wirkung der Krise, die sich bereits in unterschiedlichen Berufsverläufen geltend macht, reproduziert sich hier noch einmal in verschärfter Form auf der Ebene des Verhaltens in bzw. des Umgangs mit der jeweils gegebenen Situation.

Nun wissen wir, daß das Verhalten der Jugendlichen keineswegs allein situativ bestimmt ist. Wie sie mit einer Situation umgehen, wie also die Auseinandersetzung mit den jeweils gegebenen äußeren Bedingungen ausfällt, ist immer auch in entscheidendem Maße davon abhängig, über welche Verarbeitungskapazitäten und Handlungspotentiale sie verfügen. Daß diese wiederum entscheidend von vorgängigen Sozialisationsprozessen und -erfahrungen bestimmt werden, ist ebenfalls hinlänglich bekannt. Bei den arbeits- und berufsbezogenen Verhaltensweisen Jugendlicher zeigt sich eine gleichsam kumulative Wirkung der vorgängigen Sozialisationseinflüsse. Die Jugendlichen, die unter ungünstigen Sozialisationsbedingungen herangewachsen sind und sowohl in der Familie als auch in der Schule Erfahrungen machen mußten, die sie eher verunsicherten als in ihrem Selbstbewußtsein förderten, die zu Selbstzweifeln beitrugen und sich mithin eher hemmend auf jene Fähigkeiten und Potentiale auswirkten, die zur produktiven Bewältigung anstehender Probleme unerläßlich sind, haben im Schnitt nicht nur ungünstigere individuelle Startvoraussetzungen erwischt, die sie heute in eine Sitation gebracht haben, in der sie sich nur schwer wiederfinden, sondern sie verfügen zugleich auch über ein geringeres Maß an Verhaltensmöglichkeiten, um sich in dieser Situation zu bewegen bzw. offensiv mit ihr umzugehen. Besonders deutlich wird dies, wenn wir den Sozialisationshintergrund jener Gegengruppe von Jugendlichen betrachten, deren Auseinandersetzungsform durch Veränderungsaktivitäten gekennzeichnet ist, sei es im Sinne des beruflichen Vorwärtskommen, sei es im Sinne des Herauswollens aus einer als unbefriedigend empfundenen Situation. Wir finden unter ihnen insbesondere Jugendliche, deren familiale Sozialisation eher durch produktiv-diskursive Auseinandersetzungsformen geprägt war, die also in einem Erziehungsklima groß geworden sind, in dem sich Verhaltensfähigkeiten wie Selbständigkeit, Offenheit, Neugier und Lernfähigkeit weitaus besser entwickeln konnten als in jenen Familien, in denen konflikthafte, spannungsgeladene oder gleichgültige Interaktionsstile dominierten.[18]

Ähnliche Zusammenhänge zeigen sich, wenn man die typischen Formen der Auseinandersetzung mit Arbeit auf die vorgängigen Schul- und die beruflichen Ausbildungserfahrungen bezieht. Aktivitäten insbesondere im Sinne des beruflichen Vorwärtskommens finden wir vor allem unter den Jugendlichen, die ihre Schulerfahrungen rückblickend eher positiv schildern und die ihren beruflichen Ausbildungsprozeß eher als Zugewinn erfahren haben, da er sich positiv auf die Entwicklung ihrer Kompetenzen und Interessen ausgewirkt habe. Die Jugendlichen, deren Erfahrungshintergrund in diesen Punkten eine eher negative Färbung aufweist, und vor allem jene, die einen beruflichen Sozialisationsprozeß durchlaufen haben, der kaum geeignet gewesen ist, berufliche Interessen zu wecken und zu fördern, tendieren dagegen häufiger zu einem passiven Hinnehmen ihrer aktuellen Situation.

2.4. Zum neuen Arbeitsverständnis von Jugendlichen: Die Dominanz sinnhaft-subjektbezogener Ansprüche gegenüber materiell-reproduktionsbezogenen Ansprüchen an Arbeit

Zielpunkt unserer Darstellung der Auseinandersetzung von Jugendlichen mit ihrer alltäglichen Arbeits- bzw. Arbeitsmarktsituation ist die Aufdeckung der Ansprüche und Orientierungen, mit denen Jugendliche heute der Erwerbsarbeit gegenübertreten. Sie sind in den Schilderungen ihrer Wahrnehmung auch hinreichend sichtbar geworden. Bei dem Versuch, sie in Form dominanter Orientierungen auf Arbeit zu klassifizieren, orientieren wir uns an dem von Schumann u.a. (1982) entwickelten Konzept eines doppelten Bezugs auf Arbeit, mit dem sich jeder Arbeitende zum einen als Besitzer von Arbeitskraft (Arbeitskraftperspektive), zum anderen (und zugleich) als Person mit je spezifischen Ansprüchen, Interessen und Erwartungen auf Arbeit in ihrer konkreten Gestalt bezieht (Subjektperspektive).[19] In Anlehnung an dieses Konzept unterscheiden wir zwischen *sinnhaft-subjektbezogenen* und *materiell-reproduktionsbezogenen* Dimensionen des Arbeitsverständnisses.

Unter die *sinnhaft-subjektbezogene Dimension*, die sich an ganz unterschiedlichen Aspekten betrieblicher Arbeit festmachen läßt, subsumieren wir folgende Ansprüche / Anspruchsdimensionen:

— Ansprüche, sich als Person mit seinen Fähigkeiten, Kompetenzen und Ideen in die Arbeit einbringen zu können; das Interesse, sich inhaltlich in ihr wie-

derzufinden oder, wenn man so will, sich in ihr verwirklichen zu können. Ansprüche in dieser Richtung zielen auf die Arbeit als konkrete Tätigkeit, d.h. auf den konkreten Arbeitsvollzug;
— Ansprüche in Richtung sozial befriedigender Kommunikations- und Umgangsformen; das Bedürfnis nach sozialer Anerkennung durch Vorgesetzte und Arbeitskollegen sowie Ansprüche in Richtung der sozialen Integration in und durch Arbeit. Ansprüche dieser Art zielen auf kommunikative und sozial-integrative Aspekte von Arbeit, wobei der Betrieb als sozialer Raum mit spezifischen Handlungsbedingungen und -möglichkeiten thematisiert wird;
— das Interesse an Status und Karriere und damit gesetzte Ansprüche, die sich nicht nur auf die soziale Anerkennung *in* der Arbeit, sondern zugleich auch auf Außenaspekte der Arbeit beziehen. Es handelt sich hier insofern um eine Sonderkategorie, als wir damit über die Ebene der Auseinandersetzung mit betrieblicher Arbeit hinausgehen und uns auf die Ebene über Arbeit und beruflichen Status vermittelter gesellschaftlicher Anerkennung beziehen.

Unter die *materiell-reproduktionsbezogene Dimension* fallen in unserem Konzept folgende Ansprüche / Anspruchsdimensionen:

— Ansprüche an die Vernutzung der Arbeitskraft; sie zielen auf die vorfindlichen Arbeitsbedingungen und thematisieren sie vornehmlich unter dem Aspekt der Arbeitsbelastung bzw. unter dem Aspekt von Freizeit und Privatinteressen, die unter den gegebenen Bedingungen nicht oder nur eingeschränkt wahrgenommen werden können;
— Ansprüche an die materielle Sicherheit der individuellen Lebensgestaltung, d.h. vor allem an die Sicherheit des Arbeitsplatzes und des Einkommens; thematisiert wird hier der Charakter von Arbeit als Mittel zum Zweck individueller Reproduktion, der unter den gegebenen gesellschaftlichen Bedingungen allgemein gesetzt ist.

Wenn wir das Arbeitsbewußtsein der Jugendlichen nach diesen Anspruchsdimensionen differenzieren, so handelt es sich dabei um eine analytische Unterscheidung, keineswegs um Gegensätze oder sich ausschließende Betrachtungsperspektiven. Bei jedem Jugendlichen sind selbstverständlich beide Betrachtungsperspektiven vorhanden, unterschiedliche Formen des Arbeitsbewußtseins ergeben sich aus der konkreten Ausprägung und dem Gewicht jeder der Dimensionen. Die von uns vorgenommenen Zuordnungen sind also immer im Sinne von subjektiven Gewichtungen und Relevanzzuweisungen zu begreifen, die sich jeder falschen Entgegensetzung von „instrumentellen" und „inhaltlichen" Ansprüchen an Arbeit und einem entsprechenden Verständnis von Arbeit entziehen.

Nimmt man eine Klassifizierung des Arbeitsverständnisses der Jugendlichen nach der jeweils dominanten Anspruchsdimension vor, so ergibt sich, wie Tabelle 11 zeigt, folgende Verteilung:
Die größte Gruppe der von uns befragten Jugendlichen (42 %) formuliert in den Gesprächen in erster Linie Ansprüche, die sich auf die *konkreten Inhalte der Arbeit* bzw. auf jene Verhaltens- und

Tabelle 11: Dominante Anspruchsdimensionen an Arbeit (in %)

Dominante Anspruchsdimension n =	Gesamt 166*	Männlich 85	Weiblich 81
Arbeitsinhaltliche Aspekte/Selbstbestätigung in der Tätigkeit	42	47	37
Kommunikative Aspekte/soziale Integration	24	13	37
Statuserwerb/Karriere	(7)	11	(2)
Arbeitsbedingungen: Belastungen/Arbeitszeiten/betriebliche Leistungsansprüche	(7)	(9)	(4)
Materielle Sicherheit/Einkommen	20	20	20
Total	100	100	100
Sinnhaft-subjektbezogene Ansprüche	73	71	76
Materiell-reproduktionsbezogene Ansprüche	27	29	24
Total	100	100	100

* 2 Gespräche sind nicht einstufbar

Interpretationsmöglichkeiten beziehen, die sich in der jeweiligen Tätigkeit eröffnen: Sie wollen innerlich an der Arbeit beteiligt sein, sich als Person in sie einbringen können und über sie eine Bestätigung eigener Kompetenzen erfahren. Man will sich in der Arbeit, die interessant und vielseitig sein soll, nicht wie ein Jedermann, sondern als Subjekt mit besonderen Fähigkeiten, Neigungen und Begabungen verhalten können und die Tätigkeit in der Dimension persönlicher Entfaltung oder Selbstverwirklichung interpretieren können. Jugendliche mit einem solchen Arbeitskonzept betonen in den Gesprächen immer wieder: „Die Arbeit soll mir Spaß machen", „sie soll mir persönlich etwas bringen" oder „sie soll etwas mit mir zu tun haben". Wenn sie nach einer interessanten, abwechslungsreichen und anspruchsvollen Tätigkeit verlangen und sich gegen Streß, Hektik und einengende Anweisungsstrukturen wehren, weil sie ein persönliches Sich-Einlassen auf die Sache selber behindern oder unmöglich machen, so zeigt sich darin das Bestreben, „seine Persönlichkeit nicht beim Pförtner abzugeben" — wie es ein Jugendlicher formuliert —, sondern sie in die Arbeit einbringen und in ihr erweitern zu können. Sie wollen sich in der Tätigkeit beweisen und darstellen und kritisieren von daher, wenn Anspruch und Realität auseinanderfallen, deren Monotonie und häufig auch deren tayloristische Zerteilung in eng definierte Arbeitsaufgaben, deren Sinn und Zweck nicht mehr sichtbar ist und an deren Ende kein fertiges, für andere nützliches Ergebnis mehr steht, in dem man das Ziel der eigenen Anstrengungen vor Augen hätte und seinen individuellen Beitrag daran entdecken könnte. In diesem Sinne geht es den Jugendlichen neben ihrer Selbstbestätigung auch „um die Sache".

Die Erscheinungsform dieser arbeitsinhaltlich ausgerichteten Ansprüche ist je nach Berufs- bzw. Tätigkeitsfeld verschieden: der technikbegeisterte Kfz-Mechaniker etwa sucht bzw. findet eine Bestätigung in komplizierten Aufträgen, bei denen er sich reindenken muß, sein ganzes fachliches Geschick anwenden kann, vielleicht noch dazulernt und am Ende mit einem gewissen Stolz auf die handwerklich gute Arbeit blicken kann; die sozial engagierte Krankenschwester sucht oder findet persönliche Bestätigung eher im Kontakt zum Patienten, dem sie durch ihr fachliches Können und persönliche Zuwendung helfen kann; der fachlich interessierte kaufmännische Angestellte sucht oder findet sie in der Bearbeitung komplexer Vorgänge, die ein versiertes Fachwissen erfordern und jenseits langweiliger Routineaufgaben liegen.

Das Arbeitsverständnis von knapp einem Viertel der Jugendlichen (24 %) — junge Frauen sind hier wesentlich stärker vertreten als männliche Jugendliche — ist durch *Ansprüche* geprägt, die sich vornehmlich auf *kommunikative und sozialintegrative Aspekte* betrieblicher Arbeit beziehen. Nicht die konkrete Tätigkeit, die sie ausüben, steht im Vordergrund ihrer Betrachtungsperspektive, sondern der Betrieb als sozialer Raum mit spezifischen Strukturen, Handlungszwängen und Möglichkeiten der Kommunikation und Interaktion.

Wenn wir hier von kommunikativen und sozial-integrativen Ansprüchen reden, so meint dies mehr als das Bedürfnis nach Unterhaltung und Austausch in einem vordergründigen Sinne. Sie beziehen sich auf zentrale Momente betrieblicher Realität, die, wenn man so will, dem grauen Arbeitsalltag Farbe geben und auch eine inhaltlich wenig anspruchsvolle Arbeit erträglich werden lassen. Thematisiert werden sowohl betriebliche Normen und Strukturen als auch das Verhalten jener Personen — Arbeitskollegen und Vorgesetzte —, mit denen man es in der Arbeit zu tun hat. Beide können das Selbstwertgefühl empfindlich treffen. Die Ansprüche der Jugendlichen äußern sich etwa in der Abwehr rigider Kontrollen und hierarchischer Anweisungsstrukturen, die von vielen sehr sensibel registriert werden, stehen sie doch im deutlichen Gegensatz zu jenen Erfahrungen, die Jugendliche außerhalb der Arbeit etwa in der

Kommunikation mit Altersgleichen machen. Sie drücken sich aus in der Kritik am autoritären Auftreten betrieblicher Vorgesetzter oder äußern sich auch in der Kritik an sozial unbefriedigenden, etwa durch Konkurrenz und Mißgunst geprägten Kommunikations- und Umgangsformen unter den Arbeitskollegen. In ihren Äußerungen machen die Jugendlichen deutlich, daß sie nicht zu unmündigen Befehlsempfängern degradiert werden wollen; sie lehnen es auch ab, auf ihre bloße Arbeitsrolle reduziert zu werden und anderen ausschließlich in dieser Rolle zu begegnen. Von einem betrieblichen Klima, in dem sie sich wohlfühlen können, erwarten sie mehr: Vorgesetzte, die sie ernst nehmen und auf Kritik ebenso offen reagieren wie auf positive Anregungen; Vorgesetzte, die Verständnis für alltägliche Sorgen und Probleme aufbringen und in Konfliktfällen nicht mit zweierlei Maß messen; Arbeitskollegen, auf die man sich verbindlich beziehen kann, von denen man persönlich anerkannt wird und mit denen man mehr als nur ein paar belanglose Worte wechseln kann. Gerade der Wunsch nach persönlichen Kontakten im vertrauten Kollegenkreis und die Wertschätzung von verbindlichen sozialen Beziehungen signalisieren ein Bedürfnis nach sozialer Integration, das in der Arbeit befriedigt werden soll. Dies gilt in besonderer Weise für viele Frauen, denen die Arbeit wenig inhaltliche Identifikationsmomente bietet und die sich durch nach wie vor virulente Rollenzuschreibungen traditioneller Art auf den häuslich-familiären Bereich und damit tendenziell in die private Isolation abgedrängt fühlen; sie suchen in den kommunikativen Bezügen der Arbeit auch das Gefühl der Teilhabe am gesellschaftlichen Leben und klagen diesen Anspruch selbstbewußt ein.

Anders als die Mehrheit der Jugendlichen mit in erster Linie subjektbezogenen Ansprüchen, die *in* der betrieblichen Arbeit, d.h. in der konkreten Tätigkeit oder in den sozial-kommunikativen Bezügen der Arbeit erfüllt werden sollen, richtet eine Minderheit — lediglich 7 % — der Jugendlichen ihre Ansprüche vor allem auf *Karriere und Status* und damit zu einem erheblichen Teil auf Außenaspekte der Arbeit. Sicherlich wollen auch diese Jugendlichen — zum überwiegenden Teil handelt es sich hier um qualifizierte, männliche Angestellte, namentlich aus der Gruppe der Banker — ihre Persönlichkeit in die Arbeit einbringen: Sie wollen sich darstellen als Begabte mit Ehrgeiz, Aufstiegswillen, Durchsetzungsfähigkeit, oft auch mit besonderen Führungsqualitäten, wollen ihren Drang zu Höherem im Betrieb ausleben und auch anerkannt wissen — insofern haben diese Ansprüche auch eine sehr stark subjektbezogene Komponente, die in der Arbeit verwirklicht werden soll —, aber es kommt bei ihnen auch etwas anderes hinzu. Die betriebliche Karriere ist zugleich Mittel zum Zweck, der außerhalb der Arbeit liegt: im gesellschaftlichen Ansehen, das man über den beruflichen Erfolg anstrebt. Innerbetrieblicher Status und soziales Prestige außerhalb des Betriebes sind im Denken dieser Jugendlichen eng verknüpft.

Ebenfalls nur eine kleine Gruppe von Jugendlichen (7 %) formuliert ein Arbeitskonzept, das in erster Linie durch die *Arbeitskraftperspektive* bestimmt ist und bei dem die *Arbeitsbedingungen* im Vordergrund der Betrachtung stehen. Einen Bezug auf Arbeitsbedingungen, Arbeitszeitregelungen und betriebliche Leistungsansprüche finden wir zwar auch bei den Jugendlichen, deren Arbeitskonzept in erster Linie darauf gerichtet ist, in der Arbeit Selbstbestätigung und Anerkennung zu erfahren und sozial befriedigende Kommunikations- und Interaktionsformen anzutreffen, doch tritt dieser Bezug eindeutig hinter ihre subjektbezogenen Ansprüche zurück. Bei den Jugendlichen diesen Typs verhält es sich genau umgekehrt: Zwar formulieren auch sie in der Regel subjektbezogene Ansprüche an Arbeit in dem Sinne, daß sie sich eine möglichst interessante und abwechslungsreiche Tätigkeit sowie ein betriebliches Klima wünschen, in dem sie sich wohlfühlen können, doch stehen bei ihnen Ansprüche im Vordergrund der Betrachtung, die in erster Linie aus dem Interesse an möglichst günstigen oder besser gesagt, einigermaßen erträglichen Arbeitsbedingungen formuliert werden. Wenn sie dieses Interesse betonen, so verweist dies zumeist auf einen Mangel in der realen Arbeitssituation: Beinahe durchgängig handelt es sich um Jugendliche, deren Arbeitssituation durch ein hohes Maß an Restriktivität bzw. einen Aufgabenzuschnitt geprägt ist, der eine inhaltliche Identifikation mit der Tätigkeit kaum zuläßt. Wir finden sie unter den angelernten Industriearbeitern und -arbeiterinnen sowie unter den einfachen Angestellten etwa im Ansagedienst der Post. Was für viele der qualifiziert eingesetzten Jugendlichen zumeist kein Problem darstellt, das ihre besondere Aufmerksamkeit erfordert, drängt sich diesen Jugendlichen gleichsam durch die Realität auf: Arbeitsbedingungen, die nur minimale Regulationschancen eröffnen, betriebliche Leistungsansprüche, die in hohem Maße als belastend erfahren werden, oder Arbeitszeitregelungen (z.B. Schichtarbeit), denen sie kaum eine positive Seite abgewinnen können. Wenn sie die gegebenen Bedingungen kritisieren, so geschieht dies allerdings weniger aus jenem reproduktionsbezogenen Interesse am langfristigen Erhalt der Arbeitskraft, das wir bei älteren Arbeitnehmern antreffen; bei den Jugendlichen ist dieses Interesse zwar auch gegeben, doch weniger stark ausgeprägt. Sie formulieren ihre Kritik häufiger in Rückgriff auf aktuelle Interessen in Freizeit und Privatleben, deren Realisierung sie durch die erfahrenen Arbeitsbelastungen zum Teil erheblich eingeschränkt sehen.

Kommen wir zur *fünften* und letzten Gruppe: Der Basisanspruch an jede Arbeit, die notwendigen *materiellen* Mittel für eine eigenständige und durchschnittlich komfortable Lebensführung bereitzustellen, wird von den meisten Jugendlichen in den Gesprächen stillschweigend oder mit einem kurzen Hinweis als selbstverständlich vorausgesetzt. Weder ist es für sie sonderlich erwähnenswert, daß sie eben auch arbeiten *müssen,* noch erscheint ihnen die Erfüllung dieses grundlegenden materiellen Interesses aktuell übermäßig gefährdet, so daß sie sich im Gespräch sofort vom Aspekt der *Lohn*arbeit abwenden und dem zuwenden, was sie darüber hinaus von der Arbeit erwarten. Bei einer starken Minderheit, immerhin 20 % der Jugendlichen, ist dies anders: Sie stellen bei ihren Reflexionen über Arbeit den Aspekt der Sicherheit des Arbeitsplatzes und des Einkommens, auch der Einkommenshöhe so stark in den Vordergrund, daß andere, etwa inhaltliche oder sozial-kommunikative Ansprüche an Arbeit daneben verblassen oder völlig zurücktreten. Abgesehen von einigen wenigen Ausnahmen, in denen es in erster Linie darum geht, möglichst viel Geld zu verdienen, handelt es sich hier um Jugendliche, die mit ihrer Arbeit in erster Linie den Anspruch verbinden, überhaupt eine Beschäftigung zu haben, und erst in zweiter oder dritter Linie an die konkreten Inhalte und Bedingungen ihrer Arbeit denken. Auch hier handelt es sich vornehmlich um wenig qualifiziert eingesetzte Jugendliche in restriktiven Arbeitssituationen sowie um Arbeitslose, deren Hauptanliegen auf dem Hintergrund massiver Krisenbetroffenheit dahin geht, überhaupt wieder eine Beschäftigung zu bekommen.

Fassen wir die einzelnen Gruppen danach zusammen, ob eher sinnhaft-subjekt- oder materiell-reproduktionsbezogene Ansprüche dominieren, so zeigt sich im Resultat, daß beinahe drei Viertel der Jugendlichen (73 %), wenn auch mit unterschiedlicher Betonung, ein Arbeitskonzept formulieren, in dem die sinnhaft-subjektbezogenen Perspektiven auf Arbeit dominieren. Lediglich bei gut einem Viertel (27 %) dominiert eine materiell-reproduktionsbezogene Perspektive, steht also die Bezugsweise auf Arbeit im Vordergrund, die in erster Linie nach Arbeitsbelastungen und der Absicherung materieller Interessen fragt.

Vor jeder weiterführenden Deutung dieser Anspruchsstruktur ist auf ihren engen Zusammenhang mit Arbeitssituationen und Arbeitsverhalten hinzuweisen, wie es sich in den Auseinandersetzungsformen niedergeschlagen hat. In diesem Zusammenhang wird die Handlungsrelevanz der Arbeitsansprüche und -orientierungen eindrucksvoll demonstriert. Arbeitsinhaltliche Ansprüche finden wir in erster Linie bei Jugendlichen, die aus ihrer aktuellen Arbeitssituation noch etwas machen und beruflich vorankommen wollen (vgl. Tab. 12). Demgegenüber erweisen sich dominante materielle Ansprüche als wenig Aktivität freisetzend; sie finden wir vor allem bei jenen Jugendlichen konzentriert, die sich mit ihrer Situation resignativ abgefunden haben. Ähnliches gilt für die sozialkommunikativen Ansprüche, auch sie finden wir schwerpunktmäßig bei den Jugendlichen mit eher passiven Auseinandersetzungsformen. Man könnte diese Zusammenhänge zwischen Anspruchsstruktur und Auseinandersetzung / Verhalten weitergehend so interpretieren, daß heute bei Jugendlichen handlungsstimulierend im Sinne der Freisetzung von Engagement und Aktivität für Arbeit nicht mehr vorrangig das Lohndifferential, sondern das Interesse an inhaltlich anspruchsvoller und befriedigender Tätigkeit wirkt.

Tabelle 12: Ansprüche an Arbeit nach Formen der Auseinandersetzung (in %)

Form der Auseinandersetzung Dominante Anspruchsdimension n =	Vorwärts- kommen 43	Heraus- wollen 34	Sich-Ein- richten 58	Sich-Ab- finden 22	Leiden/ kein Aus- weg 9
Arbeitsinhalt	68	62	31	(5)	11
Kommunikation	(9)	14	43	18	34
Statuserwerb	21	(3)	(2)	—	—
Arbeitsbedingungen	(2)	(6)	(7)	(9)	22
Materielle Sicherheit	—	15	17	68	33
Total	100	100	100	100	100
subjektbezogene Ansprüche	77	76	74	23	45
arbeitskraftbezogene Ansprüche	23	24	26	77	55
Total	100	100	100	100	100

Bei einer weiterführenden Interpretation ist zunächst einmal davon auszugehen, daß die starke Dominanz subjektbezogener Ansprüche, die wir bei den Jugendlichen feststellen können, nicht unabhängig von einem in seiner Relevanz freilich nur schwer zu gewichtenden Alterseffekt zu sehen ist. Wir haben es mit Jugendlichen zu tun, die noch am Anfang ihrer Berufsbiographie stehen, deren Arbeitskraft noch relativ unverbraucht ist und bei denen sich Arbeitsbeanspruchungen noch nicht in gleicher Weise bemerkbar machen, zumindest noch nicht die gleichen Spuren hinterlassen haben wie bei älteren Arbeitnehmern, die bereits seit Jahrzehnten im Berufsleben stehen. Auf der anderen Seite liegen bei der überwiegenden Mehrheit der Jugendlichen mehrjährige betriebliche Ausbildungs- und Arbeitserfahrungen vor, in denen sie auch mit problematischen Arbeitsbedingungen und Gefährdungen von Einkommen und Arbeitsplatz in Berührung gekommen sind. Diese Erfahrungen schlagen sich durchaus in den Gesprächen nieder, und die Jugendlichen laufen nicht mehr mit einem stark idealisierten Arbeitsverständnis durch die Welt, das aus der Literatur als typisch bekannt ist (vgl. Wilpert 1982). Selbst wenn ein Teil der inhaltlichen Orientierung auch mit auf jugendtypische Idealisierungen zurückgehen mag, liegt u.E. darin nur insofern auch eine Erklärung für den weiten Verbreitungsgrad sinnhaft-subjektbezogener Arbeitsorientierung, als die quantitative Ausdehnung und die sozialstrukturelle Verallgemeinerung der Jugendphase eine qualitativ neue Anspruchsstruktur verankert. Deswegen interpretieren wir diese Präferenzstruktur in den Arbeitsansprüchen als einen *historisch neuen Stand des Arbeitsbewußtseins,* dessen Träger die heutige Jugendgeneration ist; ein Arbeitsverständnis, bei dem die *unmittelbar person-* und *subjektbezogenen Dimensionen der Arbeit* den *reproduktionsbezogenen Aspekten der materiellen* Absicherung und der Arbeitsbedingungen den Rang abgelaufen haben.

Diese Interpretation ist empirisch zu begründen. Denn sicher hat es etwa unter den traditionellen Facharbeitern und Fachangestellten ein solches Arbeitskonzept zumindest in Ansätzen auch schon früher gegeben, so daß kaum davon gesprochen werden kann, daß wir hier vor etwas inhaltlich grundsätzlich Neuem stehen. Neu scheint aber der Grad seiner Verbreitung und auch die Stabilität zu sein, mit der dieses Arbeitsverständnis auch gegen eine „schlechte" Realität aufrechterhalten wird. Nach unseren Resultaten spricht zumindest vieles dafür, daß es strukturell verankert ist, durch Krisenerscheinungen zwar modifiziert, aber kaum mehr in eine grundlegend andere Richtung gelenkt werden kann. Es folgt den langfristig wirkenden Wandlungsprozessen in der Gesellschaftsstruktur und den hieraus resultierenden Veränderungen in der Sozialisation Jugendlicher (vgl. Kap. 1.3). Dies wird deutlich, wenn man sich anschaut, durch welche sozialen Faktoren die subjektbezogenen Ansprüche vor allem getragen werden. Wir wollen hier nur auf drei relevante Faktoren hinweisen: die soziale Herkunft, die Schulbildung und die berufliche Stellung der Jugendlichen.

Wie die Korrelation zwischen den Ansprüchen der Jugendlichen und ihrer *sozialen Herkunft* zeigen, sind es vor allem Jugendliche aus besser situierten Angestellten- und Beamtenfamilien, bzw. Jugendliche aus Selbständigenfamilien, bei denen subjektbezogene Ansprüche, und zwar vornehmlich jene, die auf Selbstbestätigung in der konkreten Tätigkeit abzielen, am stärksten ausgeprägt sind. Beinahe 9 von 10 dieser Jugendlichen haben ein Arbeitskonzept, in dem subjektbezogene gegenüber arbeitskraftbezogenen Ansprüchen mehr oder weniger deutlich dominieren (vgl. Tabelle 13).

Bei Jugendlichen aus Familien, in denen die Väter als un- oder angelernte Arbeiter tätig sind, liegt das entsprechende Verhältnis bei knapp zwei Dritteln (63 %) zu einem Drittel (37 %). Allerdings fällt auf, daß auch ein ganz erheblicher Teil dieser Jugendlichen — der Anteil liegt mit 42 % sogar höher als bei ihren Altersgenossen aus Facharbeiter- und einfachen Angestelltenfamilien — Ansprüche an die Arbeit heranträgt, die darauf abzielen, sich als Subjekt einzubringen und sich mit seinen Fähigkeiten und Ideen in der beruflichen Tätigkeit zu verwirklichen, was darauf verweist, daß hier auch herkunftsunabhängige Faktoren eine Rolle spielen. Insgesamt kann aber gesagt werden, daß gerade Jugendliche aus Angestellten- und Beamtenfamilien und damit aus jenen Bevölkerungsgruppen, die im Zuge des Wandels der Sozialstruktur in den letzten Jahrzehnten an Bedeutung gewonnen haben, ein eher sinnhaft-subjektbezogenes Arbeitsverständnis formulieren.

Die Verteilung der dominanten Ansprüche an Arbeit nach *Schulabschluß* der Jugendlichen deckt den Zusammenhang mit der Bildungsexpansion auf. Wie aus Tabelle 13 hervorgeht, sind es in erster Linie die Realschulabsolventen und Abiturienten, die inhaltliche Ansprüche reklamieren, während die Hauptschulabsolventen deutlich stärker materielle Sicherheit bevorzugen, wobei subjektbezogene Ansprüche aber selbst bei ihnen noch ein leichtes Übergewicht haben.

Der Prozeß der Ausweitung von Bildung aber ist schwerlich zurückzudrehen, wird eher — bei aller Gefährdung in einzelnen Berei-

Tabelle 13: Dominante Anspruchsdimensionen an Arbeit nach lung im Beruf (in %)*

Sozial- strukturelles Merkmal	Dominante Anspruchs- dimension n	Arbeits- inhalt	Kommuni- kation	Status- erwerb
Soziale Herkunft				
Un- und angelernte Arbeiter	38	42	21	—
Facharbeiter, einfache Angestellte	71	37	34	(3)
Angestellte u. Beamte in höheren Positionen/ Selbständige	51	55	16	16
Schulbildung				
Hauptschule (mit und ohne Abschluß)	60	22	30	—
Realschulabschluß	86	52	26	8
Hochschulreife	20	60	5	20
Beruflicher Status				
Arbeitslose, Teilnehmer an einer Reha- o. Fördermaßnahme	27	22	45	—
Un- und Angelernte	31	19	(7)	(3)
Facharbeiter	30	74	13	—
Einfache Angestellte	16	13	56	—
Fachangestellte	62	55	23	16

* Zeilenprozente ergänzen sich auf 100

sozialer Herkunft (Beruf des Vaters), Schulbildung, Stel-

Arbeitsbedingungen	Materielle Sicherheit	Insgesamt	Sinnhaft subjektbezogene Ansprüche	Materiell-reproduktionsbezogene Ansprüche	Insgesamt
11	26	100	63	37	100
(8)	18	100	74	26	100
(2)	11	100	87	13	100
8	40	100	52	48	100
5	9	100	86	14	100
10	5	100	85	15	100
11	22	100	67	33	100
10	61	100	29	71	100
(3)	10	100	87	13	100
12	19	100	69	31	100
(3)	(3)	100	94	(6)	100

chen — in die Richtung einer weiteren Anhebung des durchschnittlichen Bildungsniveaus gehen. Damit aber werden die im nichtbetrieblichen Bereich notwendigerweise produzierten Ansprüche an Sinnstiftung über inhaltliche und sozial-kommunikativ befriedigende Arbeit ihr Gewicht behalten.

Schließlich verweist auch die Verteilung der Ansprüche an Arbeit nach dem *beruflichen Status* der Jugendlichen auf langfristige Entwicklungstrends. Wie Tabelle 13 zeigt, sind es vor allem die jungen Facharbeiter und die Fachangestellten, deren Arbeitskonzept durch die Betonung subjektbezogener Ansprüche geprägt ist, wobei jeweils der Wunsch nach einer inhaltlich interessanten Tätigkeit im Vordergrund steht, in die man sich als Person mit seinen individuellen Fähigkeiten und Vorstellungen einbringen kann. Freilich geht aus der Tabelle 13 auch deutlich hervor, daß die arbeitslosen Jugendlichen bzw. die von uns befragten Teilnehmer an einer Reha- oder Fördermaßnahme der Arbeitsverwaltung ihre Ansprüche an eine inhaltlich interessante und vor allem unter sozial-kommunikativen Aspekten befriedigende Arbeit keineswegs aufgegeben haben. Selbst wenn diese Ansprüche auf einem Niveau liegen, das nicht immer mit dem Anspruchsniveau der Facharbeiter und -angestellten gleichzusetzen ist, die sich auf der „Sonnenseite" der Arbeitswelt befinden, so verweist der Anteil von zwei Dritteln mit subjektbezogenen Ansprüchen doch auf die Verbreitung und die relative Stabilität subjektbezogener Bezugsweisen auf Arbeit.

Man kann also zusammenfassend festhalten: Die Verlagerung im Arbeitsverständnis der Jugendlichen von den materiell-reproduktionsbezogenen zu den sinnhaft-subjektbezogenen Aspekten von Arbeit ist in den strukturellen Entwicklungsbedingungen der hochentwickelten bürgerlichen — vielleicht sogar nicht nur der bürgerlichen — Gesellschaften selbst begründet: in der Ausdehnung und Verallgemeinerung der Jugendphase, der Anhebung des durchschnittlichen Bildungsniveaus, der erhöhten Erwerbsbeteiligung von Frauen und in der Verschiebung der Beschäftigungs- und Sozialstruktur zu qualifizierteren (vor allem Dienstleistungs-)Berufen. Sie wird schließlich durch Entwicklungsprozesse in der betrieblichen Arbeit in dem Maße gestützt und gefördert, in dem dort auf der Basis neuer Rationalisierungsstrategien inhaltlich komplexere und anspruchsvollere Tätigkeiten entstehen (vgl. Kern/Schumann 1984, Baethge/Oberbeck 1986).

Da die strukturellen Entwicklungsbedingungen durch Arbeitsmarktkrisen nicht einfach außer Kraft gesetzt werden können, verwundert nicht, daß auch das Ausmaß der Krisenbetroffenheit nur eine Relativierung, keine Revision der Ansprüche an Arbeit bewirkt.

Tabelle 14: Dominante Anspruchsdimensionen nach Berufsverlaufstypen

Anspruchs- dimension	Berufsverlaufs- tpy n =	glatt durch die Krise Gekommene (Typen 1+2) 84	Von der Krise Tangierte (Typen 3+4) 38	An der Krise Ge- scheiterte (Typen 5+6) 44
Arbeitsinhalt		58	42	11
Kommunikation		21	29	28
Statuserwerb		11	(5)	—
Arbeitsbedingungen		(4)	(8)	11
Materielle Sicherheit		(6)	16	50
Total		100	100	100
Subjektbezogene Ansprüche		90	76	39
Arbeitskraftbezogene Ansprüche		10	24	61
Total		100	100	100

Zwar dominiert bei den massiv von der Krise betroffenen Jugendlichen eindeutig ein Arbeitsverständnis, bei dem eher materielle Aspekte der Arbeit im Vordergrund stehen, immerhin formulieren aber beinahe 4 von 10 dieser Jugendlichen ein Arbeitskonzept, das durch eher subjektbezogene Anspruchsdimensionen geprägt ist. Bei den von der Krise tangierten Jugendlichen, deren bisheriger Berufsweg diskontinuierlich verlaufen ist oder die dequalifiziert eingesetzt sind, liegt der Anteil derjenigen mit einem stärker subjektorientierten Arbeitskonzept sogar bei drei Viertel (76 %). Von einem Sich-Ducken vor der Krise und der ängstlichen Rückbesinnung auf materielle Aspekte der Arbeit ist bei ihnen kaum etwas zu spüren; sie halten ihre Ansprüche gegen die Krise und auch durch sie hindurch aufrecht.[20]

Können wir von den *gesellschaftlichen Bedingungen* her eine relativ *gesicherte Bestandsprognose* für einen hohen Verbreitungsgrad der neuen Anspruchshaltung abgeben, so stellt sich immer noch die Frage nach ihrer subjektiven *Stabilität im individuellen Lebensverlauf,* d.h. ob sie ein gewisses Beharrungsvermögen als Orientierung über die Jugendphase hinaus behalten werden. Diese Frage können wir erst in der folgenden Betrachtung des Stellenwerts von Arbeit in den Lebenskonzepten Jugendlicher beantworten.

3. Arbeit und Beruf in den Lebenskonzepten von Jugendlichen

3.1. Zur Rekonstruktion und zur inneren Dynamik von Lebenskonzepten bei Jugendlichen

Wir wechseln jetzt die Betrachtungsperspektive. Anders als bei der Analyse der Ansprüche an Arbeit bilden nicht die Auseinandersetzungen mit der konkreten betrieblichen Tätigkeit den zentralen Bezugspunkt für die Beantwortung der Frage nach der Bedeutung von Arbeit und Beruf in den Lebenskonzepten Jugendlicher, sondern jene inneren Aushandlungsprozesse, in denen Jugendliche ihre Bedürfnisse und Interessen in den unterschiedlichen Lebensbereichen erkennen, gewichten und mit ihren äußeren Bedingungen in Beziehung setzen, um zu Handlungsperspektiven für ihr Leben und zu einer Planung ihrer Zeit zu gelangen. Welche Bedeutung sie der von ihnen zum Lebensunterhalt zu leistenden Erwerbsarbeit in diesem langen Prozeß beimessen, ist der Gegenstand des folgenden Kapitels.

Es ist nicht zu erwarten, daß wir bei Jugendlichen durchgängig bereits klar strukturierte Lebenskonzepte im Sinne eindeutiger Festlegungen dafür finden, wie man sich sein Leben einrichten will, was man für die Verfolgung welcher Zwecke einsetzen will. Vielmehr ist mit einem Großteil der neueren Sozialisationstheorie davon auszugehen, daß die klassische Vorstellung von Identitätsbildung — und sie ist hier als Synonym für die Findung eines Lebenskonzepts zu betrachten — zunehmend in Frage gestellt und der reale Entwicklungsprozeß zunehmend schwieriger, labiler und offener wird, die zu erbringenden Strukturierungsleistungen immer höhere Anstrengungen erfordern und dementsprechend die Gefahren des Scheiterns steigen.[1] Gleichwohl bleibt die Ausbildung von Ich-Identität, das Finden eines Lebenskonzepts nach wie vor die unabweisbare Bedingung für die gesellschaftliche Handlungsfähigkeit der Individuen und die zentrale Aufgabe der Jugendzeit. Jugendtypisch ist beides zugleich: ein Lebenskonzept zu entwickeln und sich dagegen zu wehren, es entwickeln zu müssen. Dieses Spannungsverhältnis bestimmt die altersspezifische Aufgabe.

Tatsächlich läßt sich auch anhand der Selbstdarstellung der Jugendlichen/jungen Erwachsenen in unserer Untersuchung zeigen, daß trotz aller Orientierungsschwierigkeiten, des Nebeneinanders vielfältiger Ansprüche, Interessen und Perspektiven sowie eines beträchtlichen Maßes an Zweifeln und Unsicherheiten gegenüber der eigenen und der gesellschaftlichen Zukunft für die überwiegende Mehrheit von ihnen gilt, daß sie sehr wohl innere Gewichtungen zwischen den verschiedenartigen Interessen- und Selbstdarstellungsdimensionen vornehmen, die den Charakter eines Lebenskonzepts haben. Dieses darf man sich freilich nicht als ein starres Korsett vorstellen — auch dieses gibt es in Einzelfällen —, sondern vielmehr als eine eigene Linie, von der her man immer wieder mit der Realität Kompromisse schließen kann, die in concreto auch partielle Revisionen der eigenen Linie zulassen, ohne sie damit aber insgesamt zur Disposition zu stellen, und die damit eine gewisse Orientierungssicherheit gibt.

Der relativ offene Charakter der normativen Festlegungen in der Jugendphase erschwert die Erkennbarkeit von Lebenskonzepten und des Stellenwerts von Arbeit in ihnen. Ist die Jugendzeit als Übergangsphase auf der einen Seite gerade dadurch gekennzeichnet, daß Suchstrategien und Arrangements in der Regel noch nicht abgeschlossen sind, so wäre es auf der anderen Seite verkehrt anzunehmen, daß sich noch überhaupt nichts „gesetzt" hätte. Dazu sind dann doch zwischenzeitlich zu viele lebenswichtige Entscheidungen gefallen: die Berufswahl, erste Beziehungserfahrungen, die Auseinandersetzung mit den Eltern um Auszug oder nicht. Entscheidungssituationen also, in denen bewußt oder unbewußt zur Diskussion stand, *was man mit seinem Leben erreichen wollte, wie man es sich vorstellte,* also das, was man ohne alle emphatische Vorstellung von Planung als Lebenskonzept bezeichnen kann.

Zur Rekonstruktion von Lebenskonzepten

Unsere Hauptschwierigkeit bestand in der Identifizierung des jeweiligen Lebenskonzepts aus dem Gesamtgespräch.[2] Lebenskonzepte können mehr oder weniger bewußte Orientierungsweisen sein, sie müssen nicht hoch reflexiv und elaboriert geplant sein, sondern können unter Umständen einer verborgenen Logik des Unbewußten folgen. In jedem Fall aber müssen sie *erkennbar* und aus Handlungen, Entscheidungen und Reflexionen darüber *rekonstruierbar* sein. (Hierbei ist das *re*-konstruierbar besonders ernst zu nehmen, um an der Stelle selbstentworfener Lebenskonzepte der Jugendlichen nicht unversehens zugeschriebene Konstrukte von Wissenschaftlern zu haben.) Bei der Festlegung der Regeln für die Erkennbarkeit setzt die ganze Schwierigkeit der Dechiffrierung von Lebenskonzepten von Jugendlichen ein.

Die Schwierigkeit besteht nicht allein in der bereits betonten relativen Offenheit jugendlicher Lebenskonzepte, sondern zusätzlich darin, daß wir es mit unterschiedlich (vom Alter her) weit entwickelten und vom inneren Reifungsprozeß her in ihrer Suche nach dem eigenen Konzept unterschiedlich weit fortgeschrittenen Jugendlichen zu tun haben. Wenn als wesentliche Strukturierungsleistung die Integration der unterschiedlichen Realitätssegmente als Bezugspunkte für den inneren Selbstfindungsprozeß Aufgabe und Ziel dieser Altersstufe ist, muß eine erste Unterscheidung darin bestehen festzustellen,

— wieweit es bereits zu einer Strukturierung im Sinne differentieller Bedeutungszuweisung von Arbeits- und Lebensbereichen für die eigenen Lebensperspektiven gekommen ist oder
— wieweit die unterschiedlichen Lebensbereiche und Interessen noch isoliert nebeneinander stehen.

Dabei bedeutet Strukturierung nicht nur Suche nach Ausgleich zwischen unterschiedlichen Bedürfnis- und Wunschdimensionen, sondern auch zwischen Außenansprüchen / -bedingungen und innerem Vermögen und Kompetenzen. In diesem Sinne lassen sich bei der überwiegenden Mehrheit von Jugendlichen Lebenskonzepte ausmachen nach dem Grad

— der *Reflexivität* von Entscheidungen (d.h. wieweit es zu einem bewußten Ausbalancieren zwischen unterschiedlichen inneren Bedürfnissen und zwischen diesen und äußeren und inneren Realisierungsbedingungen kommt),
— der *Elaboriertheit* und *Differenziertheit* (d.h. wieweit angestrebte Ziele mit Handlungsstrategien zu ihrer Erreichung verknüpft und zeitlich abgegrenzte Schritte und Etappen formuliert werden oder wieweit dies nicht der Fall ist),
— der *Aktivitätsintensität* (d.h. mit welcher Verbindlichkeit der Jugendliche versucht (hat), sein Lebenskonzept zu realisieren, sich selbst als handelnde Person zu setzen, Widerstände zu überwinden oder wieweit er passiv bleibt und sich selbst eher zurücknimmt).

Wir gehen davon aus, daß alle drei Kriterien in engem Bezug zueinander stehen und ein hohes Maß an Kongruenz bzw. Gleichgerichtetheit aufweisen können. An den Kriterien wird auch deutlich, daß wir diese erste Ebene der Differenzierung von Lebenskonzepten wesentlich an formalen Operationen und Kompetenzen festmachen, ohne zunächst auch schon Inhalte zu betrachten. (Dabei muß man sich freilich davor hüten, das Ausmaß erworbener kognitiver Kompetenzen zur Richtschnur der Klassifizierung zu machen, alle drei Kriterien können wir auf sehr unterschiedlichen kognitiven Niveaus finden.)

Die Zuordnung nach den formalen Kriterien der Strukturierung beinhaltet im Durchschnitt auch schon eine Entwicklungsdimension der Persönlichkeitsentfaltung, da die Strukturierungskompetenz als Resultat von Erfahrungen und Erfahrungsverarbeitung, mithin von Auseinandersetzung mit sozialer Realität, zu betrachten ist, in das auch immer das in der Sozialisation erworbene psychische und kognitive Vermögen mit eingeht. Die Differenzierung der Gespräche nach den formalen Strukturierungskriterien ermöglicht eine Hierarchisierung der Lebenskonzepte nach Strukturierungsgraden, die wir letztendlich zugespitzt haben auf eine Polarisierung von solchen Gesprächen, in denen Konturen eines Lebenskonzepts erkennbar waren, und solchen, in denen dies nicht der Fall war. Zur letzten Gruppen gehören neun Gespräche, die wir im folgenden unberücksichtigt lassen.[3]

Eine Typisierung von Lebenskonzepten läßt sich nur über die inhaltlichen Zentren der Lebenskonzepte erreichen: nach den Schwerpunkten, in denen Jugendliche das bevorzugte Feld ihrer Selbstdarstellung und Persönlichkeitsentfaltung suchen. Solche Schwerpunkte können im Bereich

— der Arbeit,
— der Familie/Partnerschaft/Häuslichkeit oder
— der nicht familiengebundenen Freizeit[4]

liegen. Diese Bereiche schließen sich unter dem Aspekt der Selbstdarstellung und Entfaltung keineswegs aus, und der innere Zielpunkt eines Lebenskonzepts mag gerade in ihrer gelungenen Integration liegen. Gleichwohl können sie für Jugendliche in einer gewissen Konkurrenz bei lebensrelevanten Entscheidungen stehen und je nach dem, welcher dieser drei Koordinaten eine relative Handlungs- und Planungspriorität eingeräumt wird, wird ein anderes Lebenskonzept konstituiert. Die von uns aus dem erhobenen Material rekonstruierten Lebenskonzept-Typen sind nach dem im Gespräch deutlich werdenden Zentrum definiert und bedeuten deswegen nicht Ausschließlichkeit dieser zentralen Dimension. (Wer etwa ein arbeitszentriertes Lebenskonzept hat, in dessen langfristiger Perspektive firmieren deswegen Familie oder Freizeitinteressen nicht unter Fehlanzeige; in der gegenwärtigen Phase arrangiert er seine unterschiedlichen Bedürfnisse und seine Vorstellungen über ihre langfristige Integration unter einer Priorität für die Arbeit; und daß er dieses tut, denken wir, ist nicht zufällig.) Nicht der Bereich interessiert letztendlich, sondern die Momente, über die sich ein Jugendlicher auf ihn im Sinne seiner zentralen Orientierung bezieht.

Wenn wir im folgenden von Typen sprechen, so ist zur Vermeidung von Mißverständnissen klarzustellen, daß es sich um keine theoretisch konstruierten Typen im Sinne etwa von grundlegenden Verhaltensmustern (z.B. homo oeconomicus) oder Charakterstrukturen handelt. Sie sind eher instrumentelle Konstrukte zur Erschließung und zur deskriptiven Klassifizierung des Materials. Als deskriptive Typen (die ihre sozialisatorische Erklärung erst im abschließenden Abschnitt — 3.3. — erfahren) sind sie gleichwohl nicht rein empirisch gewonnen, den Hintergrund ihrer Konstruktion bildet die theoretische Annahme über die psychosoziale Entwicklungsaufgabe der Adoleszenz, ein eigenes Verhältnis zu Arbeit, Spiel und Liebe und den institutionellen Formen, in denen sie realisiert werden (Erwerbsarbeit, Freizeit, Familie / Beziehung), zu finden (vgl. z.B. Erikson 1967).[5]

Zur inneren Dynamik von Lebenskonzepten (ein Zwischenbefund)

In unserer Analyse der Lebensperspektiven wird deutlich, daß der Grad der Strukturiertheit und auch die inhaltliche Schwerpunktsetzung der Lebenskonzepte nicht unabhängig von Erfahrungen sind, die man vordergründig an das Alter binden könnte. So sind beispielsweise alle Jugendlichen, bei denen noch keine Konturen eines Lebenskonzepts erkennbar sind, erst 21 Jahre alt oder jünger und haben auch nur eine kurze Arbeitserfahrung von einem Jahr oder weniger, wohnen zudem überwiegend noch im Elternhaus. Umgekehrt sind diejenigen Jugendlichen, die das am weitesten elaborierte Lebenskonzept aufweisen, älter als 22 Jahre und leben fast alle bereits in festen Partnerbeziehungen. Bei ihnen ist auch auffällig, daß sie eher dazu tendieren, der Arbeit im Lebenskonzept einen der Familie gleich- oder nachgeordneten Stellenwert zuzuweisen, als diejenigen, die noch ohne feste Beziehung sind. Eine analoge inhaltliche Feststellung sehen wir bei den jüngeren männlichen Jugendlichen, die Freizeit-Genuß in den Mittelpunkt ihres Lebenskonzepts stellen. Sie gehören zu den Jugendlichen, die noch im elterlichen Haus wohnen und den Schritt in die Unabhängigkeit einer eigenständigen Lebensführung noch nicht getan haben. Offensichtlich ermöglicht die weitere Versorgung durch die Eltern die Verlängerung der Genußperspektive und schiebt die Auseinandersetzung mit anderen Zentren eines möglichen Lebenskonzepts hinaus.

Am auffälligsten treten Entwicklungsdifferenzen in den Lebenskonzepten von männlichen und weiblichen Jugendlichen auf. Im Durchschnitt erscheinen die Lebensperspektiven der weiblichen Jugendlichen komplexer dimensioniert, ihre Abwägungen zwischen den unterschiedlichen Lebensbereichen in stärkerem Maße von konkreten Erfahrungen gestützt und insofern verbindlicher wirkend als bei vielen männlichen Jugendlichen. Der Grund dafür liegt nicht allein in entwicklungspsychologisch erklärbaren (Reifungs-) Vorsprüngen der jungen Frauen, sondern auch in unterschiedlichen sozialen Kontexten: Bei den Mädchen steht die Berufs- und Arbeitswahl häufig in enger Verbindung mit dem Streben nach sozialer Selbständigkeit, sprich: Auszug aus dem Elternhaus. Dies gilt für die Mehrheit der Jungen noch nicht. Sie können sich, wenn sie es wollen, voll auf Arbeit und Beruf konzentrieren, während sie, gut versorgt von den Müttern, im elterlichen Haus wohnen bleiben.[6]

Es spricht alles dafür, daß sich die Lebenskonzepte in der Altersphase zwischen 15 und 25 erst langsam herauskristallisieren, erst langsam größere Eindeutigkeit und Stabilität gewinnen und entsprechend neuen wesentlichen Erfahrungen auch modifiziert werden. Am Ergebnis unserer qualitativen Interviews wird somit unsere methodische Prämisse, daß Lebenskonzepte (handlungsleitende Orientierungen) Resultat eines fortlaufenden Auseinandersetzungsprozesses mit der Realität sind und sich in diesem differenzieren und modifizieren und insoweit auch eine gewisse Offenheit behalten, also gerade nicht — wie etwa Inglehart für seine Definition von Werten voraussetzt — in den sogenannten formativen Jahren abgeschlossen sind, eindrücklich bestätigt.

Der — für sich genommen — triviale Sachverhalt, daß Lebenskonzepte in der Jugend eine innere Dynamik aufweisen, erscheint uns im Zusammenhang der Jugenddiskussion insofern von Bedeutung, als in den meisten Beiträgen zur Wertewandel-Diskussion der Aspekt der inneren Dynamik von Wertorientierungen und Lebenskonzepten vernachlässigt wird und die in der jeweiligen Altersstufe angetroffenen Einstellungen recht umstandlos als Richtschnur für die Zukunft angesehen werden. In unserem Sample nun wird die häufig vernachlässigte Tatsache, daß die Erweiterung des Feldes unmittelbarer Erfahrung die Orientierungen und Lebenskonzepte modifiziert, eindringlich in ihrer bewußtseinsstrukturellen Bedeutung sichtbar. Von den entwicklungs- und erfahrungsbedingten Unterschieden aber kann man nicht abstrahieren und so tun, als bildeten die Lebensvorstellungen der 18- bis 25jährigen eine Einheit. (Für viele Befunde der Umfrageforschung könnte dies heißen, daß sie weniger als Querschnitt durch die Einstellungen *der* Jugendlichen zu interpretieren sind, sondern daß in ihnen eine unausgewiesene Entwicklungslinie versteckt wirkt.)

Was wir hier zur inneren Dynamik von Lebenskonzepten gesagt haben, bedeutet nicht, daß ihre Offenheit so groß wäre, daß sie beliebig und kurzfristig variieren könnten, daß beispielsweise jemand, der eine eindeutige Priorität seiner Selbstdarstellung im Freizeit- oder im Familienbereich gesetzt hat, plötzlich auf Berufszentrierung umschalten könnte. Dadurch, daß wir die Lebenskonzepte an vollzogenen und geplanten Entscheidungshandlungen und deren Begründungen über einen längeren Zeitraum festgemacht haben, ist die *relative Stabilität* des jeweiligen Lebenskonzepts als eines *Orientierungsrahmens* auch methodisch abgesichert. Aber es ist eben eine *relative* Stabilität, die im gesteckten Rahmen auch Modifikationen im jugendlichen Entwicklungsprozeß zuläßt und die sicherlich auch gegenüber äußeren Erschütterungen, wie etwa anhaltenden Krisenerfahrungen, nicht unempfindlich ist.

3.2. Arbeit und Beruf in den Lebensperspektiven Jugendlicher — typische Bedeutungszuweisungen (Lebenskonzept-Typen)

Systematisiert man die Schilderungen der Jugendlichen nach den im vorhergehenden Abschnitt erläuterten drei möglichen zentralen Bezugspunkten für die Lebensperspektiven Jugendlicher (Arbeit/Beruf, Familie, Freizeit) und betrachtet die dabei sich ergebenden Typen von Lebenskonzepten, so kann von einer mehrheitlichen Abwendung von Arbeit und Beruf als Zielperspektive für die Bemühungen um eine verbindliche Orientierung für die eigene Lebensgestaltung nicht die Rede sein. Nach wie vor kommt Arbeit und Beruf eine bevorzugte Stellung bei der Suche nach einer Sinn- und Gestaltungsperspektive für das eigene Leben zu. Ihr Bedeutungsgehalt und ihr Bedeutungsgewicht wechseln zwar zwischen den vorfindlichen Lebenskonzepten, bei ihrer überwiegenden Mehrheit aber spielen Arbeit und Beruf eine große Rolle; und dies nicht vorrangig als bloßes Mittel zum Gelderwerb, als notwendiges Übel, das man ohne große innere Beteiligung auf sich nimmt, um auf dieser Grundlage das „eigentliche" Leben außerhalb der Arbeit gestalten und genießen zu können, sondern vielmehr als inhaltliches Sinn-Zentrum, auf das man sich einlassen und mit dem man sich identifizieren möchte.

Setzt man die von den Jugendlichen in ihren geschilderten Lebensperspektiven vorgenommenen Gewichtungen und Bedeutungszuweisungen gegenüber den unterschiedlichen Lebensbereichen zueinander in Beziehung, so gelangt man zu vier Typen von Lebenskonzepten, die jeweils noch interne Varianten aufweisen:

Tabelle 15: Stellenwert von Arbeit/Beruf in den Lebenskonzepten Jugendlicher (in %)

Lebenskonzept-Typen n =	Gesamt 159	männlich 82	weiblich 77
Zentralität von Arbeit und Beruf als inhaltliches Identifikationsmoment (arbeitsorientiert)	31	37	25
Arbeit und Privatleben als ausbalanciert-gleichgewichtige Bezugspunkte für das Lebenskonzept (ausbalanciert)	30	28	30
Familienzentriertes Lebenskonzept mit nachgeordneter, aber sichtbar hoher Bedeutung von Arbeit (familienorientiert)	23	13	34
Freizeitorientiertes Lebenskonzept mit relativ hoher Distanz zur Arbeit	16	22	11
Total	100	100	100

— das *arbeitsorientierte Lebenskonzept:* In ihm sind die Jugendlichen zusammengefaßt, in deren aktuellen und perspektivischen Planungen die Erwerbsarbeit im Vordergrund steht. Eine sinnvolle Arbeit, in der man sich selbst als Subjekt einbringen und verwirklichen kann und/oder in der man gesellschaftliche Anerkennung und einen gehobenen beruflichen Status erreichen kann, beherrscht ihr Sinnen und Trachten und läßt sowohl die Partnerschaft/Familie als auch die Freizeit als Bereiche für die Konzentration der eigenen Aktivität und der Verausgabung psychischer Energien in den Hintergrund treten.

— das *zwischen Arbeit und Privatleben* (incl. Freizeit) *ausbalancierte Lebenskonzept:* Dieses Konzept wird von Jugendlichen verfolgt, die sowohl in der Arbeit als auch in ihrem Privatleben positive Interessen wahrnehmen und ihr Bedürfnis nach Selbstdarstellung befriedigen wollen, ohne einen Bereich dem anderen unterordnen zu wollen. In bezug auf ihre Interessen zur Arbeit unterscheiden sie sich nur in einem Punkt von den Jugendlichen des ersten Lebenskonzept-Typs, daß sie keine Karriere-Ambitionen haben, wohl aber inhaltlich gerichtete Sinn-Perspektiven mit der Erwerbsarbeit verbinden. Auf der anderen Seite haben sie — im Gegensatz zu den Jugendlichen des ersten Typs — ein gleichsam zweites Zentrum der Selbstdefinition im Privaten, sei

es, daß sie die eigene Partnerschaftsbeziehung bzw. Familie zu einem innerlich hoch besetzten Gestaltungsfeld gemacht haben, sei es, daß sie mit Ernsthaftigkeit und Kontinuität einem handwerklichen Hobby oder einer kulturellen Aktivität nachgehen, aus der sie viel Befriedigung ziehen und die zu ihrem inneren Gleichgewicht beiträgt, eventuell ihnen sogar die in der Arbeit versagte soziale Anerkennung verschafft.
— das *familienorientierte Lebenskonzept:* Hier finden wir die Jugendlichen/jungen Erwachsenen, deren zentraler identitätsstiftender Bereich die Familie/Partnerschaft ist. Auf ihn richten sich die meisten Aktivitäten und die innere Anteilnahme. Dies bedeutet nicht, daß der Bereich der Arbeit gleichgültig wäre, aber er tritt in seinem Bedeutungsgewicht für die Selbstdefinition deutlich hinter die Familie und Partnerschaft zurück. Auch die Freizeit im Sinne der Konsumtion von vielfältig angebotenen Zerstreuungen und außerhäusigen Kommunikationsmöglichkeiten tritt für die Jugendlichen dieses Lebenskonzept in den Hintergrund.
— das *freizeitorientierte Lebenskonzept:* In seinem Zentrum steht eine „hedonistische" Freizeitgestaltung. Die Jugendlichen, die sich ein solches Konzept zurechtgelegt haben, wollen ihr Leben möglichst ohne viele bindende Verpflichtungen genießen, ihre Bedürfnisse möglichst frei nach dem Lustprinzip ausleben. Im Extremfall einiger weniger von ihnen führt das zur dezidierten Ablehnung von Erwerbsarbeit. In der Mehrheit läßt man sich zwar auf eine kontinuierliche Erwerbsarbeit ein, behält zu ihr aber zumeist eine hohe innere Distanz, die nicht ausschließt, daß man im Einzelfall der Arbeit sogar inhaltlich etwas abgewinnen kann und auch inhaltlich Ansprüche an sie heranträgt. Der Planungshorizont dieses Lebenskonzepts ist in der Regel nicht sehr weit gesteckt. Insofern zeichnet es sich auch strukturell im Vergleich mit den Vorhergehenden durch ein höheres Maß an Labilität und Vorläufigkeit aus. Es wird zum größeren Teil von Jugendlichen vertreten, die sich selbst als noch in der Übergangsphase befindlich definieren und noch im Elternhaus wohnen, wenn es sich um männliche Jugendliche handelt.

Die Verteilung der Jugendlichen auf die einzelnen Lebenskonzepte zeigt, daß fast für drei Fünftel von ihnen Arbeit als sinnstiftende Tätigkeit einen zentralen Stellenwert einnimmt, zum größeren Teil sogar dominant ist (31 %) und zum anderen Teil gleichgewichtig neben das Privatleben tritt (30 % — vgl. Tabelle 15). Das familienorientierte und das freizeitorientierte Lebenskonzept binden jeweils gut ein Fünftel der Jugendlichen. Bemerkenswert erscheint die beträchtliche Annäherung zwischen den Geschlechtern bei den arbeitsbezogenen Lebenskonzepten. Auch die Mehrheit der jungen Frauen sucht ihre Identität heute in der Erwerbsarbeit, entweder im Sinne einer eindeutigen Prioritätensetzung für die Arbeit und Hintanstellung von Familie und Partnerschaft (25 %) oder im Sinne einer Gleichgewichtetheit mit der Familie/Partnerschaft (30 %). Deutliche geschlechtsspezifische Unterschiede werden in dem familien- und dem freizeitorientierten Lebenskonzept sichtbar. Sie spiegeln die traditionelle Zuordnung der Frauen zur Familie (34 % gegenüber 13 %) und der männlichen Jugendlichen zur expansiverlebnishaft genutzten Freizeit (22 % gegenüber 11 % bei den weiblichen Jugendlichen). Insofern finden wir in den Lebenskonzepten der Frauen eine deutlichere Polarisierung als bei den Männern zwischen dem traditionellen (familienorientierten) und dem auf eine neue Selbständigkeit in der Arbeit gerichteten Lebensentwurf.

3.2.1. Das arbeitsorientierte Lebenskonzept (Typ I)

Knapp ein Drittel der Jugendlichen (31 %) — etwas mehr Männer (37 %) als Frauen (25 %) — setzt bei der Suche nach Identität und Lebensperspektive auf Arbeit und Beruf. Auf den Berufsbereich konzentrieren sie ihre Aktivitäten und Planungen, auf ihn sind sie innerlich in ihrer aktuellen Situation am stärksten bezogen, weil sie in ihm in erster Linie eine Möglichkeit der Selbstverwirklichung und der Erlangung persönlicher Anerkennung finden. Für die männlichen wie für die weiblichen Jugendlichen dieses Typs ist es charakteristisch, daß sie ihre Arbeit vordringlich in den Perspektiven von Berufstätigkeit sehen und planen, d.h. als eine auf Kontinuität hin angelegte, inhaltlich sinnvolle, qualifizierte und persönliche Befriedigung verschaffende Erwerbstätigkeit. Tatsächlich können sie sich ein Leben ohne Arbeit schwer vorstellen: Es kommt in ihren Schilderungen nicht zur Sprache, und dies nicht etwa, weil sie phantasieloser wären als ihre Altersgenossen oder besonders borniert in ihrer Sozialisation auf eine traditionelle Pflicht- und Leistungsethik getrimmt worden wären. In solchen Kategorien konzeptualisieren nur wenige ihre Arbeits- und Berufsvorstellungen. Viel eher scheint eine entscheidende Rolle zu spielen, daß sie sich, durch Sozialisation, Berufsausbildung oder auch Arbeitserfahrung bedingt, positiv auf Arbeit als einen Lebensbereich beziehen können, in dem sie sich beweisen, selbst darstellen und weiterentwickeln — kurz: Selbstbestätigung finden sowie Anerkennung und ein Gefühl sozialer Integration und gesellschaftlicher Nützlichkeit erfahren können. In den Gesprächen wird diese Erfahrung von den Jugendlichen immer wieder beschrieben als „Selbstbewußtsein", „innere Genugtuung", „das bringt mir persönlich sehr viel: ein Gefühl von Zufriedenheit". Man kann und will über die Arbeit, stärker als über andere Lebensbereiche, erfahren, wer man ist und wohin man gehört und man will — dies gilt in besonderem für weibliche Jugendliche — sich Selbständigkeit verschaffen und erhalten.

Für die Erreichung dieses Ziels lassen sich diese Jugendlichen aktiv und innerlich engagiert auf ihre Arbeit ein: Sie zeigen ein ausgeprägtes Interesse an Tätigkeitsinhalten, auch eine gewisse Neugier, bisher unbekannte Sachgebiete kennenzulernen und sich zu erschließen, um die eigenen Kompetenzen anzuwenden und zu erweitern oder beruflich voranzukommen. Sofern sie in der Sache einen Sinn sehen, legen sie eine hohe Leistungsbereitschaft und ein häufig mit persönlichen Opfern verbundenes Engagement für den Beruf an den Tag: Viele setzen sich auch in der Freizeit noch mit fachlichen Problemen auseinander. Fast jeder Zweite hat bereits an Weiterbildung teilgenommen, um den beruflichen Aufgaben noch besser gewachsen zu sein oder einen Arbeitsplatz zu erreichen, auf dem er seine inhaltlichen Interessen besser als bisher verwirklichen kann. Von daher sehen die Jugendlichen auch ihre berufliche Zukunft mehrheitlich und häufiger als andere unter dem Aspekt aktiver Gestaltung: Sie arbeiten daran, sich beruflich noch zu verbessern, sei es im jetzigen Beruf, durch einen Wechsel des Berufsfeldes oder auch durch einen Ausstieg in eine Selbständigenposition. Wir treffen in diesem arbeits- und berufsbezogenen Konzept zwei Varianten. Der Hauptteil der Jugendlichen, etwa drei Viertel von ihnen, orientiert seine Perspektiven eher auf den Inhalt der Berufstätigkeit, ist hochgradig mit ihm identifiziert, ohne viel auf die materiellen und immateriellen Honorare zu blicken. Das restliche Viertel verfolgt in relativ traditioneller Weise eine Karriere, bei der die inhaltliche Seite der Berufstätigkeit als Identifikationsmoment zwar auch eine Rolle spielt, aber doch deutlich hinter Aspekten des beruflichen Status, des mit ihm verknüpften — oder zumindest erwarteten — Sozialprestiges sowie der Teilhabe an Macht und Einfluß zurücktritt. Es erscheint uns wichtig, sich klar zu machen, wie gering diese traditionelle Berufsperspektive unter den Jugendlichen insgesamt besetzt ist. Sie nehmen nicht nur innerhalb des arbeitsorientierten Lebenskonzepts eine Minderheitsposition ein. Bezogen auf das Gesamtsample stellen Jugendliche mit dominanten Karriereambitionen nur etwa jeden zwanzigsten, und dies, obwohl das Sample zu über der Hälfte aus Angestellten besteht.

Es wäre falsch, die Jugendlichen mit arbeitsorientiertem Lebenskonzept als angepaßt ans System oder als naive Idealisten hinzustellen. Sie verwechseln abhängige Erwerbsarbeit durchweg nicht mit dem Paradies auf Erden. Die Zwänge des Erwerbslebens sind ihnen durchaus bewußt, sie wissen auch mit ihrer freien Zeit einiges anzufangen, aber sie akzeptieren Arbeit nicht bloß als notwendige Erwerbsarbeit, sondern begreifen sie darüber hinaus als den zentralen Lebensbereich, in dem sie ihre Persönlichkeit entwickeln und zur Geltung bringen wollen. Die Kompromisse, die sie zur Erreichung dieses Ziels mit ihren anderen Lebensbedürfnissen schließen müssen, fallen auch keineswegs allen leicht, erfordern vielmehr durchaus Opfer oder auch Verdrängungen, vor allem bei denjenigen, die ihr Konzept gegen die Bedrohung durch die Arbeitsmarktkrise mit erhöhtem Aufwand an Zeit und Energie aufrechterhalten und durchsetzen müssen.

Anderen mag der Kompromiß mit nicht-arbeitsbezogenen Bedürfnissen und Lebensgestaltungsinteressen leichter fallen, da für einen Großteil dieser Jugendlichen gilt, daß Freizeit und Privatleben noch stark durch jugendtypische Suchbewegungen geprägt sind, längerfristige Festlegungen etwa in der Frage privater Beziehungen/Familiengründung noch nicht getroffen worden sind. Die Freizeit hat überwiegend noch den Charakter von Ausgleich, Entspannung und Abwechslung, längerfristig verbindliche private Beziehungen existieren noch nicht, und die Frage der Familiengründung wird von vielen bewußt in eine noch nicht absehbare Ferne gerückt.

Insofern könnte es auch sein, daß die hohe Dominanz der Arbeit im Lebenskonzept sich im Laufe der Zeit noch relativiert, allerdings sich wohl nicht mehr grundlegend ändert und in ihr Gegenteil verkehrt, weil dann bereits so viele innere und äußere Festlegungen erfolgt sind, daß eine radikale Revision des Stellenwerts von Arbeit immer mehr einem sehr weitgehenden Identitätsbruch gleichkommen würde. Dies wird etwa daran deutlich, wie junge Frauen dieses Typs an die Frage von privaten Beziehungen und Familie herangehen, auch wenn sie heute noch nicht aktuell ist: Sie wollen in jedem

Fall ihre Selbständigkeit bewahren und auch für eine eigene Familie ihre Unabhängigkeit nicht aufgeben. Garant dafür ist, auch langfristig berufstätig zu bleiben, um in einem Typus gesellschaftlich akzeptierter Tätigkeit Anerkennung und Selbstbestätigung zu finden.

Wir finden die Jugendlichen dieses Typs in unterschiedlichen Berufsgruppen und Arbeits- und Arbeitsmarktsituationen. Wir finden sie vorzugsweise unter Facharbeitern in der Industrie und im Handwerk (Werkzeugmacher, Kfz-Mechaniker), in qualifizierten Angestelltenberufen, etwa der Industrieverwaltung oder — bei Frauen besonders häufig — in sozialen Berufen (Krankenschwestern), auch unter Arbeitslosen mit einer handwerklichen, kaufmännischen oder sozialpflegerischen Ausbildung; und — dies ist besonders aufschlußreich — wir finden diese Jugendlichen sowohl in Arbeitssituationen, die ihren Vorstellungen überwiegend oder voll entsprechen, als auch in solchen, die ihre Kritik herausfordern, was darauf hindeutet, daß ein solches arbeitszentriertes Lebenskonzept nicht bloß Resultat der unmittelbaren Arbeitssituation ist. Signifikante Zusammenhänge zwischen diesem Lebenskonzept und dem Grad der Krisenbetroffenheit im Berufsverlauf existieren nicht.

Fall 1: Das zähe Ringen eines Facharbeiters um seine berufliche Identität und eine angemessene Arbeitsperspektive

Der junge Werkzeugmacher (22 Jahre), dessen Lebensperspektiven wir im folgenden beschreiben, gehört zur Gruppe der krisenbetroffenen Facharbeiter, die nach ihrer Ausbildung in einem großen Automobilwerk nicht in eine Facharbeitertätigkeit übernommen worden sind, sondern in die Produktion mußten und sich durchgängig unterqualifiziert eingesetzt fühlen. Bei der Betrachtung ihrer Auseinandersetzung mit Arbeit (vgl. Abschnitt 2.3.3) haben wir bereits gesehen, wie diskrepant viele von ihnen den Bruch zwischen einer durchweg als sehr gut wahrgenommenen Facharbeiterausbildung und ihrer nunmehr seit einigen Jahren ausgeübten Tätigkeit erleben. Nicht anders als ihnen ergeht es auch dem hier beschriebenen Werkzeugmacher, der im Getriebebau seit „schon fast vier Jahren an der gleichen Maschine", einem Drehautomaten, steht und dem die Arbeit nach seinem eigenen Urteil nichts anderes bringt „als das Geld".

Wenn er wie die Mehrzahl seiner altersgleichen Kollegen die Arbeit unter inhaltlichen Gesichtspunkten beurteilt und kritisch zu dem Schluß kommt: „Also, das Berufliche entspricht auf keinen Fall meinen Vorstellungen, das ist schon mal klar", dann ist diese Wahrnehmung selbst bereits Ausdruck der gleichen inneren Normierung, die auch seine weitergesteckten Lebensziele bestimmen und deren Wurzeln in seiner häuslichen Erziehung und der Berufsausbildung liegen, die das, was früher angelegt war, hervorbrachte und zu einem eigenen (Facharbeiter-)Konzept zuspitzte.

Er stammt aus einer Facharbeiterfamilie, sein Vater arbeitete im Werkzeugbau des gleichen Automobilkonzerns, in dem auch seine beiden Brüder beschäftigt sind. Was also hätte für ihn nähergelegen, als sich ebenfalls dort zu bewerben, zumal man in der schwierigen Zeit auf dem Ausbildungsmarkt „ja schon froh war, daß man überhaupt etwas hatte", nachdem er eine ganze Reihe von Bewerbungen auch an andere Betriebe, allerdings zumeist vergeblich, geschrieben hatte? Daß er einen technischen oder Facharbeiterberuf lernen wollte, stand für ihn immer fest. Eigentlich hätte er zwar nach seinem Realschulabschluß lieber Elektriker oder technischer Zeichner gelernt. Doch als das nicht klappte und er die Ausbildung zum Werkzeugmacher im Automobilwerk antrat, hat ihm die Ausbildung Spaß gemacht, und „leistungsmäßig hat es auch gut hingehauen .. hunderprozentig". Er macht die Prüfung ein halbes Jahr früher als normal und als die meisten des Jahrgangs und kann mit gestärktem Selbstbewußtsein die Ausbildung beenden.

Die am Ausbildungsende stehende Eröffnung der Personalabteilung, daß — unabhängig von der Qualität des Ausbildungsabschlusses — kein Ausgelernter in eine Fachabteilung übernommen werden kann, trifft ihn nicht überraschend, bedeutet gleichwohl eine Frustration seines Selbstwertgefühls und seiner Entwicklungsperspektive:

„Zu dem Beruf, den ich gelernt habe, sehe ich gar nichts, was ich gebrauchen könnte. Ja nun, ich kann eben bestimmte Bauteile in der Maschine benennen, aber vom Beruf des Werkzeugmachers her — ein Werkzeug herstellen, das dann in die Presse eingebaut wird, oder eine Meßvorrichtung bauen — das ist nicht der Fall. Ich meine, in der Produktion kriegt man einfach zuviel von anderen abgenommen, z.B. vom Einrichter, es wird einem zu leicht gemacht. Man kann sich eben nicht so frei entfalten, wie man das gerne möchte."

Anders als einige seiner Kollegen, die sich in ihr Schicksal fügen und sich, im Gefühl eines wenigstens relativ sicheren und gut bezahlten Arbeitsplatzes, innerlich stärker auf ihre Freizeit und ihr Privatleben konzentrieren und darauf hoffen, über die im Werk geführte Warteliste irgendwann einmal auf einer Facharbeiterposition zu landen, hält er an seinem Ziel einer interessanten Arbeit, die Selbstentfaltung zuläßt, fest und versucht, es aktiv zu realisieren. Er sieht durchaus die Vorzüge des sicheren und gut bezahlten Arbeitsplatzes, und es gehört zur Realitätsnähe seiner Handlungsstrategie, sie in der Krise nicht preiszugeben. Wie für die Mehrheit dieser Facharbeiter ist auch für ihn eine gesicherte materielle Grundlage die Basis für weitere Aktivitäten. Auf der anderen Seite hat er kein Zutrauen zur werksinternen Warteliste für eine Facharbeiterposition. In dieser Situation sucht er den Weg, seine Qualifikation für die werksinterne Verwendung durch den Besuch von Meisterkursen auf einer Abendschule, also außerhalb der Arbeitszeit, zu verbessern. Auch dies tut er, wie die folgende Schilderung seiner Beweggründe und Perspektiven zeigt, durchaus mit Skepsis gegenüber dem Erfolg.

„Ich mache die Schule, weil ich mit der Arbeit, wie es jetzt läuft, einfach nicht zufrieden bin. — Abendschule mache ich jetzt schon 1 1/2 Jahre. Das habe ich als Konsequenz gemacht, weil es mir da unten mittlerweile gestunken hat. Da habe ich mir gesagt: Jetzt mußt du mal etwas anderes machen, damit du nochmal was ein bißchen hier oben (er deutet auf seinen Kopf) weiterkommst und damit man vielleicht in der Abteilung nochmal etwas aufsteigen kann. Mit der Schule, die ich jetzt mache, kann ich in der Fachabteilung nichts Großartiges anfangen: Ich mache Industriemeister und in der Fachabteilung braucht man einen Handwerksmeister. Vielleicht kann ich bei uns in der Abteilung noch mal ein bißchen weiterkommen."

Seine Hoffnung geht dahin, Einrichter zu werden oder an eine neue Maschine zu kommen:

„Ich hoffe, wenn ich die Schule fertig habe, daß ich dann in der Abteilung nicht ganz verkannt werde und durch die neuen Technologien — CNC-Maschinen und so — einige Möglichkeiten habe."

Aber auch dieser Hoffnung gegenüber bleibt er skeptisch: Er könnte weiter „verkannt" werden, und — für ihn weit schlimmer — es ist ihm klar, daß schon in wenigen Jahren seine Facharbeiterqualifikation vielleicht nichts mehr wert ist und er dann, selbst wenn jemand aus der Fachabteilung anruft, absagen muß, „weil Du dann keine Ahnung mehr hast! Du kannst ja jetzt kaum noch eine Feile halten". Der drohende Verlust von Facharbeiterqualifikation und -identität läßt ihn gleichwohl nicht aufgeben und in Hoffnungslosigkeit versinken, sondern sich weiter bemühen:

„Wenn ich die Schule rumhabe, und ich sollte wirklich nicht berücksichtigt werden, wenn das dann auch nicht hinhaut, dann gibt es nur eines: dann würde ich weiter Schule machen. Zwar nicht mehr einen Lehrgang, wo ich fünf Mal in der Woche da hin muß, dann werde ich mir einen Lehrgang aussuchen, der nur ein oder zwei Mal in der Woche ist. Aber normalerweise kommen sie — wenn die neuen Maschinen dastehen — an mir nicht vorbei, weil ich jung bin und ich glaube kaum, daß sie ältere Leute an die neuen Maschinen dranstellen werden; also normalerweise müßten sie *mich* da dranstellen.

(Was für einen Lehrgang würdest Du dann machen?) „Das kommt darauf an, was sie anbieten. Dann würde ich NC-Technik machen, das ist einmal in der Woche, oder ich würde REFA machen, das macht mir jetzt in der Schule auch schon Spaß. Arbeitsstudien und so etwas, das macht mir Spaß! Dann würde ich eben versuchen, hier einen REFA-Mann zu machen. Da muß man zwei Mal in der Woche in die Schule. Also da habe ich schon genaue Vorstellungen, was ich dann machen werde."

Die Opfer, die er für die vage Aussicht auf eine Verbesserung seiner Arbeitssituation bringen muß, sind beträchtlich. Er spielte gern Fußball, gehörte der ersten Mannschaft seines Vereins an, was seit Besuch der Abendschule hinfällig geworden ist, da er nicht mehr so viel trainieren kann und am Wochenende weniger Zeit hat: „man muß eben die Woche aufarbeiten oder wenn man etwas nicht kapiert hat". Seine durchaus bestehenden Interessen in der Freizeit und seine Kommunikationsbeziehungen werden durch sein Engagement für die Weiterbildung hart beschnitten. Seine Schilderung macht deutlich, daß er unter den Versagungen in der Freizeit auch leidet:

„Wenn man z.B. samstags nachmittags zum Fußball fährt, dann muß ich zu Hause bleiben und für die Schule arbeiten. Sonntags nach dem Fußball setzt man sich meistens auch noch mal zusammen, dann muß ich häufig auch gleich nach Hause. Am Wochenende muß man sich für die Schule ungefähr 10 Stunden Zeit nehmen.
Durch die Schule bin ich in der Woche fast überhaupt nicht unterwegs. Abends — ich bin ungefähr um 9.00 Uhr zu Hause — bin zu kaputt, bin ich müde.
(Feste Beziehung?) Eine feste Beziehung stand an, aber durch die Schule geht es momentan nicht. Vor der Schule hatte ich feste Beziehungen, aber durch die Schule hat sich das verlaufen. Ich habe eben echt wenig Zeit und kann nichts mehr machen."

Angesichts seiner zeitlichen Belastungen nimmt er die Entlastung durch das Wohnen im Elternhaus gern wahr, verschwendet auch nur wenig Gedanken darauf, seine Lebenssituation zu verändern, hält es vielmehr für durchaus möglich, das Haus seiner Eltern einmal zu übernehmen, ohne es vorher verlassen zu haben. Die Möglichkeit einer eigenen Familie ist für ihn kein naheliegender Reflexionsgegenstand: „Das wird wahrscheinlich auch irgendwann einmal anstehen. Momentan ist es nicht aktuell." Unter dem Druck der Situation verengt sich die Zeitperspektive seiner Lebensplanung ganz auf die Gegenwart und unmittelbare Zukunft. Bedingt ist diese Einengung des Zeithorizonts dadurch, daß für ihn existentiell mehr auf dem Spiel steht bei seinem Weiterbildungsengagement als „nur" eine bessere Berufsperspektive. In der Reflexion, ob die gebrachten Opfer lohnen und er die Schule vielleicht abbrechen sollte, macht er diese existentielle Dimension deutlich:

„Nein, das ziehe ich jetzt durch, es würde ja hier im Betrieb auch auffallen, weil ich ja Normalschicht mache und alle wissen, daß ich nebenbei zur Schule gehe; die Blöße will ich mir nicht geben, dazu bin ich zu ehrgeizig, das muß jetzt durchgestanden werden, egal wie."

Das Ausmaß der kommunikativen Einengung und der perspektivischen Vereinseitigung auf Arbeit mögen im hier geschilderten Fall extrem sein, insofern mag das in ihm verfolgte Lebenskonzept auch weit vom Modell einer integrierten Lebensplanung entfernt sein. Tendenziell ist es ein Preis, den vor allem unter den Facharbeitern und Handwerkern mit dem arbeitsorientierten Lebenskonzept in der gegenwärtigen Situation einige zahlen müssen, nicht für „ein paar Dollar mehr", sondern für die Aufrechterhaltung einer Lebensperspektive, die sie sich ohne eine inhaltlich interessante Berufstätigkeit nicht vorstellen können.

Fall 2: Die konsequente Unterordnung des Lebens unter die Karriere — Die traditionelle Lebensperspektive eines Bankangestellten

In anderer Weise als im beschriebenen Lebenskonzept des Werkzeugmachers, das für die Mehrheit dieses Typs steht, mischen sich im Fall der karriereorientierten Variante des ersten Lebenskonzept-Typs die inhaltlichen Aspekte der Arbeit und ihre äußeren Attribute des gesellschaftlichen Ansehens und erfährt das Verhältnis von Arbeit und Privatleben eine neue Verbindung. Wir wollen dieses Konzept am Beispiel jenes Bankangestellten deutlich machen, dessen geradliniges und angepaßtes Karriereverhalten wir bereits früher beschrieben haben (vgl. Abschnitt 2.3.1.).

Anders als bei den Facharbeitern und Handwerkern, aber durchaus typisch für einen Großteil der Angestellten dieses Lebenskonzept-Typs ist der Hauptbeweggrund für sein zeitliches und emotionales Engagement nicht so sehr der spezifische Tätigkeitsinhalt. Dieser spielt zwar auch eine gewisse Rolle, weil man ohne jedes inhaltliche Interesse die Arbeit und Weiterbildungsanstrengungen nicht gut durchsteht. Aber aus allem, was er über seine Arbeit in der Bank und seine Berufsperspektiven sagt, gewinnt man den Eindruck, er habe sich in erster Linie einer Position und einem Unternehmen, nicht aber einer bestimmten Tätigkeit verschrieben. „Etwas besseres zu sein", „eine gewisse Respektperson", „nach außen hin etwas repräsentieren" — sind seine bevorzugten Metaphern, wenn er über seine Bindung an Arbeit und Beruf spricht. Die inhaltliche Unterdeterminiertheit, die sich damit für den inneren Bezug zum Beruf auftut, verlangt von ihm aber eher ein Mehr an Identifikation, als wenn er sich genauen tätigkeitsspezifischen Ansprüchen gegenübersähe.

Hier beginnt für ihn wie für viele qualifizierte und aufstiegsbewußte Angestellte das Problem der Vereinbarkeit und Integration von Berufs- und Privatinteresse. Er hat dieses Problem von Anfang an im Sinne einer radikalen Unterordnung seiner Privatsphäre unter die Berufsinteressen gelöst. Es begann mit seiner Übersiedlung in die Großstadt, die seine damalige Beziehung zerstörte, weil seine Freundin damit nicht einverstanden war.

„Sie war darüber sehr ärgerlich, aber ich habe gesagt: Auf die Zukunft gesehen muß ich auch mal ein bißchen an mich denken!"

Sein berufliches Fortkommen ist ihm wichtiger als die Beziehung. Die lange Rechtfertigung der Entscheidung aber verrät zugleich auch eine gewisse persönliche Unsicherheit:

„Ich sah mein Ego wieder durchkommen, weil ich gesagt habe, daß gerade in dem Alter das berufliche Fortkommen wichtiger ist als die Beziehung ... Vielleicht hätte ich die Freundin ja auch nur noch vier Wochen gehabt, man weiß es ja nicht, und dann hätte ich dagestanden und hätte mir sagen müssen: Wegen der bist du nicht nach H. gegangen und hast dir deine Karriere verbaut und auch mein persönliches Fortkommen — so sah ich das jedenfalls. Ich war damals 19, und in dem Alter kann ich ja noch nicht sagen: Die Frau werde ich mal heiraten, mit der werde ich eine Familie gründen. Ich fühlte mich nun auch beruflich in F. nicht so wohl, ich fand die Arbeit dort nicht so gut und da habe ich mir gesagt: Wahrscheinlich fühle ich mich in der Arbeit in H. besser, und wahrscheinlich werde ich dort auch einen Freundeskreis aufbauen können wie hier in F. auch. Man fängt jetzt eben wieder an, und ich werde bestimmt mal wieder eine kennenlernen, aber ich finde nicht, daß man mit 19 schon sagen sollte: Das ist eine feste Beziehung. Das ist es in dem Alter noch nicht."

Mit dem Sprung in die Bankzentrale löst sich nicht allein die Jugendliebe, es vollzieht sich auch ein innerer Bruch mit seinem früheren Freundes- und Bekanntenkreis, der tiefer liegende Ursachen hat als das selbstverständliche Sich-aus-den-Augen-Verlieren, wenn man den Wohnort wechselt. Seine Freunde und Bekannten, die er durchaus noch sieht, wenn er seine Mutter in F. besucht, gehören der „Alternativszene" an. Er bemerkt, daß er sich nicht mehr gut mit ihnen unterhalten kann. In seiner Reflexion darüber legt er offen, wie sehr er sich auch in seinem politischen Verhaltensstil auf die Bank eingelassen, sich nicht nur äußerlich angepaßt hat, sondern immer schon antizipativ mögliche Wahrnehmungen seines Tuns durch die Unternehmensleitung in seine Verhaltensstrategie einzubeziehen sucht und damit unversehens in einer Überanpassung landet.

(Er begründet, warum er vieles, was seine alternativen Freunde seiner Meinung nach machen, nicht macht:) „Ich würde z.B. nicht gegen die Bundeswehr demonstrieren, ich würde nicht für die 35-Stunden-Woche auf die Straße gehen, obwohl 30 Stunden mir viel lieber wären, ich würde auch nicht gegen Atomkraftwerke demonstrieren, weil die Bank z.B. rauskriegen kann, daß ich bei den Alternativen bin, die immer gegen alles sind. Ich glaube, jeder andere Arbeitgeber würde es auch so machen und sagen: So einen kann ich hier nicht halten, der geht immer auf die Straße, der verdirbt das Image. Ich bin zwar nur ein Einzelner, aber eventuell muß der Arbeitgeber dann ja auch damit rechnen, daß ich gegen die Bank demonstriere, denn wenn ich immer für alternative Sachen bin, dann bin ich vielleicht auch nicht für die Bank, denn das sind ja nun mal die Kapitalisten."

Die Besorgnis um Arbeitsplatz und Karriere hat ihn nicht nur politisch abstinent gemacht. Er richtet auch sein Privatleben in der Freizeit immer stärker darauf aus, verbringt in H. mehr freie Zeit im Kollegenkreis, in dem er Tennis und Squash spielt, mal einen trinken geht und sich unterhält.

Wenn er vorerst auch eine feste Beziehung aus Karrieregründen für sich selbst zurückweist, so hat er sich doch ein Konzept für ein späteres familiales Zusammenleben zurechtgelegt, das — noch in der Negation und in den Ängsten — die volle, ihm unbewußt bleibende Funktionalisierung der Familie für den Beruf aufdeckt.

„Wenn ich nach Amerika gehe, dann ist es schon hinderlich, eine Familie zu gründen, andererseits hat man dann auch einen gewissen Rückhalt. Als Junggeselle hat man sicherlich auch einen Rückhalt bei Freunden, aber es ist nicht dieser Rückhalt, vielleicht auch diese seelische Ausgeglichenheit, die man durch eine Familie bekommt. Aber ich würde sagen, eine Familie ist in jungen Jahren sicherlich hinderlich beim Aufstieg, denn entweder arbeite ich, um weiterzukommen, das kann ich nur in jungen Jahren, wenn ich eine Familie habe, dann kann ich nicht mehr so viel arbeiten, dann muß ich mich auch mehr meiner Familie widmen. Und ich möchte nicht z.B. Präsident einer Firma sein, meine Familie wohnt irgendwo, meine Frau hat diverse Liebhaber und meine Kinder verkommen. Es ist sehr wichtig, irgendwo einen schönen Posten zu haben, aber dafür nicht mehr so viel Zeit aufwenden zu müssen, daß man seine Familie im Stich läßt ... Man hat in jungen Jahren, bis man etwa 30 ist, die Chance, Grundlagen für den weiteren Berufsweg zu legen, sich ein Wissen anzueignen, damit man später, wenn man eine Familie hat, nicht mehr lernen muß. Dafür sind die ersten 7, 8, 9 Berufsjahre wichtig; dann kann man bestimmt mal daran denken, eine Familie zu gründen, nicht jetzt sofort mit 21 Jahren, weil dann eine Familie hinderlich ist."

Der Lebensplan ist klar geordnet, sowohl in seinen äußeren Stationen als auch im projektierten Verhalten. Die berufliche Karriere wird zunächst noch — möglichst mit einem Auslandsaufenthalt in den USA — vorangetrieben, um sich weitere Voraussetzungen für den Sprung in eine Führungsposition zu verschaffen, der dann anstünde. Aber ziemlich am Ende des Gesprächs taucht in der Perspektive seines späteren Lebens eine Ahnung davon auf, daß er seinen Karrierewunsch durchaus mit Opfern bezahlt, auch wenn sie hier lediglich als solche der Freizeit erscheinen.

„Ich möchte nicht immer so ein Leben führen, wie ich es jetzt mache, daß ich eben Überstunden mache und die Freizeit eher in den Hintergrund stelle. Das würde ich nicht machen, ich möchte schon auch meine Freizeit haben. So möchte ich das Leben nicht immer weiterführen. Aber im Moment macht es mir noch nichts aus, und ich empfinde es auch nicht als so schlimm. Ich möchte schon ein Leben führen, wo man gesichert arbeitet, eine Familie ernähren kann und auch Freizeit hat, genügend Freizeit. In der Woche ist es nicht so schlimm, aber das Wochenende habe ich dann schon gerne für mich."

Nur in der Dimension der zeitlichen Beanspruchungen bleiben bei ihm Zweifel, ob er „Familie und Arbeit unter einen Hut bringen" kann. Daß er durch die selbstbetriebene Anpassung an äußere Gegebenheiten an Authentizität verlieren und dieses zum Problem werden könnte, taucht nirgendwo im Gespräch auf. Um so nachdrücklicher aber drängt sich dieser Eindruck für den Außenstehenden auf. Im Vergleich zu den vorher betrachteten Facharbeitern, die in ihrer Ausbildung und Arbeitserfahrung den Kern einer beruflichen Identität gelegt haben, hat man bei ihm — wie auch bei den weiteren „Karrieristen" — das Gefühl, daß sie trotz des so klar erscheinenden Lebenskonzepts kein sehr hohes Maß an Selbstbewußtsein und Authentizität aufweisen, beides bleibt äußerlich.

Mag der Grad der Entfremdung im geschilderten Fall hoch erscheinen, in der ausgedrückten Tendenz ist er typisch für die hier betrachtete kleine Gruppe von Jugendlichen mit karrierebezogenem Lebenskonzept.

Fall 3: Der mühsame Weg zur Selbständigkeit — die weibliche Variante eines arbeitsorientierten Lebenskonzepts

Als letztes Fallbeispiel für die arbeitsorientierten Lebenskonzepte wollen wir eine junge Krankenschwester (21 Jahre) in ihren Lebensperspektiven beschreiben, die aber in den Hauptzügen ihrer Vorstellungen für die gesamte Gruppe der jungen Frauen mit einem arbeitsorientierten Lebenskonzept stehen, und diese Gruppe umfaßt immerhin ein Viertel des Samples der weiblichen Jugendlichen. In der Tat repräsentieren diese jungen Frauen in den Motiven und in den Durchsetzungskonflikten für ihr Lebenskonzept eine eigene Gruppe, die weder mit den karrieristischen Angestellten noch mit den inhaltlich orientierten Facharbeitern einfach gleichzusetzen wäre. Von den „Karrieristen" trennt sie die fast völlige Ausblendung von äußeren Statusinteressen aus ihrem Berufskonzept. Mit den Facharbeitern haben sie zwar das Engagement an einer inhaltlich interessanten Tätigkeit als Moment ihrer Identitätsfindung gemein, formulieren dieses aber von anderen Beweggründen her und in einem kaum vergleichbaren sozialen Kontext der Persönlichkeitsentwicklung: von ihrer individuellen und sozialen Selbständigkeit her.

Auch die junge Krankenschwester haben wir bereits in ihrer Auseinandersetzung mit der Arbeit kennengelernt (vgl. Kap. 2.3.1.), so daß wir hier ihre Berufsbiographie und ihr Interesse an der Arbeit nur kurz in Erinnerung rufen müssen. Wir haben gesehen, daß sie, wesentlich motiviert durch den Wunsch, zu Hause auszuziehen, den Beruf der Krankenschwester als ihren „Wunschberuf" ergriff, obwohl sie andere Möglichkeiten durchaus überlegt hatte (Abitur, Sozialpädagogik-Studium). Sie erlebte ihre Ausbildung als eine Erweiterung nicht nur ihrer Fachkompetenz, sondern auch ihrer Persönlichkeit — trotz vieler Frustrationen, durch die sie sich hindurchbeißen mußte. Im Laufe der Ausbildung und der darauffolgenden Tätigkeit als Krankenschwester verfestigt sich in ihr eine berufliche Identität als Schwester, die ihren Kern in der Krankenpflege und der direkten Hilfe für die Patienten hat, aber in die auch ein starkes Interesse an einer guten Kommunikation und dichten Kooperation eingeht. Die Diskrepanz zwischen ihrem verinnerlichten Berufsideal und der sie frustrierenden Arbeitsrealität in einem („bürokratisierten und anonymisierten") Großklinikum läßt sie so unzufrieden werden, daß sie aus der Klinik heraus will und dabei ist, sich nach einer anderen Stelle umzusehen. „Mein Wunsch ist, eine Stelle auf einer Sozialstation auf dem Dorf zu finden".

Für die Mehrzahl der jungen Frauen dieses Lebenskonzept-Typs ist der Ausgangspunkt ihrer Suche nach Selbständigkeit durch Arbeit die materielle Unabhängigkeit von den Eltern, die Möglichkeit, mit dem Eintritt in die Ausbildung oder wenigstens mit Antritt des ersten Arbeitsverhältnisses von zu Hause auszuziehen. Dies hat auch bei der hier geschilderten Krankenschwester den Ausschlag bei ihren Berufsüberlegungen gegeben. Sie hätte noch Abitur machen oder „eine Fachschule für Sozialpädagogik" besuchen können, das aber hätte weitere Abhängigkeit von den Eltern bedeutet, die sie damals nicht wollte.

Sie nimmt aber nicht den ersten besten Beruf, der sich ihr bietet, sondern durchaus einen, zu dem sie eine innere Verbindung hat und in dem sie auch Vorerfahrungen durch ein Praktikum hat. Für sich selbst erfährt sie die Ausbildung als einen Prozeß, in dem sie selbständiger wird und zwar in unterschiedlichen Dimensionen: Aus der zunächst durch den Krankenhausbetrieb weiter verängstigten und sich zurückziehenden Auszubildenden wird nicht zuletzt durch die Unterstützung ihrer Semestergruppe eine selbstbewußtere, die „mutiger wurde, je länger die Ausbildung dauerte." Schließlich erfährt sie auch eine größere materielle Selbständigkeit nach dem Examen. Geld zu verdienen, wird für sie wichtig. „Nach vier Jahren knausern wollte ich es auch genießen, mehr Geld zu haben", zumal sie sich während des Examens von ihrem Freund getrennt hat und „sonst hätte die Wohnung kündigen, mir irgendwo ein Zimmer nehmen oder zu meinen Eltern ziehen müssen."

Wenn sie sich mit ihren Mitschülerinnen vergleicht, fällt ihr als erstes ein, daß sie „schon viel länger selbständig" ist. Der Gewinn an Selbständigkeit ist der Nenner, auf den sich die Schilderungen ihrer bisher kurzen Berufsbiographie bei den meisten dieser jungen Frauen bringen lassen. (Bei den jungen Männern taucht dieser Aspekt explizit so gut wie gar nicht auf!) Irgendwann im Laufe der Ausbildung oder Arbeit schlägt das, was für viele von ihnen mit dem Streben nach äußerer Unabhängigkeit von den Eltern begonnen hat, in die Erfahrung innerer Selbständigkeit um, in den Aufbau eines neuen, durch Ausbildungserfolg und Arbeit hervorgebrachten neuen Selbstwertgefühls. Eine junge Industriekauffrau des gleichen Lebenskonzept-Typs bringt diesen Prozeß der Persönlichkeitsentfaltung und Selbstdefinition durch die Berufsarbeit auf die einfache, aber treffende Formel: „Man fühlt sich erwachsen, ... man wird ganz anders anerkannt. ... Man kriegt durch den Beruf einen gewissen Grad an Reife." Ohne es explizit selbst häufig in ähnlicher Klarheit wie diese junge Industriekauffrau auszudrücken, vermittelt sich vielen von ihnen im Laufe von Ausbildung und ersten Arbeitserfahrungen das sichere Gefühl, daß sie ihre Selbständigkeit nur bewahren können, wenn diese nicht nur äußerlich durch das eigene Einkommen, sondern auch innerlich durch die Entwicklung einer eigenen Identität in der Berufstätigkeit abgestützt ist. Die Konsequenz können Krisen in den persönlichen Beziehungen sein, wie wir sie bei der Krankenschwester angetroffen haben, die fast beiläufig erwähnt, daß während der Examenszeit die Beziehung zu ihrem Freund, mit dem sie immerhin eine gemeinsame Wohnung hatte, zerbrochen ist.

Die angeeignete Selbständigkeit bestimmt auch die Vorstellung von Privatleben und das Konzept von Partnerschaft und Familie. An den Überlegungen der Krankenschwester wird dieses eigene Konzept sichtbar. Sie sagt mit Überzeugung, daß sie sich so, wie sie im Augenblick lebt, allein, wohler fühle als „die, die schon in festgefahrenen Rollen leben, verlobt sind, verheiratet sind und privat sehr wenig machen." Ihre damit erklärte Absage an das traditionelle weibliche Rollenstereotyp bedeutet für sie jedoch keine Ablehnung einer dauerhaften Zweierbeziehung und späteren Familie. Auch wenn sie eine neue feste Beziehung erst einmal in weitere Ferne rückt und keine konkrete Zukunftsvorstellung für sie entwickeln mag („das kann man nicht planen, und ich möchte es auch nicht planen"), steht für sie fest, daß sie einmal eine feste Partnerschaft und Familie haben möchte, allerdings nicht um jeden Preis. Ihr eigenes Konzept formuliert sie klar:

„Also ich bin nicht bereit, meinen Beruf für die Kinder aufzugeben. Das hängt dann auch vom Partner ab, inwieweit man sich da einigt. Das ist ja auch eine Voraussetzung, um eine Familie zu gründen, daß man sich vorher einig ist. Und nicht, daß dann die Kinder auf einmal da sind, und man ist gezwungen, zu Hause zu bleiben. Und in unserem Beruf kann man schon ganz gute Sachen machen, eben durch den Nachtdienst und so. Das stelle ich mir auch nicht so schwierig vor, und ich möchte auch nicht so eine volle Stelle haben, wenn ich Kinder habe. Weil ich das auch bei Mitarbeitern erlebe, die dann echt voll genervt sind, zunächst von der Station und dann von den Kindern, und auch nie richtig abschalten können, oft ungerecht auch den Kindern gegenüber reagieren und auch auf der Station genervt sind. Aber so eine Halbzeitstelle finde ich schon ganz gut. Oder sich eine Stelle teilen. Das habe ich jetzt bei Bekannten erlebt, und das läuft ganz gut."

Schließlich existiert für sie wie für die Mehrheit dieser jungen Frauen auch ein jenseits von Berufsarbeit und Partnerschaft liegendes Privatleben in der Freizeit mit eigenen Interessen. Zu ihrer

Selbständigkeit und ihrem offenen Lebensgefühl gehört es auch, sich eine selbstgestaltete Freizeitsphäre zu sichern. Diese ist zum einen Teil als Erholungszeit für einen aufreibenden Dienst nötig. Dies betont sie mit Nachdruck:

„Ich und auch die Mitarbeiter auf meiner Station legen schon Wert darauf, den Freizeitausgleich auch schon zu haben, weil man den auch braucht. Meistens, wenn ich von der Arbeit komme, brauche ich ein bißchen Ruhe. Ich mag es einfach nicht, wenn ich nach Hause komme und sofort dieses oder jenes ansteht. Ich brauche eine Zeit, in der ich für mich abschalten kann, in der ich einfach etwas für mich machen kann. Das ist mir sehr wichtig. Dann unternehme ich gern etwas mit Freunden. In der letzten Zeit ist es für mich sehr wichtig gewesen, auch alleine klarzukommen. Also auch alleine eine Wohnung zu haben, alleine auszugehen, was ich vorher nicht so konnte, da ich vorher so auf eine Person fixiert war. Da habe ich auch einige Schwierigkeiten gehabt".

Neben der reinen Regeneration steht für sie in der Freizeit zum anderen die Erweiterung ihres sozialen Handlungsfeldes als eines von ihr selbst gestalteten Raumes im Vordergrund ihrer Aktivitäten. Mit Freunden und Freundinnen zusammensein, „ohne irgendeine feste Freundin oder festen Freund", alleine irgendwohin gehen — sind die Metaphern für das bei diesen jungen Frauen häufiger, zumal dann, wenn eine erste sehr frühe festere Bindung kaputtgegangen ist, anzutreffende Bestreben, auch sozial selbständig zu werden. Ähnlich wie bei vielen jungen Männern, bei denen ein entsprechendes Bestreben seltener explizit betont wird, spielen hierbei die Arbeitskolleginnen eine nicht unbeträchtliche Rolle. Eine Beschränkung auf sie aber wird, anders als im Fall des Bankers, wo eine gewisse berufliche Exklusivität des Bekanntenkreises geradezu gesucht wurde, eher als zu vermeidende Vereinseitigung empfunden, und die Frauen bemühen sich, ihre sozialen Kontakte, vor allem durch Beteiligung an kulturellen Veranstaltungen oder sogar in wenigen Fällen durch Beteiligung an politischen Gruppierungen.

Eine Fortsetzung findet dieser Zug einer sehr bewußten Freizeitnutzung häufig auch in der Urlaubsgestaltung. Auch in ihr wird das Bestreben dieser Frauen, sich selbständig die Welt zu erschließen, sichtbar. Die beschriebene Krankenschwester schildert dieses Interesse ganz anschaulich, indem sie die Möglichkeiten zur Realisierung ihres Reiseinteresses über unbezahlten Urlaub prüft.

„Urlaub ist für mich sehr wichtig. Aber viele Sachen lassen sich auch nicht mehr so verwirklichen, weil es gar nicht mehr möglich ist, unbezahlten Urlaub zu nehmen. Das würde ich sofort machen. Nach dem Examen hätte ich es unheimlich gerne gemacht, so schön drei Monate, aber dann kriegt man eine Stellung und muß auch anfangen. Oder jetzt im Sommer, wenn man sagen könnte, ich gehe jetzt für drei Monate. Man spart vorher ein wenig, aber das geht ja heute alles nicht. Das finde ich unheimlich schade."

In der Abgleichung der Bedeutungsgehalte von Berufstätigkeit und Freizeitinteressen dieser jungen Frauen mit arbeitsorientiertem Lebenskonzept erhalten wir auch einen ersten Hinweis darauf, wie wenig es der motivationalen Realität zumindest dieses Teils der Jugendlichen entspricht, Arbeits- und Freizeitinteressen als innerpsychische Gegensätze gegeneinander auszuspielen, wie es in Teilen der Umfrageforschung geschieht (vgl. Kapitel 1.2.). Was sich in der Realität häufig nicht vereinbaren läßt, nämlich die Einlösung der persönlichen Expansionswünsche außerhalb der Arbeit mit den beruflichen Verpflichtungen, muß innerlich keineswegs zum dramatischen Konflikt werden. Die Darstellungen der jungen Frauen machen deutlich, daß sie selbst in ihren unterschiedlichen Lebensinteressen keine unüberbrückbaren Gegensätze sehen. Sie wollen ihre wesentlich über die Berufstätigkeit gewonnene Selbständigkeit auch in ihren anderen sozialen Lebensbereichen ausleben. Sie setzen sich in ihrem Beruf voll ein, sind, wenn es nötig ist, sogar bereit, Überstunden zu machen, reißen sich allerdings nicht darum, wollen aber zugleich nicht auf ein interessantes und selbstgestaltetes Leben außerhalb der Arbeit verzichten. Wo es zu Interessenkollisionen kommt, sind sie in der Regel in der Lage, mit diesen flexibel umzugehen und sie zu lösen.

Im Vergleich mit ihren männlichen Altersgenossen des gleichen Lebenskonzept-Typs wirken sie vielfach weniger verbissen auf Arbeit konzentriert und zugleich weniger konventionell in ihrer Lebensgestaltung außerhalb der Arbeit. Sie erscheinen als alles andere denn als „emsige Bienen" oder „graue Mäuse". Die in der Realität sie häufig genug einholende „Dichotomie von Lust und Leistung" (Dörner) lassen sie sich offensichtlich weit weniger auch noch als inneren Verhaltenskompaß aufdrücken als die gleichaltrigen jungen Männer. Vielleicht ist ihnen ein etwas mehr entlastet wirkender Umgang mit ihren Berufsinteressen möglich, weil sie diese stärker aus sich selbst heraus definieren können und nicht unter ähnlich harten beruflichen Erfolgserwartungen und Rollendefinitionen stehen wie die jungen Männer.

3.2.2. Das zwischen Arbeit und Privatleben ausbalancierte Lebenskonzept (Typ II)

Etwa gleich viel Jugendliche wie dem ersten folgen in ihren Lebensperspektiven dem zweiten Lebenskonzept, das durch eine Balance zwischen Arbeit und Privatleben gekennzeichnet ist. Geschlechtsspezifische Unterschiede treten hierbei nicht auf (Männer: 28 %; Frauen: 30 % — vgl. Tab. 15). Zwischen dem vordringlich arbeitsorientierten Lebenskonzept und diesem zweiten sind die Übergänge fließend. Das direkte Verhältnis zur Arbeit unterscheidet sich bei den Jugendlichen dieses zweiten Typs in seinem Inhalt kaum von dem des ersten Typs: Auch sie sind mehrheitlich an den subjektbezogenen Dimensionen der Arbeit orientiert, suchen die Möglichkeit einer inneren Identifikation mit der Arbeit und opfern häufig (immerhin zu über 40 %) einen Teil ihrer Zeit für Weiterbildungsaktivitäten; vielleicht ist ihr arbeitsinhaltliches Interesse im Durchschnitt etwas weniger intensiv als bei den Jugendlichen mit eindeutig arbeitszentriertem Lebenskonzept. Etwas häufiger als beim ersten Typ finden wir in der Arbeitsorientierung dieser Jugendlichen eine Betonung von Einkommen und materieller Sicherheit. Immerhin knapp ein Fünftel von ihnen orientiert sich an den materiellen Aspekten der Arbeit, während unter den Jugendlichen des ersten Typs keine derartige Orientierung festzustellen ist.

Die entscheidende Differenz zum ersten Lebenskonzept liegt in der anderen Gewichtung der Arbeit innerhalb des Gesamt der Lebensbezüge. Die Jugendlichen dieses Lebenskonzepts haben in anderer Weise ein eigenständiges Identifikationszentrum außerhalb der Arbeit, das in Konkurrenz zum Beruf tritt, sei es ein intensiv betriebenes Hobby, sei es die Partnerschaft oder auch ein besonders aufwendiges Freizeitinteresse wie z.B. Reisen. Das traditionelle Grundmuster einer strukturellen Trennung des Lebens in Erwerbsarbeit und Freizeit / Privatleben wird nur bei den vier Jugendlichen dieses Typs durchbrochen, die aus Alternativbetrieben stammen und eine Integration von Arbeit und Privatleben anstreben.

Von dem stark ausgeprägten Interesse im Privatleben wird der Stellenwert der Arbeit in der Lebensplanung relativiert, ist man bereit, Abstriche in der Arbeit zu machen. Vielfach ist auch ein Schwanken zu beobachten, worauf man denn nun seine Energie konzentrieren soll. Man gewinnt den Eindruck, daß viele Jugendliche dieses Typs recht unterschiedliche Möglichkeiten ihrer Selbstdarstellung und -definition sehen und auf keine gern verzichten wollen. Im Vergleich zum arbeitsorientierten Typ wirken sie sich selbst gegenüber im Durchschnitt offener, erkaufen dieses „Vieles-Wollen" unter Umständen aber auch mit einer Einschränkung ihrer Handlungsfähigkeit im Berufsbereich.

Die Offenheit ihrer Wünsche ist in ihrer persönlichkeitsstrukturellen Bedeutung und in ihrer Handlungsrelevanz nicht leicht zu deuten. Sie ist nicht mit Unentschiedenheit zu verwechseln. Denn die Jugendlichen wirken nicht eigentlich unentschieden, eher ist es so, daß sie keine Entscheidungsnotwendigkeit sehen, sich nicht — zum Teil auch vielleicht noch nicht — in einer Entscheidungssituation fühlen. Sie wollen, ohne eindeutige Priorität, die Entfaltungsmöglichkeiten ihrer unterschiedlichen Talente und Interessen sichern und möchten dabei vorerst keine Abstriche machen. Viele von ihnen haben die Erfahrung, daß dabei Unvereinbarkeiten auftreten können, bisher noch nicht so nachhaltig machen müssen, daß es zu strategischen Vereinseitigungen geführt hätte. Insofern wirken sie vielleicht sowohl unbekümmerter als auch selbstbewußter als die Jugendlichen des ersten Typs.

Allerdings muß man sich bei diesem Lebenskonzept-Typ noch mehr als beim ersten davor hüten, ihn als einen mehr oder weniger einheitlichen Typ fassen zu wollen. Wir finden zunächst eine starke geschlechtsspezifische Variante, die darin besteht, daß für die männlichen Jugendlichen dieses Lebenskonzepts Privatleben fast immer heißt Ausleben ihrer individuellen Neigungen und Interessen unter weitgehender Ausblendung der möglichen Familienperspektive, während für die Frauen ganz deutlich die Partnerschafts- und Familienperspektive den alternativen Bezugspunkt zur Berufsarbeit abgibt und ihr ganzes Bestreben darauf gerichtet ist, zwischen diesen beiden Lebensbereichen ein inneres und — in der konkreten Planungsperspektive — auch ein äußeres Gleichgewicht herzustellen. Darüber hinaus finden wir aber auch zwischen den nicht auf die Familienperspektive abstellenden Artikulationen Differenzen, zumindest diejenige zwischen Jugendlichen, deren Hauptschwierigkeit darin besteht, ihre unterschiedlichen Interessen und Wünsche ohne zuviel Abstriche unter einen Hut zu bringen, und denen, für die das Privatleben als zweites Zentrum eine Kompensationsfunktion zur Herstellung eines inneren Gleichgewichts, das durch starke Verletzungen des Selbstwertgefühls im Beruf gestört ist, erfüllen muß. Die im folgenden dargestellten Fälle repräsentieren jeweils eine Variante dieser Unterschiede innerhalb des ausbalancierten Lebenskonzept-Typs.

Fall 1: Die Vielfalt der Möglichkeiten und Interessen innerhalb und außerhalb der Arbeit in einem Lebenskonzept integrieren

Es handelt sich im folgenden um das Lebenskonzept eines jungen Mannes, der sich nach dem Abitur entschieden hat, Versicherungskaufmann zu lernen. Die Entscheidung für eine kaufmännische Ausbildung trifft er nicht als eine „second-best"-Lösung, sondern auf der Basis eines sehr klar durchdachten Lebenskonzepts und im Bewußtsein auch des möglichen Preises dieser Wahl, die zugleich eine Entscheidung gegen ein Studium ist.

Den Ausgangspunkt seiner Berufsentscheidung bildet am Ende der Schulzeit eine gewisse Schulmüdigkeit („Ich hatte vom Lernen und von der Schule genug"), die er als nicht untypisch für eine ganze Reihe von Abiturienten ansieht, die dann erst einmal ein Jahr „ganz aussteigen"; eine Alternative, die er auch überlegt hat, die aber für ihn von seinem „damaligen Verantwortungsbewußtsein oder so" nicht in Frage kam. So entschließt er sich zur Ausbildung zum Versicherungskaufmann, keineswegs emphatisch, eher mit einem gedrosselten und etwas instrumentellen Berufsbewußtsein — der Beruf sollte ihm in erster Linie „ein Leben mit einem bestimmten Gehalt" ermöglichen —, aber durchaus mit beruflich längerer Planungsperspektive, da ihm von Anfang an klar ist, daß er um Weiterbildung in der Versicherungsakademie nicht herumkommt und auch im Bereich der Versicherungen beruflich vorankommen will.

Der Hintergrund der Berufsentscheidung ist für das Verständnis seines spezifischen Lebenskonzepts wichtig. Die aus der Entscheidungssituation nach der Fragwürdigkeit eines Studiums entstandene Unsicherheit löst er wie viele Abiturienten, die sich ähnlich entscheiden, dahin auf, sich ohne große inhaltliche Ambitionen für eine Berufsausbildung zu entscheiden, die wenigstens eine sichere und halbwegs einträgliche Berufsperspektive verspricht. Hierin ist, ohne daß ihm selbst das bisher bewußt geworden wäre, der Keim für eine Ambivalenz in der Lebensorientierung angelegt, die sich im Laufe von Ausbildung und ersten Arbeitserfahrungen weiter aufbaut und zum Zeitpunkt unseres Gesprächs voll entwickelt ist, so daß tatsächlich eine gewisse Spaltung zwischen seinen Arbeitsinteressen und seinen Ambitionen im Privatleben unverkennbar ist, die ihn zu einem perspektivischen Ausbalancieren zwingt. Verfolgen wir den Weg dieser Ambivalenz.

Man könnte meinen, das Arbeitskonzept dieses Jugendlichen sei eindeutig auf die materiellen Aspekte der Tätigkeit bezogen. Im

Ausgangspunkt der Berufswahl ist es das seinem Selbstverständnis nach auch, wenn er einen Beruf sucht, der ihm Sicherheit und ein relativ günstiges Einkommen verspricht. Dies aber wandelt sich bereits in der Ausbildung, je mehr er mit der Realität der Arbeit konfrontiert wird. Auf der einen Seite entdeckt er, daß die Tätigkeit eines Versicherungskaufmanns durchaus interessante Seiten hat, zumal im Bereich der Leistungsabteilungen, in deren eine er nach Abschluß der Ausbildung zur Bearbeitung von Sterbefällen übernommen wird: Seine aktuelle Situation schildert er wie folgt.

„Das gefällt mir sehr gut. Ich bin in einer versicherungstechnischen Abteilung, habe nur eine Stunde am Tag zusammengerechnet Bildschirmarbeit, es ist also ein Mischarbeitsplatz, überwiegend ohne Bildschirmarbeit, obwohl sich das sicherlich im Laufe der Zeit auch noch ändern wird. Ich mache Abläufe und Sterbefälle, wobei die Sterbefälle natürlich am interessantesten sind. Das klingt zwar makaber, aber es ist so. Da kann man sich mit den Akten beschäftigen, da hat man auch mal Kontakt mit den Leuten, muß mal mit den Hinterbliebenen telefonieren; es ist also schon ganz interessant, weil ich in einer Leistungsabteilung bin. Dort herrscht ein ziemlich kollegiales Verhältnis. Mir gefällt es sehr gut, daß es eine kleine Abteilung ist und nicht so eine Mammutabteilung mit 60 Leuten und einem ziemlich entfernten Abteilungsleiter. In meiner Abteilung kannte ich ganz schnell alle mit Namen. Was mir auch sehr gut gefällt: Ich habe Unterschriftsverantwortung. Es spielt eben für mich auch eine Rolle, Verantwortung zu kriegen."

Entdeckt er also einerseits Momente, auf die er sich innerlich einlassen kann, über die er sich auch mit der Arbeit identifizieren kann, so entgehen ihm auf der anderen Seite die Momente der hierarchischen Arbeitsorganisation und seines Status als abhängig Beschäftigter, die in ihm eine gewisse Reserve und Distanz zur Arbeit bestärken, nicht.

„Gewisse Schwierigkeiten hatte ich und habe ich mit dem Gefühl, Lohnabhängiger zu sein, also in einem Ausbildungs- oder Arbeitsverhältnis zu stehen mit übergeordneten Personen. Aber daran habe ich mich — glaube ich — auch gewöhnt. Da ist wohl Gewöhnungssache. Es ist nicht immer ganz leicht, das zu akzeptieren, zumal wenn man das Gefühl hat, daß diejenigen nicht gerade von der Fachautorität her sprechen. In dem Fall würde es mir leichter fallen zu sagen: okay, der bzw. die hat mehr drauf; dann kann ich das ganz gut akzeptieren."

So viel Vorbehalte er gegen die Arbeit auch ins Feld führt, auf seinen Berufsalltag hat er sich in dreifacher Weise verbindlich und über die materielle Seite weit hinausgehend eingelassen: zum einen durch sein alltägliches Arbeitsengagement, seine innere Beteiligung an den von ihm abzuwickelnden Fällen; zum anderen dadurch, daß er sich gewerkschaftlich organisiert und aktiv in der Jugendvertretung engagiert hat; schließlich in seinen Planungsperspektiven. Er hat den Zivildienst vor sich, will danach aber in den Betrieb zurückkehren und sieht sich bereits jetzt nach Weiterbildungsmöglichkeiten um, über die er sich die Chance erschließen will, „eine selbstbestimmte Arbeit in höherer Funktion zu finden. Ein normales Sachbearbeiterleben ... es reicht mir nicht, acht Stunden zu arbeiten und danach die Sachen zu machen, die mir Spaß machen, das ist zu wenig." Er entfernt sich zunehmend weiter von seinem nur auf Sicherheit und Einkommen zielenden Arbeitsverständnis, mit dem er gestartet war, — ohne es endgültig zu verabschieden. Freilich sind seine Zweifel, ob ihm in der Versicherung je eine Tätigkeit beschieden sein könnte, die seinen Ansprüchen entspricht, groß genug, um sich auch ein Studium als berufliche Alternative offen zu halten, dort neue Berufsperspektiven zu sehen, die für ihn jetzt nach Abschluß der Ausbildung interessant werden, und sich nicht bedingungslos auf den einmal eingeschlagenen Weg zu fixieren.

Hier spielt nun der Bereich außerhalb der Arbeit, sein Privatleben bzw. seine Vorstellungen, auch dort sich zu erfahren und zu bestätigen, eine nicht unerhebliche Rolle, die zunächst negativ auf die Arbeit bezogen ist.

> „Ich habe doch das Gefühl, daß die 40-Stunden-Woche bzw. der Acht-Stunden-Tag — hoffentlich sind es bald sieben Stunden — ziemlich viel von mir nimmt. Früher habe ich gedacht: acht Stunden am Tag arbeiten und dann die Sachen machen, die dir Spaß machen; heute merke ich, daß das irgendwie nicht läuft. Die acht Stunden lassen mir persönlich nicht die Freiheit, die ich mir wünschen würde."

Seine Idealvorstellung ist, nur 20 Stunden in der Woche zu arbeiten, aber diese Arbeit mit Interesse und Spaß zu tun, und die restliche Zeit für sich zu verwenden. „Es wäre schon schön, einen Vier-Stunden-Job zu haben, der einem absolut Freude bringt."

In der Nutzung seiner freien Zeit gibt es viele Dinge, die er tun möchte. Er gehört zu den Jugendlichen, die für sich eine Vielfalt von Möglichkeiten und die Welt relativ offen sehen. Daß dabei auf den ersten Blick einiges auch widersprüchlich erscheint, ahnt er und gesteht es sich mit einem Augenzwinkern auch zu. Er möchte mehr Zeit zum Lesen haben, erfährt zur Zeit positiv seine Selbständigkeit in der Lebensorganisation, seit er von zu Hause aus- und mit einem Freund zusammengezogen ist. Auch seine Gewerkschaftsarbeit und die Mitarbeit in einer politischen Gruppe möchte er nicht aufgeben. Sie gehören zu seinem Privatleben, das er nicht rigide von der Arbeit trennt, ebenso wie „ab und zu mal in die Diskothek gehen oder einen Film sehen" oder sich mit Leuten unterhalten; — „eigentlich alles ganz normale Sachen", wie er konstatiert.

Seine eigenen Möglichkeiten auch im Privatleben kennenzulernen, dem gilt sein Hauptbestreben. Er hat das Gefühl, noch viele Erfahrungen machen zu müssen, und glaubt, daß er in diesem Bestreben nicht sehr stark festgelegt ist. Von hier aus eilt es ihn auch nicht, eine feste Partnerschaft aufzubauen, im Gegenteil, eine derartige Vorstellung wehrt er innerlich ab, ohne aus der Abwehr allerdings ein Dogma zu machen.

„Ich habe nicht den Wunsch, in nächster Zeit zu heiraten und Kinder zu kriegen. Ich möchte erstmal für mich leben, um wenigstens abends meine Freiheiten zu haben. Ich habe nichts gegen Kinder und stelle mir das auch ganz interessant vor, aber damit kann ich, glaube ich, warten, bis ich 30 bin. Genauso ist es mit dem Heiraten. Im Moment halte ich mehr von einer lockeren Beziehung; eine feste Familiengründung ist für mich kein Thema im Moment."

„Ich bin auch nicht darauf aus, eine Beziehung für 3 oder 4 Jahre zu haben. Meine Vorstellungen von Partnerschaft gehen dahin, daß es auch kurzfristig gut sein kann. Im Moment kann ich nicht sagen, daß ich eine Beziehung zu irgend jemand hätte, jedenfalls keine intime Beziehung. Ich versuche, mich da ziemlich offen zu halten. Wenn ich eine Frau kennenlerne und mit der nur kurz zusammensein will und ich will nicht mehr, sie will nicht mehr — dann ist es auch okay. Wenn ich jetzt jemanden kennenlerne, und ich merke, daß ich mit ihr öfter zusammensein will, eventuell mit ihr zusammenziehen will, dann bin ich dazu auch bereit, aber ich bin darauf jetzt nicht unbedingt aus. Ich will sehen, was kommt."

Es fällt auf, wie wenig bei ihm der gesamte Bereich Partnerschaft und Familie mit konkreten Vorstellungen besetzt ist und im Sinne eines möglicherweise anstehenden Gestaltungskompromisses zwischen der Arbeit und seinen anderen vielfältigen, außerhalb der Arbeit liegenden Interessen überhaupt reflektiert wird. Diese Offenheit ist typisch für die Mehrheit der männlichen Jugendlichen dieses Lebenskonzepts, sie wird in ihrer männlichen Eigentümlichkeit erst bei Betrachtung des analogen weiblichen Lebenskonzepts deutlich.

Fall 2: Freizeit als Gegenzentrum zur Arbeit (vor allem bei krisenbetroffenen männlichen Jugendlichen)

Eine im Vergleich zum ersten Fall eher defensive Variante eines zwischen Arbeit und Privatleben ausbalancierten Lebenskonzepts finden wir bei einigen männlichen Jugendlichen, die in ihrem privaten Lebensbereich ein für ihr persönliches Gleichgewicht notwendiges Gegenzentrum zur Arbeit aufbauen, in dem sie das in der Arbeit stark verletzte Selbstwertgefühl wieder aufzurichten versuchen. Dies gelingt männlichen Jugendlichen offensichtlich dort am ehesten, wo das Privatleben von einem starken (Hobby-)Interesse, das ein hohes Maß an Aktivität verlangt, beherrscht wird (vgl. 4.2.).

Das Lebenskonzept dieser Jugendlichen läßt sich wiederum am eindrücklichsten am Beispiel eines unterqualifiziert eingesetzten Facharbeiters veranschaulichen, dessen Berufsschicksal und Auseinandersetzung mit der Arbeit wir bereits kennengelernt haben. Wir hatten gesehen, wie sehr er unter seinem unterqualifizierten Einsatz in der Getriebemontage leidet und langsam seine ganze Persönlichkeit und sein Privatleben davon bedroht sieht. („Du wirst so wie Deine Arbeit ist: monoton"; vgl. Abschnitt 2.3.3.) Dennoch sah er sich nicht in der Lage, den von einigen seiner Kollegen gewählten Weg einer Weiterqualifizierung zu beschreiten, da er einen (jahre-)langen Lernstreß neben der täglichen Arbeit nicht glaubt durchzustehen, da er viel Bewegung braucht („Ich packe es nicht, mich abends nach der Arbeit noch hinzusetzen. Ich muß Sport machen.").

Es ist zur Einschätzung der Bedeutung seines Privatlebens wichtig, den im Gespräch deutlich zutagetretenden Zusammenhang zwischen Lernen und Sport nicht zu verkehren: Er hat zwar immer viel Sport gemacht und seinem Bewegungsdrang manchmal mehr nachgegeben, als für die Schule gut war. Aber er hat die Zweifel an seiner eigenen Lernkapazität nicht, weil er Sport treiben will und die Zeit zum Lernen zu schade findet, sondern weil er mehrfach mit sich selbst die Erfahrung gemacht hat, daß schulisches Lernen nicht sein Metier ist und, um es „zu packen", schon eine ungeteilte Konzentration auf Lernen erforderlich wäre. Deswegen sagt er, „Ganztagsschule würde ich sofort machen, aber dann werde ich entlassen, dann muß ich kündigen". Das wiederum erscheint ihm in der gegenwärtigen Krise zu risikoreich.

In dieser Lage erhält sein Hobby, Sporttreiben, vor allem Fußballspielen, für ihn ein so starkes Gewicht, daß er darin den eigentlichen Sinn seines Lebens sieht: „Das Privatleben und die Freizeit ist mir das wichtigste, das ist das, wofür ich eigentlich lebe, warum ich das hier aushalte." Zwar demonstriert das übrige Gespräch, wie sehr er sein Selbstbewußtsein von der Arbeit abhängig gemacht hat. Gleichwohl aber drückt die zitierte Formulierung („warum ich das hier aushalte") den hohen kompensatorischen Stellenwert seines Privatlebens für sein inneres Gleichgewicht aus, und dieser Stellenwert nimmt in seiner eigenen Optik zu, je länger die unbefriedigende Arbeitssituation anhält und wegen ihrer geistig-psychischen und zeitlichen Belastungen (Unterforderung und Schichtarbeit) nun auch das Privatleben real bedroht, da er weder noch Lust zum Basteln noch zur Teilnahme an kulturellen Veranstaltungen hat und auch seine Kommunikationsfähigkeit mit seiner Freundin gefährdet sieht.

Der Inhalt seines Privatlebens ist dabei keineswegs außergewöhnlich. Vieles dreht sich um den Sport in seinem Heimatort (5 000 Einwohner). Von dorther hat er auch seine meisten Kontakte mit Gleichaltrigen, mit denen er dann auch etwas unternimmt, mal in die Diskothek in die nahegelegene Großstadt fährt, mal Biertrinken und Kartenspielen geht oder auch zusammen wegfährt. In dieser Weise wirkt er gut in der dörflich-kleinstädtischen Gemeinschaft integriert. Er wohnt zwar noch bei seinen Eltern, ist aber gegenwärtig dabei, eine Wohnung für sich und seine Freundin, die er als „feste Beziehung" bezeichnet, zu suchen und sich selbständig zu machen.

Seine Zukunftsvorstellungen für das Privatleben gehen auf eine Familie mit Kindern, „aber nicht zu früh. Wenn ich mal 28 bin, dann kann ich daran denken. Vorher will ich erst mal ein bißchen was erleben, Urlaub machen, unbeschwert leben, Sport machen und mir alles das anschaffen, was ich gerne haben möchte: Video, ein Wohnzimmer. Wenn das soweit wäre, dann würde ich auch mal heiraten und Kinder haben wollen, aber das hat noch Zeit." Aber auch diese Idylle sieht er durch die Fortdauer seiner Arbeitssituation innerlich in Frage gestellt und seine große Sorge gilt dem, „daß ich mich vielleicht irgendwann einmal mit der ganzen Schicht und dem ganzen Arbeiten abfinde."

Fall 3: Das prekäre Gleichgewicht zwischen Arbeit und Familie bei jungen Frauen

Es sticht geradezu ins Auge, wie anders die Perspektivik der jungen Frauen mit einem zwischen Arbeit und Privatleben ausbalancierten Lebenskonzept ist als die der männlichen Jugendlichen. Stehen — wie wir in den beiden geschilderten Fällen gesehen haben — bei ihnen die individuellen Expansionsbestrebungen in außerfamilialen Erfahrungs- und Selbstdarstellungsbereichen im Vordergrund, so dominiert bei den jungen Frauen mit einem ausbalancierten Lebenskonzept ebenso eindeutig die Familienperspektive: Für die Mehrheit von ihnen ist Privatleben in diesem Zusammenhang gleichbedeutend mit Familie. Dies liegt nicht nur daran, daß bereits mehr weibliche als männliche Jugendliche in festen Beziehungen leben. Es scheint etwas damit zu tun zu haben, daß die Formen der Sozialisation den Frauen mit einer größeren Unabweisbarkeit die Frage nach Kindern und Familie aufdrängt als den Männern.

Da die Probleme des angestrebten Gleichgewichts zwischen Arbeit und Familie bei den jungen Frauen, denen sich die Lösung der Frage als praktische Alltagsnotwendigkeit aufdrängt, am klarsten in Erscheinung treten, wollen wir das Beispiel einer bereits (seit neun Monaten) verheirateten jungen Krankenschwester heranziehen. Sie hat ihrem Beruf von Anbeginn hohe Bedeutung beigemessen, wollte immer schon eine Arbeit finden, „in der man sich wiederfinden kann". Es hätte nicht unbedingt Krankenschwester sein müssen, dieser Beruf ist es mehr unter dem Druck ungünstiger Umstände (Abbruch des Gymnasiums in der 12. Klasse, Auszug von zu Hause) geworden. Aber ein sozialer Beruf hat ihr schon vorgeschwebt, seit sie als Schülerin in den Ferien häufiger in Kinderheimen gearbeitet hat. Dann hat sie sich aber voll auf die Schwesternausbildung und den Beruf eingelassen, dessen Zentrum für sie die „Arbeit am Patienten" ist. Da diese ihr durch die Apparatemedizin und die bürokratischen Tätigkeiten in den meisten Kliniken verdrängt zu werden droht, macht sie eine Weiterbildung zur Fachschwester mit dem Schwerpunkt Psychiatrie, da ihr in diesem Feld noch am ehesten ein enger und engagierter Bezug auf den Patienten realisierbar erscheint. Von daher setzt sie sich intensiv mit verschiedenen Therapieformen auseinander, um später optimal auf den einzelnen Patienten und seine besonderen Probleme eingehen zu können.

Zweifellos identifiziert sie sich mit ihrer Arbeit und räumt ihr auch in ihren Zukunftsplänen einen wichtigen Raum ein. Fachschwester ist für sie noch keineswegs die ausgemachte berufliche Endstation. Sie möchte gern stärker selbständig und eigenverantwortlich arbeiten und überlegt, ob sie sich die dafür nötige formale Qualifikation durch ein Studium verschaffen soll, kann sich aber auch als für sich sehr attraktiv die Tätigkeit im Team einer Beratungsstelle vorstellen, was ebenfalls weitere Qualifizierung voraussetzen würde, ihr aber auf der anderen Seite wegen der leichteren Austauschbarkeit und Absprachen mehr Disponibilität in ihrem Privatleben verschaffen würde.

Denn ebenso wichtig wir ihr berufliches Engagement ist ihr das Privatleben, und das heißt für sie in der Perspektive eine eigene Familie mit Kindern, die sie „unheimlich gern haben" möchte.

„Vielleicht nicht jetzt, aber in drei oder vier Jahren. Ich möchte auf jeden Fall nebenher arbeiten. Wenn möglich, in einem Zehn- oder Zwanzig-Stunden-Vertrag in der Beratungsstelle. Da ist alles wahnsinnig toll, aber es ist sicherlich ein ganz großes Problem. Aber das sehe ich jetzt noch nicht, das will ich jetzt noch nicht sehen, weil, wenn ich das so sehe, dann ist es ein großer Zwiespalt. Ich möchte gerne Kinder haben, gerne eine Mutterrolle übernehmen, — aber nicht nur. Zum Beispiel bei einer Freundin von mir, die haben eben Kinder gekriegt, die hat zwei Kinder und die hatte ähnliche Vorstellungen wie ich, die hat alles hingeschmissen, weil sie damit nicht zurande kam. Ich habe mir nun schon gedacht, um Gottes Willen ..., deswegen mache ich ja unter anderem die Ausbildung auch, und ich mache sie auch schon vorher, daß ich, wenn ich ein paar Jahre ausgesetzt habe, daß ich dann wieder hinterher reinkommen kann."

Mit den Problemen, ein ausgeglichenes Arrangement von Beruf und Familie zu finden, setzt sie sich intensiv auseinander. Obwohl ihr Mann auch „liebend gern Hausmann" sein würde, ist es für sie eher wahrscheinlich, daß sie beruflich „den Rückzieher macht". Denn die größere berufliche Sicherheit liegt bei ihm, und er würde nach ein paar Jahren als Hausmann kaum noch Chancen haben, in seinen Beruf zurückzukehren. Eine ähnliche Gefahr sieht sie nun auf sich zukommen.

„Also Zusammenleben stelle ich mir einfacher vor, weil man weiß, da kann man sich einigen, und das klappt auch ausgezeichnet. Aber wenn man Kinder hat, dann darf das auch nicht so laufen, daß man sich praktisch irgendwo die Klinke in die Hand gibt. Und einer paßt auf das Kind auf, immer abwechselnd. Das sehe ich als Problem. Also auch, daß ich dann nicht diejenige sein möchte, die dann irgendwo immer zu Hause ist."

Obwohl sie „beides will", ist der Wille in diesem Lebenskonzept nicht leicht in ein abgestimmtes Planungsverhalten umzusetzen.

„Ich denke manchmal, gerade so etwas (wie Kinder) darf man nicht zu sehr planen. Entweder ist man schwanger, dann kommt das Kind eben. (...) Aber wenn ich erst einmal anfange zu planen, dann denke ich manchmal, ich schaffe gar nichts mehr: Denn dann werde ich ständig versuchen, irgendeine Ausbildung zu machen, damit ich eine Stelle kriege. Wenn ich mich eingelebt habe, dann werde ich sagen, Gott sei Dank, ich habe diese Stelle, jetzt bloß keine Kinder, sonst verliere ich diese Stelle. Und deswegen, da darf ich gar nicht dran denken, sonst würde ich nie Kinder kriegen. Also ich glaube, irgendwann wird es vielleicht auch so sein, daß ich dann sage, jetzt ist es mir gleich, dann setze ich halt für ein paar Jahre aus. Und ich werde hoffen, daß ich danach wieder was finde."

Notfalls würde sie sogar eine ehrenamtliche Tätigkeit aufnehmen, um überhaupt ein Gegengewicht zur häuslichen Sphäre zu haben. Das Ringen um die Aufrechterhaltung eines inneren Gleichgewichts zwischen Beruf und Familie bei (unter Umständen) äußerlicher Ungleichgewichtetheit durchzieht das ganze Gespräch, das die Ambivalenzen und die schwierigen inneren Auseinandersetzungen dieser jungen Frau — stellvertretend für viele, wie uns scheint — in immer wiederkehrenden Variationen sichtbar werden läßt, wobei immer schon subjektive Abstriche an einer „optimalen Lösung" mit antizipiert werden. Man gewinnt in ihren Schilderungen den Eindruck, als ob sie sich gegen ein drohendes und irgendwo auch in ihr selbst bereits besiegeltes Schicksal noch wehrt, um sich wenigstens für eine spätere Zukunft Optionen offen zu halten und für die Gegenwart ihr wichtige Felder der Erfahrung und Selbstdarstellung, zu denen für sie vor allem die Musik zählt, nicht vorschnell preiszugeben. Ihre Ambivalenzen und Konflikte spitzen sich in der Reflexion des Gesprächs zu, so daß sie am Ende selbst vor der Unvereinbarkeit ihrer Wünsche zu kapitulieren scheint:

„Alles so irgendwie hinzukriegen und trotzdem irgendwie glücklich zu sein, also Kinder kriegen, ich möchte dann mindestens sechs haben (lacht), also sechs Kinder, ein Psychologiestudium, eine Stelle in der Beratung, dann möchte ich einen 10-Stunden-Vertrag, ganz gut verdienen vielleicht, und daß man sich auch noch einige Reisen leisten kann und dann noch irgendwie so eine sehr positive Zweierbeziehung, und dann trotzdem noch voll auf die Kinder eingehen können. Das geht alles nicht. Also so stelle ich mir das vor."

In einigen Fällen dieser fast ausschließlich weiblichen Variante eines auf Balance ausgerichteten Lebenskonzepts steht, was den Arbeitsbereich als Gegengewicht zur Familie angeht, weniger der Anspruch nach Selbstverwirklichung und Sinnerfüllung durch die berufliche Tätigkeit im Vordergrund und mehr das Interesse an materieller Unabhängigkeit und Selbständigkeit. Dies schließt inhaltliche Interessen an Arbeit nicht völlig aus, häufiger sind diese aber im Laufe der beruflichen Biographie bereits enttäuscht worden. Die aus den Schilderungen noch zu entnehmenden Ansprüche nach Selbständigkeit in der Arbeit, nach inhaltlich ausfüllender Tätigkeit können nur noch in „Resten" aufrechterhalten werden.

3.2.3. Das familienorientierte Lebenskonzept mit nachgeordneter Bedeutung von Arbeit (Typ III)

Weisen die beiden bisher dargestellten Lebenskonzept-Typen bei allen Differenzen in dem Punkt der Bedeutungszuweisung der Arbeit durchaus Gemeinsamkeiten auf, so liegt der entscheidende Unterschied des dritten Lebenskonzept-Typs zu den beiden vorhergehenden in dem anderen Gewicht und — in der Mehrheit der Fälle — auch in einer anderen inhaltlichen Bedeutungszuweisung, welche die Arbeit in den Lebenskonzepten erfährt. Dies heißt nicht, daß Arbeit und Beruf in den Lebenskonzepten, die auf Familie und Privatleben hin als ihr Zentrum orientiert sind, keine Rolle mehr spielten. Auch für die Mehrheit der weiblichen Jugendlichen bedeutet familienzentriertes Lebenskonzept nicht völlige Abkehr von Arbeit und Rückkehr zur Hausmütterchen-Perspektive. Arbeit behält auch für sie als eine zeitlich begrenzte Phase ihre Bedeutung als wichtiger Schritt in der persönlichen Entwicklung, und die meisten jungen Frauen halten sich die Möglichkeit offen, (tendenziell halbtags) berufstätig zu bleiben oder nach einer Unterbrechung ins Berufsleben zurückzukehren. Nur haben sie — wie auch die Männer mit diesem Lebenskonzept — das Zentrum ihrer Lebensplanung auf den privaten Bereich, den Partner und — perspektivisch oder bereits real — die Kinder gelegt und ordnen dem ihre Arbeits- und Freizeitinteressen unter. Die innere Orientierung auf die vertraute Privatheit und die Erweiterung der eigenen Persönlichkeit durch die Übernahme von Verantwortung für andere, den Partner und die eigenen Kinder, findet ihren Niederschlag auch in langfristiger ausgelegten Planungen: Wo bisher noch weithin der sorglose und freizügige Umgang mit dem eigenen Geld waltete, beginnt jetzt die Kalkulation, wie man die materiellen Rahmenbedingungen für die eigene Familie schafft und organisiert.

Etwa ein Viertel der Jugendlichen unserer Untersuchungsgruppe (23 %) versucht, sein Leben mit Hilfe eines familienzentrierten Lebenskonzepts zu organisieren. In der Verteilung dieses Typs auf die

Geschlechter (13 % männlich, 34 % weiblich) verschafft sich unübersehbar das Fortwirken traditionalistischer Orientierungsmuster Geltung. Daß der innere Schwerpunkt der Zukunftsplanung und das Zentrum des Lebensverständnisses in der Familie gesehen wird, prägt auch das Arbeitsverständnis und das arbeitsbezogene Verhalten dieser Jugendlichen. Bezogen auf das Arbeitsverständnis ist es nicht zufällig, daß die Arbeit vor allem als Ort sozialer Kommunikation und als Grundlage der materiellen Reproduktion einen hohen Stellenwert behält, inhaltliche Momente aber in den Hintergrund treten. Hinsichtlich des Arbeitsverhaltens fällt auf, daß Aktivitäten, in der Arbeit noch Veränderungen zu schaffen, kaum noch unternommen werden, obwohl ein Großteil dieser Jugendlichen noch relativ am Anfang der Berufslaufbahn steht. Arbeit und Beruf, so zeigen unsere Gespräche, sind für diese Jugendlichen ein Lebensbereich, mit dem man keine großen Erwartungen (mehr) verbindet und in dem und für den man sich auch nicht (mehr) sonderlich engagiert.

Wie die Arbeit so erfährt auch die Familie eine andere Bedeutungszuweisung im je individuellen Lebensplan und für die persönliche Ausgeglichenheit als bei den bisher dargestellten Lebenskonzept-Typen. Für einen Teil ist sie Ziel der eigenen Wünsche nach einer erfüllten Lebensgestaltung, für andere ist sie mehr der Fluchtpunkt aus einem als frustrierend und belastend empfundenen Arbeitsleben. Bei den Frauen mit familienzentrierten Lebenskonzept ist auffällig, daß ihre Familienvorstellung anders als bei denen der beiden oben dargestellten Lebenskonzept-Typen, die ein neues, stärker symmetrisches Partnerschaftsmodell anstreben oder bereits praktizieren, stark auf die traditionellen Arbeitsteilungsmuster und Rollendefinitionen festgelegt bleibt. Sie wollen die Familie und das eigene Heim als ihre Welt, entweder als eigenen Gestaltungsbereich oder als Gegenwelt zur Arbeit, in der sie das finden, was ihnen in der Arbeit verwehrt wird. Gerade bei einigen arbeitslosen oder in Ungelerntentätigkeiten eingesetzten Frauen kommt ein solches „Heile-Welt"-Bedürfnis stark zum Ausdruck.

Es ist schwer, das familienorientierte Lebenskonzept sozialen Merkmalen zuzuordnen. Die naheliegende Vermutung, daß es vor allem schon bei den etwas älteren Jugendlichen vorherrsche, bestätigt sich nicht, es ist verstreut über alle Altersgruppen. Am ehesten lassen sich noch Erfahrungen im Beziehungsbereich anführen. Wir finden dieses Lebenskonzept vornehmlich bei Jugendlichen, die nach ihren eigenen Aussagen die Zeit intensiver Beziehungssuche hinter sich haben und eine in ihrem Selbstverständnis verbindliche Beziehung eingegangen sind; dies gilt für drei Viertel der Jugendlichen dieses Typs. Dementsprechend wird auch der Freizeitbereich mehr und mehr aus dem Feld der Gleichaltrigen und Cliquen in den häuslichen Bereich verlagert. An die Stelle einer Orientierung nach außen, ablesbar etwa an der Frequentierung von typischen Stätten der Jugendkultur (Discos) und der Spontaneität in der Freizeitgestaltung, tritt langsam ein insgesamt in ruhigeren Bahnen verlaufendes, stärker geplantes und zeitlich auf den Partner abgestimmtes Freizeit- und Privatleben, das seinen Mittelpunkt in der eigenen Familie findet oder finden soll. Man kann in gewisser Weise sagen, der Abschied vom Jugenddasein ist entweder real oder perspektivisch vollzogen, und daß er so vollzogen ist, wie hier geschildert, daran haben — so scheint es — nicht selten auch äußere Bedingungen mitgestrickt.

Es fällt auf, daß sich dieser Typ in bestimmten Erfahrungskonstellationen häuft. Hierzu zählen zum einen einige qualifizierte weibliche Angestellte, vor allem Bankangestellte, zum anderen finden wir ihn besonders häufig unter unqualifizierten Industriearbeiterinnen und -arbeitern (Porzellanindustrie, Elektroindustrie) sowie einfachen Angestellten (Post); mit Ausnahme der Bankangestellten stammen sie überwiegend aus ländlichen Regionen, haben überdurchschnittlich häufig nur einen Hauptschulabschluß und mußten häufiger als andere auf ihrem Weg in Arbeit und Beruf Krisenerfahrungen machen.

Fall 1: Das traditionalistische Lebenskonzept der ,,Tochter aus gutem Hause"

Es mag für viele beruhigend wirken, daß es sie noch gibt: die junge Frau mit der klaren Lebensperspektive der Hausfrau und Mutter, in deren Lebenskonzept die traditionellen weiblichen Rollenzuweisungen die Eckpfeiler ihrer Zukunftsvorstellungen abgeben. Gänzlich ungebrochen ist dieses Lebenskonzept freilich auch nicht mehr; gegenüber früheren Zeiten gehört zu ihm als Attribut der modernen Frau auch die Arbeit, vor allem eine Berufsausbildung. Aber die Ausbildung und die Übernahme einer Arbeitsrolle haben in erster Linie Bedeutung als Zwischenschritte, um sich von der Herkunftsfamilie zu lösen, selbständig zu werden und Lebenserfahrung zu sammeln. Aber es sind nur Schritte in Richtung einer eigenen Familie — ein Durchgangsstadium. Ob man dann später, eventuell halbtags, wieder arbeitet, ist für viele Frauen noch offen, für einige eher unwahrscheinlich — im Vordergrund steht zunächst einmal die eigene Familie. Dies kennzeichnet auch das Verhältnis zur Arbeit als etwas, was während dieser in ihrer zeitlichen Dauer nicht genau kalkulierbaren Übergangszeit zwar wichtig ist, nie aber eine zentrale innere Bedeutung erlangt. Die Prioritäten sind für diese Frauen klar gesetzt, man hat bei den Schilderungen nie den Eindruck, daß es zwischen der Arbeits- und Familienperspektive zu ernsthaften Konflikten kommen könnte, da auch schon die aktuelle Lebensorganisation ganz auf das spätere Ziel zugeschnitten ist, d.h. daß es im Bereich der Arbeit zu keinem hohen Aufwand an Zeit und psychischer Energie kommt.

Typisch für eine derartige Lebensorientierung ist eine 22-jährige Bankangestellte, die mit back-office-Aufgaben in der Auslandsabteilung einer Großstadt-Bank beschäftigt ist. Sie stammt selbst aus einer Bankerfamilie, der Vater ist Bankkaufmann und auch die Schwester und der Schwager sind in einer Bank tätig, nur die Mutter arbeitet nicht in der Bank, sondern im Buchhandel. ,,Wir sind eine richtige Banker-Familie", stellt sie zu Beginn des Gesprächs fest. So gab es auch wenig Irritation bei der Berufswahl. Zwar wollte sie eigentlich gar nicht unbedingt Bankkauffrau werden, als Tierarzthelferin ,,etwas mit Tieren zu tun zu haben", war ihr nicht ganz untypischer Jungmädchentraum. Aber die Erzählungen von Vater und Schwester aus dem Bankleben und die Konfrontation ihres Traumjobs mit der Realität seiner Bezahlung (,,als Tierarzthelferin kann man vom Gehalt her nicht viel machen") bringen sie am Ende ihrer Realschulzeit schnell dazu, es auch im Banksektor zu versuchen und sich dort um eine Lehrstelle zu bewerben — mit Erfolg.

Was sich bei der Berufswahl andeutet, setzt sich in der Ausbildung fort. Waren für die Ausbildungsentscheidung nicht so sehr inhaltliche Gründe, sondern vielmehr die väterlichen Ratschläge über das Einkommen und die Verwertbarkeit einer Banklehre ausschlaggebend, so entwickelt sie auch während der Ausbildung kein weitergehendes inhaltliches Engagement an den Banktätigkeiten, ist auch ,,beim ersten Mal durch die Prüfung gerauscht", so daß sie selbst erstaunt ist, daß die Bank sie nach dem zweiten erfolgreichen Anlauf dann direkt übernommen hat. Ihr ist die Arbeit in der Bank keineswegs gleichgültig. Aber weder in der Ausbildungsabteilung noch nach Übernahme in die Auslandsabteilung gelingt es ihr, ein inneres Verhältnis zu ihrer Arbeit im Sinne einer sinnvollen Tätigkeit, mit der sie sich auch als Person identifizieren könnte, aufzubauen. Es ist auch nicht ihr Bestreben. Aus dem, wie sie über ihre Arbeit redet, gewinnt man den Eindruck, daß sie Aspekte einer inhaltlichen Identifizierung gar nicht an die Tätigkeit heranbringt, ja, daß ihr solche gar nicht geläufig sind. Wenn sie darüber nachsinnt, was ihr die Arbeit persönlich bringe, fällt ihr als erstes ein: „Also ich würde es schrecklich finden, wahnsinnig schrecklich, wenn ich den ganzen Tag zu Hause sitzen würde und nichts zu tun hätte." Der negativen Funktionsbestimmung von Arbeit, Bewahrung vor Langeweile, gesellen sich positive äußere Attribute in ihrem Arbeitsverständnis hinzu: Das Finanzielle muß halbwegs stimmen, d.h. das Gehalt muß ihr ermöglichen, ihre Hobbies, die nicht gerade billig sind — z.B. Reiten —, zu bezahlen, und ihr eine selbständige Lebensführung — nach Ausbildungsabschluß wohnt sie mit einer Freundin zusammen — sichern. Ansonsten zählt nur noch die Arbeitsatmosphäre, der Kollegenkreis:

„Das wichtigste, was ich finde, ist, daß man gut mit den Leuten auskommt. Das ist für mich überhaupt der wichtigste Punkt, daß man einen netten Kollegenkreis hat. ... Wenn der Kollegenkreis nicht nett ist, macht die Arbeit auch keinen Spaß, da kann die Arbeit noch so schön sein. Daß man sich zwischendurch mal unterhalten kann, einen Witz macht, alles etwas aufgelockerter wird."

Ihre kommunikativen Ansprüche werden in der Abteilung, in der sie arbeitet, vollauf erfüllt. Trotz eines „tollen Kollegenkreises" und obwohl ihr die Arbeit Spaß macht, weil sie sich in ihr auch selbständig fühlt („Ich muß mich nicht nach anderen Personen richten, kann mir die Arbeit einteilen, wie ich es möchte") wahrt sie zum Zeitpunkt des Gesprächs eine gehörige Distanz zu ihrer Arbeit: „Ich erledige hier meine Arbeit und habe auch teilweise Spaß daran, aber wenn ich dann abends nach Hause komme, führe ich mein eigenes Leben." — und das heißt für sie auch „ihr eigentliches Leben".

Hier liegt das Zentrum ihres Lebenskonzepts: aktuell noch stark in der Gruppe von Altersgleichen verankert, zu der auch ihr Freund gehört, perspektivisch in einer eigenen Familie. Sie löst sich langsam aber sicher bereits von der Clique und unternimmt „oft mit meinem Freund allein etwas"; diese Beziehung hat für sie eine klare Perspektive: „Ich strebe eine festere Beziehung an. Es ist mein Wunsch, daß ich mal eine Familie habe." Befragt nach ihren beruflichen Plänen macht sie deutlich, daß die Arbeit in ihren Zukunftsvorstellungen keinen Platz mehr hat:

„ (...) es kann sein, daß ich ein bißchen altmodisch eingestellt bin, aber ich möchte schon gerne einmal später eine Familie haben und dann auch nicht mehr arbeiten. Darüber mache ich mir auch Gedanken (...) Wenn ich eine Familie habe, möchte ich auf jeden Fall mit der Arbeit aufhören. Wie gesagt, das ist vielleicht etwas altmodisch, weil viele Jugendliche in meinem Alter, hört man so, die wollen Karriere machen, jetzt auch viele Mädchen wollen Karriere machen, einen Traumjob, Abteilungsdirektoren und wie auch immer. Das ist nicht gerade das, was ich mir wünsche."

Die Arbeit wird von vornherein nur als eine vorübergehende Lebensphase angesehen, die mit der Familiengründung ihren Abschluß findet. Ihre privaten Zukunftsvorstellungen beschreibt sie mit den Stichworten „Familie", „das Finanzielle" muß auch stimmen, „eine schöne Wohnung (...), eventuell ein schönes Haus, Kinder (...), dann würde ich auch nicht mehr arbeiten, dann möchte ich ganz für meine Familie da sein. Dann ist die Sache hier mit der Bank auch schon gestorben". Von dieser Orientierung an der traditionellen Frauenrolle her ist es nicht nur verständlich, daß sie sich von Neudefinitionen dieser Rolle, in denen Arbeit und berufliche Karriere — der „Traumjob" — höheres Gewicht haben, abgrenzt; von hier aus erfährt auch ihr Verzicht auf den Besuch einer weiterführenden Schule und ein Studium, den sie seinerzeit auf Drängen der Eltern geleistet hat, eine nachträgliche Legitimation:

„Wenn ich mir vorstelle, früher Abitur gemacht zu haben, dann eine Banklehre oder studiert, und dann bin ich gerade zwei Jahre im Beruf, und dann heirate ich — dann hätte ich, auf gut Deutsch gesagt, gar nicht zu studieren brauchen. Obwohl es für die Allgemeinbildung nicht schlecht ist, (aber) man kann es sich ja auch selber aneignen."

Nicht bei allen Frauen mit einem familienorientierten Lebenskonzept tritt das traditionelle Muster der weiblichen Rollendefinition als verinnerlichte Perspektive so rein in Erscheinung wie bei der hier geschilderten Bankkauffrau. Viele halten sich ihre spätere Lebensorganisation in der Verteilung von Arbeit und Familie weiter offen, und wir treffen auch Fälle von weiblichen Jugendlichen, bei denen der Arbeit ein anderer Stellenwert zuerkannt wird.

Daß ihr, und sei es auch nur als vorübergehende Phase, von diesen Frauen zumeist auch eine erhebliche Bedeutung für die persönliche Entwicklung beigemessen wird, zeigt das Beispiel einer Industriekauffrau, die momentan mit der Rolle einer Hausfrau und Mutter noch nicht tauschen möchte:

„Dadurch, daß ich im Berufsleben bin, verblöde ich nicht, das bringt mir die Arbeit. Das gibt mir eigentlich schon ziemlich viel. Ich kann mitreden, ich bin mehr im Tagesgeschehen drin, als wenn ich mit meinen zwei Kindern im Arm zu

Hause sitzen würde, Essen machen würde und warten würde, bis der Mann nach Hause kommt. Gut, man kann das Leben einer Hausfrau auch anders gestalten, daß man sich interessierter zeigt, aber ich bin der Meinung, solange ich hier im Berufsleben bin, bringt es mir eine ganze Menge. Daß ich jeden Tag geistiges Training habe, das ist vielleicht das, warum ich — abgesehen vom Geld — arbeite."

Langfristig aber sieht auch sie ihren Lebensmittelpunkt in einer eigenen Familie, in die sie das im Berufsleben entwickelte Selbstbewußtsein einzubringen hofft:

„Also momentan freue ich mich schon darauf, irgendwann Mutter zu sein, auf die Mutter- und Hausfrauenrolle. Aber ich habe das Ziel, nie die typische deutsche Hausfrau zu werden. Gut, das sind Pläne, die man sich vorstellt. Aber wenn alles klar geht, wenn man einen Ingenieur als Mann hat (ihr Freund studiert Maschinenbau!), dann sollte man nicht nur am Herd stehen können. Man sollte auch tatkräftig eingreifen können. Also ich stelle mir mich als eine Mutter vor, die tatsächlich an allem interessiert ist und nicht wie Heimchen-Blöd dasteht."

Fall 2: Familie als Rückzug und Rückkehr — zum Lebenskonzept vor allem ungelernter Frauen vom Lande

Ein dezidierter und endgültiger Rückzug aus der Arbeit in den privaten Bereich der Familie findet sich überwiegend bei jungen Frauen, die — zumeist als un- oder angelernte Arbeitskräfte vom Land — in ihrer Arbeitsbiographie hart von der Krise betroffen waren oder sind. Sie bilden das Hauptkontingent der Frauen mit einem familienorientierten Lebenskonzept. Wenn wir auf ihre aktuelle Berufssituation verweisen, so ist das nicht streng kausal zu interpretieren. Es ist ein schwer auflösbares Bedingungsgeflecht, bei dem nicht eindeutig die Arbeit als zentrale Ursache für die gegenwärtige Lebensorientierung anzusehen ist. Vielmehr wirken hier jene äußeren Lebensbedingungen, die bereits den Weg in die aktuelle Arbeitssituation geprägt haben und in denen die jungen Frauen weiterhin verankert sind, mit den tradierten Normen und der wenig attraktiven Arbeit zusammen. Sicher ist es richtig, darauf zu verweisen, daß sie unter schlechten regionalen Ausbildungs- und Arbeitsmarktbedingungen an den Start ihres Berufslebens gehen mußten (vgl. Abschnitt 2.3.4.). Aber ebenso wenig ist zu übersehen, daß ihre persönliche berufliche Perspektive schon bei diesem Start am Ende der Schulzeit eng war und die Arbeit für sie nicht die Vorstellung auf mehr persönliche Selbständigkeit und Unabhängigkeit beinhaltete, die wir bei der Mehrzahl der bisher betrachteten weiblichen Jugendlichen angetroffen haben. Die Arbeit erscheint mehr als ein mehr oder weniger erzwungener Ausflug in eine fremde (Großstadt-)Welt. Sie bleiben innerlich und äußerlich ihrer ländlichen Herkunft verhaftet, durch Beibehaltung des Wohnorts und in ihren emotionalen und normativen Bindungen. Dafür nehmen sie zum Teil lange tägliche Pendelwege zur Arbeit — bis zu einer Stunde und mehr pro Wegstrecke — in Kauf.

Typisch für dieses Lebenskonzept ist eine 23jährige Arbeiterin in der Elektroindustrie, die bereits verheiratet ist und ein Kind hat. Sie hat nach ihrem Hauptschulabschluß Verkäuferin in einem kleinen Geschäft in ihrem Heimatort gelernt, in dem sie das dritte Ausbildungsjahr zum Einzelhandelskaufmann nicht mehr machen konnte und mit dem Abschluß als Verkäuferin aufhören mußte. Sie hat dann auch nicht in ihrem gelernten Beruf gearbeitet, sondern ist als Hilfsarbeiterin in eine weit von ihrem Dorf entfernte Fabrik gegangen, von wo sie nach zwei Jahren in die, bezogen auf die Fahrzeiten, günstiger gelegene Elektrogeräte-Fabrik wechselte, in der auch Bekannte von ihr arbeiten und wo sie auch besser verdient als an ihrem alten Arbeitsplatz.

Sie hat nie besondere Ansprüche an Arbeit entwickelt oder sich inhaltliche Vorstellungen gemacht. Die Ausbildung zur Verkäuferin hat sie gemacht, um „eine fertige Ausbildung zu haben" und weil sie von dem Geschäft „bloß ein paar Meter weg gewohnt hat". Sie hätte als Verkäuferin arbeiten können, aber dafür hätte sie wegen der Geschäftszeiten und der ungünstigen Verkehrsverbindungen „die ganze Woche in der Stadt bleiben müssen, und das rentiert sich dann auch nicht". Ihr gegenwärtiger Arbeitsplatz am Fließband in der Endkontrolle von Elektrogeräten gefällt ihr gar nicht so schlecht, weil sie sich mit den Kolleginnen ganz gut versteht. „Bloß es ist Streß den ganzen Tag, wir müssen ja Stückzahl machen."

Eigentlich möchte sie gar nicht mehr arbeiten. Sie muß es aber noch tun, weil sie mit ihrem Mann ein Haus gebaut hat und ihr Zuverdienst für die Abzahlung vorerst wichtig ist. Ihre Perspektive aber, die sie im Augenblick über Wasser hält, ist, in ein paar Jahren mit der Arbeit erst einmal aufzuhören:

„In den nächsten Jahren möchte ich sowieso einmal gerne daheim bleiben, wenn meine Tochter in die Schule kommt. Denn dann ist es sowieso nicht mehr so einfach, daß sie das dann alles alleine macht. Und dann denke ich mir, daß ich die paar Jahre schon herumbringe. Und dann will ich vielleicht später mal wieder schauen, daß ich für halbtags noch einmal was kriege. Denn jetzt kriegt man ja sowieso nichts."

Die Doppelbelastung von Arbeit und Haushalt strapaziert sie sehr, daß sie sagt: „Also manchmal, da habe ich echt schon einmal die Schnauze voll. Da würde ich am liebsten alles hinschmeißen." Aber derartige Gefühle gesteht sie sich nur einen kurzen Augenblick lang zu, kompensiert sie ansonsten in der Hoffnung, in ein paar Jahren wirklich „daheim bleiben" zu können, und in den Trost, daß es andere Frauen noch schlechter haben als sie.

„Ich meine, es ist zwar schöner, wenn man daheim ist. Aber ich denke es mir dann wieder so, andere haben es schlimmer, sehen die Kinder die ganze Woche nicht, müssen die ganze Woche woanders hin."

Sie führt ein ganz traditionelles Familienleben mit herkömmlicher Arbeitsteilung, und dieses ist nicht nur ihre Realität, sondern zugleich ihre Lebensperspektive, die nur die eine, für sie aber wesentliche Verbesserung kennt: daheim bleiben zu können, wenigstens für ein paar Jahre. Immer wieder kommt sie im Gespräch auf diesen Wunsch zurück. Eine Infragestellung ihrer häuslichen Arbeits- und Lebensorganisation kommt ihr als Lösungsmöglichkeit für die von ihr so stark empfundene Überlastung nicht in den Sinn. Sie schildert ihren Rest-Tag zuhause wie selbstverständlich:

„Mein Mann kommt erst um 6 oder viertel nach 6 heim. Bis dahin bin ich dann meistens schon mit ziemlich allem fertig. So was halt Waschen und Bügeln betrifft. Bis dahin habe ich meistens schon aufgeräumt und gekocht und so. Dann brauche ich bloß noch abzuspülen. Und dann geht er meistens mit der Kleinen ein wenig raus."

Sie ahnt zwar, daß sie ihre eigenen Freizeitinteressen damit einschränkt, aber als wirklichen Verlust reklamiert sie das nicht.

„Ich hätte schon mehr Interessen. Aber wenn man abends heimkommt, dann noch den Haushalt, da ist man froh, wenn man sich hinsetzen kann und seine Ruhe hat. Aber so, wenn ich daheim wäre, wenn ich mehr Zeit hätte, dann würde ich schon mehr unternehmen. Aber mit einem Kind mußt du praktischen jeden Abend kochen, weil die ja auch etwas zu essen brauchen."

Da auch das Wochenende von den Interessen des Mannes bestimmt wird („Sonntags gehen wir gemeinsam auf den Sportplatz, weil mein Mann Fußballanhänger ist, leider!"), bleibt für sie außer der Hausarbeit und der Tochter nicht viel, wie sie selbst konstatiert: „Sonst mache ich eigentlich nichts Besonderes mehr." Auch dieses empfindet sie nicht als gravierenden Nachteil ihrer Situation. Sie ist sich dessen bewußt, daß sie früher, als sie noch zuhause wohnte und ihre Mutter alles für sie machte, mehr Freizeit gehabt hat. Doch dem trauert sie nicht nach: „Manchmal denke ich schon — ich meine, ich habe es ja doch schön." Es ist der Lebensstil des Dorfes bzw. der kleinen Stadt (5 000 Einwohner), den sie auch von ihrer Mutter her kennt und den auch ihre Freundinnen leben. Gerade im Vergleich mit ihrer Mutter und in Erinnerung an ihre eigene Kindheit kommt ihr die materielle Besserstellung ihrer eigenen Situation zum Bewußtsein. Sicher, die Mutter hatte es in einem Punkt besser: „Sie ist halt gleich daheim geblieben", mußte dieses aber mit vielen Einschränkungen auch für die Kinder erkaufen.

„Meine Mutter hat halt gleich nacheinander drei Kinder großgezogen. Und sie ist halt gleich daheim geblieben. Und die haben sich halt doch sehr einschränken müssen, daß sie das überhaupt machen können. Die haben damals auch bei uns draußen das Haus gekauft. Aber da bin ich schon in die Schule gegangen, als wir hinausgezogen sind. Ich weiß es ja selber, als ich noch Kind war, da haben wir nie das gehabt, was die Kleine jetzt alles hat. Es war selten, daß es da mal etwas gegeben hat. Meine Mutter hat die ganzen Kleider selber genäht. Wir haben uns da schon einschränken müssen. Und mein Vater hat soviel auch nicht verdient. Und dann haben sie das Haus gekauft. Es ist zwar auf Rentenbasis, aber trotzdem. Und wir sind auch nie so verzogen worden, wie manche Kinder, was die alles gehabt haben. Das hat es bei uns nicht gegeben. Wenn ich halt was gewollt habe, dann haben sie von vornherein gesagt, das mußt du dir selber kaufen. Und ich glaube, das könnte ich wieder nicht der Kleinen gegenüber."

Sie hat manchmal das Gefühl, ihrer Tochter zu wenig zu geben, weil sie sich ihr erst abends widmen kann: Das möchte sie abstellen, vor allem wenn sie ein zweites Kind bekommt, das sie auf jeden Fall haben möchte — aber nur, wenn sie daheim ist. Das Leben daheim wird zu ihrer eigentlichen Lebensperpektive.

„Wenn ich mein Leben so führen würde, wie ich es mir vorstelle, dann wäre ich auf jeden Fall daheim. Und das ist das, was ich halt nicht kann. Aber sonst bin ich mit meinem Leben im großen und ganzen schon zufrieden. Es ist nur dies eine Kapitel, daß ich gerne daheim wäre."

Fall 3: Verwaltungsangestellter als Familienvater in spe — das männliche Pendant mit familienorientiertem Lebenskonzept

Das männliche Gegenstück zu den geschilderten weiblichen familienzentrierten Lebenskonzepten repräsentiert ein junger Verwaltungsangestellter im Öffentlichen Dienst (Kommunalverwaltung), dessen Verhältnis zur Arbeit und dessen Freizeitgestaltung in erster Linie von der Familienperspektive bestimmt werden. Er hat mit seinen 22 Jahren bereits seit fünf Jahren eine feste Freundin, lebt mit ihr schon seit mehr als zwei Jahren in einer „eheähnlichen

Gemeinschaft" und hätte auch bereits geheiratet und den beiderseitigen Wunsch nach einem gemeinsamen Kind realisiert, wenn die materiellen Voraussetzungen für einen solchen Schritt gegeben wären. Daß sie nicht gegeben sind, hängt freilich nicht mit wirklichem Mangel, sondern mit einer bestimmten Vorstellung über den Lebensstil und Lebensstandard zusammen, den er sich für sein künftiges Leben erhalten will und von dem herunterzugehen er auch nicht „einsieht":

„Familie?, Tja, das ist ein großes Problem, das ich mit meiner Freundin schon öfter diskutiert habe. Der Grund ist da, heiraten noch nicht, weil ich der Meinung bin, ich möchte noch nicht heiraten. Eine Begründung kann ich jetzt also nicht unbedingt sagen. Wenn also so eine finanzielle Absicherung da wäre, daß ich sagen könnte, ich verdiene alleine, ich könnte meine Freundin und eventuell auch noch Kinder ernähren, damit sie zu Hause bleiben kann, dann wäre das vielleicht schon passiert. Das kann ich also nicht mit 100 %iger Sicherheit sagen, aber nach meiner Überlegung wäre das vielleicht schon passiert. Wir hätten auch eventuell schon ein Kind, was auch von beiderseitigem Einverständnis so wäre. Nur so, wie das aussieht? Einer alleine verdienen? Wohnung, Auto, man möchte auch mal Urlaub machen, dann ist das nicht möglich. Es wäre möglich, aber dann müßte ich so viele Abstriche machen von Annehmlichkeiten, die ich nicht missen möchte. Das sehe ich nicht ein, und das haben wir auch gemeinsam abgesprochen, daß das noch eine Zeit zurückgestellt wird. Wir sind uns beide einig: Solange einer nicht aufhören kann mit der Arbeit, um den jetzigen Stand beizubehalten, können wir keine Kinder kriegen, heiraten vielleicht schon, aber keine Kinder."

Von daher haben sie sich geeinigt, „daß das noch eine Zeit zurückgestellt wird", bis die nötigen Anschaffungen getätigt, finanzielle Rücklagen gebildet sind und er einige Gehaltsstufen hinaufgeklettert ist, um die Rolle des alleinigen Ernährers übernehmen zu können. Was hier noch sehr unverbindlich klingt, ist in Wirklichkeit schon gut durchkalkuliert: Der junge Verwaltungsangestellte hat sich über die BAT-Regelungen, die Möglichkeiten der Verbeamtung und die „Vorteile im Öffentlichen Dienst" bereits genau informiert:

„(...) mit dem Alter steigt der Verdienst, also alle zwei Jahre eine höhere Altersgruppe, und man hat so ein paar Mark mehr. Man kann sich dann ausrechnen: Verheiratetenzuschlag und Ortszuschlag, wenn man ein Kind hat oder so, das sind alles so kleine Sachen, Steuerklasse und so, die 'ne Rolle spielen."

Die Alternative zu diesem Weg des langsamen, aber stetigen Höherkletterns, nämlich durch mehrjährige Weiterbildung den Aufstieg in die gehobene Beamtenlaufbahn zu schaffen, hat er nach

227

reiflicher Überlegung verworfen: Die erforderlichen Anstrengungen würden zu Lasten der Freizeit, und das heißt in seinem Fall zu Lasten der Beziehung gehen und könnten schließlich das eigentliche Ziel, den Aufbau einer gemeinsamen, familienzentrierten Zukunftsperspektive, gefährden. Über eine Bekannte, die diesen Weg geht, kann er sich nur wundern: „Ob das 'ne Beziehung ist, zum Freund oder so?! Das ist kein schönes Zusammenleben mehr!"

Das wohlgeordnete Zusammenleben mit seiner Freundin, perspektivisch längst zur kommoden Ehe und Familie verlängert, bildet nicht nur das planerische Zentrum seines Lebenskonzepts. Die dort geltenden Verhaltensnormen sind für ihn auch in seinem Verhältnis zur Arbeit leitend. Auch dieses ist bestimmt durch die Verbindung von Sicherheitsdenken, Bequemlichkeit, harmonischer Atmosphäre und der Abschirmung seines Privatlebens und seiner Freizeitinteressen. Seine Arbeit bei der Stadt im Amt für Wirtschaftsförderung und Fremdenverkehr gefällt ihm vor allem, weil sie einen sicheren Arbeitsplatz darstellt, geregelte und gleichmäßige Zeiten hat und in einem netten Kollegenkreis stattfindet. Von daher hat er auch nie in Betracht gezogen, „von der Stadt wegzugehen, also noch einmal eine neue Ausbildung anzufangen". Er könnte sich zwar selbst in der Stadtverwaltung einen interessanteren Job vorstellen, etwa in der Verwaltung der Stadthalle mit ihren kulturellen Veranstaltungen. Doch da würde er „nie arbeiten, weil man auch nach 18.00 Uhr da sein muß. Wenn z.B. ein Konzert stattfindet, dann fängt man erst um 16.00 Uhr an und macht dann bis 24.00 oder 1.00 Uhr. Dafür würde ich meine Freizeit nicht opfern". Seinen Ansprüchen genügt vollauf die Arbeit, die er hat und die z.B. im Umgang mit Zahlen auch seinen mathematischen Neigungen entgegenkommt. So kommt er zu dem befriedigenden zusammenfassenden Urteil: „Also das ist nicht das, was ich mir erträumt habe, aber was ich mir immer vorgestellt habe — Träume können ja ein bißchen weitreichender sein —, aber die Vorstellung ist genau getroffen worden." Dort, könnte er sich gut vorstellen, die nächsten Jahre zu bleiben, locker seinen Dienst zu erledigen und in die Rolle des Ernährers und Familienvaters hineinzuwachsen.

3.2.4. *Das freizeitorientierte Lebenskonzept mit relativ großer Distanz zur Arbeit (Typ IV)*

Den Typ von Lebenskonzepten, den man nach landläufiger Kulturkritik als dominanten unter der heutigen Jugend vermuten müßte, der sich durch die Konzentration der psychischen und planerischen Energien auf den Freizeitbereich bei gleichzeitiger Minimierung des Aufwandes für Arbeit auszeichnet, finden wir in unserer Untersuchungsgruppe am wenigsten weit verbreitet. Nur jeder Sechste (16 %) favorisiert ein derartiges Lebenskonzept, wobei diesem deutlich mehr Männer als Frauen anhängen.[7]

Da Arbeit kaum als Feld persönlicher Identifikation angesehen wird, ist das Verhältnis zur ihr von der Vermeidung einer zu starken Beeinträchtigung des eigentlichen Bereichs persönlicher Entfaltung, der Freizeit, bestimmt: Man will sich nicht zu sehr anstrengen und verzichtet deswegen beispielsweise auf arbeitsbezogene Weiterbildung fast völlig. Man hat allerdings ein klares Interesse, sich die Arbeit als materielle Basis für die Gestaltung der Freizeit zu erhalten, oder — wie es eine junge Arbeiterin aus der Elektroindustrie formuliert: „ich bin wirklich eine, die gerne arbeitet, weil ich ja weiß, wie wichtig es ist zu arbeiten: Ohne Arbeit kein Geld, ohne Geld kein Vergnügen!" In der Freizeit sieht man das zentrale Feld der Selbsterfahrung und des Auslebens, man will etwas erleben, sein Leben genießen und spontanen Bedürfnissen nachgehen können. Da der Inhalt der Freizeitbedürfnisse verschieden ist, finden wir unter den Jugendlichen dieses Lebenskonzept-Typs durchaus unterschiedliche Aktivitätstypen. Sie reichen vom „Herumhängen" bis zum intensiven Sich-Beschäftigen mit einem Hobby.

Allen gemeinsam ist bei dieser Bedürfnisstruktur, daß Arbeit und Familie, also die beiden zentralen Lebensbereiche der bisher vorgestellten Orientierungsmuster, perspektivisch als Bereich eigener Planungsaktivitäten und inneren Engagements weitgehend ausgeblendet werden. Von daher wird verständlich, daß der Planungshorizont dieses Lebenskonzepts sehr eng ist und längerfristige Perspektiven, die bei allen bisher betrachteten Typen eine nicht unbeträchtliche Rolle spielen, hier unter Fehlanzeige firmieren. Wiewohl für die Mehrheit der Jugendlichen dieses Lebenskonzept-Typs gilt, daß sie in ihrer Entwicklung noch vieles vor sich haben — die Mehrheit der männlichen Jugendlichen dieses Typs wohnt noch im Elternhaus, hat auch erst wenig Beziehungserfahrungen, die Mehrheit der weiblichen Jugendlichen lebt alleine und legt zunächst einmal starkes Gewicht auf ihre Unabhängigkeit —, scheinen doch bereits viele wichtige Entscheidungen gefallen zu sein; eine Erweiterung und Umakzentuierung wird es in den meisten Fällen erst dann geben, wenn verbindliche private Beziehungen eingegangen werden und sich die Frage der Familiengründung stellt.

Bei auffällig vielen, fast der Hälfte dieser Jugendlichen war die Arbeit von Anfang an nicht hoch besetzt: Einige haben von vornherein auf eine berufliche Ausbildung verzichtet, um möglichst schnell Geld zu verdienen, andere waren nach der Schule weder auf einen bestimmten Beruf noch ein Berufsfeld festgelegt und haben zu dem gegriffen, was sich anbot; auch in der Lehre haben sie kein besonderes berufliches Interesse entwickelt, das ein stärkeres inneres Engagement gerechtfertigt hätte. In der aktuellen Arbeit versuchen sie in erster Linie, den mir ihr verbundenen physischen und psychischen Aufwand möglichst gering zu halten, und ihre Arbeits- oder Berufsperspektive sehen sie eher passiv abwartend, als Verlängerung des Status quo. Sie waren schon früh stärker auf die Freizeit orientiert, haben nun trotz häufig relativ geringer Anstrengungen und mit entsprechend mäßigem oder durchschnittlichem Erfolg einen Arbeitsplatz gefunden, mit dem sie sich einigermaßen arrangieren können und der ihnen auf mittlere Sicht eine geeignete Grundlage für eine intensive und unabhängige Freizeitgestaltung zu sein scheint. „Die Sache mit der Arbeit ist gelaufen, jetzt will ich erst mal leben" — dies ist in den Gesprächen mit diesen Jugendlichen der Grundtenor.

Deutlich von persönlichen Krisenerfahrungen geprägt ist der Erfahrungshintergrund nur bei einer Minderheit dieses Typs: Sie haben ihre ursprünglich einmal vorhandenen, inhaltlich orientierten Arbeitsambitionen nach frustrierenden Erfahrungen und Brüchen in der Berufsbiographie fallengelassen und sich resigniert der Freizeit zugewendet; häufig ist bei ihnen in einem Rest von Trauer noch ein Potential spürbar, das sich eventuell wieder aktivieren läßt, „wenn die Zeiten einmal besser werden". Inhaltliche Arbeitsorientierungen haben sich in vage Hoffnungen aufgelöst, man konzentriert sich auf den Lebensgenuß in der Freizeit:

> „(...) daß ich mir Urlaub leisten kann und daß ich alles das habe, womit ich die Schicht und das Arbeiten ausgleichen kann, damit das Leben so ein bißchen einen Sinn hat: daß man Sachen machen kann, woran man Spaß hat, woran man Freude hat",

so umschreibt ein enttäuschter (weil dequalifiziert eingesetzt) junger Facharbeiter am Fließband eines Automobilwerks sein Lebensziel für die nächsten zehn Jahre.

Es gibt keine Anhaltspunkte dafür, daß der hier skizzierte freizeit- und genußorientierte Jugendliche jene Vorreiterrolle für die gegenwärtige und zukünftige Generation spielen wird, die konservative Kulturkritik ihm oft und gerne zuschreibt. Nicht nur ist seine quantitative Bedeutung begrenzt, auch seine zeitliche Reichweite wird von den Jugendlichen selber als bestenfalls mittelfristig definiert: Man will für die nächsten Jahre seine Freizeit genießen und wird sich dann neu orientieren, wenn man verbindlichere private Beziehungen eingegangen ist und die Frage einer Familiengründung ansteht. Wie weit eine Umpolung des Lebenskonzepts dann noch möglich sein wird, steht freilich dahin.

Fall 1: Auf großer Distanz zur Arbeit — das Lebenskonzept eines Punks

Daß er Punk geworden ist und den Lebensstil praktiziert, den er gegenwärtig ohne eigene feste Wohnung im sogenannten „Treff" mit ein paar Gleichgesinnten lebt, erklärt dieser Jugendliche als spontane Reaktion auf jene Zwänge, die eine regelmäßige Erwerbsarbeit für die gesamte Lebensgestaltung mit sich bringt. Er (20 Jahre) hat Hauptschulabschluß, danach ein betriebliches Berufsvorbereitungsjahr gemacht, weil er mit seinem „nicht gerade überragenden Zeugnis" auf Anhieb keine Lehrstelle fand, eine Bauschlosserlehre angefangen und gut bis zur erfolgreich absolvierten Zwischenprüfung durchgestanden, um dann fünf Monate vor der Abschlußprüfung aus dem Betrieb rauszufliegen, weil er nicht mehr hingegangen ist. „Ich habe keine Lust mehr gehabt." Schon kurz nach Beginn der Schilderung seines Lebens nach der Schule taucht dieser Satz auf, der sich wie ein roter Faden durch das ganze Gespräch zieht und immer wieder seine Antwort an sich selbst ist, wenn er darüber reflektiert, warum er so wenig an einer dauerhaften Arbeit interessiert ist.

Sicher, er hätte gern eine andere Lehre gemacht. Sowohl das Berufsvorbereitungsjahr sieht er nachträglich als positiv für sich als auch große Teile der Lehre, deren Abbruch er nachträglich bedauert, zumindest bezogen auf die Folgen: „die Lehre war ganz gut, da hat man auch viel gelernt, ... bloß heute könnte man sich in den Arsch beißen, daß man so viel gesoffen hat ... die fünf Monate!" Der Weg zum Trinken verlief völlig undramatisch, schien wie selbstverständlich in den normalen Lehrlingsalltag integriert:

„Du bist nach Hause gekommen, hast die Tasche in die Ecke gefeuert, hast gegessen, dann bist du rausgegangen, hast den Kollegen abgeholt, ein bißchen Musik gehört und dann hast du natürlich Bier geholt, bist sofort an die Bude gegangen: Bier; ein Bier, zwei Bier, drei Bier, dann bist du wieder an die

Pommes-Bude gegangen, hast wieder Hunger gehabt, hast was gegessen und dann immer so weiter, mal bei uns zu Hause, mal bei einem Kollegen, immer wochentags, dann hast du ab und zu noch mal bis 4 Uhr im ‚Bunker' malocht hinter dem Thresen und immer nur gekippt; dann hast du natürlich auch nur zwei Stunden gepennt — und dann aufstehen! Das artete nachher so aus, daß ich dann einfach nicht mehr konnte! Aber ich habe viel Geld gemacht hinter dem Thresen, 10 Mark die Stunde, das war nicht schlecht."

Die Folge ist, daß er erst hin und wieder einmal „blau macht", dann eine ganze Woche in der Ausbildung fehlt und entlassen wird. Nachträglich sagt er, ihm sei schon klar gewesen, daß er seine Lehre gefährdet hätte. Seine Eltern — der Vater Facharbeiter, die Mutter Diätköchin in einer Klinik —, mit denen er sich gut versteht, mahnen und warnen ihn auch. Vergebens. Nach der Entlassung zieht er bald zuhause aus, da er das Kostgeld, das seine Mutter ihm nicht erlassen will, nicht zahlen kann, schlägt sich mit Arbeitslosengeld, Gelegenheitsjobs in der Kneipe und Geld aus Münzautomaten so durch, daß er selbst meint: „Geld hatte ich eigentlich immer genug."

In der Gesprächssequenz über das Ende seiner kontinuierlichen Arbeits- bzw. Ausbildungszeit beschreibt er seine Sicht seines Verhaltens und schildert die Gründe für seine Unlust zur Arbeit.

„Ich wollte eigentlich nix arbeiten, wollte nur rumsaufen und in der Weltgeschichte rumfahren. Das haben wir auch zur Genüge gemacht. Die ganzen Kollegen hatten Autos, hatten auch Geld, sie waren auch arbeitslos — wie sie das gemacht haben, weiß ich auch nicht. Wir haben eigentlich auch genug Scheiße gemacht, das war immer wieder gut und das hat mir natürlich auch gefallen ... Ach, malochen, ich habe keine Lust mehr gehabt! Und Punk? Ich wollte eigentlich nur rumhängen und habe mir das eigentlich auch ganz gut vorgestellt — das war irgendwie auch ganz gut, schlecht war es nicht, nur manchmal vielleicht. Aber im großen und ganzen war es nicht schlecht. Zu saufen war immer was da, wir haben echt viel geschluckt und viele Freunde kamen und es war immer alles klar."

(Weshalb interessierte Dich diese Lebensweise mehr?) „Weil ich nicht wußte, wie das so ist. Bis dahin habe ich ja nur gearbeitet, 3 1/2 Jahre, morgens aufstehen und dann nur das Wochenende und die vier Wochen Urlaub. Irgendwann einmal habe ich mir gesagt: Wie ist das eigentlich? Freiheit und ein bißchen Freizeit — ich möchte das jetzt einfach. Und dann habe ich einfach aufgehört. Es war gut."

Es sind nicht konkrete negative Arbeitserfahrungen, die ihn zum Punk gemacht — damit hat er bereits mit 15 begonnen — oder ihm die hartnäckige Unlust zu arbeiten vermittelt haben. In der Ausbildung im Betrieb hat er sich manchmal geärgert, wenn ihn die Gesellen auf seine Haare hin angesprochen haben, oder ihn ein Meister seiner Meinung nach ungerecht behandelt hat. Aber insgesamt hat er in der Arbeit ein gutes Verhältnis mit den Kollegen gehabt — „immer auf du" —, und er tut auch sein Interesse an handwerklichen Fähigkeiten und Geschick kund. Bezogen auf die sozialpädagogisch betreute Einrichtung, in der er gegenwärtig wohnt und in der sie alte Möbel herrichten und auf Flohmärkten verkaufen, gibt er sogar zu verstehen, „daß man das professioneller machen" müßte. Sein Arbeitsverständnis zeigt durchaus Züge und Ansprüche eines Facharbeiters, wie es sein Vater ist, in dessen Fußstapfen als Dreher er zu Ausbildungsbeginn auch gern getreten wäre.

Es ist auch nicht nachweisbarer Frust, der ihn zum Trinken gebracht hätte. Dieses aus Frust auch nur manchmal zu tun, weist er weit von sich: „Wenn es schmeckt, dann schmeckt es!"

Wenn man überhaupt in seiner Selbstdarstellung Gründe für seine Lebensweise finden will, dann liegen sie in einem ganz normalen Überdruß an der eingefahrenen Alltäglichkeit, wie sie ihm etwa im Leben seiner Eltern entgegentritt, die er deswegen nicht kritisiert, deren Lebensweise er nur nicht übernehmen möchte. Und soweit die Arbeit Teil dieser Alltäglichkeit ist, wird sie in den Überdruß einbezogen, nicht aber als konkrete Erfahrung einer bestimmten Arbeitssituation und bestimmter Arbeitsbedingungen.

„Die malochen sich einen ab, mein Vater geht um 5.30 Uhr los, kommt um 3 Uhr nach Hause, ißt zu Mittag, legt sich auf die Couch, liest die Zeitung, pennt ein, wacht um 6 Uhr auf, macht das Fernsehen an und geht um 10 Uhr pennen — so ist das, der ganze Tag. Meine Mutter ist da etwas anders, sie fährt schon mal zu einer Kollegin, zu einer Tante, zu meiner Oma. So möchte ich nicht enden: Essen, pennen und Zeitung lesen — darauf habe ich keinen Bock! Ich möchte eigentlich mit ein bißchen Pep im Arsch durch die Gegend laufen — bzw. durch das Leben wandern, ich bin ja auch noch jung."

In dem Interesse, in der Alltäglichkeit anders zu sein, als man normalerweise ist, liegen auch Attraktivität und Sinn seiner Punk-Existenz. In einer längeren Erzählpassage, in der er erläutert, warum er Punk geworden sei, bringt er dies unzweideutig — auch in der Sprache — zum Ausdruck.

„Das gefiel mir, so rumzulaufen und die Ansicht. Jeder Punk hat eigentlich eine andere Ansicht. Das ist ganz komisch, irgendwie machen sie alle dasselbe: Saufen und so rumlaufen, frei sein, und die Bullen sind Arschlöcher und alle so was. Ich meine, es stimmt ja auch: Die Bullen sind Arschlöcher, aber die Jungs machen ja auch nur ihren Job. Das muß man irgendwie auch verstehen. Punk? Kleidungsmäßig finde ich das gut, und die Haare sind auch nicht schlecht. Ir-

gendwie hast du es schwer, Punk zu sein, weil die Leute immer reden: der Abschaum! Daran habe ich mich aber eigentlich nie gestört, laß sie doch reden, sie können mich am Arsch lecken! Wenn sie dich angemacht haben, dann hast du sie angepflaumt oder du hast sie angerülpst, wenn du einen auf Lager hattest. Leck mich doch am Arsch — irgendwie auf die Tour. Ich habe meine Ruhe, du hast deine Ruhe — fertig! Und wenn man angegriffen wurde, dann hat man eben draufgehauen — das ist klar. Gefallen lassen darf man sich nichts!"
„Im Sommer setze ich mich einfach in die Stadt und hole mir eine Falsche Bier, setze mich da hin, auf die Steine, und trinke mein Bier; wenn ich pissen gehen muß, dann pisse ich in die nächste Ecke. Eben ganz frei, ganz frei weg!"

Dies ist sein Leben. Spezielle andere Freizeitbeschäftigungen im Sinne von Hobbies hat er nicht. Musik, in der Gruppe herumhängen und ein bißchen Trinken — darin erschöpft er sich, sieht man von seiner Beteiligung an der „Brockensammlung" im Treff einmal ab. Die partielle Asozialität seines Lebensstils führt bei ihm nicht zu parasitären Ansprüchen oder gar Verhaltensweisen. Er lehnt es entschieden ab, daß seine Eltern oder auch seine Freundin, mit der er seit einigen Monaten fest zusammen ist, für seinen Lebensunterhalt aufkommen. Hier ist sein Stolz berührt: „Ich habe keine Lust, ihr auf der Tasche zu liegen."

An diesem Punkt auch sieht er sein Lebenskonzept der Spontaneität und der möglichst weitgehenden Vermeidung von Arbeit in Frage gestellt. Er liebt seine Freundin und möchte mit ihr in einer eigenen Wohnung zusammenziehen. (Sie erwartet, was er während des Gesprächs verschweigt, später aber sagt, ein Kind.) Das aber geht nur, wenn er eine feste Arbeit bekommt. Diese strebt er jetzt an:

„Das liegt auch viel an S. Ich habe das Mädchen lieb. Wenn wir jetzt eine gemeinsame Wohnung haben wollen, dann müssen wir auch was dafür tun. Vielleicht festigt sich das Ganze ja auch noch, so richtig, und dann wäre es doch empfehlenswert zu arbeiten, richtig was zu machen, richtig was zu schaffen! Ich habe keinen Bock mehr, so weiterzumachen. Ich will unbedingt eine Arbeit haben und ich kriege auch eine. Wenn ich das will, dann schaffe ich das auch! Und eine Wohnung, das ist Punkt Nr. 1."

Zwar sind dies zunächst Absichtserklärungen, aber sie signalisieren ein neues Verständnis seiner selbst und seiner Lebensperspektive. Er weiß nicht, wie ein solches Leben aussehen könnte, hat auch keinerlei Vorstellung, wie sich das Zusammenleben gestalten könnte, kennt nur den starken Wunsch danach, den er nun in eine kurzfristige Planung umsetzen möchte. Ein erster realistischer Schritt dahin ist sein Interesse an einer ABM-Stelle, die ihm im Zusammenhang der Einrichtung „Treff" in Aussicht gestellt ist. Daß er für ein neues Leben, vor allem für eine kontinuierliche Arbeit, nicht die besten Voraussetzungen mitbringt, ahnt er und macht es im Gespräch mehrfach deutlich — der Ärger über die nicht abgeschlossene Berufsausbildung mag wesentlich mit darauf zurückführen sein.

Freilich bedeutet die Perspektive Arbeit und Wohnung für ihn auch keinen endgültigen Bruch mit seinem bisherigen Leben als Punk, bedeutet keinen schnellen Abschied von diesem Leben und der Gruppe, die für ihn auch eine Art Ersatzfamilie ist: „Satt habe ich es nicht. Ich werde auch weiter so rumlaufen, da lasse ich mir nichts nehmen, das ist klar! Und ich werde in jedem Fall auch weiter auf Konzerte gehen."

Das geschilderte Lebenskonzept des Punks stellt die vielleicht extreme Position für die Jugendlichen mit einem freizeitorientierten Lebenskonzept dar, deren klare Distanz zur Arbeit — im seltenen Fall sogar deren Ablehnung — auf ein starkes Bedürfnis an spontaner Erlebnishaftigkeit in Musik, Bewegung, Sport und Zusammensein mit Gleichaltrigen zurückzuführen ist und die sich durch eine insgesamt starke konsumistische Grundhaltung auszeichnen. Ihr tatsächliches Freizeitverhalten muß dabei nicht die äußeren Symbole demonstrativen gesellschaftliches Protests wie bei den Punks aufweisen.

Fall 2: Aktive Freizeit als Persönlichkeitserweiterung

Innerhalb der freizeitorientierten Lebenskonzepte gibt es eine zweite Variante, deren Distanz zur Arbeit aus einer eher aktiven Freizeitnutzung und der Orientierung an einem psychisch hoch besetzten Hobby resultiert, das die Arbeit an den Rand drängt. Wir finden diese Variante eines freizeitorientierten Lebenskonzepts nicht zufällig auch stärker bei Jugendlichen mit einer abgeschlossenen Ausbildung, die sich in einem relativ festen Arbeitsverhältnis befinden. Sie zeichnen sich dadurch aus, daß sie sich in beiden Bereichen aktiv verhalten, den Schwerpunkt ihrer Aktivität aber auf den Bereich außerhalb der Arbeit legen.

Typisch für ein derartiges Lebenskonzept ist etwa der Fall eines Jugendlichen aus einem mittelgroßen Metallbetrieb (Werkzeugmaschinenbau), der am Ende der Schulzeit eigentlich noch nicht so recht wußte, was er beruflich machen wollte, auf Anraten und Initiative der Eltern schließlich eine Facharbeiterausbildung begonnen und ohne große innere Beteiligung absolviert hat. Ausschlaggebend waren „letztlich die Eltern. Die sagten dann, ich sollte einen praktischen Beruf nehmen, für die Zukunft". Ihrem Drängen allerdings, im Anschluß an die Lehre noch eine weiterführende Schule zu besuchen, hat er sich widersetzt „wegen dem Finanziellen": Seine Lebenssituation hat sich im Verlauf der Ausbildung grundlegend verändert, allerdings weniger durch die Bekanntschaft mit dem Berufsleben und einem Bereich inhaltlicher Tätigkeit, vielmehr hat er sich einen persönlichen Interessenbereich außerhalb der Arbeit erschlossen, auf den er sich nun ganz konzentriert. Er ist gleichsam „aufgewacht", hat sich nach eigenem Bekunden von einem „Stubenhocker" zu einem aktiven und aufgeschlossenen Menschen entwickelt, der die Möglichkeiten individueller Lebensgestaltung in der Freizeit intensiv nutzt. Die Übernahme der Berufsrolle schafft ihm dafür die materiellen Voraussetzungen und vor allem die Legitimation gegenüber den Eltern, ein eigenes Leben nach eigenen Vorstellungen zu führen, aber sie gilt ihm kaum als eine Möglichkeit inhaltlicher Identifikation, für die er sich engagieren könnte oder möchte. Er kommt mit seinen Kollegen gut zurecht, kann sich auch mit seiner Arbeit gut arrangieren, will in erster Linie aber den mit ihr verbundenen Aufwand kontrollieren, um möglichst viel Zeit und Energien für seine Freizeit zu haben. Wie schon seine Ausbildung empfindet er auch die Arbeit im wesentlichen als Einschränkung seiner Freizeit.

Der Beruf ist für ihn nicht als Quelle der Selbstbestätigung, sondern fast ausschließlich als Mittel zur Finanzierung seiner Hobbies wichtig: „Heute brauche ich meinen Beruf gerade auch, um meine Hobbies zu finanzieren." Diese Hobbys sind vielfältig, heterogen und geldaufwendig, kosten vor allem aber so viel Zeit, daß man kaum noch begreift, wie er seinem normalen Beruf nachgehen kann: Er arbeitet nach Feierabend bei einem Freund auf dem Bauernhof, häufig noch bis neun oder zehn Uhr abends, interessiert sich brennend für Motoren — ein Interesse, das erst im Laufe der Ausbildung entstanden ist — und besitzt zwei Motorräder und ein Auto, an denen er herumbastelt, schließlich spielt er noch Fußball im Verein. Er hat den Eindruck, daß er das nötig hat und zieht eine hohe Befriedigung aus dieser komprimierten Aktivität über den ganzen Tag.

„Wenn ich von meinem Hobbies absehe, mache ich in meiner Freizeit nur ganz wenig, weil ich nach Feierabend, wenn ich hier beim Sch. mit Schaffen fertig bin, noch weiterschaffe: Ein Freund von mir hat einen Bauernhof, sein Vater ist vor kurzem ums Leben gekommen, da schaffe ich dann abends noch bis 9 oder

10 Uhr. Ich bin praktisch von morgens 6 Uhr, wenn ich aufstehe und zur Arbeit gehe, bis abends um 10 Uhr ausgebucht mit Arbeit. Geistig und körperlich: Auf der Arbeit muß ich mehr denken, bei ihm muß ich mehr körperlich schaffen; das heißt, ich muß ja nicht schaffen, ich mache das ja freiwillig, weil es mir ja auch Spaß macht. Manchmal bin ich abends auch daheim, wenn es auf dem Bauernhof nichts zu tun gibt, und gehe dann meinem Hobby nach. Dann bastele ich an meinen Motoren."

An seiner Berufsarbeit schätzt er, trotz der Betonung, daß er dort „mehr denken" müsse, daß man nicht viel denken muß. Beide Tätigkeitssphären sind für ihn durch ein starkes Bedürfnis nach körperlicher Bewegung verbunden: „Ich muß mich schon irgendwie körperlich betätigen, damit ich weiß, daß ich was geschafft habe." Das Gefühl einer erfüllten und sinnvollen Freizeit und des hohen Aktivitätspotentials, das er in ihr realisiert, bestimmt auch seine weitere Lebensplanung. Er kann sich gut vorstellen, daß er nicht immer als Werkzeugmacher weiterarbeitet, vielleicht tritt er bei seinem künftigen Schwiegervater in dessen Baufirma ein, da er ihn schon darauf angesprochen hat, die Firma einmal zu übernehmen. Aber das würde er nur tun, wenn es nicht mit einem zu hohen — und das heißt: seine Freizeit stark einschränkenden — Weiterbildungsaufwand verbunden wäre. („Auf eine Abendschule zu gehen, das ginge von meiner Freizeit her schon gar nicht.") Er will einmal Familie und Kinder haben, vielleicht auch ein eigenes Haus bauen. Das schiebt er aber trotz der schon sehr verbindlichen Rede vom „zukünftigen Schwiegervater" möglichst weit von sich. Vorerst möchte er keine festen Pläne machen: „Ich lebe irgendwie von einem Tag in den anderen hinein. Das ist irgendwie mein Lebenswandel, mein Lebensrhythmus: Schaffen und Hobby — irgendwie so in die Richtung."

In diesem Lebenskonzept haben die Freizeitinteressen eine relativ hohe, auf die eigene Selbständigkeit bezogene Stabilität gewonnen, so daß man davon ausgehen kann, daß sie auch für das weitere Leben eine Orientierungsgröße abgeben werden. Es ist in einer sehr individuellen und eigensinnigen Weise um nützliche Tätigkeiten außerhalb der Erwerbsarbeit gruppiert, die das Selbstbewußtsein stärken und relativ leicht zur Grundlage auch einer anderen Berufstätigkeit werden könnten.

3.3. Identität und Arbeit: zur politischen Bedeutung von Lebenskonzepten Jugendlicher

Zur These über einen drohenden Verlust von Zeitbewußtsein und Orientierungsfähigkeit bei Jugendlichen (eine fällige Korrektur)

Beziehen wir die Befunde unserer Analyse des Stellenwerts von Arbeit und Beruf in den Lebenskonzepten Jugendlicher auf die jüngere wissenschaftliche und politische Jugenddebatte, so finden wir einen beträchtlichen Teil der dort sorgsam konservierten Topoi in unseren Ergebnissen nicht wieder. In vielem ist es so, als lägen unterschiedliche Realitäten den jeweiligen Aussagen zugrunde. Nach prononcierten Positionen in dieser Jugenddebatte müßten unter den Jugendlichen weit verbreitet sein: ein Verlust der Zukunft als eigener Verhaltensperspektive (Hornstein 1985, S. 164); ein drohender Absturz in die Orientierungslosigkeit aufgrund der „verwirrenden Vielfalt von kulturellen und subkulturellen Deutungsangeboten" (Paris 1987, S. 7), zwischen denen der Jugendliche beliebig wählen könne, zwischen denen er letztlich aber mangels verläßlicher Entscheidungskriterien wie weiland Buridans Esel zwischen den Heuhaufen erstarrt und verkommen muß; und — für unseren Zusammenhang besonders wichtig — die inhaltliche Perspektivlosigkeit infolge der „Erosion der kulturellen Bedeutung von Arbeit", die dem Jugendlichen nur noch die Orientierung an subkulturellen Lebensstilen lasse (Paris, S. 13).

Nichts von alledem wird in der behaupteten Allgemeinheit von unseren Befunden bestätigt. Dies heißt nicht, daß es die zitierten Probleme nicht gäbe; ebenso wenig bedeutet es, daß die von uns untersuchte Population junger Arbeiter und Angestellter beiderlei Geschlechts nicht mit erheblichen Problemen bei der Findung und — noch mehr — bei der Durchsetzung ihrer Lebenskonzepte zu kämpfen hätte. Aber diese Probleme basieren offensichtlich weniger auf jener behaupteten strukturellen Demontage von Orientierungs- und Entscheidungsfähigkeit durch den Angebots- und Verführungsdruck der Wohlstandsgesellschaft als vielmehr auf konkret benennbaren Einschränkungen durch die andauernde Krise des Arbeitsmarktes. Daß wir uns hier so betont auch gegen kritische Positionen in der Jugenddebatte wenden, hat nichts damit zu tun, daß wir dort artikulierte Gefährdungen nicht auch sähen. Aber wir sprechen ihnen aufgrund unserer Erfahrung mit den Jugendlichen einen anderen Erklärungswert zu und sehen in ihrer Hypostasierung selbst eine Gefahr der Fehlinterpretation der tatsächlichen Probleme vieler Jugendlicher. Denn das mitfühlende Verständnis für strukturell bedingte Desorientierung kann leicht in ungewollte Entmündigung jener umschlagen, die man solcher Desorientierung ausgesetzt glaubt. Nichts aber wäre verkehrter als das. Unsere Befunde zeigen die Mündigkeit dieser Jugendgeneration im Sinne ihrer Fähigkeit zur individuellen Lebensplanung unzweideutig.

Um den ersten Punkt aufzugreifen: einen Verlust von *Zukunft* als eigener Handlungsperspektive können wir allenfalls bei einem Teil von Jugendlichen mit einem freizeitorientierten Lebenskonzept feststellen. Bei der großen Mehrheit zeigt sich in der Differenziertheit ihrer Lebenskonzepte und in deren zeitlicher Dimensionierung ein recht ausgeprägtes Zukunftsbewußtsein. In besonderem Maße gilt das für die jungen Frauen mit einem arbeitsorientierten oder einem zwischen Arbeit und Privatleben ausbalancierten Lebenskonzept. Viele von ihnen insistieren auf einer eigenen Zukunft, die sie nicht auf die traditionell zugewiesene Geschlechtsrolle reduziert sehen wollen, und entwerfen eine weit nach vorn gerichtete Planung der Vereinbarkeit von Berufstätigkeit und Mutterrolle, auf die nur die wenigsten zum Zeitpunkt unserer Gespräche mit ihnen verzichten wollten. Das höhere Ausmaß sozialer Selbständigkeit in Form einer eigenen Haushaltsführung (vgl. Kapitel 4) und die im Durchschnitt größeren Schwierigkeiten, die sie im Vergleich mit männlichen Jugendlichen auf dem Ausbildungs- und Arbeitsmarkt zu bewältigen haben, scheinen das Zeitbewußtsein gerade der jungen Frauen geschärft zu haben.

Auch die Bedrohung der Zukunft der Menschheit durch nukleare Vernichtung oder ökologische Katastrophen hat bei den Jugendlichen nicht mehrheitlich zur Abwendung von ihrer je individuellen Zukunft geführt. Wo dieser Aspekt im Gespräch thematisiert wurde (in 100 von 168 Fällen), wird fast durchweg die Gefährdung der Zukunft gesehen — nur jeder Zehnte sieht solche generelle Gefährdung nicht —, aber die persönlichen Verhaltenskonsequenzen variieren stark. Die eine Hälfte nimmt die Gefährdungen durchaus sensibel wahr, läßt sie aber keinen Einfluß auf das eigene Verhalten, auf die Planung und Entwicklung von persönlichen Zukunftsvorstellungen gewinnen. Ein Drittel zieht aus der Wahrnehmung von Gefährdungen den Schluß, die Gegenwart bewußter zu leben und zu genießen, während jeder Siebente (13 %) mit der Bedrohung der Gattung auch seine eigenen Zukunftsvorstellungen und -planungen blockiert und in Frage gestellt sieht. Eine Differenz zwischen Männern und Frauen tritt hierbei nicht auf.

Sicher, es gibt Differenzen in den Planungshorizonten, und diese sind nicht unabhängig von den gemachten Erfahrungen im Berufsverlauf. Wer hier zuviel Mißerfolge hat hinnehmen müssen, ist weniger offen gegenüber seiner eigenen Zukunft als diejenigen, die mit Erfolgsbewußtsein auf ihr bisheriges Leben zurückblicken können.[8]

Wenn also ein genereller Verlust an Zukunftsperspektive nicht zu konstatieren ist, so weist das Zukunftsbewußtsein doch zwei Besonderheiten auf: Zum einen deutet sich eine Kluft in der Wahrnehmungsweise der individuellen und der gesellschaftlichen Zukunft an: Persönliche, zumeist positiv getönte Zukunftsplanungen im Beruflichen und Privaten stehen unverbunden neben grundlegenden Zweifeln an der Zukunft der Gattung Mensch. Nur bei einer Minderheit wird eine Verbindung beider im Sinne der Verlängerung des befürchteten Gattungsschicksals zur negativen persönlichen Zukunftsperspektive sichtbar. Bei der Mehrheit ist eine Überbrückung der Kluft zwischen den gegenläufigen Zukunftsvorstellungen nicht ausmachbar. Das Nebeneinander unterschiedlicher Wahrnehmungsweisen von Zukunft ist schwerlich als völlige Entstrukturierung, wohl aber als Spaltung des Zukunftsbewußtseins zu interpretieren. Was diese politisch bedeutet, muß an dieser Stelle offen bleiben. Zur Aufrechterhaltung einer individuellen Planungs- und Handlungsperspektive scheint sie den Jugendlichen eine zunehmend stärker werdende Verdrängungsleistung abzuverlangen, und es stellt sich die Frage, wie lange ein individuelles Zukunftsbewußtsein ohne ein Vertrauen auch auf eine gesellschaftliche Zukunft eigentlich durchzuhalten ist.

Als zweite Besonderheit des Zukunftsbewußtseins scheinen sich Zukunft und Gegenwart in den Lebenskonzepten in spezifischer Weise zu verschränken. Dies liegt nicht zuletzt an dem hohen Gewicht des Interesses an inhaltlicher Identifikation mit der Arbeit. Indem Jugendliche vorrangig auf unmittelbare Bedürfnisbefriedigung und Selbsterfahrung in und durch Arbeit setzen und nicht auf die mittelbare durch den in Aussicht stehenden beruflichen Status und das erwartbare Einkommen, verschränken sie die Zukunftsperspektive mit der Gegenwart: Sie wollen jetzt und im Arbeitsprozeß selbst schon Selbstbestätigung und Befriedigung, nicht erst nach einer langen Durststrecke in der Zukunft. Insofern gilt auch für den Bereich der Arbeit Hornsteins Hinweis, daß Zeit heute weniger zukunfts- und mehr gegenwartsbezogen wahrgenommen werde (Hornstein 1985, S. 164). Seine Schlußfolgerung freilich, daß damit Jugendlichen ein Verhalten langfristiger Planung und des Aufschubs von Bedürfnissen immer schwerer falle, erweist sich in Betrachtung des tatsächlich beobachtbaren Planungsverhaltens und der mit ihm verbundenen Opfer an Zeit als zu weit gegriffen, sie gilt nur für begrenzte Gruppen. Vielleicht ist der Lernprozeß für den Umgang mit der eigenen Zeit heute länger, der Weg zu ihrer selbstbewußten Aneignung durch die Verlockung des Konsums risikoreicher geworden. Gleichzeitig aber könnten die zunehmende Auflösung quasi-naturwüchsiger beruflicher Zuordnungsverhältnisse und die voranschreitende Verselbständigung der Lebensbereiche, zwischen deren Angeboten für die eigene Lebensgestaltung Jugendliche zu entscheiden haben, das individuelle Zeitbewußtsein geschärft haben.

Ähnliches wie für das Zukunftsbewußtsein gilt für den *Aspekt der Orientierungsfähigkeit* und des *Informationsniveaus*, von denen her die Lebenskonzepte entworfen sind. Bezieht man unsere Befunde aus den Schilderungen der Jugendlichen von ihrer Suche nach einem Ausbildungsplatz und von ihrem Arbeitsmarktverhalten auf die Ergebnisse früherer Berufswahlstudien (vgl. dazu Baethge u.a. 1983), so wird man festhalten können, daß der *Grad der Informiertheit und der Informationsaktivität* entschieden höher liegt als bei Jugendlichen aus Untersuchungen, die noch vor oder zu Beginn der 70er Jahre gemacht worden sind. Sicherlich sind die Orientierungs- und Planungsleistungen, die Jugendlichen heute abverlangt werden, größer als früher und sicherlich hat der Druck der Ausbildungs- und Arbeitsmarktkrise auch die Unsicherheit erhöht; in den Schilderungen ihres Berufswahlprozesses machen die Jugendlichen dieses immer wieder deutlich. Sie haben Orientierungs- und Durchsetzungsschwierigkeiten in bezug auf ihre Berufsinteressen, diese ihnen aufgezwungenen Probleme sind aber nicht mit mangelnder Orientierungsfähigkeit zu verwechseln. Der überwiegenden Mehrheit scheint der Druck der Krise eher ein bewußteres, stärker abwägendes Entscheidungsverhalten aufgezwungen zu haben, das ohne Informationen und ohne Orientierung an inneren Kriterien nicht vorstellbar ist.[9] Dies gilt gerade auch für viele Jugendliche, die glatt durch die Krise hindurchgekommen sind, wobei die Differenz der Entscheidungskriterien zwischen Jungen und Mädchen nicht zu übersehen ist: Die Jungen richten sich bei ihren Entscheidungen zumeist nach berufsinternen Validierungskriterien, bei den Mädchen kommt es häufiger vor, daß berufsexterne Kriterien wie schnellstmögliche Unabhängigkeit von den Eltern die Entscheidung steuert. Wie dem auch sei: Der Schluß, daß wir es in bezug auf Beruf und Arbeit mit einer orientierungslosen, in der Fülle konkurrierender Entscheidungskriterien und abstrakter Perspektiven von einer „diffusen Bedürfnisstruktur" (Hornstein 1985) blockierten oder nur außengesteuerten Jugend zu tun hätten —, dieser Schluß wäre falsch. Mag die „neue Unübersichtlichkeit" (Habermas) in vielen Freizeit- und auch Politikbereichen zu Verhaltensverunsicherungen beträchtlichen Ausmaßes führen und mag sie auch partiell die beruflichen Entscheidungsprozesse von Jugendlichen erschwert haben, im Durchschnitt gilt für diese lebenswichtigen Entscheidungen, daß sie auf einem hohen Niveau von Reflexivität und Planungsverhalten getroffen worden sind und, bezogen auf ihr subjektives Entscheidungsvermögen, keine artikulationsunfähigen und hilflosen Jugendlichen sie vollzogen haben. Daß die äußeren Bedingungen ihnen vielleicht oft frühzeitig innere Kompromisse abgenötigt und sie auch verunsichert haben, ist nicht als subjektive Orientierungsschwäche oder Entscheidungsunvermögen zu deuten. Unverkennbar ist freilich auch hier die Rolle der Familie. Wer hier auf familiale Ressourcen in Gestalt intensiver Auseinandersetzung und Beratung mit den Eltern zurückgreifen konnte, hat einen deutlichen Vorteil für seinen Berufsstart. Insgesamt ist der Befund eines höheren Informations- und Planungsniveaus auch nicht verwunderlich, haben wir es doch mit im Durchschnitt älteren und besser gebildeten Jugendlichen bei der Berufswahl zu tun.

Identität durch Arbeit: Übergangsphänomen oder zukunftsweisendes Lebenskonzept?

Auch in bezug auf die Orientierungsfunktion der Arbeit für die Lebenskonzepte und damit für die Identitätskonstruktion greifen die gängigen Formeln aus der Jugenddebatte nicht. Weder können wir den durchgängigen Bedeutungsverlust von Arbeit bestätigen — im Gegenteil scheint für den weiblichen Teil der Jugendlichen eher von einem deutlichen Bedeutungsanstieg zu sprechen zu sein — noch plakative Polarisierungen als realitätsgerecht ausweisen. Wenn etwa Hornstein (1985) annimmt, daß die Jugendlichen sich in zwei Lager aufteilten, von denen das eine durch eine verstärkte Berufsorientierung unter Zurückstellung privater, familiärer Interessen ausgezeichnet sei, das andere den Ausbau des privaten Bereiches unter Zurücknahme des Engagements für den Beruf betreibe, so trifft dies nur zwei mögliche Extreme, die weder die ganze Realität abbilden noch besonders häufig anzutreffen sind. Ebenso wenig trifft die Vermutung zu, daß dort, wo der Arbeit ein hohes Gewicht in der Identitätskonstruktion eingeräumt wurde, dieses sich zunehmend von der Arbeit an sich auf das, was sie einem außerhalb und über die Arbeit hinausgehend aufgrund ihres materiellen Honorars ermögliche, beziehe (Paris 1987).

In diesem Punkt lautet das eindeutige Ergebnis unserer Lebenskonzept-Analyse: Die Arbeit steht bei über drei Fünfteln der Jugendlichen entweder dominant (31 %) oder gleichbedeutend mit dem Privatleben (30 %) im Zentrum des Lebenskonzepts, und wo sie dies tut, orientieren sich die Jugendlichen deutlich mehrheitlich an der „Arbeit an sich", an ihren inhaltlichen Aspekten, nicht vordringlich an ihren materiellen oder gesellschaftlichen Honorierungen. Hierbei treten zwischen männlichen und weiblichen Jugendlichen auch kaum Unterschiede auf, die einzige Differenz liegt darin, daß die weiblichen Jugendlichen etwas stärker die Balance zwischen Beruf und Privatleben betonen, während die männlichen Jugendlichen stärker ungebrochen auf den Beruf konzentriert sind. Das Übergewicht subjektbezogener, vor allem am Tätigkeitsinhalt festgemachter Orientierungen zeigt an, wie sehr hier die innere Identifikation mit der Arbeit gesucht und zum Angelpunkt der eigenen Lebensplanungen gemacht wird, und daß nicht ein äußerliches Karrierestreben den Kristallisationspunkt für das Interesse an Arbeit bildet.

Die Darstellung unserer Befunde hat gezeigt, daß wir weder von einem einheitlichen Lebenskonzept bei allen Jugendlichen noch von eindeutig schichtgebundenen Lebenskonzepten ausgehen können. Neben der Mehrheit von Jugendlichen mit einem stark arbeitsbezogenen Lebenskonzept steht der andere Teil, bei dem die Arbeit einen nachgeordneten Stellenwert bei dominanter Orientierung an einem familial konzipierten Privatleben hat (23 % — vor allem junge Frauen) oder wo sie hinter einer starken Freizeitorientierung weitgehend zurücktritt (16 % — vor allem männliche Jugendliche).

Wir haben es also mit einer Pluralität von Identitätsentwürfen zu tun, deren Zahl über die vier von uns dargestellten auch hinausgeht, da wir innerhalb jedes der vier Typen noch Binnendifferenzierungen finden. Gleichwohl zerfasert die Pluralität nicht in eine Anhäufung zusammenhangloser Bilder. Das gemeinsame Moment scheint uns in einer relativ hohen Gewichtung von Arbeit als Bezugspunkt für die Identitätsbildung zu liegen. Die Frage, wie stabil und zukunftsweisend eine solche Gewichtung von Arbeit in den Lebenskonzepten ist, läßt sich nicht mehr mit dem Verweis auf die quantitative Verteilung innerhalb unserer Untersuchungsgruppe, sondern nur über die strukturellen sozialen und sozialisatorischen Bedingungen beantworten, die diese Gewichtung stützen.

Zwei möglichen Fehlinterpretationen, die aus der jüngeren Jugend-Diskussion nahegelegt werden könnten, muß man dabei zunächst vorbeugen. Die erste bezieht sich auf die Verbindlichkeit eines derartigen Lebenskonzepts. Wir wissen aus anderen Untersuchungen, daß arbeitsinhaltliche Interessen durchaus auch etwas Jugendtypisches haben: Sie können schnell in sich zusammenbrechen, wenn sie nicht auf Anhieb realisierbar sind. Wir haben im Zusammenhang der Auseinandersetzung mit ihrer Arbeits- und Arbeitsmarktsituation gesehen, daß bei vielen Jugendlichen die inhaltliche Identifikation mit der Arbeit als Lebensperspektive ein beträchtliches Engagement, eine oft hartnäckige und mit Opfern verbundene Aktivität zur Einlösung dieser Ansprüche und nur in wenigen — und da auch sehr wohl begründeten — Fällen eine schnelle Kapitulation vor Widerständen freisetzt (vgl. Kapitel 2.3). Freilich bedeutet es eine Überstrapazierung des inhaltlichen Interesses, wenn man ihm Verbindlichkeit nur bei Bereitschaft zur Aufgabe aller materiellen Ansprüche an Arbeit zu attestieren bereit ist. Dies genau wäre die Forderung nach einem realitätsfernen, idealistischen Arbeitskonzept, das wir auch bei dieser Mehrheit von Jugendlichen nicht antreffen. Sie praktizieren einen flexiblen Umgang mit ihren unterschiedlichen Ansprüchen an die Arbeit, sind im Einzelfall — wie gezeigt am Fall der unterqualifiziert eingesetzten Facharbeiter und einiger Fälle aus der Gruppe der Krankenschwestern — durchaus zu Opfern an Freizeit und auch materiellen Abstrichen bereit, gehen aber keine Vabanquespiel mit ihren existentiellen Interessen sein.

Das zweite Mißverständnis liegt darin, die inhaltliche Identifikation mit der Arbeit als inneren Gegensatz zum Interesse an Privatleben zu stilisieren. Einen solchen Gegensatz lassen sich die Jugendlichen allenfalls für Übergangsperioden, in denen bestimmte berufliche Ziele noch erreicht werden sollen, aufzwingen, nicht aber als einen der grundlegenden Differenz in den Orientierungen. Insoweit stellen die Jugendlichen, die wir unter dem ausbalancierten Lebenskonzept zusammengefaßt haben, am ehesten die Richtung dar, die auch für die erste Gruppe, bei der die Arbeit (noch) dominant ist, Gültigkeit hat. Das sich hier ausdrückende Verhältnis zur Arbeit wäre mit dem Strümpelschen Begriff der „Gleichgewichtsethik" („Arbeit ist interessant, soll aber mein übriges Leben nicht stören" — Nölle-Neumann / Strümpel, S. 102) nicht richtig getroffen, da in ihm im Grunde eine Dominanz des Privatlebens unterstellt ist, die so für die Jugendlichen dieser Typen nicht gilt (eventuell bei dem dritten Lebenskonzepttyp anzutreffen ist). Eher kommt man dem Verhältnis nahe, wenn man es als den schwierigen Versuch zur Integration charakterisiert, bei dem es immer wieder zu Gleichgewichtsstörungen und zur Abforderung von hohen persönlichen Integrationsleistungen, bezogen auf divergente individuelle Interessen und Bedürfnisse, kommt.

Soziale Faktoren für das Entstehen eines neuen Verhältnisses zur Arbeit

Unsere Annahme, daß das hier für die Mehrheit der Jugendlichen unseres Samples beschriebene Arbeits- und Berufsverständnis tatsächlich die Hauptlinie für die Zukunft abgeben wird, läßt sich positiv an einer Reihe von Korrelationen mit sozialen Merkmalen der Jugendlichen festmachen und negativ auch in den Gefährdungen für den Bestand eines solchen Arbeitsverständnisses oder — personal gesehen — für den Ausschluß von ihm begründen.

Ähnlich wie wir es bereits bei den Ansprüchen an die Arbeit gesehen hatten (vgl. Abschnitt 2.4), erweisen sich in den Korrelationen mit den Lebenskonzepttypen drei sozialstrukturelle Merkmale als hochsignifikant: die soziale Herkunft, der Bildungs- und Ausbildungsstand sowie die berufliche Stellung der Jugendlichen.

Die Jugendlichen mit Hochschulreife folgen fast ohne Ausnahmen (mit 90 %) einem Lebenskonzept mit zentraler Bedeutung von Arbeit als sinnstiftender Instanz, bei den Realschulabsolventen bevorzugen noch beinahe zwei Drittel ein derartiges Lebenskonzept, während es bei den Hauptschülern noch nicht einmal die Hälfte sind. Bei ihnen dominiert ein familien- oder freizeitorientiertes Lebenskonzept. Freilich spricht die Tatsache, daß es unter den Hauptschülern zu einer harten Polarisierung kommt und fast eine Hälfte von ihnen ebenfalls ein auf Arbeit zentriertes Lebenskonzept verfolgt, dafür, daß sich bis in die untersten Bildungsabschlüsse hinein ein starkes Interesse an Arbeit und Beruf entweder erhalten oder neu konstituiert hat (vgl. Tab. 16). (Entsprechend polarisieren sich die Lebenskonzepte auch nach dem Ausbildungsstand. Zwei Drittel der Jugendlichen mit abgeschlossener Berufsausbildung favorisieren ein Lebenskonzept, in dem die Arbeit einen zentralen Stellenwert aufweist, während wir unter den Jugendlichen ohne Ausbildung lediglich ein Drittel mit demselben Lebenskonzept finden, sie sind deutlich überproportional auf ein familienorientiertes Konzept festgelegt.)

Eine entsprechende Struktur finden wir bei der Betrachtung der sozialen Herkunft nach der beruflichen Stellung des Vaters vor: Jugendliche aus Familien von gehobenen und leitenden Angestellten oder Beamten und von Selbständigen reklamieren für sich fast uneingeschränkt ein arbeits- und berufszentriertes Lebenskonzept, während dieses Konzept bei den Kindern von un- und angelernten Arbeitern oder von Facharbeitern und einfachen Angestellten weniger häufig, aber immer noch mit einem beträchtlichen Gewicht (jeweils ca. 50 %) vertreten ist. (Vgl. Tab. 16)

Schließlich läßt auch die Verteilung der Lebenskonzept-Typen auf die unterschiedlichen beruflichen Statusgruppen unter den Jugendlichen eine recht eindeutige soziale Verortung zu. Bei den qualifizierten Angestellten und Facharbeitern hängen jeweils über zwei Drittel, bei den un- bzw. angelernten Arbeitern und Angestellten lediglich zwei Fünftel einem arbeitszentrierten Lebenskonzept an, bei ihnen dominieren familienorientierte Lebensplanungen (vgl. Tab 16).

Tabelle 16: Lebenskonzepte nach sozialer Herkunft, Schulbildung und aktuellem Arbeitseinsatz/beruflichem Status (in %)*

Sozialstrukturelles Merkmal	Lebenskonzepte n =	Arbeits- und berufsorientiert	Ausbalanciert	Familienorientiert	Freizeitorientiert	Total
Soziale Herkunft						
Un- und angelernte Arbeiter	34	35	15	29	21	100
Facharbeiter, einfache Angestellte	68	22	27	28	23	100
Angestellte u. Beamte in höheren Positionen / Selbständige	52	40	44	12	4	100
Schulbildung						
Hauptschule (mit und ohne Abschluß)	56	22	25	32	21	100
Realschulabschluß	83	33	30	23	14	100
Hochschulreife	20	50	40	—	10	100
Beruflicher Status						
Arbeitslose, Teilnehmer an einer Reha- o. Fördermaßnahme	27	26	26	11	37	100
Un- und Angelernte	31	16	26	42	16	100
Facharbeiter	28	43	39	7	11	100
Einfache Angestellte	14	7	36	50	7	100
Fachangestellte	59	41	27	20	12	100

* Zeilenprozente ergänzen sich auf 100.

Alle drei sozialstrukturellen Merkmale verweisen auf grundlegende und nicht reversible gesellschaftliche Entwicklungstrends. In dem Maße also, in dem sich die Sozialstruktur weiter in Richtung auf Erhöhung des Anteils von qualifizierten Beschäftigtengruppen wandelt und in dem parallel dazu das durchschnittliche Bildungs- und Ausbildungsniveau ansteigt oder sich auch nur auf dem gegenwärtigen Niveau stabilisiert, können wir damit rechnen, daß sich nicht nur proportional zur Steigerung des Anteils dieser Berufsgruppen an der Sozialstruktur das Gewicht arbeitszentrierter Lebenskonzepte erhöht. Vielmehr darf man wohl davon ausgehen, daß die gesellschaftlichen Normen, die dieses Lebenskonzept tragen, immer mehr Allgemeingültigkeit in der Gesellschaft erlangen und zu dominierenden Normen werden. Dies wird um so mehr geschehen, wenn auch für größer werdende Anteile von Jugendlichen die im Zuge der neuen Rationalisierungsstrategien entstehenden Arbeitsplätze aufgrund komplexerer Tätigkeitsprofile individuelle Interessen nach Selbstdarstellung und Anwendung erworbener Qualifikationen befriedigen und inhaltliche Attraktivität besitzen (vgl. dazu Kern/Schumann 1984; Baethge/Oberbeck 1986).

Auch die Merkmale der eher familien- oder freizeitorientierten Lebenskonzepte sprechen für eine Stabilisierung des hohen Stellenwerts von Arbeit in den Identitätsentwürfen von Jugendlichen. Wir finden diese Konzepte vor allem bei (vornehmlich weiblichen) Jugendlichen aus dem ländlichen Bereich und häufig im Sinne einer „Fluchtperspektive" von frustierenden Arbeits- und Arbeitsmarkterfahrungen. Je mehr sich im Zuge fortschreitender Meditaisierung der gesellschaftlichen Kommunikation die spezifischen Sozialformen des ländlichen Raums auflösen, desto mehr wird auch ihren typischen Lebensorientierungen der Boden entzogen.

Von entscheidender Bedeutung für die Stabilisierung eines hohen Stellenwerts von Arbeit in den jugendlichen Lebenskonzepten erscheint schließlich die steigende Erwerbsbeteiligung der jungen Frauen. Wir hatten gesehen, daß bei ihnen sinnhaft-subjektbezogene Ansprüche an Arbeit ein noch höheres Gewicht hatten als bei den männlichen Jugendlichen (vgl. Abschnitt 2.4). Diese übertragen sie auf ihre Lebenskonzepte, in denen der Arbeit somit aus der doppelten Funktion der Sicherung äußerer (materieller) Selbständigkeit und innerer Selbstbestätigung das hohe Gewicht zuwächst, das wir angetroffen haben (vgl. Tab. 15).

Da es keine Anzeichen für die Zurücknahme des weiblichen Erwerbsinteresses gibt, steht zu erwarten, daß von der weiter steigenden Erwerbsbeteiligung der Frauen ein verstärkter Impuls in Richtung auf eine positive Normierung von Arbeit in der Sozialisation von Mädchen ausgehen wird, die traditionelle weibliche Rollenstereotype als Orientierungsmuster für Identitätsentwürfe immer weiter in Frage stellen werden.

An der Entwicklung der weiblichen Lebenskonzepte wird die These von G. Nunner-Winkler (1981) besonders augenfällig bestätigt, daß die Arbeit zunehmend identitätsrelevant wird, weil andere Bereiche der Sinnstiftung — im Fall der Frauen Ehe und Familie — in ihrem Bedeutungsgehalt relativiert werden oder ganz ausfallen. Man kann die These erweitern: Je mehr es zu einer „Entstrukturierung der Jugendphase" (Olk, 1985, S. 300) im Sinne einer Auflösung geschlechts- und/oder klassenspezifischer und subkulturell tradierter Deutungsmuster kommt — und dies scheint, wie wir vorne gezeigt haben, das epochaltypische Merkmal der Adoleszenz zu sein (vgl. Abschnitt 1.3) —, desto wichtiger muß die Arbeit als Bezugspunkt für den individuellen Lebensentwurf werden. Sie ist der einzige allgemein anerkannte und existentiell verbindliche Bereich mit einem für jeden unabweisbaren, wenn auch vielleicht nicht bewußten Bezug auf Gesellschaft.

Identität als Ideologie? Zum wachsenden Widerspruch zwischen steigender individueller Identitätsrelevanz und abnehmendem Vergesellschaftungspotential der Arbeit

Zweifel daran, ob diese ganze Entwicklung so positiv ist, wie sie in den bisher benutzten Beschreibungskategorien klingt, werden geweckt, wenn man sich die Verteilung der Lebenskonzepte im Hinblick auf die Berufsverlaufstypen anschaut. An ihr wird deutlich, daß demjenigen, der aus inneren oder äußeren Gründen die Kompetenz zu einem identifikatorischen Verhältnis zur Arbeit nicht entwickeln kann, eine ziemlich gnadenlose berufliche und gesellschaftliche Marginalisierung treffen kann. Wie Tabelle 17 (s.S. 249) zeigt, verfolgen diejenigen Jugendlichen, die glatt oder mit Blessuren, aber ohne endgültige Depravierung durch die Krise gekommen sind, zu gut sieben Zehnteln ein arbeitszentriertes Lebenskonzept, bei den hart krisenbetroffenen Jugendlichen sind es nur knapp die Hälfte; bei ihnen stehen zu gleichen Anteilen mit jeweils einem Drittel das familienorientierte und das freizeitorientierte Lebenskonzept im Vordergrund. Man muß sich natürlich fragen, wie diese statistischen Zusammenhänge zu lesen sind. Wir meinen sie aufgrund der verfügbaren Daten so interpretieren zu können, daß die Krise negativ verstärkend auf ungünstige Ausgangssituationen wirkt und es denen, die bereits mit relativ schlechten Karten ihren Berufsstart haben antreten müssen — und dies gilt für die Mehrheit der hart krisenbetroffenen Jugendlichen (vgl. Kap. 2) —, in der Regel verwehrt, ein selbständiges, inhaltliches Verhältnis zu Beruf und Arbeit aufzubauen. Sie wurden von vornherein in einer möglicherweise auch noch weniger eindeutigen Perspektive irritiert und entmutigt; dies zeigt sich für uns in besonderem Maße bei den jungen Frauen in den weniger qualifizierten Berufstätigkeiten. Umgekehrt konnten diejenigen, die positive Berufserfahrungen gemacht haben, die auf Arbeit gerichteten Ansätze ihrer Lebensplanung entwickeln und ausbauen und wurden wegen ihrer besseren Basis auch dann nicht völlig entmutigt und zur Aufgabe von einmal gefaßten Lebensperspektiven verleitet, wenn sie beruflichen Mißerfolg hatten, wie etwa die unterqualifiziert eingesetzten Facharbeiter.

Hier scheint uns noch einmal der sozialisatorische Wirkungsmechanismus der Krise deutlich zu werden: Sie verwehrt denjenigen, die zumeist schon mit ungünstigen subjektiven Voraussetzungen ins Berufsleben eingetreten sind, eine Selbstbestätigung in der Arbeit

Tabelle 17: Lebenskonzepte nach Krisenbetroffenheit (Berufsverlaufstypen)

Lebenskonzepte	Berufsverlauf	Gesamt	Glatt durch die Krise gekommen (Berufsverlaufstypen 1 + 2)	Krisentangiert (Berufsverlaufstypen 3 + 4)	An der Krise gescheitert (Berufsverlaufstypen 5 + 6)
	n =	159	82	34	43
Arbeits- und berufsorientiert		31	37	38	14
Ausbalanciert		30	33	32	20
Familienorientiert		23	17	27	33
Freizeitorientiert		16	13	3	33
Total		100	100	100	100

und verweist sie auf Lebensbereiche außerhalb der Arbeit — ohne daß ihnen dort das zuteil würde, was sie als Ersatz für Arbeit zur Selbstbestätigung suchen. Gleichzeitig verschafft sie denjenigen, die mit besseren Voraussetzungen angetreten sind, vielfach eine zusätzliche Bestätigung ihres Leistungsvermögens und ihres Lebenskonzepts, da es sich unter schwierigen Bedingungen durchgesetzt zu haben scheint. Es kommt nicht von ungefähr, daß fast alle, die glatt durch die Krise hindurchgekommen sind, dies als persönlichen Erfolg verbuchen, während die Mehrheit der Gescheiterten dies in realistischer, aber gleichwohl ihre Ohnmacht dokumentierender Weise den äußeren Bedingungen zuschreiben.[10]

Hier deutet sich jene Individualisierung der Arbeitserfahrungen an, die zum durchgängigen Wahrnehmungs- und Verarbeitungsmuster von Arbeit geworden zu sein scheint. Schaut man sich das Arbeitsverständnis der arbeitszentrierten Lebenskonzepte (Typen 1 und 2) an, so besteht sein markantester Zug in einem starken Rückbezug auf die eigene Persönlichkeitsentfaltung und auf die emotionale Befindlichkeit. In diesen Konzepten schwingt viel Sehnsucht nach Individuierung, nach einem eigenen Verhaltensstil auch in der Arbeit mit. Von daher resultiert Kritik ebenso an rigiden Organisationsformen wie an fragmentierten und standardisierten Arbeitsstrukturen. Die Identifikation mit der Arbeit geht in erster Linie über persönliche Befriedigung. Es taucht erstaunlich oft an erster Stelle die Forderung auf, die Arbeit muß mir Spaß machen, und das heißt bei den Jugendlichen (zumal aus dem gewerblichen Bereich) immer wieder, sie muß abwechslungsreich sein, darf nicht stumpfsinnig immer das gleiche bringen, muß Möglichkeiten bieten, sich mit seinen Fähigkeiten und Interessen einbringen zu können, sie soll „etwas mit einem zu tun haben", einem „pesönlich etwas bringen" — darauf wird immer wieder insistiert. Von zentraler Bedeutung ist dabei die Möglichkeit zur Anwendung der erworbenen Qualifikationen. Das Arbeitsverständnis ist stark ich-bezogen und auf Situationserlebnis ausgerichtet: Man will sich in der Arbeit wohlfühlen, sich selbst erfahren, möglichst unabhängig sein. Es verwundert insofern nicht, daß vor allem bei den männlichen Jugendlichen mit einem arbeitszentrierten Lebenskonzept auch häufig der Wunsch auftaucht, sich selbständig zu machen.

Der Begriff von Selbstverwirklichung, der hier durchschimmert, entbehrt (vielleicht nur temporär in der jeweiligen Situation) weitgehend eines reflexiven Bezugs auf „Außen", auf Gesellschaft. Dies heißt natürlich nicht, daß die Jugendlichen überhaupt kein Bewußtsein von ihrem Status als abhängig Beschäftigte hätten, und nicht wüßten oder zumindest ahnten, daß ihre Arbeit gesellschaftliche Bedürfnisse befriedigen helfen und der Kapitalverwertung dienen soll. Aber in den Schilderungen ihrer alltäglichen Arbeitserfahrungen und ihrer beruflichen Perspektiven tauchen derartige Aspekte erstaunlich selten auf. Dies sind nicht die zentralen Kategorien ihres Arbeitsverständnisses. In ihrer Wahrnehmung von Arbeit hat sich ein folgenschwerer Perspektivwechsel vollzogen, den ein Kollege bei der Lektüre unseres Forschungsberichts vielleicht ganz treffend auf die Formel brachte: „Sie beziehen nicht sich auf die Arbeit, sondern die Arbeit auf sich."[11] Dies gilt selbst dort, wo sozialkommunikative Ansprüche geltend gemacht werden. Sie richten sich in erster Linie auf den Nahbereich der kleinen Arbeitsgruppe und werden in Begriffen des persönlichen Verhaltens, nicht in solchen der gesellschaftlichen Integration oder der solidarischen Gemeinschaft artikuliert.

Man könnte meinen, das hohe Interesse am Tätigkeitsinhalt und an der Anwendung erworbener Qualifikation weise auf die typische Berufsidentität hin, wie sie aus früheren Zeiten von Facharbeitern, Handwerkern und Fachangestellten oder auch Selbständigen geläufig ist. Ein Rest davon ist auch vorhanden, vor allem bei den traditionellen Facharbeitern und den jungen Frauen in sozialen Berufen wie den Krankenschwestern. Aber auch bei ihnen ist es nicht in erster Linie die enge Bindung an einen Beruf im Sinne einer Dauerperspektive und an eine bestimmte Berufsgruppe, aus der Zugehörigkeit zu der man seinen sozialen Status definierte, sondern es ist die interessante Tätigkeit, mit der man sich vorrangig identifiziert und die einem Selbstbewußtsein vermittelt. Wo diese nicht mehr gewährleistet ist oder mit zu vielen Einschränkungen erkauft werden muß, sucht man nach einer inhaltlich befriedigenderen Perspektive und ist bereit, Arbeitsplatz, Betrieb und Beruf auch zu wechseln. (An den Schilderungen einiger Maschinenschlosser und kritischer Krankenschwestern wird dies besonders deutlich.)

Der Anspruch auf eine inhaltlich interessante Tätigkeit und auf die Anwendung der eigenen Fähigkeiten als zentrale und verbindliche Beurteilungskriterien bilden den Kern des hier skizzierten individualistischen Arbeitsverständnisses der Mehrheit der Jugendlichen. Seine Individualitätsoption verhindert auch die bedingungslose Integration ihrer Lebenskonzepte ins Arbeitssystem und schafft eine kritische Instanz gegenüber äußeren Ansprüchen. Je mehr das konkrete Verhältnis zur Arbeit bei den Jugendlichen von inhaltlichem Interesse, von Neugier, von der Suche nach Chancen zur Selbstverwirklichung, zur Erfahrung der eigenen Fähigkeiten und zum Erleben guter sozialer Beziehungen und Kooperationsverhältnisse gesteuert wird, desto weniger sind sie in der Tat bereit, äußeren Geboten und unausgewiesenen Pflichtvorstellungen zu folgen. Hierin ist es in keiner Weise leistungsfeindlich, die Schilderungen des Arbeitsverhaltens und der Lern- und Weiterbildungsaktivitäten bezeugen dies. Aber das starke persönliche Interesse an Arbeit bedeutet auch kein einfaches Sich-Wieder-Einklinken in die traditionelle bürgerliche Leistungsmoral. Es macht viele Arbeitsumgebungen, vieles an Arbeitsorganisation und an personellen Anweisungsstrukturen heute schneller fragwürdig. Seine Nichtbefriedigung mag dann auch schneller als in früheren Zeiten zum Legitimationsverlust für die betriebliche Organisation und zu innerer Abwendung von Arbeit bei Jugendlichen führen. Insofern ist das Verhältnis zur Arbeit sensibler und labiler geworden, und das Potential, das es darstellt, ist auch verspielbar.

Ihren praktischen Ausdruck findet die Kritik unbefriedigender Arbeitsverhältnisse wiederum in erster Linie in individuellen Reaktionen. Man verweigert sich, wendet sich ab, versucht, sich umzuorientieren, bemüht sich um eine neue Stelle. Kaum jemand versucht, seine arbeitsinhaltliche Frustration über kollektive Aktionen oder Einschaltung der gewerkschaftlichen Interessenvertretung im Betrieb zu lösen. Dies ist die andere Seite des individualistischen Arbeitskonzepts der Jugendlichen. Man kann die Bevorzugung individueller Lösungsstrategien unterschiedlich deuten: als Resultat eines Mangels von überzeugenden Angeboten seitens kollektiver Interessenvertretungsinstanzen oder als Ausdruck des hohen Stellenwerts der Arbeit in ihren Identitätsentwürfen. Die Schilderungen ihres betrieblichen Verhaltens räumen der zweiten Interpretationsalternative den größeren Realitätsgehalt ein (vgl. Kapitel 2.3). Der Mehrheit kommt gar nicht in den Sinn, derartige Probleme an den Betriebsrat oder die Gewerkschaft zu verweisen. Sie wissen, was sie können, und sind selbstbewußt genug, solche Probleme auch selbständig regeln zu wollen. Das Resultat ist allemal die Ausblendung kollektiver Handlungsperspektiven.

Hier liegt die Schwäche der stark individualistischen Arbeitskonzepte. Ein persönliches Arbeitskonzept von den dominanten Ansprüchen und Motivationen seiner Träger her als individualistisch zu klassifizieren, heißt weder, daß die Jugendlichen einen theoretisch reflektierten Individualitätsbegriff für sich reklamierten, noch bedeutet es gar, daß auch in der Realität der Erwerbsarbeit der einzelne Lohnabhängige tatsächlich das freie Individuum der bürgerlichen Theorie geworden wäre und Abhängigkeit nicht fortbestünde. Soweit sie diesen Basissachverhalt marginalisieren oder nicht mehr mitreflektieren, wächst auch die Gefahr ihrer Ideologisierung, die leicht zur existentiellen Falle sowohl für den einzelnen als auch für die Gesellschaft werden kann: für den einzelnen deswegen, weil ihn die individualistische Arbeitswahrnehmung und Verhaltensstrategie unversehens zu einer Fehleinschätzung des Ausmaßes seiner fortbestehenden Abhängigkeit verleiten und von kollektiven Handlungsformen Abstand nehmen lassen könnte; für die Gesellschaft, weil über die individuelle Depolitisierung der Arbeitssphäre das Vergesellschaftungs- und Politisierungspotential der Arbeit insgesamt brüchig werden könnte und damit auch die nach wie vor von der Erwerbsarbeit ausgehenden zerstörerischen Effekte (Massenarbeitslosigkeit, Umweltzerstörung, soziale Ungleichheit) schwerer korrigierbar wären.

Anders als ein Großteil der soziologischen Theoretiker annimmt, liegt also das zentrale Problem des gegenwärtigen Stadiums der Vergesellschaftung nicht darin, daß sich „persönliche Identität aus der Berufsrolle herauszulösen (beginnt)" (Beck 1984, S. 57), sondern darin, daß die Arbeit als zentraler Bezugspunkt der Identitätskonstruktion immer ausschließlicher nur noch Teil der persönlichen Identität wird und immer weniger noch kollektive Identität vermittelt, immer weniger jene „Zugehörigkeit zur symbolischen Realität einer Gruppe" (Habermas 1976, S. 93) stiftet, die ein wesentliches Moment der Identitätsbildung ist. Woher die im Arbeitsbewußtsein verflüchtigten kollektiven Bezüge sonst kommen sollen, ist eine unbeantwortete Frage. Am Ende könnten sich auch die arbeitszentrierten Lebenskonzepte der Mehrheit der Jugendlichen als fragmentierte Identitätsentwürfe entpuppen.

> Wir wollen einen möglicherweise berechtigten Einwand an dieser Stelle nicht unterschlagen. Er lautet: Die zuletzt vorgetragene identitätstheoretische Interpretation folgt allzu sehr dem Muster der männlichen Modalidentität, für die jungen Frauen sieht das alles ganz anders aus. Für sie erschließt sich über ihr Engagement in und an der Arbeit Gesellschaft in einer neuen Dimension. Dies mag sein, und wir wollen nicht ausschließen, daß sich die starke Ausrichtung der arbeitszentrierten Lebenskonzepte der jungen Frauen an sozial-kommunikativen Ansprüchen auch über die unmittelbare Arbeitssituation hinaus in Richtung auf kollektive Identitätsmomente transzendieren läßt. Anhaltspunkte dafür freilich gibt es in unseren empirischen Befunden wenige. Gerade die jungen Frauen stellen ihre Arbeitsorientierung radikal in den Dienst ihrer persönlichen Entfaltungsperspektiven, und der im Hintergrund lauernde Orientierungsbezug ist dann mehrheitlich doch die Familie und nicht eine andere Vorstellung von Gesellschaft und gesellschaftlicher Integration.

Was wir als identitätstheoretisches Fazit unserer empirischen Befunde skizziert haben, kann politisch nicht folgenlos bleiben. Wir wollen deswegen zum Abschluß dieses Kapitels die Frage aufwerfen, ob die bisher angedeutete eher pessimistische Perspektive einer fortschreitenden Individualisierung und Depolitisierung der Sphäre der Erwerbsarbeit unausweichliche Konsequenz ist oder ob — und wenn, unter welchen Vorzeichen — es Chancen zu einer Repolitisierung gibt.

Für die klassische, an Marx orientierte Theorie der Arbeiterbewegung — und auf sie beziehen wir uns, da nur sie ein Konzept der Politisierung durch Arbeit hat — war der Kristallisationspunkt einer politischen Organisierung das Interesse an der Befreiung der Arbeit von Fremdbestimmung und Abhängigkeit. In ihrer revisionistischen Variante wurde dieses Interesse an der Verbesserung der materiellen Arbeitsbedingungen (dem Lohn, der Verausgabung von Kraft und Zeit) als Ausdruck der abstrakten Arbeit, den allen gemeinsamen Status der Lohnarbeit, uminterpretiert. Der Lohnarbeiterstatus, die abstrakte Arbeit, stiftete die Einheit in der Vielfalt der konkreten Arbeitsverhältnisse und bildete den unausweichlichen Zielpunkt der kapitalistischen Arbeitsentwicklung: Am Ende würde die Gleichgültigkeit aller Arbeit gegen ihren konkreten Inhalt stehen, da sich die Arbeit auch immer mehr dem Typus einfacher Arbeit annähern, und das reine Interesse an den Arbeitsbedingungen zwangsweise übrigbleiben würde. Daß unter einer solchen Generalperspektive eines im Endeffekt gleich elenden Arbeitsschicksals politische Interessenorganisierung von Massen über die Arbeit chancenreich war, ist plausibel und von der Geschichte der Arbeiterbewegung eindrucksvoll bestätigt.

Was wir gegenwärtig im Arbeitsbewußtsein der Jugendlichen erleben, ist die praktische Infragestellung der theoretischen Prämissen der Politisierung durch Arbeit. Das hohe arbeitsinhaltliche Interesse, das in ihren Lebenskonzepten und in ihren Auseinandersetzungsformen mit ihren Arbeitssituationen zum Ausdruck kommt, ist als Sieg der konkreten über die abstrakte Arbeit, des Tätigkeitsaspekts über den Lohnarbeitsaspekt im Bewußtsein der Jugendlichen zu deuten. Dieser Sieg ist Resultat der realen Entwicklung der Arbeit im Kapitalismus und ihrer gesellschaftlichen Bedingungen und Folgen (Ausdehnung der Ausbildungszeiten, Verallgemeinerung der Adoleszenz, Reduzierung der Arbeitszeit, Erweiterung der Konsummöglichkeiten), nicht irgendwelcher manipulativer Fehlleitungen durch Massenmedien. Insofern ist der Sieg auch nicht einfach politisch appellativ und programmatisch im Sinne der Umpolung des Bewußtseins rückgängig zu machen (völlig unabhängig von der Frage, wie wünschenswert das wäre!).

Es ist also das traditionelle Interessenprinzip der politischen Organisierung selbst zu korrigieren und Abschied zu nehmen von der Fixierung an den materiellen Arbeitsbedingungen, da sich diese aufgrund verstärkter Segmentation von Interessenlagen und zunehmender Zersplitterung von Arbeitsinteressen immer weniger kollektiv einem Generalnenner zuordnen lassen. Es sind auch immer weniger die je individuell erfahrenen Arbeitsbedingungen, die das Problem ausmachen und die sich mit breitem Radius politisieren lassen. Dies heißt sicherlich nicht, gänzlich auf eine Politik der Sicherung und Verbesserung von Arbeitsbedingungen zu verzichten und Deregulierungsbestrebungen Tor und Tür zu öffnen. Aber der weiterführende Ansatz, der auch einer Politisierung materieller Arbeitsbedingungen zumindest in der Jugend neuen Aufwind und neue Glaubwürdigkeit verleihen könnte, liegt im Aufgreifen der arbeitsinhaltlichen und subjektbezogenen Interessen und der sich mit ihnen verbindenden Kritik an rigide autoritären Organisationsstrukturen und qualifikationszerstörenden Formen eintöniger und inhaltsarmer Tätigkeiten, die trotz aller „neuen Produktionskonzepte" in erheblichem Maße fortbestehen. Diese wären in einer erweiterten Politik der Humanisierung auf der arbeitsprozeßlichen Ebene anzugehen.

Gerade weil die inhaltlichen Arbeitsinteressen nicht mehr einfach als verallgemeinertes materielles Interesse des einzelnen zu fassen sind, sondern im gattungseigenen Bedürfnis nach Subjekthaftigkeit wurzeln, sehen wir diese Chance, sie auch in ein gemeinschaftliches Interesse an einer Neubestimmung der moralischen Qualität der Erwerbsarbeit zu transformieren. Mit dem Begriff der moralischen Qualität zielen wir auf jene überindividuellen Aspekte zerstörerischer Wirkungen von Arbeit, die aufgrund ungehemmter Wachstums- und Kapitalverwertungsinteressen die äußere Natur und in Gestalt restriktiver und hochgradig selektiver Verteilungsmuster von Arbeit die innere Natur existentiell bedrohen. Gegen sie einen neuen politischen Konsens herbeizuführen, wird immer wichtiger und erscheint uns auf der Basis des unter den Jugendlichen dominierenden individualistischen Arbeitskonzepts nicht aussichtslos. Dies aber setzt eine Abkehr von der traditionellen Strategie einer Politisierung durch Arbeit und eine bewußte Hinwendung zu den moralischen Aspekten der Arbeit als Politisierungsstrategie voraus.

4. Exkurs: Freizeitorientierungen und Freizeitverhalten von Jugendlichen

4.1. Materielle und zeitliche Bedingungen der Lebensgestaltung außerhalb der Arbeit

Den bisher im Zusammenhang der Lebenskonzepte immer bereits mitbehandelten Aspekt der Beziehung zur Freizeit nehmen wir hier noch einmal separat unter der Frage auf, welche Orientierungen auf die Nutzung ihrer von Erwerbsarbeit freien Zeit wir bei den Jugendlichen antreffen — unabhängig davon, ob sie der Freizeit in ihrem Lebenskonzept einen besonders hohen oder nur einen nachgeordneten Rang einräumen. Wir tun dies, um noch einmal eine über die in den geschilderten Einzelfällen sichtbaren Verbindungslinien hinausgehende systematische Überprüfung des Verhältnisses von Arbeit und arbeitsfreier Zeit vornehmen zu können. Angesichts einer wissenschaftlichen Diskussion, in der den außerhalb der Erwerbsarbeit liegenden Lebensbereichen eine zunehmende Autonomie und gerade für Jugendliche steigende Bedeutung für die Selbstdarstellung und Verwirklichung eigener Interessen, der Gestaltung unreglementierter Kommunikation sowie dem Ausleben expressiver Bedürfnisse zugesprochen wird (vgl. etwa Offe 1984, Opaschowski 1985, auch Beck 1984), erscheint eine empirische Überprüfung des Verhältnisses von Arbeit und arbeitsfreier Zeit in den Orientierungen und Verhaltensweisen von Jugendlichen wichtig genug, um sie selbst mit empirisch begrenztem Material zu versuchen.

Die Rekonstruktion von Freizeitorientierungen mußte sich auf Äußerungen von Jugendlichen stützen, die sie innerhalb (berufs-)biographisch gerichteter Schilderungen machten, die das Hauptthema des Gesprächs darstellten. Dabei wurde auch ihre Nutzung der Zeit außerhalb der Erwerbsarbeit thematisiert, ohne aber im einzelnen ausgeleuchtet werden zu können, da die Assoziationsrichtung durch Berufs- und Lebensperspektiven besetzt war. Überall, wo die Freizeit einen hohen Stellenwert für die Selbstdarstellung hat, wird sie auch ausführlich geschildert. Wo sie das nicht hat, sind die Passagen entsprechend mager. Dennoch ermöglichen die Freizeitschilderungen über die Beschreibung von Nutzungsschwerpunkten und den mit diesen Nutzungen verbundenen persönlichen Bedeutungszuweisungen *typisierende Differenzierungen* von *Freizeitorientierungen,* die als situationsübergreifend und handlungsleitend verstanden werden können.

Auch wenn sich in den letzten beiden Jahrzehnten die äußeren Bedingungen zur Gestaltung von arbeitsfreier Zeit im Durchschnitt für Jugendliche deutlich verbessert haben[1], wird an unserer Untersuchungsgruppe deutlich, daß die Gestaltungsbedingungen zwischen unterschiedlichen Gruppen von Jugendlichen in extremer Weise variieren. Da diese Bedingungen die Nutzung der freien Zeit mehr oder weniger stark beeinflussen, seien die wichtigsten Differenzen als Hintergrund zum Verständnis der Nutzungsformen von und der Orientierungen auf Freizeit kurz skizziert:

— Zwischen männlichen und weiblichen Jugendlichen bestehen starke Unterschiede in den materiellen Bedingungen und in der äußeren Lebenssituation. Auf der einen Seite haben junge Frauen im Durchschnitt ein niedrigeres Einkommen als die jungen Männer; ihr monatliches Durchschnittseinkommen liegt bei 1 200 DM, das der Männer bei 1 465 DM.[2] Trotz der schlechteren materiellen Ausgangsbedingungen leben die jungen Frauen sehr viel häufiger (zu 75 %) bereits nicht mehr bei den Eltern als ihre männlichen Altersgenossen, von denen lediglich zwei Fünftel den Absprung aus dem Elternhaus geschafft haben. Die im Vergleich zu den Männern deutlich höhere Selbständigkeit in der Lebensführung bedeutet für die jungen Frauen aber häufig auch einen höheren Zeitaufwand für die alltägliche Lebensorganisation, während die männlichen Jugendlichen, von den Müttern verwöhnt, weitgehend ohne häusliche Verpflichtungen und ohne einschränkende Kontrollen ihre freie Zeit expansiv nutzen können.[3]

Sie genießen also im Vergleich mit der Mehrheit der jungen Frauen eine doppelte Entlastung: eine finanzielle, da sie in der Regel zuhause, wenn überhaupt, nur einen symbolischen materiellen Beitrag zum Lebensunterhalt der Familie leisten müssen, und eine zeitliche in der Abnahme von alltäglichen Reproduktionsaufgaben.

— Die zweite gravierende Differenz in den Handlungsbedingungen für die Freizeit betrifft die Einkommensdifferenzen zwischen den gut verdienenden (vor allem männlichen) Facharbeitern und

Fachangestellten) gegenüber den Jugendlichen an der unteren Einkommensgrenze (unter 1 200 DM), zu denen gut ein Drittel der weiblichen und ein Fünftel der männlichen Jugendlichen zählen[4], vor allem aus den Gruppen der aktuell Erwerbslosen, der Verkäuferinnen, der Verwaltungsangestellten und der un- sowie angelernten Fabrikarbeiter(-innen) aus den ländlichen bzw. großstadtnahen Regionen.

— Eine dritte Differenz, die unterschiedliche Freizeitverhaltensweisen berührt, betrifft die Zeitorganisation der Arbeit. Zwei Drittel der Jugendlichen — vor allem Fachangestellte und Facharbeiter — arbeiten unter den Bedingungen eines klar abgegrenzten Achtstundentags. Das letzte Drittel — vor allem Frauen — arbeitet in Schichtarbeit und steht vor dem Problem der „nicht synchronisierten Alltagszeit", d.h. ihnen ist die Teilnahme an der häuslichen Kommunikation und an den unterschiedlichen Freizeitangeboten deutlich erschwert. (Schichtarbeit finden wir bei den Krankenschwestern, den Postangestellten, den Arbeiterinnen in der Elektroindustrie sowie bei einem Teil der männlichen Facharbeiter in der Automobilindustrie, im Maschinenbau und in der Porzellanindustrie.)

4.2. Typische Formen der Lebensgestaltung außerhalb der Arbeit (dominante Orientierungen)

In den Schilderungen der Jugendlichen über ihr Leben außerhalb der Arbeit fließen Informationen über die inhaltliche Nutzung der arbeitsfreien Zeit und Deutungen dieser jeweiligen Nutzungsformen ineinander. Bei aller im Prinzip feststellbaren Komplexität des Freizeitverhaltens und dem Nebeneinander verschiedener Tätigkeiten lassen sich Zentren der Freizeitnutzung ausmachen. Zwar kommen bestimmte Freizeitbetätigungen bei nahezu allen vor: Man sucht ein Kommunikationsbedürfnis im Freundeskreis oder der eigenen Familie zu befriedigen, treibt Sport, knüpft Freundschafts- und Partnerbeziehungen, macht Ausflüge und Reisen, geht einem oder mehreren Hobbys nach, möchte möglichst viel Neues erleben oder einfach vorm Fernseher sitzen seine Ruhe haben oder nutzt die freie Zeit zur Weiterbildung und Vervollkommnung erworbener Fähigkeiten. Die Gewichtung aber und die Bedeutungszuweisungen zu einzelnen dieser Tätigkeiten variieren, und nach diesen Gewichtungen und Bedeutungszuweisungen lassen sich dominante Orientierungen unterscheiden. Seit Beginn ihrer Ausbildung oder Erwerbstätigkeit haben die meisten der Jugendlichen, folgt man ihren Schilderungen, die Begrenzung ihrer verfügbaren Zeit mehr oder weniger klar erfahren und begannen, diese Erfahrung zu reflektieren. Ob sie diese Zeit aktiv nutzen oder passiv verstreichen lassen, wird von ihnen selbst artikuliert. Jugendliche beispielsweise, deren Freizeit durch eigenständige Zwecksetzungen und durch eigenverantwortliches Handeln bestimmt ist, zeigen eine bewußtere Einstellung zu ihrer Zeitnutzung als Jugendliche, die ihre Freizeit regenerativ in den eigenen vier Wänden zubringen und vor allem Entspannung durch Vermeidung von gedanklicher oder körperlicher Anstrengung suchen.

Nach dem Grad von Aktivität oder Passivität und Reflexionsniveau lassen sich die unterschiedlichen inhaltlichen Schwerpunktsetzungen der Freizeitnutzung (einschließlich ihrer Bedeutungszuweisung) in sechs typischen Formen dominanter Orientierungen auf Freizeit klassifizieren:

1. Die Verwendung der Freizeit wird auf die berufliche Weiterbildung zentriert. Die Freizeit wird für das berufliche Fortkommen investiert, insofern stellt sich der Sinnbezug vom Arbeitsbereich her bzw. von den im Arbeitsbereich gesteckten Zielen.
2. Die Freizeitgestaltung wird auf eine oder wenige Tätigkeiten zentriert, die den Charakter von Hobbys haben. In bestimmten Bereichen werden Fertigkeiten und Kompetenzen erworben und so ein hohes Maß an individueller Identifikation hergestellt. Die Freizeit erhält einen eigenen Sinnbezug, der über einen Bereich, der selbstbestimmt gestaltbar ist, hergestellt wird.
3. Die Verwendung der Freizeit wird bewußt vielseitig interessiert gehandhabt, d.h. die verbleibende Zeit verteilt sich auf Tätigkeiten unterschiedlicher Art. Gerade über die inhaltliche Bedeutung der Tätigkeiten und die Vielseitigkeit, die man sich im Freizeitbereich zugesteht, erhält sie ihren Sinnbezug. Die Wahl der Tätigkeiten, ihre Zusammenstellung und inhaltliche Gestaltung sind Ausdruck einer individuellen Lebensgestaltung, insofern kommt dem Freizeitbereich eine hohe eigenständige Bedeutung zu.
4. Die Verwendung der Freizeit verteilt sich auf unterschiedliche Tätigkeiten. Die Tätigkeiten ordnen sich dabei dem Wunsch un-

ter, die Freizeit als spannungsreiche Erlebniswelt, deren Angebote man konsumistisch nutzt, zu erleben. Die Tätigkeiten sind weniger von ihrer Inhaltlichkeit her besetzt und, sofern sie das dominante Freizeitziel „Ich will in meiner Freizeit was erleben" zu erfüllen versprechen, austauschbar.
5. Bei der Gestaltung der Freizeit haben Tätigkeiten in der Familie und auf sie bezogen einen dominanten Stellenwert, d.h. die Freizeitgestaltung erfährt vorrangig über den familialen Zusammenhang ihre Sinnzuschreibung.
6. Die Verwendung der Freizeit steht unter dem Oberbegriff der Regeneration. Man will seine Ruhe haben, nicht auch noch in der Freizeit gefordert sein. Tätigkeiten, die man individuell hoch besetzt hat, gibt es nicht.

Tabelle 18: Dominante Freizeitorientierungen (in %)

Orientierungstypen n =	Gesamt 164*	männlich 86	weiblich 78
Beruflich orientiert	(9)	13	(5)
Hobbyorientiert	21	33	(6)
an Vielseitigkeit orientiert	23	13	35
Erlebnisorientiert	17	21	13
Familienorientiert	17	(8)	26
Regenerationsbezogen	13	12	15
Total	100	100	100

* 4 Gespräche nicht einstufbar

4.2.1. Die berufsbezogene Freizeitorientierung

Ein Sechstel der Jugendlichen — mehrheitlich männliche Jugendliche — unseres Samples nutzt seine Freizeit berufsbezogen, entweder für Weiterbildung oder, im Falle der Jugendlichen, die in Alternativbetrieben arbeiten, für den Einsatz in der kollektiven Selbstverwaltung. Ihre Freizeitsituation ist durchgängig geprägt durch eine bewußt getroffene Entscheidung für eine bestimmte Sache, die den inhaltlichen wie zeitlichen Schwerpunkt der arbeitsfreien Zeit bildet. Im konkreten Fall handelt es sich dabei, mit Ausnahme der Jugendlichen aus einem Alternativbetrieb, um schulische (berufsunabhängige) oder um berufsbezogene Weiterbildung oder Zusatzausbildungen.

Durch die verbindliche Entscheidung zur Weiterbildung hat das Freizeithandeln der Jugendlichen eine klare Prioritätensetzung: Zunächst gilt es, den Aufgaben, die sich in der Weiterbildung stellen, nachzukommen, alles andere hat demgegenüber nachgeordnete Bedeutung. Das erfordert von den Jugendlichen ein hohes Maß an Disziplin und Planungsvermögen und den Verzicht, Freizeit zur unmittelbaren Erfüllung von spontanen Bedürfnissen zu nutzen. Das heißt nicht, daß die Jugendlichen dieser Gruppe bedürfnislos sind, sie erfüllen sich vielmehr gerade in ihrer Freizeit ein Bedürfnis, über das sie sich sehr klar Rechenschaft ablegen: Sie wollen ein selbstgewähltes Ziel erreichen. Grundlage der Herausbildung dieses Bedürfnisses ist eine Erfahrungskonstellation, die bei den Jugendlichen nahezu gleichen Charakter hat: Die bislang gemachten Erfahrungen in der Arbeit haben die Lernbereitschaft der Jugendlichen erhöht, da sie entweder ihre eigene Begrenztheit oder die durch den aktuellen beruflichen Rahmen gesteckten Grenzen erkannt haben. Da die eigenen Ansprüche über das bislang Erreichte und Mögliche hinausgehen, streben die Jugendlichen aktiv eine Veränderung ihrer Arbeitssituation an und setzen dafür einen Teil ihrer Freizeit ein.

Durch diese freiwillige, bewußte Entscheidung wird die freie Zeit zur „Verlängerung der Arbeit" unter der Zielvorgabe, die aktuelle Arbeitssituation zu verändern. Spielräume für die Gestaltung der arbeitsfreien Zeit entfallen damit fast ganz. Die Jugendlichen erleben dies durchaus als Verzicht:

„An Freizeit in dem Sinne fehlt es mir momentan. Morgens stehe ich auf, packe meinen Koffer mit Schulsachen für die Abendschule, mache meine acht Stunden Dienst, gehe noch kurz nach Hause oder mache Besorgungen für meinen Haushalt und um zwanzig nach fünf fängt die Schule an. Da muß ich schon vor fünf losmachen, damit ich in der Schule bin. Um halb neun und einmal in der Woche um halb zehn komme ich dann nach Hause. Da kann man sich dann noch kurz ein paar Schulbücher angucken oder auch nicht. Man kann sich auch durch den Fernseher berieseln lassen oder sich gleich ins Bett legen. Samstags oder sonntags fahre ich nach Hause, früher habe ich noch Fußball gespielt, jetzt mache ich das nur noch ab und zu. Das ist momentan meine einzige Freizeit. Irgendwann in der Woche gehe ich noch manchmal kurz weg, das merkt man aber dann am anderen Morgen. Meine Freizeit habe ich dann meist nur am Wochenende und am Samstag nachmittag muß ich dann auch oft noch ratzen." (Dieser Verwaltungsangestellte macht auf der Abendschule das Abitur nach.)

Um diese Verzichtleistung erbringen zu können, bedarf es bei den Jugendlichen einer klaren Einschätzung ihrer Ansprüche und Perspektiven in Arbeit und Freizeit. Indem sie bekennen, im Beruf mehr oder anderes leisten zu wollen, bekunden sie eine reflektierte Auseinandersetzung mit einer langfristigen Perspektive im Beruf. Für sie stellt die dem Erwerb gewidmete Zeit Lebenszeit dar, die man nicht irgendwie zubringen, sondern die man in einem gewissen Umfang aktiv mitgestalten will. Durch die Betonung der Verzichtleistung und der durch die Weiterbildungssituation entstehenden Konflikte machen die Jugendlichen deutlich, daß — auch wenn der Weiterbildung aktuell Vorrang eingeräumt wird — sie gleichwohl Anspruch auf eine weniger aufreibende Freizeitgestaltung erheben.

Eine Abmilderung der inneren Konflikthaftigkeit des Verzichts bietet die Orientierung an dem Endpunkt der belastenden Situation. Die Anstrengungen und Belastungen sind zeitlich limitiert und damit in einen Lebensplan einfügbar, sie bedeuten nicht unabsehbaren Verzicht auf Spaß und Erholung in der Freizeit, sondern einen Aufschub, was in der Schilderung des Verwaltungsangestellten, der das Abitur nachmacht, deutlich wird:

„Da habe ich auch momentan meine Freizeit ziemlich hintenangestellt, da ich ja die Abendschule mache, und das ist auch ein ziemlich hartes Brot. Aber da bin ich mir auch im klaren darüber. Irgendwo möchte ich das auch durchhalten ... Das ist halt ein Opfer, welches ich bringen wollte ... Ich habe mir ein Ziel gesteckt und hoffe, es mit dem Abitur zu erreichen. Dann werde ich mich erstmal um mein Privatleben und meine Freizeit kümmern. Ich werde die Arbeit dann nicht Arbeit sein lassen, werde aber arbeiten, so daß nach acht Stunden der Hammer fällt und dann die Freizeit da ist. Dann ist das Privatleben dran. Wobei das allerdings auch ein wenig schwierig ist, wenn man sich mit der Arbeit identifiziert. Da gibt es schon gewisse Konflikte, aber im Großen und Ganzen möchte ich es so halten."

So klar, wie die Jugendlichen über Arbeit und Weiterbildung nachdenken, tun sie das auch über die verbleibende Restzeit, die ihnen, gerade weil sie so knapp bemessen ist, um so mehr bedeutet. Die Intensität, mit der man Ziele in Arbeit und Weiterbildung verfolgt, besteht auch in der Nutzung der eigentlichen Freizeit. In der Schilderung eines Werkzeugmachers, der das Abitur nachholt, wird dieser bewußte Umgang mit der Restfreizeit deutlich:

„Durch die Abendschule wird ja meine Freizeit eingeschränkt, konzentriert sich ja nur mehr auf ein paar Stunden. Und da gibt's mehrere Möglichkeiten: Entweder man hängt sich in die Ecke, hängt faul rum und guckt in die Ferne, oder man unternimmt halt was. ... Man versucht halt, etwas Sinnvolles zu unternehmen, was für mich sinnvoll ist. ...Ich bastele nebenbei manchmal Elektronik, wenn ich wirklich mal Zeit habe. Das ist halt die Befriedigung, wieder mal ein Gerät hinbekommen zu haben."

Charakteristisch für die Jugendlichen dieser Gruppe ist die Zielstrebigkeit, mit der Ansprüche, ob in Arbeit oder Freizeit, aktiv umgesetzt werden und dies in einer realistischen Einschätzung der Zweck-Mittel-Relation, die wiederum Voraussetzung für sinnvolle Planung und Einhaltung gewählter Richtlinien des Handelns sind. In modifizierter Form gilt das auch für die Jugendlichen, die in Alternativbetrieben arbeiten. Für sie sind Arbeits- und Freizeitdimensionen von vornherein ineinander verschränkt. Durch die Wahl ihres konkreten Arbeitszusammenhangs machen diese Jugendlichen deutlich, daß Ansprüche nach Selbstverwirklichung und Selbstgestaltung in ihrem Verständnis die üblichen Grenzen von Arbeit und Freizeit, Öffentlichem und Privatem, Persönlichem und Kollektivem sprengen. In den Schilderungen eines „Alternativen" wird dies deutlich:

> „Ich habe gerade kurz überlegt, ob es auch Nachteile gibt, aber die Nachteile liegen eigentlich auf der Hand: Der größte ist eigentlich, daß man mit zunehmender Verantwortung oder auch Selbstverwaltung zunehmend mehr Arbeit hat. Das ist eine Sache, die ich vorher nicht verstanden habe, daß unser Meister in der Regel vorher bei der Arbeit war und dann abends noch bis acht, neun oder zehn noch rumgewuselt hat. Heute geht mir das eigentlich genauso, obwohl ich aus W. komme und oft noch eine dreiviertel Stunde fahre, und dann um 20 Uhr erst die Bürotüre schließe ... Das ist so der wesentlichste Nachteil, glaube ich ... (Hast du genügend Zeit für dich persönlich?) Weiß ich nicht. Ich habe da nicht so einen Zeitplan, was ich für mich persönlich bräuchte, andererseits denke ich mir, es ist eine Zeit, die ich hier verbringe, auch für mich persönlich Zeit. Wie gesagt, Arbeit heißt für mich auch so ein Stück Selbstverwirklichung, so ein Versuch, eine Bestätigung zu kriegen, oder auch einen Zweck oder eine Perspektive im Leben zu sehen, usw., usw., das knüpft sich sehr ineinander ..."

Auch bei ihnen bedarf es eines Klärungsprozesses, wie die ganz persönlichen, rein subjektiven Freizeitinteressen mit den Ansprüchen an eine bestimmte Arbeits- und Lebensform in Einklang gebracht werden können. Diese Problematik ist um so prekärer, als es sich bei alternativer Arbeit um einen selbstinitiierten, nicht fremdbestimmten Aufgabenbereich handelt. Subjektive Ansprüche an freie Zeit und Erholung kollidieren mit den ebenfalls subjektiven Ansprüchen an sinnvolle Arbeit. Die Austragung des so entstandenen Konflikts, den man nicht heteronomen Herrschaftsstrukturen anlasten kann, erfordert ein hohes Maß an Reflexion und Abklärung von Prioritäten des Handelns.

4.2.2 Die Hobbyorientierten

Ein Fünftel (21 %) der Jugendlichen widmet seine freie Zeit zum großen Teil einer oder mehreren Tätigkeiten, die für sie den Charakter eines Hobbys haben. Von anderen Tätigkeiten, die sie in ihrer Freizeit ausüben, unterscheiden sich die Hobbys dadurch, daß sie von den Jugendlichen als für sie persönlich besonders bedeutungsvoll bezeichnet und ihnen entsprechend viel Zeit, Konzentration und Einsatz von Energie eingeräumt werden. Drei wesentliche Hobbybereiche lassen sich (in der Reihenfolge der Häufigkeit) in den Aktivitäten der Jugendlichen ausmachen:

— Sportliche Aktivitäten in einem breiten Spektrum. Es dominiert der Fußball, aber die Palette reicht von Leichtathletik über Bogenschießen, Squash bis zum Formationstanz
— Basteltätigkeiten an Auto, Motorrad, im Modellbau, Holzarbeiten
— künstlerisch-kreative Tätigkeiten (Musik, Fotografieren, Zeichnen).

Die inhaltliche Ausrichtung deutet schon an, daß es sich bei dieser Gruppe vor allem um eine aktive Freizeitorientierung männlicher Jugendlicher handelt. Unter den 31 Jugendlichen, die diesem Typ zugeordnet sind, befinden sich nur 5 Frauen, von denen sich lediglich eine sportlich engagiert.

Die Funktion der Hobbys für die Jugendlichen ist, sie eigene Aktivität, Leistungs- und Gestaltungsfähigkeit erfahren zu lassen. Das Bedürfnis nach solcher Erfahrung — von den Jugendlichen so ausgedrückt, daß sie bestimmte Tätigkeiten einfach „brauchen" — einer redet gar von einer „Sucht" —, basiert auf bestimmten Fähig- oder Fertigkeiten, deren Erhaltung oder auch Perfektionierung den Jugendlichen wichtig ist. Ob dies in Eigenregie oder unter institutioneller Vorgabe in einem Verein geschieht, hängt zum einen von der Art des Hobbys ab, zum anderen davon, ob jemand sich individuell die Zeit einteilen oder lieber auf einen vorgegebenen Zeitplan zurückgreifen will.

Hinter beiden Varianten, die etwa zu gleichen Teilen in dieser Gruppe vorkommen, steht eine unterschiedliche Bedürfnisstruktur. Die Jugendlichen, die ihre sportlichen Aktivitäten innerhalb einer Vereinskultur betreiben, betonen die Beanspruchung durch einen festgefügten Zeitplan und die Notwendigkeit, die Einhaltung von Trainingsterminen nicht von spontanen Lust- oder Unlustgefühlen abhängig zu machen. Trotz dieser hohen Anforderung an Disziplin und innere Selbstkontrolle wird die Anstrengung durch diese Art des Sports gesucht, denn mit der Institutionalisierung des Sports auf Vereinsebene verbinden sich zwei wichtige Momente: Zum einen enthebt sie die Jugendlichen der Notwendigkeit, Freizeit planen zu müssen. Mit der Entscheidung für Vereinssport ist ein großer Teil der Freizeit strukturiert, man weiß, was man zu tun hat, mit wem und wie man die Zeit verbringt. Zum anderen ist damit auch die Institutionalisierung sozialer Kommunikation verbunden. Eingeplant ist nicht nur die körperliche Anstrengung, sondern auch der soziale Kontakt und die Gewährleistung seiner Kontinuität.

In den Schilderungen eines jungen Drehers wird die zeitliche Beanspruchung durch seine sportlichen Hobbies, die für alle aktiv treibenden Jugendlichen hoch ist, aber freiwillig eingeräumt wird, deutlich:

„Ich spiele Fußball, gehe gerne tanzen. Ich mache Formationstanzen. Da haben wir dreimal die Woche Training und im Fußball noch zweimal die Woche. Das sind fünf Tage, was das Schlimme ist, daß ich in Schichten schaffen muß. In einer Woche habe ich Frühschicht, von halb 6 bis halb 3 und in der anderen Woche Spätschicht, von halb 3 bis 11. Das paßt mir dann überhaupt nicht, wenn das Training ausfällt. Ich bin dann immer unheimlich hinterher und muß in der Woche dann viel nachholen. Wenn ich dann noch unter der Woche krank bin, dann brauche ich viel Zeit, um es wieder hereinzuholen, was die anderen Leute gemacht haben. Das ist beim Fußball nicht so schlimm, aber dafür beim Tanzen. Ball zu treten, daß verlernt man auch nicht so schnell."

Viele der sportlich Engagierten haben ihr Hobby nicht erst mit Beginn ihrer Berufstätigkeit aufgenommen, sondern schon zu einem früheren Zeitpunkt. Weil somit Ansprüche an Aktivität und Körpererfahrung oft über lange Zeiten entwickelt und aufrechterhalten wurden, wollen die Jugendlichen diese trotz mancher Probleme, die mit der Einschränkung der freien Zeit durch Arbeit entstehen, nicht aufgeben. Sport bietet ihnen die Möglichkeit zur Selbstdarstellung. Die Erfüllung angestrebter Leistungsmargen verschafft den Jugendlichen subjektive Befriedigung durch äußere Anerkennung. Selbstbestätigung und Erfolg sind für sie durch oft langjährige Erfahrung kalkulierbar und in ihrer identitätsstabilisierenden Funktion unverzichtbar geworden.

Wie sehr das Bedürfnis, Sport auszuüben andere Bedürfnisse dominiert, beschreibt ein junger Facharbeiter:

„Freizeit! (Lacht) In der Freizeit ist erstmal die Freundin da. Das ist klar. Die braucht natürlich auch etliche Zeit. Ich fahre gern Ski, sommers wie winters. Ich gehe auch zwei bis dreimal die Woche zum Training, abends, dann kannst du sagen, der Abend ist auch schon gelaufen. Jetzt überlege ich mir schon, da aufzuhören, aber ich kann das irgendwie gar nicht. Es ist schon eine Sucht. (Lacht) Und wenn die Freundin sagt: Heute abend, ,,ich brauch dich" oder ,,kannst du zu mir kommen?" dann sage ich, ich habe Training, das weißt du, vielleicht komme ich nachher noch vorbei. Das ist irgendwie akzeptiert. Wenn sie mal krank ist oder so was, dann verzichtet man schon mal auf das Training, aber irgendwie ist halt das Programm drin."

Sport als langjähriges Erfahrungsfeld verbürgt den Jugendlichen bei allem Wechsel der äußeren Situation — vor allem Übergang von Schule zu Beruf — auch ein Stück lebensgeschichtliche Kontinuität. Am Beispiel einer jungen Industriekauffrau wird deutlich, wie eng das Bedürfnis, einer gern eingegangenen Verpflichtung nachzukommen, mit der persönlichen Bindung an den Freundeskreis im Verein gebunden ist.

,,Früher haben wir, meine Geschwister und ich, angefangen zu turnen, mit fünf Jahren. Es war so, daß die Kinder turnen sollten, das war ganz gut, und dann im Verein. Ich habe dann geturnt bis 12, 13 Jahre. Dann war eine Phase, da hatten alle kein Interesse mehr in dem Alter. Da hatten wir keine Lust mehr. Es gab aber auch keine Gruppe, was ich weitermachen konnte, wo ich weiter hingehen konnte., ... Bei uns in der Straße wohnt jemand, der ist der Übungsleiter und der hat mich gefragt, ob ich denn nicht Lust hätte, so etwas für Kinder aufzumachen. Und da habe ich das auch gemacht. So bin ich dazu gekommen. Und ich möchte das auch gerne weitermachen. ... Das macht einem Spaß, ich meine, die Arbeit mit den Kindern macht einem Spaß, aber ich bin da schon reingewachsen. Ich habe mit 5 Jahren da angefangen, und da hat man auch seinen Freundeskreis im Verein. Wenn man jetzt auf einmal sagt, ich mache das nicht mehr, ich komme nicht mehr ... hm."

Im Vergleich zu den Jugendlichen, die ihr Hobby vereinsgebunden betreiben und deren Freizeitgestaltung damit ähnliche Strukturen aufweist, bietet die Gruppe, die ihre Freizeit nicht im institutionalisierten Rahmen verbringt, ein weniger einheitliches Bild. Gemeinsam ist auch ihnen, daß sie bestimmte Tätigkeiten mit Hingabe ausüben, aber der soziale Rahmen, in dem das geschieht, ist unterschiedlich. Bei einigen dominiert die individuelle Gestaltung: Sie widmen sich einem Hobby, das sie nicht unmittelbar mit anderen teilen, sondern dem sie allein nachgehen, was wiederum nicht heißt, daß sie keinerlei soziale Kontakte suchten.

Im Gegensatz zu den sportlich engagierten Jugendlichen, suchen sie jedoch nicht vorrangig sozialen Kontakt durch das Hobby, sondern sind primär an dessen Inhalt interessiert, wie es ein junger Verwaltungsangestellter für sein Musik-Hobby, das bei mehreren Jugendlichen auch als aktiv ausgeübtes Hobby eine Rolle spielt, beschreibt:

„Zum einen höre ich erstmal wahnsinnig gerne Musik. Aber nicht nur einfach zuhören, sondern ich befasse mich mit den Texten und dann der ganze Aufbau von so einem Stück. Da kommt es unheimlich auf die Texte drauf an. Da finde ich „Genesis" ganz gut, dann von der Instrumentierung her, da pflücke ich alles auseinander. Da höre ich, was spielt der und was spielt der. Ich würde auch selbst gerne Musik machen, aber das geht nicht." (Anmerkung: Der junge Mann hat eine Behinderung, die es ihm schwer macht, ein Instrument zu spielen).

Initiatoren des Hobbys sind sie selber — und damit unterscheiden sich diese jungen Leute von den Vereinssportlern. Der individuelle Spielraum ist größer, wenn auch betont wird, daß man regelmäßig mit anderen etwas unternimmt, wie etwa die Arbeit mit einer Band. Auffallend ist, daß das Freizeitbild dieser Jugendlichen vielfältiger ist als das der Aktivsportler: Ihre Hobbies verlangen ihnen nicht ganz so viel Disziplin und Leistungsstärke ab und lassen ihnen damit mehr Zeit für andere Interessen. Auf diese und auf die eigene Verfügung über ihre Zeit legen sie betont Wert, wie ein junger Facharbeiter, der gern bastelt, hervorhebt:

„Also meine Freizeit geht mir über alles, von der Arbeit her. Nach der Arbeit gehe ich in meiner Freizeit Bummeln, handwerklich Basteln; Zuhause — ich wohne noch im Elternhaus — gibt es doch einiges zu tun, und ich mache sozusagen fast alles, das macht mir eben Spaß: Schreinern, Holzarbeiten; zur Zeit renoviere ich gerade meinen Hobbyraum in der Garage mit Werkbank, Schraubstock, Schränken und allem, was dazugehört. Im Partyraum Fliesen verlegen und so etwas: Etwas handwerklich begabt muß man schon sein, sonst kann man sich an so etwas überhaupt nicht dranwagen. Das macht mir eben Spaß, da habe ich Freude dran, ich habe Beschäftigung und hinterher habe ich auch meinen Spaß daran: Da kann ich dann feiern, da kann ich dann Leute einladen. ... (Was machst Du neben Deinen Beschäftigungen zu Hause noch in Deiner Freizeit?) Ja, die Freizeit besteht ja nicht nur aus Arbeiten! Das Faulenzen ist mir die beliebteste Freizeitbeschäftigung von allen: Mal gar nichts tun, Löcher in die Luft starren. Was einem so Spaß macht: Das Auto bereitet mir sehr viel Freude, mit dem Auto irgendwohin fahren, was sehen, Sehenswürdigkeiten im Bild festzuhalten, Fotographieren, das finde ich toll! Und sonst schwimmen, wandern — nur keinen Sport! Im Gegensatz zu anderen Kameraden, die in irgendeinem Verein sind, sehe ich in sportlicher Betätigung weniger eine Freizeitgestaltung und mehr eine Verpflichtung. Wenn man z.B. in einem Tischtennisverein oder einem Spielmannszug ist, dann ist man ja verpflichtet, sonntags auf irgendeinem Fest zu spielen oder eben beim Tischtennis gegen einen Gegner zu kämpfen und ihn zu besiegen — das wäre für mich keine Freizeitbeschäftigung. Das ist dann wieder eine Terminsache, über die ich nicht frei verwalten kann."

Gemeinsam ist all diesen Jugendlichen, daß sie sich in ihrer Freizeit Gegenständen widmen, die ihnen bestimmte Kompetenzen abverlangen. Man stellt an sich selbst Ansprüche, die, wie in den Beispielen deutlich wurde, durchaus Arbeitscharakter annehmen können. Dennoch gewinnt das Hobby gerade durch den Freiheitsspielraum besondere Bedeutung: Nicht Sicherstellung der materiellen Existenz ist sein Zweck, sondern Erfüllung rein subjektiver Bedürfnisse. Von daher gewinnt es seine hohe individuelle Verbindlichkeit. Auf das Hobby verzichten zu müssen, hieße für die jungen Leute, auf einen Bereich produktiver Handlungsmöglichkeiten zu verzichten. Freizeit wird aber gerade durch ihre Hobbies für sie zu sinnvoller Lebenszeit, die sie nicht nur konsumistisch zubringen, sondern aktiv gestalten wollen. Der bereits zitierte Versicherungsangestellte faßt das für sich zusammen:

„Wenn ich keine Musik mehr machen könnte, würde ich mir wahrscheinlich selber etwas wegnehmen, was nicht so gut wäre."

4.2.3 Die an Vielseitigkeit Interessierten

Knapp ein Viertel der Jugendlichen kann einem Typus von Freizeitorientierung zugeordnet werden, dessen Kennzeichen eine aktive und bewußt vielseitig gehaltene Gestaltung der freien Zeit ist. Freizeit wird von diesen Jugendlichen — mehrheitlich jungen Frauen — vergleichbar den Hobbyorientierten, als Freiraum geschätzt, in dem man eigene tätigkeitsbezogene Interessen und Bedürfnisse realisieren kann. Gemeinsam ist beiden Orientierungen der Wunsch nach aktiver Gestaltung der Freizeit — im Gegensatz zu den Hobbyorientierten aber konzentriert sich der Gestaltungsdrang der vielseitig Aktiven nicht auf ein fest umrissenes, abwechslungsreiche Freizeitorientierung weitgehend ausschließendes Sachgebiet, sondern ist Ausdruck eines umfassenden Erfahrungsbedürfnisses, bei dem Kommunikation mit anderen eine große Rolle spielt.

Die Jugendlichen dieses Typs wollen sich ein breit gefächertes Betätigungsspektrum, das sachbetonte, thematische, kommunikative und kreative Bezüge vereinigt, erschließen. Die Schilderung einer jungen Postangestellten kann hierfür als Beispiel dienen:

„Wenn ich daheim bin, dann fahre ich Ski und gehe schwimmen. Und hier, in der Stadt, da mache ich halt den Schreinerkurs. Und nebenher gehe ich auch noch oft schwimmen. Und jetzt werde ich mich auch noch für einen anderen Kurs engagieren. (Was denn?) Das ist so von einem Jugendzentrum aus. Entweder Töpfern oder Hinterglasmalerei. Ab und zu bin ich halt auch im Forum, in dem Jugendzentrum. Und ich meine, wenn es da irgendwann mal an Leuten fehlt, dann mach ich da auch mit. (Gibt es Unterschiede zwischen der Woche und den Wochenenden?) Wenn ich halt daheim bin, dann läuft bei mir mehr. Sportliches und halt mit meinen Leuten zusammen sein. Mit meinen Schulkameradinnen und meinem Freund. Halt die eine von Berlin, und die andere, die war jetzt gerade in einem Kibbuz in Israel. Da haben wir dann auch öfter mal Klassentreffen. Der Kontakt wird hier schon noch beibehalten. (Und hier in der Stadt?) Ich kenne hier halt auch weniger Leute. Die Kontakte daheim will ich halt nicht abbrechen lassen. Die sind mir halt auch wichtiger.

Dem Variantenreichtum möglicher Handlungsfelder korrespondiert eine bewußt flexibel gehaltene Zeitplanung. Während bei den hobbyorientierten Jugendlichen die freie Zeit weitgehend den Vorgaben des jeweiligen Hobbys angepaßt wird, behalten sich die Jugendlichen des vorliegenden Typs eine autonome, nicht von außen diktierte Zeitplanung vor. Dies soll nun nicht heißen, daß es nicht auch für sie einzelne, von ihnen verbindlich eingehaltene Termine gäbe, aber diese werden nicht — wie z.T. bei den Hobbyorientierten anzutreffen — als Bedingung für die Erbringung konkreter Leistungsvorgaben gewertet. Die Entscheidung für Teilnahme an bestimmten Veranstaltungen, ob Volkshochschulkurse oder das sonntägliche Fußballspiel, wird immer vor dem Hintergrund einer Orientierung von Freizeitgestaltung getroffen, in der nicht eingegangene Verpflichtungen und Kontinuitätsvorstellungen wegweisend sind, sondern die Reflexion aktueller Bedürfnislagen, deren Veränderung oder auch Konstanz immer wieder von neuem überdacht werden und mit aktuellen Bedürfnislagen sehr flexibel abgestimmt werden. Ein junger Kfz-Mechaniker, der unter anderem auch Sport treibt, formuliert die lockere Verbindlichkeit lapidar: „Wenn ich kaputt bin, lasse ich das Training auch mal ausfallen. — Ich bin nicht so ein Fanatiker."

Das ist für ihn eine Verhaltensmaxime, um auch andere Aktivitätsinteressen, die er in der Freizeit hat, aufrecht erhalten zu können.

Inhaltliche und zeitliche Wahlmöglichkeit ihrer Freizeitgestaltung sind für diese Jugendlichen Ausdruck einer Selbständigkeit, die sie gezielt aufgebaut haben und weiter ausbauen wollen. Dabei suchen sie nicht vorschnell Zuflucht und Sicherheit in Bekanntem, sondern halten sich viele Wege offen, sich in der Welt zu bewegen und Neues zu erfahren, ohne daß solche Offenheit Beliebigkeit der Tätigkeitswahl bedeutete. Die Jugendlichen wählen vielmehr gezielt unter möglichen Varianten der Freizeitgestaltung aus, sie nehmen dabei sowohl Außenangebote wahr, pflegen soziale Kontakte und gönnen sich stille, eher kontemplative Phasen.

Diese Ausgewogenheit wird den Jugendlichen möglich, indem sie in ihrer Zeiterfahrung für sich klare Zäsuren vornehmen. Grundlegende Zäsur ist hierbei die prinzipielle Trennung von Arbeit und Freizeit, die beide als unter verschiedenen Bedingungen und Zielsetzungen stehende, mit je eigenen Sinnbezügen ausgestattete Bereiche wahrgenommen werden. Ein junger Verwaltungsangestellter bringt das für sich auf eine Formel: „Wenn ich von der Arbeit komme, da schalte ich erst einmal ab und genieße die Freizeit bewußter."

Auch innerhalb der Freizeit nehmen die Jugendlichen Zäsuren vor, indem sie sich bewußt machen, daß sie ihre vielseitigen Bedürfnisse in Tätigkeiten ausleben, denen eine je eigene Bedeutung zukommt. Aktuelle Freizeitplanung steht damit unter dem Vorzeichen reflektierter Entscheidungsprozesse. Solche Entscheidungskompetenz setzt eine weitgehend entwickelte, eigenständige Persönlichkeit voraus. Erst vor dem Hintergrund einer bereits entwickelten Ich-Identität lassen sich Handlungsfelder bewußt gegeneinander absetzen, kann die Einlösung subjektiver Bedürfnisse gezielt angestrebt werden und wird Orientierungslosigkeit trotz einer Fülle von Aktivitätsmöglichkeiten von den Jugendlichen überwunden. Eine junge Versicherungsangestellte beschreibt anschaulich, wie sie mit dem Zuwachs an frei verfügbarer Zeit nach einer Prüfungsphase umging:

„Es gibt so einige Sachen, die man machen kann, bei denen mir einfach die Zeit dazu fehlt. Ich möchte Fremdsprachen machen. Verschiedene Sachen, z.B. Saxophon möchte ich spielen. Das hatte ich mir ja schon nach der Ausbildung überlegt. Da mußte ich ja nicht mehr für Prüfungen lernen in dem Sinne, also totales Studium auf irgendwas. Da habe ich mir dann überlegt, ob ich was mache, wozu ich schon immer Lust hatte. Das waren also erstmal, mein Englisch ein bißchen aufzubessern und Saxophon zu spielen. Na ja, und dann habe ich mir ein Saxophon gekauft und ein paar Englischbücher (Lachen) Dann habe ich auch so ein bißchen damit angefangen, aber irgendwie, ich bin dabei, ich steigere mich aber nicht so voll da rein. Ich versuche halt, das so ein bißchen aufzubauen."

Die Stabilität als Orientierung der Jugendlichen ist nicht an die Einbindung in einen beschränkten Betätigungsbereich, in dem man von außen bestätigt wird, gekettet, sondern rührt von der Erfahrung, sich als Person in sehr verschiedenen Aktivitäten und Handlungsfeldern bewegen und bewähren zu können. In diesem Zusammenhang ist es wichtig, darauf hinzuweisen, daß ein großer Teil der Jugendlichen dieses Typs junge Frauen in qualifizierten Angestelltenberufen sind, die überwiegend einen eigenen Haushalt gegründet haben, in dem sie allein oder mit Partner leben und um den herum sie auch sehr bewußt und zielstrebig einen neuen Kreis von Bekannten und Freunden aufgebaut haben.

Auf dem Hintergrund eines neuen relativ gesicherten Rahmens für eine eigenständige Lebensführung können sich die Jugendlichen Ruhe, zeitweilige Zurückgezogenheit gönnen, ohne das Gefühl haben zu müssen, etwas zu versäumen, nicht fehlen zu dürfen, was etwa für die erlebnisorientierten Jugendlichen typisch ist. Vor allem die jungen Frauen betonen die Bedeutung ruhiger, auf sie selbst bezogener Betätigung:

„Ich treffe mich oft mit Freunden, dann machen wir was Gemeinsames: Also ins Kino gehen, essen gehen, laden uns mal zu Hause ein, kochen dann Essen, unterhalten uns, gucken dann einfach auch mal Fernsehen. Ja, oder wir verabreden uns und gehen gemeinsam schwimmen. Oder auch, daß ich dann auch mal meine Ruhe haben will und dann auch zu Hause bleibe. Mich mal gemütlich hinsetze und ein Buch lese. Das ist es eigentlich" (Krankenschwester).

4.2.4 Die Erlebnisorientierten

Die Jugendlichen in dieser Gruppe (17 %) verwenden ihre freie Zeit dazu, vielfältigen, nicht langfristig geplanten Aktivitäten nachzugehen, die ihre Bedürfnisse nach Unterhaltung, Zerstreuung und körperlicher Betätigung erfüllen. An Freizeit tragen diese Jugendlichen die Erwartung unmittelbarer Bedürfnisbefriedigung heran. Sie möchten viel erleben, wofür ihnen ein weitgesteckter Aktionsradius und die Minimierung der im familiären Umfeld zugebrachten Zeit die notwendige Voraussetzung zu sein scheint. Zwei Drittel dieser Gruppe sind junge Männer, die zum überwiegenden Teil noch bei den Eltern wohnen und — freigestellt von Versorgungsverpflichtungen — ihre freie Zeit zwar einerseits ganz zu ihrer eigenen Verfügung haben, aber sich auf der anderen Seite nicht vor die Aufgabe gestellt sehen, ihre Freizeitaktivitäten in eine eigene Form der Lebensführung zu integrieren, wie es für sie vorher beschriebenen jungen Frauen typisch war.

Ihre Freizeitaktivitäten stehen im Zeichen vermeintlicher Negation der elterlichen Lebensform, die in ihren Augen Langeweile und Öde verkörpert. Der Unbeweglichkeit, dem Trott der Eltern wollen sie Amüsement, Genuß und die strikte Vermeidung längerfristiger Planungen und Verpflichtungen, seien sie nun persönlicher oder finanzieller Natur, entgegensetzen. Dem selbstverdienten Geld kommt dabei große Bedeutung zu: Die Distanzierung von der elterlichen Lebensform vollzieht sich nicht in inhaltlicher Auseinandersetzung, sondern in nach außen gewandter Aktivität. Dabei erweisen sich die Jugendlichen als gute Kunden der Freizeitindustrie, insbesondere als Konsumenten aktueller, im modischen Trend liegender Angebote wie Squash, Surfen, Bodybuilding, Sauna, Fitness-Studio, Discotheken.

Das Repertoire der Aktivitäten ist trotz seiner äußerlichen Vielfalt begrenzt: Als Konstanten stehen feste Cliquen, durchaus mehrere, und der Konsum. Unter diesen Vorgaben verläuft das Freizeitleben der Jugendlichen in bekannten, bewährten Gleisen. Da man das Amüsement und den Genuß nicht dem Zufall überlassen will, werden sie von den Jugendlichen eifrig geplant. Über den Widerspruch zwischen angestrebter Spontanität und einer sich in der Realität einstellenden Freizeitroutine legen sich die Jugendlichen keine Rechenschaft ab:

„Das ist ein ganz geregeltes Leben. Montags: Feuerwehr! Dienstags: meistens abends zum Stammtisch. Mittwochs: man geht tanzen, halt in eine Discothek. Donnerstags gehen wir meistens zum Schwimmen, jetzt im Winter machen wir meistens Langlauf. Freitagabends gehen wir meistens zum Stammtisch. Samstag, ja im Sommer spielen wir Minigolf und dann abends noch irgendwohin ins Vereinshaus bei uns oben. Ein Feuerchen machen oder zum Baggersee hinaus, oder irgendwie sonst was. Und am Sonntag gehen wir zum Frühschoppen, grundsätzlich. Und nachmittags: ein bißchen wandern, ein paarmal ins Kino oder gehen hinaus und spielen Karten. Je nachdem. Auch mal ein bißchen Tennis spielen. Tischtennis. Das läuft also die ganze Woche ab. Langweilen tun wir uns nie."

Im Lebensgefühl dieses Facharbeiters dominieren die ungewöhnlichen Aktivitäten, die zwar sehr viel seltener vorkommen und ein eher kleines Gegengewicht zum sonst „ganz geregelten Leben" darstellen, aber als Highlights die eigentlichen Ansprüche an ein bewegtes Leben repräsentieren:

„Man fährt am Wochenende wieder mal nach Wien rein oder fährt mal nach Paris rein ... oder mal ins Bayerische oder mal in die Schweiz. Oder mal ans Mittelmeer fahren schön ... (Am Wochenende?) Ja, Freitagabend fuhren wir weg und Montagmorgen waren wir wieder da. Das machen wir ab und zu mal zwischendurch. Das ist richtig: Irgendwas, was gerade in die Landschaft paßt. Freitagabend am Stammtisch: Komm, geh heim, pack die Klamotten, wir gehen zwei Tage fort. Und dann kommen wir wieder am Montagmorgen nach Hause."

Die Sehnsucht, möglichst oft aus der gewohnten Umgebung herauszukommen, drückt sich bei den Jugendlichen auch in dem

Wunsch aus, ausgedehnte Urlaubsreisen zu machen. Von keiner anderen Gruppe wird die Bedeutung von weiten, möglichst exotischen Reisen, so sehr betont. Sie werden von den Jugendlichen als adäquate Möglichkeiten gewertet, einem engen Lebensschema, in das sie sich eingezwängt fühlen, zu entkommen.

Sehr wichtig ist dabei, daß die Jugendlichen insgeheim spüren und sensibel sind dafür, daß sie der elterlichen Lebensform nicht wirklich eine qualitativ andere Lebensperspektive entgegenzusetzen haben. Eingebunden in die alltägliche Lebenssphäre registrieren sie die Gefahr, dem argwöhnisch beobachteten Trott ebenfalls zu verfallen und reagieren — da sie die Anstrengung einer inhaltlichen Auseinandersetzung und die Korrektur einer für sie vorgezeichneten Lebensführung scheuen — mit Flucht. In der Beschreibung eines jungen Facharbeiters wird diese Konstellation deutlich:

„Also echt, eh, ich hab' die Hoffnung, die traurige Erwartung, daß es bei mir mal genauso wird. Eh. Wenn du erstmal lang genug drinne bist im Trott, daß es dann mal genauso wird."

Er überlegt, ob er sich von der Firma nicht ins Ausland schicken lassen soll, um dem Trott zu entgehen und „nochmal ganz von vorne anzufangen." Aber er scheut sich davor, alles aufgeben zu müssen. Als Alternative zu einer grundsätzlichen Änderung der beruflichen und damit auch alltäglichen Situation bleiben ihm zunächst seine Urlaubspläne:

„Ich habe mir zum Ziel gesetzt, jedes Jahr zweimal in Urlaub zu fahren. Ja, das nächste Mal werde ich dreimal fahren, aber das klappt jetzt nicht mehr. Voriges Jahr war ich in Teneriffa und dieses Jahr im Sommer, wollen wir, fliege ich nach Rhodos und nächstes Jahr im Februar wollte ich auf die Malediven."

Der Urlaub bietet Erlebnismöglichkeit ohne Zwang zur Preisgabe des Vertrauten. Zur „großen Umstellung" fehlt den Jugendlichen letztendlich innere Unabhängigkeit und Freiheit, die sie in ihren Aktivitäten so vehement verteidigen. Die Stabilität ihres Lebensgefühls hängt in hohem Maße von der Einbindung in die vertraute Sphäre ab — ob die gewachsene Clique oder diverse Vereine. Die Jugendlichen sind weit mehr als sie sich eingestehen wollen, auf die Kontinuität sozialer Beziehungen angewiesen.

Darin unterscheiden sie sich von dem Typus der an Vielseitigkeit Interessierten, mit denen sie — äußerlich betrachtet — den Abwechslungsreichtum der Aktivitäten gemeinsam haben, nicht aber deren Entscheidungskompetenz und bewußt reflektierte Lebensperspektive. Der Mangel an Reflexion gibt deshalb der Freizeitgestaltung der Erlebnisorientierten den Charakter des Aktivismus, sie scheuen eine Sphäre, die für die vielseitig interessierten Jugendlichen einen ganz bestimmten Teil ihrer Lebensqualität ausmacht, nämlich Phasen der Zurückgezogenheit und der Ruhe. Daß die Kehrseite dieses Aktivismus Leere und Langeweile sein kann, dämmert einigen:

> „Ja, was machen wir? Geben viel Geld aus. Habe ich ja schon gesagt: Im Moment ist es ziemlich blöd bei uns. Weil wir eine große Clique sind; wir haben nur ein Auto, naja, wir kommen nie alle zusammen weg, na ja, da sitzt man dann in irgendeiner Bude rum, dann spielen wir was oder gucken Fernsehen oder machen sonst etwas. Und abends, ja da geht es halt in die Disco manchmal, am Wochenende zumindest. Von nachts um 11.00 bis morgens früh. Ein Hobby, kann man sagen, habe ich nicht. Außer meinem Auto. Tja, sonst ist meine Freizeit eigentlich ziemlich langweilig. Oder uninteressant, sagen wir mal so. Langweilig finde ich sie eigentlich nicht. Aber es ist nicht viel los. Jeder sagt: Langweilig, aber keiner macht einen Vorschlag" (Angestellter).

Hier wird deutlich, wie sehr das ganze Konzept dieser Jugendlichen auf mehr oder weniger viel äußere Aktivität festgelegt ist, der aber keine innere Umgangsform mit der eigenen Zeit entspricht und die ins Schleudern gerät, wenn die äußeren Angebote spärlich sind und „keiner einen Vorschlag macht".

4.2.5 Die familienbezogene Freizeitorientierung

Ein Sechstel der Jugendlichen sieht den Schwerpunkt einer Freizeitgestaltung in Tätigkeiten, die sich im Rahmen ihrer selbst gegründeten Familie oder in der Partnerschaft bewegen. Von anderen Jugendlichen des Samples, die ebenfalls bereits verheiratet sind oder sich in einer festen Beziehung befinden, unterscheiden sie sich durch den Grad an Intensität, mit der Familie und Partnerschaft besetzt und damit zum Zielpunkt und Kern aller Freizeitbeschäftigung werden. Familie und Partnerschaft verbürgen ihnen Rückhalt und Sicherheit und fungieren als sinnstiftende Instanzen, auf die letztendlich alles Handeln in der Freizeit bezogen wird.

Kennzeichen des vorliegenden Typs ist, daß dem Bereich der Reproduktionsarbeiten nicht nur eine pragmatische Funktion, sondern auch Gestaltungsqualität beigemessen wird. Der eigene Haushalt ist Ort von Verpflichtung und Feld gerne ausgeübter Tätigkeiten. In dieser ambivalenten Form wird er vor allem von den Frauen, die zu drei Viertel diese Gruppe ausmachen, eingeschätzt. Der Partnerschaft komme dabei eine hohe Bedeutung zu: Sie rechtfertigt die Anstrengung im Haushalt und häuslicher Umgebung und verleiht ihr ihren eigentlichen Sinn. Gestaltung des Haushalts ist so immer auch Gestaltung der Beziehung und der Gemeinsamkeit. Eine jung verheiratete Postangestellte schildert, wie sehr der Haushalt für sie zum Ort des Rückhalts wird.

„Früher war ich so gut wie jeden Abend weg. Da hat mich überhaupt nichts gekümmert. Seitdem ich in Stuttgart bin, habe ich ja Verantwortung, ich habe ja einen Haushalt. Eine Dreizimmerwohnung ist schon einiges an Arbeit. Dann kommt noch meine Katze. Und mein Vogel, der pfeift immer schon, wenn ich zur Tür hereinkomme. Das ist auch alles an und für sich mein Hobby. Und dann besuchen uns halt Freunde, die sind auch bald jeden Tag da. Und früher, da war ich halt jeden Tag weg, da hat mich nichts daheim gehalten. Da war auch immer etwas los. Eine große Clique und so. Irgendwie weiß ich heute, wo ich hingehöre, das ist ein Gewinn. Es ist komisch, das auszudrücken, das ist ganz einfach ein Ziel. Wenn ich hier rausgehe, weiß ich genau, was ich mache. Ich habe immer etwas vor Augen. Ein fester Plan, ein fester Ablauf. Mir ist das lieber, das sind so bestimmte Lebensgewohnheiten, das habe ich früher nicht gehabt. Da war soviel durcheinander. Das wollte ich heute gar nicht mehr. Ich könnte es auch gar nicht mehr machen. Mir ist es so lieber."

Mit großer Selbstverständlichkeit definieren die jungen Frauen dieser Gruppe den Haushalt als Bereich, in dem sie Selbständigkeit und die Fähigkeit, Verantwortung zu tragen, unter Beweis stellen können. Sie übernehmen somit klassische Rollenanforderungen und sehen ein erstrebenswertes Ziel darin, ihren Haushalt so zu organisieren, daß er als gestalteter Raum zum geeigneten Ort für ein Leben in Gemeinsamkeit wird.

Diese Akzeptanz ist von Ambivalenzen nicht ganz frei. Im Bewußtsein der Frauen schlagen sich Lust und Last der Häuslichkeit als Zweiteilung der in Haushalt und Familie zugebrachten Zeit nieder: Als Freizeit, die aktiv gestaltet wird und Wohlbefinden bedeutet, wird die Zeit empfunden, in der man hoch geschätzte Tätigkeiten ausübt. Das können Tätigkeiten sein, die man mit dem Partner oder den Kindern ausübt oder aber auch solche, die man unter „Zeit für sich" verbucht. Die Frauen legen in bewußter Distanzierung zu ihren Müttern Wert darauf, als Hausfrau nicht auf jegliches Eigeninteresse zu verzichten. Sie opponieren trotz Akzeptanz konventioneller Rollenverteilung gegen die totale Selbstaufgabe. Eine Industriearbeiterin beschreibt dies so:

„Ich habe auch einen Garten wie meine Mutter, ich habe auch einen Haushalt. Was vielleicht ist, was meine Eltern nicht machen, die machen also nicht, daß sie ein ganzes Wochenende wegfahren ... Ich möchte nicht sagen, daß sie den Geist dazu nicht haben, aber sie sind es so gewohnt, von früher her, da hat man immer gearbeitet ... Und sie können sich nicht vorstellen, daß jetzt der Samstagnachmittag, auch wenn es nur eine Stunde ist, mal frei ist, da mußten sie immer arbeiten. In der Beziehung sag ich immer wieder, nee, das mache ich nicht, das ist mir Wurscht ... Auf was ich nicht verzichten möchte, z.B. wenn ich abends heimkomme, daß ich mich erst einmal hinlege und vielleicht ein Buch zur Hand nehme und entspanne. Oder wenn ich das nicht mache, daß ich mich vielleicht in die Badewanne lege. Also diese Zeit gebe ich nicht her. Das Lesen, das entspannt."

Wenn die jungen Frauen auch durchaus in der Lage sind, lästige Pflicht und angenehme Tätigkeit zu unterscheiden, bedeutet Familie für sie doch gerade beides. Das eine ist ohne das andere nicht zu haben, und weil man Familie will, nimmt man die damit verbundenen Abzüge an unverbindlicher Freizügigkeit letztendlich in Kauf, was, wenn so auch nicht explizit ausgesprochen, daran deutlich wird, daß die Frauen trotz mancher Klage, die von ihnen erfüllten Rollenanforderungen nicht in Frage stellen. Aus ihrer Schilderung geht hervor, wie schwierig es für sie ist, positiv zu gestaltende Zeit von Zeit für Verpflichtungen zu trennen, den Anspruch an die Realisation eigener Interessen einzulösen.

„Freizeit habe ich eigentlich nicht viel. Das ist höchstens nur am Wochenende, daß man was unternimmt. Wenn du abends um sechs heimkommst, dann kochst du meistens noch das Essen, dann spülst du ab, und dann ist es eigentlich schon sieben und dann machst du nebenbei noch die Wäsche, zum Bügeln und dann ist es schon acht oder neun. Dann ist man eigentlich schon müde, und dann gehst du schon ins Bett, weil du morgens früh wieder raus mußt. Und am Tag bleibt eigentlich nicht viel zu unternehmen. Da hast du eigentlich keine Lust mehr, daß du irgendwo hinfährst oder so. Da bist zu müde und froh, wenn du daheim bist. Und am Wochenende, da machst du den Haushalt wieder rund, und am Sonntag da unternimmst du was: Da fährst du mal da oder da hin. Das ist eigentlich die einzige Freizeit, die man hat." (Industriearbeiterin)

Die innere Besetzung der Hausfrauenrolle und die durchaus auch als Opfer empfundene zeitliche Belastung führen dazu, daß sich dort, wo die Anstrengung, die man für Partner und Haushalt leistet, auf keine Resonanz stößt, Enttäuschung einstellt. Quasi ex negativo enthüllen sich die Ansprüche einiger Frauen an Ehe und Häuslichkeit, die in der Realität nicht eingelöst werden, wie in der folgenden Reflexion eine Industriearbeiterin über ihre Ehe:

„Was es für einen Gewinn gibt, das habe ich mich auch schon gefragt (lacht). Am Anfang sagt man, jetzt habe ich einen Partner für mich allein, man freut sich, — doch das erste Jahr da freut man sich, ich bin nur für ihn da, er ist nur für mich da, man spricht und diskutiert stundenlang, aber das legt sich doch mit der Weile dann wieder. Also ich finde, es ist schön, aber ... Viele Vorteile hat es auch nicht, ich meine, das ist schön, wenn man einen Partner hat, man kann mit ihm sprechen, aber sonst ... Ich meine, ich muß dazu sagen, als ich verheiratet war, sind wir schon auf's Land gezogen, aber nicht da, wo ich gewohnt habe. Da hatte ich dann meine ganzen Freunde. Da muß man sich jetzt auch wieder anpassen und dann muß ich ganz ehrlich sagen, da liegen mir die Freunde von meinem Mann nicht so. Und dann sagt er zu mir, Du machst dies nicht und Du machst das nicht, aber ich muß dann sagen, tut mir leid, das geht nicht anders. Ich muß noch abspülen und ich muß noch das machen. Naja, mit neuen Freunden ist das schwierig, die Häuser liegen weit auseinander und wenn man abends spät heimkommt, dann ist es ganz schwierig" (Industriearbeiterin).

Etwas anders als die Frauen dieser Gruppe beschreiben die wenigen jungen Männer ihre Freizeit. Von ihnen wird stärker der Bruch mit ihrem Junggesellenstatus thematisiert: Partnerschaft und Familie sind für sie Instanzen, die das zuvor unruhigere, wildere Leben zähmen. Ihre Freizügigkeit wird allerdings weniger durch Hausarbeit eingeschränkt, sondern eher durch die eingegangene feste Beziehung zu einer Frau und die Rolle als Familienvater. Betonen die jungen Frauen, daß es jetzt einen Haushalt zu führen gilt, so die Männer, daß man die Freizeit jetzt vor allem mit der Frau verbringt. Beide Wahrnehmungsweisen folgen konventionellen Verhaltensmustern.

Für die Frauen wie für die Männer bedeuten Partnerschaft und Familie eine mehr oder weniger bewußt herbeigeführte Veränderung der früheren Lebensweise, beides ist mit Verheißungen *und* Einschränkungen verbunden, die aber vor dem Hintergrund geschlechtsspezifischer Verhaltensmuster für Frauen und Männer etwas verschiedenes bedeuten.

„Erst einmal gehe ich heim, und dann mache ich oft mit meiner Frau und dem Kind einen Spaziergang. Manchmal fahren wir zu meiner Mutter, oder ich gehe Angeln, und je nach dem gehe ich auch manchmal zum Eishockey. Früher war ich mal im Eishockeyverein, im Fußballverein und habe auch mal geboxt. Das mache ich heute nicht mehr. Ich fahre auch gern mal weiter weg ... Seitdem wir verheiratet sind, treffe ich micht nicht mehr sehr oft mit meinen Kumpels. Sie sind noch viel zusammen, aber das mache ich nicht so gerne. Ich koche noch gerne, und abends daheim helfe ich auch mit, Aufwaschen, Staubsaugen. Oder ich bin mit der Kleinen zusammen." (Arbeiter aus einer Porzellanfabrik)

Die Schilderungen der Frauen haben zum großen Teil einen emphatischeren Ton als die der Männer. Mit dem Partner und der eigenen Wohnung hat man sich ein Feld eröffnet, das man gestalten kann, bei allen Einschränkungen, die eingeräumt werden. Für die Männer ist der neue Status dagegen eher ein: „nicht mehr". Man geht nicht mehr mit den Kumpels weg, man hat eigentlich keine Freizeit mehr, weil jetzt eine Familie da ist. Weniger als von den Frauen werden Verlust und Gewinn gegeneinander abgewogen, mit Übernahme der Ehemann- und Vaterrolle sind akzeptierte Anforderungen verbunden, denen man nachkommt und die einen großen Teil der Freizeit binden.

4.2.6. Die Regenerationsorientierten

Die Jugendlichen in dieser Gruppe (14 %) verwenden ihre freie Zeit dazu, sich von der Arbeit zu erholen und sich zu entspannen. An Freizeit tragen sie keine klar formulierten Ansprüche heran, man nimmt sich nichts Besonderes vor, hält sich an vorgegebene und ohne großen Planungsaufwand und Eigeninitiative leicht erreichbare Angebote. Ein großer Teil des Feierabends wird zu Hause verbracht, eher am Wochenende geht man mal weg und trifft sich mit Freunden. Die sozialen Kontakte sind auf wenige, sich im engeren Lebensumfeld ergebende Beziehungen beschränkt: Auch hier muß man nicht besonders viel an eigener Aktivität oder eigenem Planungsverhalten investieren, man trifft sich mit Arbeitskollegen nach der Arbeit beim Bier, mit Freunden aus der Nachbarschaft, mit dem Freund oder der Freundin oder bleibt — manchmal im Geschwisterkreis — im elterlichen Haus. Über die Hälfte der Jugendlichen — diesem Typ sind fast ebenso viele männliche wie weibliche Jugendliche zugeordnet — wohnt noch zu Hause. Etwa die Hälfte hat zwar eine feste Freundin oder einen Freund, aber gemeinsame Lebensperspektiven stehen in der Regel noch nicht an.

Typisch für ihr Verhalten in der freien Zeit ist, daß sie sich in ihrem Bedürfnis nach Ruhe und Entspannung ganz den durch die Arbeit vorgegebenen Bedingungen anpassen:

„Lesen, schlafen, fernsehen, ab und zu weggehen, spielen, am Auto basteln, das wäre das Wesentliche. (Gibt es Unterschiede in der Woche und am Wochenende?) Sicherlich. In der Woche komme ich oft erst um 5.00 oder 1/2 6 nach Hause, ich mache spät Feierabend. Da ist dann nicht mehr viel mit Freizeit. Da essen wir was, dann ist es schon 6 oder 1/2 7 und man kann sich langsam schon vor der Fernseher setzen. Am Wochenende versuche ich dann, etwas anderes zu machen, wegzugehen, wegzufahren. (Mit wem bist du am häufigsten zusammen?) Mit meiner Freundin und einigen Bekannten in unserem Alter. Das sind Leute von der Arbeit und auch Leute, die damit überhaupt nichts zu tun haben. (Haben sich deine Lebensgewohnheiten verändert, seitdem du arbeitest?) Ich werde abends immer schnell müde. Früher bin ich auch in der Woche ein oder zweimal weggegangen, das geht heute nicht mehr. Ich kann es auf jeden Fall nicht. Es ist halt ein solcher Rhythmus reingekommen, daß man abends versucht, so ins Bett zu gehen, daß man am nächsten Morgen nicht zu müde ist. Den Abend verbringt man dann ziemlich ruhig."

Aus der Beschreibung dieses jungen Versicherungsangestellten geht hervor, daß sein Freizeitverhalten nicht Ergebnis bewußter Entscheidung ist, sondern Folge für ihn mangelnder Alternativen. Richtlinie seines Freizeithandelns ist sein Erholungsbedürfnis, das sich in passiver Entspannung — „ab 1/2 7 kann man sich langsam schon vor den Fernseher setzen" — äußert, und nicht, wie etwa bei den Hobbyorientierten, in aktivem Engagement für eine bestimmte Betätigung. Die Jugendlichen dieses Typs gestehen ein, über die mäßige Konsumtion einiger Außenangebote hinaus keine Interessen zu haben, die sie aktiv umsetzen müßten. Das Fehlen eines interessegeleiteten Umgangs mit der freien Zeit, wie beim Typus der vielseitig Interessierten, läßt die freie Zeit für diese Jugendlichen zu einem Raum potentieller Langeweile und Leere anwachsen. In dieser extremen Form nimmt eine junge Verkäuferin ihre Freizeit wahr:

„Das ist eigentlich immer das gleiche: Abends nach Hause kommen, Abendbrot essen, Fernsehgucken, schlafen. Also in letzter Zeit geht das, das ist jetzt im Moment so. Seit mein Verlobter bei der Bundeswehr ist. Am Wochenende versucht man immer, mit Freunden wegzugehen, um rauszukommen. Ins Kino. Oder was weiß ich, Essen gehen oder zu Feten, wo eine stattfindet. Was anderes zu machen. Sonntag ist immer so ein bißchen langweilig. Jeder trabt so ein bißchen vor sich hin, aber eigentlich ist so, glaub ich, die Familie ein bißchen mehr dran sonntags. Dann geht man mal zu seiner Familie oder zu meiner. Zur Schwester oder was weiß ich, was da noch alles kommt. Oder, wenn schönes Wetter ist, fährt man mal raus. Was im Moment eigentlich nicht vorkommt: Rausfahren ist ja ein bißchen seltener geworden, da mein Verlobter eigentlich kaum Lust hat, mit mir am Wochenende rauszufahren. Der ist dann kaputt und ein bißchen geschlaucht von der Bundeswehr. Das ist klar, ne? Verstehe ich auch ... (Haben sich deine Lebensgewohnheiten verändert, seitdem du arbeitest?) Ich glaube, früher bin ich häufiger weggegangen. Wozu jetzt eigentlich die Lust, die Laune fehlt. Man ist froh, wenn man sich setzen kann, die Beine hochlegen kann, Abendbrot essen, ausruhen. Früher hat man, glaube ich, nicht so viel ferngeguckt, wie jetzt."

Aktivität beschränkt sich bei diesen Jugendlichen im besten Falle darauf, sich offen zu halten für das, was in der unmittelbaren Umgebung auf sie zukommt.

Der Anteil der Jugendlichen, deren Arbeitsbedingungen durch Schichtarbeit, lange Arbeitszeiten und arbeitsinhaltlich wenig anspruchsvolle Tätigkeiten gekennzeichnet sind, macht zwar fast die Hälfte dieser Gruppe aus, dennoch wäre es ein falscher Schluß, diese Bedingungen für den Mangel an Gestaltungsfähigkeit der freien Zeit, der die Jugendlichen auszeichnet, allein verantwortlich zu machen. Viele dieser Jugendlichen beschreiben sich als grundsätzlich bequem, zurückhaltend oder auch eigenbrödlerisch wie z.B. der folgende Betriebsschlosser:

> „Ich lese sehr viel, die Conan-Saga, das ist eine Phantasieserie, die gerade in den letzten Jahren sehr bekannt geworden ist. Dazu gibt es auch Filme mit Arnold Schwarzenegger. Der Arnold Schwarzenegger ist für mich ein Vorbild und ich finde seine Art sehr gut. Das ist auch der Grund bei mir, warum ich Bodybuilding mache. Drei- oder viermal in der Woche gehe ich ins Sportstudio und mache dort Training. Ich höre auch sehr viel Musik. ... Zu Hause helfe ich jetzt auch nicht mehr soviel wie früher. Ich bin da etwas faul geworden. Sonst war ich auch öfter in der Stadt, jetzt will ich aber nach meiner Arbeit abends meine Ruhe haben, ich bin meistens daheim ... Wenn die anderen weggehen, fragen sie mich, ob ich mitgehen möchte. Meistens habe ich keine Lust und gehe mehr meine eigenen Wege. Nach Feierabend bin ich sozusagen ein Stubenhocker."

Wie dieser junge Mann sind auch die anderen Jugendlichen dieser Gruppe noch in den ersten, durch mangelnde innere Orientierung etwas ziellos geratenden Versuchen eigenständiger Lebensführung befangen, wobei sich dies in der Freizeit am deutlichsten zeigt, fehlt in ihr doch der vorgegebene Plan, der zeitlich und inhaltlich die Arbeitssituation prägt. Anders als die erlebnisorientierten Jugendlichen stimmen die regenerationsbezogenen ihre Freizeit bereitwillig auf die Belange der Arbeit ab. Da sie in der Freizeit keine umfassenden eigenen Interessen verfolgen — das, was sie tun, reicht gerade hin, die Zeit zu füllen — akzeptieren sie das ihnen zugestandene Maß an freier Zeit, das zur Regeneration genügt und zu weiterem kaum beansprucht wird.

4.3. Der lange Arm von Arbeit und Sozialisation: Freizeitorientierungen vor dem Hintergrund von Arbeitserfahrungen und Biographie

Die Betrachtung jugendlicher Freizeitorientierungen zeigt, daß die Lebenssphäre außerhalb der Arbeit keinen einheitlichen Bedeutungsgehalt für die Jugendlichen hat. Zu unterschiedlich sind die Orientierungen, als daß man ein homogenes, für alle Jugendlichen gültiges Freizeitkonzept unterstellen könnte: Von *der* Freizeit *der* Jugendlichen kann heute wahrscheinlich weniger denn je die Rede sein. Der Freizeitbereich erweist sich vielmehr als Sphäre pluraler Lebensstile und Verhaltensmuster.

Die aufgefundenen Freizeitorientierungen sind nicht unabhängig von unterschiedlichen Lebenskontexten und darin enthaltenen eher traditionell festgefügten oder eher offenen, die Selbstdefinition und die Eigengestaltung anregenden Zuweisungen „jugendgemäßer" sozialer Kommunikations- und Verhaltensräume zu sehen. Unsere Befunde unterstreichen zunächst die Vielfältigkeit, das Nebeneinander und die Vermischung von eher traditionsgeleiteten und konsum- sowie kommunikationsbetonten kulturellen Formen der Freizeitgestaltung.

Unter den Hobbyorientierten, den Familien- und Regenerationsbezogenen werden Bedürfnisse nach Kommunikation, Tätigkeit und sozialer Integration (Gemeinsamkeit) häufig im eher selbstverständlichen, gewachsenen Rahmen von Häuslichkeit, Nachbarschaft und des dörflichen Gemeinwesens entwickelt. Dieser Rahmen enthält eine stärkere Trennung in männliche und weibliche Welten; für die männlichen Jugendlichen stehen hier vor allem die Vereine (Feuerwehr/Fußball usw.) als selbstverständliche Treffpunkte unter Gleichaltrigen zur Verfügung, während sich die relativ festgefügte Welt sozialer Gemeinsamkeit für die jungen Frauen eher im Bereich der Familie und der Häuslichkeit erstreckt. Der überwiegende Teil der familienorientierten jungen Frauen und ein großer Teil der hobbyorientierten jungen Männer kommt aus solchen dörflich/kleinstädtischen Lebenszusammenhängen, in denen diese Lebensform ihren unhinterfragten Platz haben.

Allerdings gilt der „Traditionsbezug" auf dem Hintergrund dieser dörflichen Lebenskontexte — in größerem Maße für die männlichen als für die weiblichen — nicht mehr uneingeschränkt:

Durch eigenes Fahrzeug gewonnene Mobilität, Trennung von Arbeits- und Wohnstätten, ein Mehr zur Verfügung stehender Freizeit, neue zum Teil durch die Arbeit wie auch durch klarer definierte zielgerichtete Freizeitinteressen werden eher traditionsgeleitete Zusammenhänge durchlöchert und zwingen stärker zur persönlichen Neudefinition, auf welche Kommunikationszusammenhänge an welchen Lebensorten man sich einlassen will. Das Bedürfnis, das eigene Leben mit anderen zu verschränken, die Vielfalt sozialer Kommunikationsmöglichkeiten zu erfahren, nimmt in der eigenen Lebensorientierung einen größeren Raum ein. Diese Tendenz zeichnet sich sowohl unter den Hobby- wie den Erlebnisorientierten männlichen Jugendlichen ab, die aus dörflichen Lebenskontexten kommen und sich im Zuge zunehmender Erwerbsintegration und Abnabelung vom Elternhaus einen weiter angelegten Aktionsradius erschließen.

Auch unter den jungen Frauen geht die Tendenz dahin, sich einen selbständigen Lebensraum in der freien Zeit aufzubauen. Allerdings bieten städtische Lebenskontexte hier andere Verhaltensmöglichkeiten bzw. stellen auch andere Anforderungen: Es scheint nicht ganz zufällig, daß die Gruppe der an Vielseitigkeit orientierten zumeist aus jungen Frauen zusammengesetzt ist, deren biographische Entwicklung ein vergleichsweise hohes Maß an Selbständigkeit unterstützt und fördert, daß sie in ihren Lebenskonzepten den Aspekt der Selbständigkeit sowohl in der Arbeit wie im Privaten betonen und daß sie in ihren sozialen Lebensräumen kulturelle Angebote haben, die ihnen ein Experimentieren mit unterschiedlichen Aspekten ihrer Persönlichkeit gestatten. Daß sie im Vergleich zu den jungen Frauen, die eher in traditionsgeleiteten Kontexten leben, sich durch ihre Persönlichkeitsentwicklung eher von traditionellen Zuweisungen auf Häuslichkeit freimachen können und hierin auch keine Selbstverständlichkeit oder selbstaufgelegte Verpflichtung mehr sehen, ist eine Seite, auf der anderen Seite stellen sie sich mit der Distanzierung von traditionellen Orientierungen den neuen Schwierigkeiten, selbständiger und mehr aus eigener Verantwortung verbindliche Orientierungen für das eigene Leben aufzubauen und umzusetzen.

Noch wichtiger scheint uns allerdings ein zweiter Befund zu sein, der sich aus der Analyse des jugendlichen Freizeitverhaltens ergibt: Ebensowenig wie von einem homogenen Freizeitkonzept kann davon die Rede sein, daß es den Jugendlichen am nötigen Selbstbewußtsein und an der nötigen Orientierungssicherheit fehlte, sich gegenüber der Flut von Konsum- und Freizeitangeboten zu behaupten. Entgegen allen kulturpessimistischen Prognosen, wie wir sie seit Jahren auch aus der Jugend- und Freizeitsoziologie kennen, zeigen unsere Gespräche, daß sich die Jugendlichen nicht orientierungslos in der Freizeitsphäre bewegen, daß sie durchaus nicht unkritisch und nur passiv auf die Angebote der Konsum- und Freizeitindustrie reagieren. Ansätze zu kritiklosem Konsum finden wir allenfalls bei den Erlebnisorientierten und bei den Regenerationsbezogenen.

Wie in der Arbeitssphäre wissen die meisten Jugendlichen auch in ihrer Freizeit ziemlich genau, was sie wollen; sie haben ihre Ansprüche und Interessen und wissen sehr wohl, was sie mit der ihnen zur Verfügung stehenden Zeit anfangen sollen und woraus sie sich einlassen wollen. Sowohl diejenigen, die ihre freie Zeit vornehmlich im Sinne der (beruflichen) Weiterbildung verwenden als auch diejenigen, deren Freizeitgestaltung sich um ein Hobby zentriert oder durch vielseitig interessierte Aktivitäten charakterisiert ist, und schließlich auch ein Teil derjenigen, die (bereits) ein stärker familienorientiertes Freizeitkonzept haben, zeichnen sich in je spezifischer Weise durch einen aktiven und reflektierten Umgang mit der freien Zeit und den sich ihnen bietenden Möglichkeiten der Freizeitgestaltung aus. Nur bei einer Minderheit der Jugendlichen — wir finden sie vornehmlich unter den Erlebnisorientierten, den Jugendlichen mit einem regenerationsbezogenen Freizeitkonzept sowie einem Teil der Familienorientierten — ist dies nicht oder nur äußerst eingeschränkt der Fall: An die Stelle selbstentwickelter Ansprüche und dem Versuch, diese aktiv umzusetzen, tritt bei ihnen zumeist der bloß reaktive Konsum vorgegebener Angebote oder aber ein relativ anspruchsloses Regenerationsbedürfnis.

Beziehen wir die Befunde auf unsere Ausgangsfrage nach dem Zusammenhang zwischen Arbeit und Freizeit zurück, so zeigen sich eindeutige, (wenn sicherlich auch nicht einseitig erklärbare) Verbindungen zwischen Freizeitorientierungen und dem aktuellen Arbeitseinsatz bzw. dem erreichten beruflichen Status der Jugendlichen, die immer auch auf Unterschiede im Komplexitätsgrad der Arbeit verweisen. Wie aus Tabelle 19 (s.S. 286) hervorgeht, finden wir insbesondere bei den Jugendlichen einen reflektierten und aktiven Umgang mit der ihnen zur Verfügung stehenden Zeit, deren Arbeit durch einen im Schnitt höheren Komplexitätsgrad gekennzeichnet ist, Arbeit kann also tendenziell eher als Bereich der Selbstbestätigung erfahren werden als eine unqualifizierte Tätigkeit. Fast drei Viertel der Facharbeiter und Fachangestellten finden wir unter denen, die einer eher aktiv-reflektierten Freizeitorientierung folgen (arbeits-, hobbybezogenen, an Vielseitigkeit interessiert), unter den un- und angelernten Arbeiter/innen und Angestellten sinkt dieser Anteil auf ein Drittel oder weniger. Diese Beschäftigungsgruppen treffen wir in erster Linie unter den Erlebnisorientierten, die in ihrer Freizeit zwar ebenfalls aktiv sind, sich dabei aber stärker konsumistisch auf vorgegebene Außenangebote beziehen, unter den Familienorientierten sowie unter den in ihrem gesamten Freizeitverhalten eher regenerationsbezogenen Jugendlichen. Diese in ihrer Grundtentenz sehr eindeutige Verteilung der Freizeitorientierungen nach dem aktuellen Arbeitseinsatz bzw. dem erreichten beruflichen Status der Jugendlichen läßt unschwer erkennen, wie eng Arbeit und Freizeit nach wie vor aufeinander bezogen sind; sie spricht zweifellos für einen Spill-over-Effekt in dem Sinne, daß eine Arbeitstätigkeit mit einem höheren Komplexitätsgrad, die es dem einzelnen erlaubt, seine Fähigkeiten und Ideen in die Arbeit einzubringen, sich in ihr wiederzufinden und seine Ansprüche in ihr zu realisieren, auch auf dessen Freizeitgestaltung ausstrahlt und zur Förderung von Interessen und Ansprüchen in der Sphäre außerhalb der Arbeit beiträgt. Anders formuliert: Die Verhaltensmuster in der Freizeit bleiben, wie immer vermittelt, in erheblichem Maße rückgebunden an die Arbeitssphäre.

Vergleicht man das Verhältnis der Jugendlichen zu Arbeit und Freizeit auf der Ebene der Orientierungen, so zeigen sich ebenfalls deutliche Korrespondenzen. Der harte Kern derjenigen, die ihre

Freizeit aktiv-reflektiert gestalten, d.h. vor allem die Jugendlichen mit einer arbeits- oder einer hobbybezogenen Freizeitorientierung sowie die an einer vielseitigen Gestaltung ihrer Freizeit interessierten Jugendlichen, unterscheiden sich auch in ihrem subjektiven Verhältnis zu Arbeit und Beruf erheblich von ihren Altersgenossen. Wie aus Tabelle 20 (s. S. 286) hervorgeht, handelt es sich vornehmlich um Jugendliche, in deren Lebenskonzept Arbeit und Beruf von zentralem Gewicht sind; es sind zweitens vor allem Jugendliche, in deren Arbeitskonzept subjektbezogene Ansprüche eindeutig dominieren, wobei das Interesse an einer inhaltlich befriedigenden Tätigkeit gerade bei ihnen an erster Stelle steht; schließlich handelt es sich vor allem um Jugendliche, deren Arrangement mit Arbeit durch aktive Veränderungsbestrebungen, sei es im Sinne des beruflichen Vorwärtskommens, sei es im Sinne des Herauswollens aus einer als unbefriedigend empfundenen Arbeitssituation, gekennzeichnet ist. Insgesamt betrachtet, handelt es sich bei den Jugendlichen, die ihre Freizeit aktiv und selbstgestalterisch angehen, also zugleich um diejenigen, die das neue Arbeitskonzept, das wir bei den Jugendlichen feststellen konnten, in besonderer Weise repräsentieren.

Sowohl bei den Jugendlichen mit einem eher konsumistisch-reaktiven Freizeitkonzept, wie wir es bei den Erlebnisorientierten kennengelernt haben, als auch bei den passiv Familienorientierten sowie bei den Jugendlichen mit einem eher regenerationsbezogenen Konzept sind die Gewichte im Schnitt deutlich anders verteilt: Arbeit und Beruf stehen in ihrem Lebenskonzept zumeist an zweiter Stelle; gewollt oder ungewollt konzentrieren sie sich eher auf die Lebensbereiche außerhalb der Arbeit. Ihr Arbeitskonzept ist zudem stärker durch materiell-reproduktions- und weniger durch subjektbezogene Ansprüche gekennzeichnet; sofern sie Ansprüche in dieser Richtung formulieren, richten sie sich weniger auf inhaltliche Tätigkeitsaspekte, sondern stärker auf die sozial-kommunikativen Aspekte der Arbeit.[5]

Freilich sind die Freizeitorientierungen und -verhaltensweisen nicht allein aus dem Verhältnis zur Arbeit erklärbar. Vielmehr dürften die Zusammenhänge zwischen Arbeitserfahrungen und -konzepten und Freizeitorientierungen zum Teil gemeinsame Wurzeln in vorgängigen Sozialisationserfahrungen haben. Wie sehr diese die Berufsverläufe und die Arbeitskonzepte beeinflußt haben, ist an früherer Stelle deutlich geworden (vgl. Abschnitt 2.2. und 2.5. so-

Tabelle 19: Freizeitorientierungen nach aktuellem Arbeitseinsatz/
beruflichem Status (in %)

beruflicher Status Freizeit- orientierung n =	Arbeitslos, oder ABM-Maßnahme 27	Un- und angelernte Arbeiter 29	Fach-arbeiter 30	Einfache Angestellte 16	Fach-angestellte 62
Beruflich orientiert	—	10	13	—	13
Hobbyorientiert	22	14	40	—	19
an Vielseitigkeit orientiert	11	(3)	17	25	40
Erlebnisorientiert	33	21	10	13	13
Familienorientiert	15	38	10	31	(7)
Regenerationsbezogen	19	14	10	31	(8)
Total	100	100	100	100	100

Tabelle 20: Freizeitorientierungen nach Lebenskonzept-Typen (in %)

Lebenskonzept Freizeit- orientierung n =	Arbeits-orientiert 47	Aus-balanciert 45	Familien-orientiert 37	Freizeit-orientiert 26
Beruflich orientiert	19	11	(3)	—
Hobbyorientiert	28	31	(3)	19
an Vielseitigkeit orientiert	30	31	16	(8)
Erlebnisorientiert	11	(5)	(8)	58
Familienorientiert	(4)	13	49	—
Regenerationsbezogen	(8)	(9)	21	15
Total	100	100	100	100

wie 3.3.). Die zentrale Bedeutung der vorgängigen Sozialisationseinflüsse bestätigt sich nachdrücklich, wenn wir die Freizeitorientierungen der Jugendlichen auf deren Sozialisationshintergrund befragen. Ebenso wie die Jugendlichen mit einem entwickelten, auf sinnvolle Tätigkeiten und sozial befriedigende Kommunikationsformen abzielenden Arbeitskonzept, sind auch diejenigen, die ein aktiv-reflektiertes Freizeitkonzept entwickelt haben, unter vergleichsweise günstigen Sozialisationsbedingungen aufgewachsen

und relativ heil durch die Krise gekommen.[6] Es sind vornehmlich Jugendliche mit einem weiterführenden Schulabschluß, die ein aktiv-reflexives Freizeitverhalten an den Tag legen. Fast neun Zehntel der Abiturienten und zwei Drittel der Realschulabsolventen, aber noch nicht einmal jeder Dritte Hauptschulabsolvent entwickelt ein derartiges Freizeitverhalten (vgl. Tabelle 21).

Tabelle 21: Freizeitorientierungen nach Schulbildung (in %)

Freizeit-orientierung	Schulbildung n =	Haupt-schüler mit und ohne Abschluß 57	mittlere Reife 87	Hochschul-reife 20
Beruflich orientiert		(2)	12	20
Hobbyorientiert		23	19	20
an Vielseitigkeit orientiert		(4)	31	45
Erlebnisorientiert		19	18	(5)
Familienorientiert		33	(8)	(5)
Regenerationsbezogen		19	12	(5)
Total		100	100	100

Tabelle 22: Freizeitorientierungen nach Berufsverlaufstypen in der Krise (in %)

Berufsverlaufstypen Freizeit-orientierung n =	glatt durch die Krise gekommen (Typ 1 + 2) 84	von der Krise tangiert (Typ 3 + 4) 37	an der Krise gescheitert (Typ 5 + 6) 43
Beruflich orientiert	(9)	16	(2)
Hobbyorientiert	29	19	(7)
an Vielseitigkeit orientiert	30	19	14
Erlebnisorientiert	11	19	28
Familienorientiert	(9)	13	33
Regenerationsbezogen	12	13	16
Total	100	100	100

Schließlich ist auch der Zusammenhang mit den Krisenerfahrungen unübersehbar. Vor allem die glatt durch die Krise gekommenen

Jugendlichen haben ein aktiv-reflektiertes Freizeitkonzept entwickelt. Stark krisenbetroffene Jugendliche gehören selten zu den Berufs- und Hobbyorientierten oder zu den Jugendlichen mit einem an Vielseitigkeit orientierten Freizeitkonzept. Um so häufiger sind sie dafür unter den Erlebnisorientierten sowie den Jugendlichen mit einem eher familienorientierten Freizeitkonzept zu finden (vgl. Tabelle 22, S. 287). Dies beleuchtet die Krisenbetroffenheit der Jugendlichen noch einmal in einem ganz anderen Licht als dem, in dem wir sie bisher betrachtet haben: Vielen Jugendlichen, denen infolge der Krise eine sinnvolle Arbeitstätigkeit verwehrt wird, gelingt es nicht, dieses in der Freizeit durch den Aufbau eines eigenen Aktivitätszentrums, in dem sie ihre Fähigkeiten entwickeln, Selbstbewußtsein aufbauen und ihre Möglichkeiten erfahren könnten, zu kompensieren. Es scheint sich im Gegenteil anzudeuten, daß das, was ihnen in der Arbeit fehlt oder verwehrt wird, auch als Mangel in die Freizeit hineinwirkt. Im Resultat gehören sie nicht nur in der Arbeitswelt zu den Benachteiligten, sondern auch zu denjenigen, die es in der Sphäre außerhalb der Arbeit offenbar am schwersten haben, selbstbewußt und aktiv-reflektiert mit der ihnen zur Verfügung stehenden Zeit und den in dieser Gesellschaft vorgegebenen Konsumangeboten umzugehen.

Im Lichte unserer Befunde zur Freizeitnutzung und -orientierung von Jugendlichen werden etliche Theoreme der Freizeitsoziologie fragwürdig. Dies gilt etwa für die optimistische Annahme, die Freizeit leiste einen Beitrag zur Egalisierung von gesellschaftlicher Ungleichheit, weil die selbständige Verfügung über die freie Zeit und die gesellschaftlichen Konsumangebote allen gleich offen stünden. Dem ist nicht so. Wer dies annimmt, läßt sich von modischen Accessoires und äußeren Symbolen in die Irre führen. So verbreitet solche äußeren Attribute im Freizeitauftreten von Jugendlichen auch sein mögen, zu einer Egalisierung der Jugendlichen führen sie nicht, weder in bezug auf das tatsächliche Verhalten noch auf die inneren Bedeutungszuweisungen für das Freizeitverhalten. Offensichtlich ist beides so stark von früher erworbenen Verhaltenskompetenzen und außerhalb der Freizeit liegenden Bedingungen abhängig, daß sich diese Bedingungen, die nach wie vor ungleich sind, sich in der Freizeit Geltung verschaffen. Unsere Befunde zeigen auch, wo die Kompetenzen im Umgang mit der Freizeit angelegt werden: In der Familie, und sie weisen damit einmal mehr die überragende gesellschaftliche Bedeutung dieser so oft schon totgesagten Institution aus.

5. Das Verhältnis Jugendlicher zur Gewerkschaft

5.1. Theoretische Bezugspunkte der Analyse

In dem Maße, in dem die Arbeit stärker zu einem Bestandteil der persönlichen und weniger der kollektiven Identität von Jugendlichen wird — und hierin lassen sich die bisherigen Ergebnisse im Kern zusammenfassen —, ist es wahrscheinlich, daß sich auch das Verhältnis Jugendlicher zur Gewerkschaft wandelt. Dies ist sicherlich nicht nur oder in erster Linie eine Frage der inhaltlichen Ausprägung ihrer Arbeitskonzepte, d.h. der Richtung, in der sich ihre Arbeitsansprüche und -interessen entwickeln, sondern vor allem eine Frage, welche Erfahrungen sich für Jugendliche im (beruflichen) Sozialisationsprozeß mit der Arbeit verbinden, welche Möglichkeiten sie sehen, ihre Interessen wahrzunehmen und ihre Ansprüche zu realisieren, und nicht zuletzt auch eine Frage, wie ihnen die Gewerkschaft in diesem Zusammenhang selbst gegenübertritt.

Historisch war die Arbeiterbewegung der zentrale Kristallisationspunkt jener kollektiven sozialen Identität, die das Bewußtsein und Handeln zumindest relevanter Teile der Arbeiterschaft lange Zeit entscheidend prägte. Die Herausbildung und Stabilität ihres Kollektivbewußtseins war dabei immer an die gemeinsame Erfahrung von Ausbeutung und Unterdrückung, von politischer und kultureller Desintegration gebunden. In diesen Erfahrungszusammenhängen hatte auch die Gewerkschaft als Unterstützungs- und Solidarverband ihren festen Platz. Ihre Anziehungs- und Integrationskraft und damit ihre Stärke basierte zum großen Teil darauf, daß sich der einzelne sowohl innerhalb als auch außerhalb der Arbeit als Teil einer Gemeinschaft erfuhr, mit deren Schicksal sein eigenes in der Regel aufs engste verknüpft war. Dabei liegt es uns fern, die sozialen und politischen Zustände, die diesen Zusammenhalt hervorgebracht haben, in irgendeiner Weise zu idealisieren. Er war immer auch Ausdruck einer sozialen Not- und Zwangslage, die sich nicht zuletzt durch die historischen Erfolge gewerkschaftlicher Politik erheblich gelockert hat. Wir wollen hier auch nicht in eine historische Schwarz-Weiß-Malerei verfallen und die früheren Zustände im Gegensatz zu heute ausschließlich als ,,kollektivistisch" bestimmen; denn ebenso wenig wie heute alle kollektiven Bezüge aufgelöst sind, ging der einzelne damals in der ,,Kollektivität" auf. Auch der Proletarier früherer Zeiten hatte seine individuellen Interessen, auch er versuchte, seine persönlichen Lebensziele durchzusetzen, nur war er auch dabei stärker auf den Weg kollektiver Interessenwahrnehmung verwiesen.

Dies hat sich in historischer Perspektive entscheidend geändert: Auf der Basis insgesamt erweiterter materieller Reproduktionsmöglichkeiten, dem Ausbau der sozialstaatlichen Sicherungssysteme und der schrittweisen Verlängerung von arbeitsfreier Zeit, haben sich vor allem in den letzten Jahrzehnten Bedingungen herausgebildet, die dem einzelnen erheblich größere Spielräume dafür bieten, seinen individuellen Bedürfnissen und Interessen nachzugehen und sein Leben nach eigenen Vorstellungen zu gestalten. Wir verkennen dabei weder die Fortexistenz relevanter sozialer Ungleichheiten noch den Fortbestand gesellschaftlicher Zwänge und Abhängigkeiten, die sich zum Teil in neuen und subtilen Formen geltend machen, doch sind mit dem Prozeß fortschreitender Ausdifferenzierung und Individualisierung sozialer Lebenslagen (Beck 1986) die Grundlagen einer stabilen kollektiven Identität nachhaltig unterhölt worden. Damit aber kommt auch der Gewerkschaft in den Handlungs- und Interessenorientierungen des einzelnen ein veränderter Stellenwert zu. Gegenüber den Versuchen individueller Interessenrealisierung steht sie zumindest in der Gefahr, zunehmend in den Hintergrund zu treten.

Ein Großteil der Schwierigkeiten, vor denen die Gewerkschaften heute im Jugendbereich stehen, erklärt sich aus diesem weitreichenden Wandlungsprozeß, der weder rückgängig zu machen ist noch in der Zukunft aufzuhalten sein wird. Sicher — um auch hier einer Überinterpretation vorzubeugen — sind Schwierigkeiten, Jugendliche zu organisieren und vor allem, sie für die aktive Mitarbeit in der Gewerkschaft zu gewinnen, kein neues Phänomen. Nicht zufällig liegt der gewerkschaftliche Organisationsgrad im Jugendbereich immer schon deutlich unter dem DGB-Durchschnitt. Trotz der steigenden Zahl jugendlicher Mitglieder — Anfang der 70er Jahre wurde die Millionengrenze überschritten — konnte ein Organisationsgrad um die 20-%-Marke in keiner Phase der Nachkriegsentwicklung nachhaltig überschritten werden, wobei sich die Masse der jugendlichen Mitglieder ähnlich wie im Erwachsenenbereich auf die industriellen Großbetriebe konzentrierte. Immer schon hat es auch eine bedenkliche Diskrepanz zwischen passiver Mehrheit und einer relativ kleinen aktiven Minderheit unter den Jugendlichen gegeben. Dies gilt selbst für jene Phasen, in denen „etwas los gewesen ist" und an die sich manch alt gewordener Jugendfunktionär angesichts der heutigen Situation gerne zurückerinnert. Sowohl in den 50er Jahren, in denen es der Gewerkschaftsjugend zunächst gelungen war, eine vergleichsweise aktive politische Rolle zu spielen (Kampf gegen die Wiedereinführung der Wehrpflicht, Beteiligung an der Bewegung „Kampf dem Atomtod", Auseinandersetzung um ein neues Jugendarbeitsschutzgesetz usw.), als auch in der Blütezeit der Lehrlingsbewegung, die im Nachhinein wohl eher als Sonderphase zu begreifen ist, blieb das gewerkschaftliche Engagement immer Sache einer politisch interessierten Minderheit. Gleichwohl spricht auf dem Hintergrund der weitreichenden Veränderungen, die sich vor allem in den letzten Jahrzehnten durchgesetzt haben, einiges dafür, daß sich die Probleme, denen sich die Gewerkschaften heute im Jugendbereich gegenübersehen in zugespitzter Form stellen. Sie äußern sich nicht unbedingt in der Bereitschaft der Jugendlichen, sich formal zu organisieren, und damit auch weniger in der Entwicklung der Mitgliederstatistik, sondern vor allem darin, was die Jugendlichen — ob organisiert oder nicht — mit Gewerkschaft verbinden und wie sie sich inhaltlich auf organisierte Interessenvertretung beziehen.[1]

Für die Annahme, daß Jugendlichen eine Identifikation mit Gewerkschaft heute und auch zukünftig schwerer fällt und es insofern zu einer weiteren Erosion ihres Verhältnisses zur Gewerkschaft kommen kann, spricht eine Reihe von strukturellen Gründen, die zunächst wenig oder nichts mit realer gewerkschaftlicher Politik zu tun haben.

An erster Stelle stehen hier die weitreichenden Veränderungen im Sozialisationsprozeß Jugendlicher, die sich im Zuge des gesellschaftlichen und kulturellen Wandels der letzten Jahrzehnte durchgesetzt haben. Wir beziehen uns damit zum einen auf die fortschreitende *Auflösung klassen- und schichtspezifischer Sozialisationsmuster*, die auch die Präsenz der Gewerkschaft im Familienalltag herabgesetzt hat, so daß sie für Kinder und Heranwachsende dort kaum noch erfahrbar wird. Wieweit die Ausblendung von Gewerkschaft aus dem Familienalltag vorangeschritten ist, wird in den biographischen Erzählungen der Jugendlichen anschaulich (vgl. Abschnitt 5.4.).

Ob der Bedeutungsverlust klassenspezifischer Sozialisationsmuster auch eine zweite, aus gewerkschaftlicher Organisationsperspektive positive Seite hat, indem er auch in traditionell gewerkschaftsfeindlichen sozialen Schichten Negativeinflüsse aufgelöst hat, muß zunächst offen bleiben. Ähnliches läßt sich in bezug auf die langsame Auflösung geschlechtsspezifischer Sozialisationsmuster fragen, die immer auch eine mehr oder weniger verbindliche Rollenzuweisung beinhalteten, die Mädchen auf Familie und häusliche Sphäre festlegte. Politik war Männersache! Dies galt auch allemal in den proletarischen Milieus. Durch die Öffnung des Bildungssystems und auf dem Hintergrund eines deutlich erhöhten Arbeits- und Berufsinteresses der weiblichen Jugendlichen können hier Barrieren und Distanzen gegenüber Gewerkschaften abgebaut worden sein.

Zum anderen ist hier der *Strukturwandel der Jugendphase* im engeren Sinne anzuführen, d.h. die Verlängerung schulischer Ausbildungszeiten und die damit verbundenen Verschiebungen in den Entwicklungs- und Erfahrungsräumen der Jugendlichen. Auch sie bedeuten zunächst eine weitere Verringerung von Erfahrungsmöglichkeiten i.d.S., daß mit der Verlängerung schulischer Ausbildungszeiten die über die frühe Begegnung mit betrieblicher Arbeit vermittelten kollektiven Erfahrungen hinausgeschoben werden. Sicherlich war die frühe Konfrontation mit den Zwängen betrieblicher Arbeit für den einzelnen Jugendlichen immer auch mit Arbeitsleid verbunden, doch bedeutete sie zugleich auch die Erfahrung verbindlicher kollektiver Bezüge, die handgreifliche Erfahrung gemeinsamer Interessen und möglicherweise auch die Erfahrung gemeinsamer Kämpfe, deren Bedeutung für die Herausbildung einer kollektiven Identität außer Frage steht. Sie förderte den Zwang zur sozialen Selbstverortung und eröffnete einen wie immer verengten, so doch aber verbindlichen Bezug auf Gesellschaft.

Insgesamt bedeutet dieser Strukturwandel mehr als, daß es die Gewerkschaften heute und zukünftig schlicht nur mit älteren und schulisch besser qualifizierten Jugendlichen zu tun haben. Wie wir in den vorangegangenen Kapiteln gesehen haben, berührt er die gesamte Persönlichkeitsentwicklung der Jugendlichen und äußert sich in veränderten Bedürfnissen, Ansprüchen und Verhaltensdispositionen, von denen wir annehmen, daß sie auch auf die gewerkschaftliche Jugendarbeit gerichtet werden.

An zweiter Stelle ist hier auf eine Reihe relevanter Verschiebungen im Bereich *beruflicher Sozialisation* Bezug zu nehmen, durch die sich die Möglichkeiten der Erfahrbarkeit von Gewerkschaft ebenfalls deutlich verändert haben. Sie resultieren zum einen aus krisenbedingten Umschichtungen im Ausbildungssektor, zum anderen und vor allem aus den nachhaltigen Verschiebungen in der allgemeinen Beschäftigungsstruktur, die mit dem enormen Bedeutungszuwachs des Dienstleistungssektors bzw. von Dienstleistungsarbeiten einhergegangen sind.

Schon immer machte ein ganz erheblicher Teil der Jugendlichen seine ersten Ausbildungs- und Arbeitserfahrungen in Beschäftigungsbereichen, in denen die Gewerkschaften traditionell ,,außen vor" stehen und in denen die Jugendlichen kaum die Möglichkeit hatten, mit organisierter Interessenvertretung in Berührung zu kommen. Infolge der Umschichtung im Ausbildungssektor vor allem in den 70er Jahren, die zu einer stärkeren Gewichtung von Ausbildungsverhältnissen in Klein- und Mittelbetrieben geführt haben, in denen die Gewerkschaft zumindest als handlungsfähige Organisation häufig nicht einmal in Ansätzen vertreten ist, hat sich dieses Problem heute tendenziell eher noch verschärft. Selbst die gesetzlichen Vertretungsorgane sind in vielen Ausbildungsbetrieben nicht zu finden.[2] Auch in weiten Bereichen des Dienstleistungssektors führt die Gewerkschaft bekanntlich kaum mehr als ein Schattendasein. Damit mündet der berufliche Sozialisationsprozeß von Jugendlichen häufiger als früher in Beschäftigungsverhältnisse, in denen sie kaum einmal näher mit organisierter Interessenvertretung in Berührung kommen. Mehr noch: Die jungen Angestellten finden sich zum großen Teil in einem Umfeld wieder, das insgesamt eher dagegen spricht, sich gewerkschaftlich zu organisieren oder aktiv zu werden, als daß es einen Bezug auf Gewerkschaft förderte. Anders als Arbeiterjugendliche sehen sie sich zumeist einer Betriebskultur gegenüber, die traditionell durch eine ausdifferenzierte Positionshierarchie, die hohe Bedeutung äußerer Statussymbole und vor allem durch ideologische Integrationsmechanismen im Sinne der Stärkung individueller Leistungs- und Aufstiegsorientierungen gekennzeichnet ist, die eine Hinwendung zur Gewerkschaft von vornherein erschweren.

Drittens sind in diesem Zusammenhang Veränderungen auf seiten der Gewerkschaft selbst zu berücksichtigen, wobei wir uns hier vor allem auf die strukturellen Aspekte ihrer fortgeschrittenen *Institutionalisierung* beziehen, unter der wir ihre organisatorische Verfestigung und ihre allgemeine Anerkennung durch Staat, Gesetzgebung und Arbeitgeber sowie ihre weitgehende Einbindung in ein festes System gesetzlicher Regelungen bzw. normativer ,,Spielregeln" verstehen. Zentrale Meilensteine in dieser Entwicklung, die für die westdeutschen Gewerkschaften mit ihrer Gründungsphase nach dem Kriege beginnt, fielen in die 60er und 70er Jahre (,,konzertierte Aktion", Betriebsverfassungsgesetz 1972, Mitbestimmungsgesetz 1976). Sie haben dazu beigetragen, daß die Gewerkschaft den Jugendlichen heute als eine allgemein anerkannte

Institution gegenübertritt, die zum selbstverständlichen Bestandteil des gesellschaftlichen Arrangements geworden ist.

Durch die Institutionalisierung bedingt, konstituiert sich von vornherein ein anderes Verhältnis des (potentiellen) Mitglieds zur Gewerkschaft als in historisch früheren Phasen, in denen der einzelne gleichsam permanent gefordert war, die Existenz der Organisation und deren Handlungsfähigkeit durch das eigene Engagement zu sichern (vgl. Streeck 1981). Heute kann es zumindest den Anschein haben, als existiere die Institution Gewerkschaft durch das Eigengewicht des Organisationsapparates aus sich heraus. Eigenes Engagement, ja sogar die formale Organisationszugehörigkeit, braucht aus der Perspektive des einzelnen nicht mehr zwingend zu sein, zumal man an den Erfolgen der Gewerkschaft in der Regel auch als Nicht-Mitglied partizipieren kann.

Zugleich haben sich mit ihrer Institutionalisierung auch die Möglichkeiten verändert, Gewerkschaft konkret zu erfahren. Dabei resultieren die veränderten Erfahrungsmöglichkeiten sowohl aus dem Funktionswandel institutionalisierter Gewerkschaften, der sich historisch im Zuge des Ausbau sozialstaatlicher Sicherungssysteme vollzogen hat — vor allem der Bedeutungsverlust der nach innen gerichteten Unterstützungsfunktionen, die früher von existentieller Bedeutung gewesen sind, spielt hier eine zentrale Rolle[3] — als auch aus der tendenziell reduzierten Konfliktintensität gewerkschaftlicher Auseinandersetzungen, die mit der Verrechtlichung der Arbeitsbeziehungen und der Einbindung der Gewerkschaften in das geltende System normativer „Spielregeln" einhergeht. Schließlich beinhaltet die Institutionalisierung der Gewerkschaft immer auch Momente von Bürokratisierung und der Verselbständigung des Apparats gegenüber den (potentiellen) Mitgliedern. Gerade diese Momente dürften angesichts der erhöhten Sensibilität für kommunikative und organisatorische Strukturen, die wir bei den heutigen Jugendlichen beobachten können, von relevanter Bedeutung für ihr Verhältnis zur Gewerkschaft sein.[4]

Schließlich muß auf die in den letzten Jahrzehnten zu konstatierende Verschiebung gesellschaftlicher Konfliktlinien Bezug genommen werden, die auch das Handlungsfeld neu konturieren, auf dem sich Jugendliche und Gewerkschaft — wenn überhaupt — begegnen. Wir zielen damit auf den *Bedeutungswandel von Arbeit als Focus gesellschaftlicher Auseinandersetzung*, dessen Konsequenzen weit über den Jugendbereich hinausreichen. Unverkennbar hat sich in den letzten Jahrzehnten eine gesellschaftliche und politische

Handlungskonstellation herausgebildet, in der die traditionelle Auseinandersetzung um Arbeit durch neue Konfliktlinien und politische Frontstellungen tendenziell überlagert worden ist. Hier denken wir in erster Linie an die atomaren Vernichtungspotentiale und an die ökologischen Risiken, die in den vergangenen Jahren verstärkt ins Zentrum der öffentlichen Aufmerksamkeit gerückt sind und die in ihren Dimensionen weit über die traditionelle „Klassenfrage" hinausweisen. Wir denken aber auch an die weniger öffentlichkeitswirksamen, für den einzelnen gleichwohl wichtigen Alltagsprobleme und -konflikte, die sich mit der fortschreitenden Ausdifferenzierung individueller Lebenssphären und -bedürfnisse herausgebildet haben und die nicht mehr unmittelbar an den Klassenwiderspruch von Lohnarbeit und Kapital zurückzubinden sind. Dies bedeutet nicht, daß die Auseinandersetzung um Arbeit aus der Perspektive des einzelnen bedeutungslos geworden wäre, wohl aber, daß sie Konkurrenz bekommen hat: Arbeit ist nicht mehr *das* gesellschaftliche Konfliktfeld per se. Als Bezugspunkt für gesellschaftliche Veränderungsprozesse hat damit aber auch die Gewerkschaft Konkurrenz bekommen.

Die Gründe für den Bedeutungswandel von Arbeit als Focus gesellschaftlicher Auseinandersetzung sind nicht zuletzt auch in der Arbeit selbst zu finden. Sie machen sich fest an weitreichenden Veränderungsprozessen, die zu einer zumindest partiellen „Entproblematisierung" der Arbeit beigetragen haben (vgl. Baethge/Kern/Schumann 1988). Dies heißt nicht, daß in den Betrieben heute mehr oder weniger idyllische Verhältnisse herrschen, in denen sich der einzelne problemlos einrichten könnte. Hiervon sind wir meilenweit entfernt: Nach wie vor dominiert die „tote" über die „lebendige" Arbeit, nach wie vor ist die Arbeitskraft unter das Kapitalverhältnis subsumiert und der einzelne damit jenen Bedingungen unterworfen, die ihn zum Objekt der gesellschaftlichen Entwicklung machen. Gleichwohl haben sich die Bedingungen der Arbeitskraftverausgabung historisch in einer Weise verändert, die es u.E. erlaubt, von einer partiellen „Entproblematisierung" der Arbeit zu sprechen. Neben der Verkürzung der Arbeitszeiten, durch die sich die Grenzen für die extensive Nutzung der Arbeitskraft erheblich zu deren Gunsten verschoben haben, spielen hier vor allem zwei Entwicklungstendenzen eine Rolle: Zum einen der quantitative Bedeutungsverlust des industriellen Sektors und die damit verbundene Umstrukturierung des gesellschaftlichen Gesamtarbeitskörpers, auf deren Hintergrund nicht zuletzt jene industriellen Produktionsarbeiten an Gewicht verloren haben, die gerade von gewerkschaftlicher Seite häufig und zurecht als „Knochenarbeit" kritisiert worden sind. Zum anderen sind es qualitative Veränderungen in den unmittelbaren Arbeitsprozessen, die aufgrund gewandelter Rationalisierungsstrategien eine Neubewertung menschlicher Arbeitskraft beinhalten und mit veränderten Nutzungsstrategien des Arbeitsvermögens verbunden sind (wir haben in Kapitel 1 darauf hingewiesen). Tayloristische Rationalisierung war vom Ansatz her immer nur im Gegensatz zu und auf Kosten der unmittelbaren Produzenten durchzusetzen. Die Erfahrung von Unterdrückung und Auspowerung resultierte hieraus ebenso wie die Erfahrung von Gemeinschaftlichkeit und Solidarität. Zugleich war damit auch die kollektive Frontstellung in der Auseinandersetzung um die Bedingungen der Arbeitskraftvernutzung klar markiert. In dem Maße, wie die lebendige Arbeit aufgewertet wird, in dem Maße also, wie der Arbeiter gleichsam zum Mitarbeiter avanciert, wird diese Frontstellung verwischt und einer kollektiven Auseinandersetzung um die Bedingungen der Arbeitskraftvernutzung tendenziell der Boden entzogen. Auch wenn dies keineswegs bedeutet, daß mit der Durchsetzung moderner Rationalisierungsstrategien kein kollektiver Regelungsbedarf mehr bestünde, der noch eine engagierte gewerkschaftliche Interessenvertretung verlangte, so kann doch davon ausgegangen werden, daß die Konfliktstoffe in der Arbeitssphäre tendenziell an politischer Brisanz und Unversöhnlichkeit verloren haben und damit auch die Selbstdarstellung der Gewerkschaften in ihrem eigentlichen Aktionsfeld mangels spektakulärer Kämpfe und Erfolge schwieriger geworden ist.

Die partielle „Entproblematisierung" kennzeichnet allerdings nur eine Seite der Entwicklung (industrieller) Arbeit, ihre andere besteht in einer deutlichen Problemverschärfung: der zeitweisen oder sogar völligen Ausgrenzung aus der Arbeitssphäre, die in der anhaltenden Massenarbeitslosigkeit ihren Niederschlag findet, und einer sehr viel stärkeren Segmentierung inner- und außerbetrieblicher Arbeitsmärkte, die es den „Opfern" dieser Entwicklung immer schwerer macht, (wieder) in der Arbeitssphäre Fuß zu fassen. Sie geht einher mit der fortschreitenden Ausdifferenzierung sozialer Interessen- und Problemlagen, die einer kollektiven Interessenvertretung tendenziell entgegenläuft. Die in ihr angelegten Spaltungstendenzen berühren dabei keineswegs nur das Verhältnis von Arbeitsplatzinhabern und Arbeitslosen; auch auf Branchen- und selbst auf Betriebsebene gefährden sie zumindest potentiell ein einheitliches Interessenhandeln der Belegschaften, an das gewerkschaftliche Kampfkraft nach wie vor gebunden bleibt. Darüber hinaus müssen die Gewerkschaften seit der neokonservativen Wende, deren Programmatik im Kern darauf hinausläuft, die im gesellschaftlichen Entwicklungsprozeß selbst angelegten Differenzierungs- und Spaltungstendenzen politisch zu zementieren, mit einer Handlungskonstellation fertig werden, die ihnen weitaus weniger Spielräume läßt, als dies in Zeiten der sozial-liberalen Koalition der Fall war.

Insgesamt steht die Gewerkschaft heute also in einer ungleich schwierigeren Situation als noch in den 60er und beginnenden 70er Jahren, in denen es ihr auf dem Hintergrund relativ günstiger ökonomischer Voraussetzungen gelungen war, eine offensive Reformpolitik zu praktizieren, die nach außen demonstrierbar und auch für einen Teil der jugendlichen Arbeitnehmer nicht ohne Anziehungskraft war.

Im folgenden wollen wir anhand unseres empirischen Materials zeigen, wie sich das Verhältnis Jugendlicher zur Gewerkschaft auf dem Hintergrund dieser weitreichenden Veränderungen darstellt. Dabei steht entsprechend der Gesamtlage der Studie die subjektive Perspektive der Jugendlichen im Zentrum. Es geht also nicht um eine Realanalyse gewerkschaftlicher Organisations- und Vertretungspraxis, sondern in erster Linie darum, wie Jugendliche Gewerkschaft aus ihrer Perspektive erleben, wie sie Gewerkschaft wahrnehmen und vor allem, wie sie sich selbst auf Gewerkschaft beziehen, welche Bedeutung sie Gewerkschaft also in ihren eigenen Handlungs- und Interessenorientierungen beimessen.

Eine Vorbemerkung scheint uns dabei wichtig zu sein. Sie betrifft die Zusammensetzung unseres Samples, das gerade im Hinblick auf den gewerkschaftlichen Erfahrungshintergrund, den wir mit den Untersuchungsgruppen einfangen, nicht als repräsentativ angesehen werden kann. So ist der gesamte kleinbetriebliche Bereich und damit ein zentrales gewerkschaftliches „Notstandsgebiet" eindeutig unterrepräsentiert. Die Mehrzahl der von uns befragten Jugendlichen stammt aus Groß- und Mittelbetrieben bzw. größeren Dienstleistungseinrichtungen, wobei die einzelnen Betriebe und Verwaltungen zum überwiegenden Teil auch relativ gut organisiert sind.[5] Dies ist bei der Interpretation der Untersuchungsbefunde ebenso zu berücksichtigen wie die Tatsache, daß mit der Hälfte der von uns befragten Jugendlichen (49 %) überproportional viele gewerkschaftlich organisiert sind, zumeist in einer DGB-Gewerkschaft, vereinzelt auch in der DAG.[6] Schließlich ist auch die Zahl gewerkschaftlich aktiver Jugendlicher in unserer Untersuchung überrepräsentiert, da wir die Auswahl der Gesprächspartner — abweichend von unserem sonstigen Vorgehen — in diesem Punkt gesteuert haben, um überhaupt auf eine auswertbare Zahl von Jugendlichen zu kommen, die sich bereits näher auf Gewerkschaft eingelassen haben und über organisationsinterne Erfahrungen verfügen. Wenn wir im folgenden Quantifizierungen vornehmen, so kann es sich von daher immer nur um ungefähre Größenangaben handeln, die die Realität aus Gewerkschaftssicht in der Regel eher zu optimistisch wiedergeben.

5.2. Gewerkschaft aus der Sicht Jugendlicher: eine notwendige, aber ferne Institution

Keine Frage: die Notwendigkeit der Gewerkschaften

Völlig unabhängig davon, wie sie sich sonst zur Gewerkschaft definieren, steht eines für die Jugendlichen außer Frage: die Notwendigkeit der Gewerkschaft. In diesem Punkt können wir in Übereinstimmung mit den Ergebnissen anderer Jugenduntersuchungen einen breiten Grundkonsens in der heutigen Jugendgeneration feststellen: von ca. 90 % der Jugendlichen unseres Samples wird die Gewerkschaft als notwendig anerkannt und befürwortet. In beinahe allen Gesprächen wird deutlich, daß sie durchaus ein Bewußtsein von der Schutzfunktion der Gewerkschaft haben, ohne die ein nötiges ,,Gegengewicht zum Arbeitgeber", ein notwendiges ,,Regulativ" in dieser Gesellschaft fehlen würde. Selbst Jugendliche, die der Gewerkschaft insgesamt eher kritisch gegenüberstehen oder — wie einige Angestellte — ihre Nützlichkeit im eigenen Arbeitsbereich (,,oben im Büro") in Frage stellen, halten, bei aller Distanz, an der Notwendigkeit der Gewerkschaft fest. Auch diejenigen, die einen Funktionswandel der Gewerkschaft konstatieren (,,Früher war es ein regelrechter Existenzkampf. Es ging um die Existenz des Arbeitnehmers!"), meinen damit nicht, daß die Gewerkschaft angesichts der historischen Veränderungen und des erreichten materiellen Lebensstandards überflüssig geworden sei.

Lediglich eine — vor allem aus traditionell gewerkschaftsfernen Bereichen stammende — Minderheit von Jugendlichen (ca. 10 %), die mit Gewerkschaft bislang persönlich kaum in Berührung gekommen sind und sich in den Gesprächen möglicherweise sogar das erste Mal mit der Frage nach der Notwendigkeit von Gewerkschaft konfrontiert gesehen haben, macht deutlich, daß sie in diesem Punkt unschlüssig ist. Explizit für überflüssig erklären allerdings auch sie die Gewerkschaften in der Regel nicht; deutlich wird bei ihnen lediglich eine gewisse Unsicherheit und Unentschiedenheit in dieser Frage. „Wenn ich jetzt ja sagen würde", meint etwa ein junger KFZ-Mechaniker, als er im Gespräch darauf angesprochen wird, ob er die Gewerkschaft für nötig hält,

> „dann müßte ich das schon begründen. Das ist ja das Problem. Da ich nicht viel über Gewerkschaften weiß, ist das schon schlecht ... Es hört sich vielleicht etwas traurig an, aber ich weiß nicht einmal, was sie für Aufgaben haben, was sie verwirklichen, was sie vorhaben, wofür sie da sind" (KFZ-Mechaniker).

So positiv es aus gewerkschaftlicher Sicht zunächst auch gewertet werden kann, daß in der heutigen Jugendgeneration ein breiter Grundkonsens über die Notwendigkeit der Gewerkschaften besteht, so wenig ist zu übersehen, daß daraus noch keine Nähe oder gar Handlungsverbindlichkeit für die Jugendlichen resultiert. Die Begründungen für die Notwendigkeit der Gewerkschaften machen deutlich, wie sehr die Gewerkschaften im Bewußtsein der Jugendlichen zur Institution innerhalb eines pluralistischen Politik-Modells geworden sind, dessen Funktionieren einer gewerkschaftlichen Interessenvertretung bedarf.

> „Eine Gewerkschaft muß irgendwie schon da sein. Wenn nur der Arbeitgeber da steht, das ist auch nicht das Richtige. Der macht mit einem, was er will. Gegen ihn muß schon irgend etwas gerichtet sein, irgendeine Organisation, die mit dem Arbeitgeber verhandelt oder aufpaßt, daß der Arbeitnehmer nicht irgendwie ausgenutzt wird" (Angelernter Arbeiter).

> „Nötig sind sie auf jeden Fall, denn irgend jemand muß ja die Forderungen stellen. Irgend jemand muß ja das Gegengewicht stellen zum Arbeitgeber. Sonst tun sich die Arbeitgeber einfach zusammen und sagen, jetzt erhöhen wir einfach mal die nächsten drei Jahre nicht den Lohn. Und das bringt ja auch nichts ... Also es muß schon Gewerkschaften geben. Irgendwie muß ja ein Gleichgewicht bestehen" (Bankangestellte).

Wichtig ist das Gleichgewicht der unterschiedlichen Interessen von Arbeitgebern und Arbeitnehmern. „Irgend jemand" muß die Balance herstellen, und da sie es so gewohnt sind, ist dieser „irgend jemand" für sie eben die Gewerkschaft. Die Unbestimmtheit in der Bezeichnung der Gegenkraft signalisiert das Fehlen sowohl einer inhaltlichen Vorstellung als auch eines historischen Verständnisses von Gewerkschaft und damit zugleich die persönliche Unverbindlichkeit der Anerkennung ihrer Notwendigkeit bei der Mehrheit der Jugendlichen. Es ist die Anerkennung einer fernen, für viele beinahe anonymen Institution, aus der keinerlei Handlungsverbindlichkeit im Sinne der Mitgliedschaft oder gar des aktiven Engagements resultiert. Daß die Existenz einer institutionalisierten Interessenvertretung keineswegs selbstverständlich ist, daß es langer Kämpfe bedurfte, um die Gewerkschaft als Institution zu etablieren, ist nur einem kleinen Teil der Jugendlichen bewußt. Für die meisten ist Gewerkschaft einfach da, sie gehört zum selbstverständlichen Bestand des gesellschaftlichen Arrangements. So gesehen, scheint die Gewerkschaft ihre Institutionalisierung und die damit verbundene Anerkennung mit einem hohen Preis zu bezahlen: der weit verbreiteten Gleichgültigkeit unter jungen Arbeitnehmern, denen sich Gewerkschaft immer schon als fest etablierte und gesellschaftlich anerkannte Institution präsentiert, die keine besondere Aufmerksamkeit erheischt und deren Erhalt ein eigenes Engagement schon gar nicht mehr erforderlich erscheinen läßt. Die Mehrheit der Jugendlichen, mit denen wir gesprochen haben, befindet sich fraglos in der Rolle eines stillen Beobachters, der gewerkschaftliches Handeln nur aus der Ferne betrachtet. Wie sie von diesem Standpunkt aus die Gewerkschaft wahrnehmen, soll im folgenden genauer ausgeleuchtet werden.

Wir orientieren uns dabei im wesentlichen an den folgenden Fragen: Für welche Aufgabenbereiche ist Gewerkschaft aus der Sicht Jugendlicher vor allem zuständig? Genauer: Inwieweit billigen sie ihr auch eine über die traditionellen Felder gewerkschaftlicher Interessenvertretung hinausgehende politische Kompetenz zu? Welche gesellschaftlichen Durchsetzungschancen sehen die Jugendlichen unter den gegenwärtigen Bedingungen für gewerkschaftliche Politik? Und schließlich: Wie nehmen sie die gewerkschaftlichen Organisations- und Kommunikationsstrukturen wahr?

Wenn wir hier unterschiedliche Aspekte der Wahrnehmung von Gewerkschaft thematisieren, so geht es uns nicht darum, sie gleichsam zu einem geschlossenen Gewerkschaftsbild zusammenzufügen. Ursprünglich war es zwar durchaus unsere Intention, im Rahmen der Studie auch das (die) in der heutigen Jugendgeneration vorherrschende(n) Gewerkschaftsbild(er) i.S. komplexer Vorstellungen und deutlich konturierter Wahrnehmungsmuster herauszuarbeiten, doch erwies sich dies im Verlauf der Untersuchung als unrealistisch. Es zeigte sich in den Gesprächen sehr schnell, daß solche Wahrnehmungsmuster und Vorstellungen allenfalls bei einer Minderheit der Jugendlichen anzutreffen sind. Mehrheitlich bleiben ihre Äußerungen zur Gewerkschaft, sofern sie überhaupt in ihr Blickfeld rückt, diffus und unsicher; sie sind durch ein hohes Maß an Zufälligkeit geprägt und verdichten sich von daher kaum einmal zu einem klar konturierten Gesamtbild, an dem man sich in seiner Einschätzung und in seinem Verhalten orientiert. Auch dies ist freilich ein Ergebnis, das für unsere Fragestellung von Gewicht ist: Für einen erheblichen Teil der Jugendlichen ist Gewerkschaft offenbar so weit entfernt, daß sie kein Gegenstand (mehr) ist, von dem man sich überhaupt noch ,,ein Bild macht". Man weiß von ihrer Existenz, ihr wird auch ein notwendiger Platz im gesellschaftlichen Arrangement zugestanden, doch bleibt sie für viele Jugendliche in der Ferne des eigenen Wahrnehmungshorizonts. Wir verzichten von daher bewußt darauf, die Versatzstücke der Wahrnehmung, soweit sie in den Gesprächen deutlich werden, zu einem Bild zusammenzufügen; dies würde nur über die Brüchigkeit und Zufälligkeit hinwegtäuschen, die — bezogen auf die Mehrheit der Jugendlichen — gerade kennzeichnend sind für ihre Wahrnehmung der Gewerkschaft. Wie sie sich zu den einzelnen Aspekten geäußert haben, die mit Ausnahme des ,,Machtaspekts" in der von uns bewußt offen gehaltenen Gesprächssituation nicht direkt abgefragt worden sind, gibt allerdings schon deutliche Hinweise darauf, was ihnen in der Auseinandersetzung mit Gewerkschaft selbst wichtig erscheint und in welche Richtung ihr Gewerkschaftsverständnis geht. Insofern konzentrieren wir uns in der Darstellung auch darauf jeweils herauszuarbeiten, wie ,,besetzt" ein Aspekt ist und welches Gewicht er für die Auseinandersetzung mit dem Thema Gewerkschaft hat.

Gewerkschaftliche Aufgabenfelder

Wenn heute in der Debatte um die Zukunft der Gewerkschaft — aus der Perspektive der gesellschaftlichen Notwendigkeiten mit guten Gründen — über eine ,,Erweiterung des politischen Mandats der Gewerkschaften" (Negt 1985, S. 121ff.) nachgedacht und gerade unter jugendpolitischen Gesichtspunkten eine Beschränkung auf betriebs- und arbeitsbezogene Ansätze in Frage gestellt wird, so darf man sich nicht täuschen: Für das Gros der Jugendlichen ist die genaue Bestimmung des gewerkschaftlichen Aktionsfeldes kein Thema von besonderem Interesse, und wenn man sich überhaupt dazu Gedanken macht, dann fällt die Position fast durchweg konservativ aus: Fast ausnahmslos wird auf die herkömmlichen Schutz- und Hilfsfunktionen der Gewerkschaft rekurriert, auf die klassischen Aufgaben gewerkschaftlicher Vertretungspolitik sowie auf ihre traditionelle Rolle als Interessenorganisation der Arbeitnehmer im ökonomischen Verteilungskampf. In den Begründungen für die Notwendigkeit einer gewerkschaftlichen Interessenvertretung ist dies bereits deutlich geworden: Wer sich überhaupt zur Aufgabe und zum Mandat der Gewerkschaft äußert, formuliert fast austauschbar jene Position, die die Gewerkschaft ausschließlich in ihrer Vertretungsfunktion für Arbeitskraftbesitzer sieht, denen es um die Sicherung der Verkaufs- und Nutzungsbedingungen der Arbeitskraft geht: Sicherung von Löhnen und Tarifen, Schutz bei betrieblichen Konflikten. Die Vertretung der Arbeitslosen wird in diesem Zusammenhang durchaus mitgedacht und war keineswegs nur von denen, die selbst von Arbeitslosigkeit betroffen sind. Nicht wenige Jugendliche, die sich selbst auf der ,,Sonnenseite" des Arbeitslebens befinden, weisen explizit daraufhin, daß sie gerade in dieser Frage ein zentrales Aufgabenfeld der Gewerkschaft sehen, dem, wie einige kritisch anmerken, von seiten der Gewerkschaften, viel zu wenig Aufmerksamkeit geschenkt werde.

Die Gewerkschaft in ihren klassischen arbeits- und betriebsbezogenen Funktionen: Dort liegt für die Jugendlichen zweifellos das zentrale Aufgabenfeld; dies steht für sie nicht zur Disposition — aber auch nicht zur Debatte. Nur eine Minderheit — insgesamt etwa jeder Fünfte — äußert sich von sich aus zu der Frage einer Erweiterung des Mandats der Gewerkschaften über dieses Feld hinaus, zumeist festgemacht an Punkten wie der Teilnahme der Gewerkschaften an Aktionen der Ökologie- oder der Friedensbewegung bzw. an gewerkschaftlichen Äußerungen zu allgemein politischen Problemen. Einigkeit besteht in dieser Frage keineswegs: Während die eine Hälfte eine Erweiterung des gewerkschaftlichen Politikansatzes über das traditionelle Handlungsfeld Arbeit und Betrieb hinaus begrüßen würde, plädiert die andere Hälfte dafür, daß sich die Gewerkschaft auf ihre ,,eigentlichen" Aufgaben beschränken sollte. Sie wenden sich gegen eine Erweiterung des politischen Mandats der Gewerkschaften und wollen eine klare Trennung zwischen Politik und gewerkschaftlicher Interessenvertretung.

Die Argumentation für eine Erweiterung lautet dabei etwa:

,,Ich meine, die Probleme sind größer geworden, als das früher der Fall war. Und jetzt können die Gewerkschaften erst einmal zeigen, wozu sie durch ihre Stärke, durch ihre Mitglieder eben, wirklich in der Lage sind ... Es gibt ja auch mehr Probleme als früher. Wer hat denn damals an das Waldsterben oder an Raketen gedacht? Vor 10 oder 15 Jahren war das noch kein Begriff. Da hat sich die Gewerkschaftsarbeit noch darauf beschränkt, mehr Lohn und mehr Urlaub zu fordern und dann war's vorbei. Und jetzt haben die da alle so ein bißchen mit reingezogen, die Aufgaben sind größer geworden, die Probleme sind größer geworden, und jetzt können die Gewerkschaften wirklich beweisen, was sie sind" (Verwaltungsangestellter).

Typisch für die Gegenposition ist etwa folgende Äußerung:

,,Eine Gewerkschaft dient meines Erachtens nicht dazu, um Politik zu machen. Sie dient dazu, die Interessen des Arbeitnehmer zu vertreten. Ja, und Politik ist meines Erachtens etwas anderes ... Politik — das gehört irgendwie nicht hierher! Normalerweise sind sie dazu da, daß sie die Arbeitsverhältnisse verbessern oder jedenfalls, daß sie sich nicht verschlechtern. Gut, die Grenzen sind da ein bißchen verschwommen, aber meines Erachtens geht's im Moment und ging auch schon eine zeitlang zu weit" (Dequalifizierter Facharbeiter).

Daß die Jugendlichen dezidiert in der einen oder anderen Richtung argumentieren, ist aber eher die Ausnahme. Bezogen auf die überwiegende Mehrheit kann davon ausgegangen werden, daß sie einem Verständnis von Gewerkschaft anhängt, das diese unhinterfragt in ihrem klassischen Aktionsfeld von Arbeit und Betrieb verortet. Politisch-gesellschaftlich aufgeheischte Mandatsreduktion würde diesem Verständnis gleichermaßen zuwiderlaufen wie gewollte Mandatsverbreiterung. Proteste wie Unterstützung würden sich aber wohl in beiden Fällen in Grenzen halten: Der Aufgabenzuschnitt der Gewerkschaft ist nicht das Thema, das die besondere Aufmerksamkeit der Jugendlichen findet.

Gewerkschaftliche Durchsetzungschancen

Daß die Krise des Arbeitsmarktes und die langanhaltende Massenarbeitslosigkeit die Handlungschancen der Gewerkschaften empfindlich eingeengt haben, ist der Mehrheit der Jugendlichen bewußt; daß diesem Sachverhalt eine besondere Brisanz beigemessen würde, wäre übertrieben und beschreibt nur die Haltung einer Minderheit. Auch die Frage nach der Gewerkschaft als politischem Machtfaktor hat für die Jugendlichen zumeist kein die Wahrnehmung der Gewerkschaft bestimmendes Gewicht.

Als Faktum wird registriert, daß die ökonomischen und politischen Bedingungen dem Handlungsspielraum der Gewerkschaften für eine erfolgreiche Interessenvertretung mehr oder weniger enge Grenzen gesetzt hat. Die Gewerkschaften werden mehrheitlich in der Defensive gesehen, ohne Chance, ,,viel herauszuholen", ,,großartige Forderungen" zu stellen und auch umzusetzen.

,,Das ist heute ziemlich schwierig. Sie sind ja bemüht, die Arbeitslosen von der Straße runter zu kriegen. Das ist vielleicht ein großes Ziel, was sie da momentan haben. Aber allzu viele Möglichkeiten mit Arbeitskampf und so haben sie gar nicht. Wenn ich das Risiko Streik eingehe, muß ich damit rechnen, entlassen zu werden. Das steht dann ja zur Debatte. Der Arbeitgeber sagt sich dann, draußen stehen 2,5 Mio. Arbeitslose und von meiner Belegschaft mit 20 Leuten haben sechs Leute gestreikt. Diese sechs Leute können dann gehen. Da hat die Gewerkschaft dann nicht allzu viele Möglichkeiten. Im Moment ist es wohl für die Gewerkschaft ziemlich schwierig, irgendeine Forderung zu stellen" (KFZ-Mechaniker).

Krise und Arbeitslosigkeit zeigen in der Einschätzung der Jugendlichen deutlich ihre Wirkung. Typischerweise sind es vor allem die selbst härter von der Krise Betroffenen, die die gewerkschaftlichen Einfluß- und Handlungschancen als relativ begrenzt ansehen. Insbesondere von den arbeitslosen Jugendlichen geht in den Gesprächen kaum einer davon aus, daß die Gewerkschaften in der gegebenen Konstellation über genügend Kraft verfügen, um etwas an der Gesamtsituation zu ändern und damit auch ihre eigene Lage zu verbessern. Große Erwartungen in dieser Richtung äußern sie zumindest nicht. Und selbst wenn es den Gewerkschaften gelingen sollte, einen Teil ihrer Forderungen nach Arbeitszeitverkürzung umzusetzen, ist für sie damit nicht unbedingt die Hoffnung auf einen spürbaren Abbau der Arbeitslosigkeit verknüpft.

„Ich glaube nicht, daß die Gewerkschaften etwas an der Arbeitslosigkeit ändern können. Das kann ich mir eigentlich nicht vorstellen. Ich kann mir auch nicht vorstellen, ob nun diese Vorruhestandsregelung oder die 35-Stunden-Woche beschlossen wird, daß das nun irgend etwas ändert. Ich meine, es kann zwar sein, daß vielleicht ein paar mehr Arbeitsplätze geschaffen werden, okay, aber ob sich nun die Arbeitgeber daran halten und wirklich so viele Leute einstellen, wie eingestellt werden sollen .... Ich weiß nicht" (Arbeitslose Arzthelferin).

Weil die gesellschaftlichen Rahmenbedingungen mehr oder weniger als Diktat für den gewerkschaftlichen Handlungsspielraum begriffen werden, ist hinter dieser Wahrnehmung aber kaum Konfliktstoff verborgen, der auf die Gewerkschaft selbst abzielen könnte. Da gibt es zwar durchaus die Position, daß man durch entschiedenere, härtere Politik mehr erreichen könnte, doch wird sie nur von einer Minderheit vertreten. Lediglich jeder zehnte Jugendliche äußert sich dahingehend, daß die Gewerkschaft eine zu halbherzige Politik betreibe, sich selbst zu weit zurücknehme: Sie sei nicht konsequent genug, sie mache in Tarifkonflikten zu schnell einen Rückzieher, sie müßte, wie es ein Jugendlicher ausdrückt, höher „pokern" und auch bereit sein, zu härteren Kampfmaßnahmen zu greifen.

„Ich glaube schon, daß sie noch etwas erreichen können, da sie eben doch eine große Organisation sind. Und ich glaube, durch Streik kann man viel erreichen. Nur wird nach meiner Ansicht von seiten der Gewerkschaften viel zu früh nachgegeben. Wenn es z.B. um Lohnerhöhungen geht oder um Lohnausgleich, dann hat man am Ende zwei Prozent und hat doch nicht mehr als vorher. Da stört es mich eben, daß die Gewerkschaften so früh nachgeben ... Ich würde mir da eine härtere Linie wünschen" (Verwaltungsangestellter).

Dies bleibt allerdings die Position einer Minderheit. Mehrheitlich überwiegt eine abwägende Betrachtung, die davon ausgeht, daß die Bedingungen nun auch nicht günstig seien für die Durchsetzung von Beschäftigungsinteressen. Der Vorwurf der Erfolglosigkeit, gerichtet an die Adresse des Apparats, hält sich angesichts dieser Bedingungen dann auch in Grenzen; zumindest belastet er das Verhältnis der Jugendlichen zur Gewerkschaft nicht besonders. Fragt man nach einem solchen Focus, so liegt er am ehesten in der Wahrnehmung der Organisationsformen.

Gewerkschaft als Organisation

Die Vorstellungen, Phantasien und Vorurteile über die Gewerkschaft als Organisation haben die weitaus stärkste Prägekraft für das Gesamtverständnis der Jugendlichen von der Gewerkschaft. In seltsamer Verkehrung von Zweck und Mitteln erscheinen die Aufgabenfelder und Inhalte gewerkschaftlicher Politik ebenso wie deren konkrete Ergebnisse für das Gros der Jugendlichen nur als Rankenwerk an einem Organisationsbau, der in seinen Strukturen und Formen die Wahrnehmung bindet und bestimmt. Unter diesem Aspekt fügt sie sich noch am ehesten und bei den meisten zu einem ,,Bild": der anonyme, bürokratische Großapparat. Und in diesem Bild von der ,,austauschbaren" gesellschaftlichen Großorganisation bündelt sich auch die Kritik an der Gewerkschaft, verschmelzen rational und emotional bestimmte Einwände zum Vorwurf: *Das* kann doch nicht *unsere* Organisation sein.

Sicher, nicht jeder stellt diese Frage entschieden und aus der Perspektive der eigenen Betroffenheit. Für einen Teil der Jugendlichen ist selbst dieser Aspekt nicht einmal der Rede wert; zu weit ist Gewerkschaft aus ihrem Blickfeld ausgeblendet. Nicht immer ist die Wahrnehmung der Gewerkschaft als eine bürokratisch verkrustete Großorganisation auch mit Kritik und Abgrenzung verbunden. So gibt es eine ganze Reihe von Jugendlichen, die in ihren Äußerungen deutlich machen, daß sie im Grunde keine anderen Erwartungen und Vorstellungen mit Gewerkschaft verbinden; sie ist aus ihrer Sicht eben eine Institution mit bürokratischen Strukturen, ein Verwaltungsapparat zum Zwecke der Sicherung von Arbeitnehmerinteressen — und solange sie diese Funktion einigermaßen zufriedenstellend erfüllt, sehen sie auch keinen Anlaß zur Kritik. Bei Jugendlichen allerdings, die bereit sind, sich näher auf Gewerkschaft einzulassen, denen die Gewerkschaft nicht völlig egal ist und die aus der Perspektive innerer Beteiligung und Betroffenheit reagieren, ist der meiste Unmut auf diese Organisationsfrage focussiert.

Alles wird zusammengetragen, was den Problemhof einer Großorganisation ausmacht: unpersönliche Beziehungen, hierarchische Entscheidungsstrukturen, intransparente Entscheidungsprozesse, rigide Formen der Kommunikation. Die Stoßrichtung der Kritik zielt ab auf den gegenüber dem „einfachen Mitglied" abgehobenen Apparat, in dem zwar alles seinen verwaltungsmäßigen Gang geht „wie in einer Behörde oder einer Kasse", dessen Innenleben aber „einfach tot ist". Vereinzelt taucht auch der Vorwurf auf, daß da Personen nur an ihre gut dotierten Posten und schönen Privilegien denken oder gar in die eigene Tasche wirtschaften; zumindest sei man unsicher, ob die Mitgliedsbeiträge immer auch „sinnvoll" verwendet werden. Häufiger aber wird der Vorwurf erhoben, daß der personelle Repräsentant eben nicht mehr der vertraute Gewerkschaftskollege ist, zu dem man ein persönliches Vertrauensverhältnis hat und dessen Engagementbereitschaft außer Frage steht.

Für einen jungen Verwaltungsangestellten beispielsweise, selbst gewerkschaftlich organisiert, ist die Gewerkschaft

> „... irgendwie eine Gruppe, die einem eine Lohnsteigerung verschafft und ansonsten auch in weiter Ferne ist. Ich möchte sie zwar nicht mit einer Versicherung gleichsetzen, aber gewisse Tendenzen kann man sehen. Das kann auch teilweise an den Personen liegen, aber gewisse Tendenzen gibt es ... Ich glaube, daß der ganze Apparat und alles ziemlich überzogen ist. Auch das mit den Geldern, die aus den Beiträgen kommen, Sachen unternommen werden, die mit dem eigentlichen Ziel der Gewerkschaft nichts zu tun haben. Diese Gelder sind dann im Falle eines Falles gar nicht griffbereit. Das sind auch alles Gedanken, die ich irgendwo aufgeschnappt habe, aber ich glaube auch, daß daran irgendetwas dran ist."

Eine junge Krankenschwester sieht die Gewerkschaft als eine „abgehobene" Organisation, die „schon zu sehr über den Dingen steht". Sie sei

> „... schon gar nicht mehr mittendrin in der Gemeinschaft, sondern die sind schon ein richtiges Volk für sich geworden. Die wollen mit den eigentlichen Problemen gar nichts mehr zu tun haben. Und die kennen sie auch gar nicht mehr."

Eine Handelsassistentin aus der Gruppe der Verkäuferinnen, die es zwar gut findet, daß es Gewerkschaften gibt, selbst aber nicht organisiert ist, kritisiert vor allem die „Privilegien" der hauptamtlichen Funktionäre und findet die gewerkschaftlichen Organisationsstrukturen, insbesondere die „Hierarchie in den Gewerkschaften" in hohem Maße „inkonsequent". Sie vergleicht die gewerkschaftlichen Organisationsstrukturen mit denen eines Unternehmens — ein Vergleich, den wir bei den Jugendlichen häufiger antreffen; so auch bei einer jungen Industriekauffrau, die vor einem Jahr in die Gewerkschaft eingetreten ist, um nicht als „Trittbrettfahrerin" zu gelten. Für sie ist die Gewerkschaft bis heute „ein total unübersichtlicher Apparat", der aus ihrer Sicht auch kaum zu kontrollieren ist.

„Du kannst sie ungefähr gleichstellen mit einem großen Unternehmen. Es blickt keiner so dahinter ... Es ist praktisch ein zu großer Apparat, der zu unübersichtlich ist."

Solche Kritik am „Apparat" ist hinreichend bekannt und — wie man weiß — keineswegs auf Jugendliche beschränkt. Auf dem Hintergrund ihrer Ansprüche nach sozial befriedigenden Kommunikations- und Umgangsformen, nach Nähe und Direktheit vor allem auch im Sinne persönlicher Kontakte und einer Organisationspraxis, bei der sie merken, nicht nur verwaltet, sondern mit den eigenen Ansprüchen und Bedürfnissen ernstgenommen zu werden, ist die Organisationsfrage aber gerade für sie von hohem Gewicht. Was ihnen zumeist fehlt, bringt ein junger Facharbeiter auf den Punkt:

„Das müßte alles viel persönlicher sein. Das ist voneinander alles viel zu weit entfernt."

Vor allem die gewerkschaftlich interessierten Jugendlichen messen die Gewerkschaft sehr sensibel daran, ob diese Ansprüche in der tagtäglichen Organisationspraxis eingelöst oder aber enttäuscht werden, ob sie sich mit dem Bedürfnis, das ja auch Programmpunkt der Organisation ist, nach Kollegialität und Solidarität, nach Zusammengehörigkeit und Gemeinschaftlichkeit in dieser Praxis wiederfinden können. Die Betonung des Organisationsaspekts zeigt, in welche Richtung die Gewerkschaftswahrnehmung der Jugendlichen geht; zugleich markiert sie ein zentrales Problem, vor denen die Großorganisation Gewerkschaft bis heute im Jugendbereich steht: Soll das Interesse der Jugendlichen nicht bereits an der Organisationsfrage scheitern, sind Formen und Strukturen zu entwickeln, die den gewachsenen Ansprüchen der Jugendlichen auf Nähe, Direktheit und unmittelbare Teilhabe genügen.

5.3 Typische Bezugsweisen auf Gewerkschaft — Formen der Nähe und Distanz

5.3.1 Zielsetzung der Typologie und Kriterien der Zuordnung

Haben wir bislang gezeigt, wie sich Gewerkschaft den Jugendlichen darstellt, so soll im folgenden herausgearbeitet werden, wie sich die Jugendlichen aus ihren Interessen- und Handlungsperspektiven heraus auf Gewerkschaft beziehen. Es geht um die Frage, welche typischen Bezugsweisen auf Gewerkschaft in der heutigen Jugendgeneration anzutreffen sind und durch welche spezifischen Formen der Nähe und Distanz ihr Verhältnis zur Gewerkschaft charakterisiert ist. Dabei folgen wir nicht gängigen, an äußerlichen Organisationskriterien festgemachten Klassifikationsverfahren, die von der Unterscheidung zwischen organisierten und unorganisierten Jugendlichen, passiven und aktiven Mitgliedern oder ähnlichem ausgehen. Vielmehr zielen wir mit der Typologie auf das inhaltliche Verhältnis Jugendlicher zur Gewerkschaft in ihrem Auftrag und Anspruch kollektiver Interessenvertretung, über das die formale Organisationszugehörigkeit in der Regel wenig Auskunft gibt. So kann die Mitgliedschaft etwa dort, wo sie mehr oder weniger über sozialen Außendruck zustande kommt, geradezu quer zur Überzeugung des Betreffenden stehen. Umgekehrt läßt sich auch aus der bloßen Tatsache, daß ein Jugendlicher nicht organisiert ist, keineswegs auf dessen Ablehnung von Gewerkschaft schließen — mancher Nicht-Organisierte steht gewerkschaftlichen Politikinhalten aufgeschlossener gegenüber als sein gewerkschaftlich organisierter Arbeitskollege. Selbst die Übernahme einer gewerkschaftlichen Funktion oder die Bereitschaft eines Jugendlichen, sich etwa bei Jugendvertreterwahlen als Kandidat zur Verfügung zu stellen, braucht kein sicheres Indiz für ein inhaltlich begründetes gewerkschaftspolitisches Engagement zu sein. Wir wissen nicht nur aus unseren Gesprächen im Rahmen dieser Untersuchung, daß dies ganz unterschiedlich motiviert und für den jeweiligen Jugendlichen selbst von ganz unterschiedlicher Bedeutung sein kann.

Das Bestimmungskriterium unserer Typologie ist die inhaltliche ,,Besetzung", die kollektive Interessenvertretung und die Gewerkschaft als deren Repräsentant bei den Jugendlichen erfährt. Entscheidend ist für uns, wie sich der Jugendliche selbst zum Angebot kollektiver Interessenvertretung verhält, welchen Stellenwert er der Gewerkschaft in seinen eigenen Interessen- und Handlungsperspektiven beimißt und welche Bedeutung sie in dieser Perspektive für ihn hat. In unserem typologischen Zugriff geht es also nicht mehr nur um die *allgemeine* Anerkennung der Gewerkschaft als eine notwendige und, wie wir gesehen haben, längst auch von den Jugendlichen zum selbstverständlichen Bestand des gesellschaftlichen Arrangements gerechnete Institution, sondern um den *persönlichen* Bezug auf Gewerkschaft und kollektive Interessenvertretung.

Entsprechend dieser zentralen Suchrichtung haben wir das Gesprächsmaterial daraufhin ausgeleuchtet, welche Motive und Interessen etwa hinter der Entscheidung stehen, sich gewerkschaftlich zu organisieren oder zu engagieren bzw. was für die Jugendlichen dagegen spricht, einer Gewerkschaft beizutreten oder sich aktiv an der gewerkschaftlichen Arbeit zu beteiligen. Wir haben die Erfahrungsschilderungen der Jugendlichen auf Momente innerer Zustimmung oder Ablehnung untersucht; wir haben danach gefragt, welche Aversionen, Vorbehalte und Erwartungen von ihnen artikuliert werden und welches Gewicht Momente der Identifikation mit bzw. der Distanz zur Gewerkschaft in den Äußerungen der Jugendlichen haben.

Wenn wir von *Gewerkschaftsnähe* sprechen, so meint dies mehr als die formale Organisationszugehörigkeit und eine unverbindliche Zustimmung zu gewerkschaftlichen Politikinhalten. Gewerkschaftsnähe steht in unserer Typologie für eine Identifikation mit Gewerkschaft als kollektive Interessenorganisation und verweist auf eine innere Bindung an Gewerkschaft als eine Organisation, in der und mit der man gemeinschaftlich Arbeitnehmerinteressen vertritt. ,,Nähe" zur Gewerkschaft umschließt eine zumindest potentielle Unterstützungs- und Engagementbereitschaft in der Perspektive solidarischen Handelns, nicht Nutzbarmachung in ausschließlich egoistischer Absicht. Gewerkschaftsnähe steht hier also für einen Bezug auf Gewerkschaft, der über das zweckrationale Austauschverhältnis eines ,,zahlenden" Mitglieds zu seiner Organisation hinausgeht und als Typ ihre eindeutigste Ausprägung bei jenen findet, die aus innerer Überzeugung gewerkschaftliche Ziele vertreten, sich aktiv für ihre Umsetzung engagieren und Gewerkschaft in ihrem normativen Anspruch insbesondere ,,sozialer Gerechtigkeit" zu ihrem eigenen Handlungsfeld machen.

Die *Distanz* von Jugendlichen zur Gewerkschaft ist nicht gleichermaßen eindimensional zu definieren. Sie kann vielfältig begründet sein, sich auf unterschiedliche Ebenen von Gewerkschaftsorganisationen und -handeln beziehen und in durchaus disparaten Verhaltensweisen zum Ausdruck kommen. Distanz zur Gewerkschaft kann sowohl aus der Kritik an Inhalten gewerkschaftlicher Politik als auch aus der Kritik an vorfindlichen Organisationspraktiken resultieren; sie kann einhergehen mit dem Verzicht auf Mitgliedschaft, braucht dies aber keineswegs, wenn sozialer Druck oder individuelle Nutzen-Kalküle den Eintritt nahelegen. Ausdruck von Gewerkschaftsdistanz, wie wir sie in unserer Typologie fassen, ist entweder der mangelnde Bezug auf kollektive Dimensionen gewerkschaftlicher Interessenvertretung oder aber, bei inhaltlich kritischen Positionen, die bewußte Abgrenzung von Gewerkschaft, wobei diese wiederum ganz unterschiedlich motiviert sein kann.

,,Nähe" und ,,Distanz" zur Gewerkschaft lassen sich nicht in gradueller Abstufung auf einer Skala abbilden, deren Endpunkte durch den überzeugten Gewerkschafter auf der einen und den entschiedenen Gewerkschaftsgegner auf der anderen Seite gebildet werden. Denn so unterschiedlich sie in ihrer Bezugsweise auf Gewerkschaft auch sind, zeichnen sie sich doch durch eine Gemeinsamkeit aus, die sie von den meisten Jugendlichen deutlich unterscheidet: Für beide ist das Thema Gewerkschaft mehr oder weniger hoch besetzt, für beide ist es Gegenstand einer inneren Auseinandersetzung, bei beiden spielen Überzeugungen, Identifikationsmomente oder grundsätzliche Vorbehalte eine entscheidende Rolle. Für die Mehrheit der Jugendlichen ist dies gerade nicht charakteristisch. Sofern sie sich überhaupt auf Gewerkschaft beziehen, sind sie zumeist weit davon entfernt, dies zu einer Frage innerer Auseinandersetzung und persönlicher Betroffenheit zu machen. Ihr Bezug auf organisierte Interessenvertretung bewegt sich vielmehr auf der Ebene rationaler Nutzenerwägungen, bei der die kalkulatorische Frage nach Aufwand und Ertrag, nach persönlichen Vor- und Nachteilen einer Mitgliedschaft im Vordergrund steht. Nicht die innere Überzeugung ist ausschlaggebend, sondern in erster Linie die äußeren Umstände, die es entweder ratsam erscheinen lassen, der Gewerkschaft beizutreten oder aber, von diesem Schritt abzusehen.

Die Zuordnungen zur Typologie erfolgten nach einem *mehrstufigen Auswahlverfahren*. Auf einer ersten Stufe wurde zunächst danach selektiert, inwieweit das Thema Gewerkschaft bei den Jugendlichen überhaupt besetzt ist. Sie stellte gleichsam den ersten Filter dar zur Aussonderung jener Jugendlichen, aus deren Interessen- und Reflexionshorizont die Gewerkschaften völlig oder noch weitgehend ausgeblendet sind. Wichtigster Indikator für diese Haltung war die generelle Fremdheit des gesamten Gewerkschaftsthemas, daß sich diese Jugendlichen noch nie näher mit Gewerkschaft auseinandergesetzt oder mit der Frage beschäftigt haben, ob sie sich selbst gewerkschaftlich organisieren sollen. In diese Gruppe fielen auch solche Jugendliche, für die Gewerkschaften zwar als gesellschaftliche Institution präsent sind, diese aber aus ihrem persönlichen Verständnis von Interessenvertretung ausgeklammert bleiben, denen insofern auch die Frage einer gewerkschaftlichen Mitgliedschaft völlig egal ist, weil sie in dieser Perspektive weder Negatives noch Positives mit Gewerkschaft zu verbinden vermögen. Diese Haltung umreißt den Typus des ,,Indifferenten".

In einem zweiten Schritt wurden die Jugendlichen, bei denen ein Gewerkschaftsbezug festzustellen ist, dann zunächst danach eingestuft, ob sie sich dabei an einem vornehmlich individualistisch gefaßten Interessen- und entsprechendem Vertretungsmuster orientieren oder ob für sie das Konzept kollektiver Interessenvertretung dominiert. Dabei waren die Zuordnungen nicht immer leicht, handelt es sich hier doch um zum Teil fließende Übergänge. So spielen für Jugendliche, deren Verhältnis zur Gewerkschaft vornehmlich durch ein individuelles Interessenverständnis und entsprechendes Nutzen-Kalkül gekennzeichnet ist, nicht selten auch Momente der inneren Bindung oder Ablehnung eine Rolle; umgekehrt spielen solche, auf das eigene Schutz- und Sicherheitsbedürfnis bezogene Nutzen-Erwägungen natürlich auch bei den Jugendlichen eine Rolle, für die Gewerkschaft primär in kollektiver Vertretungsperspektive Bedeutung hat. Es kann hier immer nur darum gehen, zu gewichten, was jeweils im Vordergrund steht und welcher Bezug auf Gewerkschaft dominiert.

Die Dominanz einer *individualistischen Bezugsweise* auf Gewerkschaft sehen wir dann als gegeben an, wenn etwa deutlich wird, daß die Entscheidung für oder gegen eine Mitgliedschaft in erster Linie eine Frage persönlicher Interessenabwägung ist, wenn sie ihr Verhältnis im wesentlichen in den Dimensionen von Aufwand und Ertrag, von individuell bestimmtem Vor- und Nachteil sehen und ihre Erwartung und Kritik an Gewerkschaft sich daran bindet.

Die Dominanz eines an den *kollektiven Dimensionen* organisierter Interessenvertretung orientierten Bezugsweise auf Gewerkschaft wird von uns dann als gegeben unterstellt, wenn die Jugendlichen in ihren Entscheidungen entweder positiv auf gesellschaftliche und politische Dimensionen der kollektiven Interessenvertretung Bezug nehmen und etwa ihre Mitgliedschaft aus der Überzeugung heraus begründen, daß es auch im Sinne kollektiver Interessensicherung wichtig sei, die Gewerkschaft als Interessenorganisation des Gesamts der Arbeitnehmer zu unterstützen oder aber im Negativ-Bezug auf Gewerkschaft ihre Vorbehalte gerade an den kollektiven Momenten von Interessenvertretung festmachen und damit ihr ablehnendes Verhalten begründen. Ob Positiv- oder Negativ-Bezug auf Gewerkschaft: In beiden Fällen geht es hier um mehr als nur um individualistisches Vertretungsinteresse.

In einem dritten Auswertungsschritt haben wir die Jugendlichen mit individualistischer und kollektiver Vertretungsperspektive danach unterschieden, wie sie sich in ihrer jeweiligen Perspektive inhaltlich zur Gewerkschaft definieren und wie sie sich ihr gegenüber verhalten. Bei den Jugendlichen mit individualistischer Bezugsweise, zusammengefaßt im Typ des ,,Instrumentellen", sind dabei zwei konträre Ausprägungen anzutreffen: (a) diejenigen, denen es auf Basis rationaler Nutzenerwägungen ratsam erscheint, Mitglied einer Gewerkschaft zu sein bzw. zu werden (und möglicherweise sogar einen ,,Posten" zu übernehmen); (b) diejenigen, die sich von einer gewerkschaftlichen Mitgliedschaft keine Vorteile versprechen bzw. eher Nachteile erwarten. Wenn sie dennoch Mitglied sind, so typischerweise als Ergebnis von ,,Zwangsrekrutierung". Die kalkulatorische Bilanz, die der Jugendliche aus dem Abwägen von Vor- und Nachteilen einer gewerkschaftlichen Mitgliedschaft zieht und die wesentlich auch durch die je spezifischen betrieblichen Rahmenbedingungen bestimmt wird (ein gewerkschaftlich geprägtes Arbeitermilieu läßt den eigenen Vor-/Nachteil anders bilanzieren als ein gewerkschaftsfremdes oder gar feindliches Angestelltenmilieu), entscheidet hier über den Grad der Nähe bzw. Ferne zur Gewerkschaft.

Bei den Jugendlichen, die mehr als nur ein individualistisches Verständnis von Interessenvertretung haben, ist unter inhaltlichen Gesichtspunkten zwischen mehreren Typen zu unterscheiden. Distanz zur Gewerkschaft wird aus zwei völlig unterschiedlichen Blickwinkeln angemeldet: Da gibt es zum einen die ,,Gegner", die dezidierte, zumeist aus dem neokonservativen Lager stimulierte inhaltliche Vorbehalte gegen die Politik und/oder die Organisationspraxis der Gewerkschaft vortragen, ohne freilich deswegen automatisch die Notwendigkeit einer kollektiven Interessenvertretung in Frage stellen zu müssen. Zum anderen finden wir den Typ des ,,Enttäuschten", dessen Distanz zur Gewerkschaft sich vornehmlich aus der Diskrepanz zwischen einem gleichsam idealen kollektiven Vertretungsanspruch und der ,,schlechten", unzureichenden Realität erwächst. In der Regel gehören zu diesem Typ solche Jugendliche, die bereits über konkrete Erfahrungen mit Gewerkschaft verfügen, selbst sogar häufig schon einmal aktiv gewesen sind und sich dann enttäuscht aus der Arbeit zurückgezogen haben.

Auf der Seite der gewerkschaftsnahen Jugendlichen läßt sich zwischen dem Typ des ,,Interessierten", der der Gewerkschaft aufgeschlossenen gegenübertritt und eine zumindest potentielle Engagementbereitschaft erkennen läßt, und dem Typ des ,,Engagierten" unterscheiden, der aktiv an der gewerkschaftlichen Arbeit mitwirkt. Da beide Typen in ihrem inhaltlichen Grundverständnis sehr nahe beieinander liegen, werden wir sie in der Darstellung zusammenfassen. Um es vorab zu betonen: Es werden nur solche Jugendlichen zu diesem Typ gerechnet, die sich aus einem an den kollektiven Dimensionen gewerkschaftlicher Interessenvertretung orientierten Grundverständnis heraus — gleichsam ,,um der Sache willen" — aktiv an der Gewerkschaftsarbeit beteiligen. Jugendliche, die erkennbar aus primär egoistischen Motiven eine gewerkschaftliche Funktion übernommen haben (etwa um sich zusätzlich abzusichern), werden nicht dazu gezählt; sie stellen gleichsam eine aktive Variante zum Typ des ,,Instrumentellen" dar, der die Gewerkschaft im individuellen Interesse nutzt.

Die folgende Tabelle zeigt, wie sich die von uns befragten Jugendlichen auf die einzelnen Typen verteilen (s. S. 313).

Als erstes wichtiges Ergebnis läßt sich aus der Tabelle erkennen, daß die Gruppe der dezidierten Gewerkschaftsgegner unter den Jugendlichen relativ klein ist. In einzelnen Beschäftigungsgruppen, vor allem unter den karriereorientierten jungen Angestellten, ist dieser Typ auch quantitativ zwar keineswegs zu unterschätzen, doch stellt die dezidierte Gegnerschaft zur Gewerkschaft, insgesamt gesehen, ganz sicher nicht das Hauptproblem dar, mit dem es gewerkschaftliche Jugendarbeit heute zu tun hat.

Die Tabelle macht deutlich, wo die zentralen Probleme liegen: zum einen in der weitverbreiteten Gleichgültigkeit gegenüber Gewerkschaft, wie sie im Typ des Indifferenten repräsentiert wird, zum anderen und vor allem in der ausgeprägten individualistisch-instrumentellen Bezugsweise auf organisierte Interessenvertretung, die wir bei beinahe der Hälfte der Jugendlichen in der einen oder

Tabelle 23: Typen der Nähe und Distanz zur Gewerkschaft (in %)

Bezugsweisen auf organisierte Interessenvertretung n =	Gesamt 167*	männlich 87	weiblich 80
Typ I: Die Indifferenten — ohne Bezugsweise auf organisierte Interessenvertretung	20	15	25
Typ II: Die Instrumentellen — individualistische Bezugsweise auf organisierte Interessenvertretung	49	48	51
davon: Variante (a): die Gewerkschaft im individuellen Interessenkalkül nutzen	32	38	26
Variante (b): die Gewerkschaft bringt im individuellen Interessenkalkül keinen Vorteil	17	10	25
Jugendliche mit einem nicht nur individualistischen Verständnis von organisierter Interessenvertretung			
Typ III: Die Interessierten	12	13	11
Typ IV: Die Engagierten	(4)	(6)	(3)
Typ V: Die Enttäuschten	(8)	(9)	(6)
Typ VI: Die Gegner	(7)	(9)	(4)
Total	100	100	100

* Die Grundgesamtheit reduziert sich durch ein hier nicht einstufbares Interview.

anderen Variante finden. Damit haben zusammengenommen etwa zwei Drittel der Jugendlichen, mit denen wir gesprochen haben, keine genuine Beziehung zu einem kollektiven Verständnis von organisierter Interessenvertretung, wie es der Tradition und dem Selbstverständnis der Gewerkschaften entspricht.

Nur bei einer Minderheit der von uns befragten Jugendlichen ist eine Bezugsweise auf Gewerkschaft festzustellen, die sich positiv an den kollektiven Dimensionen organisierter Interessenvertretung orientiert. Ihre Nähe zur Gewerkschaft drückt sich vor allem darin aus, daß sie im Unterschied zu allen anderen eine zumindest potentielle Bereitschaft erkennen lassen, sich aktiv für eine Erreichung gewerkschaftlicher Ziele zu engagieren. Wie noch genauer zu zeigen sein wird, handelt es sich dabei aber nicht um den traditionellen Typus des Gewerkschaftsaktivisten, der sich mit der Übernahme des moralgesetzten Anspruchs der Arbeiterbewegung gleichsam selbst verpflichtet und alle möglichen Organisationszwänge und Opfer ,,um der Sache willen" in Kauf nimmt. Ihr Engagement bzw. ihre Engagementbereitschaft hat sehr viel mehr den Charakter einer freiwilligen Entscheidung, die bei frustrierenden Erfahrungen in und mit der Organisation sehr schnell zur Disposition stehen kann. Am Typ des ,,Enttäuschten", dessen ursprüngliches Interesse an Gewerkschaft aufgrund der gemachten Erfahrungen in eine kritisch-distanzierte Haltung umgeschlagen ist, wird dies deutlich. Immerhin ist der Typ des ,,Enttäuschten" in unserem Sample doppelt so stark besetzt wie der Typ des ,,Engagierten", wobei es durchaus sein mag, daß diese Verteilung die Realität nur annähernd wiedergibt. Jeder einzelne Fall verweist aber im Kern auf ein gravierendes Problem: Offenbar gelingt es den Gewerkschaften nur sehr begrenzt, interessierte und engagementbereite Jugendliche längerfristig an sich zu binden und in die Arbeit der Organisation zu integrieren. Mehr noch: Wie die Erfahrungsschilderungen der ,,Enttäuschten" zeigen, hat die nähere Berührung mit gewerkschaftlicher Organisations- und Vertretungspraxis in nicht wenigen Fällen eine geradezu abschreckende Wirkung. Nach unseren Ergebnissen kann durchaus angezweifelt werden, daß diese Jugendlichen aufgrund der gemachten Erfahrungen noch einmal für gewerkschaftliche Arbeit motiviert werden können.

5.3.2. Gleichgültig gegenüber Gewerkschaft — der Typ des ,,Indifferenten"

In diesem Typ fassen wir die Jugendlichen zusammen, die in den Gesprächen deutlich machen, daß das Thema Gewerkschaft insgesamt außerhalb ihres Interessenhorizonts liegt und für die chrakteristisch ist, daß sie eine Bezugsweise auf Interessenvertretung (noch) gar nicht entwickelt haben. Wir finden bei ihnen weder eine kritisch abwehrende Haltung noch ein erkennbares Wohlwollen gegenüber der Gewerkschaft; sie stehen ihr gleichgültig gegenüber. Zwar erkennen auch sie die Gewerkschaft in der Regel als ,,irgendwie" notwendig an, doch handelt es sich gerade bei ihnen um die Anerkennung einer beinahe beliebigen gesellschaftlichen Institution, zu der man selbst keinerlei Beziehung hat. Fragen nach möglichen Erwartungen oder danach, was sie an der gewerkschaftlichen Politik oder Organisationspraxis stört, wehren sie von vornherein ab: Man habe sich noch nicht mit dem Thema beschäftigt, und könne von daher auch nichts dazu sagen oder, wie es eine junge Krankenschwester ausdrückt: ,,Ich wüßte nicht, was mich an der Gewerkschaft stören sollte. Ich habe keine Ahnung." Jugendliche diesen Typs nennen auch keine konkreten Gründe, die aus ihrer Sicht für oder gegen eine Mitgliedschaft sprechen würden, sondern machen deutlich, daß dies im Grunde keine Frage ist, die für sie in irgendeiner Weise relevant wäre.

,,Für mich spricht gar nichts gegen eine Mitgliedschaft, aber es spricht auch nichts dafür. Ich habe mich damit nie befaßt" (Krankenschwester).

,,Konkrete Gründe kann ich eigentlich auch nicht sagen, warum ich nicht in der Gewerkschaft bin. Interessenlosigkeit vielleicht ... Da habe ich mir noch nie so Gedanken drüber gemacht" (Industriekaufmann).

Jeder fünfte Jugendliche, mit dem wir gesprochen haben, ist dem Typ des Indifferenten zuzurechnen; bei den jungen Frauen ist es sogar jede Vierte. Wir finden ihn relativ breit über die Untersuchungsgruppen gestreut, wobei allerdings auch hier einige eindeutige Schwerpunkte auszumachen sind. So ist der Typ des Indifferenten vornehmlich in jenen traditionell gewerkschaftsfernen Beschäftigungsbereichen anzutreffen, in denen eine Konfrontation mit Gewerkschaft real auch kaum einmal oder zumindest nur begrenzt stattfindet: den kaufmännischen und sozialen Dienstleistungsbereichen sowie dem Handwerk. Da es sich hier zum großen Teil um traditionelle Frauenarbeitsbereiche handelt, erklärt sich auch der relativ hohe Anteil weiblicher Jugendlicher unter den ,,Indifferenten". Auch ein erheblicher Teil der arbeitslosen Jugendlichen, die bislang noch über wenig eigene Arbeitserfahrungen verfügen, ist diesem Typ zuzurechnen. Vereinzelt ist er sogar unter Gewerkschaftsmitgliedern anzutreffen, die während oder nach ihrer Ausbildung irgendwie einmal in die Gewerkschaft ,,reingerutscht" sind, wie es ein junger Facharbeiter ausdrückt, denen es aber gleichgültig ist, ob sie organisiert sind oder nicht. Sie verbinden zumindest keine erkennbaren Interessen mit ihrer Mitgliedschaft.

Sind die Jugendlichen dieses Typs in ihrem mangelnden Bezug auf Gewerkschaft auch identisch, so gibt es, bezogen auf den Einzelfall, doch unterschiedliche Akzentsetzungen und individuelle Nuancen, die diesen Typ in unterschiedlichen Färbungen auftreten lassen. Während einige von ihnen ihr Desinteresse an Gewerkschaft selbst etwa vornehmlich damit erklären, daß sie bislang noch nie — weder im Elternhaus und in der Schule noch im bisherigen Verlauf ihrer beruflichen Sozialisation — mit Gewerkschaft konfrontiert worden seien, betonen andere eher ihr generelles Desinteresse an politischen Themen und legitimieren von daher, daß sie sich noch nie näher mit Gewerkschaft auseinandergesetzt haben. Ihre Indifferenz erstreckt sich gleichsam auf die gesamte politisch-öffentliche Sphäre und betrifft nicht nur die Gewerkschaften. Doch nicht nur in diesem Punkt sind Differenzen in der Selbstartikulation der Jugendlichen feststellbar: Während viele „Indifferente" diese Haltung mit größter Selbstverständlichkeit und ohne jeden Anflug von Selbstkritik verstehen, gibt es auch eine Teilgruppe, die darin selbst ein gewisses Defizit sieht; zumindest in der Gesprächssituation formuliert sie hier in Ansätzen ein Problembewußtsein, von dem bei anderen Jugendlichen dieses Typs nichts zu spüren ist. Für sie, so hat es den Anschein, ist es eher unverständlich, daß man sich überhaupt für solche Themen interessieren kann. Wir wollen die einzelnen Facetten anhand einiger Beispiele verdeutlichen.

Fallbeispiele:

Zunächst zu einer jungen Verkäuferin. Sie hat nach Abschluß der Hauptschule in einem kleinen Geschäft gelernt, in dem sie allerdings nicht übernommen wurde. So war sie, bevor sie die Stelle in dem Untersuchungsbetrieb bekommen hat, einige Monate arbeitslos. Als das Gespräch auf das Thema Gewerkschaft kommt, macht sie sofort deutlich, überhaupt noch keine Erfahrungen mit Gewerkschaft gemacht zu haben. In ihrem Ausbildungsbetrieb habe es so etwas überhaupt nicht gegeben, und auch in dem Geschäft, in dem sie jetzt arbeitet, sei die Interessenvertretung noch nirgends für sie sichtbar geworden. Von daher könne sie zum Thema Gewerkschaft auch gar nichts sagen. Es gäbe zwar einen Betriebsrat bzw. einen Betriebsobmann, doch mache sich dies für sie kaum bemerkbar, zumal sie nicht im Hauptgeschäft, sondern in einer Filiale arbeitet:

„Das ist ja nur ein kleinerer Betrieb, in dem wirklich nur wenige Verkäuferinnen arbeiten. Vielleicht ist das ja so, daß man deshalb nichts mitkriegt von der

Gewerkschaft, weil das so'n kleiner Betrieb ist. Weil hier jetzt auch nicht so viel anfällt, was man irgendwie an den Betriebsobmann weitergeben könnte. Das ist vielleicht ein Grund mit, weil das so'n kleiner Betrieb ist."

Sie wüßte aber auch gar nicht genau, was man überhaupt an den Betriebsobmann weitergeben könnte, was in sein Aufgabengebiet und in seine Zuständigkeit fällt.

„Wenn man vielleicht mal so mit einer Kollegin nicht zurechtkommt, daß man dann vielleicht mal mit dem spricht, oder hier so bei Konflikten. Aber da kann ich im Moment gar nichts zu sagen ... So Probleme gibt es hier eigentlich auch gar nicht. Also Probleme gibt es schon, aber die kann man eigentlich selbst regeln."

Auch in ihrem Elternhaus (der Vater ist Bäcker, die Mutter ebenfalls Verkäuferin; beide sind nicht organisiert) ist sie nie mit gewerkschaftlichen Themen konfrontiert worden; das sei für sie ein Bereich, „den ich eigentlich gar nicht so kenne". Grundsätzlich habe sie allerdings nichts gegen die Gewerkschaft. Sie hält die Gewerkschaft soweit sie dies beurteilen kann, durchaus für notwendig und schließt auch eine eigene Mitgliedschaft nicht von vornherein aus. Allerdings sagt sie gleich, daß sie sich hierüber noch nie Gedanken gemacht habe.

„Weil ich ja mit denen noch nie so zusammengekommen bin, so mit der Gewerkschaft. Warum eigentlich nicht eintreten? Man könnte ja mal sehen, wie das so ist. Da hat man sich vielleicht noch gar keine Gedanken gemacht über die Gewerkschaft."

Andere Jugendliche sehen in ihrem Desinteresse gegenüber Gewerkschaft, wie gesagt, selbst durchaus ein gewisses Defizit, ohne daß dies allerdings verhaltensrelevante Konsequenzen für sie hätte. Etwa eine junge Krankenschwester, deren Freund gewerkschaftlich engagiert ist, die selbst aber keine „Lust" dazu hat, sich mit gewerkschaftlichen Themen auseinanderzusetzen:

„Irgendwie bringe ich dafür nicht das richtige Interesse auf. Wenn ich dann irgendwie frei habe und so ... Mein Freund dagegen, der interessiert sich unheimlich für Gewerkschaftspolitik und wenn ich mal was habe, dann geh ich zu ihm. Er setzt mir das dann auseinander. Ich meine, das ist schlimm. Eigentlich müßte ich mich da auch selber mit auseinandersetzen, aber ach, ich mag nicht so dran gehen. Irgendwie fehlt mir die Lust dazu. Da müßte ich mich erstmal aufraffen. Da bin ich wahrscheinlich zu „bequem."

Daß sie sich nicht „aufraffen" kann, findet sie selbst etwas „blöde", wie sie an anderer Stelle sagt, zumal sie den Sinn einer Gewerkschaft durchaus einsieht. Sie kriege, fügt sie fast entschuldigend hinzu, bei der Arbeit allerdings auch nur wenig von der Interessenvertretung mit und habe von daher auch noch nie einen Anstoß bekommen, der sie neugierig gemacht hätte.

> ,,So bei der Arbeit jetzt, hier bei uns, also ich finde ... Das macht sich eigentlich nicht bemerkbar. Ich meine, wir machen hier unsere Arbeit auf Station, aber mit Gewerkschaft haben wir in dem Sinne nichts zu tun."

Für diejenigen, deren indifferente Haltung sich über die Gewerkschaft hinaus auch auf politische Themen insgesamt bezieht, mag hier ein 23jähriger KfZ-Mechaniker stehen. Er ist bereits verheiratet und konzentriert sich in seiner freien Zeit fast ausschließlich auf sein Privatleben. Obwohl er bereits mehrere Jahre im Berufsleben steht, ist auch er, wie er gleich zu Beginn betont, ,,im Grunde noch nie mit Gewerkschaft in Berührung gekommen". Konkrete Erfahrungen habe er zumindest noch nicht gemacht, auch nicht während der Ausbildung.

> ,,Im Grunde genommen war das so: Die haben uns in der Ausbildung gesagt, der und der ist Jugendvertreter und wenn ihr was habt, kommt hin, aber bei mir waren das nie solche Probleme, daß ich zum Jugendvertreter hin mußte, sondern die haben sich immer irgendwie so erledigt. Und deswegen habe ich mit Gewerkschaften noch gar keine Erfahrung gemacht."

Er fügt gleich hinzu, daß er an einem Kontakt mit der Gewerkschaft — ,,ehrlich gesagt" — auch gar kein Interesse gehabt habe. Auch die Möglichkeit eines Gewerkschaftsbeitritts habe sich ihm im Grund noch nie als Frage gestellt, was allerdings nicht heißen soll, daß er die Gewerkschaft ablehne. Er weiß aber auch nicht, welche Gründe für einen Beitritt in die Gewerkschaft sprechen sollten. Dazu habe er sich um die Frage bislang zu wenig gekümmert.

> ,,Im Grunde genommen spricht da nichts gegen. Nur, ich habe da noch keine Erfahrungen mit, ich habe mich da zu wenig drum gekümmert, um da jetzt überhaupt einen Durchblick zu haben und sagen zu können, ob es jetzt besser oder schlechter wäre, wenn ich in der Gewerkschaft wäre."

Insgesamt fällt es ihm schwer, konkreter auf das Gewerkschaftsthema einzugehen. Obwohl er im Verlauf des Gesprächs eine ganze Reihe von Arbeitsproblemen schildert und damit implizit einen Handlungsbedarf formuliert, kann er sich, wie er betont, letztlich gar nicht vorstellen,

> ,,wozu die Gewerkschaft in meinem Fall überhaupt gut ist. Das ist es eben, ich habe mich da überhaupt zu wenig drum gekümmert."

Sein Desinteresse bleibt dabei nicht auf die Gewerkschaften beschränkt. Es erstreckt sich auch auf andere politische Themen oder

Aktivitäten. Abgesehen von dem „ewigen Rumgemotze", findet er es zwar gut, daß sich Leute etwa für den Umweltschutz einsetzen, doch käme so etwas für ihn ebenfalls nicht in Betracht. An Politik habe er kein Interesse. Wichtiger sei ihm das Privatleben, für das ihm nach eigener Einschätzung sowieso zu wenig Zeit bleibe, zumal seine Frau als Verkäuferin zeitlich noch stärker eingeschränkt ist als er. Sich auch noch mit politischen Fragen zu beschäftigen, wo man eh „nur ein bißchen Freizeit hat", könnte er sich nicht vorstellen.

Wie in diesen Fällen ist das Desinteresse der „Indifferenten" nicht das Resultat einer kritischen Auseinandersetzung mit gewerkschaftlicher Politik und Organisationspraxis, sondern Ausdruck jener viel grundsätzlicheren Haltung, aus dem eigenen Schrebergarten auch nur der Blick auf anderes zu richten.

5.3.3. Im Mittelpunkt das eigene materielle Interesse — der Typ des „Instrumentellen"

Bei etwa der Hälfte der Jugendlichen und damit der Mehrzahl derjenigen, die sich überhaupt auf Gewerkschaft beziehen, läßt sich eine Bezugweise auf organisierte Interessenvertretung feststellen, die als individualistisch-instrumentell zu kennzeichnen ist. Wie man sich gegenüber der Gewerkschaft verhält, ob man sich organisiert oder nicht, ist bei diesen Jugendlichen keine Frage innerer Überzeugung, sondern in erster Linie Ausdruck eines rationalen Nutzenkalküls, bei dem die Frage nach den persönlichen Vor- und Nachteilen der gewerkschaftlichen Mitgliedschaft eindeutig im Vordergrund steht. Natürlich spielen auch bei diesen Jugendlichen immer auch emotionale Vorbehalte oder Sympathien eine Rolle, sicherlich finden wir auch bei ihnen Momente grundsätzlicher Zustimmung oder Ablehnung von Gewerkschaft, entscheidend für ihr Verhalten ist aber etwas anderes: der individuelle Nutzen, den man sich von einer Mitgliedschaft in der Gewerkschaft verspricht oder eben auch nicht. In die abwägende Betrachtung dieser Jugendlichen gehen dabei höchst differente Überlegungen ein, die sich keineswegs auf eine bloße Versicherungsmentalität reduzieren lassen. Sicherlich kann das Kalkül auch ein rein pekuniäres sein und ausschließlich danach fragen: Was handele ich mir für meinen Mitgliedsbeitrag an Leistung ein — bilanziert sich das Kosten-Nutzen-Verhältnis positiv oder negativ? Doch gerade in der individualistischen Bezugsweise auf organisierte Interessenvertretung und in der durch sie begründeten „Offenheit", ob man sich für oder gegen die eigene Beteiligung an der Gewerkschaft entscheidet, spielen Überlegungen auch aus ganz anderen Kontexten eine Rolle. Besonders wichtig ist die Frage, ob das Arbeits- und Betriebsmilieu in opportunistischer Interessenabwägung eine Mitgliedschaft nahelegt, weil sie dem „Normalverhalten" entspricht und deswegen Ausgliederung mit dadurch gegebenen Ausgrenzungs- und Benachteiligungsgefahren verhindert oder aber umgekehrt gerade die Nicht-Mitgliedschaft geboten erscheint, da ansonsten betriebliche Nachteile bis hin zu Abstrichen, etwa bei Aufstiegschancen drohen. Insofern ist das eigene Verhalten nicht selten als schlichte Konflikt-Vermeidungs-Strategie konzipiert: Mitwirkung wie Abstinenz kann sich dem einzelnen in dieser Perspektive je nach dem, wie er die Außenbedingungen wahrnimmt, als „richtiges" Handeln anbieten.

Wenn wir angesicht der quantitativen Bedeutung dieses Typs — wir sprechen im folgenden kurz vom Typ des „Instrumentellen" — davon ausgehen, daß die individualistisch-instrumentelle Bezugsweise charakteristisch ist für die Mehrheit der heutigen Jugendlichen, sofern sie sich überhaupt auf Gewerkschaft beziehen, so soll dies nicht heißen, daß wir hierin einen völlig neuen Grundzug im Verhältnis Jugendlicher zur Gewerkschaft sehen. Nach dem Nutzen der Gewerkschaftsmitgliedschaft haben zweifellos auch frühere Generationen gefragt. Ob das Gewerkschaftsverständnis aber mehrheitlich in diese Richtung ging und vor allem, ob die individualistische Perspektive früher in gleicher Weise ausgeprägt war, scheint uns zumindest fraglich zu sein. Wir gehen davon aus, daß sich diese Perspektive erst in dem Maße als dominant herausgebildet hat, wie die Auflösung der traditionellen lebensweltlichen Erfahrungszusammenhänge vorangeschritten ist und damit auch jene gemeinschaftlichen Klassenkampferfahrungen an Bedeutung verloren haben, auf deren Hintergrund ein Bezug auf die kollektiven Dimensionen organisierter Interessenvertretung mehr oder weniger selbstverständlich gewesen ist. Im Gewerkschaftsbezug der Mehrheit der heutigen Jugendgeneration sind diese Dimensionen weitgehend ausgeblendet. Was bringt es *mir*? Was habe *ich* davon, wenn ich in die Gewerkschaft eintrete? Diese Fragen stehen bei den Jugendlichen an erster Stelle. Die Frage nach der Bedeutung organisierter Interessenvertretung für die Gesamtheit oder, wenn man so will, für das Kollektiv, tritt demgegenüber eindeutig in den Hintergrund.

Der Typ des Instrumentellen taucht in zwei Varianten auf: zum einen in Gestalt der Jugendlichen, die die Gewerkschaft im individuellen Interessenkalkül *nutzen*, für die es nach Abwägen ihrer Interessen also Sinn macht, Gewerkschaftsmitglied zu sein bzw. zu werden, zum anderen in Gestalt derjenigen, die sich ausgehend vom gleichen Grundverständnis keinen persönlichen Vorteil aus der gewerkschaftlichen Mitgliedschaft versprechen und von daher auf Distanz bleiben. Beide Varianten sollen im folgenden genauer beschrieben werden.

(a) Variante:
Die Gewerkschaft im individuellen Interessenkalkül nutzen

Es sind recht unterschiedliche Begründungen, die bei diesen Jugendlichen in ihrem Interesse geboten erscheinen lassen, sich gewerkschaftlich zu organisieren oder diese doch zumindest ernsthaft zu erwägen. Zentral sind dort, wo der dezidierte Nutzen angestrebt wird, individuelle Sicherheits- und Hilfsbedürfnisse, die die (potentielle) Mitgliedschaft begründen. Sie reichen von dem unbestimmten Gefühl, „für alle Fälle" abgesichert zu sein bis zu konkreten Vorstellungen von Besserstellung in Krisensituationen und der Zahlung von Unterstützungsgeldern im Streikfall, die ihnen die Gewerkschaftszugehörigkeit ratsam erscheinen lassen. Daß die Gewerkschaft und im Betrieb der Betriebsrat notwendige Einrichtungen sind, steht für diesen Typ außer Zweifel; wieweit ihr Einfluß reicht, Beschäftigteninteressen im allgemeinen und dabei auch seine zu vertreten, wird dagegen sehr unterschiedlich eingeschätzt.

Bei vielen Jugendlichen dieses Typs ergibt sich die Gewerkschaftsmitgliedschaft, wie gesagt, aber auch aus schlichten Anpassungsgründen: In einem Betrieb, in dem die Gewerkschaftszugehörigkeit vom Betriebsrat gleichsam als Paket mit der Aufnahme des Beschäftigungsverhältnisses präsentiert wird, schließt man sich widerspruchslos an — schließlich könnte sonst die Einstellung insgesamt gefährdet sein — oder man beugt sich dem sanften sozialen Druck einer Kollegenschaft, für die Gewerkschaftszugehörigkeit ein wichtiges Merkmal für Kollegialität ist, weil man schließlich nicht ausgegliedert sein und schon gar nicht als unkollegial erscheinen will.

Gleichgültig aber, ob im individuellen Nutzenkalkül positiv begründet durch bessere Absicherung oder anpaßlerisch im Sinne der Vermeidung von Ausgliederung: Eine Unterstützungs- und Engagementbereitschaft ist mit einer solchen Mitgliedschaft nicht angesagt. Nicht das gemeinschaftliche Handeln in und mit einer Organisation, der man sich zugehörig und innerlich verbunden fühlt, kennzeichnet ihr Verhältnis zur Gewerkschaft, sondern das Prinzip der Interessendelegation. Man selbst definiert sich deswegen auch nicht als „Gewerkschaftler", sondern als „zahlendes Mitglied", das für seinen Beitrag erwarten kann, vom Apparat und den vom Mitgliedsbeitrag bezahlten Funktionären angemessen vertreten zu werden. Das heißt nicht unbedingt gänzliche Passivität — in der tariflichen Auseinandersetzung wird man sich dem Gros durchaus anschließen und damit der Durchsetzung auch der eigenen Interessen Nachdruck verleihen. Aber Selbst-Handeln bleibt die Ausnahme; gerade in Abwägung zu beruflichen, familiären und Freizeitaktivitäten, die dann ja zurückzustehen hätten, haben diese eindeutig Priorität. In dieser Hinsicht stimmt der Vergleich mit der Versicherung: durch die Beitragszahlung sind sie dabei, ohne daß mit der Mitgliedschaft aber ein weitergehendes Interesse an gewerkschaftlicher Arbeit verbunden wäre.

Fallbeispiele:

Zunächst zu einem jungen Automobilarbeiter: Das Automobilwerk, in dem er beschäftigt ist, gehört zu den am besten organisierten Betrieben des Samples. Der Organisationsgrad liegt bei ca. 90 %, im Jugendbereich sogar darüber. Die Arbeit der Interessenvertretung, zentriert um die freigestellten Betriebsräte, ist — wie in der Automobilindustrie üblich (vgl. Kern/Schumann 1984, S. 117ff.) — in hohem Maße professionalisiert. Aus der Sicht der Mehrheit der Jugendlichen dieser Untersuchungsgruppe stellt der Betriebsrat durchaus einen relevanten betrieblichen Machtfaktor dar. Wie es einer von ihnen ausdrückt, „darf hier nichts gemacht werden, bevor nicht der Betriebsrat gefragt worden ist, ob es nun Einstellungen, Entlassungen oder etwas anderes ist. Er muß immer seinen Segen dazu geben."

In unserem Fallbeispiel handelt es sich um einen gelernten Werkzeugmacher, der, wie die anderen Jugendlichen aus dieser Gruppe auch, nach der Lehre nicht ausbildungsadäquat übernommen worden ist. Wie den anderen, wurden auch ihm verschiedene Arbeitsplätze in der Produktion zur Auswahl angeboten, wobei er sich in erster Linie aus finanziellen Gründen für eine Arbeit im Preßwerk entschieden hat. Hier arbeitet er nunmehr, unterbrochen durch die

Bundeswehrzeit, seit etwa drei Jahren; die Hoffnung, noch einmal in eine Fachabteilung zu kommen, hat er inzwischen aufgegeben. Er hat sich arrangiert, zumal er mittlerweile zum Maschinenführer aufgestiegen ist.

„Ich fühle mich da, wo ich jetzt bin, eigentlich ganz wohl. Ich habe jetzt meinen Maschinenführer, ich warte erst mal ab. Vielleicht ist es mal möglich, daß ich Einrichter mache — und mehr will ich eigentlich gar nicht."

Da ihm bekannt war, daß die Gewerkschaftsmitgliedschaft in diesem Betrieb üblich ist, ist er gleich zu Beginn der Ausbildung in die Gewerkschaft eingetreten, „eben weil da alle eintreten, weil das normal ist, genauso wie jeder Steuern bezahlt". Einer besonderen Begründung bedurfte es für ihn nicht. Der Beitritt war mehr oder weniger selbstverständlich, zumal sein Vater, der seit Jahren im gleichen Betrieb arbeitet, diesen Schritt auch befürwortete.

Vielleicht, so fügt er einschränkend hinzu, sei er auch eingetreten, „um nicht aufzufallen", um bei der Mehrheit zu sein. „Aber so ein Typ bin ich eigentlich nicht. Wenn ich sage, ich will das nicht, dann will ich es nicht!"

Mit dem Eintritt war das Thema Gewerkschaft für ihn aber erledigt. Weder im Verlauf der Ausbildung noch danach sei er bislang näher mit Gewerkschaft in Berührung gekommen; konkrete Erfahrungen habe er mit der Interessenvertretung noch nicht gemacht:

„Ich will mal sagen, ich habe bis jetzt keine negativen Erfahrungen mit der Gewerkschaft gemacht, ich habe auch keine positiven Erfahrungen gemacht, also ich lebe mit denen, ich bezahle meinen Beitrag, lasse die in Frieden, die lassen mich in Frieden — so ungefähr."

Da ihn Politik nicht interessiert — „es geht ja im gewissen Sinne um Politik" —, hat er sich um die Arbeit der Interessenvertretung auch nicht weiter gekümmert. Er gehört zu denen, die gewissermaßen nur aus der Ferne mitbekommen, was die Interessenvertretung macht.

„Gut, sie kämpfen unsere Lohnforderungen durch; was heißt: unsere Lohnforderungen? Es sind ja praktisch ihre Forderungen. Sie stellen sie auf und die Arbeiter sagen dann immer: Ja, fein! Macht mal! Aber direkt in Anspruch genommen, habe ich die noch nie. Ich bin noch nie so direkt zu ihnen hingegangen und habe gesagt, was ich will … Ich habe mich auch nie darum gekümmert. Ich kann auch nicht sagen, daß ich mich bei Betriebsversammlungen nun direkt interessiert dahingesetzt habe und mit das angehört habe. Ich bezahle meinen Beitrag — fertig!"

Die Mitgliedschaft ist für ihn nicht mehr als eine Rückversicherung, die er eingegangen ist, um für den Fall abgesichert zu sein, wenn „wirklich mal was ist"; falls also eine Situation eintreten sollte, in der er auf die Rückendeckung der Interessenvertretung angewiesen wäre. Bislang habe er allerdings noch nie „größere Probleme" gehabt, so daß er die Gewerkschaft bislang auch noch nie „gebraucht" habe. Er könnte sich aber durchaus Situationen vorstellen, in denen er die Interessenvertretung einschalten würde,

> „zum Beispiel, wenn dich der Meister nicht leiden kann und er dich ausnutzt oder unterdrückt, dann gehst du eben zur Gewerkschaft oder dem Betriebsrat und schaltest den ein. Oder wenn du Mist gebaut hast ... Aber ich habe eigentlich nie persönliche Probleme in der Arbeit gehabt, daß ich mich da unterdrückt fühle oder so etwas. Das ist nie vorgekommen."

Daß eine Arbeitnehmervertretung gerade für den „Fall des Falles" nützlich und sinnvoll ist, ist ihm klar. Er begrüßt es auch, daß die Interessenvertretung in dem Automobilwerk ein vergleichsweise starkes Gewicht hat und daß sich ihr Einfluß in betrieblichen Problem- oder Konfliktsituationen doch spürbar bemerkbar macht, doch käme es für ihn nicht in Betracht, sich selbst einzumischen, sich an der Arbeit der Interessenvertretung in irgendeiner Weise zu beteiligen. Er handelt nach dem Motto: „Laß die man machen!" Dabei ist ihm durchaus bewußt, daß zur Durchsetzung gewerkschaftlicher Ziele immer auch Leute gehören, „die dahinter stehen". Weil ihn Politik aber generell nicht interessiert und vor allem, weil er nicht dazu bereit ist, irgendwelche Abstriche von seiner Freizeit zu machen, weist er die Möglichkeit eines eigenen Engagements weit von sich.

> „Viele Lehrgänge und Termine sind ja auch am Wochenende und man muß ja wahrscheinlich, wenn man sich da engagiert, zuhause auch noch seine Papiere durcharbeiten. Gerade jüngere Leute sind froh, wenn sie von der Arbeit kommen und dann geht's ab zur Freundin oder in die Disco. Ich meine, mir geht es im Prinzip ganz genauso. Ich bin froh, wenn ich mal nichts zu tun habe ... Wenn ich normal arbeite, um 14.00 Uhr Feierabend habe und meine Karte gestempelt habe, dann gehe ich raus und dann kann von mir aus der Laden hinter mir zusammenfallen! (Lacht)"

Das aktive Engagement überläßt er denen, die dafür bezahlt werden. „Wir bezahlen ja genug Beiträge für die Leute", so daß man verlangen kann, daß sie sich um anstehende Probleme kümmern. Er erwartet aber nicht nur entsprechende Gegenleistungen für seinen Beitrag, sondern auch einen sinnvollen Umgang mit dem Geld, das monatlich von seinem Konto abgebucht wird. Für wenig sinnvoll hält er z.B. das „Gewerkschaftsheftchen", das jeden Monat auf seinem Tisch liegt: „Man blättert es mal durch und dann wandern alle 20 oder 30 Exemplare in den Mülleimer". Solche unnötigen Geldausgaben ärgern ihn zwar, wirklich stören tun sie ihn nicht; dazu bedeutet ihm Gewerkschaft zu wenig.

„Daß ich Steuern bezahlen muß, stört mich auch, das würde ich am liebsten auch selber einheimsen, genau wie die 27 DM Beitrag. Aber Du weißt eben, wenn mal was ist, dann kannst Du zu ihnen hingehen. Wenn Du austrittst und es passiert wirklich mal was, das kann ja jeden Tag mal passieren, und Du dann zu ihnen hingehst, dann sagen sie: Freund, Du bist ausgetreten, es tut uns leid! Und die 27 DM im Monat ..."

Als zweites Beispiel für den Typ des Instrumentellen in der Variante „Nutzen der Gewerkschaft" möchten wir den Fall eines jungen KfZ-Mechanikers schildern, der zwar (noch) nicht gewerkschaftlich organisiert ist, sich aus einem individuellen Absicherungsinteresse heraus aber durchaus vorstellen könnte, einer Gewerkschaft beizutreten. Wir finden eine ganze Reihe dieser Fälle vornehmlich unter den krisenbetroffenen Jugendlichen, die in gewerkschaftsfernen Bereichen arbeiten. In diesem Beispiel handelt es sich um einen 19jährigen Jugendlichen aus der Gruppe der KfZ-Mechaniker. Es gibt in dem Betrieb zwar einen Betriebsrat und auch eine Jugendvertretung, doch kann man kaum von entwickelten Vertretungsstrukturen reden. Der Organisationsgrad liegt deutlich unter 10 %.

Der Jugendliche, den wir hier im Auge haben, zählt zwar nicht zu den hart Krisenbetroffenen, doch stellten sich ihm beim Berufsstart durchaus einige Probleme: Da er nur über einen Hauptschulabschluß verfügt, der ihm in der Konkurrenz um die vorhandenen Ausbildungsplätze wenig Chancen ließ, mußte er von seinem Wunschberuf Radio- und Fernsehmechaniker nach einigen Versuchen Abstand nehmen („Realschulabschluß muß man haben!"). Viel Auswahl blieb ihm nicht, so daß er letztlich froh war, einen Ausbildungsplatz als KfZ-Mechaniker bekommen zu haben. Dies war für ihn von den schlechteren gewissermaßen noch die beste Lösung. Abgesehen von einigen negativen Erfahrungen mit autoritären Meistern hat ihm die Ausbildung auch ganz gut gefallen, insbesondere weil er, wie er nachdrücklich betont, relativ schnell einige Arbeiten selbständig machen durfte. Bei der Übernahme gab es allerdings wieder Probleme: Nachdem ihm der Betrieb zunächst zugesichert hatte, daß er übernommen würde, bekam er doch eine Kündigung, die schließlich aber wieder nach Intervention eines Betriebsleiters zurückgezogen wurde.

Derzeit ist er als Springer eingesetzt, hat also keinen festen Arbeitsplatz im Werkstattbereich, sondern muß ganz unterschiedliche, zum Teil auch völlig unqualifizierte Aushilfsarbeiten machen — eine für ihn sehr unbefriedigende Situation.

Als das Gespräch auf Gewerkschaft kommt, betont er ähnlich wie viele andere Jugendliche aus diesem Betrieb zunächst einmal, daß er mit gewerkschaftlicher Interessenvertretung überhaupt noch keine Erfahrungen gemacht habe. Lediglich zu Beginn der Ausbildung sei er vom Betriebsrat kurz darüber informiert worden, was es mit Gewerkschaft auf sich hat.

,,Da hat man uns erklärt, wie das mit der Gewerkschaft läuft und hat dann noch gefragt, ob jemand eintreten möchte. Man wurde halt über den Ablauf informiert, wie es mit dem Streikgeld ist und solche Dinge — ansonsten nichts."

Wie die meisten anderen Auszubildenden ist er nicht der Gewerkschaft beigetreten, obwohl er sich bereits damals gedacht hat,

,,daß man eigentlich in die Gewerkschaft eintreten müßte, schon einmal wegen der Sicherheit, wenn es wirklich hart auf hart kommt."

Seine Erfahrungen während und nach der Ausbildung haben ihn in dieser Auffassung bestätigt. ,,Wenn mich jetzt jemand darauf ansprechen würde", sagt er heute, ,,dann würde ich eintreten". Er wartet im Grunde auf eine passende Gelegenheit bzw. auf einen geeigneten Ansprechpartner. Im Betriebsrat sieht er diesen Ansprechpartner nicht. Er hätte sogar eine ,,kleine Hemmschwelle", wie er es ausdrückt, da überhaupt hinzugehen.

,,Erstens weiß ich überhaupt nicht, wer im Betriebsrat sitzt. Hier wird zwar gewählt, aber keiner weiß, wer gewählt wird — man kennt die Leute im Grunde gar nicht! Und obendrein muß man auch noch aufpassen, daß der Betriebsrat nicht so gut mit dem Betriebsleiter befreundet ist, damit man nicht hintenrum noch einen reingehängt kriegt. Davor hätte ich Angst."

Konkrete Erfahrungen habe er in dieser Beziehung zwar noch nicht gemacht, wie er hinzufügt, doch wolle er solche Befürchtungen nicht ganz von der Hand weisen. Was er bislang von der Arbeit des Betriebsrats mitbekommen hat, habe ihn jedenfalls enttäuscht. Insbesondere hätte er erwartet, daß sich der Betriebsrat ,,auch öfter mal in den einzelnen Betrieben blicken ließe und sich mehr um die Monteure kümmern würde". Dieser negative Eindruck spricht für ihn allerdings nicht gegen eine gewerkschaftliche Mitgliedschaft; die damit eingehandelte größere Absicherung sei unabhängig vom Betriebsratsverhalten und nicht ausschließlich im Betriebsbezug zu sehen:

,,Ich hätte dann mehr Sicherheit. Falls wirklich einmal etwas schief laufen sollte, dann hätte ich wenigstens noch die Gewerkschaft im Rücken. Falls wirklich mal etwas mit dem Arbeitsgericht sein sollte, dann könnte ich mir vorstellen, daß die Gewerkschaft hilft."

Ein über dieses unmittelbare Absicherungsinteresse hinausgehender Bezug auf Gewerkschaft ist bei diesem Jugendlichen nicht erkennbar. Die Frage eines gewerkschaftlichen Engagements ist für ihn völlig fern. Da er bislang überhaupt keinen Kontakt zur Gewerkschaft hatte, wüßte er gar nicht, wie er sagt, ,,was ich mit der Gewerkschaft machen könnte, wenn ich da eintreten sollte".

(b) Variante:
Die Gewerkschaft bringt im individuellen Interessenkalkül keinen Vorteil

Während also bei einem Teil der Jugendlichen vom Typ der ,,Instrumentellen" im individuellen Nutzenkalkül Platz für die Gewerkschaft ist, entscheidet sich ein anderer Teil mit gleicher Grundeinstellung gegen einen Eintritt. Das heißt nicht, daß sie eine gewerkschaftliche Mitgliedschaft prinzipiell ablehnten. Lediglich im Hinblick auf ihre eigene Interessenlage verbinden sie mit Gewerkschaft keine erkennbaren Vorteile, die eine Mitgliedschaft sinnvoll erscheinen ließe und die damit verbundene monatliche Beitragszahlung legitimieren würde. Die Aussage: ,,Allgemein finde ich die Gewerkschaft schon wichtig, aber nicht auf meine Person bezogen" umreißt die bei dieser Gruppe dominante Haltung.

Gerade weil sich die Entscheidung am individuellen Vorteil/Nachteil festmacht, kann es nicht überraschen, daß diese Variante der ,,Instrumentellen" besonders häufig in Angestelltengruppen anzutreffen ist, in denen die gewerkschaftliche Interessenvertretung zumeist weit davon entfernt ist, einen relevanten betrieblichen Machtfaktor darzustellen, der glaubhaft jenen Schutz garantieren kann, auf den es den ,,instrumentell" orientierten Jugendlichen in erster Linie ankommt. Selbst wenn sie im Fall eines Gewerkschaftsbeitritts keine unmittelbaren beruflichen oder persönlichen Nachteile befürchten — wobei bei einigen durchaus auch die Befürchtung eine Rolle spielt, in ihren Aufstiegschancen beeinträchtigt zu werden —, so bestehen aus ihrer Perspektive auf der anderen Seite doch auch nur wenig Aussichten, durch die Gewerkschaftsmitgliedschaft eine verbesserte Absicherung zu erhalten. Warum also sollten sie sich gewerkschaftlich organisieren, fragen sich diese Jugendlichen, zumal sie davon ausgehen können, daß sie an den tariflichen Erfolgen der Gewerkschaft auch als Unorganisierte partizipieren, was zumindest ein Teil von ihnen explizit als Argument ins Feld führt.

Aber nicht nur das gewerkschaftliche Milieu des Beschäftigungsfeldes bestimmt darüber, daß diese Gruppe der „Instrumentellen" auf eine Mitgliedschaft in der Gewerkschaft verzichtet. Bei vielen verbirgt sich dahinter auch die „selbstbewußte" Einschätzung, aufgrund der eigenen starken beruflichen Stellung persönlich gewerkschaftlichen Schutz und Unterstützung bei der eigenen Interessenvertretung nicht nötig zu haben.

Harter Kern dieser Gruppe sind die männlichen jungen Fachangestellten, die über eine qualifizierte schulische und berufliche Ausbildung verfügen, Berufsstartprobleme nur vom Hörensagen kennen, von relativ ungefährdeten, ja zum Teil sogar glänzenden beruflichen Perspektiven ausgehen können und sich in einem Arbeitsumfeld bewegen, das traditionell durch in hohem Maße individualistische Leistungs- und Karriereorientierungen geprägt ist. Gerade sie bringen in den Gesprächen ihre Überzeugung zum Ausdruck, ihre beruflichen Interessen selber vertreten zu können, gegebenenfalls einmal auftretende Probleme alleine in den Griff zu bekommen und von daher nicht darauf angewiesen zu sein, einer Gewerkschaft beizutreten.

Auffällig ist, daß zum Typ des „Instrumentellen" und hier vor allem wiederum bei der Variante (b) die weiblichen Jugendlichen besonders häufig anzutreffen sind (vgl. Tab. 23). Hieraus auf ein traditionelles Rollenverständnis in dem Sinne zu schließen, daß Gewerkschaft und Politik vornehmlich als „Männersache" angesehen und die eigene Nichtmitgliedschaft mit dem Argument begründet wird, daß es ausreiche, wenn der Mann gewerkschaftlich organisiert ist, wäre falsch. Sofern sie in diesem Zusammenhang überhaupt auf ihren Partner und dessen Haltung zur Gewerkschaft zu sprechen kommen, macht die Mehrheit der jungen Frauen deutlich, daß die gewerkschaftliche Mitgliedschaft für sie eine individuelle Entscheidung ist, die sie vornehmlich nach Maßgabe der äußeren Umstände und in Beantwortung der Frage treffen, welche Vor- oder Nachteile für sie damit verbunden sind. Entscheidend ist, daß die äußeren Umstände (mangelnde Gewerkschaftspräsenz, unentwickelte Vertretungsstrukturen) in den Beschäftigungsbereichen, in denen wir die jungen Frauen vornehmlich antreffen, häufig kaum dafür sprechen, sich gewerkschaftlich zu organisieren. Als frauenspezifischer Gesichtspunkt mag hinzukommen, daß ein Teil der jungen Frauen ihre berufliche Arbeit aufgrund einer stärker ausgeprägten Familienorientierung von vornherein als eine zeitlich befristete Phase sieht, für die es wenig lohnend erscheint, sich gegen eventuelle Risiken durch die Gewerkschaftsmitgliedschaft zu schützen. Für die Mehrheit spielt eine solche Überlegung nach unseren Befunden aber keine Rolle.

Fallbeispiele:

Im ersten Beispiel handelt es sich um eine 19jährige Verkäuferin, die nach dem Besuch der Hauptschule eine zweijährige Ausbildung in einem größeren Kaufhaus gemacht hat und trotz einer guten Abschlußprüfung nicht übernommen wurde. Auch die Chance die Ausbildung fortzuführen und mit dem weitergehenden Abschluß Einzelhandelskauffrau zu beenden, hatte man ihr nicht gegeben, wie sie nicht ohne Bitterkeit feststellt. So saß sie zunächst einige Wochen ,,auf der Straße", hatte aber das Glück, wie sie sagt, relativ schnell wieder eine Arbeitsstelle als Verkäuferin in einem Facheinzelhandelsgeschäft zu bekommen. Abgesehen von den Arbeitszeiten und vor allem den langen Samstagen gefällt ihr die Arbeit ,,recht gut", zumal die Tätigkeit in dem Fachgeschäft aus ihrer Sicht abwechslungsreich ist, sie ,,nicht immer an einem Platz zu stehen braucht" und auch das ,,Arbeitsklima stimmt", was aus ihrer Sicht besonders wichtig ist. Von betrieblicher Seite hat sie jetzt das Angebot bekommen, die Ausbildung zur Einzelhandelskauffrau nachzuholen, um später eventuell einmal die Möglichkeit zu haben, als Substitutin arbeiten zu können. Sie hat es auch angenommen, ist sich angesichts ihrer schulischen Ausgangsqualifikationen aber nicht ganz sicher, ob sie die Ausbildung auch schafft.

Mit der Gewerkschaft ist sie in dem Geschäft, in dem sie jetzt arbeitet, noch nicht in Berührung gekommen. So weit sie weiß, ist hier auch nur der Betriebsrat, den es immerhin gibt, gewerkschaftlich organisiert. ,,Sonst keiner, jedenfalls nicht, daß ich wüßte". Sie selbst hätte auch kein Interesse daran, in die Gewerkschaft einzutreten, zumal auch ihre Erfahrungen in dem Ausbildungsbetrieb dahin gehen, ,,daß eine gewerkschaftliche Interessenvertretung nicht sehr viel bringt".

,,Es wurde viel geredet, aber hinterher hatte der Chef doch das Sagen. Die konnten zwar sagen, wir wollen das gerne so haben, wenn der Chef aber nein sagte, dann wurde es doch anders gemacht. Da war dann doch nichts zu machen. Jeder hatte die Angst, wenn er zu weit geht, wird er rausgeschmissen. Die Leute, die im Betriebsrat sind, die können sie nicht so schnell auf die Straße setzen, aber die anderen Leute überlegen es sich doch, bevor sie etwas sagen, ob sie es nicht lieber schlucken sollen. Es gab da mal Versammlungen, zu denen ich auch mal hingegangen bin. Erst wurde so und so gesagt und hinterher wurde dann doch meistens wieder ein Rückzieher gemacht. Dann bin ich da nicht mehr hingegangen. Was soll das denn?"

Grundsätzlich hat sie nichts gegen die Gewerkschaft, ,,denn es muß ja zumindest einer die Löhne aushandeln, sonst würden wir ja stehenbleiben. Dann würde es bald gar nichts mehr geben." Sie kann auch verstehen, daß ihre Eltern gewerkschaftlich organisiert sind (beide arbeiten in einem größeren Industriebetrieb; der Vater als Dreher, die Mutter als Sekretärin), bezogen auf die eigene betriebliche Situation und im individuellen Kalkül sieht sie aber den Sinn nicht ein.

,,In einem großen Betrieb wie bei Bosch oder so, da sieht es auch anders aus. Da sind Gewerkschaften und Betriebsrat auch ein bißchen größer, aber in so einer kleinen Firma, da finde ich das lächerlich. Da kriegt man überhaupt nichts durch."

Obwohl bei ihr letztlich immer ,,alles relativ glatt gelaufen" sei — die Nichtübernahme wird von ihr rückblickend nicht als harter Bruch interpretiert, da ihr die neue Arbeitsstelle gut gefällt —, könnte sie sich durchaus Situationen vorstellen, in denen man eine Interessenvertretung als Rückendeckung brauchen könnte. Sie würde sie auch in Anspruch nehmen, wenn sie ,,überhaupt nicht mehr klar käme und nicht mehr weiter wüßte", hätte aber wenig Hoffnung, daß dies tatsächlich etwas nützen würde. Auch hier rekurriert sie auf Erfahrungen während der Ausbildungszeit, in der sie die Interessenvertretung als wenig engagiert erlebt hat:

,,Wenn es ungerecht zuging oder wenn einem etwas vorgeworfen wurde, da habe ich immer gedacht, jetzt könnten die doch mal eingreifen, daß da mal einer bei einem steht. Denn da steht der Chef oder die Abteilungsleiterin und hier die kleine Auszubildende. In solchen Situationen könnte man sie gebrauchen. Aber meistens sind sie dann nicht da. Sie kommen immer später und klopfen einem auf die Schulter, so nach dem Motto."

An ihrer jetzigen Arbeitsstelle sieht es eher noch düsterer aus, da die gewerkschaftliche Interessenvertretung hier eine noch geringere Rolle spielt: ,,sie macht sich so gut wie gar nicht bemerkbar." Von daher sei man auch darauf verwiesen, anstehende Probleme allein zu lösen oder, wenn ,,man mal wieder Druck kriegt" bei einer Arbeitskollegin oder Freundin ,,Dampf abzulassen". Ein Gewerkschaftsbeitritt würde hieran nichts ändern; er wäre möglicherweise sogar mit Nachteilen verbunden.

„Gerade hier im Geschäft sehen sie es nicht so gerne, wenn man drin ist. Und wenn man alleine eintritt, wird auf einem rumgehackt. So sehe ich das jedenfalls. Man kriegt dann ganz schnell den schwarzen Peter zugeschoben."

Eventuellen Nachteilen stehen aus ihrer Sicht zumindest keine erkennbaren Vorteile gegenüber, die einen Gewerkschaftsbeitritt sinnvoll erscheinen ließen. Es sehe zwar anders aus, „wenn alle geschlossen eintreten würden"; da dies allerdings mehr als unwahrscheinlich ist, weil auch die anderen Kollegen keine Perspektive kollektiver Vertretung entwickeln, entscheidet auch sie sich dagegen, der Gewerkschaft beizutreten.

Im zweiten Fall handelt es sich um einen jungen Bankangestellten. Er gehört zu jenen dynamischen, in ihrem Beruf vorwärtsstrebenden jungen Fachangestellten, die der festen Überzeugung sind, mit eventuell auftretenden Problemen alleine klarzukommen und von daher keine zusätzliche Absicherung durch die Gewerkschaft für nötig erachten. Er ist durch ein ausgeprägtes individuelles Leistungsbewußtsein gekennzeichnet, will in seiner Arbeit, wie er betont, „gefordert werden", und betrachtet seine Erfolge ebenso wie etwaige Mißerfolge als in seiner Verantwortung liegend.

Seine beruflichen Perspektiven sind für ihn jetzt bereits relativ klar: Er möchte zunächst zur Bankakademie gehen, dann noch zwei Jahre bei der Bank arbeiten und anschließend — möglicherweise — in einen anderen interessanteren Bereich wechseln, wobei ihm z.B. eine Tätigkeit als Unternehmensberater gefallen würde.

Mit der Gewerkschaft ist er für eigene Vertretungsbelange bislang noch nicht in Berührung gekommen. Er habe sie bislang noch nicht gebraucht, zumal er von der Bank, die für die Mitarbeiter überhaupt ein „sehr gutes Sozialnetz" anbiete, bei Schwierigkeiten immer ein positives Entgegenkommen erfahren habe.

„Ich war z.B. kurz vor meiner Ausbildungszeit mal drei Monate im Krankenhaus und der ganzen Sache stand nichts im Wege, daß ich trotzdem meine Ausbildung so beginnen konnte, wie ich es wollte. Und auch als ich später noch einmal zwei Monate im Krankenhaus war, da hat auch niemand gesagt: ‚Bei Kleinem müssen sie sich um Ihren Arbeitsplatz Sorgen machen, weil Sie andauernd im Krankenhaus sind.' Und deswegen kann ich im Grunde nur sagen: Die Stellung der Bank mir gegenüber war positiv. Und da sah ich im Grunde nie, daß ich die Gewerkschaft nun brauche. Bei Problemen habe ich mich immer an den Personalchef gewandt. Der war immer die Person, die für mein Problem da war. Auch wie ich gesagt hatte: ‚Ich möchte in dem und dem Bereich tätig sein', da sagte der Personalchef ja und nicht: ‚Nee, das geht nicht. Nun bleiben Sie da. Seien Sie froh, daß Sie überhaupt einen Posten haben.' Und deswegen sehe ich bisher nicht die Notwendigkeit der Gewerkschaften. Sie ist da, sie ist notwendig, auch vielleicht für die Gesamtwirtschaft, aber nicht so stark auf meine Person gerichtet."

Er kann sich im Grunde auch keine Situation vorstellen, in der er auf gewerkschaftlichen Schutz angewiesen sein könnte oder in der er sich an die Interessenvertretung wenden würde, — allenfalls bei einer fristlosen Kündigung. Doch die ist für ihn völlig hypothetisch. Von daher fehlt ihm persönlich auch jeder Anstoß, auf „diese Leute" zuzugehen oder sich „dieser Gruppierung" anzuschließen. Die Einschätzung, persönlich nicht auf gewerkschaftlichen Schutz angewiesen zu sein, kombiniert sich aber keineswegs mit einer antigewerkschaftlichen Haltung. Zwar steht er der Gewerkschaft in einigen Punkten wie etwa der Forderung nach Einführung der 35-Stunden-Woche durchaus „skeptisch" gegenüber, doch begründet sich daraus weder eine generelle Kritik an den Inhalten der gewerkschaftlichen Arbeit noch an der gesellschaftlichen Notwendigkeit dieser Institution. Die Situation in der Werft- und Stahlindustrie etwa, die von ihm nicht als „Schuld übertriebener gewerkschaftlicher Forderungen im Sozialbereich (begriffen wird), sondern als Fehlleistung der Politik und der Unternehmungen", weist seiner Meinung auf wichtige gewerkschaftliche Aufgabenfelder hin:

„Ich glaube, da muß man unterscheiden können von den einzelnen Sparten her: Stahl z.B. oder Autoindustrie. Die Monotonie dieser Arbeiten bei der Stahlindustrie und bei den Autos, da sehe ich im Grunde die Möglichkeiten der Gewerkschaften, einzuhaken und zu sagen: also diese Arbeiten sind so stupide, daß sie dem Arbeitnehmer nur ein kaputtes Kreuz und kaputte Bandscheiben bringen. Da muß man im Grunde stärker einwirken. Da ist der Sinn der Gewerkschaft sicherlich da ..., aber hier bei den Banken empfinde ich sie persönlich als nicht so notwendig."

Im Unterschied zu den neokonservativen Kritikern, die eine Mitgliedschaft in der Gewerkschaft vornehmlich aus politischen Vorbehalten ablehnen, faßt er seine Position selbst folgendermaßen zusammen:

„Ich würde sagen, sie stören mich nicht, aber ich sehe im Grunde auch nicht den Sinn, warum ich mich dieser Gruppe anschließen sollte."

5.3.4. Inhaltliche Nähe zur Gewerkschaft und Bereitschaft zum Engagement — der Typ des ,,Interessierten" bzw. ,,Engagierten"

Gemeinsam ist den gewerkschaftlich ,,Interessierten" und ,,Engagierten", zu denen trotz der spezifischen Zusammensetzung unseres Samples nicht einmal jeder sechste der von uns befragten Jugendlichen zählt, ein positiver Bezug auf Gewerkschaft, der über ein bloßes individuelles Interessenkalkül hinausgeht. Individuelle Schutz- und Absicherungsüberlegungen spielen zwar auch bei ihnen eine Rolle, doch beziehen sich ihre Beitritts- und Teilnahmemotive zugleich auf kollektive Dimensionen gewerkschaftlicher Interessenvertretung. Sie halten es für wichtig, die Gewerkschaft zu unterstützen, weil sie für die Durchsetzung von Arbeitnehmerinteressen unverzichtbar ist oder, wie es von den Jugendlichen charakteristischerweise dann im Plural formuliert wird, weil ,,wir" sie brauchen, um ,,unsere" Interessen durchzusetzen. In ihren Äußerungen werden zumindest Ansätze jenes Kollektivbewußtseins deutlich, das die Gemeinsamkeit der sozialen Lage von Arbeitnehmern ebenso reflektiert wie die gemeinsamen Reproduktionsrisiken, von denen her sich die Notwendigkeit einer kollektiven Interessenvertretung begründet.

Wenn sie nicht bereits aktiv sind — wie die ,,Engagierten" —, so bekunden sie aus einem Gewerkschaftsverständnis heraus, das die Stärke der Vertretung im Zusammenhang mit der Aktivität des einzelnen sieht, doch zumindest eine prinzipielle Bereitschaft, sich selbst an der Umsetzung gewerkschaftlicher Politikinhalte zu beteiligen. Den Gedanken an ein eigenes gewerkschaftliches Engagement wehren sie nicht von vornherein ab. Gewerkschaft bedeutet für diese Jugendlichen mehr als eine reine Appellations- und Absicherungsinstanz für den Notfall. Sie sehen in der Gewerkschaft einen Solidarverband, in dem und mit dem man gemeinschaftlich Interessen vertritt und mit dessen grundlegenden Zielsetzungen man sich inhaltlich identifiziert — was freilich gerade nicht heißt, daß man der Gewerkschaft mit ihrer je spezifischen inhaltlichen Politik und ihrer Organisationspraxis unkritisch gegenübersteht. Im Gegenteil: Da die Jugendlichen dieses Typs mehr mit Gewerkschaft verbinden als andere, haben sie eine in vieler Hinsicht stärker ausgeprägte Sensibilität für problematische Entwicklungen im Handeln der Gewerkschaften. Dabei orientiert sich ihre Kritik am historisch gefärbten Gewerkschaftsbild des solidarischen Verbundes, bezieht sich somit auch auf die Ansprüche der traditionellen Arbeiterbewegung und fragt danach, wie weit dieses Bild mit der Realität übereinstimmt. Da vielen die Diskrepanz unübersehbar erscheint, finden wir bei diesen Jugendlichen neben Momenten einer grundsätzlichen Übereinstimmung mit Gewerkschaft auch Momente der Enttäuschung, die immer auch die Möglichkeit einer inneren Distanzierung von Gewerkschaft in sich tragen.

Auf Basis eines gleichen Grundverständnisses von Gewerkschaft unterscheiden sich die ,,Interessierten" und ,,Engagierten" vor allem durch den Grad der Bereitschaft, selbst Zeit und Energien in die Gewerkschaftsarbeit zu investieren und sich aktiv an der Umsetzung gewerkschaftlicher Ziele zu beteiligen. Aus gewerkschaftlicher Perspektive sind die ,,Engagierten" hier gewissermaßen ein Stück weiter: Sie sehen nicht nur, daß es eigentlich nötig wäre, sich selbst einzumischen, sondern haben sich bereits dazu entschieden, in der praktischen Arbeit mitzumachen, sei es als aktives Mitglied einer gewerkschaftlichen Jugendgruppe, sei es in der Übernahme von Funktionen. Nicht alle Funktionsträger bzw. Aktiven fallen allerdings, wie bereits eingangs betont, unter den Typ des ,,Engagierten". Wir haben ihn eher streng gefaßt: Wer nur ,,formal" eine Funktion innehat und sein geringes Interesse selbst unterstreicht, bleibt hier ebenso ausgespart wie der Typ des Aktiven, der auch in seinem Selbstverständnis vornehmlich aus eigennützigen Motiven heraus eine Funktion übernommen hat und dem es primär darum geht, sich durch die Übernahme einer Funktion persönliche Vorteile zu verschaffen. Er stellt eine aktive Variante des ,,Instrumentellen" dar, die in unserem Sample allerdings die Ausnahme ist.

Gewerkschaftlich interessierte Jugendliche — Fallbeispiele

Wie die gewerkschaftlich interessierten Jugendlichen im einzelnen argumentieren, wollen wir zunächst am Beispiel eines jungen Facharbeiters aus dem Werkzeugmaschinenbau illustrieren, der, wie die meisten Jugendlichen aus dieser Untersuchungsgruppe, gleich zu Beginn seiner Ausbildung in die Gewerkschaft eingetreten ist. Auch er zählt zunächst die unmittelbaren Vorteile auf, die aus seiner Sicht mit einer gewerkschaftlichen Mitgliedschaft verbunden sind. Auf die zusätzliche Unfallversicherung, in deren Genuß man als Gewerkschaftsmitglied kommt, verweist er dabei ebenso wie auf die Streikunterstützung, die im Falle einer Arbeitsniederlegung bezahlt wird. Im Unterschied zu den meisten seiner Arbeitskollegen betont er aber gleichzeitig, daß er auch deswegen in die Gewerkschaft eingetreten sei, weil man die Arbeit der Gewerkschaft grundsätzlich unterstützen solle:

> ,,Denn wenn es die Gewerkschaft nicht gäbe, dann wäre der Arbeitsplatz und die Arbeitszeit vielleicht noch wie vor 100 Jahren, weil nur die es erreicht haben, daß man weniger schafft und bessere Arbeitsmöglichkeiten hat und daß man Urlaub kriegt und so … Ich finde, die gewerkschaftliche Arbeit sollte man auf jeden Fall unterstützen bei uns, weil sie uns, dem Arbeitnehmer, einfach etwas bringt."

Dies gilt für ihn selbst dann, wenn er nicht mit allen aktuellen Forderungen übereinstimmt, die von den Gewerkschaften aufgestellt werden. So hält er etwa die Forderung nach Einführung der 35-Stunden-Woche für ,,etwas überhöht", hat aber kein Verständnis dafür, wenn viele seiner Arbeitskollegen nur auf die 35-Stunden-Woche ,,schimpfen". Er läßt auch keinen Zweifel daran, daß er die Organisation bei aller Kritik im einzelnen im Zweifelsfall, das heißt ,,wenn es hart auf hart ginge", unterstützen würde und bringt damit eine Organisationsloyalität zum Ausdruck, von der bei den meisten anderen Jugendlichen nichts oder nur wenig zu spüren ist. Auch in einem anderen Punkt unterscheidet er sich deutlich von der Mehrheit: So verfolgt er die gewerkschaftliche Diskussion relativ aufmerksam; zumindest liest er die Gewerkschaftszeitung, die er regelmäßig an seinem Arbeitsplatz vorfindet, ,,immer ziemlich interessiert durch", wobei die Positionen, die er hier findet, für ihn durchaus auch eine politische Orientierungsfunktion haben. Sie stehen für ihn in einem positiven Kontrast etwa zur ,,Bildzeitung". Aus seiner Sicht ,,kreidet" die Gewerkschaft zu recht

> ,,… ziemlich viele Sachen an von den Arbeitgebern, von den Unternehmern, was da schlecht gemacht ist. Die sagen auch etwas gegen Parteien und Regierung. Manche Forderungen von den Gewerkschaften sind vielleicht ein bißchen überspannt, und manche Ansichten teilen sich nicht unbedingt mit meinen, aber die wesentlichen Sachen sind identisch. Über manche Sachen denke ich genauso wie die."

Gerade weil ihm die Gewerkschaft etwas bedeutet, hat ihn die ,,Sache mit der Neuen Heimat" doch einigermaßen enttäuscht. Was hier passiert ist, hält er für einen ,,Skandal", bei dem ihn vor allem stört, ,,daß man gerade bei solchen Sachen nicht genau erfährt, was mit dem eigenen Mitgliedsbeitrag so passiert." Auch wenn die Affaire um die Neue Heimat für ihn kein Grund ist, seine Gewerkschaftszugehörigkeit zur Disposition zu stellen, hat sie zumindest dazu geführt, daß sein positives Gewerkschaftsbild ein stückweit relativiert worden ist.

Insgesamt kann er sich allerdings mit dem, was in den letzten Jahren erreicht worden ist, angesichts der eingeschränkten Handlungsspielräume durchaus einverstanden erklären; es wäre aus einer Sicht falsch, die beachtlichen Verdienste der Gewerkschaft zu schmälern. Selbst wenn nur jedes Jahr ,,ein paar Prozent Lohnaufbesserung ausgehandelt werden'' und selbst, wenn es nur ,,mal einen Tag mehr Urlaub gibt oder so'', dann ist das für ihn schon eine ,,gewisse Leistung'', die man nicht als ,,allzu klein ansehen sollte''. Und ohne Gewerkschaft — dies ist für ihn klar — würde es solche Verbesserungen überhaupt nicht geben.

Er kann sich durchaus auch ein eigenes Engagement in der Gewerkschaft vorstellen, hat allerdings bislang noch keine Schritte in dieser Richtung unternommen, was bei ihm zum Teil damit zusammenhängt, daß er seitens des Betriebes negative Sanktionen befürchtet.

,,Wenn man nicht selber im Betriebsrat ist und irgendwelche Forderungen stellt, hätte ich Angst, meinen Arbeitsplatz zu verlieren. Wenn man im Betrieb mit irgendwelchen Forderungen auffällt, mit irgendwelcher Art von Tätigkeit, ich weiß nicht ..., da traue ich mich nicht, irgendwas zu machen. Man weiß einfach nicht, wann man auf der Liste steht.''

Es ist aber nicht nur die Angst vor negativen beruflichen Konsequenzen, die ihn bislang davon abgehalten hat, sich gewerkschaftlich zu engagieren. Seine Zurückhaltung liegt auch darin begründet, daß er meint, noch zu jung zu sein, noch über zu wenig eigene betriebliche Erfahrungen zu verfügen, um eine gewerkschaftliche Funktion, die für ihn immer auch mit einem hohen Maß an Verantwortung verbunden ist, zu übernehmen.

,,Wenn ich jetzt z.B. 10 Jahre geschafft hätte, dann könnte ich generell mehr sagen, dann kann man ein Problem eher erkennen. Oder auch erkennen, wenn gar keins da ist. Da hat man mehr Einblick in alles.''

Allerdings wäre ein gewerkschaftliches Engagement, wie er nach einigem Nachdenken betont, an eine Bedingung geknüpft. So müßten die Kollegen, mit denen er etwas zusammen machen sollte,

,,... auch etwa in meinem Alter sein, also nicht schon kurz vor der Rente wie manche Betriebsräte. Mit denen könnte ich wahrscheinlich nicht so gut zusammen schaffen.''

Bei den gewerkschaftlich interessierten Jugendlichen handelt es sich keineswegs nur um solche, die sich wie der vorgestellte Facharbeiter in einem betrieblichen Umfeld mit einer entwickelten Gewerkschaftstradition bewegen, wo sich eher Anstöße bieten, sich näher mit Gewerkschaft auseinanderzusetzen. Wir finden diesen Typ durchaus auch in solchen Betrieben und Beschäftigungsbereichen, in denen die Gewerkschaft kaum präsent ist und in denen es traditionell nur schwer gelingt, Jugendliche überhaupt auf die Gewerkschaft anzusprechen wie bei den qualifizierten Angestellten in der Industrieverwaltung oder der Versicherung, im Öffentlichen Dienst und in den gewerkschaftsfernen Kleinbetrieben. Diese breite Streuung hängt damit zusammen, daß das positive gewerkschaftliche Grundverständnis der ,,Interessierten" zumeist mehr ist als das Ergebnis der aktuellen Arbeits- und Betriebserfahrungen. Oft hat es seine Grundlage in frühen Phasen der Sozialisation. So handelt es sich häufig um Jugendliche aus einem gewerkschaftsfreundlich eingestellten Elternhaus, das ihr Interesse an Gewerkschaft förderte oder um Jugendliche, die aufgrund persönlicher Kontakte mit gewerkschaftlich aktiven Freunden oder Bekannten dazu gekommen sind, sich näher für gewerkschaftliche Fragen zu interessieren. Einige haben selbst bereits in den schulischen Selbstverwaltungsorganen aktiv mitgearbeitet und stehen von daher einer Interessenvertretung aufgeschlossen gegenüber.

Als Beispiel kann etwa ein junger Kfz-Mechaniker gelten, der sowohl in der Realschule als auch später in der Berufsschule im Schülerrat gewesen ist, und hierüber auch seinen ersten persönlichen Kontakt zur Gewerkschaft bekommen hat. Er gehört zu den wenigen aus der Gruppe der Kfz-Mechaniker, die gewerkschaftlich organisiert sind. Eingetreten ist er nach der Ausbildung, wobei er in dieser Entscheidung von seinem Vater, einem Arbeiter, der selbst bereits seit 25 Jahren in der Gewerkschaft ist, unterstützt wurde. Da ihn gewerkschaftliche Themen interessieren, verfolgt er die Politik der Gewerkschaften mit Aufmerksamkeit. Um sich zu informieren, hat er auch bereits gewerkschaftliche Veranstaltungen besucht.

Unter den Arbeitskollegen steht er mit seinem Interesse aber so ziemlich allein da. Betrieblich ist das ein ,,Trauerfall", wie er sagt. Nur mit einem Betriebsrat, den er persönlich kennt, und einem einzigen Arbeitskollegen könne er sich überhaupt über das Thema Gewerkschaft unterhalten. Mit allen anderen sei dies ,,ziemlich schwierig", da sie der Gewerkschaft gleichgültig oder sogar ablehnend gegenüberstünden.

,,Die sagen, die Gewerkschaft bringt nichts und sie würden ihr Geld auch so bekommen, ob sie in der Gewerkschaft sind oder nicht. Das ist auch eine Einstellung, das muß jeder selber wissen. Ich meine, mir nutzt es im Moment auch wenig, daß ich in der Gewerkschaft bin. Streiken kann man hier nicht. Ich bin Mitglied und zahle jeden Monat etwas über 20 Mark und es kann sein, daß das Geld weg ist und ich nichts dafür sehe."

Zwar akzeptiert er die Haltung der anderen, findet es aber zugleich ,,traurig", daß sie so denken, fehlen damit doch die Voraussetzungen, die aus seiner Sicht notwendigen gewerkschaftlichen Forderungen zu unterstützen.

,,Wenn es um Tarifverhandlungen geht, wenn man mehr Urlaub haben will, mehr Geld oder sowas, dann muß man dafür kämpfen. Hier kann ich nicht streiken. Ich würde streiken, wenn z.B. der Arbeitgeber sagt, er will mir 1 % mehr Lohn geben, dann würde ich ihn auslachen. Das ist doch kein Thema, die Wachstumsrate beträgt 2 1/2 % und er sagt mir, ich kriege 1 % mehr Geld. Das ist doch kein Verhältnis. Da muß ich eben streiken und dafür ist eine Gewerkschaft wichtig."

Wie er an anderer Stelle betont, würde er, ,,wenn es akut werden würde", bei einem Arbeitskampf durchaus ,,aktiv mitmachen". Obwohl er sich normalerweise nicht zu denjenigen zählt, die sich Gewerkschaftsplaketten anstecken und damit ihre positive Gewerkschaftshaltung zum Ausdruck bringen, könnte er sich in solchen Situationen schon vorstellen,

,,sich irgendwo hinzustellen und Flugblätter zu verteilen. Sicher, warum nicht? Solange das nicht ungesetzlich ist. Ich kann mich ja sicher irgendwo hinstellen und Flugblätter von der Gewerkschaft verteilen. Das ist ja kein Problem. 35-Stunden-Woche ja oder nein. Das ist erlaubt und ich würde es sogar machen."

Allerdings nur, wie er hinzufügt, ,,wenn es wirklich etwas bringen würde". Prinzipiell spräche für ihn auch nichts dagegen, sich kontinuierlich an der gewerkschaftlichen Arbeit zu beteiligen. Allerdings sei aber noch nie einer direkt an ihn herangetreten, ,,und im Moment würde ich mich selber auch nicht anbieten, weil ich genug zu tun habe". Abgesehen davon, daß er erst kürzlich von zu Hause ausgezogen ist und erst einmal sehen will, wie er allein klarkommt, hat er in seiner Freizeit, wie er sagt, ,,genug um die Ohren". Abendveranstaltungen und Wochenendtermine, die mit einem gewerkschaftlichen Engagement immer verbunden sind, wären für ihn ,,ein bißchen zu viel", zumal die freie Zeit bei ihm jetzt schon voll ausgefüllt ist (er spielt aktiv Fußball, hat zweimal die Woche Training, ist ansonsten viel mit seiner Clique und seiner Freundin unterwegs: ,,Nur Montag ist bei mir Ruhetag.").

Wie dieser junge Kfz-Mechaniker oder der vorher zitierte Facharbeiter haben alle Jugendlichen dieses Typs ihre ganz persönlichen Gründe, sich derzeit nicht aktiv und kontinuierlich an der gewerkschaftlichen Arbeit zu beteiligen. Es sind zumeist die in Aussicht stehenden Verpflichtungen, die sie glauben, (noch) nicht angemessen ausfüllen zu können oder aber, die sie derzeit nicht eingehen wollen. Im ersten Fall verweisen sie ähnlich wie der junge Facharbeiter auf noch fehlende Erfahrungen oder aber darauf, persönlich nicht der Typ zu sein, der eine gewerkschaftliche Funktion ausüben kann. Gewerkschaftlich aktiv zu werden, heißt für sie nicht nur, Verantwortung zu übernehmen, sondern auch, vor anderen Leuten reden zu können, andere überzeugen zu können usw., und dies trauen sie sich, zumindest derzeit, (noch) nicht zu. Das Freizeit-Argument hat aber auch bei ihnen Gewicht: Sie wollen in ihrer jetzigen Situation keine zusätzlichen Verpflichtungen übernehmen. Ihr gewerkschaftliches Interesse berührt also nicht ihre Prioritätensetzung: Hobbys und Freizeitinteressen, der Freund oder die Freundin oder auch die berufliche Weiterbildung sind ihnen zumindest in der jetzigen Phase sehr viel wichtiger. Gerade weil sie die Gewerkschaft ernst nehmen, hieße eine Beteiligung an der gewerkschaftlichen Arbeit für sie, eine Verpflichtung einzugehen, die sie zu sehr einschränken würde. In einer Reihe von Äußerungen wird dies deutlich:

,,Ich bin gleich zu Beginn der Ausbildung in die Gewerkschaft eingetreten und hatte ursprünglich vor, in der Gewerkschaft mitzuarbeiten, aber ich bin nicht dazu gekommen. Deshalb bin ich da mehr passiv als aktiv ... Ich wollte nicht so viel um die Ohren haben, ich wollte nicht noch mehr anfangen, weil ich dann überhaupt keine Zeit mehr hätte. Wenn man einmal damit angefangen hat, dann kann man ja auch nicht einfach wieder aufhören, wenn man z.B. ein Amt übernimmt — und das wollte ich einfach nicht. Ich wollte mich einfach nicht daran binden" (Verwaltungsangestellter).

,,Wenn man aktiv mitarbeitet, dann muß man viel Zeit aufwenden. Und die Zeit habe ich im Moment nicht ... Also im Moment ist mir die Familie wichtiger. Mein Mann. Also bei uns ist es so, da wir uns sowieso immer nur wenig sehen, versuche ich das möglichst so abzuwägen, diese Zeit und Aufwand ... Er weiß, daß ich Montag und Donnerstag zum Training gehe, daß ich Dienstag, Mittwoch und das Wochenende Zeit habe. Wenn ich jetzt aber noch was in der Gewerkschaft machen würde, dann würde das meistens auch auf die Tage fallen, wenn er dann mal zu Hause ist. Das wäre auch nicht schön. Also, wenn die Zeit noch dazu da wäre, dann würde ich (da vielleicht mitmachen). Dann bräuchte ich allerdings noch einen Anstoß. Also man geht da ja jetzt nicht hin und sagt, hallo, hier bin ich. Man braucht da vielleicht auch so ein bißchen, daß jemand einen fragt" (Industriekauffrau).

Bei den Jugendlichen schließlich, die selbst schon einmal stärker engagiert gewesen sind oder doch zumindest in die Gewerkschaftsarbeit ,,hineingerochen" haben, kommen nicht selten weitere Gründe hinzu. Zumindest einige von ihnen gaben ihr zwischenzeitliches Engagement nicht zuletzt auf dem Hintergrund der Erfahrung wieder auf, daß die gewerkschaftliche Arbeit nicht das bringe, was sie sich davon versprochen hätten. Ohne sich enttäuscht von der Gewerkschaft zu distanzieren, wie dies für den Typ des ,,Enttäuschten" gilt, wird bei ihnen eine gewisse Resignation spürbar, die sie davon abhält, Zeit und Energien in ein gewerkschaftliches Engagement zu stecken. In dieser Richtung äußert sich etwa eine junge Krankenschwester, die während ihrer Ausbildungszeit gewerkschaftlich aktiv gewesen ist, sich aber weitgehend aus der praktischen Arbeit zurückgezogen hat, da ihre zeitlichen Möglichkeiten dadurch eingeschränkt worden sind, daß sie sich um ihre kranke Mutter kümmern muß. Von daher ist ihre Freizeit, wie sie betont, ,,im Augenblick wirklich ausgefüllt". Ihren Rückzug aus der praktischen Arbeit bringt sie aber auch damit in Zusammenhang, daß sie nicht mehr den ,,Schwung" hatte, der in der Ausbildungszeit dagewesen sei.

,,Ich gehe zwar noch zu Veranstaltungen und so, aber in der Ausbildung habe ich z.B. versucht, den Dienst zu tauschen und freizubekommen, wenn irgendwo eine Demo war. Und dieser Schwung steckt da jetzt nicht mehr hinter. Vielleicht liegt es auch daran, daß das eben doch nicht so viel bringt, wie man am Anfang gedacht hat. Resignation oder so spielt eine Rolle."

Sie selbst hält sich freilich den Sprung ins Lager der Engagierten offen; denn — nicht nur auf die eigene Person bezogen — findet sie es schade, daß viele zwar in der Gewerkschaft sind, ,,aber nichts selber dafür tun. Das machen nur sehr wenige." Auf diese wenigen wollen wir im folgenden eingehen.

Gewerkschaftlich engagierte Jugendliche — Fallbeispiele

Kennzeichnend für den Typ des ,,Engagierten" ist die soziale oder politische Motivation, der es nicht in erster Linie um persönliche Vorteile, sondern darum geht, sich gemeinsam mit anderen für die Umsetzung gewerkschaftlicher Politikinhalte einzusetzen. Es ist ein Engagement im Interesse der ,,gemeinsamen Sache", mit der man sich, bei aller Kritik, die man im einzelnen an der Gewerkschaft hat, inhaltlich identifiziert. Die Ausgangsmotive können ganz unterschiedlich sein. Bei einigen, die sich bereits während ihrer Schulzeit politisch engagiert haben, spielen eher politische Motive und das Interesse eine Rolle, mit Beginn der beruflichen Ausbildung bzw. der Aufnahme einer beruflichen Tätigkeit auch in dem Bereich aktiv zu werden, der ihren Alltag nunmehr bestimmt. Bei den meisten ist es aber zunächst ein relativ vages sozial motiviertes Interesse, das sie veranlaßt, etwa als Jugendvertreter zu kandidieren oder eine gewerkschaftliche Funktion zu übernehmen. Es ist der Wunsch, etwas „Sinnvolles" oder „Nützliches" zu tun und sich aus einem sozialen Selbstverständnis und Verantwortungsgefühl heraus für andere einzusetzen. Das geschieht nicht unbedingt selbstlos. Aber man hofft nicht auf den materiellen Vorteil, sondern auf den immateriellen: ein Betätigungsfeld, das einem die Chance bietet, etwas „Neues" und „Interessantes" zu machen und somit vielleicht auch dem betrieblichen Alltag ein stückweit zu entfliehen und/oder jene soziale Anerkennung zu erfahren, die einem in der Ausbildung oder in der beruflichen Tätigkeit nicht immer in dem Maße zuteil wird, wie man es sich wünscht.

Was sich hinter diesem Engagement verbirgt und wie es dazu kommt, soll an einigen Beispielen illustriert werden. Zunächst eine junge Industriekauffrau, die seit einiger Zeit aktiv in der Jugendvertretung eines größeren Industrieunternehmens tätig ist. Sie steht für jene Jugendlichen, die aus einem sozial motivierten Interesse heraus zur Gewerkschaft gekommen sind, das sich grundsätzlich auch in anderen Zusammenhängen oder Organisationen realisieren ließe. Auf der Schule habe sie noch gar nicht so recht gewußt, was es mit der Gewerkschaft auf sich hat, überhaupt habe sie Gewerkschaft nur wenig interessiert. Erst anläßlich einer Jugendvertreterwahl, zu der noch Kandidaten gesucht worden sind, ist sie überhaupt das erste Mal bewußt mit Gewerkschaft in Berührung gekommen. Ganz spontan hat sie sich mit einer befreundeten Arbeitskollegin überlegt, ob sie nicht kandidieren sollten:

„Wir haben dann gesagt, laß uns doch aufstellen, mal sehen, was draus wird ... Damit fing das eigentlich alles an. Ich war auch vorher nicht in der Gewerkschaft. Ja, ach Gott, ich war nicht drin, das hat mich auch gar nicht weiter interessiert. Es hat mich auch keiner aufgeklärt, das war halt so. Man hat zwar viel gehört, aber hier rein, da raus, so ungefähr. Ja, und angefangen hat es also wirklich damit, daß die Kandidaten für die Jugendvertretung gesucht haben. Da habe ich mich aufstellen lassen. Und dann hat das geklappt. Da bin ich dann halt der Gewerkschaft so ein bißchen nähergekommen. Vorher eigentlich nicht."

Gereizt hat sie dabei vor allem, „etwas mit Jugendlichen zusammen zu machen, sich um Jugendliche zu kümmern", wobei sie darauf verweist, daß dies schon immer ein Interesse von ihr gewesen sei. Auch ihre ursprünglichen beruflichen Vorstellungen gingen in diese Richtung. Eine Arbeit als ,,Bewährungshelferin oder etwas in der Art" hätte sie sich gut vorstellen können. Zwar hat sie diesen Berufswunsch fallen lassen, doch hinterließ die Entscheidung für einen kaufmännischen Beruf bei ihr während der ganzen Ausbildung und auch danach einen bitteren Nachgeschmack. Die Arbeit als Jugendvertreterin schien ihr eine Möglichkeit zu sein, an ihrem Interesse anzuknüpfen, etwas mit Gleichaltrigen zusammen zu machen und von daher auch etwas Farbe in den grauen Betriebsalltag zu bringen.

Eher politisch ist das Engagement eines jungen Versicherungskaufmanns motiviert, der bereits während der Schulzeit als Jugendwart in der Gemeinde tätig gewesen ist, in der er wohnt. Als er mit seiner Ausbildung angefangen hat, war ihm von vornherein klar, daß er in die Gewerkschaft gehen und sich dort auch aktiv an der Arbeit beteiligen würde. Er findet es wichtig,

,,nicht nur im Kämmerchen über irgendwelche Sachen zu brüten, sondern mit Leuten zu diskutieren, und wenn man merkt, daß man ungefähr die gleichen Ansichten hat, auch zusammen etwas zu unternehmen. Gemeinsame Aktionen zu machen oder auch gemeinsam an einer Demo teilzunehmen. Das sind so Sachen, die einem das Gefühl geben, nicht alleine zu stehen. Oder auch Leute ein Stück weiterbringen. Wenn man z.B. einen Bekannten hat, der vier Jahre zur Bundeswehr gehen wollte und mit dem man dann hinterher zusammen die Verweigerung schreibt, daß sind meiner Meinung nach irgendwie so Erfolge. Da hat man jemanden etwas klar gemacht. Und auch wenn du im Betrieb irgendetwas machen willst, dann brauchst du die Gewerkschaft hinter dir. Wenn du hier als alternativer Gewerkschaftler rumläufst oder auch gewerkschaftslos bist, dann schießen sie dich als ersten ab."

Wie die meisten engagierten Jugendlichen, kommt auch er aus einem gewerkschaftsfreundlichen Elternhaus, das sein Interesse an der Gewerkschaft förderte. In diesem Punkt schildert er sich selbst allerdings als ,,interessanter Fall", denn während sein Vater, der im gleichen Betrieb gearbeitet hat, in der HBV gewesen ist, ist er selbst in die DAG eingetreten. Dies war für ihn keine prinzipielle Entscheidung. Wichtig für ihn war, daß die DAG ,,am Ort" eine bessere, weil ,,freiere" Jugendarbeit machte als die zuständige DGB-Gewerkschaft.

In den Erfahrungsschilderungen der ,,Engagierten" wird deutlich, wie wichtig ihnen Freiräume sind, die ihnen die Möglichkeit geben, ihre Aktivitäten selbst zu gestalten. Viele erleben den Apparat als ,,tierisch bürokratisch", kritisieren die Organisations- und Kommunikationsstrukturen, mit denen sie konfrontiert werden und die es ihnen gerade am Anfang schwierig machen, sich überhaupt in die Gewerkschaft einzufinden. Wenn sie dann auch noch die Erfahrung machen müssen, nicht nur den Arbeitgeber bzw. die betrieblichen Vorgesetzten, sondern teilweise auch den Betriebsrat gegen sich zu haben, so ist das für die Jugendlichen zumindest phasenweise mit erheblichen Frustrationen verbunden, die auch einen ,,Engagierten" nicht selten zum ,,Enttäuschten" machen. Doch stellt sich das gewerkschaftliche Engagement aus ihrer Sicht keineswegs durchgängig als frustrierendes Geschäft dar. Von nicht wenigen ,,Engagierten" wird auch auf die Erfahrung gegenseitiger Unterstützung und gemeinschaftlichen Handelns hingewiesen, die sie an ihre Tätigkeit bindet. Dennoch darf nicht übersehen werden, daß zumindest bei einem Teil der ,,Engagierten" die Grundlage ihres Engagements brüchig ist, brüchiger vermutlich als bei den Gewerkschaftsaktivisten, die wir aus früheren Phasen der Arbeiterbewegung kennen. Gewerkschaftliche Arbeit bedeutet für sie keineswegs alles. Sie ist zumeist nicht das bestimmende Moment, das ihre personelle Identität ausmacht. Ohne Frage ist die gewerkschaftliche Arbeit ihnen wichtig, doch lassen sie keinen Zweifel daran, daß sie auch andere Interessen haben und wahrnehmen wollen, was sie dazu veranlaßt, in bezug auf ihr gewerkschaftliches Engagement und die damit verbundene Verausgabung von Zeit und Energie mehr oder weniger eindeutige Grenzen zu setzen. Dies gilt selbst für diejenigen, deren gewerkschaftliches Engagement in hohem Maße politisch motiviert ist. Gewerkschaftsarbeit soll Spaß machen, soll sich mit den sonstigen privaten Interessen vereinbaren lassen und soll vor allen Dingen nicht in ,,Zwang" ausarten. Man hat sich freiwillig dazu entschieden, eine gewerkschaftliche Funktion zu übernehmen und will auch selbst entscheiden, wann und wie oft man zu Terminen hingeht und in welchen Ausschüssen man mitarbeitet. Die bereits zitierte Industriekauffrau läßt hieran keinen Zweifel:

,,Manchmal wird mir das einfach zu viel. Und wenn man dann einmal nicht da war, da wird man gleich angefahren: Wo warst du? Was soll das denn? Und das stinkt mir einfach. Ich gehe dahin, wenn es mir Spaß macht, wenn ich danach Lust habe. Und es ist schon ein gewisser Zwang da und das kann ich nicht haben. Das mache ich nicht mit. Mir wird das dann echt zuviel. Ich habe das einmal mit durchgemacht: Da bist du am Wochenende weg, dann bist du in der Woche drei, viermal unterwegs, dann bist du hier von der Firma aus in der Vertrauensleuteleitung ganz automatisch als Jugendvertreter und das findet auch nur nachmittags statt und dann mußt du noch da und da und da hin. Da bist du nur unterwegs. Da habe ich gesagt: Schluß, aus und vorbei! Ich mache das gern, aber nur innerhalb der Firma. Ich habe auch noch andere Hobbys, die ich gerne mache und auch andere Vorstellungen von meiner Freizeit. Andere sind wirklich voll engagiert. Da ist nichts anderes als Gewerkschaft ... Ich meine, das Privatleben darf nicht zu kurz kommen. Ich lebe ja auch nur einmal und ich möchte gerne das machen, was mir Spaß macht. Ich meine, ich gehe auch gern zur Jugendgruppe, aber wenn das so eine Art Zwang ist, daß du da jede Woche ständig hin mußt und mußt dir immer für diese Jugendgruppe freinehmen und kannst nichts anderes machen, da kann ich nicht drauf. Das will ich nicht. Du muß auch sehen, daß du mit deinem Privatleben klarkommst."

Wie schnell das Interesse der Jugendlichen an Gewerkschaft und die Bereitschaft, sich gewerkschaftlich zu engagieren, in eine kritisch-distanzierte Haltung umschlagen kann, deutet sich in dieser Selbstdarstellung an. Der zitierten Kauffrau geht es durchaus um eine engagierte Gewerkschaftsmitarbeit, aber sie will nicht von der Arbeit ,,aufgefressen" werden. Es soll genügend Raum bleiben, um auch die privaten Interessen, die jeder dieser Jugendlichen hat, ausleben zu können. Sie treffen hier ein Arrangement, das in dem Maße zuungunsten der gewerkschaftlichen Aktivitäten ausfällt, in dem das Engagement in Zwang ausartet und damit auch den Charakter einer selbstbestimmten Tätigkeit verliert, auf den es den Jugendlichen aber gerade ankommt. Nur als unabweisbare Verpflichtung, der man sich gegen alle anderen Bedürfnisse und Interessen stellen *muß*, weil es der politische oder soziale ,,Selbstauftrag" erfordert, begreift heute kaum noch einer der ,,Engagierten" seine Gewerkschaftsarbeit. Deswegen ist auch die Schwelle niedriger, aus Enttäuschung über nicht erfüllte inhaltliche Politikerwartungen und insbesondere über Widrigkeiten des Organisationsalltags einer allzu schwerfälligen und etablierten Bürokratie die Brocken hinzuwerfen und die Mitarbeit ganz aufzukündigen. Weil sich die Jugendlichen auch bei höchster Aktivitätsbereitschaft und inhaltlicher Überzeugung nicht mehr als ,,Parteisoldaten" in die Organisationsarbeit einbringen, ist auch die Gefahr eines frühzeitigen Rückzuges bei Negativ-Erfahrungen größer geworden.

5.3.5. Engagement, Rückzug und Distanz — der Typ des ,,Enttäuschten"

Von der subjektiven Ausgangslage sind die Jugendlichen, die wir in diesem Typ zusammenfassen, ähnlich zu beschreiben wie die gewerkschaftlich interessierten und engagierten Jugendlichen. Auch sie haben sich zunächst jenseits eines individuellen Nutzenkalküls positiv zur Gewerkschaft definiert, haben gewerkschaftliche Aktivitäten mit Interesse verfolgt und sind zum großen Teil selbst auch bereit gewesen, sich aktiv an der Realisierung gewerkschaftlicher Ziele zu beteiligen. Aufgrund frustrierender Erfahrungen ist es bei ihnen allerdings zu einem inneren Distanzierungsprozeß gekommen, in dessen Verlauf ihr Interesse an Gewerkschaft und ihre anfängliche Engagementbereitschaft mehr und mehr zurückgegangen ist. Sie halten zwar nach wie vor daran fest, daß die Gewerkschaft „vom Grundsatz her eine sehr gute Sache ist" (Industriekauffrau), machen zugleich aber deutlich, daß sie sich mit der gegenwärtigen Politik und Organisationspraxis der Gewerkschaften in keiner Weise identifizieren können. In der Regel kritisieren sie die aktuelle gewerkschaftliche Politik als zu verhalten und zu kompromißbereit, vor allem aber kritisieren sie die in den Gewerkschaften vorfindlichen Organisations- und Kommunikationsstrukturen, die Abgehobenheit des bürokratischen Apparates sowie die geringe Engagementbereitschaft vieler Funktionäre.

Zum großen Teil handelt es sich um Jugendliche, die sich während ihres Engagements in der gewerkschaftlichen Arbeit mit Bedingungen konfrontiert sahen, die nicht ihren Vorstellungen und Erwartungen entsprochen haben. Statt eigene Ideen in die Arbeit einbringen und selbst initiativ werden zu können, haben sie die Erfahrung machen müssen, in vielen Punkten bürokratisch gegängelt und diszipliniert zu werden. „Wir konnten eigentlich beschließen, was wir wollten", meint etwa rückblickend eine ehemals gewerkschaftlich aktive Jugendliche, die heute in einem Alternativbetrieb arbeitet, „es mußte immer noch eine Stufe höher abgesegnet werden". Einfluß auf die Entscheidungen habe man nicht gehabt. Die Folge: der Rückzug aus der praktischen Arbeit und eine innere Distanzierung von der Gewerkschaft zumindest in ihrer aktuellen Gestalt. Je größer ihre Erwartungen gewesen sind, desto eher schildern sie ihren Weg rückblickend als einen für sie selbst häufig schmerzhaften Desillusionierungsprozeß, den einige von ihnen auch heute erst ansatzweise verarbeitet haben. Auch wenn sie sich in vieler Hinsicht ambivalent auf die Gewerkschaft beziehen — ihre positive Grundeinstellung schimmert immer wieder durch — so steht für sie doch eines fest: Unter den gegebenen politischen und organisatorischen Bedingungen kommt ein erneutes gewerkschaftliches Engagement für sie nicht in Betracht. Zum Teil sind sie sich nicht einmal mehr ganz sicher, ob es überhaupt noch Sinn bringt, gewerkschaftlich organisiert zu sein.

Fallbeispiele:

Als Beispiel möchten wir hier zunächst den Fall einer ehemaligen Jugendvertreterin aus der Gruppe der Industriekaufleute schildern, die in der Gewerkschaft nach wie vor im Prinzip eine ,,gute Sache" sieht, mittlerweile aber zu der Auffassung gelangt ist, ,,daß es halt Leute gibt, die das kaputt machen können und die das auch kaputt machen". Hintergrund dafür sind Erfahrungen aus ihrer aktiven Zeit, die sie alles andere als in ,,guter Erinnerung" hat. Da sie bereits in der Schule politisch aktiv gewesen ist und ein Interesse an der Gewerkschaft hatte, ist sie gleich zu Beginn der Ausbildung zu einem Treffen der Gewerkschaftsjugend hingegangen und habe dort Leute gefunden, mit denen sie ,,toll" zurechtgekommen sei.

Sie hat eine ganze Wahlperiode als Jugendvertreterin aktiv mitgemacht, ,,aber sagen wir mal so, ich habe sie nicht voll engagiert beendet". Den Hintergrund bilden frustrierende Erfahrungen vor allem mit den gewerkschaftlichen Repräsentanten vor Ort, von denen sie in keiner Weise Unterstützung und Rückendeckung bekommen habe. Vielmehr mußte sie die Erfahrung machen, ,,daß man immer einen auf's Dach gekriegt hat", wenn man mal nicht das gemacht hat, was der zuständige Gewerkschaftssekretär oder die Betriebsräte gerne wollten.

,,Einmal ist es so schlimm gewesen, da haben wir einen neuen Gewerkschaftsjugendsekretär bekommen, weil der alte sich bei uns nicht durchsetzen konnte, weil wir ihm gesagt haben, das finden wir nicht gut, wie du das machst. Wir möchten das auf unsere Art und Weise machen. Es wurde eigentlich auch immer so ein bißchen gegengearbeitet gegen die Jugend. Das lag nicht am einzelnen Jugendsekretär ... Der kriegte auch immer eins von oben drauf. Der mußte auch sagen: Hier, ich muß die Leute so und so halten."

Von einer selbstverantwortlichen Jugendarbeit konnte aus ihrer Sicht keine Rede sein. Auch von einem Vertrauensverhältnis zu den Betriebsräten sei wenig zu spüren gewesen. Auf die Frage, ob sich die Betriebsräte genügend um die Jugendarbeit gekümmert hätten, antwortet sie ironisch:

,,Ich glaube, sie kümmern sich zuviel, aber im negativen Sinne. Bei Sitzungen, da hat der Betriebsrat, der für uns zuständig ist, immer das Recht, dabei zu sein. Und der ist auch jedesmal gekommen. Wir wollten das gar nicht mehr. Das war so, daß wir einen Betriebsrat hatten, der für uns zuständig war und bei Neuwahlen hatten wir gesagt, daß wir den nicht wollten. Aber wir haben ihn trotzdem gekriegt. Also, wenn das schon soweit geht ..."

Irgendwann habe sie dazu ,,keine Lust" mehr gehabt und sich dazu entschlossen, nicht noch einmal zu kandidieren, zumal sie immer weniger den Eindruck gehabt hat, daß es bei der Arbeit tatsächlich um eine gemeinschaftliche und engagierte Interessenvertretung ging.

> „Ich habe mich dann also nicht wieder wählen lassen. Ich habe also überhaupt keine Lust mehr gehabt, mit den Betriebsräten irgendwie zusammenzuarbeiten. Das waren für mich mehr Schlichter zwischen Arbeitgeber und Arbeitnehmer. Mehr ist das nicht. Ich habe also nie den Eindruck gehabt, daß sie sich wirklich für die Arbeiter und Angestellten hier einsetzen. Die tun mehr oder weniger ihre Pflicht bei den Tarifverträgen, aber das ist auch alles."

Mittlerweile hat sie sich völlig aus der gewerkschaftlichen Arbeit zurückgezogen, wobei sie sich manchmal schon darüber ärgert, nur noch „zahlendes Mitglied" zu sein. In solchen Äußerungen schimmert dann ihre nach wie vor positive Grundeinstellung durch, die durch ihre negativen Erfahrungen aber völlig überlagert wird. Gewerkschaftsarbeit ist für sie ein abgeschlossenes Kapitel. Auf die Frage, was ihr die Gewerkschaftsarbeit rückblickend persönlich gebracht habe, kann sie wiederum nur mit einem ironischen Unterton antworten:

> „Ja, ich weiß jetzt zumindest, wie es organisatorisch in der Gewerkschaft abläuft. Das ist schon mal viel wert. Mir haben vorher schon einige gesagt, daß das in der Gewerkschaft genauso abläuft wie in einem Großbetrieb oder so. Und das habe ich einfach nicht glauben wollen. Aber jetzt weiß ich das ... Das ist ein Management. So ein richtiges Management wie in einem anderen Betrieb auch. Da gibt es die höheren Vorgesetzten und die unteren Vorgesetzten und die Unterdrückung. Ich glaube sogar manchmal, daß die Funktionäre sogar noch schlimmer dran sind als ich. Die haben sich mehr zu verantworten vor ihren Chefs als ich."

Es fällt ihr ausgesprochen schwer, überhaupt noch positive Erwartungen zu formulieren, so daß sie sich mittlerweile die Frage stellt, wozu die Gewerkschaften eigentlich noch nötig sind: „Ja, ich weiß es nicht. Vielleicht sind sie gar nicht mehr nötig". Aufgrund der gemachten Erfahrungen hat sie sich sogar schon überlegt, ob es nicht besser wäre, aus der Gewerkschaft auszutreten. Daß sie diesen Schritt bislang noch nicht getan hat, liegt allein daran, daß sie nicht als Trittbrettfahrerin an den Leistungen gewerkschaftlicher Politik partizipieren will. Dies vor allem binde sie noch an die Gewerkschaft.

So unterschiedlich die Erfahrungen sind, die die „Enttäuschten" mit Gewerkschaft gemacht haben und so unterschiedlich die Desillusionierungsprozesse bei ihnen verlaufen sind, ein gemeinsames haben diese Jugendlichen doch: Keiner von ihnen formuliert noch größere Erwartungen an die Gewerkschaft. Dabei werden typischerweise nicht die politischen Handlungsmöglichkeiten der Gewerkschaft bezweifelt als vielmehr die Möglichkeit, innerhalb der Gewerkschaften gemeinschaftlich Interessen zu vertreten. Für die meisten von ihnen gilt die Gewerkschaft nur noch als eine bürokratisch-verkrustete Institution, deren inneres Gefüge nicht mehr jenem solidarischen Organisationstypus entspricht, in dem es Spaß machen könnte, selbst aktiv zu werden. Gewerkschaftsfunktionäre und Betriebsräte gelten ihnen entsprechend eher als bürokratische Vertretungsinstanzen denn als engagierte Interessenvertreter. Sie agierten abgehoben von der Basis, ohne Kenntnis um die Sorgen des „einfachen Mitglieds" oder schlimmer noch: Sie interessieren sich nicht einmal mehr dafür. Eher schon gilt ihr Interesse der Sicherung des eigenen Postens und der eigenen Einflußsphäre, was einige der Jugendlichen als notwendiges Produkt der Institutionalisierung gewerkschaftlicher bzw. betrieblicher Vertretungsorgane verstehen.

„Dieser Funktionärsklüngel, der auf der Betriebsratsebene anfängt: Betriebsräte werden freigestellt und kämpfen irgendwann bloß nur noch darum, nicht wieder in den Betrieb zurück zu müssen und malochen zu müssen. Dadurch verlieren sie irgendwann den Zusammenhang. Also ich bin gegen freigestellte Betriebsräte. Ich bin für viel mehr Betriebsräte, die dann alle nur zum Teil freigestellt werden. Ich bin nicht dafür, daß das alles mit Zusatzarbeit gemacht wird, das geht überhaupt nicht, aber nicht so wie jetzt! Da fängt es schon an. Genauso mit den Jugendvertretern, die sind ja auch oft freigestellt" (Handwerker in einem Alternativbetrieb).

Ein Beispiel dafür, wie sensibel gerade diese Jugendlichen die gegenwärtigen gewerkschaftlichen Strukturen wahrnehmen, findet sich in einem Gespräch mit einem Verwaltungsangestellten, der in seinem Ausbildungsbetrieb, einem Großhandelsunternehmen, als Jugendvertreter aktiv gewesen ist. Als Jugendvertreter mußte er nicht nur die Erfahrung machen, relativ ohnmächtig einer Allianz aus Geschäftsleitung und Betriebsrat gegenüberzustehen, sondern dabei auch mangelnde Unterstützung seitens der Gewerkschaft zu bekommen. Man habe ihm zwar regelmäßig Informationsmaterial zugesandt, doch viel habe das nicht gebracht. „Geändert hat sich im Endeffekt nichts." Enttäuscht hat er sich aus der praktischen Arbeit zurückgezogen, noch bevor er den Betrieb wechselte. Er ist zwar wieder in die Gewerkschaft eingetreten, doch denkt er nicht daran, sich heute noch einmal gewerkschaftlich aktiv zu engagieren. Auch die Erfahrungen, die er jetzt in der Stadtverwaltung mit gewerkschaftlicher Politik macht, bestätigen ihn in diesem Entschluß, zeigen sie ihm doch, daß die Gewerkschaft ein ,,bürokratischer Apparat" ist, auf den das einzelne Mitglied keinerlei Einfluß habe. Man werde geradezu, wie er sagt, in eine ,,passive Rolle" gedrängt. Was er damit meint, macht er am Beispiel der Vorbereitung für die Tarifrunde um die Einführung der 35-Stunden-Woche deutlich:

,,Da wird nicht von unten nach oben, sondern von oben nach unten diktiert, denn die Schilder für die 35-Stunden-Woche hängen schon draußen, ohne daß wir darüber diskutiert haben. Das gehört auch zu dem Mißverhältnis, das mir an den Gewerkschaften nicht gefällt. Oben werden Gedanken gefaßt, die unten irgendwie nach einer gewissen Zeit geschluckt werden müssen. Das sehe ich nicht ein ... Wir hatten z.B. hier neulich eine Diskussion über die 35-Stunden-Woche, mit Genehmigung vom Amtsleiter und so. Da kam dann ein Gewerkschaftsmensch, hat uns die 35-Stunden-Woche himmelblau ausgemalt und hat dann gesagt: So meine Herren, nun diskutieren sie mal darüber! Dann hat der sich verabschiedet und wir haben darüber diskutiert. Ja, zugehört hat er nicht. Er konnte nicht wissen, über was wir uns da unterhalten haben. Da kamen Vorschläge, die konnte man überdenken. Nun kam der Vertrauensmann mit einem Zettel an. Auf dem Zettel stand drauf: Sind Sie für die 35-Stunden-Woche oder sind Sie für das vorgezogene Altersruhegeld ab 59? Kreuz! Ja, ich habe das nicht ausgefüllt. Denn was nützt das, wenn ich diskutiere und keiner das Ergebnis der Diskussion zur Kenntnis nimmt. Nur nachher so einen billigen Zettel auszufüllen, damit der überhaupt was vorlegen kann, das sehe ich nicht ein. Normalerweise hätte die Diskussion doch so anfangen müssen: Hört zu Leute, wir haben ein Problem, die vorhandene Arbeit muß umverteilt werden, macht Euch mal Gedanken, macht mal Vorschläge. Und nicht einfach sagen: Was haltet Ihr von der 35-Stunden-Woche? Das ist verkehrt! Jeder hat doch für seinen Bereich Vorschläge. Irgendwann muß man das natürlich auf einen Nenner bringen, aber das ist ein altes Prinzip, daß von unten nach oben ausgesiebt wird und der beste Vorschlag eben bestehen bleibt. So müßte das bei den Gewerkschaften auch laufen. Das ist ja immer so gemacht worden, fast immer. Und von daher bin ich mit der Gewerkschaftsarbeit nicht einverstanden. Denn meine Meinung ist nicht gefragt, sie zählt nicht und von daher bin ich interessiert".

In einem Nachsatz fügt er hinzu, daß er in solchen Situationen eine ähnliche Ohnmacht gegenüber der Gewerkschaft verspüre, wie er sie damals als Jugendvertreter gegenüber dem gemeinsamen Auftreten von Geschäftsleitung und Betriebsrat verspürt habe. Er bringt damit ein Gefühl zum Ausdruck, das bei den meisten enttäuschten Jugendlichen mehr oder weniger stark ausgeprägt ist: Die Ohnmacht gegenüber einer Organisation, die in ihren Strukturen erstarrt erscheint. Was beim Gewerkschaftsgegner oft nur vorurteilsbestimmter Vorwand für eine prinzipiell konträre inhaltlich-politische Position ist, steht beim ,,Enttäuschten" im Zentrum der Kritik: die internen Verhaltensstrukturen, der Widerspruch zwischen Befreiungsanspruch und Organisationszwängen. Gerade weil aber der zum Engagement bereite Jugendliche seine Mitarbeit an diesen Maßstab bindet und zu keinerlei Zwangsverpflichtung — und sei's für die beste, gerechteste, wichtigste Sache — mehr bereit ist, muß der bei den „Enttäuschten" aufzeigbare Umschlag von Mitarbeit in Distanz und Opposition ernstgenommen werden.

5.3.6. *In dezidierter Opposition zur Gewerkschaft — der Typ des „Gegners"*

Eine ganz andere Art der Distanz kennzeichnet das Verhältnis der Jugendlichen zur Gewerkschaft, die wir schließlich im Typ des „Gegners" zusammenfassen, dem knapp jeder zehnte Jugendliche unseres Samples zuzurechnen ist. Ihre Distanz resultiert aus grundsätzlichen politischem Vorbehalten, die immer auch Momente eines prinzipiellen Antikollektivismus in sich tragen. Es handelt sich hier gleichsam um die moderne Variante des konservativen Gewerkschaftskritikers, im Extrem des Gewerkschaftsfeindes, dem es unter den heutigen Bedingungen einer institutionalisierten Sozialverfassung zwar nicht mehr darum geht, die Gewerkschaft völlig abzuschaffen, wohl aber darum, sie in ihrer vermeintlichen Machtfülle einzuschränken. Er will gewerkschaftliche Interessenvertretung auf ein Maß reduziert wissen, das die freie Entfaltung der Marktkräfte bzw. deren aus seiner Sicht notwendige Wiederbelebung erlaubt. Die Reduktion gewerkschaftlicher Macht und der Abbau bindender kollektiv-rechtlicher Regelungen gehören — wie die aktuellen politische Diskussion zeigt — ebenso in seine politische Programmatik wie die Privatisierung sozialstaatlicher Errungenschaften und das Zurückdrängen einer vermeintlichen, durch den Sozialstaat geförderten Anspruchs- und Versorgungsmentalität.

Explizit beziehen sich die Jugendlichen dieses Typs zwar nur im Ausnahmefall auf eine derartige Programmatik und nur wenige formulieren konkrete politische Vorstellungen in dieser Richtung, doch wird eine allgemeine Affinität zu solchen Konzepten in ihren Äußerungen allemal deutlich. So betonen sie in unterschiedlicher Schärfe und mit unterschiedlichen Akzentsetzungen, daß die Gewerkschaften trotz der durch die Krise eingeschränkten Handlungsspielräume aus ihrer Sicht noch „viel zu viel Macht" hätten oder aber sie begrüßen es, daß die Gewerkschaft heute über nur geringe gesellschaftliche Einflußchancen verfüge. Sie finden — und hier beziehen sie sich zumeist auf die Forderung nach Einführung der

35-Stunden-Woche —, daß die Forderungen der Gewerkschaft in jedem Fall „viel zu weit gehen". Daß die überhöhten Forderungen auch noch mittels Streiks durchgesetzt werden sollen, lehnen sie strikt ab:

> „Manchmal stellen sie doch unverschämte Forderungen. Und daß sie immer versuchen, sie mit Streiks durchzukriegen ... Jetzt z.B. die IG Metall. Die fechten ihre Forderungen ja auch auf Kosten anderer Leute aus. Zum Beispiel, als die Drucker gestreikt haben, fand ich es nicht gut, daß ich morgens meine Zeitung nicht bekam. Man kann es natürlich so sehen, die sollen es merken, daß es ohne die Drucker nicht geht, aber ... Damit bin ich nicht einverstanden" (Verkäuferin).

Ohne die Notwendigkeit der Gewerkschaft und deren historische Verdienste generell in Frage stellen zu wollen, geben sie doch mehr oder weniger deutlich zu erkennen, daß die krisenhafte Entwicklung in den letzten Jahren aus ihrer Sicht nicht zuletzt das Resultat einer überzogenen Gewerkschaftspolitik ist, die, wie es ein junger Bankkaufmann ausdrückt, „den Blick für das Wirtschaftliche" vermissen läßt. Von daher können sie sich mit der Gewerkschaft nicht identifizieren und lehnen es ganz generell ab, sich gewerkschaftlich zu organisieren. Allenfalls könnten sie eine Gewerkschaftspolitik mit „Maß und Ziel" befürworten, was für sie unter den gegebenen Bedingungen immer heißt, daß sich die Gewerkschaften mit ihren Zielen und Forderungen weitgehend zurücknehmen sollten.

Wir finden diese Jugendlichen vor allem unter den qualifizierten jungen Angestellten, die bereits von ihrer sozialen Herkunft her nur wenig Bezug zur Gewerkschaft haben und deren Distanz gegenüber kollektiven Formen der Interessenvertretung noch dadurch gestärkt wird, daß sie sich in einem beruflichen Umfeld bewegen, in dem die individuelle Leistung und der individuelle Erfolg von besonderem Gewicht sind. Hier konzentrieren sie sich und hier stellen sie auch quantitativ mehr als nur eine „Randgruppe" dar, die in der gewerkschaftlichen Praxis zu vernachlässigen wäre. Unter den jungen Bankkaufleuten, die wir in den vorangegangenen Kapiteln als besonders karriereorientiert kennengelernt haben, kann sogar jeder Fünfte zu diesem Typ gezählt werden. Wie sie sich äußern, soll an einem Fallbeispiel genauer dargestellt werden.

Fallbeispiel:

Es handelt sich um einen jungen Bankangestellten, der aus relativ privilegierten Sozialverhältnissen stammt und schon vom Elternhaus her eine kritische Distanz zur Gewerkschaft mitbringt. Sein Vater arbeitet als Immobilienmakler und hat es als solcher, wie der Sohn betont, ,,weit gebracht". Er selbst orientiert sich am beruflichen Erfolg seines Vaters — er würde gern selbständiger Rentenhändler werden — und teilt auch dessen gewerkschaftskritische Ansichten. Ein Gewerkschaftsbeitritt steht für ihn völlig außerhalb der Diskussion,

,,denn ich kann mich mit den Zielen der Gewerkschaft nicht identifizieren, in voller Anerkennung dessen, was sie erreicht haben. Aber die Gewerkschaften haben keine Augen für das Wirtschaftliche und keine Perspektive. Die denken von einem Tarifabschluß zum nächsten. Ich schreibe viele Probleme dem zu, was sich so in den letzten Jahren entwickelt hat. Ich sehe keine Denkanstöße, von den Politikern nicht und von den Gewerkschaften sowieso nicht ... Ich sehe natürlich die Vorteile, die die Gewerkschaften gebracht haben seit der industriellen Revolution. Sie helfen den Schwächeren und haben das soziale Netz ausgebaut. Aber heute muß man ein Auge darauf haben, daß das nur noch von einigen gehalten wird. Wenn man 5.000 DM verdient und 2.000 DM mit nach Hause nimmt, dann verliert man zwar nicht unbedingt die Lust an der Arbeit, aber es ist schon ein Dämpfer. Jetzt haben sie sich in die 35-Stunden-Woche reinversteift. Ich sehe nicht, was das bringen soll. Ich sehe aber auch keine anderen Möglichkeiten, das gebe ich zu. Klar ist nur, daß wir im Preisgefüge unattraktiv werden würden. ,,Made in Germany" wäre zu teuer ... Man könnte sich natürlich auch fragen, wie es ohne Gewerkschaften aussehen würde. Da kann ich nur sagen, vielleicht schlechter. Aber dagegen z.B. England oder Italien. Die haben den Anschluß verpaßt. Da wurde immer gleich gestreikt und das hat negative Auswirkungen gehabt. Zum Beispiel die U-Bahn in London. Da sind vier Leute mit einer Karte beschäftigt. Einer verkauft sie einem, der zweite kontrolliert, dann wird noch mal kontrolliert und danach mußt du sie wieder abgeben. Da sollen Arbeitsplätze erhalten werden auf Gedeih und Verderb."

Zum Glück, wie er betont, seien die Handlungsmöglichkeiten der Gewerkschaften heute unter den Bedingungen der Krise und der Lage auf dem Arbeitsmarkt weitgehend eingeschränkt. Er hoffe, daß dies so bleibt,

,,denn wenn sie so mächtig wie in England wären, dann stände es schlecht."

Zwar rekrutieren sich die Jugendlichen dieses Typs vor allem aus dem Kreis der qualifizierten jungen Angestellten, doch tauchen sie vereinzelt auch unter den einfachen Angestellten und in den Arbeitergruppen des Samples auf. Im einzelnen argumentieren diese Jugendlichen zwar etwas anders als die sich in Wirtschaftsfragen besonders kompetent fühlenden Banker, doch lassen auch sie keinen Zweifel daran, daß sie sich mit der aktuellen Politik der Gewerkschaften in keiner Weise identifizieren können, da ihnen die Forderungen zu weit gingen, da sie sich zu einseitig an den Interessen der

Arbeitnehmer orientierten und insgesamt eben zu radikal seien. Im Extremfall wird dabei eine Verzichtshaltung deutlich, die auch bisher Erreichtes durchaus in Frage stellt:

> „Eine Gewerkschaft muß irgendwie schon da sein ... Der Arbeitnehmer soll nicht ausgenutzt werden und der Arbeitgeber soll nicht machen können, was er will ... Aber jetzt ist es extrem. Das ist nicht gut. Die Gewerkschaften müßten nicht nur für den Arbeitnehmer da sein. Sie müßten nicht nur die Seite des Arbeitnehmers beachten, sondern auch die Probleme, die damit für den Arbeitgeber verbunden sind. Vielleicht sollten sie nicht unbedingt jedes Jahr Forderungen stellen, die über das hinausgehen, wozu der Arbeitgeber zu verhandeln bereit ist" (Angelernter Arbeiter).

> „Ich habe auch oft das Gefühl, daß die Gewerkschaften an vielen Sachen, an der jetzigen Wirtschaftslage Schuld sind; die Betriebe haben sicherlich auch schuld, aber die Gewerkschaften genauso. (Inwiefern?) Vor allem sehen sie die Grenze nicht. Zum Beispiel vom Lehrling her gesehen: Was ein Lehrling heute im ersten Lehrjahr bekommt — ich war damals auch über jede Mark froh, die ich bekommen habe, aber ich bin der Auffassung, daß ein Lehrling zu viel verdient." (Facharbeiter)

Selbst wo innerhalb der „Gegner" die Position weniger extrem als bei dem zitierten Facharbeiter umrissen wird, bleibt eine antigewerkschaftliche Haltung deutlich, auf deren Hintergrund sich die Frage nach ihrem Einbezug in gemeinsame Politik und solidarischem Handeln von vornherein nicht stellt.

5.4 Gewerkschaftserfahrungen Jugendlicher

Unseren Ausgangsüberlegungen ist die These unterlegt, daß die Distanz der Jugendlichen zur Gewerkschaft nicht in erster Linie oder gar ausschließlich als Reaktion auf aktuelle Gewerkschaftspolitik zu interpretieren ist. Zwar kann es keineswegs als bedeutungslos angesehen werden, wie die Gewerkschaften agieren, welches Bild sie in der Öffentlichkeit abgeben bzw. wie in den Medien über sie berichtet wird, doch ist davon auszugehen, daß die Ursachen für die Distanz sehr viel tiefer liegen. Sie hängen eng mit den weitreichenden Veränderungen in den Sozialisationsbedingungen zusammen, die aus dem strukturellen gesellschaftlichen und kulturellen Wandel der letzten Jahrzehnte resultieren. Dieser Wandel ist weder rückgängig zu machen, noch wird er in der Zukunft aufzuhalten sein. Hat er auf der einen Seite mit dazu beigetragen, daß sich die Gewerkschaft fest im gesellschaftlichen Institutionengerüst etablieren konnte, so sind mit ihm, vermittelt über die fortschreitende Auflösung traditioneller Lebens- und Erfahrungszusammenhänge, zugleich auch jene informellen und spontanen Organisationsvoraussetzungen unterhöhlt worden, die eine Integration von Jugendlichen in die Gewerkschaft wesentlich erleichterten. In erster Linie beziehen wir uns dabei auf den Auflösungsprozeß der proletarischen Milieus, die heute nur noch in Restbeständen auszumachen sind. Ihre Bedeutung für die Gewerkschaftssozialisation früherer Generationen von Arbeiterjugendlichen ist unbestritten (vgl. Mooser 1984). Primäre Sozialisationsprozesse in der Familie und enge nachbarschaftliche Kommunikationszusammenhänge in diesen Milieus trugen entscheidend zur Herausbildung verbindlicher politischer Handlungsorientierungen bei und förderten unter den Jugendlichen schon früh eine selbstverständliche Organisationsloyalität, die den Bestand und die politische Handlungsfähigkeit der Gewerkschaft in starkem Maße sicher half. Mit der sukzessiven Auflösung dieser Milieus gehören solche Sozialisationsprozesse der Vergangenheit an. Dies gilt nicht erst seit heute. Bereits für die 50er und 60er Jahre werden etwa von Nickel weitreichende Veränderungen in der Gewerkschaftssozialisation Jugendlicher festgestellt, die er u.a. daran festmacht, daß der Anteil derjenigen Gewerkschaftsmitglieder unter den jungen Arbeitern, die aufgrund politischer Überzeugung gleich zu Beginn ihrer Arbeitsbiographie in die Gewerkschaft eintreten, kontinuierlich abgenommen hat. (Nickel 1974, S. 147f.). Durch die strukturellen Veränderungen seit dieser Zeit ist einer gleichsam naturwüchsigen Gewerkschaftssozialisation weiter der Boden entzogen worden. Wie weit dieser Prozeß mittlerweile vorangeschritten ist, wird am Bedeutungsverlust familial vermittelter Gewerkschaftserfahrungen deutlich.

5.4.1 Brüche in der Tradition: zum Bedeutungsverlust familial vermittelter Gewerkschaftserfahrungen

Vor allem in den homogenen Milieus der organisierten Arbeiterschaft, die immer auch den Charakter identitätsstiftender Schicksals- und Gesinnungsgemeinschaften hatten (vgl. Mooser 1984, S. 179ff.), sind Jugendlichen schon früh mit Gewerkschaft und Gewerkschaftspolitik in Berührung gekommen. Sie waren eingebunden in enge Lebens- und arbeitsweltliche Erfahrungszusammenhänge, die ihnen, noch bevor sie ihre ersten eigenen Arbeitserfahrungen machten, die existentielle Bedeutung organisierter Interessenvertretung bewußt werden ließen, zumal sich die Erfolge gewerkschaftlicher Politik unter den gegebenen Lebensumständen ebenso unmittelbar spürbar auf das Alltagsleben auswirkten wie die Niederlagen, die die Gewerkschaften einstecken mußten. Vermittelt über die vielfältigen Vorfeldorganisationen im kulturellen Bereich — vom Arbeitersportverein bis zum Arbeitersängerbund —, war Gewerkschaft ein mehr oder weniger selbstverständlicher Bestandteil des Alltagslebens auch außerhalb der Arbeitssphäre. Auch wenn Gewerkschaft nicht immer und in allen Arbeiterfamilien zentraler Gegenstand der Alltagskommunikation gewesen ist, so kann doch davon ausgegangen werden, daß den Jugendlichen in diesen Milieus eine Auseinandersetzung mit gewerkschaftlichen Themen zumindest nicht fremd war. Wie sieht es heute aus?

Weit mehr als die Hälfte der Jugendlichen — insgesamt sechs von zehn — weisen in den Gesprächen darauf hin, daß das Thema Gewerkschaft bei ihnen zu Hause so gut wie völlig ausgeblendet ist. Jugendliche aus Arbeiterfamilien machen hier keine Ausnahme, wobei in ihren Äußerungen nichts darauf schließen läßt, daß über Gewerkschaft nur deswegen nicht gesprochen wird, weil sie ein so selbstverständlicher Bestandteil auch des familialen Alltagslebens ist, daß sich Gespräche hierüber von vornherein erübrigten. Vielmehr wird in ihren Schilderungen etwas von jenem Trennungsstrich spürbar, der heute zwischen betrieblicher Arbeit und Privatsphäre gezogen wird (vgl. Schlösser 1981; Kern/Schumann 1984, S. 159ff.); eine Trennung, die sich in dem Maße entwickelt und vertieft hat, wie sich auch in der Arbeiterschaft auf Basis erweiterter individueller Reproduktionsmöglichkeiten die ,,Privatheit als Lebensform" (Mooser 1984, S. 151) durchgesetzt hat. Ihr fallen nicht nur die in den traditionellen Milieus selbstverständlichen außerbetrieblichen sozialen Kontakte zu Arbeitskollegen zum Opfer, sondern auch die Gewerkschaft als Thema familialer Kommunikation. Wie unsere Gespräche zeigen, werden eindeutige Zuordnungen vorgenommen: Die Gewerkschaft wird der Arbeitssphäre zugerechnet und ist, wenn überhaupt, Gesprächsgegenstand unter Arbeitskollegen im Betrieb. In der Familie und auch in den Gesprächen mit Freunden, mit denen man seine Freizeit verbringt, bleibt das Thema Gewerkschaft dagegen ausgeklammert.

,,Ne, ne, ne. Wenn ich daheim bin, will ich meine Ruhe haben. Da will ich von der Arbeit überhaupt nichts wissen. Es reicht, wenn ich jeden Tag in die Arbeit renne und mich dann auf's Wochenende freue. Und dann soll ich am Wochenende auch noch darüber reden? Ne, ne, ne. So nicht. Wir haben zu Hause eigentlich auch nicht darüber gesprochen, ob man der Gewerkschaft beitreten soll. Das ist ja jedermanns eigene Entscheidung. Wenn ich einmal Kinder hab', da würde ich denen auch nicht einreden, was sie machen sollen." (Angelernter Arbeiter, Vater ebenfalls angelernter Arbeiter)

,,Mein Vater ist zwar in der Gewerkschaft, aber wir haben uns noch nicht über die Gewerkschaft auseinandergesetzt. Das ist bei uns privat überhaupt kein Thema, nie! Und auch so mit meinen Kumpeln nicht. Deshalb weiß ich auch nichts über Gewerkschaft. Ich weiß nur so von den Nachrichten, vom Fernsehen her, daß sie sich jetzt z.B. für die 35-Stunden-Woche einsetzen wollen. Aber sonst praktisch Null". (Facharbeiter, Vater ebenfalls Metallfacharbeiter)

Welch geringen Stellenwert das Thema Gewerkschaft in der Alltagskommunikation heutiger Arbeiterfamilien hat, wird auch daran deutlich, daß ein erheblicher Teil der Jugendlichen nicht einmal weiß, ob ihre Eltern gewerkschaftlich organisiert sind. So meint etwa eine junge Arbeiterin auf die Frage, ob ihr Vater — ein Arbeiter in der Holzindustrie — Mitglied in der Gewerkschaft ist:

,,Ich glaube nicht. Ich wüßte es aber echt nicht ... Also ich glaube, daß ich mich daheim noch nie darüber unterhalten habe. Ich weiß nicht ... In der Holzindustrie wird es ja auch eine Gewerkschaft geben. Mein Vater ist jetzt schon über 25 Jahre in der Firma und ich weiß echt nicht, ob er dabei ist."

Wenn die Eltern dieser Jugendlichen gewerkschaftlich organisiert sein sollten, so hat sich dies für sie offenbar noch in keiner Weise bemerkbar gemacht.

Normalfall ist nicht mehr der Arbeiterjugendliche, der auf dem Hintergrund familial vermittelter Erfahrungen konkrete Vorstellungen mit Gewerkschaft verbindet und für den es keine Frage ist, sich gewerkschaftlich zu organisieren, sondern eher derjenige, dem die Gewerkschaft — wie anderen Jugendlichen auch — zunächst einmal als eine relativ fremde Institution gegenübertritt, die ,,irgendwie" dazu da ist, Arbeitnehmerinteressen zu vertreten.

In lediglich vier von zehn Fällen machen Arbeiterjugendliche in den Gesprächen deutlich, daß sie zu Hause schon häufiger mit gewerkschaftlichen Themen konfrontiert worden sind, so daß sie bereits vor Beginn der Arbeitsbiographie zumindest ansatzweise eine Vorstellung von dem hatten, was es mit Gewerkschaft auf sich hat. Dabei wäre es freilich auch in bezug auf diese Gruppe falsch davon auszugehen, daß das Thema Gewerkschaft in der familialen Alltagskommunikation gleichsam hoch ,,besetzt" ist. Sie haben sich hin und wieder mit ihren Eltern über Gewerkschaft unterhalten; in der Regel haben sie mit ihnen darüber gesprochen, ob sie sich organisieren sollen oder nicht. Dabei beschreiben sie ihr Elternhaus überwiegend als mehr oder weniger gewerkschaftsfreundlich: Vater und/oder Mutter sind zumeist selbst schon lange Jahre in der Gewerkschaft und auch wenn sie sich nicht aktiv an der gewerkschaftlichen Arbeit beteiligen, so stehen sie der Gewerkschaft doch relativ aufgeschlossen gegenüber. Von daher befürworten sie es in der Regel auch, daß ihre Kinder während oder nach der Ausbildung in die Gewerkschaft eintreten. Solche Einflüsse bleiben nicht ohne Konsequenzen. Sie erleichtern den Jugendlichen zumindest die Entscheidung, sich selbst auch gewerkschaftlich zu organisieren. Wie wichtig sie sind, zeigt sich vor allem in den Fällen, wo Jugendliche in solchen Beschäftigungsbereichen bzw. Betrieben arbeiten, in denen die Gewerkschaften nur schwach vertreten sind und die Zugehörigkeit zur Gewerkschaft nicht als selbstverständlich angesehen werden kann. Etwa bei den Angestelltengruppen unseres Samples: Wer hier Gewerkschaftsmitglied ist, stammt sehr häufig aus Arbeiterfamilien mit väter- oder mütterlicher Gewerkschaftstradition. Dieses Ergebnis verweist aber nicht nur auf die noch immer nicht zu unterschätzende Bedeutung wie immer schon verblaßter familialer Gewerkschaftstradition, es hat auch eine Kehrseite: Je weiter sich die Sozialstruktur von Arbeitern auf Angestellte und andere Berufsgruppen verlagert und je weiter sich die traditionellen Lebens- und Erfahrungszusammenhänge auflösen, die immer das Substrat einer verbindlichen Gewerkschaftssozialisation gewesen sind, desto weniger kann die Gewerkschaft zukünftig noch auf jene an soziale Herkunft und Familie gebundene positive Organistionsvoraussetzungen zählen, von der sie bei ihrer Rekrutierungspolitik unter Jugendlichen bis heute immer noch ein Stück weit zehren konnte.

Welche Relevanz ein gewerkschaftsfreundlicher Familienhintergrund gerade in einer Arbeitsumgebung hat, in der die Jugendlichen nur wenig Anstöße in Richtung gewerkschaftlicher Organisierung und gewerkschaftlichen Engagements bekommen — und was den Gewerkschaften hier weiter an Organisationsvoraussetzungen verloren zu gehen droht — soll an zwei kurzen Beispielen gezeigt werden.

Im ersten Fall handelt es sich um eine junge Industriekauffrau, die aus einer Arbeiterfamilie stammt und deren Vater seit Jahren als Betriebsrat tätig ist. Sie arbeitet in der Verwaltung eines Industrieunternehmens, in der — wie die Jugendlichen aus dieser Untersuchungsgruppe häufiger betonen — ein eher gewerkschaftskritisches Klima herrscht. Für sie war es dennoch keine Frage, gleich während der Einführungswoche, als die Auszubildenden auf den Gewerkschaftsbeitritt angesprochen worden sind, das Beitrittsformular zu unterschreiben. ,,Das war", wie sie betont, ,,irgendwie schon klar vom Elternhaus her. Ich habe da gar nicht überlegt, ob ich da nun eintrete oder nicht."

Zwar habe sie zu Hause gar nicht so viel von der Tätigkeit ihres Vaters mitbekommen (während der Schulzeit fand sie es ,,ziemlich uninteressant", wenn ihr Vater etwas von seiner Tätigkeit als Betriebsrat erzählte: ,,Ich konnte mich da nicht reinversetzen und hatte auch keine Vorstellungen"), doch war sie sich dessen bewußt, daß eine gewerkschaftliche Interessenvertretung ,,unheimlich wichtig" ist. Im Gegensatz zu ihren Arbeitskollegen, die der Gewerkschaft mehrheitlich distanziert gegenüber stehen (in der Abteilung, in der sie arbeitet, ist das Thema Gewerkschaft, wie sie sagt, ,,tabu"), habe sie auch ein ,,gutes Bild" von der Gewerkschaft. Sie sei zwar nicht mit allem einverstanden, was die Gewerkschaften machen, doch halte sie es für falsch, sie bloß zu kritisieren, wie es ihre Arbeitskollegen häufig tun. Aus Erzählungen ihres Vaters weiß sie nicht nur, wie wichtig, sondern auch, wie schwierig die Arbeit der Interessenvertretung ist. Nachdem sie sich anfangs nicht getraut habe, ,,den Mund aufzumachen", verteidigt sie die Interessenvertretung mittlerweile auch gegenüber ihren Arbeitskollegen, ,,wenn z.B. mal wieder solche Sprüche kommen: Betriebsrat und Gewerkschaft würde ich abschaffen!" Aktiv gewerkschaftlich engagieren will sie sich allerdings nicht. Sie sei von ihrem Vater zwar bereits häufiger darauf angesprochen worden, etwa an Seminaren oder Arbeitskreisen teilzunehmen, doch fehle ihr hierzu, wie sie sagt, ,,die Zeit und vielleicht auch die Lust".

Der zweite Fall liegt etwas anders und zeigt vielleicht noch deutlicher, welche Relevanz einer gewerkschaftlichen Familientradition gerade in jenen Berufsbereichen zukommt, in denen es, wenn man so will, nicht gerade zum guten Ton gehört, gewerkschaftlich organisiert zu sein. Es handelt sich um einen Jugendlichen aus der Gruppe der Bankkaufleute. Er ist der einzige aus dieser Gruppe, der gewerkschaftlich organisiert ist; eine Zeitlang hat er sich auch aktiv in der Jugendvertretung engagiert. Daß er gleich zu Beginn der Ausbildung in die Gewerkschaft eingetreten ist — ein Schritt, der bei den anderen Jugendlichen seines Ausbildungsjahrgangs wenn nicht auf Ablehnung, so doch zumindest auf Erstaunen gestoßen ist —, liegt ebenso wie die Entscheidung, sich als Jugendvertreter zur Verfügung zu stellen, im wesentlichen in seiner Biographie begründet. Er stammt zwar nicht aus einer Arbeiterfamilie, doch da sein Großvater ,,sehr aktiver Sozialdemokrat" gewesen ist, ,,waren Dinge wie Gewerkschaften ein ganz natürlicher Bestandteil unseres Lebens". Von daher wußte er sehr genau ,,um ihre soziale Bedeutung", so daß es für ihn als ,,ein ganz logischer Schritt" erschien, in die Gewerkschaft einzutreten.

Die Selbstverständlichkeit des Gewerkschaftsbeitritts, die sich in diesen beiden Fällen zeigt, ist allerdings keineswegs umstandslos auf andere zu übertragen. Von einem Automatismus derart, daß sich die gewerkschaftsfreundliche (bzw. auch -kritische) Haltung der Eltern gleichsam ungebrochen auf die Jugendlichen überträgt, kann nicht mehr die Rede sein. Zu sehr haben die familial vermittelten Traditionslinien bereits an Verbindlichkeit eingebüßt, zu sehr werden sie von den äußeren Einflüssen überlagert, mit denen sich die Jugendlichen heute konfrontiert sehen. Auch dies soll an einem Beispiel illustriert werden. Es handelt sich um eine junge Angestellte aus einer Arbeiterfamilie, die hier für jene Jugendlichen steht, die sich vermittelt über den Besuch einer weiterführenden Schule, aus ihren Herkunftsmilieu gelöst haben, der Gewerkschaft auf dem Hintergrund familial vermittelter Erfahrungen zwar noch relativ offen gegenüberstehen, für sich selbst aber einen Sinn mehr darin sehen, sich gewerkschaftlich zu organisieren.

Wie die junge Angestellte in dem Gespräch betont, kann sie sich gut daran erinnern, daß ihr Vater, ein gewerkschaftlich engagierter Arbeiter, der als Bauschlosser in einem Industriebetrieb tätig war (heute ist er Rentner), zu Hause häufig davon sprach, wie ,,wichtig und sinnvoll" es ist, ,,in der Gewerkschaft zu sein". Anlaß waren zumeist Probleme in der Firma, ,,in der es oft Streit um das Gehalt gab". Von daher kann sie auch verstehen, daß die Gewerkschaft für ihren Vater von großer Bedeutung ist. In der Frage der Notwendigkeit einer gewerkschaftlichen Interessenvertetung stimme sie mit ihm auch grundsätzlich überein, obwohl sie einschränkend meint, daß sich die Zeiten erheblich gewandelt hätten und die heutige Situation nicht mehr mit der Zeit zu vergleichen sei, ,,in der z.B. die Frauen und die Kinder zur Arbeit gezwungen worden sind". Prinzipiell möchte sie es auch gar nicht bestreiten, daß es allgemein ganz sinnvoll sein kann, sich gewerkschaftlich zu organisieren, bezogen auf ihre eigene Situation sieht sie ,,den Sinn allerdings nicht ganz ein". Sie habe zwar nicht den ,,idealen Arbeitsplatz", könne sich mit ihrer Arbeit aber ganz gut arrangieren. Probleme, wie sie ihr Vater gehabt habe, kenne sie nicht. Von daher konnte sie sich bislang noch nicht dazu entscheiden, der Gewerkschaft beizutreten, zumal sie in ihrem Arbeitsalltag kaum etwas von der Interessenvertretung mitbekommt. Daß sie nicht gewerkschaftlich organisiert ist, hat sie ihrem Vater auf Anraten der Mutter allerdings bis heute nicht erzählt:

> „Meine Mutter hat mir damals gesagt, ich sollte bloß nicht erzählen, daß ich nicht in der Gewerkschaft bin. Mein Vater war also voll der Meinung, daß ich drin bin ... Hätte er das gewußt, daß ich nicht in der Gewerkschaft bin, wäre ich in Teufels Küche gekommen. Von daher habe ich mich zu Hause darüber nicht auseinandergesetzt. Das wurde unter den Teppich gekehrt."

Der Bedeutungsverlust familialer Gewerkschaftstraditionen zeigt sich aber keineswegs nur bei Jugendlichen, die sich aus ihrem Herkunftsmilieu gelöst haben und völlig andere berufliche Erfahrungen machen als ihre Eltern. Er zeigt sich auch bei einer ganzen Reihe von Arbeiterjugendlichen, die in der sozialen Kontinuität ihrer Herkunftsmilieus geblieben sind. Allerdings äußert sich dieser Bedeutungsverlust bei ihnen weniger in der Frage, ob sie sich gewerkschaftlich organisieren sollen, sondern eher in ihrer mangelnden Bereitschaft zur aktiven Mitarbeit und zu einer vorbehaltlosen, eigene inhaltliche Bedenken zurücksteckenden Organisationsloyalität. Als typisch können die Äußerungen eines jungen Werkzeugmachers aus einer traditionellen Facharbeiterfamilie angesehen werden, der sich, um seine Haltung zur Gewerkschaft darzustellen, explizit von seinem Vater abgrenzt. Sein Vater, der bereits in Rente ist, war als Metallfacharbeiter „natürlich" gewerkschaftlich organisiert. Und auch für den Sohn ist es zu Beginn der Lehre ganz selbstverständlich gewesen, in die Gewerkschaft einzutreten. Nicht zuletzt aufgrund von Gesprächen, die er mit seinem Vater zu Hause geführt hat, sieht er durchaus

> „eine gewisse Verpflichtung, die Gewerkschaft zu unterstützen, weil sie ja speziell für uns und für unsere Vorfahren gekämpft hat. Ohne Gewerkschaft wären wir nicht auf dem Stand, auf dem wir heute sind: Urlaubsanspruch, Lohnfortzahlung im Krankheitsfalle usw."

Hier beginnen allerdings auch schon die Unterschiede, die er gegenüber seinem Vater sieht. Er macht sie vor allem an der Bereitschaft fest, angesichts der gegenwärtigen Situation für die Verkürzung der Arbeitszeit zu streiken. Während er selbst nicht bereit gewesen ist, sich an einem Warnstreik zu beteiligen, da er den Sinn und Zweck der Kampfmaßnahme gerade unter den gegenwärtigen

Bedingungen nicht eingesehen hat, wäre sein Vater wohl bei jedem Streik dabei gewesen, auch wenn er ihn für wenig gut begründet oder wenig chancenreich gehalten hätte:

> ,,Da kommt er halt von früher ... Er hat eine ganz andere Anschauung von der Gewerkschaft, weil er die Zeit noch mitgemacht hat vor dem Krieg und gleich nach dem Krieg. Die Leute hatten damals eine andere Einstellung zur Gewerkschaft, da gab es noch nicht diese Urlaubsansprüche und die Lohnfortzahlung, da war die Gewerkschaft stark hinterher ..."

Auch wenn soziale Herkunft und familial vermittelte Gewerkschaftserfahrungen durchaus nicht völlig bedeutungslos geworden sind, so zeigen solche Beispiele doch, wie weit den traditionellen Mechanismen der Integration Jugendlicher in gewerkschaftliche Zusammenhänge bereits der Boden entzogen ist. Nicht nur bezogen auf Sozialisationsprozesse in der Arbeiterschaft ist allerdings ein Traditionsverlust festzustellen. Er berührt auch jene Gesellschaftsschichten, in denen die eher gewerkschaftskritische Haltung der Eltern und des gesamten sozialen Umfeldes traditionell dafür gesorgt haben, daß auch die nachwachsende Generation zur Gewerkschaft auf Distanz ging. So schildert nicht einmal ein Drittel der Jugendlichen, deren Vater als Angestellter oder als Beamter in gehobener Position arbeitet bzw. selbständig tätig ist, sein Elternhaus als gewerkschaftskritisch. Beinahe jeder Fünfte von ihnen kennzeichnet sein Elternhaus sogar eher als gewerkschaftsfreundlich.[7] Vor allem bei den unteren und mittleren Angestellten- und Beamtengruppen scheint es hier zu einer deutlichen Öffnung gekommen zu sein: Immerhin jeder vierte Jugendliche mit einem solchen sozialen Hintergrund macht in den Gesprächen deutlich, daß die Eltern der Gewerkschaft zumindest offen gegenüberstehen, gewerkschaftliche Aktivitäten überwiegend zustimmend verfolgen und die Mitgliedschaft in einer Gewerkschaft befürworten.

Schließlich verweist auch die Zusammensetzung der ,,Interessierten" und ,,Engagierten", auf die wir in der Untersuchung getroffen sind, eng die angesprochene Öffnung. Längst nicht alle stammen aus Arbeiterfamilien mit gewerkschaftlicher Tradition. Zum erheblichen Teil kommen sie aus Angestellten- oder Beamtenfamilien, d.h. aus sozialen Zusammenhängen, die traditionell eher gewerkschaftsfern, wenn nicht sogar gewerkschaftsfeindlich waren. Geht man von der Zusammensetzung unseres Samples aus, erscheint selbst für Jugendliche aus ,,besseren Kreisen", sprich Familien, in denen der Vater als Angestellter oder Beamter in gehobener oder leitender Position arbeitet oder als Selbständiger tätig ist, Barrieren abgebaut, die einem Interesse an Gewerkschaft und einem gewerkschaftlichen Engagement traditionell entgegengestanden haben. Mit oder ohne Einverständnis der Eltern hat sich eine ganze Reihe von ihnen dazu entschieden, nicht nur der Gewerkschaft beizutreten, sondern auch gewerkschaftlich aktiv zu werden. Nicht immer aber scheint gerade ihr Engagement von Dauer zu sein: Unter den ,,Enttäuschten", die sich nach mehr oder weniger kurzer Zeit wieder aus der praktischen Arbeit zurückgezogen haben, stellen sie in unserem Sample die eindeutig größte Gruppe.

In den Gesprächen wird allerdings auch deutlich, wie stark die Trennungslinien sind, die nach wie vor durch die soziale Herkunft markiert werden. So setzt sich das Gros der inhaltlich-oppositionellen Kritiker, die der Gewerkschaft grundsätzlich distanziert gegenüberstehen, zum großen Teil aus Jugendlichen zusammen, die aus privilegierten sozialen Zusammenhängen stammen. Unter Jugendlichen aus Arbeiterfamilien sind die dezidierten Gewerkschaftsgegner weitaus weniger häufig anzutreffen. Sie dominieren statt dessen unter den ,,Instrumentellen", die die Gewerkschaft aus einer individualistischen Interessenperspektive nutzen, ohne damit freilich schon eine an gemeinsamen Zielen orientierte Unterstützungs- und Engagementbereitschaft zu verbinden.

5.4.2. *Gewerkschaft im unmittelbaren Erfahrungsfeld der Jugendlichen*

Infolge der fortschreitenden Auflösung der traditionellen Lebens- und Erfahrungszusammenhänge und dem damit verbundenen Bedeutungsverlust der ehemals wirksamen Integrationsmechanismen ist die Gewerkschaft bei der Organisierung Jugendlicher vor eine neue Situation gestellt: stärker denn je muß sie heute selbst auf die Jugendlichen zugehen und versuchen, sie für gewerkschaftliche Arbeit zu gewinnen; stärker denn je ist sie gezwungen, selbst als politische Sozialisationsinstanz zu wirken, will sie das Vakuum ausfüllen, daß mit der Auflösung der traditionellen Integrationsmuster entstanden ist.

Sie trifft dabei auf Jugendliche, die über völlig andere subjektive Voraussetzungen verfügen als jene Jugendgeneration, mit der sie noch vor zwanzig Jahren konfrontiert war. Auf dem Hintergrund der Ausweitung des Bildungswesens hat sie es heute selbst im gewerblichen Bereich zunehmend mit Jugendlichen zu tun, die einen weiterführenden Schulabschluß und ein entsprechendes Bildungsniveau haben; größere Handlungs- und Entscheidungskompetenzen als bei dem typischen Lehrling früherer Tage kann man bei ihnen im Schnitt ebenso unterstellen wie ein stärker ausgeprägtes Reflexions- und Urteilsvermögen. Sie trifft auf Jugendliche oder junge Erwachsene, die als Person anerkannt und ernstgenommen werden wollen, wobei dieser Anspruch an betriebliche Vorgesetzte ebenso gestellt wird wie an Gewerkschaftsfunktionäre und Betriebsräte; sie trifft mehrheitlich auf Jugendliche, die sich — nicht nur in ihrer Arbeit — mit ihren Ideen und Vorstellungen einbringen wollen und denen soziale Kommunikations- und Umgangsformen wichtig sind, in denen sie sich mit ihren Ansprüchen wiederfinden können. Um diese Jugendlichen für die Gewerkschaft zu gewinnen, bedarf es mehr als dem schlichten Hinweis darauf, daß Gewerkschaft eine ungemein wichtige Sache sei. Sie erwarten inhaltlich überzeugende Argumente und — soweit sie bereit sind, sich näher auf Gewerkschaft einzulassen — Möglichkeiten der Beteiligung, die ihren eigenen Vorstellungen von politischer Arbeit entsprechen. Daß sie auf dem Hintergrund eines breiten inhaltlichen Interessenhorizonts durchaus zu gewinnen sind, ist am Beispiel der „Interessierten" und „Engagierten" deutlich geworden. In Gestalt vor allem der „Enttäuschten" hat sich aber auch gezeigt, wie schnell sie bei frustrierenden Erfahrungen wieder auf Distanz gehen können.

Wenn wir im folgenden auf die persönlichen Gewerkschaftserfahrungen der Jugendlichen eingehen, so wollen wir zunächst danach fragen, inwieweit sie bislang überhaupt mit Gewerkschaft in Berührung gekommen sind. Denn daß sie über eigene Gewerkschaftserfahrungen verfügen, ist keineswegs umstandslos vorauszusetzen.

Weit verbreitet: der Mangel an konkreten Gewerkschaftserfahrungen

Obwohl extrem gewerkschaftsferne Beschäftigungsbereiche, wie etwa der gesamte kleinbetriebliche Bereich des Handwerks, in unserem Sample eindeutig unterrepräsentiert sind, obwohl die Jugendlichen beinahe ausschließlich in Betrieben oder Dienstleistungseinrichtungen arbeiten, in denen zumindest die gesetzlichen Vertretungsorgane zu finden sind (lediglich unter den Arbeitslosen gibt es einige Jugendliche, z.B. einige Arzthelferinnen oder Rechtsanwaltsgehilfinnen, die noch nie in einem Betrieb gearbeitet haben, in denen es nicht wenigstens bescheidene Ansätze einer gewerkschaftlichen Interessenvertretung gegeben hat), betont jeder Fünfte von ihnen — bei den jungen Frauen ist es sogar jede Dritte — im gesamten bisherigen Verlauf ihrer beruflichen Sozialisation persönlich noch nie näher mit Gewerkschaft in Berührung gekommen zu sein. Sie meinen damit keineswegs nur die Gewerkschaft als Organisation, sondern auch Betriebs- und Personalräte, die in den Augen der Jugendlichen fast durchweg als gewerkschaftliche Repräsentanten im Betrieb gelten. Als konkreter Erfahrungsgegenstand ist Gewerkschaft bei ihnen so gut wie völlig ausgeblendet. Sie wissen zwar, daß es in ihrem Betrieb Interessenvertretungsorgane gibt, heben aber zugleich hervor, von deren Arbeit noch nichts mitbekommen zu haben. Über persönliche Erfahrungen mit gewerkschaftlicher Interessenvertretung verfügen sie von daher nicht. Obwohl sie in der Regel schon länger in den jeweiligen Untersuchungsbetrieben beschäftigt sind, sei es auch noch nie zu einem persönlichen Kontakt, einem längeren Gespräch oder einer Diskussion mit betrieblichen Gewerkschaftsfunktionären oder den zuständigen Betriebsräten gekommen. Man sei bislang weder von ihnen angesprochen worden, noch habe man selbst eine Veranlassung gesehen, Kontakt zu ihnen aufzunehmen. Häufig kenne man den Betriebs- oder Personalrat auch nur vom „Hörensagen". Allenfalls bekomme man ab und an ein Informationsblatt in die Hand, in dem man etwa über die laufende Tarifrunde unterrichtet oder auf eine anstehende Betriebsratswahl hingewiesen werde. Gespräche mit Arbeitskollegen ergeben sich darüber, wie sie betonen, aber kaum einmal. Insgesamt könne man von daher auch gar nicht viel über Gewerkschaft und die Arbeit der betrieblichen Interessenvertetung sagen — so in etwa lautet der Tenor in den Schilderungen dieser Jugendlichen.

Typisch ist etwa die Äußerung eines jungen KFZ-Mechanikers:

„Mit Gewerkschaft habe ich überhaupt noch keine Erfahrungen gemacht. Ich bin nicht in der Gewerkschaft. Ich sehe, was in der Tagesschau los ist, was in der Zeitung steht, aber sonst ... Hier kriege ich nichts groß mit. Wir kriegen unsere Lohnabrechnung, wo hinten ein Zettel dran ist: ‚Innerbetriebliche Mitteilung'. Da steht dann drauf, daß der und der wieder als Betriebsrat gewählt wurde. Sonst kriegen wir nichts weiter mit" (Kfz-Mechaniker).

Beinahe die Hälfte der Jugendlichen und damit die Mehrheit derjenigen, aus deren Erfahrungshorizont Gewerkschaft nicht völlig ausgeblendet ist, macht in den Gesprächen deutlich, daß ihre bisherigen Erfahrungen mit Gewerkschaft über die Ebene relativ formaler Kontakte nicht hinausgegangen sind. Sie reduzieren sich auf das

Tabelle 24: Bisherige Erfahrungen mit Gewerkschaft differenziert nach Erfahrungsarten* (in %)

Erfahrungsart n =	Gesamt 167	männlich 87	weiblich 80
noch keine Erfahrung gemacht	20	9	31
Erfahrungen beschränken sich auf die Ebene relativ formaler Kontakte	46	48	44
praktische Erfahrungen mit gewerkschaftlicher Interessenvertretung	19	24	14
Organisationsinterne Erfahrungen	15	19	11
Total	100	100	100

* Die Differenzierung nach Erfahrungsarten sagt noch nichts darüber aus, *wie* die Jugendlichen Gewerkschaft und gewerkschaftliche Vertretungspraxis im einzelnen erleben, sie gibt allerdings Hinweise auf die *Erfahrungsdichte* und die *Intensität* bisheriger Kontakte mit Gewerkschaft. Von Erfahrungen auf der Ebene relativ formaler Kontakte sprechen wir dann, wenn die Jugendlichen z.B. betonen, bislang lediglich im Zuge der in den meisten größeren Betrieben üblichen Werbegespräche, anläßlich von Jugend- und Betriebsratwahlen oder anläßlich der mehr oder weniger regelmäßig stattfindenden Pflichtveranstaltungen mit Gewerkschaft in Berührung gekommen sind. Als praktische Erfahrungen mit gewerkschaftlicher Interessenvertretung definieren wir hier jene Erfahrungen, die Jugendliche im Zusammenhang mit betrieblichen Problem- und Konfliktsituationen mit Gewerkschaft bzw. den betrieblichen Vertretungsorganen gemacht haben, sei es, daß sie sich selbst an die Interessenvertretung gewandt haben, um bei einem Problem unterstützt zu werden, sei es, daß die Initiative von der Interessenvertretung ausgegangen ist. Sofern die Jugendlichen aufgrund eigener gewerkschaftlicher Aktivitäten mitbekommen haben, wie die gewerkschaftliche Arbeit inhaltlich und organisatorisch abläuft, sprechen wir schließlich von organisationsinternen Erfahrungen.

zumindest in den größeren Betrieben obligatorische Werbegespräch zu Beginn der Ausbildung oder beim Betriebseintritt, auf den Besuch von Jugend- und Betriebsversammlungen oder die Teilnahme an den Wahlen zu den gesetzlichen Vertretungsorganen. Abgesehen von derartigen Anlässen sind sie mit der Gewerkschaft noch nicht näher in Berührung gekommen. Überhaupt mache sich die Arbeit der Interessenvertretung im betrieblichen Alltag für den einzelnen Beschäftigten, wie sie zumeist betonen, kaum bemerkbar. Intensivere persönliche Kontakte zu Vertrauensleuten oder Betriebsräten habe man bislang noch nicht gehabt. Man

kenne sie zwar, sehe den zuständigen Betriebsrat auch hin und wieder durch die Abteilung gehen, doch das „sei es dann auch schon". Da es bislang noch nicht zu gravierenden Problemen gekommen sei, oder aber, da man es vorziehe, anstehende Schwierigkeiten individuell und im direkten Gespräch mit Vorgesetzten zu lösen, habe man bislang auch noch keinen Anlaß gesehen, sich persönlich an die Interessenvertretung zu wenden. Deswegen verfüge man auch über keine praktische Erfahrung mit gewerkschaftlicher Interessenvertretung. An gewerkschaftlichen Aktionen, etwa Warnstreiks oder ähnlichem, sei man ebenfalls noch nie beteiligt gewesen.
Der Mangel an konkreten Gewerkschaftserfahrungen im Sinne mangelnder persönlicher Kontakte mit aktiven Gewerkschaftern kann bei Jugendlichen aus jenen Betrieben/Beschäftigungsbereichen, in denen kollektive Formen der Interessenvertretung traditionell eine eher untergeordnete Rolle spielen, die Belegschaften nur in ihrer Minderheit organisiert und gewerkschaftliche Kommunikations- und Vertretungsstrukturen nur in Ansätzen gegeben sind, kaum überraschen. Doch das Problem reduziert sich keineswegs auf diese Bereiche. Es ist vielmehr auch in hochorganisierten Betrieben anzutreffen, in denen man eigentlich hätte erwarten können, daß die Jugendlichen näher mit Gewerkschaft in Berührung kommen und möglicherweise sogar ein Stück lebendiger Gewerkschaftskultur im Sinne intensiver Kommunikations- und aktiver Beteiligungsformen erleben. Ein Beispiel sind die beiden Facharbeitergruppen aus dem Maschinenbau bzw. aus der Automobilindustrie, die in einem großbetrieblichen Umfeld mit einer fest institutionalisierten Interessenvertretung und entwickelten Vertretungsstrukturen arbeiten. Beide Betriebe sind hochorganisiert (der Organisationsgrad im gewerblichen Bereich liegt jeweils über 90 %); in beiden Fällen stellt die Interessenvertretung, zentriert um die freigestellten Betriebsräte, einen relevanten betrieblichen Machtfaktor dar. Entsprechend der betrieblichen Machtstellung sind auch die Jugendlichen ausnahmslos gewerkschaftlich organisiert. Anders als in einer ganzen Reihe von Untersuchungsgruppen kann hier also davon ausgegangen werden, daß die gewerkschaftliche Interessenvertretung zum festen Bestandteil des betrieblichen Erfahrungshintergrundes der Jugendlichen gehört. Selbst die Jugendlichen in diesen Betrieben haben allerdings kaum mehr als vereinzelte Erfahrungen auf der Ebene formaler Kontakte. Konkrete Aktivitäten bekommen sie offenbar, wenn überhaupt, nur aus einiger Entfernung mit:

„Also ich persönlich spüre da jetzt von der Gewerkschaft nicht so viel ... Man sieht halt, wenn irgendwo neue Maschinen aufgestellt werden, daß dann immer Betriebsratsleute dabei sind, die halt ein bißchen gucken. Und die entscheiden ja auch mit darüber, was für Lohngruppen da eingesetzt werden, also um das Ganze, die neuen Maschinen, vielleicht so ein bißchen zu humanisieren. Ja, und in der Personalabteilung spielen die Betriebsräte ja auch mit" (Automobilarbeiter).

„Ab und zu kommt ein Anschlag ans schwarze Brett. Wenn sie irgendjemand rausschmeißen wollten und die Kündigung wurde rückgängig gemacht. Dann demnächst sind die Wahlen zum Betriebsrat, und bei der Betriebsversammlung treten sie auf und sagen ihre Meinung gegen irgendwelche Sachen von der Geschäftsführung. Aber sonst, was sie so den ganzen Tag über machen ...? Da gibt es ja drei Betriebsräte, die hauptamtlich im Betriebsrat sind, was die so den ganzen Tag machen, davon habe ich keine Ahnung, was deren Tätigkeit so ist. Ob es da so viele Kollegen gibt, die Probleme haben und zu denen kommen, das weiß ich nicht" (Facharbeiter im Maschinenbaubetrieb).

Ganz ähnlich lauten die Schilderungen bei einer ganzen Reihe dieser jungen Arbeiter, so daß sich hier ein bestimmter Eindruck aufdrängt: Man registriert die Aktivitäten der Interessenvertretung zwar durchaus, doch erfährt man sie eher als selbstverständliche, beinahe schon verwaltungsmäßige Vorgänge, mit denen man selbst wenig zu tun hat, die einen nicht unmittelbar betreffen und mit denen man sich inhaltlich auch nicht auseinandersetzt bzw. auch nicht auseinanderzusetzen braucht. Von einer intensiven Kommunikation mit Vertrauensleuten und Betriebsräten ist bei ihnen mehrheitlich ebensowenig die Rede wie von Diskussionen über gewerkschaftliche Themen am Arbeitsplatz. Auch die zumindest in dem Automobilwerk regelmäßig stattfindenden Unterrichtungen durch die Vertrauensleute werden von nicht wenigen der hier arbeitenden Jugendlichen eher als eine der betriebsüblichen Serviceleistungen erfahren und als solche auch begrüßt, denn als Ausdruck einer lebendigen gewerkschaftlichen Kommunikation. Er sei bislang „meistens nur finanziell gesehen mit der Gewerkschaft in Verbindung getreten", meint dann auch einer von ihnen leicht ironisch auf die Frage nach seinen bisherigen Kontakten zur Gewerkschaft:

„Ich sehe immer nur, wie das Geld für die Gewerkschaft abgebucht wird. Ich sehe die tariflichen Erfolge, die 58er und die 59er-Regelung und die Urlaubsregelung, aber ich selbst habe keinen Kontakt zur Gewerkschaft in dem Sinne, daß ich mich mit jemanden darüber unterhalte" (Automobilarbeiter).

Wenn sich bereits Arbeiterjugendliche aus hochorganisierten Industriebetrieben in dieser Weise äußern, so ist leicht vorstellbar, wie die Schilderungen der Jugendlichen in den anderen Untersuchungsgruppen ausfallen: Als praktisch handelnde Organisation tritt die Gewerkschaft nicht in ihr Blickfeld, allenfalls als Instanz, die zwar mehr oder weniger fester Bestandteil der Rahmenbedingungen betrieblicher Arbeit ist, mit der sie aber persönlich wenig zu tun haben.

Nur eine Minderheit — etwa ein Drittel der Jugendlichen unseres Samples — äußert sich dahingehend, persönlich bereits näher mit Gewerkschaft und gewerkschaftlicher Vertetungspraxis in Berührung gekommen zu sein. Abgesehen von den (ehemals) aktiven Jugendlichen, die wir ja zum Teil gezielt in die Untersuchung einbezogen haben und die aufgrund ihrer eigenen Aktivitäten über organisationsinterne Erfahrungen verfügen, handelt es sich zumeist um Jugendliche, die während oder nach der Ausbildung irgendwann einmal in einer Problemsituation gestanden haben („Streß" mit dem Meister, Versetzung an einen anderen Arbeitsplatz usw.), in der es ihnen ratsam erschien, sich an die betriebliche Interessenvertretung zu wenden. Sie verfügen also zumindest in dem Sinn über praktische Erfahrungen mit gewerkschaftlicher Interessenvertretung, daß ein Konflikt oder Problem — meist auf dem Instanzenweg — mehr oder weniger zufriedenstellend gelöst worden ist. Von kollektiven Aktionen, bei denen man gemeinsam etwas gefordert und möglicherweise auch durchgesetzt hat, ist allerdings auch bei ihnen kaum einmal die Rede. Wenn diese Dimension organisierter Interessenvertretung überhaupt einmal anklingt, dann zumeist im Zusammenhang mit Aktivitäten der Jugendvertretung während der Ausbildung, die einige von ihnen rückblickend ausdrücklich positiv hervorheben. In diesen Schilderungen wird dann auch zumindest ansatzweise so etwas wie Nähe und Zusammenhalt deutlich, der mit dem Übertritt in den Erwachsenenbereich in der Regel aber wieder verloren zu gehen scheint. Die folgenden Äußerungen eines Jugendlichen aus der Facharbeitergruppe, der es „ganz gut" gefunden hat, daß während der Ausbildung nicht zuletzt auf Initiative der Jugendvertretung einiges gelaufen ist, können hier als typisches Beispiel gelten:

„Da ist viel gemacht worden. Wir haben auch unseren Chef in die Enge getrieben. Der war völlig von der Rolle, hat die Sitzung abgebrochen, ist weggegangen und zwei Wochen später hatten wir die Forderung durchgekriegt. Die haben nicht locker gelassen, bis sie ihn soweit hatten, daß er es gemacht hat. Die Jugendvertretung hatte es echt drauf gehabt. Die sind auch gekommen und fragten, wie es aussieht. Sie haben uns auch gesagt, daß wir zu ihren Veranstaltungen kommen sollten. Da habe ich wirklich gute Erfahrungen gemacht."

Im Erwachsenenbereich sei von solchen Aktivitäten nichts mehr zu spüren. Genau genommen, bekomme er von der Gewerkschaft nur noch dann etwas mit,

> „wenn es die Zeitung gibt, oder wenn es mein Geld kostet. Es ist selten, daß sie auf einen zukommen und sagen, was es bei der Gewerkschaft gibt ... Ich meine, sie sind unter uns, wir kennen sie alle, aber bei mir ist noch keiner gewesen, der gesagt hätte, daß irgendwo ein Vortrag oder eine Veranstaltung ist" (Facharbeiter).

Wenig motivierend:
Gewerkschaftserfahrungen im betrieblichen Alltag

Nicht weniger schwerwiegend als der Mangel an konkreten Gewerkschaftserfahrungen ist der zweite Befund, der sich aus unseren Gesprächen ergibt: Sofern die Jugendlichen überhaupt mit Gewerkschaft in Berührung kommt, überwiegen Erfahrungen, die sie eher ernüchtern und frustrieren, als daß sie ihre Neugier wecken, ein möglicherweise bereits bestehendes Interesse an Gewerkschaft fördern und sie zur aktiven Mitarbeit in der Gewerkschaft motivieren. Folgt man ihren Schilderungen, so ist die gewerkschaftliche Organisations- und Vertretungspraxis häufig weit davon entfernt, ein Gegengewicht zu jenem Negativ-Bild darzustellen, das Jugendliche gerade unter kommunikativen und organisatorischen Aspekten von der Gewerkschaft haben. Im Gegenteil: Die Erfahrungen, die sie im betrieblichen Alltag mit Gewerkschaft machen, bestätigen sie in dem Eindruck, es mit einer bürokratisch verkrusteten Organisation zu tun zu haben, die sich zwar in ihrer Zielsetzung, nicht aber in ihren Strukturen von anderen Bürokratien unterscheidet.

Bereits die Erfahrungen mit den gängigen Formen gewerkschaftlicher Mitgliederwerbung, die für die meisten Jugendlichen der erste persönliche Kontakt ist, den sie überhaupt mit Gewerkschaften haben, gehen mehrheitlich in diese Richtung. So erleben sie es zumindest als in hohem Maße unbefriedigend, wenn sie im Rahmen des sogenannten Werbegesprächs in aller Kürze — und das heißt in der Regel auch nur sehr formal — über die wesentlichen Aufgaben und Ziele der Gewerkschaft „aufgeklärt" und anschließend „wie selbstverständlich" dazu aufgefordert werden, das Beitrittsformular zu unterschreiben.

Dieser Schritt ist nun allerdings keineswegs selbstverständlich; selbst unter Arbeiterjugendlichen ist der Gewerkschaftsbeitritt längst kein Solidarakt mehr, den die Organisation bei Ausbildungsbeginn bzw. beim Betriebseintritt nur noch zu exekutieren braucht. Begründungen sind nötig und sie werden von den Jugendlichen auch erwartet. Die üblicherweise angebotenen Kurzinformationen bleiben hier häufig unzureichend. Vor allem reiben sich die Jugendlichen aber an der Art und Weise, wie ihnen der Gewerkschaftsbeitritt nahegebracht wird. Insbesondere vermissen sie das „persönliche Gespräch" und auch die Möglichkeit, relativ ungezwungen, d.h. vor allem ohne den zumeist mehr oder weniger deutlich spürbaren Beitrittszwang über den Sinn und Zweck von Gewerkschaft diskutieren und die von ihnen abverlangte Entscheidung in Ruhe überdenken zu können. Je weniger sie die Möglichkeit dazu sehen, desto eher drängt sich ihnen schon bei ihrem ersten Kontakt mit der Gewerkschaft der Eindruck auf, lediglich als potentielle Beitragszahler interessant zu sein, nicht aber als jemand, den man überzeugen und inhaltlich für eine Sache gewinnen will. Sicher: nicht alle Jugendlichen stören sich daran, wie dieser erste Kontakt abläuft. Sie nehmen den Gewerkschaftsbeitritt als einen formalen Akt und unterzeichnen — meist mit Blick auf die gegebene betriebliche Gewerkschaftspräsenz — das Aufnahmeformular ohne Kritik, allerdings aber auch, ohne inhaltlich von diesem Schritt überzeugt zu sein.

Vor allem unter den jungen Angestellten des Samples treffen die gängigen Formen der Mitgliederwerbung auf massive Kritik. Zum einen ist es auf dem Hintergrund ihrer biographischen Erfahrungen gerade für sie nicht selbstverständlich, einer Gewerkschaft beizutreten, zum anderen liegt der Vorteil einer gewerkschaftlichen Mitgliedschaft in den Angestelltenbereichen mangels gewerkschaftlicher Betriebspräsenz zumeist nicht auf der Hand. Gerade ihnen gegenüber befinden sich die Gewerkschaften also in einer Situation, die es erforderlich macht, inhaltlich überzeugende Argumente zu liefern und sie in einer Form anzusprechen, die es ihnen ermöglicht, bestehende Zweifel zu artikulieren und das „Pro und Kontra" von Gewerkschaft ausführlich zu erörtern. Hinzu kommt, daß die in der heutigen Jugendgeneration anzutreffende kommunikative Sensibilität unter den jungen Angstellten in besonderer Weise ausgeprägt zu sein scheint, so daß jede Form bürokratischer Ansprache gerade unter ihnen auf Ablehnung stoßen muß. Wie sensibel sie auf die gängigen Formen der Ansprache reagieren, wird an dem folgenden Beispiel deutlich. Es handelt sich um eine junge Industriekauffrau, die der Gewerkschaft keineswegs grundsätzlich ablehnend gegenübersteht. Sie schildert ihren ersten und bisher einzigen Kontakt mit der Gewerkschaft folgendermaßen:

„Also mit der Gewerkschaft bin ich bisher überhaupt noch nicht in Berührung gekommen. Doch einmal. Und zwar bin ich am 1. September 1980 hier angefangen und da in dem Raum, wo wir zusammengesessen haben, hat so ein Stapel Mappen gelegen. Schön rot, so mit IG Metall, Papier, Keramik — ach nee, IG Chemie, Papier, Keramik drauf. Und da war so was drin: Erst einmal stand da ‚Willkommen‘ und so auf die Art, und dann war da so ein kleines Büchlein drin, so mit Sprüchen, das habe ich immer noch, die Geschichte finde ich ganz gut. Und die Mappe habe ich auch noch. Die ist auch sehr vorteilhaft. Das war da so alles drin: ein Aufkleber und eine Anstecknadel. Da stand drauf: ‚Ich bin für die Gewerkschaft und so.‘ Und dann war da noch so ein kleiner Zettel und da stand dann: ‚Ich heiße ..., wohnhaft da und da ... trete hiermit in die Gewerkschaft ein‘. Und da habe ich mir gedacht, die sind wohl bescheuert (lacht). Die sind doch bescheuert. Legen hier eine Mappe hin und dann kommt gar keiner und keiner sagt, was das überhaupt soll. Gut, ich hatte von Gewerkschaft schon im Gemeinschaftskundeunterricht gehört, aber ich habe nicht unterschrieben. Sechs Mann haben gleich an dem Tag noch unterschrieben. Die sind jetzt auch noch in der Gewerkschaft. Ich habe nur gedacht, kommt Zeit, kommt Rat. Kam keiner, also kam auch kein Rat, und dann habe ich diese Mappe dann aufgelöst und für private Zwecke genutzt. Der Gewerkschaft bin ich nicht beigetreten ... Weißt du, das habe ich nicht eingesehen, das Geld zu geben und überhaupt nicht zu wissen, was die mit meinem Geld machen, wofür die das brauchen. Und dann kam überhaupt keiner. Es hat keiner für nötig gehalten und so etwas sehe ich nicht ein. Da ist kein Engagement, nichts. Die denken, bloß weil sie da eine schöne Mappe hinlegen und sagen, ‚herzlich willkommen‘, würde ich da unterschreiben. Null, nee!"

Auf die Frage, ob sie es auf dem Hintergrund dieser Erfahrung grundsätzlich ablehne, einer Gewerkschaft beizutreten, fährt sie fort:

„Nein, wenn mir jemand plausibel macht, was die machen, wofür mein Geld ist, und ich da einsichtig werde und das akzeptiere, wie die arbeiten und was die tun, dann wäre ich auch bereit da einzutreten. Aber nicht so, wenn ich darüber überhaupt nichts weiß. Ich weiß ja nicht, was die machen, wer da vorsteht. Ich weiß darüber überhaupt nichts. Und da soll ich mich hinstellen und mich über die Gewerkschaft informieren und hinterherlaufen. Diese Leute freuen sich dann noch, wenn sie endlich meine Beitrittserklärung kriegen" (Industriekauffrau).

Andere Jugendliche formulieren ihre ersten Erlebnisse mit der Gewerkschaft zum Teil noch drastischer. Sie vergleichen die gewerkschaftlichen Werbeaktivitäten mit denen eines kommerziellen Buchclubs und das Auftreten des Betriebsrats oder des Gewerkschaftsfunktionärs mit dem eines „Staubsaugervertreters", der nur das Interesse hat, seine Waren an den Mann zu bringen. „Man könnte fast meinen", sagt ein anderer junger Angestellter, „sie würden Prozente für die Werbung kriegen". Anstelle inhaltlich überzeugender Argumente habe er immer wieder nur gehört: „Mensch, du mußt doch in der Gewerkschaft sein, das geht doch nicht ohne". Er sei zwar letztlich auch in die Gewerkschaft eingetreten, allerdings nicht wegen, sondern trotz der Werbeaktivitäten, die er insgesamt eher abstoßend fand:

„Ich erinnere mich an den Einführungslehrgang hier bei der Stadt: Da wurden wir unten in einen großen Saal hineingeführt und dann kamen zunächst Leute vom Beamtenbund von der KOMBA (Gewerkschaft für den Kommunal- und Landesdienst im Deutschen Beamtenbund). Vor uns saßen etwa acht Mann und wir waren ca. 20 Auszubildende und Anwärter. Einer von ihnen redete und insgesamt waren es auch nicht mehr die jüngsten. Ich glaube, die KOMBA kennt auch kaum jemand. Sie erzählten, wie herrlich es in der KOMBA ist, und was sie schon alles durchgesetzt haben. So, aufgestanden und raus. Tür zu, Tür auf, kommen vier junge Leute her. Toll aussehend, so richtig propagandamäßig ausgerüstet, setzten die sich da vorne hin. Sagen erstmal, was die euch erzählt haben, ist natürlich nix. Die haben einen erst mal geduzt, die anderen natürlich gesiezt. So in dem lockeren Stil. Es war gleich klar, wer verloren hatte. Das war das erste Mal, daß ich mit den beiden Gewerkschaften in Kontakt gekommen bin und das hat mir schon nicht gepaßt. Erst mal hat mir nicht gepaßt, daß die so generalstabsmäßig da aufgetreten sind. Das nächste, was mir nicht gepaßt hat, war, daß die zweite die erste so fertig gemacht hat. Von daher war ich schon einmal bedient. Für den Anfang. Also es war total falsch angepackt. Ich will nicht wissen, wenn die beiden zusammen gewesen wären, ... die hätten sich vielleicht geschlagen" (Verwaltungsangestellter).

In solchen Äußerungen wird auch deutlich, daß es für die Jugendlichen keine Frage nur des „lockeren Stils" oder, wenn man so will, nur des zeitgemäßen Outfits ist, wenn sie sich kritisch auf die gängigen Formen gewerkschaftlicher Ansprache beziehen. Ihre Ansprüche zielen auf etwas anderes: Sie wollen ernstgenommen werden, sie wollen überzeugt und nicht überredet werden, sie wollen ihr Bedürfnis nach sozial befriedigenden Kommunikations- und Umgangsformen nicht nur in der betrieblichen Arbeit realisiert sehen, sondern auch und gerade in einer Organisation wie der Gewerkschaft, deren selbstgestellter Anspruch in eben diese Richtung zielt.

Solche Erfahrungen sind selten; es dominieren Negativ-Erlebnisse, die wie gesagt, eher dazu beitragen, das Bild von Gewerkschaft als einer bürokratisch-verkrusteten Organisation noch zu verstärken. Der Mangel an persönlichen Kontakten mit den Personen, die im Betrieb für die Gewerkschaft stehen, fügt sich ebenso in dieses Bild wie der Mangel an ausführlichen Informationen über die Arbeit der Interessenvertretung, die vor allem von den Jugendlichen häufig beklagt wird, denen die Gewerkschaft nicht völlig egal ist. Gerade sie stört es, wenn sie von der Arbeit der Interessenvertretung im betrieblichen Alltag nur am Rande etwas mitbekommen.

Vor allem vermisssen sie es, auch einmal außerhalb der zumindest in den größeren Betrieben regelmäßig stattfindenden Betriebsversammlungen ausführlicher informiert oder, wie sie sagen, „auf dem Laufenden gehalten zu werden". Dabei reicht ihnen nicht das Flugblatt oder anderes schriftliches Informationsmaterial, mit dem sie häufiger bedacht werden, sondern sie wollen persönlich angesprochen werden oder, wie es eine junge Bankangestellte ausdrückt, auch einmal „ein persönliches Wort" zu hören bekommen.

Folgt man den Schilderungen der Jugendlichen, so geht im betrieblichen Alltag alles seinen mehr oder weniger bürokratischen Gang. Hierauf zielt ihre Kritik und nicht in erster Linie auf die Inhalte gewerkschaftlicher Vertretungspolitik, was allerdings keineswegs dahingehend zu interpretieren ist, daß sich die Jugendlichen ohne Schwierigkeiten in dieser Politik wiederfinden. Dies gilt, soweit es aus den Gesprächen deutlich wird, nur für den kleineren Teil der von uns gefragten Jugendlichen. Entscheidend ist etwas anderes: Mehrheitlich spielt die Auseinandersetzung mit den Inhalten gewerkschaftlicher Vertretungskonzepte überhaupt keine Rolle, zumindest rückt sie gegenüber der Auseinandersetzung mit dem kommunikativen und organisatorischen Aspekten gewerkschaftlicher Vertretungspraxis eindeutig in den Hintergrund.

Dieser Befund verweist nicht nur auf die ausgeprägte kommunikative Sensibilität unter den heutigen Jugendlichen, auf deren Hintergrund sie die gewerkschaftlichen Kommunikations- und Organisationsstrukturen als in hohem Maße unbefriedigend erleben. Zugleich kommt in ihm ein Mangel an inhaltlich-politischen Interessen und Vorstellungen zum Ausdruck, der heute bei vielen Jugendlichen in bezug auf gewerkschaftliche Fragen unverkennbar ist. Gewerkschaft ist soweit aus ihrem Interessenhorizont ausgeblendet, daß eine Auseinandersetzung mit den Inhalten gewerkschaftlicher Politik schon kaum noch stattfindet. Entsprechend bleibt die Kritik auch in starkem Maße auf die Personen bezogen, mit denen es die Jugendlichen in ihrem unmittelbaren Erfahrungsfeld zu tun haben. In ihrem Mittelpunkt steht dabei zumeist der Funktionär oder Mandatsträger, der mehr schlecht als recht und das heißt vor allem, ohne spürbares Engagement seinen Posten verwaltet. Dabei kann es sich um den Betriebsrat handeln, der sich nur alle „Jubeljahre" mal in der Abteilung blicken läßt — meist wenn es auf die Wahlen zugeht —, um den Vertrauensmann, der sein Mandat eher in lästiger Pflichterfüllung ausübt und sich von selbst nur wenig um die Belange seiner Kollegen kümmert, im Extremfall um den „Bonzen", dem es eher um die Sicherung des eigenen Postens und seiner Privilegien zu gehen scheint als um ein Engagement mit Interesse der Beschäftigten.

Positive Erfahrungsschilderungen finden wir umgekehrt überall dort, wo die Jugendlichen die Interessenvertretung nicht nur in der Ferne agieren sehen, wo sie, vermittelt über persönliche Kontakte, den Eindruck haben, daß sich die Interessenvertretung engagiert um ihre Belange kümmert und nicht nur routinemäßig die Interessen der Beschäftigten verwaltet. Das materielle Resultat kann dabei sogar von sekundärer Bedeutung sein: Als entscheidend gilt oft das Engagement oder, genauer gesagt, eine für den einzelnen spürbare Engagementbereitschaft, die ihm signalisiert, mit seinen eigenen Problemen ernstgenommen zu werden und nicht alleine zu stehen. So steht dann auch im Mittelpunkt solcher Schilderungen zumeist der als Person überzeugende Gewerkschaftsfunktionär oder Betriebsrat, der sich auch um vermeintlich kleine Probleme kümmert, der auch einmal von selbst auf einen zukommt und sich mehr als beiläufig danach erkundigt, ob irgendwelche Probleme anstehen, und bei dem man ein „offenes Ohr" findet, wenn man sich tatsächlich einmal mit einer Situation konfrontiert sieht, die Hilfe erfordert.

Typischerweise finden wir solche Erfahrungsschilderungen vor allem in jenen Betrieben/Bereichen, in denen die Jugendlichen mit einer Organisations- und Vertretungspraxis konfrontiert werden, die weniger formalisiert und bürokratisch abläuft und in der sie sich mit ihrem Bedürfnis nach Nähe und Direktheit wiederfinden. Die jungen Arbeiter aus der Porzellanfabrik können hier als Beispiel gelten. Ihre Erfahrungen mit der betrieblichen Interessenvertretung schildern sie mit Blick auf den engagierten Betriebsrat beinahe durchweg in positiven Farben, wobei sie vor allem hervorheben, daß er „jeden Tag durch den Betrieb geht", daß er „für alles ansprechbar" ist und daß er auch schon mal „den Kopf hinhält", wenn es darauf ankommt. Nicht zufällig handelt es sich hier um einen Betrieb, der in unserem Sample noch am ehesten für jenen traditionellen Typus von Industriebetrieben steht, in dem die Interessenvertretung noch wenig formalisiert und von daher direkter und unmittelbarer zu erleben ist. Im Zuge der Institutionalisierung gewerkschaftlicher Interessenvertretung werden aber gerade diese Möglichkeiten strukturell eingeschränkt. Formen der Bürokratisierung und Verselbständigung sind gleichsam der Preis für die Verstetigung und Verfestigung gewerkschaftlicher Vertretungsmacht. Sicherlich sind sie auch nicht beliebig rückgängig zu machen. Soll die erhöhte Sensibilität der Jugendlichen für bürokratische und verfestigte Strukturen sich aber nicht auf Dauer gegen die Gewerkschaft wenden, sind zumindest informelle Formen zu entwickeln, in denen die Jugendlichen die Möglichkeit sehen, ihre kommunikativen Ansprüche und Bedürfnisse zu realisieren.

Dies muß auch als Voraussetzung dafür betrachtet werden, das inhaltliche Interesse an Gewerkschaft neu zu wecken, Jugendliche also im gewerkschaftlichen Sinne zu politisieren. Eine Diskrepanz von Form und Inhalt dürfte einen solchen Versuch ebenso zum Scheitern verurteilen, wie der bloße Hinweis auf ein wie immer richtiges Programm. Die Programmatik allein zählt nur wenig, wenn nicht auch Personen überzeugend für die Sache stehen.

5.5. Jugendliche auf Distanz — neue Herausforderungen für gewerkschaftliche Politik im Jugendbereich

Unsere Befunde lassen sich dahingehend zusammenfassen, daß sich den Jugendlichen Gewerkschaft heute als eine relativ ferne Institution darstellt, der sie mehrheitlich gleichgültig oder distanziert gegenüberstehen. Sie assoziieren mit Gewerkschaft vor allem eine bürokratische Großorganisation, die sich in ihren Zielsetzungen, nicht aber in ihren Strukturen von anderen Bürokratien unterscheidet. Die wenigen konkreten Erfahrungen, die Jugendliche heute mit Gewerkschaft machen, unterstreichen diesen Eindruck. Wenn wir ihr Verhältnis zur Gewerkschaft als distanziert charakterisieren, so zielen wir damit vor allem auf die fehlende Nähe zum traditionellen Selbstverständnis kollektiver Interessenvertretung, auf den Mangel an inhaltlicher Identifikation mit Gewerkschaft und die fehlende emotionale Bindung an die Organisation. Gewerkschaft als Organisation, der man sich innerlich verbunden fühlt und für deren Ziele man bereit ist, sich aktiv einzusetzen — dies kennzeichnet allenfalls die Position einer Minderheit. Sofern sich die Jugendlichen heute überhaupt auf sie beziehen, dominiert eine vornehmlich instrumentelle Bezugsweise auf Gewerkschaft, deren Kern ein sehr stark individualistisch gefärbtes, zweckrationales Interessenkalkül ist.

Dies gilt sowohl für Arbeiterjugendliche als auch für junge Angestellte, so daß wir heute zwischen beiden Beschäftigtengruppen, soweit es ihren grundlegenden Bezug auf organisierte Interessenvertretung angeht, durchaus eine gewisse Annäherung feststellen können. Ihr liegen allerdings zwei gegenläufige Entwicklungsprozesse zugrunde: auf seiten der Arbeiterjugendlichen der Verlust eines kollektiven Verständnisses von Interessenvertretung als Folge der fortschreitenden Auflösung kollektiver sozialer Identität; auf seiten der Angestellten ein Prozeß politischer und ideologischer Öffnung und, damit verbunden, eine stärkere Bereitschaft, sich zumindest instrumentell auf Gewerkschaft zu beziehen und sie nicht von vornherein aus der eigenen Interessenperspektive auszublenden. Insgesamt kann diese Entwicklung aus gewerkschaftlicher Perspektive freilich kaum als ein Nullsummenspiel betrachtet werden, da der Verlust an inhaltlicher Identifikation mit Gewerkschaft auch durch eine deutliche Steigerung formaler Mitgliedschaftsverhältnisse (im Angestelltenbereich) kaum kompensiert werden kann.[8]

Trotz der Annäherung in der grundlegenden Bezugsweise auf Gewerkschaft ist die Distanz der jungen Angestellten gegenüber organisierter Interessenvertretung nach wie vor größer als bei den Jugendlichen im gewerblichen Bereich. In unserem Sample kommt dies darin zum Ausdruck, daß jene Teilgruppe der „Instrumentellen", die sich von einer Gewerkschaftsmitgliedschaft keinen eigenen Vorteil erhofft, bei den jungen Angestellten deutlich stärker vertreten ist als bei den jungen Arbeitern. Allerdings muß davon ausgegangen werden, daß ihre Distanz keineswegs mehr durchgängig Ausdruck jener traditionellen „Angestelltenmentalität" ist, die auf der Überzeugung beruht, die eigenen Interessen selber wahrnehmen zu können und persönlich keine gewerkschaftliche Unterstützung nötig zu haben. Insbesondere in den weniger qualifizierten Angestelltengruppen und unter den jungen weiblichen Angestellten scheint diese Orientierung mittlerweile ein Stück weit aufgebrochen zu sein. Angesichts beruflicher Verunsicherungs- und Gefährdungsmomente sehen nicht wenige von ihnen, auch bezogen auf die eigene Situation, durchaus einen gewerkschaftlichen Vertretungsbedarf, der sie häufiger als früher die Frage stellen läßt, ob es nicht sinnvoll ist, sich gewerkschaftlich zu organisieren. Wenn sie diese Frage verneinen, so in erster Linie aus der Einschätzung heraus, daß eine gewerkschaftliche Mitgliedschaft angesichts der gegebenen äußeren Bedingungen (mangelnde betriebliche Gewerkschaftspräsenz, schwach entwickelte Vertretungsstrukturen) nichts an ihrer Situation ändern würde. Nicht die Devise „Ich kann meine Interessen selber vertreten!" bestimmt ihr Verhalten in bezug auf

Gewerkschaft, sondern die Einschätzung: „Ich muß meine Interessen selber vertreten! Die Gewerkschaft kann da auch nicht helfen." Immerhin deutet sich hier aber ein Organisationspotential an, daß allerdings nur in dem Maße genutzt werden kann, wie es der Gewerkschaft gelingt, sich in diesen Bereichen als handlungsfähige Organisation zu etablieren.

Ganz anders sieht es in jenen Angestelltengruppen aus, in denen die traditionellen Leistungs- und Aufstiegsorientierungen nach wie vor Bestand haben. Wie wir in den vorangegangenen Kapiteln gesehen haben, gilt dies vor allem für einen Teil der qualifizierten männlichen Fachangestellten, die — wohl auch zu recht — von relativ günstigen beruflichen Perspektiven ausgehen und, bezogen auf die eigene Person, keinen gewerkschaftlichen Vertretungsbedarf sehen. Auch wenn ihre Distanz zur Gewerkschaft nicht immer — wie im Fall des erklärten Gewerkschaftsgegners — politisch motiviert ist, dürfte es selbst auf lange Sicht nur schwer möglich sein, sie aufzubrechen, zumal sich diese Jugendlichen in aller Regel in einem betrieblichen Umfeld bewegen, das ihre individualistischen Handlungsorientierungen eher noch fördert und bestärkt. Für sie gilt ähnlich wie für den Typ des „Gegners", daß aus gewerkschaftlicher Perspektive schon viel gewonnen wäre, wenn es gelänge, sie in betrieblichen Konfliktsituationen und Auseinandersetzungen politisch zu neutralisieren.

Gerade in diesen Gruppen ist allerdings eine geschlechtsspezifische Differenzierung vorzunehmen. So müssen viele junge weibliche Angestellte die Erfahrung machen, daß ihre durchaus nicht besser qualifizierten männlichen Arbeitskollegen häufig die anspruchsvolleren Tätigkeiten zugewiesen bekommen, in stärkerem Maße betrieblich gefördert werden und spätestens nach der Bundeswehrzeit die Chance erhalten, ihre berufliche Karriere zu starten. Insbesondere die jungen Frauen, die selbst ein starkes berufliches Interesse haben — und sie sind in den qualifizierten Angestelltengruppen stark vertreten —, erleben die Benachteiligung als in hohem Maße diskriminierend, und gerade diese Erfahrungen können, wie zumindest einige Beispiele in unserer Untersuchung zeigen, den Bezug auf organisierte Interessenvertretung fördern und die Bereitschaft wecken, selbst gewerkschaftlich aktiv zu werden. Notwendig ergibt sich die Perspektive auf Gewerkschaft allerdings nicht, so daß auch vor einer Überschätzung dieses Potentials zu warnen ist.[9] Bei den weiblichen Jugendlichen unseres Samples, deren Engagement nicht zuletzt auch Reaktion auf die offenen und versteckten Formen der Benachteiligung ist, mit denen sie sich im betrieblichen Alltag konfrontiert sehen, handelt es sich meist um junge Frauen, die entweder bereits vom Elternhaus her eine gewisse Nähe zur Gewerkschaft mitbringen oder bei denen aufgrund politischer Interessen, die sich häufig bereits in der Schulzeit herausgebildet haben, von vornherein ein stärkerer Bezug zur Gewerkschaft gegeben ist. Anderen jungen Frauen, die sich in einer objektiv ähnlichen Situation befinden, gerät Gewerkschaft häufig nicht einmal ins Blickfeld, geschweige denn, daß sie ein Interesse daran erkennen ließen, sich in irgendeiner Weise aktiv zu engagieren. Allerdings wird auch aus keiner Untersuchungsgruppe berichtet, daß die gewerkschaftlichen oder betrieblichen Vertretungsorgane in ihrer Praxis speziell auf die Anspruchs- und Interessenverletzungen eingingen, denen sich die jungen Frauen gegenübersehen, so daß ihr Desinteresse an Gewerkschaft auch mit als Reaktion auf gewerkschaftliche Vertretungspraxis interpretiert werden kann.

Lange Zeit ist darauf gesetzt worden, daß die Jugendlichen auf dem Hintergrund einer stärkeren materiellen (Krisen-)Betroffenheit mehr oder weniger automatisch auch ein stärkeres Interesse an der Gewerkschaft gewinnen würden. Diese — zumindest implizit — gehegte Erwartung hat sich bis heute nicht erfüllt, und wir wissen mittlerweile, daß der Zusammenhang von Krisenbetroffenheit und Interessenhandeln längst nicht so eng und linear ist, wie er — nicht nur in Gewerkschaftskreisen — häufig genug unterstellt worden ist (vgl. Schumann 1983, Kubach u.a. 1985).

Auch in unseren Gesprächen findet sich kein Anhaltspunkt dafür, daß durch eine stärkere Krisenbetroffenheit die Nähe zur Gewerkschaft gefördert und das Interesse daran geweckt wird, sich gewerkschaftlich zu engagieren. Sie fördert allenfalls einen individualistisch-instrumentellen Bezug auf Gewerkschaft — und auch dies keineswegs notwendig. In der Verteilung typischer Bezugsweisen auf Gewerkschaft nach dem Grad der Krisenbetroffenheit, die wir mit den Berufsverlaufstypen eingefangen haben, wird dies deutlich.

Wie die Tabelle zeigt, sind es häufig gerade die am härtesten von der Krise Betroffenen, die den geringsten Bezug zur Gewerkschaft haben: Knapp ein Drittel von ihnen steht der Gewerkschaft völlig gleichgültig gegenüber., Dieser Befund verweist zum einen auf die Individualisierung gesellschaftlicher Krisenfolgen, die, subjektiv gewendet, immer auch eine individualistische Wahrnehmung und Verarbeitung der eigenen Betroffenheit beinhaltet; zugleich verweist er aber auch auf die äußeren Handlungsbedingungen, unter

Tabelle 25: Bezugsweise auf Gewerkschaft nach Krisenbetroffenheit (Berufsverlaufstypen) (in %)

Bezugsweise	Krisenbetroffenheit n =	Glatt durch die Krise gekommen (Berufsverlaufstypen 1 und 2) 83	Von der Krise tangiert (Berufsverlaufstypen 3 und 4) 38	An der Krise gescheitert (Berufsverlaufstypen 5 und 6) 46
Indifferente		16	16	31
Instrumentelle		46	53	54
Variante (a)		24	42	39
Variante (b)		22	11	15
Interessierte und Engagierte		21	13	(9)
Enttäuschte		10	10	(2)
Gegner		(7)	(8)	(4)
Gesamt		100	100	100

denen diese Jugendlichen agieren. Sofern sie überhaupt eine Beschäftigung haben, finden sie sich mehrheitlich in betrieblichen Arbeitsverhältnissen wieder, in denen sie aufgrund mangelnder Organisationsvoraussetzungen überhaupt keine gewerkschaftliche Unterstützung bekommen bzw. erwarten können. Zumindest als handlungsfähige Organisation ist Gewerkschaft für sie nicht greifbar, und der lediglich abstrakte Bezug auf eine ferne Institution, als die sich Gewerkschaft ihnen zumeist darstellt, hilft ihnen in keiner Weise weiter. Dementsprechend muß es ihnen auch schwerfallen, sich überhaupt auf gewerkschaftliche Interessenvertretung zu beziehen, obwohl ihre Ansprüche und Interessen durch die gegebenen äußeren Bedingungen in hohem Maße verletzt werden.

Sofern Gewerkschaft überhaupt in ihr Blickfeld gerät, tut sie es in der Perspektive eigener Schutz- und Sicherheitsinteressen, nicht aber in der Perspektive kollektiver Dimensionen von Interessenvertretung und einer auf sie bezogenen Handlungsbereitschaft. Man bleibt in der Rolle des passiven Gewerkschaftsmitglieds und delegiert seine Interessen an den Apparat. Allerdings muß auch betont werden, daß die individuellen Schutzinteressen, die sie in erster Linie mit Gewerkschaft verbindet, sehr viel stärker ausgeprägt sind, als bei den Jugendlichen, die relativ glatt durch die Krise gekommen sind und auf der „Sonnenseite" des Arbeitslebens stehen. Die interne Verteilung des Typs des „Instrumentellen" macht dies deutlich. Sowohl bei denen, die von der Krise tangiert als auch bei denjenigen, die an der Krise gescheitert sind, sind die Gewichte eindeutig verteilt: Mehrheitlich setzen sie vor dem Hintergrund der gemachten Erfahrungen auf den Nutzen einer gewerkschaftlichen Mitgliedschaft, nur die Minderheit sieht hierin keinen Vorteil. Bei den Jugendlichen hingegen, deren bisheriger Berufsverlauf sich ohne massive Einschnitte vollzogen hat, sind beide Varianten des „Instrumentellen" etwa gleich stark vertreten.

Ein anderes Bild zeigt sich, wenn man die Zusammensetzung der „Interessierten" und „Engagierten" betrachtet. Sie sind unter den Jugendlichen, die relativ glatt durch die Krise gekommen sind, sehr viel stärker vertreten als unter denen, die von der Krise tangiert oder an ihr gescheitert sind. Auch wenn die quantitativen Angaben in der Tabelle nicht umstandslos als repräsentativ angenommen werden können, so verweist dieser Befund doch darauf, wie wenig heute noch davon ausgegangen werden kann, daß Gewerkschaftsnähe, um es überspitzt zu sagen, aus der materiellen Not erwächst. Dabei verkennen wir nicht, daß sich die gewerkschaftlichen Kader auch in der Vergangenheit nie in erster Linie aus den Massenarbeitern rekrutiert haben, deren soziale Lage besonders bedrückend war, sondern aus den Facharbeitern, die auf Basis ihres beruflich fundierten Selbstbewußtseins bereit und auf der Grundlage ihrer betrieblichen Stellung auch in der Lage dazu gewesen sind, sich gewerkschaftlich zu exponieren. Gleichwohl war ihre Gewerkschaftsnähe Ausdruck des Eingebundenseins in ein soziales „Kollektivschicksal", aus dem es individuell kein Entrinnen gab., Heute hingegen ist es eher eine Frage der individuellen Entscheidung, wie man es mit der Gewerkschaft hält und ob man sich gewerkschaftlich engagiert oder nicht.

Bei der Mehrheit der „Interessierten" und „Engagierten" unseres Samples handelt es sich um Jugendliche, die, wie gesagt, relativ glatt durch die Krise gekommen sind, ihren bisherigen Berufsweg als Erfolg begreifen, selbstbewußt mit anstehenden Arbeitsproblemen umgehen und offensiv versuchen, ihre Arbeitsansprüche zu realisieren. Wenn sie sich positiv auf kollektive Interessenvertretung beziehen und zumindest die Bereitschaft erkennen lassen, sich selbst an der Gewerkschaftsarbeit zu beteiligen, so tun sie dies also nicht auf dem Hintergrund besonders massiver Probleme und dem

Gefühl individueller Ausweglosigkeit, sondern in erster Linie aus der inhaltlichen Überzeugung heraus, daß gewerkschaftliche Arbeit nicht nur im unmittelbar eigenen Interesse sinnvoll ist. Häufig handelt es sich um Jugendliche, die sich nicht nur durch ein aktives Arbeitsarrangement auszeichnen, sondern auch außerhalb der Arbeit in vieler Hinsicht aktiver und selbständiger sind als ihre Altersgenossen, einen weiten Interessenhorizont entwickelt haben, politischen und sozialen Fragen aufgeschlossen gegenüberstehen und bestrebt sind, sich auch unbekannte Erfahrungsfelder zu erschließen und Neues kennenzulernen. Dieses Neue kann durchaus auch gewerkschaftliche oder politische Arbeit im weitesten Sinne sein. Voraussetzung ist, daß sie von der Sache überzeugt sind. Das Engagement muß inhaltlich begründet sein und sie müssen die Möglichkeit haben, sich mit ihren eigenen Vorstellungen und Interessen in der gewerkschaftlichen und politischen Arbeit wiederzufinden. Sind diese Bedingungen nicht erfüllt, so ziehen sie sich — wie der Typ des „Enttäuschten" zeigt — mit der gleichen Entschiedenheit, mit der sie sich für eine Sache einsetzen können, auch wieder aus der Arbeit zurück. Der Typ des traditionellen Gewerkschafters, der sich gleichsam „von der Wiege bis zur Bahre" seiner Organisation verpflichtet fühlt, gehört mittlerweile der Vergangenheit an.

Das Beispiel der „Interessierten" und „Engagierten" zeigt, daß es nach wie vor möglich ist, Jugendliche für die Gewerkschaft zu gewinnen. Es zeigt aber auch, wie sehr sich die Modi der Aneignung eines kollektiven Vertretungsverständnisses gewandelt haben. Sie vollzieht sich weniger denn je über einen engen materiellen Interessenbezug, und sie basiert auch nicht mehr auf einer gleichsam naturwüchsigen Gewerkschaftssozialisation, was nicht heißt, daß die soziale Herkunft und familiale Einflüsse für die Herausbildung des Bezugs auf Gewerkschaft völlig bedeutungslos geworden sind. Im Zuge der fortschreitenden Auflösung verbindlicher klassen- bzw. schichtspezifischer Sozialisationsmuster werden sie allerdings weiter an Gewicht verlieren. Mehr denn je ist die Herausbildung eines kollektiven Vertretungsverständnisses an die Interpretation und die kritische Reflexion eigener Erfahrungen gebunden, die der einzelne im Verlauf seiner (beruflichen) Sozialisation in und außerhalb der Arbeit macht. Mehr denn je kommt es aber auch darauf an, wie die Gewerkschaft selbst auf die Jugendlichen zugeht und wie überzeugend die von ihr angebotenen Interpretations- und Handlungsperspektiven sind. Auf einen moralischen Vertrauensvorschuß kann sie dabei kaum bauen. Eher muß sie mit der kritischen Haltung von Jugendlichen rechnen, für die Gewerkschaft zunächst einmal wenig bedeutet und die auf dem Hintergrund verlängerter schulischer Ausbildungszeiten bereits eigene politische Vorstellungen entwickelt haben, wenn sie in die Betriebe kommen.

Wie sind die Chancen einer Politisierung Jugendlicher im gewerkschaftlichen Sinne einzuschätzen und wo liegen mögliche Anknüpfungspunkte? Auf der Habenseite kann die Gewerkschaft sicherlich für sich verbuchen, daß ihr — bei aller Distanz — nach wie vor ein Mandat für die Vertretung von Arbeitsinteressen zugesprochen wird. Sie wird damit auf einem Feld anerkannt, das für die Jugendlichen selbst von zentraler Bedeutung ist. Auch daß von jener in der Wertewandel-Diskussion behaupteten inneren Abkehr von Arbeit und Beruf keine Rede sein kann, stellt für die Gewerkschaften allemal eine günstigere Voraussetzung dar, als wenn das Gegenteil der Fall wäre, kann doch davon ausgegangen werden, daß sich derjenige, dem seine Arbeit wichtig ist, typischerweise auch stärker auf Probleme einläßt, die mit der Arbeit verbunden sind und auf die gewerkschaftliche Politik in erster Linie zielt, als derjenige, für den die Arbeit eher von untergeordneter Bedeutung ist. Ein Zugang zur Gewerkschaft wird damit zumindest erleichtert, notwendig ergibt er sich freilich keineswegs. Dies liegt zum einen am Arbeitsverständnis der Jugendlichen selbst, zum anderen aber auch daran, daß die Gewerkschaft mit ihrer bisherigen Politik zentrale Dimensionen dieses Arbeitsverständnisses überhaupt nicht trifft.

Wir haben das Arbeitsverständnis der Jugendlichen mit seiner starken Betonung subjektbezogener Anspruchsdimensionen als in hohem Maße individualistisch charakterisiert. Es zielt in erster Linie darauf, sich in der Arbeit als Subjekt erfahren und sich mit seinen Ideen und Kompetenzen einbringen zu können; es zielt auf das eigene Wohlbefinden und die Möglichkeit der Selbstdarstellung. Interessendimensionen, die bislang im Zentrum gewerkschaftlicher Vertretungskonzepte stehen, treten demgegenüber in den Hintergrund. Zumindest von denen, die relativ heil durch die Krise gekommen sind, wird ihre Realisierung mehr oder weniger als selbstverständlich vorausgesetzt.

Wenn die Jugendlichen letztlich den Anspruch nach Selbstverwirklichung in der Arbeit formulieren, so erfaßt dies über den konkreten Tätigkeitsbezug hinaus auch die betrieblichen Kommunikations- und Interaktionsformen: Sie fragen danach, wie im Betrieb miteinander umgegangen wird, wie sich die Vorgesetzten ihnen gegenüber verhalten, wie Entscheidungen fallen und durchgesetzt werden — kurz: Sie thematisieren wichtige Aspekte von „Betriebskultur", die zu einer „guten Arbeit" ebenso dazugehören wie die Arbeitsaufgabe, mit der sie befaßt sind.

Wir wissen, daß sich solche Bedürfnisse nach Individualität im Arbeitsalltag jeder Form der Standardisierung und damit auch der Möglichkeit entziehen, sie unmittelbar zum Gegenstand kollektiver Regelungen zu machen. Gleichwohl steht die Gewerkschaft vor der zentralen Herausforderung, sich aus traditionellen Vertretungsperspektiven zu lösen und konzeptionell jene Veränderungen in den Anspruchsdimensionen aufzunehmen, die sich real in den letzten Jahrzehnten durchgesetzt haben und weiter durchsetzen werden. Die Frage, ob und wie weit es gelingt, über die Vertretung unmittelbar reproduktionsbezogener Interessen hinaus ein Konzept zu formulieren und auch durchzusetzen, das die Realisierung der artikulierten Ansprüche nach sinnerfüllter Arbeit und sozial befriedigenden Kommunikations- und Interaktionsformen möglichst weitgehend erlaubt, muß derzeit unbeantwortet bleiben. Bislang jedenfalls ist ein politikfähiges Konzept in dieser Richtung nicht einmal in Ansätzen erkennbar. Selbst avancierte Arbeitsgestaltungskonzepte greifen hier zu kurz, da sie den umfassenden Anspruch nach Sinnstiftung in der Arbeit nicht erreichen, ja, ihn noch nicht einmal thematisieren.

Wenn es der Gewerkschaft nicht gelingen sollte, dieses Feld mit überzeugenden Interpretations- und Handlungsangeboten zu besetzen, bleiben zentrale Dimensionen des Arbeitsverständnisses Jugendlicher der individuellen Interessenwahrnehmung überlassen, was in der Konsequenz nur dazu führen kann, daß die Gewerkschaft für Jugendliche weiter an Attraktivität verliert. Dies dürfte sich in dem Maße beschleunigen, in dem es den Unternehmen gelingt, die Bedürfnisse der Jugendlichen aufzunehmen und ihnen Arbeitsperspektiven und -bedingungen anzubieten, in denen sie sich mit ihren Ansprüchen und Vorstellungen wiederfinden.

Gerade mit seiner starken Betonung subjektbezogener Anspruchsdimensionen enthält das Arbeitskonzept der Jugendlichen ein kritisches Potential, an das gewerkschaftliche Jugendpolitik anknüpfen kann. Es steht quer zu der Erfahrung sinnentleerter Tätigkeiten und mangelnder beruflich interessanter Perspektiven, es reibt sich an rigide arbeitsteiligen und hierarchisierten Formen der Arbeitsorganisation, die nach wie vor in den Betrieben zu finden sind. Leicht aufzunehmen und zu politisieren ist es allerdings nicht, was nicht nur an der Schwierigkeit liegt, die Ansprüche der Jugendlichen kollektiv zu bündeln. Wenn wir das Arbeitskonzept der Jugendlichen als in hohem Maße individualistisch charakterisieren, so gilt dies auch für die Formen der Auseinandersetzung mit Arbeit und Beruf. Bei den Versuchen, vorhandene Arbeitsinteressen zu realisieren, eine als unbefriedigend empfundene Arbeitssituation zu verbessern oder bei den Versuchen, anstehende Arbeitsprobleme zu lösen, dominieren beinahe durchgängig Muster individualistischer Interessenverfolgung. Kollektive Formen der Interessenvertretung geraten dabei kaum einmal ins Blickfeld, auch nicht in den hochorganisierten Großbetrieben, in denen die Jugendlichen auf entwickelte Vertretungsstrukturen treffen. Wie unsere Gespräche zeigen, scheinen viele von ihnen nicht einmal auf die Idee zu kommen, daß ihre Probleme etwa mit einer inhaltlich unbefriedigenden Arbeit, mit mangelnden beruflichen Perspektiven oder mit den betrieblichen Kommunikations- und Entscheidungsstrukturen, die sie als unbefriedigend oder diskriminierend erleben, etwas mit gewerkschaftlichen Vertretungsaufgaben zu tun haben könnten. Sicher: Nicht immer ist dieses „Setzen auf die eigene Kraft" als Ausdruck individualistischer Verhaltensdispositionen zu interpretieren, obwohl davon ausgegangen werden muß, daß ihnen heute ein erheblich größeres Gewicht zukommt als früher. Auf dem Hintergrund veränderter Sozialisationserfahrungen begreifen sich die Jugendlichen sehr viel stärker in der Rolle eines eigenständigen Akteurs, der in hohem Maße für die Realisierung seiner Interessen und für sein berufliches Fortkommen verantwortlich ist. Zugleich ist dieses „Setzen auf die eigene Kraft" aber auch Ausdruck mangelnder Handlungsalternativen; insofern verweist es auch auf die Schwäche kollektiver Vertretungsmacht, die vielen Jugendlichen durchaus bewußt ist. Vor allem in den gewerkschaftsfernen Bereichen, in denen sie von vornherein keine wirksame Unterstützung erwarten können, sind die Jugendlichen, ob sie es wollen oder nicht, auf die eigene Kraft und das eigene Durchsetzungsvermögen verwiesen.

Auf eine antikollektive oder gewerkschaftsfeindliche Haltung kann aus dem Verhalten der Jugendlichen ebenso wenig geschlossen werden wie auf eine egoistisch-konkurrenzhafte Orientierung, die jeder Organisierung von vornherein den Boden entziehen würde. Von einer solchen Orientierung kann zumindest bei der Mehrheit der Jugendlichen nicht die Rede sein. Natürlich versuchen sie, ihre Interessen wahrzunehmen, wobei sie sich häufig auch in einer objektiven Konkurrenzsituation mit anderen befinden.

Kaum einmal ist in unseren Gesprächen aber etwas davon zu bemerken, daß sie versuchen, ihre Interessen bewußt und um jeden Preis gegen andere und auf deren Kosten durchzusetzen. In einer ganzen Reihe von Schilderungen wird vielmehr deutlich, daß die Jugendlichen ein solches Verhalten weder für sich selbst als Mittel ansehen, ihre Vorstellungen zu realisieren, noch daß sie es bei anderen legitimieren.

Das Problem liegt eher darin, daß individuelle und kollektive Vertretungsmuster, soweit diese überhaupt ins Blickfeld kommen, weitgehend unverbunden nebeneinander stehen. Sie sind weder im Bewußtsein der Jugendlichen noch in der Praxis miteinander vermittelt. So ist den meisten Jugendlichen kaum bewußt, daß ihre individuellen Handlungsmöglichkeiten letztlich historisches Resultat kollektiver Auseinandersetzungen über die Bedingungen der Arbeitskraftvernutzung sind und daß sie an die Existenz einer handlungsfähigen kollektiven Interessenvertretung gebunden bleiben; in der allgemeinen Anerkennung der Gewerkschaft als eine notwendige Institution kommt gewissermaßen der Restbestand eines solchen Bewußtseins zum Ausdruck.

In der Praxis hat sich dieses unverbundene Nebeneinander individueller und kollektiver Vertretungsmuster gleichsam in Form einer Arbeitsteilung eingespielt, bei der der einzelne selbst dafür zuständig ist, den betrieblichen Alltag zu meistern und vor allem, seine arbeitsinhaltlichen Interessen zu vertreten. Die Zuständigkeit der Vertretungsorgane beschränkt sich demgegenüber auf die Regelung der allgemeinen Rahmenbedingungen betrieblicher Arbeit und — bezogen auf Arbeitskonflikte — vor allem auf solche Situationen, in denen sie mit ihren arbeitsrechtlichen Kompetenzen gefragt sind. Diese Form der Arbeitsteilung mag sich in der Vergangenheit bewährt haben, und sie entspricht sicherlich auch dem Vertretungsverständnis vieler Funktionäre und Mandatsträger. Angesichts der neuen Herausforderungen, die sich den Gewerkschaften heute im Jugendbereich stellen, greift ein solches Verständnis aber zu kurz, muß es doch darum gehen, sich den Jugendlichen in ihrem Bestreben nach sinnvollen Tätigkeiten und bei der für sie wichtigen Frage beruflicher Chancen als kompetenter Ansprechpartner zu erweisen, ihnen auch in diesen Fragen überzeugende Handlungsperspektiven zu bieten und sie, um es überspitzt zu sagen, nicht nur erfolgreich vor dem Arbeitsgericht zu vertreten.

Kollektive Konflikterfahrungen sind bei den Jugendlichen, mit denen wir gesprochen haben, die absolute Ausnahme. Nun wissen wir, daß die Herausbildung und Stabilität kollektiver sozialer Identität immer auch an die Erfahrung gemeinsamer Kämpfe gebunden war. Auf ihrem Hintergrund erst konnte sich ein Solidaritäts- und Zusammengehörigkeitsgefühl entwickeln, das auch wesentliches Moment der Bindung an die Gewerkschaft war. Wenn diese Erfahrungsdimension heute weitgehend ausgeblendet ist, so reflektieren sich hierin nicht nur veränderte Verhaltensstrategien, sondern auch die gesunkene Konfliktintensität gewerkschaftlicher Auseinandersetzungen, die aus der Verrechtlichung der Arbeitsbeziehungen und der Etablierung eines Systems mehr oder weniger festen Spielregeln der Konfliktregulierung resultiert. Dabei verkennen wir nicht, daß die Schärfe der Konflikte gerade in den letzten Jahren wieder deutlich zugenommen hat. Im Regelfall bewegen sich die Auseinandersetzungen aber auf einer Ebene, die nicht mit jenen „Klassenkampferfahrungen" zu vergleichen sind, die frühere Generationen gemacht haben. So leidvoll diese Erfahrungen auch immer gewesen sind, so haben sie doch wesentlich zur Integrationsfähigkeit der Gewerkschaft beigetragen. In dem Maße, in dem Konflikte auf institutionalisierten Wegen, d.h. über die zuständigen Organe und häufig hinter verschlossenen Türen mehr oder weniger verwaltungsmäßig ausgetragen werden, treten aktive Konflikterfahrungen, die dem einzelnen die Bedeutung gewerkschaftlicher Interessendurchsetzung und Solidarität gewissermaßen hautnah erleben lassen, zunehmend in den Hintergrund. Aufgrund dieses Erfahrungsverlustes kann es kaum verwundern, wenn sich die Gewerkschaften, verstärkt durch reale organisatorische Bürokratisierungs- und Verselbständigungstendenzen, aus der Perspektive der Jugendlichen als eine beinahe anonyme Institution darstellen.

Dieser Mangel an konkreten Gewerkschaftserfahrungen, der immer auch die Möglichkeiten einschränkt, sich mit der Gewerkschaft zu identifizieren, ist nicht einfach aufhebbar. Er ist gewissermaßen die Kehrseite des in historischen Kämpfen erreichten Institutionalisierungsgrads gewerkschaftlicher Interessenvertretung. Ebenso wenig leicht aufhebbar sind aber auch die Momente der Verselbständigung und Bürokratisierung, mit der die Institutionalisierung gewerkschaftlicher Interessenvertretung notwendig verbunden ist. Gerade sie treffen in der heutigen Jugendgeneration, wie wir gesehen haben, auf massive Kritik, gerade sie tragen mitentscheidend dazu bei, daß Jugendliche die Gewerkschaft als wenig attraktiv erfahren und auf Distanz zu ihr gehen. Soll der Versuch, die Jugendlichen inhaltlich zu überzeugen, nicht bereits an diesen Fragen scheitern, sind neue Formen und Strukturen zu finden, die den entwickelten sozial-kommunikativen Ansprüchen der heutigen Jugendlichen entgegenkommen.

Insgesamt zeigen unsere Befunde, daß der Kompromiß zwischen realen Individualisierungsinteressen und notwendiger kollektiver Solidarität heute schwieriger denn je herzustellen ist. Chancenlos sind die Gewerkschaften jedoch keineswegs. Jeder Versuch aber, Jugendliche heute im gewerkschaftlichen Sinne zu politisieren, stellt gleichermaßen hohe Anforderungen an inhaltliche Konzepte wie an die gewerkschaftlichen Organisations- und Kommunikationsstrukturen; denn stärker als in allen früheren Jugendgenerationen haben wir es heute mit Jugendlichen zu tun, die nicht nur in der Arbeit ihr Interesse an Selbstverwirklichung realisiert sehen wollen, sondern diesen Anspruch auch an gewerkschaftliche Jugendarbeit stellen.

Anmerkungen Kapitel 1

1 Bei Offe selbst wird das Zeitargument durch Verweise auf die wohlfahrtsökonomische und wohlfahrtsstaatliche Außerkraftsetzung des Lohndifferentials als Leistungsanreiz und auf die Moralität zerstörende Tendenz zur tayloristischen Arbeitsorganisation flankiert.
2 Vor allem ist darauf zu verweisen, daß Strümpel keine personalistischen Zuschreibungen vornimmt wie Noelle-Neumann, sondern die Distanz zur Arbeit als Resultat vor allem von Strukturveränderungen der Arbeit selbst begreift und interpretiert. Rigide Autoritätsbeziehungen im Betrieb und restriktive Formen der Arbeitsteilung stoßen sich immer mehr mit den gehobenen arbeitsinhaltlichen Ansprüchen der Jugendlichen und ihrer gestiegenen kommunikativen Sensibilität.
3 Das gilt für so prominente Forschungen wie die letzte Shell-Studie (vgl. Fischer, Fuchs, Zinnecker 1985); für Zinnecker (1987), aber auch für die Arbeiten der wissenschaftlich vielleicht einflußreichsten Schule der Jugendforschung, das Center for Contemporary Cultural Studies (CCCS) in Birmingham. Sie alle repräsentieren die Tendenz, Jugendforschung auf Subkultur- und Stilanalyse im Konsum- und Freizeitbereich zu beschränken.
4 Eine Ausnahme macht hier die Argumentation von Beck (1984).
5 Vgl. hierzu vor allem die beiden umfassenden Analysen des SOFI, für den Produktionsbereich Kern / Schumann (1984), für den Dienstleistungsbereich Baethge / Oberbeck (1986).
6 Die von Schumann / Einemann / Rebell und Wittemann (1982) eingeführte und von Kern / Schumann (1983) wieder aufgenommene Unterscheidung von „Arbeitskraft-" und Subjekt-Perspektive macht insofern gerade unter sozialisationstheoretischen Gesichtspunkten Sinn.
7 Die unterschiedlichen Ausdrucksformen des gleichen Verwertungsinteresses lassen sich an einem Beispiel unserer empirischen Forschung recht eindrucksvoll veranschaulichen: Das gleiche Computerunternehmen, das in seinen Produktionsabteilungen für die Hardware-Herstellung eine hohe Arbeitsteilung, scharf kalkulierte Leistungspensen und eine rigide Zeitorganisation praktizierte, warb Mathematiker und Informatiker für die Entwicklung von Software-Programmen mit der Offerte, sie könnten sich ihre tägliche und ihre Wochenarbeitszeit nach eigenem Belieben einteilen und hätten auch in der Aufgabenabwicklung im Rahmen gemeinsam festgelegter Ziele freie Hand. Das Unternehmen fuhr zumindest bei seinen wissenschaftlichen Mitarbeitern gut mit diesem Prinzip der langen Leine. Sie identifizierten sich mit ihrer Aufgabe und opferten den Unternehmenszielen, ohne es zu merken, auch einen Gutteil ihrer Freizeit, indem sie ihren Job als gleichsam ideale Verbindung von Arbeit und (Computer-)Hobby begriffen und oft bis weit in die Nacht hinein arbeiteten. Es ist klar, daß beide Kategorien von Arbeitern ihre Tätigkeit anders erleben und als unterschiedlich selbständig, selbstbestimmt und frei erfahren.
8 So finden wir auch bei Offe, der ansonsten mehrfach nachdrücklich auf die

strukturellen Differenzen zwischen Produktions- und Dienstleistungstätigkeiten hinweist, die Annahme, das taylorisierende und dequalifizierende Wirkungen als Haupttendenz der technisch-ökonomischen Entwicklung einer subjektiven Sinnperspektive in der Arbeit endgültig den Garaus machen werden. „Prozesse der technischen und organisatorischen Rationalisierung scheinen, jedenfalls sofern sie dem Muster der Taylorisierung folgen, eher darauf hinauszulaufen, den ‚human factor' einschließlich seiner moralischen Kapazitäten, jedenfalls aus der unmittelbaren industriellen Produktion zu eliminieren ... In dem Maße aber, in dem die strukturellen Voraussetzungen und Autonomiespielräume für ‚moralische' Orientierungen zur Arbeit ‚wegrationalisiert' werden, wird es auch inkonsistent, den Fortbestand solcher Arbeitstugenden soziologisch für wahrscheinlich zu halten, zu erwarten und zu fordern. Mit der häufig konstantierten ‚Entberuflichung' der Arbeit verliert auch die subjektive Seite des Berufs, nämlich das einer bestimmten Arbeitsfunktion zugeordnete Bündel von Pflichten, Ansprüchen, von ‚Produzentenstolz' und dessen gesellschaftlicher Anerkennung, seine Grundlage" (Offe 1984, S. 29).

9 Daß diese traditionellen Tugenden tatsächlich gemeint sind, bestätigt E. Noelle-Neumann in ihrer Antwort auf Schmidtchen und Vollmer, wenn sie ausdrücklich auf Fleiß und Präzision abhebt und Fleiß gleichsam als Basistugend wie folgt charakterisiert: „Das Anfangen und Durchhalten einer Tätigkeit ohne Nachlassen im Bemühen um die Qualität auch dann, wenn sie keinen Spaß macht, und der sorgfältige Umgang mit Zeit: Das sind die Elemente, mit denen man den Inhalt von Fleiß bestimmen kann. Die Kombinationen dieser Elemente, eben der Fleiß, finden in jeder Zeit und jeder Lebenssituation seinen angemessenen Ausdruck. Die Dreschflegel werden überflüssig, aber nicht der Fleiß." (in: Gehrmann, S. 163). Von der Überflüssigkeit des Fleißes hatte niemand gesprochen, wohl aber von der Relativierung seiner Bedeutung innerhalb des Kanons von heutigen Arbeitstugenden.

10 Insofern sind auch Thesen, die einen gleichsam automatischen Zusammenhang zwischen Arbeitszeitverkürzung und Verdünnung der Herrschaftsunterworfenheit konstruieren, noch genauer zu betrachten. So umstandslos, wie es Negts Formulierung, daß Arbeitszeitverkürzungen an „Grundausstattungen der bestehenden Herrschaftsordnungen" rühren (Negt 1985, S. 19), nahelegt, lassen sich bestehende Herrschaftsstrukturen vielleicht doch nicht abtragen.

11 Adornos frühe Kritik am traditionellen Identitätsbegriff gipfelt in dem Einwand: „Das Ziel der ‚gut integrierten Persönlichkeit' ist verwerflich, weil es dem Individuum jene Balance der Kräfte zumutet, die in der bestehenden Gesellschaft nicht besteht ... In der antagonistischen Gesellschaft sind die Menschen, jeder einzelne unidentisch mit sich, Sozialcharakter und psychologisches in einem, und kraft solcher Spaltung apriori beschädigt." (Adorno 1955, S. 29 und 32) In der „Negativen Dialektik" nimmt er die Kritik in der Auseinandersetzung mit dem Idealismus wieder auf und formuliert abschließend das Verdikt: „Identität ist die Urform von Ideologie." (Adorno 1966, S. 149) Daß dieses nicht die Leugnung jeglicher Identität meint, wird später

klar: Erst das „Ende des Identitätszwanges" ermögliche Identität des Subjekts. (Ebd. S. 275)

12 Wir gehen mit der neueren Entwicklungs-Theorie davon aus, daß der Jugendliche in der Adoleszens in besonderem Maße gefordert ist, seine Identitätsentwürfe in Auseinandersetzung mit den Normen der Eltern und der Erwachsenenwelt zu formulieren und daß er hierfür auch die kognitiven Voraussetzungen in Form der Fähigkeit zu hypothetischem Denken und Selbstreflexion (als Voraussetzung für Zukunftsorientierung) verfügbar hat. (Vgl. Döbert / Nunner-Winkler 1975 und Nunner-Winkler 1981). Ob und wieweit die kognitive Kompetenz und die psychische Stabilität durch die Arbeit beeinflußt werden, entzieht sich der genauen Kenntnis; man kann es nur vermuten. (Vgl. Kohn 1985) Zum Gegenstand unserer eigenen Untersuchung konnten wir diese Frage nicht machen.

13 Die genaue Frageformulierung lautet: ,,Es unterhalten sich zwei Leute über das Leben. Der erste sagt: ‚Ich betrachte mein Leben als eine Aufgabe, für die ich da bin und für die ich alle Kräfte einsetze. Ich möchte in meinem Leben etwas leisten, auch wenn das oft schwer und mühsam ist.' Der zweite sagt: „Ich möchte mein Leben genießen und mich nicht mehr abmühen als nötig. Man lebt schließlich nur einmal, und die Hauptsache ist doch, daß man etwas von seinem Leben hat." Schaut man sich die Frageformulierung genau an, dann kann nur die Eindeutigkeit der Interpretation Noelle-Neumanns als moralgefährdende Abnahme der Arbeitsfreude überraschen. Warum sollte jemand, der allgemein und abstrakt ein Leben ohne Zwang zur Arbeit am schönsten fände, an seiner konkreten Arbeit keine Freude und kein Interesse an seiner konkreten Berufstätigkeit mehr haben? Und warum sollte jemand, der die „schönsten Stunden" außerhalb der Arbeit sieht, eine geringere innere Bindung an die Arbeit haben als jemand, der beides gern mag? Müßte man — in der Logik dieser Frageformulierungen — beim zweiten nicht vielleicht zerrüttete Familienverhältnisse vermuten, wenn er die fremdbestimmte Arbeit den Stunden gleichsetzt, in denen er nicht arbeitet? Die Gründe der Präferenz für das eine oder andere sind vielfältig, sie müssen nicht im Verhältnis zur Arbeit liegen. Sinn ergibt die Interpretation Noelle-Neumanns nur unter der Voraussetzung, daß man in bezug auf die psychischen Energien ein Nullsummen-Spiel zwischen Arbeit und Freizeit voraussetzen müßte, d.h. daß die auf die Tätigkeiten außerhalb der Arbeit gerichteten Interessen und die darauf verwandte psychische Energie der Arbeit entzogen würde. Dies kann im Einzelfall tatsächlich so sein, muß sich aber keineswegs zum Regelfall auswachsen, da genauso gut denkbar und vorstellbar ist, daß jemand, der ein ausgefülltes und befriedigendes Leben außerhalb der Arbeit führt, daraus auch psychische Energien für ein intensives Engagement in der Arbeit schöpft und vice versa.

14 Die hier am Beispiel von Noelle-Neumann geübte Kritik trifft auch auf die Items zu, mit denen Inglehart gearbeitet hat, und dürfte den Grund dafür abgeben, daß er die Stabilität seiner postmaterialistischen Wertorientierungen nicht nachweisen kann und seine Wertewandel-Theorie an seinen eigenen empirischen Daten scheitert. (Vgl. dazu Inglehart 1977, 1981; Baethge u.a. 1983; Böltken / Jagodzinski 1982).

15 Mit einer derartigen strukturellen Interpretation unserer Befunde schließen wir uns weder der Inglehart'schen Sozialisationshypothese, derzufolge in den sogenannten formativen Jahren stabile Einstellungen für das ganze weitere Leben entstehen (zu ihrer Falsifizierung vgl. Baethge u.a. 1983, S. 65ff.), noch der Annahme Strümpels an, daß „die nachwachsende Generation einen Arbeits- und Lebensstil hervorgebracht hat, der sie ihr ganzes Leben lang begleiten wird" (Noelle-Neumann/Strümpel, S. 14). Tatsächlich kann heute niemand eine exakte Auskunft über die Stabilität oder Variabilität von *individuellen* Orientierungsmustern geben. Ihr ausgewiesener Fundierungszusammenhang mit beruflichen und anderen sozialen Strukturbedingungen ermöglicht aber ein Mehr oder Weniger an Plausibilität dafür, daß sie *gesellschaftlich* Gültigkeit und insofern eine überindividuelle Stabilität behalten werden, die für die individuellen Orientierungen eine wichtige Bezugsgröße darstellt.

16 Gegenüber dem skizzierten methodischen Vorgehen läßt sich von der Theorie einer ganzheitlich verfahrenden, qualitativen Methode sicherlich einiges einwenden. Wir wollen kurz zwei mögliche Einwände aufgreifen: Erstens könnte man einwenden, daß wir mit dieser Vorgehensweise viel Material verschenken — und uns den Aufwand eines so breiten Samples hätten sparen können. Dieser naheliegende Einwand übersieht, daß wir erst durch die Breite des Materials zu den Typen haben kommen und bestimmen können, welches Gewicht sie haben. Daß tatsächlich zum Teil sprechende Differenzierungen und Nuancen unter den Tisch fallen, ist unvermeidlich, wenn man zu Typenbildungen, die die Vielfalt von Orientierungen und Sozialcharakteren bündeln und als Physiognomie der Jugendgeneration interpretierbar machen, kommen und nicht in Einzelfällen ersticken will. Ein zweiter Einwand könnte sich darauf richten, daß wir die Ganzheitlichkeit des Lebensentwurfs und die Einheit des Bewußtseins der Jugendlichen zerschnitten haben mit unserem auf komplexe Verhaltensorientierungen zielenden Auswertungskonzept. Diesem Einwand ist neben dem forschungspragmatischen Aspekt der Durchführbarkeit des in ihm enthaltenen Ganzheitlichkeitspostulats im Rahmen einer wissenschaftlichen Arbeit — nicht eines Entwicklungsromans — vor allem die Prämisse infrage zu stellen, daß jugendliche Lebensentwürfe als die Zusammenfassung von verhaltensrelevanten Orientierungsmustern tatsächlich konsistent sein können. Sowohl ihr unfertiger und offener Status als Verhaltensorientierungen von Jugendlichen spricht in der Regel gegen die Annahme eines hohen Integrations- und Konsistenzgrades als auch der in der Jugendsoziologie gleichsam zum Allgemeinplatz gewordene Verweis auf die reale Zersplitterung der Lebenswelten, die eine Erschwerung der Integrationsleistungen des Persönlichkeitssystems nach sich ziehen muß. Ihr wird durch die Codierung von Orientierungsmustern nach zentralen, voneinander getrennten Erfahrungs- und Handlungsbereichen Rechnung getragen. Sie ermöglicht die Herstellung von Zusammenhängen über die Korrelation der konstatierten Muster und damit auch eine Prüfung des Grades von Konsistenz.

17 Sicherlich sind gerade gegenwärtig Tendenzen einer verstärkten Kolonialisierung der Schule durch den Arbeitsmarkt und schlechte Berufsperspekti-

ven nicht zu übersehen. Sie relativieren vielleicht, setzen aber die erwähnten strukturellen Wirkungen verlängerter Ausbildungszeiten nicht völlig außer Kraft.

18 Vgl. dazu Ulich, K., Hurrelmann/Ulich 1980, S. 478.
19 Erdheim (1982) weist darauf hin, daß „Lernen" und „Essen" verwandte Verhaltensweisen seien und die Sprache dies auch in Floskeln wie „Bücher verschlingen" u.a. reflektiere (S. 349).
20 Das Ausmaß von gleichsam unfreiwilligen Bildungsschleifen vor Aufnahme einer Berufsausbildung ist schwer abzuschätzen und kaum exakt zu ermitteln, da es sich heute auf alle Schulformen verteilt. Einen Anhaltspunkt liefert sicherlich die Ausweitung von schulischen Sonderformen, die im Laufe der Krise von der Bildungsverwaltung ebenso wie von der Arbeitsverwaltung für nicht untergebrachte Jugendliche vorgenommen worden ist. Nach Schober (1985), S. 249f.) befanden sich beispielsweise Ende 1984 allein gut 50 000 Jugendliche in Berufsvorbereitungsmaßnahmen der Arbeitsverwaltung, mehr als 150 000 Schüler besuchten 1983/84 ein schulisches Berufsvorbereitungs- oder Berufsgrundbildungsjahr und weitere 150 000 einjährige Berufsfachschulen, die ihnen keinen Berufsabschluß vermitteln. Selbst wenn man die beiden letzten Gruppen nicht zur Gänze auf kriseninduzierter Schulzeitverlängerung verbuchen kann, dürfte das „Ausweich-Motiv" doch für einen erheblichen Teil von ihnen gelten. Der Zuwachs der Schüler im Berufsgrundbildungs- bzw. Berufsvorbereitungsjahr belief sich zwischen 1975, dem Anfangsjahr der Krise, und 1983 auf gut 120 000, was einer Verfünffachung entspricht.
21 Noch 1971 äußerten 88 % der männlichen und 86 % der weiblichen Abiturienten dezidierte Studienabsichten. 15 Jahre später taten dieses nur noch 67 % der Männer und 50 % der Frauen aus den Abiturklassen (vgl. Grund- und Strukturdaten 1985/86, S. 60).
22 Titel der von H. Schelsky im Auftrag des DGB in den frühen 50er Jahren durchgeführten Untersuchung.
23 „Nominelles" Ausbildungsplatzangebot insofern, als verläßliche Informationen nur über Ausbildungsplätze vorlagen — und bis heute vorliegen —, die der Arbeitsverwaltung zur Vermittlung gemeldet worden sind. Zu den Problemen der Erfassung der Nachfrage nach Ausbildungsplätzen und des Ausbildungsplatzangebots sowie zu dessen tatsächlicher Entwicklung vgl. im einzelnen Baethge u.a. 1980 und Baethge 1983.
24 Nach BMBW, Berufsbildungsbericht 1985 weist die Versorgung von Jugendlichen mit Ausbildungsplätzen 1984 ein Minus von 37 292 auf.

Nach der Berufsbildungsbilanz des DGB sind die Defizite an Ausbildungsplätzen um ein Mehrfaches größer. Auf die Berechnungsprobleme müssen wir an dieser Stelle, wo es nicht um eine exakte Quantifizierung des Mangels geht, nicht eingehen, da es über die Tendenz keinen Dissens gibt.
25 Die schultypspezifische Selektion bei der Vergabe von Ausbildungsplätzen verläuft nicht generell nach dem Modell einer linearen Verdrängung der Absolventen eines Schultyps durch diejenigen des nächsthöheren. Sie variiert zwischen Ausbildungsberufen und -bereichen und trifft in einzelnen Berufsbereichen etwa Realschulabsolventen und weibliche Abiturienten besonders

und zwingt sie, von ihren ursprünglichen Berufszielen Abschied und zu einem „Ausweichberuf" Zuflucht zu nehmen (vgl. Schober 1985, S. 166). Gleichwohl trifft die Selektion die Hauptschüler ohne Abschluß und die Sonderschüler mit der Konsequenz des Ausschlusses von fast jeglicher betrieblicher Ausbildung deutlich am härtesten. War von den Schulabgängern des Jahres 1977 der Hälfte der Sekundar-I-Absolventen der Übergang in eine betriebliche Ausbildung gelungen (immerhin ein Sechstel ging auf weiterführende Schulen), so gelang dies von den Hauptschülern ohne Abschluß noch nicht einmal jedem Dritten (31 %) und von den Sonderschülern nur jedem Fünften (20 %) (vgl. Schober 1985a, S. 157f.; für die berufsspezifischen Verdrängungsprozesse und Repräsentanzen der Absolventen unterschiedlicher Schultypen vgl. Baethge 1983, S. 72ff.).

26 Tab. A1: Auszubildende nach Ausbildungsbereichen

Jahr	Auszubildende insgesamt (in 1 000)	davon (in %): Industrie und Handel	Handwerk	Landwirtschaft	öffentl. Dienst	Sonstige[1]
1960	1265,9	58,7	35,3	2,7	1,5	1,6
1970	1268,7	57,1	33,1	3,0	1,6	5,3
1980	1715,5	45,8	40,9	2,7	2,1	7,3
1984	1800,1	46,7	38,5	2,9	3,8	8,0

[1] Freie Berufe, Haus- und Seewirtschaft.
Quelle: Grund- und Strukturdaten 1985/86.

Der Rückgang des Anteils der Auszubildenden im Bereich Handel und Industrie ist vor allem auf das im Laufe der 70er Jahre schwindende relative Gewicht der kaufmännischen Ausbildungsverhältnisse im HIK-Bereich zurückzuführen, das von 35 % 1971 auf knapp 27 % 1981 an der Gesamtheit der Ausbildungsverhältnisse zurückging (vgl. Baethge 1983, S. 52f.).

27 Von „erneuter Entwertung" muß man in vielen Fällen insofern sprechen, als die empirischen Befunde signifikante Zusammenhänge zwischen negativen Erfahrungen im Übergang von Schule in Ausbildung und solchen an der „zweiten Schwelle", im Übergang von Ausbildung in Berufstätigkeit, aufweisen. Nach der Untersuchung von Stegmann wirkt sich „die Tatsache, daß Jugendliche aufgrund der Engpässe auf dem Ausbildungsstellenmarkt nicht ihren Wunschberuf erlernen können, auf die Häufigkeit des Berufswechsels aus. In Kombination mit dem Merkmal „Betriebswechsel" ergeben sich folgende Extremgruppen: Während nur jede siebte Fachkraft (14 %) den Beruf wechselte, wie sie in ihrem Wunschberuf ausgebildet wurde und noch im Ausbildungsbetrieb beschäftigt ist, hat fast jede zweite Fachkraft (47 %) einen Berufswechsel vollzogen, wenn die Ausbildung nicht im gewünschten Beruf erfolgte und kein Arbeitsvertrag mit dem Ausbildungsbetrieb abgeschlossen wurde." (Stegmann 1985, S. 392). Da wir aus anderen Untersuchungen wissen, daß im letzten Jahrzehnt bis zur Hälfte der Auszubildenden

ihre Ausbildung nicht in ihrem eigentlichen Wunsch-, sondern in einem „Ausweichberuf" haben machen müssen (Schober 1985b, S. 254), ist abschätzbar, wie virulent das hier angesprochene Problem des Fehlstarts in den Beruf ist.

28 Insonderheit gilt dies für die fehlende Präsenz von Gewerkschaften in Klein- und Mittelbetrieben. Aber auch die Handhabung von Regelungen des Arbeitsrechts und des Jugendarbeitsschutzes in Klein- und Mittelbetrieben gehören in diesen Zusammenhang.

29 Nach Frackmann (1985, S. 75) lag die durchschnittliche Dauer der Arbeitslosigkeit für Jugendliche unter 20 Jahren 1977 bei 2,2 Monaten, für die 20- bis 25jährigen bei 2,8 Monaten. 1983 lag sie bereits bei 5,4 bzw. 6,2 Monaten. Die Durchschnittsdauer aller Arbeitslosen lag 1977 bei 3,3, 1983 bei 7,2 Monaten.

30 Der Grund hierfür liegt darin, daß die Quote als jeweilige Bestandsgröße berechnet wird, das Ausmaß der Betroffenheit aber über die Gesamtheit der Zugänge in die Arbeitslosigkeit im Laufe eines Jahres zu ermitteln ist. Vgl. dazu Gerlach 1983.

31 Die Unschärfe des Begriffs „groß- / mittelbetrieblich" ergibt sich aus der Sache und der Ungesichertheit statistisch exakt definierter Betriebsgrößenklassen. Wir meinen damit nicht allein die Großunternehmen mit mehr als 5 000 Beschäftigten, sondern ebenfalls die etwa für den Maschinenbau als einen der zentralen technischen Innovationssektoren typischen mittleren Betriebe mit einigen hundert Beschäftigten.

32 Statistisch läßt sich diese Entwicklung nicht ganz einfach nachweisen, da wir über längere Zeiträume Betriebsgrößenklassen nur für das verarbeitende Gewerbe (einschließlich Bergbau) verfolgen können. Bei der folgenden Tabelle (s. S. 396) läßt sich an der überproportionalen Rückläufigkeit der Beschäftigten zwischen Mitte der 70er und Mitte der 80er Jahre aber das abnehmende Gewicht des großbetrieblichen Sektors für eine positive Beschäftigungsentwicklung in der Industrie nachweisen.

33 Uns ist bewußt, daß die Gegenüberstellung etwas holzschnittartig vereinfacht. Da es uns hier um die Skizzierung einer Tendenz, nicht um die in allen Einzelheiten genaue Abbildung der Realität geht, mag die vergröberte Darstellung gerechtfertigt sein. Natürlich wissen wir, daß auch die großbetrieblichen Stammbelegschaften Konjunkturschwankungen und Krisen ausgesetzt sind, zumal in Krisenbranchen wie der Stahl- und Werftindustrie. Ebenso existieren relativ gesicherte kleine bis mittelgroße Handwerks- und Dienstleistungsbetriebe. Im Durchschnitt aber hat die skizzierte Tendenz immer noch Gültigkeit auf dem Arbeitsmarkt und wird u. E. durch die in der Krise vorangeschrittene Konzentration des Kapitals noch verstärkt.

34 Der relative Bedeutungszuwachs des innerbetrieblichen Arbeitsmarktes vollzieht sich parallel zu seiner *absoluten* Veengung. Die damit angedeutete Widersprüchlichkeit zeigt die Zuspitzung der Arbeitsmarktsituation für die Beschäftigten. Vgl. hierzu auch Kern / Schumann 1984 und Baethge / Oberbeck 1986 (vor allem Kapitel 5).

Tab. A2: Beschäftigte[1] in der Industrie[2] nach Betriebsgrößen

Betriebe mit ... bis ... Besch.	Beschäftigte insgesamt			Veränderung 84/79 in %	Veränderung 84/74 in %
	1974	1979	1984		
1 - 49	896 072	694 113[3]	631 124[3]	- 9,1	-
50 - 199	1 589 717	1 599 735	1 461 981	- 8,6	- 8,0
200 - 499	1 469 167	1 378 730	1 257 028	- 8,8	- 14,4
500 - 999	1 098 316	1 010 500	903 372	- 10,6	- 17,7
über 1 000	3 271 203	3 003 208	2 663 567	- 11,3	- 18,6
alle Betriebe	8 324 475	7 686 286[3]	6 917 072[3]	- 10,0	-

1 Tätige Inhaber und alle abhängig Beschäftigten (incl. Auszubildende)
2 Verarbeitendes Gewerbe und Bergbau; Stichtag 30. 9.
3 Wegen Untererfassung der Kleinbetriebe mit bis zu 19 Beschäftigten nicht mit dem 74er Datum vergleichbar.
Quelle: Statistisches Jahrbuch 1976, 1981 und 1984, eigene Berechnungen.

Anmerkungen Kapitel 2

1 Bei der Bewertung der Ergebnisse ist die Besonderheit unserer Untersuchungspopulation (keine Schüler und Studenten, Alter: 19-25) im Auge zu behalten.
2 Die wichtigsten sozialstrukturellen Merkmale haben wir in der nebenstehenden Tabelle A3 abgebildet. Zum Grad der Repräsentativität der Berufsgruppenstruktur unseres Samples: Bei den Männern haben wir 8 der 15 am stärksten besetzten Ausbildungsberufe innerhalb des dualen Systems in den Gruppen, bei den Frauen, bei denen der Konzentrationsgrad der Berufe noch höher ist, sogar 9; darüber hinaus mit kommunalen Verwaltungsangestellten und Krankenschwestern zwei weitere stark besetzte Berufe und die Ungelernten-Gruppen. Unterrepräsentiert sind bei den Männern die Berufe des Kleinhandwerks und bei den Frauen einzelne Dienstleistungsberufe; diese Berufe sind lediglich bei den Ungelernten- und Arbeitslosengruppen durch Berufswechsler bzw. Krisenopfer vereinzelt vertreten. Insgesamt ist daher die berufliche Zusammensetzung unseres Samples wegen des zu geringen Gewichts von handwerklichen Berufen in bezug auf das Kriterium Krisenbetroffenheit eher zum Positiven, d.h. einer geringeren Krisenbetroffenheit hin verzerrt. Die Gewerkschaftsmitgliedschaft der Jugendlichen un-

Tabelle A3: Zu weiteren sozialstrukturellen Merkmalen der Untersuchungsgruppe (in %)

	Gesamt	männlich	weiblich
n =	168	87	81
Schulbildung			
ohne Hauptschulabschluß	5	5	5
Hauptschulabschluß	32	36	27
Mittlere Reife	51	47	57
Hochschulreife	12	12	11
Berufsausbildung			
abgeschlossene Lehre	82	87	77
keine abgeschlossene Lehre	18	13	23
Durchschnittliches Monatseinkommen			
unter 1 000 DM	19	14	24
1 000 - 1 500 DM	45	35	57
1 500 - 1 800 DM	27	34	19
über 1.800 DM	9	17	-
Alter			
20 und jünger	28	21	37
21	19	23	14
22	21	21	20
23	19	22	16
24 und darüber	13	13	13
Familienstand			
ledig	89	93	85
verheiratet	10	6	14
geschieden	1	1	1
Wohnort			
ländlich — kleinstädtisch (bis 20 000 Einw.)	24	26	21
mittelstädtisch (20 000 - 100 000 Einw.)	30	30	31
großstädtisch (über 100 000 Einw.)	46	44	48
Soziale Herkunft nach Beruf des Vaters			
ungelernter, angelernter Arbeiter	24	29	18
Facharbeiter / unselbständiger Handwerker	27	22	32
Einfacher Angestellter, Beamter des einfachen und mittleren Dienstes	17	17	16
Angestellter oder Beamter in gehobener Stellung	15	13	17
Angestellter oder Beamter in höherer / leitender Stellung	9	13	14
Selbständiger	8	6	3

seres Samples ist mit insgesamt 49 % überdurchschnittlich hoch (bei den Männern ca. 60 %, bei den Frauen 36 %). Im Bundesdurchschnitt waren Anfang der 80er Jahre etwa 20 % der Jugendlichen unter 25 Jahren organisiert. Die sozialstrukturellen Merkmale (Tabelle A3) weisen eine leichte Verzerrung nach oben aus. Wir haben einen höheren Anteil von Realschulabsolventen und einen niedrigeren an Hauptschulabsolventen als in der Gesamtheit der gleichaltrigen Jugendlichen; ebenso dürften Kinder von Angestellten und Beamten überrepräsentiert sein. Die Abweichungen des Samples von der Grundgesamtheit ist in ihrer Bedeutung für die Gültigkeit der Ergebnisse und ihrer Interpretation kontrollierbar; dies nicht zuletzt deswegen, weil wir nicht auf die Jugend hochrechnen, sondern Interpretationen immer im jeweiligen sozialen Kontext vornehmen und verstanden wissen wollen.

3 Zwischen beiden Gruppen, die beim Berufsstart relativ glatt durchgekommen sind, gibt es hinsichtlich der sozialen Herkunft eine aufschlußreiche Differenz. Die Jugendlichen mit dezidiertem Berufswunsch kommen in erster Linie aus Angestellten-, Beamten- und Selbständigenfamilien (67 %), die mit offener Berufsvorstellung schwerpunktmäßig aus Arbeiterfamilien (60 %).

4 Diese Gruppe, die bei Männern und Frauen beinahe die Hälfte der am Beginn ihres Berufsweges krisenbetroffenen Jugendlichen ausmacht, ist allerdings, bezogen auf das Ausmaß der unternommenen Anstrengungen, nicht ganz homogen. Wir finden in ihr sowohl Jugendliche, die sich lange und intensiv um einen Ausbildungsplatz in ihrem ursprünglich gewünschten Beruf bemüht haben, als auch solche, die relativ schnell in Betrachtung des regionalen Ausbildungsplatzangebots zu der Einschätzung gelangt sind, der nächste erreichbare Ausbildungsplatz in einem halbwegs gesicherten Betrieb stelle unter den gegebenen Umständen noch die beste Lösung dar. (Tabelle A3: s.S. 397)

5 Die vier Jugendlichen stammen alle aus der Rehabilitationsgruppe der Arbeitamtsmaßnahme (Gruppe 14 unseres Samples).

6 Das Kriterium des unterqualifizierten Einsatzes ist für Facharbeiter mit größerer Eindeutigkeit ausweisbar als für Angestellte, bei denen die subjektive Einschätzung stärker durchschlägt. Wenn ein gelernter Werkzeugmacher beispielsweise ans Band muß, ist das auch objektiv ein unzweifelhafter Dequalifizierungsakt. In vielen kaufmännischen und Verwaltungsfunktionen ist die Arbeitsteilung weniger festgelegt, so daß hier dem Urteil der Betroffenen über ihren Einsatz ein größeres Gewicht bei der Klassifizierung zukommt. Wie sie mit dieser Situation fertig werden, vgl. die Darstellung ihres Arrangements mit der Arbeit in Kapitel 2 dieses Berichts.

7 Die beiden in die Korrelation eingehenden Variablen sind zwar an Zeitpunkten, Ausbildungsbeginn und Ausbildungsabschluß, festgemacht, umfassen aber bereits Verläufe über einen längeren Zeitraum. Dies gilt insbesondere für den Indikator Krisenerfahrungen beim Übergang von der Berufsausbildung in ein Beschäftigungsverhältnis.

8 Natürlich war es uns im Rahmen der Gespräche nicht möglich, den gesamten Familien- und Schulhintergrund auszuleuchten. Wir haben deswegen versucht, die familialen Interaktions- und Kommunikationsformen im Zusam-

menhang der schul- und berufsrelevanten Entscheidungen zu erfassen, indem wir die Jugendlichen anregten, darüber nachzudenken und zu erzählen, wie sie in ihrer Familie über ihre Schulerfahrungen und Berufswünsche und -überlegungen gesprochen haben, welchen Anteil ihre Eltern an ihren Problemen genommen haben, welches ihre Ratschläge, Gesichtspunkte und Erwartungen gewesen sind. In den entsprechenden Schilderungen entsteht in Ansätzen ein komplexes Bild der Formen familialer Auseinandersetzung, scheint durch, wie weit und in welcher Weise sich die Eltern um die Entwicklungsprobleme ihrer Kinder gekümmert haben. Ähnlich läßt sich aus den Gesprächspassagen zur Wahrnehmung der eigenen Stellung in der Schule und der Situation in der Berufsbildung im Ansatz ablesen, welche berufsrelevante Rolle die Sozialisationsinstanzen gespielt haben.

9 Die von den Jugendlichen mit unterschiedlicher Ausführlichkeit dargestellten Auseinandersetzungen in der Familie lassen sich in drei Aspekten systematisieren: der familiale Interaktionsstil, die Art des Einflusses der Eltern auf die Berufswahl, die Auseinandersetzung mit den Arbeitserfahrungen der Eltern.

Den familialen Interaktionsstil haben wir als den komplexesten Indikator für die Formen der innerfamilialen Auseinandersetzung und des Umgangs bei Meinungs- und Interessendifferenzen definiert, in dem deutlich wird, wie Eltern und Kinder aufeinander bezogen sind und miteinander umgehen. Die Schilderungen der familialen Auseinandersetzungen lassen sich in vier Typen untergliedern:

1. Der familiale Interaktionsstil zeichnet sich durch eine *hochgradige offene Konflikthaftigkeit* aus. Meinungsunterschiede und Interessengegensätze werden nicht ausdiskutiert, sondern auf dem Machtweg entschieden. Es kommt im Extremfall zu handgreiflichen Auseinandersetzungen, Rausschmißdrohungen bei Gehorsamsverweigerungen durch den Jugendlichen (Tendenz: „kaputte" Familie).
2. Der familiale Interaktionsstil ist durch Spannungen und Konflikte gekennzeichnet, die häufig latent bleiben; wo sie aber aufbrechen, drohen sie zu eskalieren, werden nicht produktiv ausgetragen, sondern über latente, zum Teil auch offene Drohungen stillgestellt. Eltern lassen den Jugendlichen seine (materielle) Abhängigkeit spüren, dadurch entsteht ein Teil der Streitereien.
3. Der familiale Interaktionsstil ist konfliktarm aufgrund einer relativen Gleichgültigkeit gegeneinander. Man kümmert sich nicht viel umeinander, geht seine eigenen Wege, es kommt zu keinen großen Auseinandersetzungen, insgesamt zu wenig Austausch und Kommunikation.
4. Der familiale Interaktionsstil ist relativ harmonisch und die Interaktion dicht, auftretende Konflikte werden produktiv ausgetragen, nicht machtmäßig entschieden oder verdrängt. Auch wo die Eltern durchaus als Autorität für den Jugendlichen auftreten, bleiben sie in erster Linie Gesprächspartner.

Tabelle A4: Berufsverlaufstypen nach familialen Interaktionsstilen

familialer Interaktionsstil Berufsverlaufstypen in der Krise n =	Gesamt* 162	hochgr. konfl.-haft 19	latent spannungsgeladen 38	gleichgültig 53	produktiv-diskursiv 52
1. Glatter Berufsverlauf	43	21	29	30	75
2. Nach Problemen beim Start in qualifizierter Berufstätigkeit	8	5	13	6	8
3. Die mit „blauem" Auge Davongekommenen	10	5	5	19	4
4. Die unterqualifiziert Beschäftigten	11	5	16	13	8
5. Die an der Krise Gescheiterten mit Ausbildung	12	11	18	15	5
6. Die an der Krise Gescheiterten ohne Ausbildung	16	53	19	17	—
	100	100	100	100	100

* 6 Nennungen nicht einstufbar

11 Offensichtlich liegt ein Großteil der beruflichen Stabilisierungs- und Förderungsfunktion der Familien mit einem produktiv-diskursiven Interaktionsstil darin, daß berufliche Probleme vor Beginn der Ausbildung mit den Kindern ausführlicher erörtert werden als anderswo. Dies kommt in den Gesprächen mit den Jugendlichen auch deutlich zum Ausdruck und findet seinen Niederschlag in den Häufigkeitsverteilungen zum Berufsstart. Zwei Drittel der Jugendlichen, die mit dezidierten Berufsvorstellungen ihre Ausbildung beginnen und ohne große Probleme den gewünschten Ausbildungsplatz erhalten, kommen aus diesen Familien. Von ihren Kindern gehen fast drei Viertel (73 %) mit entschiedenen Berufsvorstellungen auf die Suche nach einem Ausbildungsplatz, während keiner der drei anderen Familientypen hier mehr als 30 % erreicht.

12 Eine differenziertere statistische Analyse, bei der die Merkmale Schichtzugehörigkeit, Schulbildung, familialer Interaktionsstil in ihrem differentiellen Einfluß auf den Berufsverlauf gemessen werden, weist dem familialen Interaktionsstil den bei weitem stärksten Einfluß zu. Wir können davon ausgehen, daß wir hiermit den komplexesten Sozialisationsindikator erfaßt haben.

13 Die Bedeutung der *Schulerfahrungen* als Sozialisationsvoraussetzung für die

Berufsverläufe zu ermitteln, stieß auf Schwierigkeiten. Obwohl die Mehrheit der Jugendlichen die Schulzeit erst wenige Jahre hinter sich hatte, fiel den meisten Jugendlichen nicht sehr viel zu ihren eigenen Schulerfahrungen ein und bestand wenig Bedürfnis, von sich aus viel über die Schule zu reden.

14 Wir haben die im Vergleich mit der Schule auch sehr viel ausführlicheren Schilderungen unter zwei komplexen Aspekten codiert: unter dem Aspekt der Entwicklung beruflicher (fachlicher) Kompetenzen und unter dem Aspekt der Erfahrung der betrieblichen Umgangsnormen. Es versteht sich von selbst, daß wir mit diesen beiden Indikatoren keine umfassende Beurteilung der betrieblichen Ausbildung vornehmen können und wollen; auch keinen Vergleich zwischen Schul- und Ausbildungserfahrungen anstreben können. Die referierten Ergebnisse ließen sich zu einem solchen Vergleich nur unter Inkaufnahme grober methodischer Unzulänglichkeiten verwenden und dementsprechend mißbrauchen. Ein derartiger Vergleich müßte den unterschiedlichen zeitlichen Abstand neutralisieren und noch vieles mehr.
Bezogen auf die betriebliche Berufsbildung ist vor allem auf die Verzerrung durch das Sample hinzuweisen. Wir haben erhebliche Teile des Ausbildungssystems (Handwerk, Selbständige bzw. Sonstige, Landwirtschaft) deutlich unterrepräsentiert (vgl. dazu Abschnitt 2.1).

15 Tabelle A5: S. Seite 402
16 Tabelle A6: S. Seite 402
17 Eine Situation etwa als störend und unbefriedigend wahrzunehmen, heißt nicht schon, sie auch aktiv verändern zu können. Wie sich jemand in einem solchen Fall verhält, ist häufig — von allen äußeren Faktoren einmal abgesehen — von inneren Bedingungen abhängig, die mit denen, welche die Wahrnehmung steuern, unter Umständen sehr wenig zu tun haben. Es kann in einer früh anerzogenen Ängstlichkeit oder Passivität, in einer so großen Abwehr auch der Anforderungen, die zur Veränderung erforderlich wären, begründet sein, daß das Erleiden einer Situation immer noch dem eigenen Selbst eher zumutbar erscheint als die Strapaze der Veränderungsaktivität.

18 Zwei Drittel derjenigen, die aus Familien mit einem produktiv-diskursiven Interaktionsstil kommen, verfolgen Veränderungsaktivitäten in ihrer Auseinandersetzung mit der Arbeitssituation, kaum einer (2 %) verhält sich resignativ. Umgekehrt verhalten sich die Jugendlichen, in deren Familien Gleichgültigkeit oder eine konflikthafte Spannung die Interaktion beherrscht, nur zu einem Viertel bzw. einem Drittel veränderungsaktiv. Vgl. zur Differenzierung der familialen Interaktionsstile Anmerkung 9 dieses Kapitels.

19 Die Differenzierung in „Arbeitskraft-" und „Subjekt-Perspektive" ist als eine wissenschaftlich-analytische Unterscheidung von real ganzheitlichen Denk- und Bewußtseinsstrukturen zu begreifen, nicht als „alternative Typen der Arbeitsorientierung" (Schumann u.a., 1982, S. 294); jeder abhängig Beschäftigte verfügt über beide Bezugsweisen. Allerdings unterscheidet sich das Arbeitsbewußtsein nach dem „Grad der Differenziertheit und dem Gewicht der jeweiligen Bezugsweise" (ebenda). Kategorial ist die „Arbeitskraft-Perspektive" durch die Interessen bestimmt, die vom Charakter der Arbeitsverhältnisse als Lohnarbeit gesetzt sind, während die

15 *Tabelle A5:* Wahrnehmung der Ausbildung als Erfahrung betrieblicher Umgangsnormen

Art der Ausbildungs- erfahrung n =	Gesamt 139	männlich 77	weiblich 62
Erhebliche Probleme mit betrieblichen Normen: Autoritätskonflikte, Hierarchie, Umgangsform	32	23	42
Probleme im Umgang mit betrieblichen Normen sind entweder nicht gegeben oder werden nicht artikuliert	46	55	35
Betriebliche Normen und Umgangsweisen werden eher als fördernd, anregend, kooperativ geschildert	22	22	23
	100	100	100

16 *Tabelle A6:* Rückblickende Betrachtung des Berufsverlaufs nach Berufsverlaufstypen in der Krise*

Berufsverlaufstyp Erfolg — Mißerfolg im Beruf n =	Glatt durch die Krise (Verlaufstypen 1 + 2) 80	„Davongekommene" (Typ 3) 13	Unterqualifiziert Eingesetzte (Typ 4) 20	An der Krise Gescheiterte (Typen 5 + 6) 42
Betrachtet Berufsverlauf als Mißerfolg (Tab. 8, Zeile 1 + 2)	11	46	60	98
Betrachtet Berufsverlauf als Erfolg, aber unter eigenen Möglichkeiten	13	—	10	—
Betrachtet Berufsverlauf als Erfolg (Tab. 8, Zeile 4 + 5)	76	54	30	(2)
	100	100	100	100

* Um nicht zu kleine Besetzungen der einzelnen Felder zu bekommen, haben wir dort, wo die Richtung der Kategorie es ohne zu großen Informationsverlust zuläßt, Kategorien zusammengefaßt, so bei den Berufsverlaufstypen und beim Rückblick jeweils bei den positiven und negativen Extremgruppen.

Fortsetzung Ziffer 19
„Subjekt-Perspektive" den identitätstheoretischen Überlegungen der strukturellen Interpretationsbedürftigkeit aller sozialer Situationen, mithin auch der Arbeit, kategorial folgt, von der her die Herausbildung einer Ich-Identität einer über die verschiedenen Lebensbereiche hinwegreichenden Subjekthaftigkeit, ein Erfordernis der Handlungsfähigkeit des Individuums ist. Unter der „Subjekt-Perspektive" bezieht sich ein Beschäftigter auf seine Arbeit „als eine subjektive und sinnhafte Tätigkeit" (ebenda, S. 27).

20 Es ist aufschlußreich, daß die Jugendlichen insgesamt diese Ansprüche voll im formellen Sektor der Ökonomie erfüllt sehen wollen, sie nicht als Teil eines Konzepts alternativer Arbeit verstehen. Zwar stehen sie mehrheitlich, soweit sie überhaupt von alternativer Arbeit Kenntnis nehmen — und das tut nur eine Minderheit —, derartigen Arbeitsformen durchaus mit Sympathie gegenüber. Aber lediglich eine Minderheit von 12 % sieht darin für sich eine ernsthafte Alternative zur Arbeit im formellen Sektor, und dies auch zumeist eher als Notlösung denn als frei gewählte Alternative.

Anmerkungen Kapitel 3:

1 Die Hauptgründe hierfür müssen in der zunehmenden Zersplitterung einer einheitlichen Lebenswelt in viele unverbundene Teilwelten, der ihr entsprechenden Rollendiffusion und in einem Aufweichen altersstufenspezifischer Erfahrungskonstellationen liegen. Wir können auf diese — wie uns scheint, in der Krise sich weiter zuspitzenden — Probleme der Zerstörung von Entwicklungslogik nur hinweisen; sie aber hier nicht noch einmal abhandeln (siehe Kapitel 1.3.). Vgl. dazu etwa Habermas (1981).

2 Die Herausfilterung von Lebenskonzepten wird durch die spezifische thematische Akzentuierung der Gespräche verkompliziert. Der Schwerpunkt der Gespräche lag auf der Schilderung von berufs- und arbeitsbiographischen Erfahrungen im jeweiligen Lebenszusammenhang der Jugendlichen, hierauf richtete sich ihr Augenmerk und ihr Assoziationshorizont durch die Eingangsfragen („was sich in ihrem Leben seit der Schule verändert habe"). Die Folge davon war, daß sie den Lebenszusammenhang und ihre bisherigen Lebenserfahrungen stärker von den berufsbiographischen Ereignissen her beleuchteten als wenn sie frei über ihr Leben assoziiert hätten. Der Vorzug dieser Akzentuierung liegt zweifelsohne in der hohen Verbindlichkeit der geschilderten Vorstellungen, der Nachteil in der weniger intensiven Tiefenausleuchtung der Lebensperspektiven außerhalb der Arbeit. Zwar kommen sie auch an verschiedenen anderen Stellen des Gesprächs zur Sprache — so etwa in der Aufforderung zu schildern, wie sie sich ihre eigene Zukunft in zehn Jahren vorstellten —, insgesamt aber wäre es vielleicht richtiger, von dem Stellenwert der Arbeit in den Lebensperspektiven als „im Lebenskonzept" zu sprechen.

3 Ursprünglich hatten wir eine Dreiergraduierung der Lebenskonzepte nach

dem Kriterium ihrer Strukturiertheit: 1. die klar elaborierten, fast möchte man sagen bereits endgültigen Lebenskonzepte, die wir bei einem Sechstel (16 %) unserer Untersuchungsgruppe und vor allem bei jungen Frauen antrafen; 2. die Hauptgruppe von vier Fünftel, bei denen die Perspektiven eines Lebenskonzepts erkennbar sind, die aber (noch) nicht zu einem klaren Konzept integriert erscheinen, deren innere Besetzung und Gewichtungen deutlich gering sind, um die Konturen eines Lebenskonzepts sichtbar werden zu lassen; 3. schließlich die kleine Gruppe von 5 %, die noch sehr stark in adoleszenten Größenphantasien befangen sind, stimmungsmäßig extrem hin- und herschwanken und ihre psychische Hauptenergie auf die Auseinandersetzung mit ihren Eltern in Form negativer Abgrenzung verwenden. In der weiteren Darstellung der Lebenskonzepte fassen wir die beiden ersten Gruppen zusammen, die letzte verfolgen wir nicht weiter, wollen aber eine kurze Charakterisierung von ihr geben: Die hier skizzierte Gruppe von Jugendlichen ohne strukturierte Lebensperspektive bestätigt nicht die These zunehmender Orientierungslosigkeit der Jugend. So, wie sie sich artikulieren, resultieren ihre Strukturierungsschwierigkeiten nicht aus einem Zuviel an äußeren Einflüssen, sondern eher aus einer gewissen Entwicklungsverspätung. Sie erscheinen als ganz normale Adoleszenten, die im Vergleich mit ihren Altersgenossen in unserem Sample größere Probleme haben, sich von ihren Eltern innerlich (und äußerlich) zu lösen und für ihr eigenes Leben bereits verbindliche Festlegungen im Sinne selbstverantworteter Entscheidungen zu treffen (daß sie gleichwohl Festlegungen erfahren, das ahnen sie, versuchen es aber zu verdrängen). Sie sind aber durchaus in der Lage, zu einzelnen Sachverhalten ihres Lebens und ihrer Arbeit Urteile abzugeben. In vielen Punkten ihres Lebensalltags und ihrer Bewertungen stehen viele von ihnen dem Typ des Jugendlichen mit freizeitorientiertem Lebenskonzept nahe.

4 Einen denkbaren Schwerpunkt im Bereich sozialen und politischen Engagements haben wir nicht angetroffen.

5 Aus einer theoretischen Perspektive enthält unsere Frage nach der inneren Besetzung / nach dem Verhältnis von unterschiedlichen Lebensbereichen sowie deren innere Integration durch die vorgenommenen Bedeutungszuweisungen der Jugendlichen diese psychodynamische Dimension. Allerdings bewegen wir uns sowohl von unserer Fragestellung als auch von unserer gesamten Methodik her nicht auf dieser Ebene, sondern auf einer interaktionistischen und reflexiven. Zwar lassen sich in den Erzählungen der Jugendlichen einzelne Aspekte durchaus auf eine psychodynamische Dimension — als mögliche Lesart — beziehen, systematisch erfaßt werden konnte sie mit unserer Form des themenzentrierten Intensivinterviews nicht.

6 Zudem darf man im Zusammenhang des Stellenwerts von Arbeit nicht übersehen, daß sich die Auseinandersetzung mit Arbeit und Beruf bei den Frauen auch unter anderen politischen Vorzeichen und anderen gesellschaftlichen Entwicklungslinien abspielt als für junge Männer. Daß die Perspektive auf Erwerbsarbeit für Männer zumindest eine lebenslange Kontinuität darstellt, war bislang eine ausgemachte Sache und ist bis heute kaum ernsthaft in Zweifel gezogen. Für Frauen hingegen steht Erwerbsarbeit immer noch in

der nicht auszuklammernden Beziehung auf Familie und hinsichtlich gebotener Identifikationspotentiale in Konkurrenz zur familialen Rolle. Zwar ist das traditionelle Rollenverständnis von Frau im Zuge der neueren breiten Frauenemanzipationsbewegung aufgebrochen; dies aber erhöht möglicherweise vorerst die Ambivalenz und den Druck auf die weiblichen Jugendlichen bei ihrer inneren Festlegung der Bedeutung von Arbeit.

7 Zieht man in Betracht, daß wir durch die gezielte Auswahl der Punker-Gruppe zudem von der Sample-Konstruktion her eine Gruppe vertreten haben, bei der per definitionem eine überproportional hohe Repräsentanz von Jugendlichen mit einer Freizeitorientierung wahrscheinlich war — und dies sich auch mit fast 50 % bestätigt hat —, dann stellen die 16 % dieses Lebenskonzepts, auf die Gesamtheit der Jugendlichen bezogen, eher einen überhöhten als einen zu niedrigen Anteil dar.

8 Bei den Jugendlichen, die glatt durch die Krise gekommen sind, ist der Anteil derjenigen, die offensiv auf ihre berufliche Zukunft im Sinne des Ausbaus der erreichten beruflichen Position oder eines grundsätzlichen Neuanfangs reagieren, fast doppelt so hoch (38 %) wie bei den an der Krise Gescheiterten (21 %), bei denen mit Abstand am häufigsten überhaupt keine die schlechte Gegenwart übersteigende Zukunftsvorstellung erkennbar ist (gilt für 40 %). Da junge Frauen häufiger (37 %) als junge Männer gescheitert sind, überrascht es nicht, daß die jungen Frauen häufiger mit Skepsis in ihre eigene berufliche Zukunft blicken als ihre männlichen Altersgenossen.

9 Eine Ausnahme hiervon bildet nur jene kleine Gruppe von Jugendlichen, die schnell und häufig unter Anleitung der Eltern zu einer Second-best-Lösung bei der Berufswahl gegriffen hat (vgl. Kapitel 2.2).

10 Codiert man die rückblickende Betrachtung der Jugendlichen auf ihren bisherigen Berufsverlauf, so betrachten ihn 8 % als selbstverschuldeten Mißerfolg, 45 % betrachten ihn als persönlichen Erfolg, 4 % als Erfolg aufgrund günstiger äußerer Umstände und 7 % als einen Erfolg, der unter ihren Möglichkeiten geblieben ist.

11 Die Formulierung stammt von Konrad Thomas (Göttingen).

Anmerkungen Kapitel 4:

1 Zu nennen sind hier etwa die Verfügung über abgegrenzte eigene Lebensräume, selbst innerhalb der Herkunftsfamilie, sowie über mehr Geld und erweiterte Zugangsmöglichkeiten zu breiter gewordenen Freizeitangeboten. Die Wohnbedingungen der Jugendlichen haben sich erheblich verbessert: 78 % der 18 bis 21jährigen verfügen heute über ein eigenes Zimmer im Haushalt der Eltern, 6 % leben allein in einer eigenen Wohnung bzw. möbliertem Zimmer, weitere 4 % leben mit Partner in einer eigenen Wohnung und 1 % ist in eine Wohngemeinschaft gezogen (vgl. Jugendmedia-Analyse 1980). Vgl. auch Shell-Studie 1981. Zur materiellen Situation vgl. Fuchs 1983; zur erweiterten Wahrnehmung von Freizeit-Angeboten vgl. Zehnbauer / Wahler / Tully: Sport zwischen Lust und Leistung, in: DJI Hrsg.: Immer diese Jugend, München Kösel 1985.

2 *Tabelle A7:* Monatliches Einkommen (in %).

Mon. Einkommen n =	Gesamt 162*	männlich 84	weiblich 78
unter 1 000	19	14	24
1 000 - 1 200	9	7	11
1 200 - 1 500	36	27	46
1 500 - 1 800	27	35	19
über 1 800	9	17	—
Gesamt	100	100	100

* In 6 Fällen finden wir keine Angaben

3 Man gewinnt aus den Schilderungen der männlichen Jugendlichen den Eindruck, daß es ein noch sehr weit verbreitetes geheimes Komplott zwischen Müttern und Söhnen zur Verhinderung früherer sozialer Selbständigkeit der Jungen gibt.

4 82 % der Jugendlichen mit dominant arbeitsinhaltlichen Ansprüchen und ebenso viele mit karrierebezogenen Ansprüchen folgen in der Freizeit einer eher aktiv-reflexiven Orientierung (arbeits-, hobby- oder an vielseitigen Tätigkeiten orientiert), während wir von den in ihren Ansprüchen dominant auf Kommunikation oder auf materielle Arbeitsbedingungen abstellenden Jugendlichen nur zwischen einem Viertel und einem Drittel der Jugendlichen hier finden. Sie sind zum überwiegenden Teil entweder unter den familien- und regenerationsbezogenen zu finden (gilt für kommunikative Ansprüche oder materielle Sicherheit favorisierende Jugendliche) oder unter den erlebnisbezogenen Freizeitorientierungen.

5 Diejenigen Jugendlichen, die an ihrer aktuellen Arbeits- bzw. Arbeitsmarktsituation noch etwas verändern wollen (Auseinandersetzungstypen 1 und 2 — vgl. Abschnitt 2.3), gehören zu 80 % zu den aktiv-reflexiv orientierten Freizeitgruppen, während diejenigen, die sich mit ihrer Arbeitssituation mehr oder weniger arrangiert haben (Typen 3 und 4) auch eindeutig stärker in der Freizeit passiv-konsumistische Orientierungen und Verhaltensweisen pflegen, nämlich zu 80 % (bei denen, die sich eingerichtet haben).

6 Drei Viertel der Jugendlichen, deren Väter sich in gehobener Angestellten- oder in einer Selbständigenposition befinden, haben ein eher aktiv-reflexives Verhältnis zu Freizeit, während dies nur für 47 % der Jugendlichen aus Familien un- und angelernter Arbeiter und Angestellten gilt. Auch bei den Jugendlichen aus Facharbeiterfamilien überwiegen eher passiv-konsumistische Freizeitorientierungen (58 %).

Anmerkungen Kapitel 5

Dieses Kapitel ist von W. Pelull verfaßt. Es ist wesentlicher Bestandteil einer Dissertation, die am Fachbereich Sozialwissenschaften der Georg-August-Universität Göttingen vorgelegt wird.

1   Seinen Ausdruck finden die Probleme vor allem in den seit Anfang der 80er Jahre verstärkten Schwierigkeiten, gewerkschaftliche Jugendgruppen aufzubauen oder am Leben zu erhalten. Wie dramatisch sich die Situation vielerorts darstellte, wird aus einer Organisationsumfrage des DGB-Bundesvorstandes deutlich, nach der im Jahre 1984 nur in jedem zweiten DGB-Kreis Jugendgruppen des DGB existieren. ,,Insgesamt sind es nach dieser Umfange 199 DGB-Jugendgruppen, 1982 waren es noch 319, 1980 sogar 366" (DGB-Bundesvorstand, Abteilung Jugend 1985a, S. 74).
2   Nach der repräsentativen Stichprobe von BiBB/IAB aus dem Jahre 1979 verteilten sich die in den 70er Jahren ausgebildeten Arbeitnehmer zu ca. 60 % auf Betriebe bis zu 49 Beschäftigten, während in Mittel- und Großbetrieben (über 500 Beschäftigte) etwa 15 % ausgebildet wurden. Vgl. Bundesminister für Bildung und Wissenschaft, Berufsbildungsbericht 1980, Bonn 1980, S. 47.
3   Wie wichtig die gewerkschaftlichen Unterstützungsleistungen historisch gewesen sind, veranschaulicht Moser an einigen Zahlen: ,,Im Jahre 1913 gaben sie (die freien Gewerkschaften) 16,6 Millionen Mark für Streikunterstützungen, aber fast das doppelte, 31,2 Millionen Mark für die Linderung proletarischer Lebensrisiken aus. Der Großteil davon entfiel auf die elementaren Risikobereiche Arbeitslosigkeit (37 %), Krankheit (43 %), Umzüge sowie Not- und Sterbefälle (9 %)" (Moser 1984, S. 96).
4   Die in der Institutionalisierung gewerkschaftlicher Interessenvertretungen und deren Funktionswandel angelegten Verselbständigungs- und Anonymisierungsprozesse sind auf dem Hintergrund der damaligen Schwierigkeiten im gewerkschaftlichen Jugendbereich bereits in den 50er Jahren diskutiert worden. Insbesondere Beer weist in einem gerade heute wieder sehr lesenswerten Beitrag (Gewerkschaftliche Monatshefte 1/1957) auf die Identifikationsprobleme hin, die sich hieraus vor allem für Jugendliche ergeben. Vergleichsfolie sind für ihn Arbeiterjugendliche in der Weimarer Republik, deren Väter ,,noch in den Kämpfen um die Einführung von Krankenkasse und Gewerkschaft gestanden hatten" und die sich unter Gewerkschaft von daher noch etwas ,,eindeutig Faßbares" vorstellen konnten. ,,Heute erscheinen sie dem jungen Arbeiter an den Staat geknüpfte, anonyme, selbsttätige Mächte, gegen deren Führung er wie gegen alles Institutionelle Mißtrauen hegt, die ihm unbequem sind, weil sie seine Beiträge — seinen Einsatz schon nicht einmal mehr — fordern, deren Vorzüge und Vergünstigungen er sich in den Schoß fallen läßt, wie das Kind im Märchen Sterntaler, ohne den Zusammenhang recht zu begreifen. Die Ver-Apparatisierung der Solidarverbände tut das ihre dazu" (Beer 1957, S. 34).
5   Die industriell-gewerblichen Gruppen rekrutieren sich aus Betrieben mit einem Organisationsgrad von deutlich über 50 % bis knapp 100 %. Die qualifi-

zierten kaufmännischen Angestellten kommen mit Ausnahme der Bankangestellten aus Bereichen, in denen der Organisationsgrad zwischen 30 % und 50 % liegt. Bei den anderen Gruppen bewegt sich der gewerkschaftliche Organisationsgrad zwischen 10 % und 20 %. Lediglich die Verkäuferinnen aus dem Facheinzelhandel, die Bankangestellten sowie die KFZ-Mechaniker arbeiten in Betrieben, in denen der Organisationsgrad deutlich unter 10 % liegt.

6 Insgesamt sind 80 Jugendliche des Samples gewerkschaftlich organisiert, neun von ihnen in der DAG.

7 Die folgende Tabelle zeigt den Zusammenhang von Schichtzugehörigkeit der Eltern (festgemacht am beruflichen Status des Vaters) und gewerkschaftlichem Familienhintergrund. Sie deutet zumindest an, wie sehr sich der ehemals enge Konnex von Klassenlage bzw. Schichtzugehörigkeit und Haltung zur Gewerkschaft gelockert hat. Obwohl nach wie vor davon ausgegangen werden kann, daß in Arbeiterfamilien häufiger ein gewerkschaftsfreundliches Klima herrscht als in anderen Familien, kann zumindest nicht mehr umstandslos von der Schichtzugehörigkeit bzw. vom sozialen Status der Eltern darauf geschlossen werden, ob ein Jugendlicher in einem eher gewerkschaftsfreundlichen oder in einem eher gewerkschaftskritischen Klima aufwächst.

Tabelle A8: Gewerkschaftlicher Familienhintergrund der Jugendlichen nach beruflichem Status des Vaters (in %)

soziale Schicht gewerkschaftlicher Familienhintergrund n =*	Arbeiter 74	Einfache und mittlere Angestellte/Beamte 44	Angestellte/ Beamte in gehobenen Positionen/Selbständige 22
Gewerkschaftsfreundliches Elternhaus	35	25	18
Gewerkschaft kein Thema	60	59	55
Gewerkschaftskritisches Elternhaus	5	16	27
Total	100	100	100

* Die relativ hohe Zahl von 27 nicht einstufbaren Fällen ergibt sich daraus, daß sich ein Teil der Jugendlichen in den Gesprächen nicht explizit zu diesem Aspekt geäußert hat. In den meisten Fällen dürfte Gewerkschaft in der familialem Alltagskommunikation dieser Jugendlichen keine große Rolle spielen. Wir sind hier allerdings strikt verfahren und haben nur die Gespräche berücksichtigt, aus denen eindeutig hervorgeht, welche Färbung der gewerkschaftliche Familienhintergrund hat.

8 Selbst in Bezug auf die Mitgliederentwicklung im Angestelltenbereich muß eine Einschränkung gemacht werden. So ist es seit Beginn der 70er Jahre

zwar zu einem deutlichen Anstieg der Mitgliederzahlen gekommen, doch drücken sie sich nicht in einem steigenden Organisationsgrad aus. Mitte der 50er Jahre (1957: 18,8 %) lag er sogar etwas höher als Mitte der 80er Jahre (1985: 18 %). (Vgl. Imiela u.a. 1987)

9 Dies gilt nicht nur für diese Gruppe. Sicherlich kann davon ausgegangen werden, daß die jungen Frauen heute auf dem Hintergrund einer stärkeren Beteiligung an der Erwerbsarbeit und infolge eines gewandelten Selbstverständnisses eher ein Interesse an der Gewerkschaft haben als früher. In der Entwicklung der Organisationszahlen seit Beginn der 70er Jahre kommt dies zum Ausdruck (vgl. infas 1986). Fraglich ist allerdings, ob sich unter ihnen ein gewerkschaftliches Potential herausgebildet hat, das sich in puncto Engagement- und Beteiligungsbereitschaft deutlich von dem der männlichen Jugendlichen unterscheidet (vgl. Grubauer u.a. 1987, S. 106f.). Anhaltspunkte für eine solch weitreichende These finden wir in unseren Gespräche jedenfalls nicht.

Literaturverzeichnis

Adorno, Th.W. (1955): Zum Verhältnis von Soziologie und Psychologie, in: Sociologica, Frankfurt/M. 1955.
Derselbe (1966): Negative Dialektik, Frankfurt 1966.
Allerbeck, K./Hoag, W. (1985): Jugend ohne Zukunft? Einstellungen, Umwelt, Lebensperspektiven, München 1985.
Baethge, M./Brumlop, E./Faulstich-Wieland, H./Gerlach, F./Müller, J. (1980): Ausbildungs- und Berufsstartprobleme von Jugendlichen unter den Bedingungen verschärfter Situationen auf dem Arbeits- und Ausbildungsstellenmarkt, Ms. Göttingen 1980.
Baethge, M./Schomburg, H./Voskamp, U. (1983): Jugend und Krise — Krise aktueller Jugendforschung, Frankfurt/New York 1983.
Derselbe (1983): Zu Strukturproblemen der Berufsbildung in der Bundesrepublik Deutschland in den 70er Jahren und zur Angebot-Nachfrage-Entwicklung bis 1990, in: IG Metall (Hg.), Finanzierung der beruflichen Bildung, Frankfurt 1983.
Derselbe (1984): Materielle Produktion, gesellschaftliche Arbeitsteilung und die Institutionalisierung von Bildung, in: Baethge, M., Nevermann, K. (Hg.), Organisation, Recht und Ökonomie des Bildungswesens (Enzyklopädie Erziehungswissenschaft Bd. 5) Stuttgart 1984.
Derselbe (1985): Individualisierung als Hoffnung und als Verhängnis, in: Soziale Welt, 3/1985.
Baethge, M./Oberbeck, H. (1986): Zukunft der Angestellten. Neue Technologien und berufliche Perspektiven in Büro und Verwaltung, Frankfurt/M. 1986.
Baethge, M./Kern, H./Schumann, M. (1988): Arbeit und Gesellschaft — Rückblicke und Ausblicke aus 25 Jahren Göttinger soziologischer Forschung, in: SOFI-Mitteilungen 15/88.
Bahnmüller, R. (1985): Der Streik. Tarifkonflikt um Arbeitszeitverkürzung in der Metallindustrie 1984, Hamburg 1985.
Bahrdt, H.P. (1975): Erzählte Lebensgeschichte, in: Osterland, M. (Hg.), Arbeitssituation, Lebenslage und Konfliktpotential, Frankfurt/M. 1975.
Bajohr, S. (1982): „Vater war immer ein linker Kumpel". Braunschweiger Familien und Arbeiterbewegung im ersten Drittel des 20. Jahrhunderts, in: Das Argument, Argument-Sonderband, AS 94, 1982.
Beck, U. (1983): Jenseits von Stand und Klasse? Soziale Ungleichheiten, gesellschaftliche Individualisierungsprozesse und die Entstehung neuer sozialer Formationen und Identitäten, in: R. Kreckel (Hg.), Soziale Ungleichheiten; Soziale Welt, Sonderband 2, Göttingen 1983.
Derselbe (1984): Perspektiven einer kulturellen Evolution der Arbeit, in: MittAB 1/1984.
Becker-Schmidt, R. (1982): Lebenserfahrung und Fabrikarbeit: Psychosoziale Bedeutungsdimensionen industrieller Tätigkeit, in: Schmidt, G. u.a., Materialien zur Industriesoziologie, Sonderheft 24 d. KZSS 1982.
Beer, U. (1957): Solidarität — gestern und heute, in: Gewerkschaftliche Monatshefte 1/1957.

Bell, D. (1975): Die nachindustrielle Gesellschaft, Frankfurt / New York 1975.
Bilden, H. (1980): Geschlechtsspezifische Sozialisation, in: Hurrelmann, K., Ulich, D. (Hg.), 1980.
Blos, P. (1973): Adoleszenz, Stuttgart 1973.
Böltken, F. / Jagodzinski, W. (1982): Insecure Value — Orientations in an Environment of Insecurity: Post-Materialism in the European Community, 1970 - 1980, Ms. Köln 1982.
Bonss, W. / Heinze, R.G. (Hg.) (1984): Arbeitslosigkeit in der Arbeitsgesellschaft, Frankfurt / M. 1984.
Brose, H.G. (1985): Die Bedeutung der Zeitdimension für die Analyse des Verhältnisses von Arbeit und Persönlichkeit, in: Hoff, E.-H. u.a. (Hg.), Bern / Stuttgart / Toronto 1985.
Deutscher Bildungsrat (1974): Empfehlungen der Bildungskommission: Zur Neuordnung der Sekundarstufe II. Konzept für eine Verbindung von allgemeinem und beruflichem Lernen, Bonn 1974.
DGB-Bundesvorstand, Abt. Jugend (1981): Geschäftsbericht 1978 - 1981 der Abteilung Jugend des DGB-Bundesvorstandes, Düsseldorf 1981.
Derselbe (1985): Geschäftsbericht 1982 - 1985 der Abteilung Jugend des DGB-Bundesvorstandes, Düsseldorf 1985.
Deutsches Jugendinstitut (Hg.) (1985): Immer diese Jugend! Ein zeitgeschichtliches Mosaik. 1945 bis heute, München 1985.
Döbert, R. / Nunner-Winkler, G. (1975): Adoleszenzkrise und Identitätsbildung. Psychische und soziale Aspekte des Jugendalters in modernen Gesellschaften, Frankfurt 1975.
Döbert, R. (1980): „Was mir am wenigsten weh tut, dafür entscheid' ich mich dann auch", Normen, Einsichten und Handeln, in: Kursbuch 60, 1980.
Eisenstadt, S.N. (1965): Altersgruppen und Sozialstruktur, in: Friedeburg, L.v. (Hg.), Jugend in der modernen Gesellschaft, Köln 1965.
Enquete-Kommission (1982): Jugendprotest im demokratischen Staat, Bonn 1982.
Erdheim, M. (1982): Die gesellschaftliche Produktion von Unbewußtheit, Frankfurt / M. 1982.
Erikson, Erik, H. (1966): Identität und Lebenszyklus, Frankfurt / M. 1966.
Feist, W. / Krieger, H. (1986): Jugendliche und Gewerkschaften — Zwischen struktureller Organisationslücke und aktueller Vertrauenskrise, in: Gewerkliche Monatshefte 2 / 1986.
Fischer, A. / Fuchs, W. / Zinnecker, J. (1985): Jugendliche und Erwachsene '85, Generationen im Vergleich (Hg. Jugendwerk der Dt. Shell), Leverkusen 1985.
Forschungsgruppe Berufliche Bildung des Fachbereichs Gesellschaftswiss. der Johann-W.-Goethe-Universität (1978): Schlußbericht zum Forschungsprojekt „Berufliche Sozialisation und gesellschaftliches Bewußtsein", Frankfurt / M. 1978.
Friedrich, G. (1980). Zur Arbeitsidentifikation von Arbeitern und Angestellten, in: Braun, K.H. u.a. (Hg.), Kapitalistische Krise, Arbeiterbewußtsein, Persönlichkeitsentwicklung, Köln 1980.
Fuchs, W. (1983): „Jugendliche Statuspassage oder individualisierte Jugendbiographie?", in: Soziale Welt, 3 / 1983.

Gehrmann, F. (Hg.) (1986): Arbeitsmoral und Technikfeindlichkeit. Über demoskopische Fehlschlüsse. Frankfurt/New York 1986.

Gerlach, F. (1983): Jugend ohne Arbeit und Beruf. Frankfurt/New York 1983.

Giddens, A./Mackenzie, G. (Ed.) (1982): Social Classes and the Division of Labour, Cambridge 1982

Gorz, A. (1980): Abschied vom Proletariat, Hamburg 1980.

Derselbe (1983): Wege ins Paradies, Berlin 1983.

Grosskurth, P. (Hg.) (1979): Arbeit und Persönlichkeit, Reinbek 1979.

Habermas, J. (1973): Kultur und Kritik, Frankfurt 1973.

Derselbe (1976): Zur Rekonstruktion des Historischen Materialismus, Frankfurt 1976.

Derselbe (1981): Theorie kommunikativen Handelns, Frankfurt (1981).

Hack, L./Brose, H.G. u.a. (1979): Leistung und Herrschaft, Soziale Strukturzusammenhänge subjektiver Relevanz bei jüngeren Industriearbeitern, Frankfurt/New York 1979.

Härtel, U./Matthiesen, U./Neuendorff, H. (1984): Kontinuität und Wandel arbeitsbezogener Deutungsmuster und Lebensentwürfe — Überlegungen zum Programm einer kultursoziologischen Analyse von Berufsbiographien, Ms. 1984.

Hanusch, R. (1988): Fragmentierte Identität, Welchen Sinn hat es noch, von der Identitätsbildung Jugendlicher zu reden? in: Das Argument 168, 30. Jg. H. 2/1988.

Heinze, R.G./Hinrichs, K./Offe, C./Olk, T. (1981): Interessendifferenzierung und Gewerkschaftseinheit, Bruchlinien innerhalb der Arbeiterklasse als Herausforderung für gewerkschaftliche Politik, in: Gewerkschaftliche Monatshefte 6/1981.

Hinrichs, K./Wiesenthal, H. (1986): Bestandsrationalität versus Kollektivinteresse, Gewerkschaftliche Handlungsprobleme im Arbeitszeitkonflikt 1984, in: Soziale Welt 2/3/1986.

Hofbauer, H. (1983): Berufsverlauf nach Abschluß der betrieblichen Berufsausbildung, in: MittAB 3/1983.

Hoff, E./Lappe, L./Lempert, W. (1982): Gesellschaftliche Arbeit als Sozialisiation, Perspektiven einer Untersuchung des Max-Planck-Instituts für Bildungsforschung, in: Georg, W./Kißler, L. (Hg.), Arbeit und Lernen, Frankfurt/New York 1982.

Dieselben (Hg.) (1985): Arbeitsbiographie und Persönlichkeitsentwicklung, Bern/Stuttgart/Toronto 1985.

Hornstein, W. (1982): Unsere Jugend, Über Liebe, Arbeit, Politik, Weinheim/Basel 1982.

Derselbe (1985): Jugend 1985 — Strukturwandel, neues Selbstverständnis und neue Problemlagen, in: MittAB 2/1985.

Hurrelmann, K./Ulich, D. (Hg.) (1980): Handbuch der Sozialisationsforschung, Weinheim/Basel 1980.

Hurrelmann, K. (1987): Probleme mit dem Erwachsenwerden: Trotz materiellem Überfluß zunehmende psychosoziale Belastung? Ergebnisse des Bielefelder Jugendforschungsprojektes, in: Deutsche Jugend, 12/87.

IG Metall (Hg.): Stellungnahmen zu Grundsatzfragen der Berufsbildung II

(Schriftenreihe der IG Metall, H. 79), Frankfurt/M. o.J.

IG Metall (Hg.): Finanzierung der beruflichen Bildung (Schriftenreihe der IG Metall, H. 98), Frankfurt/M. 1983.

Imiela, U./Krieger, H./Löhrlein, K. (1987): Mitgliederzahlen: Struktur und Entwicklung bei den Angestellten — Perspektiven gewerkschaftlicher Angestelltenpolitik, in: Kittner, M. (Hg.), Gewerkschaftsjahrbuch 1987, Köln 1987.

Infas (1986): Mitgliederzahlen: Struktur und Entwicklung der weiblichen Gewerkschaftsmitglieder, in: Kittner, M. (Hg.), Gewerkschaftsjahrbuch 1986, Köln 1986.

Inglehart, R. (1977): The Silent Revolution. Changing Values and Political Styles Among Western Publics, Princeton 1977.

Derselbe (1981): Wertwandel in den westlichen Gesellschaften: Politische Konsequenzen von materialistischen und postmaterialistischen Prioritäten, in: Klages, H./Kmieciak, P. (Hg.), Wertwandel und gesellschaftlicher Wandel, Frankfurt/New York 1981.

Jacobsen, E. (1973): Das Selbst und die Welt der Objekte, Frankfurt 1973.

Jahoda, M. (1983): Wieviel Arbeit braucht der Mensch? Arbeit und Arbeitslosigkeit im 20. Jahrhundert, Weinheim/Basel 1983.

Jugendwerk der Deutschen Shell (Hg.) (1975): Jugend zwischen 13 und 24. — Vergleich über 20 Jahre —. Sechste Untersuchung zur Situation der Deutschen Jugend im Bundesgebiet. Durchgeführt vom EMNID-Institut für Sozialforschung, im Auftrag des Jugendwerks der Deutschen Shell, 3 Bde., Hamburg 1975.

Jugendwerk der Deutschen Shell (Hg.) (1981): Jugend '81. Lebensentwürfe, Alltagskulturen, Zukunftsbilder. Studie im Auftrag des Jugendwerks der Deutschen Shell. Durchgeführt von Psydata, 3 Bde., Hamburg 1981.

Kan, W./Ehmann, Ch. (1986): Szenario des Berufsbildungssystems bis 1995, Berlin 1986.

Kern, H./Schumann, M. (1984): Das Ende der Arbeitsteilung?, München 1984.

Dieselben (1983): Arbeit und Sozialcharakter: alte und neue Konturen, in: Matthes, J. (Hg.), Krise der Arbeitsgesellschaft?, Frankfurt/New York 1983.

Klages, H. (1983): Wertwandel und Gesellschaftskrise in der sozialstaatlichen Demokratie, in: Matthes, J. (Hg.), Krise der Arbeitsgesellschaft?, Frankfurt/New York 1983.

Klauder, W./Schnur, P./Thon, M. (1982): Wachstum und Arbeitsmarkt. Perspektiven 1980 - 2000. 2. Nachtrag zu QuintAB 1, Nürnberg 1982.

Klipstein, M.v./Strümpel, B. (Hg.) (1985): Gewandelte Werte — Erstarrte Strukturen. Wie die Bürger Wirtschaft und Arbeit erleben, Bonn 1985.

Kmièciak, P. (1976): Wertstrukturen und Wertwandel in der Bundesrepublik, Göttingen 1976.

Kohn, M.L. (1985): Arbeit und Persönlichkeit: ungelöste Probleme der Forschung, In: Hoff, E.-H. u.a. (Hg.), Arbeitsbiographie und Persönlichkeitsentwicklung, Bern 1985.

Krappmann, L. (1969): Soziologische Dimensionen der Identität, Stuttgart 1969.

Derselbe (1983): Identität, in: Lenzen, D./Mollenhauer, K./(Hg.), Theorien und Grundbegriffe der Erziehung und Bildung, Stuttgart 1983.

Kühnlein, G. (1987): Das Verhältnis der Jugendlichen zur betrieblichen Interessenvertretung, in: Reihe: Beiträge aus der Forschung, Bd. 18, Landesinstitut Sozialforschungsstelle Dortmund, Dortmund 1987.

Kudera, W. / Ruff, K. / Schmidt, R. (1982): Arrangement auf Widerruf, Konfliktpotential und Verzichtbereitschaft bei Industriearbeitern, in: Kölner Zeitschrift für Soziologie und Sozialpsychologie, Sonderheft 24 / 1982.

Lempert, W. (1977): Untersuchungen zum Sozialisationspotential gesellschaftlicher Arbeit, (MPI für Bildungsforschung) Bd. 12, Berlin 1977.

Derselbe (1984): Sozialisation in der betrieblichen Ausbildung, Der Beitrag der Lehre zur Entwicklung sozialer Orientierungen im Spiegel neuerer Längsschnittuntersuchungen (MPI für Bildungsforschung), Berlin 1984.

Lempert, W. / Hoff, E.-H. / Lappe, L. (1979): Konzeptionen zur Analyse der Sozialisation durch Arbeit, (MPI für Bildungsforschung), Berlin 1979.

Mooser, J. (1984): Arbeiterleben in Deutschland 1900-1970, Klassenlagen, Kultur und Politik, Frankfurt / M. 1984.

Müller-Jentsch, W. (1984): Klassen-Auseinander-Setzungen, Lesarten über die Arbeitskonflikte der 70er Jahre und Mutmaßungen über die Zukunft der Gewerkschaften, in: Prokla, 14. Jg., H. 54, Nr. 1, 1984.

Derselbe (Hg.) (1988): Zukunft der Gewerkschaften, Ein internationaler Vergleich, Frankfurt / New York 1988.

Negt, O. (1985): Lebendige Zeit, enteignete Zeit. Politische und kulturelle Dimensionen des Kampfes um die Arbeitszeit, Frankfurt / New York 1985.

Nickel, W. (1974): Zum Verhältnis von Arbeiterschaft und Gewerkschaft, Köln 1974.

Noelle-Neumann, E. / Strümpel, B. (1984): Macht Arbeit krank? Macht Arbeit glücklich?, München 1984.

Nunner-Winkler, G. (1981): Berufsfindung und Sinnstiftung, in: Kölner Zeitschrift für Soziologie und Sozialpsychologie, 1 / 1981.

Offe, C. (1984): „Arbeitsgesellschaft". Strukturprobleme und Zukunftsperspektiven, Frankfurt / New York 1984.

Olk, Th. (1985): Jugend und gesellschaftliche Differenzierung — Zur Entstrukturierung der Jugendphase, in: Heide, H. / Klafki, W. (Hg.): Arbeit, Bildung, Arbeitslosigkeit, Weinheim / Basel 1985.

Opaschowski, H.W. / Raddatz, G. (1982): Freizeit im Wertewandel. B.A.T. Freizeit-Forschungsinstitut (Schriftenreihe zur Freizeitforschung, Bd. 4) Hamburg 1982.

Opaschowski, H.W. (1985): Die neue Freizeitarbeitsethik, in: Altvater / Baethge u.a., Arbeit 2000, Hamburg 1985.

Pirker, H. (1965): Die Gewerkschaften als Versicherungsbetrieb, in: Horné, A. (Hg.), Zwischen Stillstand und Bewegung. Eine kritische Untersuchung über die Gewerkschaften in der modernen Industriegesellschaft, Frankfurt / M. 1965.

Preuss-Lausitz, U. u.a. (1983): Kriegskinder, Konsumkinder, Krisenkinder. Zur Sozialgeschichte seit dem 2. Weltkrieg, Weinheim / Basel 1983.

Postman, N.: Wir vergnügen uns zu Tode, Frankfurt 1985.

Sachverständigenkommission Kosten und Finanzierung der beruflichen Bildung. Kosten und Finanzierung der außerschulischen beruflichen Bildung (Abschlußbericht), Bonn 1974.

Schaff, A. (1985): Wohin führt der Weg?, Wien 1985.
Schober, K. (1985a): Ausbildungswege und berufliche Einmündung von „gescheiterten" Jugendlichen, in: Kaiser, M., Nuthmann, R., Stegmann, H. (Hg.), Berufliche Verbleibforschung in der Diskussion, Materialband 1, Nürnberg 1985.
Derselbe (1985b): Jugend im Wartestand: Zur aktuellen Situation der Jugendlichen auf dem Arbeits- und Ausbildungsstellenmarkt, in: MittAB 2/1985.
Derselbe (1986): Aktuelle Trends und Strukturen auf dem Teilarbeitsmarkt für Jugendliche, in: MittAB, 3/1986.
Schlösser, M. (1981): Freizeit und Familienleben von Industriearbeitern, Frankfurt/New York 1981.
Schumann, M./Einemann, E./Siebel-Rebell, Chr./Wittemann, K.P.: Rationalisierung, Krise, Arbeiter, Frankfurt/M. 1982.
SPIEGEL-Dokumentation (1983): Persönlichkeitsstärke. Ein neuer Maßstab zur Bestimmung von Zielgruppenpotentialen, Hamburg 1983.
Stegmann, H./Kraft, H. (1983): Vom Ausbildungs- zum Arbeitsvertrag, in: MittAB 3/1983.
Stegmann, H. (1985): Wird die „zweite Schwelle" immer höher?, in: Kaiser, M., Nutzmann, R., Stegmann, H. (Hg.), Berufliche Verbleibforschung in der Diskussion, Materialband 1, Nürnberg 1985.
Stiksrud, A. (Hg.) (1983): Jugend und Werte, Berlin 1983.
Streeck, W. (1981): Gewerkschaftliche Organisationsprobleme in der sozialstaatlichen Demokratie, Königstein/Taunus 1981.
Tornieport, G. (1979): Studien zur Frauenbildung, Weinheim/Basel 1979.
Treptow, R. (1987): Bemerkungen zum jugendlichen Zeiterleben, in: deutsche jugend 12/1987.
Vollmer, R. (1986): Arbeitsmoral in der Freizeitgesellschaft — Daten und Thesen zum sozialen Wandel der Berufsarbeit, in: Gehrmann, F. (Hg.), Arbeitsmoral und Technikfeindlichkeit, Frankfurt/New York 1986.
Wacker, A. (1976): Arbeitslosigkeit, Soziale und psychische Folgen, Frankfurt 1976.
Weber, M. (1964): Wirtschaft und Gesellschaft (Studienausgabe), Köln 1964.
Wilpert (1983): Youth and Work in the Federal Republic of Germany, Paper for the International Workshop on „Attitudes and Behavior of Young People towards Work", Moskau 1983.
Wirth, H.-J. (1984): Die Schärfung der Sinne, Jugendprotest als persönliche und kulturelle Chance, Frankfurt/M. 1984.
Zehnbauer, A./Wahler, P./Tully, C.J. (1985): Sport zwischen Lust und Leistung, in: DJI (Hg.), Immer diese Jugend, München 1985.
Zeiher, H. (1983): Die vielen Räume der Kinder. Zum Wandel räumlicher Lebensbedingungen seit 1945, in: Preuss-Lausitz, U. u.a., Kriegskinder, Konsumkinder, Krisenkinder, Weinheim/Basel 1983.
Zinnecker, J. (1972): Emanzipation der Frau und Schulausbildung, Weinheim/Basel 1972.
Derselbe (1987): Jugendkultur 1940-1985, Opladen 1987.